U0142848

失落、哀傷諮商與治療
——客體角色轉化模式

五南圖書出版公司 印行

推薦序一

　　某天晚上約11時許，突然收到秀碧老師的簡訊，她很開心的告訴我她完成了她的夢想，一本名為《失落、哀傷諮商與治療——客體角色轉化模式》的新書，她十分殷切的邀請我為她這本書寫序，我雖然答應了然而心裡卻十分沉重，以我對秀碧老師30年來的了解，她做任何事情都是十分嚴謹而且全力投入。接下來的兩個禮拜，我以十二萬分虔敬的心認真研讀她的這本鉅作，期間我也去翻閱了坊間相關的書籍與研究，在這對比的閱讀中我發現秀碧老師的這本書，並不是那麼的按部就班制式化的介紹哀傷諮商與治療，這本書不僅顯示了秀碧老師在哀傷諮商這個領域的通徹了解，更重要的是她結合了中國文化裡的慎終追遠與祖先祭祀的觀點，再以後現代社會建構的觀點引入繼續聯結的最新哀傷治療理念。當我最後蓋上秀碧老師這本鉅作之後，我眼前浮現的不是一本工具書那般的膚淺，而是一位像巨人般的哲學家用你我都懂得的語言與智慧，溫暖而殷切的與眾生對話什麼是哀傷諮商與治療。

　　這本書有五個主軸單元，分別是基礎理論、依附關係與繼續聯結論、繼續聯結論與文化和宗教的關連、客體角色轉化的原理與建構，和哀傷諮商與治療的實務與應用，全書以十五個章節陳述以上五個單元的理念。本書的最大特色不在哀傷理論和方法的介紹，全書重點從繼續聯結理論出發，再分別從依附關係、文化與宗教、喪禮與哀傷療癒，最後將哀傷從客體角色的轉化找到出口。本書將這麼多複雜的觀點用一氣呵成的方式串連起來，卻又讀的毫無負擔，佛祖捻花微笑的感覺油然而生。

　　在過去，哀傷諮商和治療多半主張哀傷者必須與死亡者切斷依附聯結，個人才能將精力從客體撤出，並重新投入現實生活。然而本書採用了1996年以來，由Klass等人提倡的繼續聯結論的觀點，繼續聯結並不是透

過與死者的遺物或記憶產生連結，當然也不是寄託在宗教的想像中，這種過去式或虛擬的聯結反有可能讓哀傷者難以面對死亡事實，也因此生死界線不明。繼續聯結認為如果哀傷者面對死亡和面對死者有意義方有利繼續聯結。

　　本書在解讀繼續聯結論的觀點時，其實其中隱含了後現代社會建構論的三個精髓，即關係、對話和建構。華人世界十分強調關係的維繫，生人如此，對死亡者亦如是。因此在華人世界裡的喪禮與祭祀文化中看見了生者與逝者的聯結，從華人家族系統的角度來看，亡者並非自家族系統中排除，而是將亡者轉化為死亡家族或「祖先」的角色並與活著的家人構成所謂的家族繼續聯結系統。透過這樣的依附關係，生者與死者開啟了對話之門，並繼續聯結，進而構成了一個合作關係。

　　在這樣的依附聯結裡，舊的或死亡的客體轉化為新的客體，而生者藉由與新的客體間的對話方式找到了也建構出新的意義，死亡並不是消失而是繼續聯結。在華人生活裡或某些東方文化裡（例如，日本），往往會在家裡放置亡者的相片或相關物品，生者每遇到重大事件，甚至即使每天出門前都會與亡者對話，彷彿亡者在冥冥中也與生者對話，這種投射性的認同關係，讓亡者好像依然活在家族系統裡，對話有時雖然是沉重的，但更多時候是愉悅的，生與死的界線似乎並不存在，反而是有必要、有意義的存在，這就是繼續聯結的理念了。哀傷諮商與治療從字面來看是處理哀傷的事情，可是繼續聯結論，卻讓亡者轉化為新的客體，安撫或阻斷哀傷反而變的不是那麼絕對，重建和開創生者與亡者的關係才是最重要的。

　　本書在後半段也提到我們必須知道的臨終關懷，也強調「被剝奪的哀傷」的現象，對於兒童與青少年的哀傷反應與諮商也多有著墨，值得讚許的是，本書也提到諮商人員在哀傷諮商與治療中所承受的壓力和自我照顧，而在實務的應用上也有全面性的討論。

　　寫到這裡已經無需再以更多的言語讚頌此書，我只想藉這個機會表達我個人對秀碧老師的尊敬，也謝謝秀碧老師因為這本書的撰寫而給台灣哀傷諮商與治療開啟了一個全新的里程碑。

蕭文
國立國際暨南大學榮譽教授
國立國際暨南大學前副校長
台灣輔導與諮商學會前理事長

推薦序二：學而優則成為典範

　　吳秀碧教授是本人在學術生涯中所見少數一直兢兢業業，在助人專業領域中持續在實徵研究跟理論發展間努力的學者。先前幾年剛完成《團體諮商與治療》的巨著（2017），現在這本《失落、哀傷諮商與治療》更是統整了西方理論發展、重要的實徵研究與討論以及東方文化的脈絡，對於筆者並非哀傷諮商的專業人員，在閱讀後都有極大的收穫！

　　書中開宗明義所述：「人世間最公平的事情，莫過於一個人，不論多麼的偉大，或多麼的平凡，終究必有一死，古今皆然。」即便如此公平與自然，但多數人在面對親人或摯友過世時，仍難免感受到衝擊、哀慟與失落；而多強烈的哀傷、多久的哀傷是「正常的」跟「可被接受的」？當身旁的人認為過世的時間已經這麼久了，應該不會或不用再難過了吧，但當事者卻仍然在低落與緬懷逝者的情緒中，這樣是可以的嗎？是「正常」的嗎？

　　本書以理論歷史的觀點，討論哀傷的概念在發展過程中如何從正常的，轉變為一種心理疾病，更從文化的觀點，提醒讀者華人文化既有的喪禮儀式看似繁文縟節，其間所隱含的時間意義以及親屬間連結的功能卻可能對於哀傷歷程的消解有所助益。現今生活型態的改變，讓喪禮儀式不得不精簡，因此當代的人如何面對失落的情緒，助人工作專業人員如何理解每人複雜的哀傷與哀慟情緒，是我們亟需了解與學習的。

　　本書共分為五篇十五章，從不同的理論談聯結，再將文化的觀點加入，最後則提出在實務現場的應用。其中我覺得特別重要的是書中有一章特別提到對於兒童哀傷情緒的理解與協助。當家中有失落事件發生時，大人可能忙著處理「事情」，或覺得小孩什麼都不懂，而忽略目睹著所有一切的小孩心中可能有的疑惑、哀痛甚或憤怒，因此理解他／她們經歷了什

麼？有些什麼情緒或行爲反應？不僅協助了這個小孩也幫助家人共同面對與渡過失落與哀傷。

與秀碧老師認識二十多年，她在學術上嚴謹的態度是我景仰與學習的前輩；除此之外，讓我印象最深刻的是她曾跟我說過的一個小故事：在秀碧老師大約30多歲時，有個以前的女同事約老師一起去學裁縫，可以爲家人縫製衣服。老師在同時間恰好報名了學開車（當年這可不是理所當然之事），這兩者如何抉擇？老師選擇了去學開車。我記得她跟我分享時說，學裁縫是爲人縫衣，而學開車則擁有了自主性。老師成長的年代與我有一些些距離，老師或許也從未自稱是女性主義者，我卻看到年輕的她眼中閃耀著女性自主實踐的光芒！我相信也是這樣的自主與自我要求成就了老師在專業領域中典範的位置。

身爲後輩的我，常在與老師談話後，問自己：我有這樣對專業的熱情與堅持嗎？在專業上願意持續進行研究與理論的對話和反思嗎？而年輕的讀者們，答案又是什麼呢？對於立志成爲專業助人的讀者而言，成爲專業助人工作者需要付出什麼，意義又是什麼呢？

趙淑珠

彰化師範大學輔導與諮商學系
婚姻與家族治療組教授
台灣輔導與諮商學會理事

推薦序三

　　秀碧老師是台灣諮商界的元老，也是在哀傷諮商與治療這個領域的開拓者。秀碧老師長年在諮商專業的投入與卓越大家都有目共睹，她在從學術機構退休後仍然持續對專業的熱情，將學術生涯的精華撰寫成此專書，令我非常欽佩。秀碧老師對我說：「**寫這本書是要對自己的專業生涯有個交代**」，我聽了更是感動，同為從專職退休的我，也相當能體會這樣的心境，相信這就是推動秀碧老師能夠完成此書的最大動力。此書的出版，是秀碧老師對她學術生涯的交代，也是在造福諮商界的夥伴與後學者，能夠藉由閱讀此書，全面性的理解與掌握哀傷諮商／治療這個重要主題所需要具備的知能。

　　本書內容相當豐富與完整，全書共有五篇，第一篇的重點放在對各種失落哀傷概念與理論的整全介紹；第二篇從依附關係的觀點來理解關係的失落，以及關係失落後持續有連結的心理意義與重要性，這樣的觀點充滿人性，能滿足人與失落物或人渴望持續有關係的心理需要；進入第三篇就更加精采了，秀碧老師提出華人與台灣社會的死亡觀及喪葬儀式，都是在持續與逝者作連結的宗教與文化觀點；第四篇延續著第三篇，探討喪葬儀式的療癒性，以及提出儀式作為客體角色轉化的觀點，儀式得以使哀傷失落者與逝者關係持續連結，這真是秀碧老師獨到的見解，將哀傷與治療增添了豐厚的華人文化與宗教的色彩，是貼近著華人文化與宗教，拓展哀傷諮商／治療工作的視野與做法；第五篇進入實務應用篇，探討對兒童與青少年、臨終病患等對象的哀傷與諮商／治療，也探討非複雜性與複雜性哀傷、被剝奪的哀傷等議題。

　　由以上的輪廓，讀者可以更深入的認識秀碧老師對於哀傷與諮商／治療的獨到見解，超越了過去台灣諮商界僅引用西方諮商專業所著眼的哀

傷與諮商／治療的範疇，而深入到華人文化與宗教的層面，帶入從喪葬儀式中生者與逝者的持續關係維繫的療癒性觀點，這是我認為本書最獨到之處，也是秀碧老師展現對文化的深厚著力，使得本書成為一本開展出具華人文化觀點的哀傷諮商與治療的好書，使我為之讚嘆，也要深深感謝秀碧老師對諮商專業作出如此美好的貢獻。

陳秉華

國立台灣師範大學教育心理與輔導學系教授

中華輔導與諮商學會前理事長

推薦序四

　　好友秀碧教授要我為她書寫《失落、哀傷諮商與治療》一書的推薦序。本想拒絕，因為在美念博士學位時，雖修習過死亡與瀕死（哀傷與失落）的課程，那時候任課的老師從完形學派的角度進行教學，要求我們每天自省且觀察生命的變化撰寫日記，也去參觀過當地的殯儀館了解殯葬儀式，但是總是有一種為賦新詞強說愁的膚淺感覺，哀傷諮商和治療就是和自己有一種隔閡感。回台之後，就沒有再進一步接觸這一個主題，頂多是指導學生相關論文或是督導學生面對哀傷個案進行諮商，侷限在個案心理層面的哀傷處理，也就是多半停留在哀傷或失落反應的介入，以及所處階段的考量。九年前，家父母陸續過世，哀傷與失落感強烈襲來，常激發我檢視自我以及宗教對我影響的狀態，也就此讓我對哀傷相關議題有了比較切身的體悟，我想這也是秀碧老師要我撰寫推薦序的考量。

　　此番拿到秀碧老師的文稿，最為欣賞的是她提出的客體角色轉化是建構在本土文化與宗教的角度上，固然依然採取繼續聯結理論的觀點，但是該聯結對象是一個更有利於統整自體組織的方式，將逝者的角色轉化為新的角色，成為宗祀中祭拜的祖先，該逝者似乎遠去，卻也沒有離開，整個家族系統仍然被維繫者，此也有益於生者處理失落的感受。我反觀自己的療傷過程，這是極其重要舒緩傷慟情緒的一環。而逢重要的日子前去祭拜，也讓我得以和過世的父母繼續維持聯結，宣洩身為長女所擔負角色的壓力。這些自身的體驗激發我，並擴充我未來如果有機會再從事哀傷諮商或治療實務上的考量。

　　這本書是秀碧老師在彰師大任教及專研的心血結晶，她撰寫的理論不僅完整，而且提出的見解更是突破了外來文獻上的觀點，這是我最敬佩她之處。而撰述的對象納入了兒童與青少年群體的哀傷反應及協助的考量，

填補了一般書籍常對此群體的疏漏。此外，本書也介紹了臨終病患的所需，有助益於從事安寧療護及長期照護的工作者。面對個案複雜性的哀傷甚至被剝奪性的哀傷如何進行治療更為心理治療工作者做出提示。我很為後進的心理工作者及社會工作者覺得開心，因為這是一本非常難得，且是第一本從華人角度切入的著作，為華人進行哀傷輔導時可以參考的重要指南。

程小蘋

台灣團體諮商與治療研究學會理事
國立彰化師範大學輔導與諮商系副教授
國立彰化師範大學學生諮商中心前主任

推薦序五：我的良師益友，暨我的推薦序

第一次見到吳秀碧教授是在2008年5月17日，距剛剛發生的5月12日汶川大地震只有五天，這無疑使我與樊富瑉教授主辦的的中美團體諮詢與治療高峰論壇又多了一重使命。那天，秀碧教授作為台灣學者被邀請親臨現場進行演講；那一天，也是歐文・亞隆（Irvin D. Yalom）教授第一次接受來自中國的邀請進行現場視頻對話。

作為論壇的發起人和主要對話者，我向大會論壇的彙報主題是：「團體諮詢與治療在綜合醫院的應用」。懷著忐忑，我介紹了多年來「友誼心友」（友誼醫院心理健康之友）在抑鬱症團體、輟學青少年團體以及父母學堂等幾個方向的工作。

走下講臺，當孫時進教授（復旦大學心理系主任）走到我身邊，輕輕對我說：「你講完了，我就沒什麼可講的了，我們只是從理論上講，你卻已經做了這麼多。」我懸著的心鬆了一口氣，我知道，我的努力得到了專家的認可。作為一個主要依靠從台灣帶回來的書籍自學，差不多是和幾個同道一起摸著石頭過河的我，懷著深深的感激，知道這種承認與認可的重量，帶給我的自信和滿足是巨大的。

就是在那一天，我認識了吳秀碧教授，之前我只是從互聯網上的介紹中對吳教授有所了解。她的官方稱謂有許多，其中最重要的是台灣團體諮詢與治療研究學會理事長，這個職位意味著她對團體諮詢與治療的重要貢獻。在論壇上，同行們尊稱她為台灣團體治療界的大姐大。那天散會後，她看見我，笑盈盈地，輕輕地對我點著頭，一下子就讓我感到了溫暖和信任，真是未言心通。從此，我們開始了十多年的友誼和專業上的頻繁交流，差不多成了海峽兩岸的「紅顏知己」。正如多年後秀碧教授的描述：**「我們沒有很多交談，但是卻一見如故，好像久遠以前就認識。我們很相**

似，有使命感，不看重名利。」

我記住了我們相遇的那一天，我想，爲了這個相遇，其實我們都做了許許多多的準備。

秀碧教授在專業上有很高的研究和造詣，特別是她獨創的螺旋式團體治療工作坊、哀傷諮詢工作坊，給我們極大啓發和教益。我邀請她爲「友誼心友」的諮詢師們做了很多專業培訓和督導，她則毫無保留地奉獻了她的智慧和經驗。雖然在地理位置上我們相隔甚遠，但郵件頻繁。她經常在郵件裡向我傳遞專業研究的新進展、她的新感悟，以及她在台灣心理學術期刊上發表的新論文。她的信任、支持以及謙遜和嚴謹，深深地感染了我，影響了我，提升了我。她不僅治學十分嚴謹，始終恪守職業倫理道德，還總是能體恤每一個人內心深處的敏感和需要。記得在一次工作坊中，一位學員描述了一段像童話故事般的夢境引起了她極大的興趣，工作坊結束後回到台灣，她幾次寫信聯繫我和那個學員，只爲了獲得可以在其他場所講述這個夢境的許可。在專業督導過程中，個別受訓的諮詢師曾向她表達憤怒和不滿，這或許是諮詢師早年與重要養育者之間的矛盾衝突造成的，秀碧教授會用她的抱持和堅定，用她的耐心和專業技能，塑造一個安全的環境，一個充分的漸進過程，給予被督導的諮詢師極大的愛與尊重，使他們慢慢成長。

秀碧老師曾說自己有「學術潔癖」，確實，她對自己的專業成果要求近乎苛責，「只有自己研發了新的理論」，她才會寫成書。在台灣，她是第一個將哀傷諮詢引入和推廣的學者，其「客體角色轉化模式」已經在她的研究所開課29年，到2015年才完成實驗研究。直到《中華輔導與諮商學報》2017年刊登了她的研究論文之後，她才開始撰寫《失落、哀傷諮商與治療——客體角色轉化模式》這本書。讀完這本書後，我由衷地感歎，一個新的理論的開發，哪怕是拾遺補漏都要窮盡心血，投入一生。

　　秀碧教授在出版《失落、哀傷諮商與治療 ── 客體角色轉化模式》時，我們在一起探討過中西文化的差異帶來的觀念衝突。這本書強調了中國文化的基因在哀傷治療中的重要性，在心理治療中，如果一味強調西方文化中某些論點，照搬硬套，很可能會造成來訪者內心的撕裂。我們中國人必須從自己的文化中發掘出不同於西方文化的治療因素，才能提供給患者真正的有效治療，也才是真正落地的研究和學術。我以為，吳秀碧教授的哀傷治療理論和模式，在整個東方的現代心理學文化中都可以說得上處於領先和前沿的地位。

　　2015年，秀碧老師要退休了，她意識到「**傳承到了一個段落**」，她絲毫不眷戀官位帶來的榮耀，為後來者甘做人梯。她的決定是，加速退出學術圈。她說：「**我得退出，才能讓那些長久以來習慣找我工作的人願意接受我的學生去接班。**」這樣的決定，並不是每一個享有盛譽的學者可以做到的。

　　不幸的是，2016年9月，一個不好的消息傳來，由於嚴重腹瀉，醫生告知她需要做左降結腸切除手術。以一個醫生的敏感，我知道這暗示了一個不好的病理結果。事實是，大概兩年的時間，秀碧教授接受了十七次化療，所有認識她的朋友都為她捏了一把汗，對於本來就非常瘦弱的人，這個過程難以想像。但結果出人意料，秀碧教授不但頂住了化療的副作用，而且漸漸復出，開始重新投入了工作。當我看到她戴著帽子站在講壇上的照片時，心中安慰無比。

　　2012年，我的丈夫患重病，當時朋友建議從台灣買一種藥，我在台灣只有秀碧教授可以拜託，於是就冒昧給她寫信求助。就為這個藥，她聯繫商家，再聯繫廠家，再聯繫帶藥的人，寫信，跑路，送藥，托人，都是親力親為。來京講學時，她又不顧舟車勞頓，必定抽時間來家裡看我們。她來了也不多話，但那種陪伴和依靠的感覺，給了我和家人很大的鼓勵和信

心。每到年節，總是她先發出真誠的問候，多少次我下決心一定先於她給她寫信，但幾乎沒有成功過。

　　2014年底，我丈夫薛劍華在與病魔抗爭18個月後去世。2015年春節前，她特意寫信告訴我，這個「年」對於我會比較難過，囑咐我一定回到父母家中或者和孩子一起度過。2015年5月，我和孫立哲一行五人去美國拜訪歐文‧亞隆教授，秀碧教授看了那篇訪問記後寫信給我說：「**能去拜訪亞隆對你意義非常重大，對你是一種好的療癒，中國大陸開展團體治療不但你是個創始者，薛老師也是幕後重要貢獻者，他不但投入時間而且熱心參與，你和亞隆分享了薛老師，可以看出這是多有意義的事。當你繼續推動團體心理治療，你能感受到每一刻都有薛老師對於他人的愛的延伸。**」這就是好朋友，她體察你的情感，掛記你的哀傷，不忘鼓勵你、提升你，這樣的愛多麼難能寶貴。我一直以秀碧教授說的話提醒和勉勵自己：「**堅強的人是可以過著一邊傷心一邊努力工作的日子，努力工作時專心投入，不工作時可以讓自己哭一哭，就這樣傷心可以逐漸遠離，快樂可以重新進來。**」

　　去年和今年，我們又在北京見面了，我們都老了，人生多變故，兩鬢已斑白，兩個人都感慨萬端。我倆雖是幾近暮年相遇，聚少離多，卻是人間甚歡，卻是終生知己。

　　一個月前，我收到她的來信，她希望我為她的新書寫序。她在信中說：「這次，我只**邀請好朋友幫我寫推薦序。我的健康不可預期。我很珍惜友情，希望看到我的書的讀者也可以看到我的好朋友。**」我流淚了，但我如此幸運，如此有福，能遇見這樣的老師和朋友，我想我最想寫的，是她給我的肯定：「**你將我的想法整理的有條有理，好佩服你的敬業**」、「**很期待聽你的意見，能和你分享一直是我最大的快樂。**」是她的肯定，使我努力，使我自信。我最想寫的，更是對她的感激，在人生的財富中，

還有什麼比得過你遇見一個如此美好的朋友！

　　我推薦她的書，我推薦寫這本書的她，希望她的讀者，讀過她的書，就如同交了一個好朋友，我的好朋友吳秀碧。

柏曉利

北京首都醫科大學附屬北京友誼醫院
神經內科副主任

自序

　　自1990年因當時彰化師範大學輔導研究所所長蕭文教授之邀，在博士班開設「死亡心理與哀傷諮商」課程，到今年2020年，歲月匆匆，已經過了30個年頭。回首初期推動這項專業工作，由於華人文化對於死亡的禁忌，無論在推動死亡教育（後來稱爲生命教育）或哀傷諮商，在社區與政府機構都有困難。1999年秋，本來應邀前往美國田納西州的Austin Peay大學客座一年，適逢921大地震，於是留下來協助救災工作半年。這個大災難使得大家認識了創傷和哀傷兩項心理專業服務工作的需要。在台灣，現在哀傷諮商再也不是一個禁忌的課題，而是被視爲必要的心理專業服務項目。

　　持續研究、教學、指導碩、博士生論文及培訓工作多年，感觸最深，莫過於死亡涉及的文化議題。引入以西方文化和社會背景所發展的哀傷諮商與治療理論和模式，總是感到有些隔閡。尤其在實務工作，體驗到很需要關照當事人或團體成員的文化和信念。從社會學和社會心理學書籍，再度研讀東西方的死亡相關資料，確認死亡的觀念、死亡的態度，以及哀悼的行爲等，東西方都有不少的差異存在。深感這樣一種特殊的諮商議題，不能不考量和重視當事人的社會和文化的元素。於是努力從社會學找到適合發展華人哀傷諮商的文化元素，並從心理學的理論尋找可以融入華人文化的理論，以便發展一個適合華人社會的哀傷諮商原理。

　　慶幸個人從文獻研究發現傳統的閩南喪禮，不只是華人社會一個重要的文化資產，也是近三千年來華人在痛失親人之後賴以療傷的主要方法，其中蘊含多項的哀傷療效因子，可以和西方心理學的客體關係論，以及哀傷諮商的任務論等相融，可用以建構形成一個適合華人的哀傷諮商原理和方法。由於涉及死亡的諮商與治療，只處理個人心理層面，或只處理靈性

層面，皆爲不周延的方法。客體角色轉化的哀傷諮商，兼具處理哀傷者的心理和靈性（mind）兩個層面的功能，所以是一個比較完善的諮商與治療方法。這本書，不只爲哀傷諮商與治療理論的研究者而論述，也爲實務工作者而撰寫，因此這是一本理論與實務兼具的書籍。

　　第一篇「基礎理論」有三章，包括第一章「緒論」，除了平反西方學者對於Sigmund Freud在失落與哀傷的誤解與誤用之外，主要在說明哀傷諮商的發展史、哀傷諮商在心理學的定位、社會變遷對於個人哀傷的影響，以及當代人非複雜性的哀傷何以需要諮商等議題。第二章和第三章，則分別說明哀傷反應，以及當前在哀傷歷程，主要學者所提出的各種階段模式，同時對於90年代美國少數學者持反階段論之論調，以後來的實證研究反駁他們所依據的文獻之謬誤，以免繼續誤導後人。第二篇「依附關係與繼續聯結論」有兩章，由於美國當前在哀傷諮商的主要趨勢，爲主張維持與死者繼續依附聯結之說，因此在第四章主要說明客體關係的發展，分離與焦慮和繼續聯結的需要。在第五章則論述繼續聯結與當前美國學者尋找繼續聯結方法的困境，並探討意義在繼續聯結的重要，以及評析和Viktor E. Frankl的「意義治療」（logotherapy）性質相同的「意義重建模式」在哀傷治療的定位。第三篇「繼續聯結與文化和宗教的關聯」也有兩章，第六章主要在探究華人文化和喪禮當中繼續聯結的緣起，以及世界各主要宗教的繼續聯結信仰。第七章在論述華人如何以喪禮作爲哀傷療傷的機制，以及從文獻研究傳統台灣喪禮儀式所發現的療癒因子，並從喪禮儀式獲得對於繼續聯結和治療的啓發。第四篇「客體角色轉化的原理與建構」也是包括兩章，由於療癒的儀式運用在死亡相關的治療，在美國不只發展和應用有年，而且被認爲可以快速達到治療目標的方法，然而在台灣似乎是較少受到注意。所以在第八章對治療儀式在心理諮商與治療的運用作詳細的論說，並提出使用的限制。第九章主要在闡釋客體角色轉化原理

的建構，同時提出這個模式在非複雜性哀傷應用的實徵研究結果。第五篇「哀傷諮商與治療的實務與應用」共有六章，主要分別說明哀傷諮商和哀傷治療的差異，以及使用的對象、目的、實施方法與技術，以及具體的程序。此外特別針對喪親的未成年孩子，臨終病患，以及各種被剝奪哀傷的對象，分別說明具體的協助辦法。

　　這本書的撰寫，前後約經歷兩年多的時間。雖然約在四年前對於這本書早已構思良久，然而遲遲未動筆。原因，在於想慎重且認真的寫一本真正適合華人的哀傷諮商原理的書籍，讓我們華人自己用起來有被觸動到「心中文化」療癒的感覺。在性質上，客體角色轉化模式的哀傷諮商，必須堅守是一種心理諮商與治療的方法，但是也需要注入蘊含我們華人文化的療癒元素，對於個人這是一種挑戰。抱持戰戰兢兢的態度，書已經撰寫完成，但是個人並沒有放鬆的感覺，總覺得必有諸多疏漏，尚祈學者方家不吝指正。

　　最後，特別感謝是學友，也是好友的暨南大學蕭文教授，彰化師範大學的程小蘋教授和趙淑珠教授，台灣師範大學的陳秉華教授，以及北京首都醫科大學附屬北京友誼醫院柏曉利副主任等人，惠賜推薦序的鼓勵。同時，也要感謝外子謝廣全教授，由於唯恐我終日伏案傷身，貼心的協助校稿。

吳秀碧　謹識
2020年元月於台灣彰化

目錄

第五章 ｜ 繼續聯結與意義重建 ⋯⋯⋯⋯⋯⋯⋯⋯⋯⋯ *123*

第三篇　繼續聯結論與文化和宗教的關聯

第六章 ｜ 文化、宗教、喪禮與繼續聯結 ⋯⋯⋯⋯⋯⋯⋯ *173*

第五篇 哀傷諮商與治療的實務與應用

本書立論嚴謹，作者詳細列出參閱過的參考文獻共 58 頁，若以印量 500 本計算，就會產生 2 萬 9 千頁的參考文獻。

在地球日益暖化的現今與未來，為了少砍些樹，我們應該可以有些改變——亦即將參考文獻只放在網頁上提供需要者自行下載。

我們不是認為這些參考資料不重要，所以不需要放在書上，而是認為在網路時代我們可以有更環保的作法，滿足需要查索參考資料的讀者。

我們將本書【參考文獻】放在五南文化事業機構（www.wunan.com.tw）網頁，該書的「資料下載或補充資料」部分。

對於此種嘗試有任何不便利或是指教，請洽本書主編。

◆ 第一篇

基礎理論

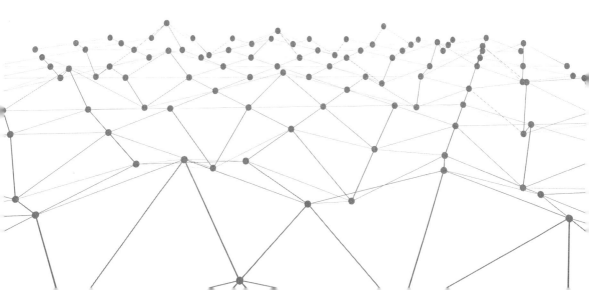

第一章

哀傷諮商的發展史

　　人世間最公平的事情，莫過於一個人不論多麼的偉大，或多麼的平凡，終究必有一死，古今皆然。

　　死亡是人生少有的確定性之一，每個人的一生必有死亡的一天。因此，所有親愛的人，最終都將離我們而去。這是生活中自然的一部分，每天都在發生（Carr, 2012）。一個人，不論多麼的偉大，或多麼的平凡，終究必有一死。想像，如果人類可以永生不死，地球上的人口將會大爆炸，為了搶奪有限的生存資源，戰爭將永不止息，而且可能越來越激烈，甚至變得野蠻。如果德國的希特勒還活著，是否依舊在夢想著統治整個歐洲，甚至全世界，而現在我們會有一個怎樣的世界？其次，如果人類可以永生不死，每個人都會擁有無限的明天，人類便無需把握今天勤奮的工作，可能也沒有發明創造的動機，以便感受個人生命的意義，那麼現在人類的文明將會如何？總而言之，如果人類可以永生不死，現在的人類和地球將會如何？死亡對於個人，的確是人生最大的悲哀，然而卻是全人類最大的福祉。

❖第一節　導論❖

　　哀傷（grief）是人類喪失所愛的對象的時候，普遍的反應現象，即便猿猴或大象等動物，動物學家也觀察到失去其幼獸的母獸，或失去母獸的

幼獸，也有哀傷反應的現象，並哀悼一段時間才離開屍體。哀傷反應似乎是某些動物，一種不用學習的自然反應。自古以來，哀傷在人類的社會生活中便普遍的存在，不是稀有，也不是特殊。由於死去親人或心愛的人而哀傷，似乎是天經地義的事，從未有人質疑這樣的舉動為不正常。為何這個現象到了二十世紀會成為心理學家注意，甚至重視，而成為心理學研究的重要範疇之一，值得吾人追逐歷史的軌跡去了解。尤其，在Freud（1917）發表他那一篇著名且深具影響力的論文〈哀悼與原發性憂鬱〉（Mourning and Melancholia）之前，幾乎很少有心理學家注意或研究哀傷（grief）這個現象。

Wily指出「哀悼」（mourning）一詞，從印歐語系的字根來看，具有「記憶」（remember）的意涵（引自林耀盛、侯懿真、許敏桃，2011）。經歷親人或所愛之人死去的人，普遍會提到難以忘記死者。尤其在哀傷的初期，常有死者的影像盤繞腦海揮之不去的侵入性（intrusive）記憶。所以「哀傷」和「哀悼」可能與記憶有很密切的關聯。當討論哀悼的相關議題，在書籍或研究文獻常見四個名詞，即：「哀傷」、「哀悼」、「傷慟」（bereavement），以及「悲傷」（sadness）等四個名詞。在心理學方面，「悲傷」的定義沒有爭議性，是特指對於失落的哀傷反應，在情緒反應層面當中的一種低精力情緒。至於「哀傷」、「哀悼」和「傷慟」三個名詞的定義，從哀傷研究的發展史觀之，不同時代的學者給予的定義便略有差異。

Granek（2010, p. 47）認為，「哀傷」是一個心理學的概念；而「正在哀傷」（grieving），則為對於已死亡某人的失落之反應，乃為普世的現象，所以兩者為不同的本質。然而Granek卻不特別區分「哀傷」和「哀悼」這兩個名詞的使用，而採取交互使用的態度。有的學者會採取比較嚴謹的觀點，對於「哀傷」的定義為：「對於失落的反應」；至於「哀悼」

的定義則為：「一個哀悼的人是在統整失落到他或她繼續下去的人生歷程」（DeSpelder& Strickland, 2005, p. 286）。由此可知，「哀傷」可視為一個人對於個人的失落，在情緒、認知、行為、生理和靈性等各層面的反應；而「哀悼」可以視為發生失落所愛的對象之後的一個調適歷程，也就是「正在哀傷」的人，面對個人失落的調適歷程。「傷慟」則是指事件，特別是指死亡的事件，由於所愛的人死亡這件事，所引起失落的反應。因此在DSM-5對於「單純的喪親之痛」（uncomplicated bereavement），是指「心愛的人死亡是正常反應成為醫療關注的焦點」（台灣精神醫學會，2014，358頁）。

由於不同的心理與教育專業人員，如精神科醫師、臨床心理師、諮商心理師、社工師、學校輔導老師，以及大學哀傷專業科目的教師和研究者等，可能有不少的機會需要彼此相互溝通，無論是使用口語或文字。因此最好對於這些專業名詞，採取較嚴謹和一致的定義，以利相互溝通和了解彼此。在本書中筆者將採取比較嚴謹的定義，同一個名詞將以同一個定義貫徹全書，以免造成讀者混淆。

❖ 第二節　Freud在哀傷理論發展的貢獻 ❖

壹、哀悼首度出現在Freud的理論

根據Bradbury（2001）對於Freud的研究，Freud在1915年完成〈哀悼與原發性憂鬱〉之論述，並於兩年後，即1917年發表該著作。這篇論述不只反映Freud在精神分析理論的發展與轉變，也是後人了解人們對於失落反應的極重要文獻，而且也不可思議地影響其後在心理學範疇有關哀傷理論的發展幾乎長達九十年，也就是將近一個世紀之久。雖然在這本

書籍當中Freud也略提到正常與異常的哀傷，不過Freud的核心理念旨在論述「認同」（identification）。他主張病態的哀悼，可以用原發性憂鬱作為一個例子，用以說明認同為造成病態的原因。而一般的哀悼，沒有認同而成為病態的問題，因此不被認為是病態。有關這一篇〈哀悼與原發性憂鬱〉的論述，原本為Freud所撰寫的一本書，名為《後設心理學》（*Metapsychology*）當中的一章。不過，後來他對於其中一些論述也心生動搖，最後只出版其中五篇，包括〈哀悼與原發性憂鬱〉、〈壓抑〉（*Repression*）（Freud, 1915a）、〈下意識〉（*The Unconscious*）（Freud, 1915b）等三篇，皆為具有劃時代性了不起的論說。Freud的精神分析理論發展，可以劃分為三個時期（Bradbury, 2001; Rapaport & Gili, 1957; Sandler, et al., 1997）。這三個時期分別為：

第一個時期，重點在論述有關歇斯底里症（hysteria）的病理學；

第二個時期，Freud論述的重點在於申論他自稱為「拓撲模式的心靈」（topographical model of mind），這個理念首度出現在其一本相當著名的書籍《夢的解析》（*The interpretation of dream*）（Freud, 1900）當中。他首度提出「本能－驅力下意識」（instinct-driven unconscious）、為「充滿思想、知識與記憶的前意識」以及「意識」等三個系統。他發現不同於下意識，主要忠於快樂原則；前意識和意識，則忠於現實原則，並與外在世界、行為標準以及理智的互動。由此Freud根據原始驅力（drive），在尋求快樂（例如性、飢餓）以及注意到現實的精神系統（例如個人聲望、道德）兩者之間的交戰，使他發展了一個精神模式。主張精神官能的（neurosis）症狀，不是直接來自幼年的經驗，而是來自內在精神系統之間的下意識衝突。因此，他認為精神官能的症狀，是由下意識的衝突所造成。

由於受到當時生理學家的影響，他注意到「精力」（energy）這個名

詞。認為就精力方面來看心理過程的操作，精力可以鬆弛，也可以抑制。他主張本能或驅力主要為性和攻擊。在心理學方面，Freud稱「性的驅力」為原慾（libido）。他相信心理器官，會盡可能保持在低精力供應，或持續供應的狀況。值得注意的是，Freud指稱的客體，為個體心理內在世界的表徵，而不是外在世界實際的客體。由於自我（ego）為原慾的保存者，故「原慾」的宣洩，乃來自自我。來自自我的原慾，對於整個或部分的外在客體，可以「宣洩」或「投注」。Freud開始論述〈哀悼與原發性憂鬱〉，便是在第二個時期的末期，並於發表該文之後的第八年，他發表了〈自我與本我〉（*The Ego and the Id*）（Freud, 1923）的論文。

　　第三個時期，他論述的重點便在自戀（narcissism），並著有〈自戀〉（On Narcissism）一文（Freud, 1914）。他假設自我可以將本身作為愛的客體，而「自我理想」（ego ideal）為心理的主要成分，乃是由理想化的自體（self）和對父母人物的認同組合而成。

　　由上可知，Freud不只是一位了不起的精神分析大師，其創見博大精深也是鮮少有人能及，在心理治療領域有深遠的影響。

貳、Freud比較哀悼與原發性憂鬱之區別

　　從拓樸學（topology）概念和性心理發展（psychosexual development）的參考架構之內的驅力心理學，Freud描述和比較了哀悼與原發性憂鬱兩者的異同。原發性憂鬱病人有自責和自我辱罵的現象等，這種低自體確認（self-regard）的感覺，即怪罪自己、譴責自己、對自己的不確定感，以及對外在世界失去興趣，失去愛的能力，禁止（inhibited）所有活動等症狀。所以Freud認為原發性憂鬱，是在下意識哀悼某人或某事物的失落。他主張在原發性憂鬱，可以看到病人認同一個被終止了的客體。因此所謂「失落了」，即正在失落一個客體的過程。顯然原發性憂鬱的病人，是將

釋放的原慾退回到自我，而不是如同健康的反應；健康的反應爲引導原慾，朝向新的客體去釋放。由於病態的反應，爲原慾被用來與被遺棄的客體，建立一個自戀的認同（narcissistic identification）之自我。因此客體的陰影便牢牢地落在自我，由此可以解釋爲何發生自我的耗竭。由於原慾沒有外在客體可以「宣洩」或「投注」，而是對著內在客體形成內耗。

此外Freud特別注意到，憂鬱症病人的自責似乎並不適用前面的論述，也沒有顯示是朝向對抗他人。由於原發性憂鬱病人將客體抱持在內在精神之內，所以可以絲毫不用隱藏的詆毀這個客體。表面上病人好像是在罵自己，而實際上暗地裡，在下意識罵的不是自己，所以病人個人並不自覺。由此可以解釋，何以憂鬱病患對自己那麼嚴厲的辱罵。其次，由於自戀認同的自我藏著客體，因而將「客體失落」（object loss）轉化成爲「自我失落」（ego-loss）。過去所愛的客體與自我，兩者之間矛盾兩難的掙扎狀況，現在則由超我（或良心）和自我之間體驗到的罪咎感，也就是由良心的新掙扎所取代了。那些自責乃是內化了超我的結果。換言之，就是由於認同客體，而內化了客體的批評。

Freud也注意到，雖然正常哀悼的許多特徵與原發性憂鬱相似，然而對於哀傷的個人，並未喪失對個人的自體確認。在1917年發表的論述，他認爲由於事實上哀傷並未認同或內射（introjection）死者，而形成自戀認同的自我。取而代之的是，生存者正在經歷長期且痛苦的歷程，每一個回憶和期待的情境，都在自我面對現實世界的時候，發現了殘酷的事實，就是客體已經不存在，而質疑是否必要繼續和客體共度餘生的命運。儘管生存者強烈的想要否認死亡的事實，由於他們能意識到，正面對已經失去所愛的客體之事實。因而自我渴望從活著的客體得到自戀的滿足，乃將所依附的客體已經被終止的事實做出切斷，並開始將原慾從失落的客體抽離。這個耗時且痛苦的哀傷工作（grief work），使得自我被抑制和受到

設限。一旦原慾對於和外在已經死亡的內在客體有關的所有一切依附都切斷了，自我將再度獲得自由和解禁。可見Freud認為，哀傷是內在精神（intra-psychic）的現象，經由認同，將死者內化為自我的內在客體。當外在客體死亡，原慾傾注精力在內在客體，會使得自我精力耗損，因此原慾能夠從死亡的內在客體脫離，成為療癒的歷程。

參、Freud對於病態哀傷的看法

　　Freud對於病態哀傷有一些假設，當生存者與死者的關係，存在有兩難的性質，將導致有強迫狀態，即哀傷者（griever）覺得自己憎恨對方，可能有某種程度希望對方死亡。Freud並沒有提到，病態哀傷者必須有將死者加以內射（introject）或認同。不過他也認為「強迫性憂鬱」沒有認同死者，也就是病態哀傷者的「強迫性憂鬱」並沒有認同死者的情形，而「原發性的憂鬱」則有自戀的認同。綜合上述，Freud並沒有以病態的眼光去看待人類的「哀傷」，他只是從精神分析（psychoanalytical）和非病理學（non-pathological）的立場，去論述哀悼的精神現象。雖然在當時他對於哀傷的論述，遠不如夢的解析之多和詳細。不過他也認為，由於哀悼和原發性憂鬱兩者很相近，假如病態的哀傷者演變成原發性憂鬱，則可能是發生認同客體所造成。

　　在哀傷這個議題，Freud對於關係兩難的角色，以及認同失落的客體之論述，對於後人理解正常哀傷和病態哀傷有很大的影響。John Bowlby（1961）、Eric Linderman（1944）、Colin Murray Parkes（1986）等人的哀傷理論，莫不受到Freud在失落與哀悼首開先鋒的理論之影響。尤其Freud的理論，可用以理解哀傷的下意識活動，包括夢見死者，以及心神強烈的被死者占據或幻覺等現象，堪稱Freud對於現代哀傷理論之重要貢獻。

✤第三節　哀傷成爲臨床議題的發展史✤

　　哀傷會成爲臨床的議題，與時代演進和學者對於哀傷的態度有關。人類學家、社會學家和心理學家都一致認爲，哀傷是少數跨越文化和歷史而持續變遷的儀式之一。不同的人種和族群、不同的社會和地域，以及不同的宗教，甚至在不同的時代，人們對於死亡、死後生命和死後世界的態度和想法，都有所不同。這些便影響著人們對於死亡發生的失落，有不同的哀傷反應和哀悼方式。因此身爲心理學工作者，我們以何種態度和立場看待哀傷與哀悼，將影響我們會採取的做法。對於哀傷的看法，學者在哲學觀方面曾有不同的見解，有主張哀傷爲「自然的屬性」（nature kind）者，由於對於親愛的人死亡的哀傷和反應其來也久，自遠古以來，便一直以某種形式存在人類的社會（Gilber, 2006; Parkes, 2001）。不過，也有主張哀傷爲「人類的屬性」（human kind）者，認爲是病態和異常，需要專業介入的協助才能復原。

　　以注重孝道的華人文化而言，喪親的哀傷和守喪，尤其守喪，可多達一至三年的哀悼時間，都被視爲社會規範的一部分，甚至受到社會鼓勵，反之將被視爲不孝。因此沒有人會將失去親人或所愛的人之哀傷反應，視爲瘋狂或不正常。並且在華人世界，對喪親者的哀傷，普遍抱持接納、容許與包容的態度。然而在西方世界則不同，在十七世紀的時候，哀傷已經被視爲可能致命的問題，且普遍相信哀傷可能導致一個人發瘋或早死（Cressy, 1997; Laurence, 1989）。十九世紀的時候，哀傷被視爲是人類的精神或靈性發生了狀況。有時候也可能被視爲，由於瘋狂的原因所造成，不過尚未將哀傷本身視爲有什麼精神疾病（Walter, 2005-2006）。在Freud出版〈哀悼與原發性憂鬱〉的論文之前，幾乎很少有心理學家投入探究哀傷的現象，直到二十世紀初，出現哀傷的急需狀況，才成爲心理學領域認

為值得研究的課題（Archer, 1999）。

　　Hacking（1995）認為在社會科學範疇的歸類，有「自然的屬性」和「人類的屬性」兩種。所謂「自然的屬性」為自然發生。他主張在概念上被歸類為「人類的屬性」，需要符合下列準則，包括：（一）必須與某些人群有關、（二）被社會科學所研究、（三）基本上必須將人們一起的行動和行為，歸類在各種不同的類別、（四）必須將人歸類為與物是相對的、（五）主要至少為一種專家的專業社群所研究，並且有定期的研討會，需要前述兩者具備其一或兩者兼具。其他還需要有創辦期刊，由訓練有素的權威來貢獻，而這個行業以介入、協助和改善人類為其研究宗旨。由此可見，這個第五項準則，是一種尖端的準則。若依照Hacking的準則，哀傷的概念在專業心理學範疇，為符合Hacking描述的「人類的屬性」之尖端準則。

　　此外，Hacking（1995）認為也有原本為「自然的屬性」之現象，也會轉化而成為「人類的屬性」之現象。例如懷孕，本來是一種「自然的屬性」現象，但是在現代社會科學建構的概念當中，便成為「人類的屬性」。之所以會成為「人類的屬性」之原因，乃由於在社會脈絡當中，對於青少年的概念，認為這個年齡階段的個體不會懷孕，懷孕是年長一些婦女的現象，並對青少年懷孕給予社會烙印（stigma）。這是由於現代社會科學將懷孕發展出「人類的屬性」之建構概念所致。所以，人類面對失落的哀傷，原本為「自然的屬性」，也會由於社會脈絡的概念化，而成為「人類的屬性」。

❖第四節　哀傷被轉變爲病態的觀點❖

壹、早期精神分析學者並未病態化哀傷

　　在今日，我們都同意哀傷有生理層面的反應，毋庸置疑。在十九世紀，已經有學者從生理基礎去探討哀傷，但是在當時並未將哀傷視爲一種心理疾病。十九世紀美國生理學家Benjamin Rush（1812／1947），可能是第一位指出哀傷與生理關聯的學者。在他於1812年發表的著作《心靈的疾病》（*The Disease of Mind*）這本書中，便明確的提到哀傷與生理的關聯。他主張哀傷使得一個人在情緒和生理上產生各種症狀，並使用鴉片、放血、哭泣、密集照護、洗滌罪惡等方法來療癒哀傷。然而他也不認爲哀傷的人必然是生病了。還有Charles Darwin在其1872年的著作中，有關人類情緒表達方面，也簡短的提到哀傷，且提到猴子和猩猩也經驗和顯露有哀傷。至於Alexander F. Shand（1914／1920）可能是在哀傷心理學方面有較完整論述的第一位學者。他指出哀傷是憂傷的法則，提出四種哀傷反應，並談到哀傷需要社會支持、與死者持續的關係，以及猝死和創傷的關聯等。上述學者主要都從生理角度去研究哀傷，並未將哀傷視爲一種心理疾病。

　　Granek（2010）曾經致力於闡明與論述，哀傷是「自然的屬性」或是「人類的屬性」。他主張哀傷是「自然的屬性」，由於在人類社會，久遠以來都一直以某種形式存在，因此他不贊成將哀傷視爲病態的「人類的屬性」，然而也不盡然與其他「自然的屬性」完全相同，故特別稱之爲「心理的屬性」（psychological kind）。Granek由於受到Danziger（2003）所謂「科學的對象」（scientific object）之概念所啓發，他以另一種眼光看待哀傷的概念。Danziger（2003, pp. 20-21）提過：「科學家將所遇到的事物

作爲探究、影響、操弄和了解的材料。」Granek認爲心理學分類之本質，取決於其在歷史上建構的位置。Granek（2010）乃循著哀傷在心理學被提到的歷史，發現可追溯遠自十七世紀R. Burton在1651年發表〈原發性憂鬱的解剖〉（The Anatomy of Melancholy）（Burton, 1938）一文。

　　R. Burton（1938）在所發表的《原發性憂鬱的解剖》論文便區分了原發性憂鬱爲一種疾病，以及原發性憂鬱爲對於每日生活事件的正常反應之差異，例如對於親愛的人死亡的反應是正常的。在Burton的論述之中，並未將哀傷視爲病態。並且他是從脈絡的架構當中，去解析憂鬱疾病的發展，與現代精神醫學從症狀作爲依據去看待憂鬱有所不同（Horwitz & Wakefield, 2007）。因此，有學者認爲Burton是第一位從心理學的術語，去解釋哀傷概念的理論家（Archer, 1999）。上述學者主要也都是從生理角度去探討哀傷，並未將哀傷視爲一種心理疾病。不過對於二十世紀有關哀傷研究影響最鉅者，莫過於S. Freud。

　　Freud（1917/1959）是首先注意到哀傷爲心理現象者，而他也未曾加以病態化哀傷。他認爲哀傷是對失去所愛的人之正常反應，而且爲相當耗時的過程，介入可能導致傷害。Freud的理念影響了後來心理學方面對於每日生活行爲，每一個人和每一件事，即便似乎微不足道的，都可以成爲心理學研究的對象。Freud對於個人在「哀傷工作」（grief work）的意義之解釋，後來在西方心理學則演變成爲精神疾病的意涵，因而病態化哀傷（引自Genevro, et al., 2004）。發生這樣的轉變，可能與Freud的理論傳到美國之後有關。由於心理學者從哲學認識論的立場去評估正常或異常，在一條連續的直線上，若一端爲正常，而另一端爲異常，在傳播Freud的理論時，便出現不同的理念，且越來越普遍。雖然Freud本人對於分類和區辨病態少有興趣，而且Freud也未將哀傷視爲病態。但是，他的理論卻被後來的歐美心理學者，用來當作區辨正常和病態哀傷的依據，可能Freud

地下有知也會感到錯愕。

　　精神分析學派的英國學者Klein（1965）便曾經公開指稱哀傷是一種疾病。Klein認為成人的哀傷，是重演早期嬰兒因應失去與母親關聯的短暫憂鬱時段。不過，Klein的重點在嬰幼兒發展上的論述多於哀傷。而當代的心理學家則常引用Klein的觀點，作為證明哀傷就是病了，或哀傷是一種疾病的根據。由於Klein在哀悼的論說很複雜，也多層化，而且主要重點在孩童的發展，而比較不是在論述哀傷。所以現代的心理學家，似乎也有扭曲了Klein的論述重點之嫌。

貳、哀傷被視為病態化

　　就上述哀傷的發展史，精神分析學者在論述哀傷上，重點比較是放在生活事件的位置，而不是疾病或病態的位置。若沿著有關哀傷概念的演進歷史，真正將哀傷給予病理學化概念的第一人當屬H. Deutsch，在她一本名為《缺乏哀傷》（*The Absence of Grieg*）（Deutsch, 1937）的書中提到，哀悼的工作並不一定都會循著正常的途徑，可能有的極端強烈，或不正常的延長，而成為長期的狀態。她的觀點讓現代在哀傷的專業注意到不表明或壓抑的哀傷，以及長期的哀傷為一種病態問題。

　　後來哀傷被轉變成為疾病的概念，與精神醫學發展有著極其密切的關聯。二次大戰（1939-1945）對於精神醫學在美國的發展有很大影響。由於退伍軍人以及受到戰爭影響，而需要精神科醫生協助的人口眾多。在1917年，美國獨立營業的精神科醫師只有8%，到了1941增加至30%。所以到二次大戰末期，獨立營業的精神科醫師比第一次世界大戰後期幾乎翻轉快四倍之多。在1970年，美國獨立營業的精神科醫師更是暴增到70%，才能提供社會足夠服務（Herman, 1995）。當然，在1970年增加的數字，與越戰有相當密切的關聯，由於這個戰爭對於美國人的心理服務需求，普

遍造成極大影響。根據美國駐越美軍司令部公告，越南戰爭期間（1955-1975），美軍死亡58,209人、受傷304,000人、2,000多人失蹤。根據美國國防部估計，平均每1名參與越戰的軍人，將影響8名親友。由此可推估，越戰對於美國整體社會和國民心理健康影響之一斑。

　　筆者適逢1970年代在美國就讀碩士，便親身見證到越戰對美國社會的影響。由於戰爭的可怕，人們想回歸沒有政府狀態的自然生活，緣起於英國的嬉皮，變成在美國很流行。兩伊戰爭爆發（1980年9月22日）的前一年，1979年11月4日，憤怒的伊朗大學生攻佔美國使館，並俘虜美國使館人員。有一天突然傳出美國要徵兵，以便派遣部隊到伊拉克參加。當晚筆者居住的整個大學城沸騰，學生漏夜飲酒狂歡，噪音擾動。顯然由於越戰的陰影尚未消失，聽到自己國家要參戰，學生都非常害怕自己被派去戰場，所以出現有如二次大戰末，日本在台灣所徵調自殺飛機的飛行員行徑。當時這些年輕的飛行員知道自己將面臨死亡任務，在出任務前夜的餞別宴便飲酒瘋狂作樂。顯示戰爭對於社會和人心的影響，並成為美國精神醫學迅速竄紅的主要推力。

　　由於主張社會有責任，讓民眾獲得有品質和充足的心理健康服務。美國在1963年通過《社區健康中心法案》（The Community Mental Health Centers Act of 1963），每個城鎮都設有兼具急診、預防、諮商、藥物治療和心理教育等五大功能的「社區健康中心」（Community Mental Health Center，簡稱CMHC），聘有不同專長的心理專業人員為民眾服務。基本上，這些工作人員會處理相當範圍的心理問題，他們是處理情緒異常，例如憂鬱和焦慮的病人、最前線的工作者，而具有積極和預防的角色。這項創舉被稱為「第三波精神醫學革命」（Third Psychiatric Revolution）。四十年後，美國民眾有減少運用精神科醫師，增加使用其他心理健康專業人員的現象。而且在美國，DSM已經成為精神科醫師和其他心理健康專

業人員普遍共用的診斷手冊。

　　DSM的問世，主要意圖在反映精神科醫師的角色，以及病人族群性質的改變（Horwitz & Wakefield, 2007）。1952年，美國心理學會（American Psychological Association，簡稱APA）出版了第一版的DSM。DSM的問世，也使得哀傷從精神分析的概念，轉變爲疾病和需要心理健康專業人員（mental health professionals）的服務。因此，哀傷也就在這一股精神醫學盛行的風潮影響之下，被視爲是一種疾病。美國羅徹斯特大學研究精神醫學的學者G. L. Engel（1961）便發表一篇論文，主張失落一個親愛的人，在某種程度上是一種心理創傷，如同身體被嚴重燒傷或受傷的生理創傷一般。哀傷，表示個人脫離了健康和幸福的狀態，以及如同身體療傷，首先得將身體恢復恆常狀態（homeostasis）相同，在一段時間裡，哀悼者需要回到失落前的狀態。所謂療癒，就是充分恢復，或幾乎恢復充分的功能。然而，有些重要事件，可能造成功能受損或無法完全恢復。所以，在生理療癒歷程所使用的「健康」和「病態」等名詞，同樣可適用在哀傷療癒的歷程。由此可見，Engel將哀悼歷程視同生理的療癒歷程。

　　Granek（2010）指出精神醫學教授E. Linderman（1944）所發表〈症候學與嚴重哀傷的處理〉（*Symptomatology and Management of Acute Grief*）這一篇論文，爲哀傷發展成爲「心理的屬性」的主要轉捩點，也就是眞正遠離視哀傷爲「自然的屬性」的現象。Linderman爲首位以實徵性研究，去探究傷慟病人的學者。並且主張精神科醫師必須能夠，且應該扮演協助喪慟者處理其哀傷工作的角色。

　　在美國，Linderman對於現代在哀傷專業的影響主要有三：一爲將哀傷建立爲醫學疾病的第一人，即哀傷爲精神或心理異常；二爲他以系統化的方法，發展並建立一個正常和異常哀傷症狀的表單；三爲主張精神醫師在這方面具有正確技術，能夠且應該協助病人的哀傷工作。至於在英國，

對於哀傷諮商發展影響最著者，當屬Collin Murray Parkes。他是一位在John Bowlby督導下的精神科醫師，兩人都發表相當多有關哀傷的論文。但是，Bowlby主要為精神分析的理論取向，而Parkes則以科學實徵研究取向為主。Parkes的主要貢獻有四：第一，進一步提出哀傷病理學化的原理，Parkes（1964a, p. 180）宣稱：「哀傷本身就是一種疾病」；第二，他為需要運用精神醫學來治療哀傷做辯護；第三，從他的研究，不只提供哀傷歷程的資料，也提供實徵的方法，使後來的心理學者得以開始研究哀傷現象；第四，指出哀傷是一個複雜的過程，需要專業的介入。由於Parkes不只提出哀傷病態化的問題，也提出精神醫學介入的解決方法。因此，他也建立了哀傷是「心理的屬性」的立場。所以，他對於臨床心理學有很大的影響。

❖第五節　哀傷對於健康的影響❖

　　老子和道教都主張一元論，影響了華人文化為重視身心一體，心理影響生理更不可不知。在哀傷諮商與治療不普遍的地區，由於人們對於哀傷的性質與影響的不了解，容易忽視哀傷對於心理和生理可能的嚴重影響，對待哀傷遠不如生理受傷的重視。除非未處理的哀傷或病態的哀傷，已經到了令其家人或周邊的人，感到難以忍受的程度，否則可能都被認為「事情總會過去」，而忽略了。

壹、哀傷，不只傷心，也傷身

　　雖然當代學者認為哀傷使得精神（psyche）受傷，但是對於哀傷並不抱持病態的觀點。不過，也不能小看哀傷對於身心的影響。George Engel（1961）是第一位從事比較研究，用以了解生理受傷和心理受傷的精神科

醫師。在他的研究指出，這兩種受傷都需要花時間療癒。身體的受傷，痊癒之後會留下疤痕，但是若再生能力不如原本該有的，傷口可能發生潰爛；哀傷工作，若為慢慢療癒，對於在精神上的受傷，乃是健康的歷程，若不處理，或處理不當，不只不會結痂，還會繼續流血。由此可知，治療師需要尊重每位哀傷者不同的療傷速度，並提供適合的協助與支持，不能催促，也不可能催促。

　　George Engel主張哀傷不是一種疾病，但是能夠發展成為一種疾病，由於心碎會致人於死，Engel這個見解，後來由Parkes（1964, 1986）從實證發現獲得支持。有關喪偶，對於男性和女性個人健康的影響，研究發現確實有負面影響。較早時Young、Benjarmin和Wallis（1963）對於喪偶男性的研究，發現超過54歲以上的4486名喪偶男性，約有40%在喪偶第一年的半年之內，有死亡增加的趨勢；而與同年齡的已婚男性相較，則死亡率較低。後來，Mellstrom等人（1982）的研究也發現，喪偶女性在喪偶的3個月內，死亡率有顯著增加的趨勢；而喪偶男性則在第一年內，死亡率有增加的趨勢。同時，對於人生的期望，喪偶女性在喪偶半年之內，有降低的情況；男性則在第一年之內，也有相似的情況。Helsing等人（1982）的研究也指出，喪偶再婚男性的死亡率，低於喪偶未再婚的男性，甚至也低於有婚姻關係的男性。不過，Parkes（1986）謹慎解釋上述各種研究發現的結果，他認為或許健康影響了再婚，而不是再婚影響了健康。他臆測或許喪偶男性抽菸較多，或改變飲食習慣，而增加了心血管疾病問題。此外壓力也與血壓和脈搏有關，所以或許情緒因素也直接影響心臟問題。總而言之，他認為喪偶的哀傷和死亡之間可能有中介因子的影響，這樣的論述尚待進一步的研究驗證。不過Osterweis等人（1984）在回顧一些研究之後，認為喪偶增加了死亡率，尤其是喪偶的男性，有一部分的原因與自殺、肝臟硬化和心臟衰竭等有關。不過這些喪偶男性，與這三大疾病和問

題有關，在臨床上的資料顯示，都在喪偶之前已經有病歷紀錄，也就是這些人有憂鬱、酗酒和心血管疾病史。顯然，喪偶對於哀傷的男性，在生理的影響不小，而結婚男性的壓力，可能也不容忽視。因此，若能在喪偶之後，盡早知道個人疾病史，並及早介入，可能會有幫助。

雖然有關哀傷與身體疾病關聯的問題，一直有不同的見解。美國在Rochester的Strong紀念醫院（Strong Memorial Hospital），有一群精神科醫生，從他們的多年研究發展一套理論，認為哀傷可能隨伴有無力感和無助感，並成為身體疾病的凶手（引自Webb, 1993）。晚近研究癌症的學者發現，未處理的失落和壓力能影響免疫力，以及壓力和癌症（Schneider, 1984）。而病態哀傷的壓力，也會影響生理的危險（Leick & Davidsen-Nielsen, 1991）。因此哀傷成為現代心理學領域的重要課題，哀傷工作的療癒力量，被認為是最好的療傷途徑，否則傷口可能「潰爛」，而有心理疾病或身體疾病之虞。

貳、對於哀傷態度的改變

綜合上述，哀傷的理論隨著社會、文化和歷史的變遷，無論在北美地區或在英國，都經歷了精神分析、精神醫學以及病理學等不同學科位置的轉變。早期在精神分析研究的時期，並未將哀傷視為一種疾病，也不認為正常的哀傷是一個需要由心理學家或精神科醫師協助解決的問題。然而，現代的心理學研究者則宣稱，哀傷是一種心理問題，需要密切加強研究，並由訓練有素的專業人員介入。這樣的演進與轉變，也顯示一種普遍的現象，就是將每日生活的問題，轉變為需要由心理健康專業人員治療的心理異常問題。而在晚近，哀傷的性質也從被視為「自然的屬性」，轉變成為「心理的屬性」。

Granek（2010）指出，現代對於哀傷所抱持的觀點，目標在於要求人

的功能需要具有經濟效益，在一段時間裡便可以回去工作。因此，這個正常的人類反應，就變成了需要諮商和治療的問題，也就是從「自然的屬性」觀點，轉變成「人類的屬性」觀點，他也稱之為「心理的屬性」觀點。Granek認為這種態度的轉變，肇始於Lindemann（1944）提出「心理學化的哀傷」（psychologizing grief）原理，使得哀傷成為心理學的研究範疇。尤其Hacking（1995）更是直接指出哀傷可能是一種病態，應該成為專家研究的議題，且須由心理學家協助個人處理哀傷。可見自二十世紀中葉以來，美國現代心理學界已經明確宣稱，哀傷為心理問題，並且需要有專家介入。

❖第六節　社會變遷對哀傷的影響❖

生物，有自動癒合傷口的本能，這個道理，不只適用在生理，也適用在心理。Bowlby的研究，幼兒在母親離開的適應歷程，最後也會適應，而與母親產生分離（detach），並且與新的照顧者建立關係的連結。從母親再度出現，當幼兒注意到母親的時候，會再次投入母親的懷抱可知，幼兒並沒有忘記母親，而是將母親放在大腦記憶區的一部分，讓他可以專注在當下的活動，這應該也是生物的生存本能。因此，親人或親愛的人死亡，自古以來正常哀傷的人們，也都會有自然復原的功能，並讓生活和人生有意義的繼續向前走下去，但是並未忘記死去的親人。

然而，社會變遷對於人們的影響，最為直接的莫過於生活型態，而間接影響到人們的哀傷反應和哀悼行為，造成現代人哀傷的困難，這也形成哀傷諮商專業心理服務的需要。尤其多數人的正常哀傷，由於社會變遷和生活型態改變，以致可能正常的哀傷，也會變成需要心理專業人員的協助。以1950年代起，台灣的經濟活動開始工商化，對於社會的影響而言，可能影響人們的哀傷反應和哀悼行為的因素，主要有下列四項：

壹、缺乏死亡有關的經驗

由於經濟活動工商化帶動了都會化。導致人們缺乏死亡相關經驗，有兩項主要因素：其一，為遠離自然環境的影響；其二，為大家庭瓦解，小家庭崛起的影響。

1949年之前，台灣地區約有70%的人口居住在農業經濟活動的地區。現在由於高度工商化，人們離開農業經濟活動地區，遷移到都會地區就業，都市發展使得當前約有70%的人口居住在都會地區。居住環境的改變，也使得生活型態有很大的變化，影響人們對於死亡的經驗，以及對死亡的認識與態度，原因有二：其一，為遠離農業經濟活動區，人們每日生活也遠離了自然，成長過程鮮少有機會看到自然界的生生死死現象，因而對於死亡相當陌生；其二，為過去農業的經濟活動型態，需要大量人力，人們依賴土地而生存，家庭型態自然發展成為大家庭型態。在大家庭之中，每個人自幼便有機會經歷家族長輩的老化與死亡，或不一定是老化或生病才會死亡的人生常態。尤其，過去的人都在家中死亡，孩子們有機會與家族的成人，在臨終家人床邊與臨終者相互道別，能夠看到人如何嚥下最後一口氣，由一個活人成為一個死人的過程。這個經驗，使孩子有機會學習到死亡的真實，對死亡有實際的認知。然而都會化的發展瓦解了大家庭，小家庭盛行的都會，家庭生活環境當中，自幼沒有與老人生活的經驗，不只對於衰老與死亡歷程陌生，也缺乏面對死亡的經驗與因應能力，一旦發生死亡，便令人不知所措。

貳、缺乏支持環境

這一項困境的產生，與都會化和大家庭瓦解都有密切關係。農業經濟活動的地區，大家庭型態不只人口眾多，因而傷痛的個人比較容易得到家

人和族人的支持。其次，過去大家族群居的時代，喪禮主要都由家人和族人親自處理，而且在冗長且繁複的各項儀式，例如「作七」、「出殯」、「完墳」、「對年」、「合爐」和「除孝」等各項儀式，都由族人共同參與。尤其，「作七」的儀式，為每隔7天就「作七」一次，一共七次長達49天，每次不只主要的祭祀者出席儀式，還有家族的其他人共同參加祭祀儀式，一起哭泣和表達對於一個共同失落的傷痛。這些喪禮儀式，陸陸續續地舉行，長達一到三年之久，如同現代的「家族治療」一樣，舉辦一至三年之長的定期聚會。家族成員相互支持與撫慰，走過最困難的哀傷歷程。相對的，工商化的社會，家人居住地各異，也各自上班忙碌，不只影響了在哀傷期間家族成員可以相互扶持，也由於居住都會，喪失農業社會世居同村鄰人的支持。都會的居住型態，多半左鄰右舍互不相識，也就談不上獲得支持。

參、缺乏足夠的哀悼時間

過去人們主要依賴冗長的喪禮，作為哀悼與療傷。傳統華人的喪禮時間很長，以閩南的傳統喪禮為例，在未出殯之前有七七四十九天的祭祀儀式；出殯之後，先有墳墓做好了，得舉行「完墳」儀式的家族祭拜；繼之還有對年祭祀儀式，戴孝的人還需要「守喪」，或稱為「居喪」，時間一至三年之久。然而由於現代化，隨著營生型態的變遷，人們便由可以自主管理時間的務農生活，轉變為時間受到機構化（公司、工廠以及其他就業機構）的控制與管理，人對於自己的時間，多數無法自主，生活方式與步調也完全不同於農業經濟活動的時代。同時，在公司行號和機構制度的效率導向下，個人哀悼的時間大為受到限制。

現實的影響，喪禮已經大量簡化和縮短時間，使得人們沒有足夠的時間哀悼親人的死亡。加上都會化居住空間與環境的限制，喪禮大多委託

給殯葬業者。目前在台灣，由殯葬業代辦喪禮，平均約5天便出殯下葬，短者甚至3天。由於喪禮結束之後，通常個人也失去哀悼的環境。James W. Worden（2009）認為喪禮有助於哀傷過程，但是行使太快將減少其效果。現代人如此受限的哀悼時間，對於需要足夠的哀悼調適時間之影響亦由此可見。若依據Bowlby的理論，推估目前在台灣的生活型態，已經無法允許多數的哀傷者有足夠時間去哀悼，以致非複雜性哀傷原本不必諮商，然而可能因為時間和環境的限制，而選擇暫時迴避，或自我禁止（self-inhibited）、抑制（suppress），以便可以很快回到個人的工作崗位，使得哀悼發生困難，以致影響個人功能的復原。也因此導致正常的哀傷，有人可能也需要諮商的協助。

肆、追逐物質，靈性貧乏

　　工商化也代表經濟發達，物質豐富，影響人們的物質欲望，忙忙碌碌的追逐物質，令人迷失。害怕和迴避死亡，也影響人格的成熟（May, 1981）。此外也缺乏靈性的學習和探討，導致靈性的空虛（游恆山譯，1991），不了解生命和死亡的真諦。

　　現代人重視的是每日生活，並且在每日忙碌之中，忘了人終有一死。忙碌的現代人，很少想到死亡這件事，也不願意去想。模糊中以為死亡是一件遙遠的事，甚至忽略死亡存在的事實。台灣有句俗話：「棺材是用來裝死人，不是裝老人。」意指每個人都有隨時死亡的可能，不是只到衰老了才會死亡。由於沒有面對死亡的心理準備，害怕與迴避死亡，影響人格成熟的發展。其次，沉溺於物質生活，缺乏靈性探討的學習，也使其不了解生死的意義，面對死亡的無知與茫然。

　　筆者有個有趣的對比經驗。曾經有位家族企業熟人問我：「我父親都已經快八十歲了，還在當公司董事長，我都中年了還掛著總經理頭銜，

他就是不肯放手讓給我做。只要略微暗示這件事，他就說，他還可以打高爾夫球，很健康，要我不用擔心。我確實擔心哪天他突然走了，遺產稅可不得了。我請教你，如何說服我老爹，該是交棒的時候了。」當然我無法教他「如何說服」。這個狀況，讓我想起幼年和奶奶的經驗。當時奶奶約五十出頭的年紀，在多夏兩季陽光很好的日子，她會從一個紅木的衣櫃裡取出一疊新衣，在陽光下曬一曬，然後摺疊好，再依序收回衣櫃裡。有一次，她又曬過了那些衣服，一邊摺疊那些衣服，一邊對著才五歲的我說：「這些是奶奶死的時候要穿的九件衣物。將來奶奶死了，記得告訴你媽媽，按照這些順序幫我穿上。」相隔約超過半個世紀，台灣的社會有非常大的變化，人們對於死亡的態度大為不同，從自然而從容自在的面對和準備死亡，到幾乎完全迴避，更談不上學習，不了解生命與死亡的真諦。由於對死亡的陌生與缺乏經驗，甚至沒有準備，影響現代人面對死亡發生時的因應能力相當缺乏。面對死亡通常驚慌失措，也影響哀悼與哀傷的表達。

❖第七節　非複雜性哀傷是否需要諮商？❖

壹、哀傷諮商和哀傷治療

哀傷諮商和哀傷治療有何差異？需要從諮商和心理治療的差異去論述。心理治療（psychotherapy）是一個通用詞，由精神科醫師、心理師或其他心理健康服務人員所提供，用以治療心理健康問題。心理治療可以協助一個人了解自己的情況，以及自己的心情、情緒、想法和行為，在適宜的互動中，協助個人改變行為和克服問題，為改變或矯治取向的方法；諮商則是由諮商師（counselor）所提供，用以協助個人處理人際困境或問

題，或不滿意自己之處，爲問題解決取向的方法。心理治療團體和心理諮商團體，可以統稱爲「治療團體」（吳秀碧，2017）。當然，心理治療和心理諮商也可以統稱爲「治療」。

James W. Worden（1991）在成人的哀悼方面，指出「哀傷諮商」（grief counseling）與「哀傷治療」（grief therapy）的差異。他認爲「哀傷諮商」的目的，在處理非複雜性的哀傷，以協助哀傷者處理任何與死者之間未完了事件，並且告別死者；「哀傷治療」的目的，則在處理複雜性哀傷，以辨識出分離衝突，並加以解決，由於這些衝突造成缺乏哀傷（absent grief）、延遲性哀傷（delayed grief）、過度哀傷（excessive grief）或延長性哀傷（prolonged grief），而阻礙了個人去完成哀傷任務。由此可知，哀傷並未被視爲病態或異常，即便發展爲缺乏哀傷、延遲性哀傷、過度哀傷或延長性哀傷等複雜性哀傷症候群，依舊不被視爲病態。所以，Worden很謹慎的使用「哀傷治療」，而不使用「哀傷心理治療」。

貳、哀悼的必要

當前在美國，依附理論已經成爲歸類失落的性質和重要的派典（paradigm），也是用以理解複雜性哀傷型態的依據（Stroebe, et al., 2005）。Bowlby（1979）在幼兒與母親分離的研究中，發現幼兒適應與母親分離的歷程可以分爲三個階段，依序分別爲：第一階段「抗議」（protest），爲憤怒與渴望；第二階段「失望」（despair），爲沮喪、低精力、無望感、無助感；第三階段「分離」（detachment），爲適應與重組。幼兒與母親人物（figure）分離的第一階段反應「憤怒」，代表兩種意義：其一爲譴責她的遺棄，所以我生氣；其二爲要求她回來，所以我哭泣。健康的哀悼是：當渴望找到失去的母親與譴責她的過程，經由重複的失敗，有足夠的時間可以表達情緒，便可以產生適應，這些憤怒便消失，

這是由於學習所產生的結果。

在哀傷方面，Bowlby（1980）認為，個人不論暫時或永久感受到與一個安全依附的人物分離時的威脅，便有調適依附行為的產生。因此，Bowlby主張哀傷歷程是一個調適的歷程。其次，Bowlby認為，哀悼需要有足夠時間來表達，逐漸學習而適應。顯然「**足夠的哀悼時間**」讓哀傷者表達情緒，學習去適應，是正常哀傷（normal grief）或非複雜性哀傷（uncomplicated grief）復原的首要條件。

James W. Worden（1982, p. 10）在他的著作《哀傷諮商與哀傷治療》（*Grief Counseling and Grief Therapy*）中，提出一個論述的問題：「哀悼有必要嗎？」當然他的答案是「必要」，因為他提出了哀悼的四項任務。哀傷是否有哀悼的必要，這個問題實在無須提問，也毋庸置疑，不只自古以來不分種族和國界，人們面對喪失親人時都以某種儀式哀悼其失落。而晚近從心理學對於哀傷的理解，主張當發生失落，哀傷有其必要。不過，複雜性哀傷則需要專業人員協助方能復原。只是當提到非複雜性哀傷是否需要諮商？或許就不只是贊成或反對的單純問題，需要考量影響哀悼的相關因素，以及對個人造成的影響。

參、文化與時間對於哀悼的影響

自古以來多數人的非複雜性哀傷或非病態哀傷，並不需要經過諮商便能復原。而在今日「傷慟」（bereavement）被列入DSM的非心理疾病問題，已如前述，固有其因。觀之美國的哀傷研究發展史，哀傷被視為心理問題的原因，可能是：一則Lindemann（1944）研究的對象，為災難事件（火災）死者的親友，從現在的哀傷理論已可理解他們的哀傷，可被歸為創傷性哀傷（traumatic grief），所以需要諮商（Prigerson & Jacobs, 2001）；二則社會進步，在工商化的社會，重視人的功能，不容許個

人有足夠的哀傷時間，期待個人盡早回到工作場域和正常的生活步調（Granek, 2010），否則易被視為「病態」。

根據實徵研究指出，對於良好適應（will-adjusted）的準則（criteria），乃因社會常模和文化經驗而異。若以文化為焦點觀之，文化差異乃透過國民性格，以及其世界觀、價值體系和人際關係表現出來（Atkinson, Morten, & Sue, 1993; Cherng, 1987; Yee, 1985）。因此，由於文化差異，在華人社會傳統的喪禮儀式，尚包括守喪。「守喪」的時間，在中國古代可長達三年之久，需要「戴孝」。今日在台灣喪禮當中的「守喪」，形式上一般至少須滿一年才能除孝，然而實際上不必再守喪，由於喪假期滿都上班去了。守喪期滿，喪家舉行「合爐」儀式，將新死者的姓名寫入祖宗牌位，並與祖宗共用一個香爐，才算完成所有的喪禮儀式。過去的年代，守喪期間「戴孝」的人，不宜到親朋好友的家，或其他人家中作客，意表「守喪」，可以使用足夠的時間哀悼，被視為是一種孝道的具體表現。從前面論述Bowlby的哀傷理論，足夠的哀悼時間，有其必要性。

若以團體內（in group）的規範來評判（藍采風，2000），傳統華人的社會文化規範，對於哀傷者的接納與包容，發展出守喪的儀式，鼓勵哀傷者可以有足夠時間公開表達哀傷；相反的，對照美國的社會文化規範，一個人的哀傷時間，假如比一般人平均時間較長，確實容易被視為異常。筆者在美國就讀博士的實習期間，曾經有一位當事人，由於丈夫死亡不到半年，便禁止自己哀傷，導致嚴重睡眠障礙和子宮發炎，被她的醫生認為很少有生理基礎的問題，病源應該在心理壓力，故建議她尋求諮商。會談中她揭露，由於閱讀當時一本書，作者主張哀傷超過半年為適應不良。所以過了半年，雖然心裡還是很傷痛，但是她非常努力禁止自己繼續哀傷，並告訴自己：「哀傷就是軟弱」，企圖勉勵自己要堅強，不要再掉眼淚。事實上，這是一個錯誤的資訊。由於如此，這位當事人的哀傷，變成由身

體和生理來表達。

　　根據實證研究，喪偶的哀傷需要很長的時間去適應。甚至自死亡發生之後，可以長達30年之久，這些受訪者仍舊會談起，或想起死去的配偶，而感傷或難過，或只要一想起就感到悲痛（Carnelley, Wortman, Bolger, & Burke, 2006）。由上面那位女士的例子，可以看到美國的社會文化規範，有過度簡化以「個人適應能力」來論斷哀傷時間「應該」的長短。由美國人發展的DSM-5精神疾病診斷準則手冊（台灣精神醫學會譯，2014／2013），對於哀傷便有時間規範，訂定死亡發生至少12個月後，若有A群至少一種症狀和B群至少六種症狀，可以診斷為複雜性哀傷相關之疾患（complex bereavement-related disorder）。診斷準則顯然是一種人為的規範，然而若將哀傷視為「自然的屬性」，便能自主復原。從現代的哀傷理論與實證研究，都指出復原不是無條件的，除了死亡方式、與死者的關係、死者的年齡等之外，至少時間便是一項重要條件。不幸的是，工商經濟活動高度化的現代社會和都會地區，在每日分秒必爭的忙碌生活中，幾乎完全不容許個人有足夠的哀悼時間。現代人如何處理他們的哀傷，很值得心理學者和心理工作者的關注。

失落與哀傷反應

　　當重要親人死亡，悲傷和哭泣是正常的人性反應，不是脆弱的行為。而且痛哭有助於哀傷的復原。相反的，自我禁止可能導致身體或心理的問題。

　　在本章共有四節，除了闡明與哀傷相關的名詞之定義和意義之外，主要在於說明哀傷為人類正常的反應與哀傷的反應，並論述正常哀傷與異常哀傷的症狀。由於篇幅的關係，有關哀傷的歷程和階段模式，則另立一章，於第三章討論。

❖第一節　失落、哀傷與哀悼❖

　　在哀傷諮商領域，有幾個常用的名詞需要明確界定，以便確定在本書使用的一致性，以及便於相關心理工作專業人員的溝通。這些名詞主要有失落（loss）、哀傷（grief）、哀悼（mourning）、傷慟（bereavement）等。

壹、失落

　　失落，乃指非自願的失去原本擁有關係之標的（target）。因此，當發生失落，個人會有被剝奪的感覺。通常若是個人自願放棄或捨棄與標的

物的關係，則幾乎很少有失落感的發生，例如僅有社交關係的人死亡、與不想交往的人分手或丟棄破舊不要的衣物等。

　　對於失落的分類，可依標的物的性質，而有不同的分類方法。一般根據性質對於失落的分類有兩種，即：物質的失落和心理社會的失落（psycho-social loss）（Rando, 1993, p. 20）。所謂「物質的失落」，又稱爲「實質性失落」，指失落某些實質的東西。「物質的失落」中，被剝奪的標的，通常有具體的物質存在性的本質，例如珠寶被竊、房屋因火災毀損、丟了機車，或是受傷導致手腳被截肢、顏面被火燒傷受損，或因癌症切除乳房、子宮等內外在器官。物質的失落由於具體，通常他人可以容易看到或知道。而「心理社會的失落」由於通常被剝奪的標的，具有他人不容易看到或知道的非實質性本質，爲心理社會性的本質，因此有時也稱之爲「象徵性失落」，例如失去頭銜、聲望、失戀、離婚、報考大學落榜、退休、理想破滅等，這些由於通常沒有實質可見的東西，所以他人比較不容易覺察。尤其心理社會的失落，將遠超過物質的失落之多樣與複雜，而引起極度的哀傷，以及需要較長時間的哀悼。

　　此外，失落也可以分爲原發的失落（initiative loss）和次級的失落（secondary loss）。「原發的失落」即首先發生的失落；而「次級的失落」也稱爲「二度失落」，乃隨伴著原發的失落，而發展或產生的失落。無論是物質的失落或是心理社會的失落，都可能引發次級的失落反應。例如退休屬於原發性失落，將隨伴發生人際和社會關係的失落、個人社會角色的失落、經濟的失落，以及心理安全感的失落，這些則屬於次級的失落；又例如切除乳房，對於婦女爲初級的失落，將隨伴發生自我身體意象、自尊的次級失落；切除性器官或子宮，對於男女病患都是初級的失落，然而可能引發對個人性別認同的不確定感與失落，以及婚姻或性關係的安全感等次級失落。若是因死亡發生的失落，則將產生和發展出更多的

次級失落。

　　在人生中也有三類，因自動改變而產生的失落，即：發展的失落、自然改變與成長的失落，以及能力爲本的失落（Rando, 1993, p. 20）。第一類發展的失落，是由於人類發展與老化，自然改變帶來的結果，例如歲月不饒人導致長出皺紋、失去青春美貌、視力減退、手腳不夠靈活等；第二類由於正常的成長與發展帶來的失落，例如孩子到了青少年，不再依賴父母、空巢期父母的失落，或婚後第一個孩子出生；第三類因能力爲本導致的失落，例如調職到別的單位、畢業、落榜、選手退休改任教練等。依前所述，並不是所有的失落都會導致強烈的負面情感、情緒，有些可能因失落舊有或習慣的角色、環境，而有一些輕微的悵然，但是更多的是正面的喜悅、興奮等情緒。不過可能人生多數的失落會引發被剝奪感的傷痛。

貳、哀傷

　　哀傷，爲對於個人失落的反應，也可以視爲一個人不願意放棄失落標的之反應。因此哀傷爲對於個人的各種失落之反應，不限於只對發生死亡的失落之反應，死亡導致的失落只是其中之一，不過卻是最具戲劇性，以及可能最嚴酷的失落。哀傷也是個人對於自己的失落之一種獨特感受。然而當發生親人死亡的失落，哀傷乃是對於傷慟的普世反應。所以，對於發生失落，特別是因死亡導致的失落，而有哀傷反應的人，通常被稱爲「哀傷者」（griever）。此外哀傷不是固定的狀態，而是在時間不斷的過去當中，涉及到很多的改變，所以會有持續發展的情形（Rando, 1993）。

　　學者對於哀傷和傷慟，各持不同定義，主要都抱持哀傷爲一個有次第的歷程。John Bowlby（1960, p. 11）對於哀傷的描述爲：「隨著失落之後次第出現的主觀狀態，並隨伴著哀傷。」Wolfelt（1983）則具體指出哀傷是一個歷程，而不像悲傷、害怕等，只是一種特殊的情緒狀態，會由各

種想法、情緒和行為表達出來。Doka和Martin（2010）也主張哀傷是一個歷程，在於適應哀傷，包括短期和長期的歷程。短期的哀傷歷程，是哀傷者在死亡發生之後，即刻對於傷慟的反應，為嚴重的哀傷；長期的哀傷歷程，是哀傷者哀悼與適應失落的過程，可能會有一、兩年。甚至有學者認為，哀傷不可能完全了結，即便是正常的哀傷者，生活功能都已經恢復，然而可能過了數十年之後，提到與已經死亡的至親有關的某個記憶，仍舊流露出一些傷感。

與「哀悼」的概念不同，「哀傷」可以不用公開，為個人私下對於失落的反應。哀傷的精力來自於想維持過去，以及面對當前現實之間的緊張，所以會呈現在生理、情緒、認知和靈性等層面，可以觀察到的廣泛行為。當哀傷的精力很強的時候，將在上述各層面呈現強烈的哀傷反應；當哀傷的精力變得極低的時候，可能哀傷者也不會感受到哀傷的存在。在台灣「Grief」一詞常被翻譯為「悲傷」，造成與哀傷的情緒反應層面當中的一種情緒，即「悲傷」（sadness）情緒，在溝通上容易混淆。

參、哀悼

「哀悼」，係指一個人對於失落的調適歷程。Rando（1993, p. 22）提出哀悼的歷程為：「經歷四個主要方式：心理的（經由情感、認知、知覺、態度，及哲學／靈性）、行為的（經由個人行動、行為、舉動）、社會的（經由對他人反應和互動），以及生理的（經由身體的症狀和生理健康）」。所以哀傷為個人面對失落的自然反應，對於死亡，個人在心理和生理兩方面的情緒反應（reaction），具有私人性和普世性；然而，哀悼則與個人所處的社會、文化和習俗有關，為反映公開性與社會性的表達。Rando（1993, p. 23）對「哀悼」的定義為：「經由個人的行為文化的與／或公開的哀傷表現」。所以哀悼應視為一個人在其所處的特定社會，以及

文化環境當中，依習俗表現出哀傷，以逐漸適應親愛的人已經不復存在的環境，所以需要一段時間。通常爲透過個人的行爲，在其文化或社會公開場域表現出哀傷。哀傷是人類不用學習的反應，然而哀悼則是個人在其文化中，經由見聞學習到的行爲或儀式。

　　Doka（1989）指出，哀悼爲個人面對失落，隨著文化型態的表達或儀式，使得他人得以辨識出這個人變得哀傷。因此不同文化的人，以不同的哀悼行爲或儀式表達其哀傷。我們華人通常透過喪禮、戴孝、守喪等一系列的儀式來表達哀悼，短則一年，長則三年。哀悼有著很強烈的文化色彩，美國白人的文化，喪親的人通常在公開場合，表達哀悼的行爲相當自我禁止。而在傳統的華人文化則不同，以台灣傳統的習俗，喪親、喪夫、喪子的女人，在喪禮被鼓勵，甚至期待，以嚎啕大哭的哀悼行爲來表達哀傷，以示對死者的「愛」，或表示這個死者對她有重要意義。由於文化變遷，現在台灣的女人，可以不使用傳統文化認定的放聲嚎啕大哭的哀悼行爲來表達哀傷。其次，也不一定得出席喪禮哀悼，才表示有哀傷反應。例如人在國外或遠方無法奔喪，或因個人身分無法出席喪禮，會在私下哀悼，以表達對個人的失落有哀傷反應；相反地，出席喪禮者不一定有哀傷反應，但是會有符合文化適度的哀悼行爲之表達，例如表情肅穆、安靜、輕聲細語交談等，他們可能只是來表達對喪家和哀傷者的支持。因此Rando（1984）認爲，哀悼是一種社會性溝通的媒介。

肆、傷慟

　　傷慟通常指因客觀的一種失落事件，所產生的反應現象。而這個失落事件，是由於被剝奪某個、某些人或物。尤其死亡，是個人一生當中無可避免的失落，也是世間普遍卻又嚴重的壓力，將誘發眾多痛苦反應和哀傷的症狀。而且在失落之後，會有一段時間的哀悼期，以及嚴重或密集的

哀傷狀態。精神分析學者Furman（1974, p. 34，引自S. Freud. 1915-1957）對於哀傷的定義爲：「經由死亡而失落所愛的客體，所隨後的精神工作（mental work）」。而這個「精神工作」，現在通常稱爲「哀傷」。A. Freud（1965, p. 67）認爲，哀傷涉及「痛苦，原慾和外在客體逐漸分離的歷程，使得原慾的精力能獲得自由，去投入新關係。」對於哀傷主張這樣的定義，不只包含了對於失落開始的哀傷反應，也包括了未來哀傷的解決（Grossberg & Crandall, 1979）。

在DSM-5使用「傷慟」一詞，而不是「哀傷」或「哀悼」，係特指對「心愛的人死亡是正常反應」（台灣精神醫學會，2014，p. 358），也就是特地強調對事件的反應現象。因此，對於因失落事件被剝奪而反應的人，被稱爲「傷慟者」（bereaver）。在英文的書籍中，「傷慟者」與「哀傷者」常被通用，但是「傷慟」主要具有被剝奪的意涵，而「哀傷」則以傷感或痛苦的意涵爲主。當然要知道對特定的失落事件，反應的正常或異常，就得進一步觀察「哀傷」反應的症狀，以及哀悼發展的情形，還有反應期間的長短。因此，有時候「哀傷」也使用「壓力」（stress）作爲同義詞。面對失落，通常大多數的人能夠有彈性的調適內外環境的改變，而不需要心理健康（mental health）的處理或治療。不過哀傷對於是否會惡化或發展出身心異常的問題，並不具有防護功能。相反地，由於壓力會使得身體或心理受傷，因此哀傷也可能升高身心疾病的危險性。

❖第二節　哀傷的情緒反應❖

對於哀傷反應的研究，可追溯至二十世紀中葉，Lindeman（1944）觀察了101名傷慟的病人，發現這些人的哀傷反應有著相似的型態，他將認爲是正常和嚴重哀傷的致病特徵，共列了五項：（一）某些類型的身體

或生理壓力、（二）死者的意像在腦海中揮之不去、（三）對死者或死亡情境的內疚、（四）憎恨的反應、（五）無法如失落前的生活功能。後來Parkes（2001）和Worden（1982）相繼從他們的研究再提出更完整的補充。哀傷的情緒反應，會呈現在個體的五個層面（Parks,1987; Rando, 1993; Worden, 2009），茲說明如後。

壹、情緒層面的反應

哀傷者在情緒方面的反應既複雜也相當多樣化，茲舉其要者如下。

一、悲傷

這是在傷慟當中最為普遍的情緒，通常會有痛哭或哭泣的行為。不過，悲傷可不一定都會哭泣，或可以看得到哭泣行為，有些非常悲傷的哀傷者會說：「很想哭，卻哭不出來，好痛苦。」失落的被剝奪感，可能讓人感到悲傷，也可能感到憤怒。事實上，悲傷和憤怒往往是一體兩面，悲傷呈現為低精力的情緒反應；而憤怒則呈現為高精力的情緒反應。

二、憤怒

憤怒也是失落之後常見的情緒經驗。Worden（1982）認為，哀傷者的憤怒來源主要有二，一為個人無法阻止死亡的發生，而感到挫折；二為在親愛的人失落之後發生退化的經驗。這種情形就像Bowlby提到幼兒發現媽媽離開不見了，會因驚嚇和緊張而痛哭，要找媽媽；等到媽媽回來了，不是破涕為笑，而是憤怒的以腳踢或用手搥媽媽。這就是「你離開，所以我生氣，我要妳回來，所以我傷心」的現象。Bowlby認為，這是人類幼兒天生的反應，表達「不要再離開我」的訊息。死亡造成永久性的失落，讓哀傷者感到被遺棄，或無法阻止死亡發生的挫折，都會引起憤怒情緒。

三、內疚與自責

通常內疚與自責在發生死亡的失落時，也是很普遍的反應。生存者總是會自找有何疏失導致死亡，或未做什麼而導致死亡，或自責親人活著的時候沒有做的。其實大多數人的內疚或自責，都是非理性的成分居多。治療師使用現實考驗技術（reality testing technique），便可以協助哀傷者看到這不是事實。尤其，死亡導致生存者認為死者死亡是棄他而去，例如年輕的子女病死，或丈夫病死，哀傷者可能一直認為死者不想死，所以很自責。治療師需要協助哀傷者，去覺察這是他對死者的憤怒內射，而成為自責，否則可能容易演變成複雜性哀傷。

四、焦慮

焦慮情緒可以從很強烈的恐慌到輕微的不安全感。焦慮的主要來源有二，一為發生失落之後，生存者害怕自己無法自我照顧；二為由於親人死亡，引發對自己死亡覺知的高焦慮（Worden, 1976）。由於害怕或擔心無法自我照顧，以孩子和老人最常見。至於對於個人死亡的焦慮，通常由接近死亡所引發。平常我們為每日生活忙碌著，幾乎很少想到自己也有死亡的一天。如果我們去參加同事的喪禮，可能會引發對於自己終有一死的覺知。不過通常不會很焦慮，而且過幾個小時或過幾天便逐漸淡忘了。然而，如果自己的手足相繼因癌症死亡，由於擔心遺傳疾病，可能引發個人死亡的高焦慮。

五、孤獨感

至親死亡，普遍生存者也會表示有孤獨感的情形。尤其以配偶死亡，特別容易有很強的孤獨感受，由於過去幾乎天天相伴或共同維護一個家庭功能的關係。儘管有孤獨感，通常哀傷者也會因為傷痛，而大量減少社交。華人對於死亡有禁忌的文化傳統，「戴孝」的人，也就是守喪的人，

被認為不適合去別人家作客。一般社交關係者，甚至親戚，也不喜歡去才辦過喪事不久的人家。這個傳統文化，使得孤獨的哀傷者更孤獨。

六、疲憊感

疲憊通常可能是生理引起的經驗。但是Parkes（1987）將其列為情緒，由於可能有時呈現冷淡，或無精打采的感覺，哀傷者自陳對什麼都沒有興趣、提不起勁，所以與情緒有關。

七、麻木

有些哀傷者會提到沒有感覺，通常在發生哀傷歷程的早期，比較會有這種感覺，這是一種下意識的自我保護作用。由於在哀傷歷程的早期，為嚴重的哀傷期，哀傷者被強烈的情緒襲擊，心理壓力很大，已經不堪負荷，需要減少外來的刺激。因此自我防衛，用以減少對外在刺激的接收和反應。

八、震驚

發生死亡，生存者都會有震驚的反應，更何況失落是由非預期的死亡所造成，震驚反應的強度會更大，持續的時間會更長。即便是預期的死亡，由於無論誰都無法預測死亡的確切時刻，所以當死亡發生了，都是令人震驚的情境。

九、無助感

在失落發生的早期，無助的體驗將特別明顯。親人死亡為非尋常的經驗，令人不知所措。尤其小孩、老人或喪偶者，會感到頓失依靠，因此，無助和焦慮的情緒常相伴而生。

十、解脫感

若至親因病或其他因素，生理和身體長期受到折磨，由於身同感受，

一旦這個人死亡，家屬可能會有「他終於解脫了」的想法，認為對方不再受苦，而替對方感到慶幸，而自己不用再牽掛親人的受苦，也有鬆了一口氣的感覺。

十一、釋懷（放下）

通常以長期臥床者、有家暴行為、精神疾患之家屬或配偶的死亡，最容易產生。在死亡發生之後，對於生存者而言，由於壓力源消失，特別容易有這種感覺。然而，若死者是親長或子女，由於懷疑自己是否真正愛過對方，可能同時會有罪疚感，這種矛盾的情緒經驗，需要治療者協助哀傷者去覺知和釐清。

十二、思念

這是對於失落正常且普遍的反應。由於可以滿足需求的互動不再擁有，難免會渴望再體驗，而有想念的體驗。

在上述的情緒反應之中，治療師需要特別注意悲傷、憤怒和內疚等三種情緒。如果這三種情緒當中，缺乏一至兩種情緒，或三者皆無，或有極度強烈的情形，通常有隱藏的原因，例如自我禁止、壓抑或抑制等，均有待處理。所以，缺乏這三種情緒，或沒有適當的紓解，容易衍生複雜性哀傷。

貳、認知層面的反應

一、缺乏現實感

由於外在存在的物質世界已經改變，即親人已經死亡，從日常經常互動的生活中缺席了。而生存者已習慣、期待與外在客體的互動，可以獲得那些需求的滿足。由於這個遽然的外在改變，然而在生存者內在精神層面的客體，依舊存在習慣的意像、角色、功能、情感和關係，一時之間轉

換不過來，因此會難以置信親人已經死亡。一位年輕的當事人表示：「我的未婚夫因肺腺癌過世，發現時已經是末期。醫生要求立刻住院，我便開始一直忙著照顧他，但是一個月後他便過世，好突然，好快喔！直到現在已經三個月了，我常不由自主地會撥手機號碼找他，鈴聲響才喚醒我，他已經死了。」研究發現，親人自然死亡的哀傷者，平均也需要約一個月的時間去適應，並逐漸有現實感（Maciejewski, Zhang, Block, & Prigerson, 2007）。

二、幻覺

　　由於初期的嚴重哀傷，生存者會有先入（preoccupied）的認知，以致認為死者還在。有一位喪夫的女性說：「頭七那一天，他真的有回來，我在房間內聞到一陣香菸的味道，那是他常抽的一種牌子，所以這個味道我很熟悉，我確定是他回來了。」由於台灣民間傳統喪禮有頭七祭拜的儀式，相信頭七死者的靈魂會回家。因此，類似這樣的陳述在會談中並不稀有。是否死者的靈魂真的會回來，這是民間信仰，尊重當事人的信仰即可，這個正常反應在哀悼的初期，具有安慰哀傷者的作用，因此無須爭辯，以免好像要將其抱在懷中的玩偶搶走，只有讓他感到治療師不相信他，以致破壞治療關係而已，或將之視為當事人的幻覺，而認為其精神異常需要治療，這更是不可為之舉。林耀盛、侯懿真、許敏桃（2011, p. 15）對喪偶婦女的研究，發現喪偶婦女在配偶死亡不久，有兩種層次的機制：一為「身體感知的記憶」，為喪偶者清醒時的主觀體驗報導；二為「夢境傳說的敘事」，為喪偶者對於自己睡覺中夢境的述說，兩者均用以傳遞心理思念的縈繞意義，前者便是幻覺，後者就是作夢。哀傷者在哀悼初期的幻覺是常見的現象，學者也都認為這是正常哀傷的反應（Parkes, 1987，Worden, 2000）。哀傷者的幻覺是否為病態的反應，需要同時觀察和了解失落發生之前有無心理疾病，以及有無呈現其他症狀。

三、死者現前（present）

由於很渴望見到死者，哀傷者可能有時候覺得死者好像就在其身旁。根據Worden（1996）的研究發現，喪親四個月之後，有81%的兒童認為死去的父母仍在照顧他；喪親兩年之後，仍有66%的兒童有這樣的想法。不只兒童有這樣的反應，成人也一樣，在親人死亡之後，短暫期間以這種方式作為調適與親人的連結，這是正常的哀傷反應。

四、思想混亂

哀傷者抱怨自己的思想很難精確或有條理。由於死亡的衝擊，打亂了生存者的生活，還有許多有關死亡的疑問等待找尋答案。有這麼多的壓力，使得生存者腦子經常一片混亂，好像經常被塞滿、插播各種不同的事物，或切斷正在想的事。

五、縈念

這是一種揮之不去，終日盤旋腦中的意像和想法，例如死者的意像、死亡的情境，或過去與死者相處的經驗等記憶。縈念有時很干擾生活，例如開車當中，不自覺地開到錯誤的道路或地點，才警覺自己失神，方才滿腦子與死者有關的回憶或想法。不過這也是正常反應，隨著哀悼過程的進展，會逐漸減少。

六、心不在焉

很難專注是失落初期普遍的現象。哀傷者可能覺得自己變得容易忘東忘西，或難以記住事情，或被旁觀者發現哀傷者做事不認真、不專心。這種現象過些時日會自動恢復。

參、行為層面的反應

在發生失落之後，會有一些特殊行為，這是正常的哀傷反應。與反應失落有關的哀傷，常見行為如下。

一、睡眠障礙

這是在發生失落的早期很常見的反應。睡眠障礙包括不容易入睡、睡不安穩，或半夜常醒過來，以及過早醒來。有些人睡眠障礙比較嚴重，可能需要借助藥物幫助入眠。然而通常正常的哀傷者會逐漸調整回來，不需要持續使用藥物治療睡眠。

二、飲食障礙

雖然有些人可能會出現飲食過量或過少，如同其他面對壓力大時的反應。一般會在失落初期覺得沒有胃口的人比較多。除非因為喪親而有嚴重的飲食異常，例如厭食或暴食的問題，需要就醫之外，一般短期間之內的飲食習慣改變都屬常見，也是哀傷的正常反應。

三、夢見死者

作夢是一般人都會有的行為，也是哀傷者常見的行為。夢可以視為哀傷者繼續與死者溝通的一種方式，或繼續要與死者維持連結的方式。由於不願意放棄與死者的生活，渴望見到死者，因此睡覺時夢見死者，乃是哀傷者很普遍的現象。根據研究，從夢境可以了解生存者處在哀傷歷程的哪一個階段（Wray & Price, 2005），因此治療師運用哀傷者的夢，可以使會談更為深化。

四、作白日夢

這是在壓力之下，一般人都會有的行為。例如大學生每當期末考到了，壓力較大，就幻想考完期末考去看電影、吃美食和逛街，用這種幻想

可以降低期末的課業和考試壓力。完形學派的創始者Friz Perls（1969）主張，清醒的時候作白日夢與睡覺的時候作夢，在性質上一樣，都反映心理的需求和情緒。喪親者壓力大，所以與死者重逢、死者還活著等幻想內容或白日夢，是用以減少分離的焦慮。中小學的任課老師可能發現剛剛喪親的兒童或青少年在課堂發呆的坐著，沒有在聽課，被叫到名字的時候，恍如才醒過來，由於這個孩子在作白日夢，可能正想著過去和親人相處的情形，或想這位死去的親人在另一個世界的樣子。

五、不能專心

哀傷者可能感到自己由於不專注或難以專注，而造成生活的不便或困擾。一位喪母不久的中年男士在會談中表示：「最近開車常不專心而跑錯地方或跑錯路，以致與人約定見面卻遲到，好困擾。」

六、嘆氣

這種行為與生理呼吸時候，在胸腔擴胸運動不足有關。因為哀傷者在生理上會因壓力反應縮緊橫膈膜，導致呼吸的時候無法充分擴胸，以便吸進適量的氧氣。因而吸入的氧氣不足，將會不自覺的時常略微用力吸氣和吐氣。

七、社會退縮

發生失落之後普遍的現象之一，便是社會退縮。通常正常的哀傷反應會逐漸自然恢復，哀傷者由於情緒的負荷，而暫時失去與他人接觸的動機和興趣。可能一方面由於過於沉溺在內在，由情緒引發的各種內在世界；另方面避免在社交情境，被他人提起有關失落的相關刺激，因此迴避社交可以減少壓力。其次，也有文化因素的影響。在華人的世界，由於對於死亡的禁忌，也使得服喪中的人不參與社交活動。

八、迴避提到死者

可能爲了減少失落有關的刺激所帶來的壓力，當有人詢問或提起有關死亡和死者相關的話題，哀傷者可能會迴避，或迴避到死者常去的地方。若是短暫期間有這樣的行爲，乃是正常，將會逐漸恢復，無需治療的介入。若是經過一段時間沒有改變的跡象，則需注意是否有複雜哀傷的問題。筆者在美國實習的時候，有位當事人目睹丈夫死於車禍，在丈夫的喪禮之後，很快將家裡清理一番，將丈夫所有的遺物和照片都丟棄或收起來，表現出好像「恢復很快」。親友若提起丈夫相關的話題，她便立刻轉換話題。後來因嚴重失眠到精神科就診，一年之間睡眠障礙愈形嚴重，藥療都沒有改善情況，她的精神科醫生乃建議她尋求心理諮商。

九、哭泣

這是最常見的哀傷反應行爲，尤其失落的初期，哭泣很需要。似乎哭泣可以減少由情緒所引起的生理壓力，因此不見哀傷者有哭泣行爲，反而需要注意。

十、尋找和呼喚

哀傷者會到死者常去的地方，彷彿試圖找到死者，這是在哀悼初期常有的現象。有一位女士，年過40歲單身，由於未婚，一直與母親兩人同住，在母親過世百日前一天來會談，傷心地描述了尋找死去母親的情形：「我不只在母親過世之後，每日都會數著母親已經離開第幾天了。每天下班回到家第一件事，就是直接走向廚房，明知母親已經過世，但是有一種莫名的衝動，好像可以再次在廚房看到她忙著煮晚餐的背影。因爲她還活著的時候，我每天回家一進門，都會先看到我媽媽在廚房忙著做晚餐的背影。……」而很多哀傷者也會提到，會不自覺的呼喚死者或叫出死者的名字。有一位21歲喪父的女性，哭訴著如何想念最疼愛她的父親：「爸爸已

經過世半年了，可是我很想念他。每天在心裡不由自主地會叫『爸爸』。而且常常會駐留在他生前工作的小房間，去憑弔，甚至小聲的叫出『爸爸』。」這些舉動，都是由於哀傷者很難放棄重要的依附人物，因而有要找回死者的行為。

十一、攜帶或珍藏遺物

在我們的文化，失去親人的哀傷者攜帶或珍藏死者遺物，這是很常見的行為。在一個喪偶者支持團體，有一位結婚未滿兩年的年輕婦女，在團體中分享她隨時帶在皮夾中，一張過世丈夫的身分證。另外，在所帶領過的一個失獨者支持性團體，好幾位失落子女的父母都分享了每日帶在身上的孩子遺物。一位父親表示，現在他每天戴的這一只手錶，就是死去的兒子生前戴的手錶。還有一位父親，分享了他帶著的手機，是死去的女兒使用的。從心理層面來看，在失落的初期，哀傷者攜帶或珍藏死者的遺物很正常。Winnicott（1951）認為當母親不在時，幼兒以玩偶作為母親的「轉化客體」（transition object），來得到慰藉和安全感。因此，成人失去親人時，攜帶遺物和珍藏遺物，也可以視為一種「轉化客體」。不過對於所珍藏的遺物，若有過度擔心被他人毀損的情形，或是死亡發生已經很久了，每提到遺物就潸然淚下，若有這種情況，治療師必須注意，是否哀傷者以此作為抗拒接受死亡的事實，或難以鬆開與死者外在客體的關係，而以「轉化客體」取代，可能有複雜性哀傷的問題。

十二、流連死者常去的地方

有些哀傷者會在失落之後，去死者常去的地方憑弔或回憶死者。這個行為是正常的哀悼行為。如果哀傷者去死者過去常去的地方，便哭泣或甚至痛哭，那就不可以視為正常。

十三、探視靈骨塔位或墳墓

在美國由於墳場有人管理，因此哀傷者去探視墳墓是很平常的行為。過去在台灣墳場無人管理，雜草叢生令人生畏，除清明節掃墓之外，平常很少人會去。現在靈骨塔很普遍，平日都有人管理。因此，哀傷者去靈骨塔探視或祭拜親人的行為，比較易見。尤其以親人死亡的初期，到安置親人骨骸的地方和死者繼續溝通者非常多。這種行為，通常有助於療傷。

肆、生理層面的反應

由於哀傷的強烈情緒，以及生活型態暫時的改變，可能導致對於身體和生理的壓力，因此哀傷者會經驗到生理的反應。早在Lindeman（1944）的研究當中，已經指出哀傷在生理方面的相關反應。尤其在嚴重哀傷的階段，哀傷者特別容易感受生理反應的不舒服。後來的學者研究（Parkes, 2011），也同樣支持這樣的觀點。這些在臨床上容易聽到哀傷者抱怨的生理反應，包括：

- 口乾舌燥。
- 沒有力氣。
- 呼吸困難或短促。
- 對聲音和光源過度敏感。
- 胸悶。
- 喉頭緊，以致說話聲音較低。
- 恍恍惚惚。
- 胃部不舒服。
- 肌肉緊繃或無力。

伍、靈性層面的反應

在此所謂「靈性」，不是特指宗教方面的「靈」或「靈魂」，而是指個人的信念。遭遇失落，尤其與死亡有關的失落，由於重大壓力，會使得一個人的信念系統產生改變。這些信念系統包括以下三方面。

一、個人的人生哲學觀和生死觀

這是個人在其成長的社會文化當中發展出來的，對於人生的信念。例如相信人要行善，「善有善報，惡有惡報」、「努力一定會成功」等。當親愛的家人年紀輕輕就病死，或車禍死亡，這些信念會受到很大的衝擊而改變，有的人甚至變得憤世嫉俗。

二、個人的一般生活信念

這是從小得自家庭教育或學校教育的生活信念。例如有良好的飲食習慣和生活習慣，個人就會身體健康，或遵守交通規則就會安全。但是當親愛的家人從不抽菸，卻因肺癌死亡，而周邊抽菸的人沒事；或一向都很守法的家人，卻被汽車撞死，如此可能會因失落的挫折而感到憤怒，不再相信不抽菸就不會罹患肺癌，或守法就沒事。

三、個人的宗教信念

不同的宗教，都有一些相同的信念和特殊的信念。有個人宗教信仰者，通常會受到宗教教義的影響，而發展出與宗教有關的信念，例如很虔誠信仰上帝或敬拜神佛，必定會得到上帝或神佛的保佑。死亡的挫折，會使哀傷者不再相信上帝或神佛的存在，或不再相信上帝或神佛的公正性。

處在哀傷歷程較早階段，由於嚴重的哀傷，挫折感會使得哀傷者認為，長期以來相信的守則與事實不符，有被欺騙的感覺而產生憤怒。不過那些因失落產生改變的信念，通常為暫時性的。哀傷者會在走過傷慟之

後，逐漸恢復這些長期建立的信念，由於這些都是個人長久習慣，且賴以作為做人行事的重要指引。除非由於發展成為病態或複雜性哀傷，可能憤怒未消，而持續堅持過去的信念是欺騙人的。

❖第三節　哀傷為正常反應❖

壹、哀傷與精神疾病

千百年來不分種族國籍，在沒有心理諮商和治療問世之前，人們失去親人的傷痛，絕大多數都能逐漸自行療癒。Parkes（1986）主張哀傷是對於我們每個人人生當中稀有壓力的一種正常反應，每個人遲早都會遇到，所以通常不會被視為是一種心理疾病。或許有些哀傷的狀況，在一段時間內這個傷慟的人呈現精神頹廢，生活型態失常，看起來心理很脆弱，好像符合一般人眼中的心理疾病或病態，生活好像「崩潰」或「垮掉」，或這個人「瘋了」，當被他人這樣看待，這個人也可能會想到自己是否有「病」。

確實當人們對於病因學、病源論或疾病病理學不了解的時候，便會僅以症狀來將一個人分類。在精神科便有使用診斷標準，依症狀來做出診斷的傳統，也就是使用出現的症狀，作為診斷的決定。而哀傷者由於受到情緒嚴重干擾，可能會向他人傾訴很多情緒，如悲傷、無助感、無望感、孤獨感、憂慮、焦慮、失眠、飲食失常、失去人生目標、茫然、對事物失去興趣、失去自我認同等，這些與憂鬱反應、憂鬱症或焦慮症有關的症狀。假如我們去注意或重視哀傷者所陳述的不同情緒，就會發現依時間不同，而有削減或消失，或有些情緒或症狀消失之後，才出現另外的不同情緒。也就是依時間的序列，不同情緒或一些生理、行為等症狀會有變化，實際

上並不符合「憂鬱症」或「焦慮症」的診斷。若我們忽略上述說明，哀傷者若因不堪失眠的干擾，而到精神科求助，可能容易被診斷為「憂鬱症」或「分離焦慮症」。在距今約四十年前，英國學者G. Gorer（1965）研究哀傷與哀悼，便有感而發的提到，當時的人對於哀傷者抱持負面的態度，即哀悼被以心理脆弱、自我沉溺、應受到譴責的壞習慣等來看待，而非以一個人對失落的心理反應需求來看待。

由於從實際的觀察，哀傷是一個過程（process），而不是一種狀態（state），哀傷與憂鬱症、焦慮症等之差異，在於哀傷不是一組症候群，而是在失落發生之後陸續在不同的時間流程出現在情緒、認知、行為和生理有不同的反應，有些反應先出現，然後逐漸消失，而有些反應則逐漸明顯，然後過些時候也會逐漸消退。這種變化現象，與哀悼歷程的階段變化有關。從實證研究發現，哀傷的反應確實有階段現象，每一個階段有其特徵（Maciejewski, et al., 2007），且在臨床實務上可以看到各階段的持續時間也因人而異，各階段出現的特徵和型態每個人也不盡相同。尤其失落親人往往還會帶來次級失落，而有另外的一些哀傷反應（Parkes, 1987; Rando, 1993）。因此，很顯然的哀傷並不符合心理疾病的歷程與狀態。所以，並不適合將哀傷歸為一種心理疾病，而認為哀傷者發生異常或變態。從當代的哀傷理論，我們可以確信哀傷是人類的正常反應，但是我們無法保證每一名哀傷者的哀傷和哀悼反應都是正常的。個人在發生失落之前的適應能力與適應狀況、心理與人格健康狀態、與死者的關係、死亡的方式和社會支持網絡、死者或哀傷者的個人角色等，都可能影響個人對失落的反應，發展成為複雜性哀傷或病態哀傷。

貳、哀傷對身體和生理的影響

從精神分析論的觀點，哀傷是由於失落導致精神（psychic）受傷。

而從實際的觀察和研究，也都顯示哀傷可能導致身體受到傷害。英國精神醫學教授Geoge Engel為第一位對於失落與身體受傷進行比較研究的學者。Engel（1961）發現，無論心理受傷或身體受傷，兩者都需要療癒的時間。個人在生理方面的再生力量，若未如預期，則會留下疤痕。哀傷工作是一個健康的歷程，然而與身體受傷的道理相同，若療癒的力量未能行動，受傷的內在精神也難以恢復。Engel（1961）在他的一篇論文〈哀傷是一種疾病嗎？〉，便很肯定的主張哀傷不是一種疾病，但是也能發展成一種疾病，因為可能「心碎」（break heart）而死。Engel使用「心碎」一詞，好像既抽象又浪漫，很有文學意境，因為除了外物撞擊，否則心臟是不可能碎掉。不過在實證研究方面，確實發現喪偶的婦女，在喪夫的第一年，自己也死亡的危險性特別偏高。在美國M. Young等人（1963）早已發現，超過54歲的喪偶婦女，在喪偶之後的半年內，死亡率幾乎高達40%之多。將近二十年後，Mellstrom等人（1982）的研究也指出，喪偶婦女在喪夫之後的第三個月，以及喪偶男人在喪妻的第一年內，死亡率都呈現顯著增加。

　　另一項有趣的研究，Frank和Smith（1982）在巴布亞新幾內亞的研究發現，在喪偶的第一年，喪偶男性的死亡率顯著高於女性。他們認為，主要原因在於依照其Huli文化的傳統習俗，喪偶的婦女必須住到「duguanda」，這是一種可以稱為「哭喪屋」的特殊建築。這些住在「duguanda」的喪偶婦女，被期待在那個屋子裡，以公開密集的方式激烈的痛哭，並憤怒控訴死亡的丈夫棄她而去。而且喪禮之後，較親近的家族女性也繼續痛哭，有時也睡在「duguanda」達數週之久。然而，對於喪偶的男人，則沒有這樣的傳統習俗需要遵守。因此Frank和Smith認為，這項傳統顯然很有療癒作用。這項研究讓筆者想起，在台灣的傳統喪禮，從外地回家奔喪的媳婦和女兒都需要「哭路頭」，這個儀式是要求從外地回

來奔喪的女性必須放聲大哭，並用爬行方式進入住宅大門，不可以走著進去，以表傷慟。在「作七」或陪祭，以及「送葬」時，喪親女性也是被鼓勵需要放聲大哭。這可能與華人的孝道文化有關，痛哭表示不捨。這種鼓勵哀傷者充分表哀傷的文化與習俗，與現代哀傷理論不謀而合，哀傷是正常的反應，然而需要表達出來，才有利於個人療傷和生活功能的恢復。

十九世紀在醫學方面的學者視哀傷是疾病，認爲哀傷者生病了，才有哀傷反應。雖然當代不再視哀傷是一種疾病，不過哀傷也常被認爲與身體疾病有關，可能由於哀傷是一種重大壓力，對於生理有所影響。從事失落、壓力和疾病關聯的學者發現，癌症與疾病的出現，與失落、壓力或沒有進展的哀傷有關聯，當然也有人不同意壓力與疾病有關（Leick & Davidsen-Nieisen, 1991）。有關前述喪偶者的死亡率偏高，被認爲是「心碎」而死，不是毫無根據。早在十九世紀Benjamin Rush（1835）便主張，因哀傷而死亡者有心肌梗塞、心臟發炎以及血管破裂的狀況；而現代學者Osterweis等人（1984）的研究結論指出，過高的死亡率，尤其在傷痛的男性這部分，大部分由於自殺、心血管硬化和心臟過勞所致。且這些人喪偶前臨床上已有的三項問題爲：憂鬱症、酗酒和心血管疾病。

Parkes（1987）認爲，可能喪偶之後的男性傾向抽菸更多、改變飲食，甚至情緒影響心血管問題。顯然男性喪偶前已經有身心疾病或抽菸、酗酒等問題存在。喪偶後沒有妻子爲伴和照顧生活，調適狀況更差，成爲死亡危險因素。Parkes（1987）提到，他與哈佛大學的一組學者研究一群喪偶14個月之後的男性與女性，與另一組68名相同年齡、性別、職業階層、家庭大小的已婚男性與女性，進行比較研究。結果發現，喪偶傷慟的這一組從他們無法休息與失眠、難以做抉擇和記得事物等狀況，顯示有憂鬱和一般情緒障礙的症狀；喪偶這一組人也比他們喪偶之前消費較多的助眠劑、酒和香菸；此外，喪偶組比控制組明顯有較多抱怨生理症狀的次

數、顯示焦慮和緊張的症狀；且喪偶組的這些人在接受研究前一年住院的時間為控制組的四倍。

此外再婚與療癒的關係也受到重視，Helsiing等人（1982）的研究發現，喪偶男性再婚者死亡率比未再婚者低，甚至也低於已婚男性。從這份研究結果，有趣的可以看到喪偶男性在喪妻之後，乏人陪伴與照顧，生活習慣可能產生負面改變而成為影響健康的危險因素，再婚或許讓人生活為之一新，也提振心情，而有助於恢復和健康。

根據上述各項研究結果，特別值得重視的是，對於喪偶者，不論男性或女性都需要有專業助人者的諮商介入，協助處理哀傷反應和生活適應，尤其在喪偶之前已經有憂鬱疾病、酗酒、抽菸和心血管疾病者，更是需要積極給予協助，如此不只可以降低個人死亡的危險性，也有助於社區心理健康。

❖第四節　正常哀傷與病態哀傷❖

對於哀傷反應的認識，為晚近精神醫學、哀傷諮商的學者以及臨床工作者都很注意的重要議題。雖然哀傷為普世的正常反應，然而由於影響哀傷的因素，也會造成哀傷者有複雜性的哀傷問題。Zisook和Shuchter（1991）的研究指出，配偶過世兩週之後，有23%的喪偶婦女顯示，哀傷反應症狀符合重鬱發作的診斷準則。另外，Brown和Harris（1978）也指出，在失落之後常有發作憂鬱的情形，由於在壓力事件之後，發生憂鬱疾病的可能性很高。所以認識正常的哀傷反應和異常的哀傷反應，為治療師不可或缺的專業知識。

壹、正常與病態哀傷的分野

Freud（1917, p. 225）在論述哀傷工作的時候，有一段話：「對抗原慾失落了所期待依附的客體之記憶和情境的每一個片段，都被判斷在事實上客體已不存在。」隨後還提到：「當完成傷慟的功課，自我便獲得自由和不再抑制」。後來Freud（1923, p. 63）又提到：「假如失落一個客體或被迫放棄一個客體，個人將再度在自我（ego）以自己（self）認同那個客體，以及建立那個客體。『客體─選擇』（object-choice）退化（regresses）了，以認同作爲補償。」這是Freud論述孩子基本依附的父母客體失落，將失落的客體內射（introjection）形成超我，他沒有再進一步論述其他失落。所以，就Freud的立場，認同是用以解決哀傷，哀傷的目的，是在使自我得以從死者身上得到自由。由於自我防衛機制是用以因應焦慮，以及避免個人被焦慮所擊潰，只要不過度使用，都可以視爲正常；而「認同作用」（identification）的防衛功能，可以提高自己的價值和保護個人，避免產生失敗感。由於沒有能力阻止死亡的發生，親人死亡往往讓個人感到失敗和內疚。喪親的人也會感到自己和同儕或他人不同，認同作用可以減少失敗感和自卑。

由於Collin Murray Parkes（1987-1988）認爲，Freud主張所依附的客體可以被取代，因此不贊同Freud對於哀傷的一些觀點。他認爲每一個愛的關係都是獨一無二，因此這樣的論調忽略了去認識這個獨特性。儘管如此，許多精神分析論的學者在論述Freud對於失落的哀傷功課和內化（internalization），都以哀傷者以內射死者方式，作爲保存這個客體的途徑，而且也成爲現代研究哀傷學理的基本根據。Roy Schafer（1968）不只運用Freud的理論，也特別區分兩種內化（internalizing）的防衛機制，即認同作用和內射。

　　Vamik Volkan（1981）根據Schafer的論述，並使用認同作用和內射這兩種防衛機制，來區分正常哀傷和異常哀傷。Volkan主張認同作用為導致正常哀傷的結果，「自體表徵」（self representation）酷似「客體表徵」，這個相似可視為自體致力於和客體維持關係，或可視為自體開拓出從客體獨立出來的路；而內射則是導致異常哀傷的結果，由於是沒有修改客體的表徵，而直接將客體併入自我（ego），使得客體與自我共存，所以造成自我分裂，成為有害的狀況，客體被視為是自我之外的另一人，以此維持與死者的聯結（bond），一如過去生前一般。換言之，認同作用是當親人死亡對於一個人來說已成事實，個人乃將所羨慕或崇拜的死者優點，經由學習或仿效而成為自體的一部分，以具有如同死去的親人之優點，作為與死者維繫關係，讓自我在現實中可以沒有死者，而能夠獨立繼續過日子，例如有人會說：「我父親生前常常行善，我現在也常去當義工」。內射則是當親人死亡，個人不願意面對或否認這個事實，也就是不放棄已經死亡的客體，而將未改變的客體表徵，硬生生的吞入自我（ego），當作客體還存在一般，自己便可以繼續與死者生活，例如有人保留死者住過的房間，天天去憑弔，並在房間內自言自語的獨自和死者說話，因此可能形成複雜性哀傷。

貳、非複雜性哀傷

　　所謂正常哀傷，係指在發生失落之後，通常一般人會出現在情感情緒和行為方面廣大範圍的反應，這些反應在臨床上為正常哀悼行為，也是統計上更趨向多數的行為，即在絕大多數人身上可以看到的反應，便是正常。不過，這樣的定義還是不夠嚴謹與具體。尤其「正常」很難確定，就像在身體方面，我們比較容易定義一個人「沒病」，但是很難以定義這個人為「健康」。不過Boelan和ven den Bout（2008）從實證研究發現，複雜

性哀傷與非複雜性哀傷，兩者的症狀在建構（constructs）上確實有差異，因此當前學者多傾向贊同使用「非複雜性哀傷」（uncomplicated grief），以取代「正常哀傷」（Rando, 1993; Worden, 1982）；而且當使用「非複雜性哀傷」作爲對應「複雜性哀傷」（complicated grief）時，則比較安全和不容易犯錯。對於非複雜性哀傷，雖然不會被視爲異常，不過在目前最新的《DSM-5精神疾病診斷準則手冊》，在第二篇〈可能是臨床關注焦點的其他情況〉之「與主要支持群體相關的其他問題」當中，被列爲「單純的喪親之痛」，以便哀傷者就醫時可以作爲診斷和處理的依據。被歸類在這一類V編碼的問題，都是未被診斷爲精神疾病或心理疾病。不過在DSM-5特別註明，這個歸類在當「心愛的人死亡是正常反應成爲醫療關注焦點時使用」（台灣精神醫學會譯，2014，p. 358）。

值得注意的是，即便是嚴重性哀傷（acute grief），也是對於失落正常反應的症狀，不應該被視爲病態（Shears, 2011）。早在近百年前，S. Freud（1917, p. 234）便特別強調：「雖然哀悼時會嚴重偏離面對生活的態度，我們也從來都不會認爲這是病態的狀況，而會推薦去做醫療的治療。在某些時間流逝之後，我們賴以克服，我們認爲對哀傷的任何干預是無用或傷害。」不過失落發之前或發生之後，沒有治療的疾病，例如憂鬱症、創後遺壓力異常症、睡眠障礙症等，需要好好的治療，否則會干擾哀傷原本可以自然恢復的歷程，有可能造成障礙哀悼的歷程，而形成病態哀傷。

參、病態的哀傷

談到病態哀傷，目前學者主張使用「複雜性哀傷」一詞，指有心理疾病的傷慟。由於失落的哀傷與身體受傷的道理類似，而哀悼則與身體療癒過程的發炎相似。身體受傷的療癒過程，可能受到複雜因素的隱藏，而

造成發炎和疼痛的時間延長，因此心理在療癒失落的過程，若受到複雜因素的障礙，同樣也可能造成嚴重性哀傷的時間延長。因為哀傷常常也會延長時間，或以某方式持續，然而並非複雜或病態。所以若使用「延長性哀傷」（prolonged grief）或「持續性哀傷」（persistent grief），可能使人感到混淆與困惑。所以學者多偏好使用「複雜性哀傷」這個名詞（Shear, et al., 2011）。

　　複雜性哀傷是指一個人在親愛的人死亡之後，發展出使當事人變得衰弱的臨床狀況（Boelen, Keijser, van den Hout & van den Bout, 2007; Prigerson & Jacobs, 2001），為一種臨床的心理異常（mental disorder）。不過若要界定「複雜性哀傷」為一種需要臨床醫療的心理異常，則不是一件容易的事。由於哀傷為人類的正常反應，因此界定所謂「病態哀傷」必須非常謹慎。即便在1997年美國APA曾經召開相關專家會議，討論與期待可以在DSM增列「創傷性哀傷」。然而至目前也只在《DSM-5精神疾病診斷準則手冊》的〈創傷及壓力相關障礙症〉之中的「其他待定的創傷和壓力相關障礙症」這部分，列有「持續性複雜哀慟障礙症」，勉強列出了一種非正常的哀傷。不過同時也在DSM-5的第三篇註明為「有待未來研究的病況」，足見診斷有病態哀傷的慎重程度。

　　由於主張DSM需要提供指引，作為認識正常哀傷，以及在診斷複雜性哀傷和其他心理異常的依據。多年來學者不斷的努力，企圖從實證研究中，能夠提出病態哀傷的確切特徵或症狀，以便作為診斷的依據。Prigerson和MaCiejewski（2006）根據實證研究結果，提出複雜性哀傷為異常的一組新的診斷準則，包括：目前有密集的侵入性想法（intensive intrusive thoughts）、嚴重的情緒悲痛、使得痛苦的渴望、感到極度的孤獨和空虛、極度迴避任務而回憶死者、不尋常的睡眠障礙，以及對於個人活動失去興趣達到不適應的程度等症狀。Katherine Shear則與一群美國哀

傷諮商與治療專家學者特別回顧相關文獻（Shear, et al., 2011），並撰文討論複雜性哀傷是否符合心理異常的診斷準則，以便確定介入治療有適當性。他們的結論為：哀傷是一種普世的嚴重壓力，會規則的誘發由痛苦和使人衰弱的哀傷症狀，形成的一個可辨識的組合；多數的哀傷者都有彈性，而無須心理健康治療（mental health therapy）。不過哀傷無法對抗發展、惡化心理異常或生理異常；反之，哀傷可以增加疾病的危險性。此外，一個有長期嚴重哀傷的次團體，則有不同於多數哀傷者的臨床需求，以及其他由於失落壓力所牽引出DSM裡的異常，而需要治療。從文獻來看，約有10%的哀傷者發展出複雜性哀傷，其狀況有獨特的症狀組群、獨特的危險因子，以及需要特別標靶治療的疾病歷程。因此，Shear等人非常強調在DSM需要一項複雜性哀傷的新類別，以便據以改善對於哀傷者的處理。同時，也強調在使用診斷準則的時候，需要注意文化的差異和使用準則的適當性。由此可見，雖然Shear等人贊成將複雜性哀傷列在DSM，當作心理疾病的一種，然而也非常小心的提醒診斷需要很謹慎，以免輕易的將正常的哀傷視為病態。

小結

雖然，實證研究已經指出複雜性哀傷與非複雜性哀傷在建構上有共同的症狀，也就是兩者有重疊的症狀，而且與焦慮症、憂鬱症或適應異常等疾病不同。或許在某些時候使用藥物治療，可以控制那些干擾到哀傷過程的進展。但是真正的治療，是使用「談話的治療」（talk therapy），才能夠修通當事人的情緒，並與失落達成協議，再度在人生和生活找到意義和目的（Getz, 2012）。超過半世紀以來，多數學者都不贊成哀傷是病態或是疾病。然而，在另一方面，近年有一群歐美學者卻致力於要將複雜性哀傷列入DSM-5，以便作為一種心理疾病，原因主要在於經濟考量的做法。

由於複雜性哀傷的當事人通常需要被協助，以便修通或處理複雜的部分，促進當事人去完成哀傷自然恢復的過程。當前由於複雜性哀傷而需要接受協助的當事人，必須付費給治療師。以美國為例，學者努力的主要原因，即在於考慮到如果複雜性哀傷可以被列入DSM-5的心理疾病當中，那麼就醫者便可以得到健康保險的支付，個人可以減輕那筆不小的負擔。

　　基本上，晚近學者傾向不贊成哀傷是病態或是疾病者，還是居多數。由於擔心將複雜性哀傷納入DSM-5之中，成為一種疾病之後，會以藥物治療為主，而從此遭到忽略或甚至缺乏認識使用心理治療的必要。Getz（2012）曾論述複雜性哀傷是否應該歸在DSM-5當中，成為一種疾病。在她這一篇〈複雜性哀傷——其屬於DSM-5之中嗎？〉的論述中，便提出兩點質疑：第一點，由於複雜性哀傷被歸類為DSM-5當中，成為一種疾病，因此主要都可能由精神科醫師以藥物治療，以致「談話治療」（talk therapy）的方法會被邊緣化。她認為對失落的哀傷反應是正常，複雜性哀傷只是有些人有時候在復原的路上，卡在哀傷當中，找不到出路。所以她在治療複雜性哀傷的過程，通常先找出和解決複雜的相關所在，以便促進自然療癒的過程；第二點，她反對DSM-5使用哀傷時間的期限，作為診斷複雜性哀傷的準則。她認為美國人對於死亡的不舒服感，以致失去親人的哀傷者需要被催促趕快走過哀傷的歷程。哀傷需要時間，如果有卡住，就需要協助和多一點時間，這個很值得我們重視。傳統上，華人本來很重視喪禮，承認並接受哀傷為常態，給哀傷者包容和充足的時間。但是，由於使用西方的精神醫學和心理學，便受到西方的影響。

　　美國哥倫比亞大學社會工作學院的Catherine M. Shear教授，本身也是一位精神科醫師，如前述她與研究團隊一起研究過複雜性哀傷，指出複雜性哀傷和非複雜性哀傷有共同的症狀，並認為複雜性哀傷基本上需要心理治療，讓哀傷者可以表達和紓解哀傷的情緒。同時也提出一個治療複

雜性哀傷的模式，並建議藥物治療之外，需要同時使用心理治療的方法（Shear, et al., 2011）。回歸到我們華人的文化，我們與美國人不同，我們認可哀傷的本質為情緒反應，也鼓勵哀傷表達。認可哀傷者很需要有情緒釋放的過程和時間，並獲得社會支持，也需要找到死亡的意義和死者的意義，理想化死者，與死者建立新的聯結，完了哀悼。所以，是否需要將複雜性哀傷視為一種疾病，確實也有兩難之處。這是面對學術的真實和面對健保給付的現實，兩者交戰的問題。

第三章
哀傷歷程與階段

現代心理學對於哀傷的研究，由於知道哀傷者對於失落反應的狀況，也了解哀傷反應除了出現在不同的層面，還有一個哀悼的歷程。哀悼歷程的重要性，在於臨床診斷方面，當推測和診斷哀傷的正常反應和異常反應時，可以作為參考依據。有關哀傷歷程的研究，有採取階段論和任務論兩種模式。採取階段論的主要重點，在於從失落後發生的時序，觀察和記錄不同時期哀傷者反應的特徵。而採取任務論的主要重點，由於一個人不論生理或心理的發展，在一個特定的社會脈絡當中，從該社會的文化觀點去闡釋一個人的成功，是以個人在其人生的特定階段，必須完成的重要任務所完成的狀況來衡量。因此，將這樣的概念應用到失落和哀傷反應，哀傷任務便是解決重要失落時，需要完成的一些活動。

❖第一節　對完了哀傷觀點的改變❖

當代美國哀傷諮商理論，有不斷推陳出新和修正的情形。這種情形顯示，一方面現有理論不是鐵律，另方面也是不斷進步的現象。此外哀傷不只是心理、生理與靈性的反應，也具有時代、社會、族群和文化差異的色彩。所以可能隨著這些因素的差異與變遷，哀傷諮商的理論也會有所變動。美國有關哀傷歷程的理論，當前主要有階段論（Bowlby, 1961, 1980; Kubler- Ross, 1969; Parkers, 1980）、任務論（Corr, 1992; Doka, 1993; Worden, 1991, 2009），以及「雙過程模式」（Stroebe & Stroebe, 1998;

Stroebe & Schut, 1999; Strobe & Schut, 2001; Strobe, Schut & Strobe, 2005）
等三個主要理論。這些理論和學派，不論對於哀傷歷程抱持有階段論存
在，或反對有階段論的存在，在哀傷處理的共同核心議題和差異，主要都
繞著哀傷者的內在精神層面是否應與死者客體脫離作為論述的核心。

　　受到Freud的影響，C. M. Parkes、J. Bowlby、E. Kubler-Ross等，抱持
階段論學者都主張，哀悼歷程呈現可預測的哀傷階段，並且強調哀悼歷程
需要體驗哀傷情緒、處理和修復情緒，最後向死者告別，以便個人的生活
和人生可以繼續向前邁進。抱持任務論者的J. W. Worden（1991），在最
初以S. Freud的精神分析論，以及其他廣義的心理動力概念，形成其哀傷
諮商的任務論之假說，提出「哀傷工作」的概念。並且主張哀傷為漸進的
適應歷程，完成了四項哀傷任務，精神層面便可以獲得平衡，解決未竟事
宜，並且告別死者。顯然，無論是階段理論，或早期任務理論的基本論
說，都重視精神層面的情緒紓解，以及脫離和死者的依附聯結之必要。

　　Sigmund Freud主張哀悼是原慾從客體撤退，以便投注到另一個相似
的新客體。哀傷的目的是在使得自我得以從失落的客體重新獲得自由。
Dennis Klass（1987-1988, p. 31）認為：「哀悼是一個複雜的過程，由於哀
悼可以深達哀悼對於人類的意義，以及一個關係的哀悼意義。」Klass不
認同Freud的主張，認為生存者要與所依附的死者繼續維持聯結，有助於
解決哀悼的調適。自從Klass、Silverman和Nickman（1996）反對哀傷者需
要脫離與所依附之死者關係的「依附聯結」（attachment bond）或「情感
聯結」（affection bond）之說，並提出「繼續聯結」（continuing bond）
的論說之後，過去贊同需要切斷聯結，以便完成哀悼的學者，也贊成繼續
聯結。即便提倡任務論的Worden（2009），也放棄需要切斷與死者的連
結之論說，開始主張不要說再見，認為哀傷者在情緒上需要重新定位死
者。在重新定位的過程，可以允許和繼續與死者的聯結（bond）。所以，

繼續聯結已經成為當前哀傷諮商理論的主流，並影響了階段模式的修正或改變。

　　到了二十世紀，在哀傷諮商領域的學者已經普遍相信要解決哀傷，就必須處理哀傷工作。而每個人以不同的方式在哀傷，有些哀傷工作過程有效，有些則無效。為了了解和描繪哀傷相關過程，學者創建不少的模式以呈現這些過程，這些模式有劃分為三個階段、四個階段或五個階段不等，主要的架構與各個學者的階段理論有關。當前較普遍的模式，茲分別敘述如後。

❖第二節　Parkes的階段模式❖

　　Collin Murray Parkes（1987-1988）不贊同Freud的雙趨論（dual drive theory）。他認為打開哀傷來看，有兩個因素從頭到尾都在決定哀悼的整體反應。這兩個因素就是「烙印」（stigma）和「剝奪」（deprivation）。「烙印」的意思，是指當一個人死亡，社會上的人便發生態度轉變，例如喪偶者往往發現，喪偶前的同事或左鄰右舍很親切和友善，但是喪偶之後，在他／她出現的時候，突然這些人的態度就立刻變得疏離。尤其，自古以「寡婦」稱謂喪夫的女性。「寡婦」一詞被認為有隱藏剋夫的意涵，這是在過去的時代，對於喪夫的女性，社會有歧視的態度。這是很有趣的現象，不只是社會的，同時也是文化的。此外，台灣地區有個習俗，就是在守喪期間的人，被稱為「戴孝」的人，在「戴孝」的這一年內，不可以到親友家作客。可能由於一方面華人對於「死」相當忌諱，「戴孝」的人被視如有晦氣，怕沾到晦氣，不受歡迎，所以有此習俗；另方面，是否也如Parkes所言，由於烙印的社會影響，避免去作客發生尷尬的情境。至於「剝奪」的意思，為缺少所需要的人或物，而這個喪

失不是出自個人的志願或願意。例如失去配偶、子女、父母或其他血親，關係發生斷層，個人將感到孤寂、缺乏安全感、失去依靠，甚至失去物質和財力等，都不是個人願意主動捨棄。因此，Parkes主張哀悼是一種「心理社會轉換」，不完全是內在精神的，這個觀點有助於研究失落與改變。

其次，Parkes在哀傷階段的主張與論述，受到J. Bowlby的影響很大。Parkes（1986）引述Bowlby（1961）對於穴鳥、鵝、家犬、猩猩和紅毛猩猩等觀察研究結果，指出在低等動物抗議失落所愛的客體時，會盡其所能去尋找和將牠找回，對於可能的新客體，會有極為憤恨、退縮與拒絕的行為，並有冷淡與靜不下來的反應，這一切都與自己和所愛的生存有關。Bowlby（1969）對於幼兒的觀察研究，指出幼兒也有同樣的反應。Parkes認為哀傷的成人，也和幼兒的反應相同，會有渴望找回消失的依附對象的反應。此外，警覺（alarm）在此時對於這個動物很重要。同時，Parkes也借用Cannon（1929）的壓力理論，認為面對壓力或危機，由於警覺，生理會產生壓力反應。警覺在此時對於動物很重要，並有「打」（fight）或「逃」（flight）的行為。當採取「打」時，由於焦慮使得體能精力很高，可以面對壓力的危機；而逃避則可以降低焦慮。Parkes認為失落引發的警覺，使得哀傷者也面對要「打」或「逃」，也就是面對失落的事實或迴避失落的事實。

由上所述，哀悼可以視為哀傷者的適應過程。個人由於失去重要關係，而導致心理和外在環境的改變，需要去調適。對於成人失落和哀悼的研究結果，Parkes（1970）提出一個四階段模式，如下所述。

一、第一階段為「麻木」（numbness）

出現在失落剛發生後的這段時間。絕大多數的生存者會在發生失落的初期，體驗到麻木的反應狀態。尤其是感到情緒缺乏對失落的反應，他人也可以看到這個人沒有情緒的表情。這個反應，可能是生存本能的壓

力反應，精神層面的否認機制，至少可以幫助生存者在短時間之內忽視失落的事實，減少被這個強大壓力擊潰或受到傷害。

二、第二階段為「渴望」（yearning）

生存者非常渴望已經失落的對象可以找回來，同時會否認這個失落是永久的。由於渴望經常遭到挫折，因此由挫折所導致的憤怒，便是這個階段顯著而主要的反應。憤怒可能向內攻擊自己，而產生內疚；憤怒也可能向外，而遷怒或攻擊他人。

三、第三階段為「失序與絕望」（disorganization and despair）

尋找不回所依附的對象，也就是當對於失落產生現實感，哀傷者會有絕望感，並發現個人在生活環境當中功能不佳或失去功能，可能生活規律失序或改變，也可能工作效能降低，或甚至失去工作的熱忱。

四、第四階段為「重組行為」（reorganized behavior）

生存者開始返回，以及恢復個人的生活。例如生活規律而正常，恢復社交和人際活動，並獲得新的自我認同。

❖第三節　Bowlby的階段論❖

John Bowlby（1979）從研究幼兒與母親分離的適應歷程，發現有三個階段，分別依序為：⑴抗議階段（protect phase），表現出憤怒與渴望，⑵失望階段（despair phase），呈現沮喪、低精力、無望與無助，⑶失聯階段（detachment phase），為重組與適應。幼兒在母親離開的第一個階段反應為「抗議」。所表現的憤怒代表兩種意義：一方面為要求母親回來；另方面，為譴責母親遺棄他。可以換成另以語言表達方式，就是「我生氣，你離開」，以及「我哭泣，我要妳回來」。健康的哀悼是，當

渴望找到失去的母親，以及譴責她的過程，經由重複的失敗，都有足夠的時間可以表達，便能產生適應，這些憤怒便會消失，也不再哭泣，這是學習的結果。而且幼兒也會與新的照顧者建立起關係。

　　從進化論的立場，會質疑是否我們人類有一種機制（mechanism），可以區分永久的失落和暫時的分離。研究指出，哀傷反應的原型，來自對於猩猩和幼兒在依附對象離去和死亡時的反應，並沒有證據顯示社會性動物有能力做這樣的區分。而且對於失落的哀悼反應，以及對於分離的反應，兩者非常相似。而人類的幼兒需要到5、6歲以上，才有能力區別分離和死亡（Archer, 2001a）。所以依附理論從生物－社會觀，主張人對於分離的反應，與對於永久失落的那些壓力、痛苦和徒勞無益的反應相似（Archer, 2001b）。Bowlby（1980）根據對於幼兒與母親分離的研究結果，提出一個四階段的哀傷歷程模式，如下。

一、第一階段為「震驚與麻木」（shock and numbness）

　　這是失落與死亡剛發生的初期，哀傷者對於失落會沒有現實感，並感到不可能接受，約持續幾小時至一星期之久。在這個階段會有生理壓力，可能導致身心反應症。假如停留在這個階段沒有進展，哀傷者可能會一直處在掙扎是否接受死亡的事實當中，並知道自己有情緒。有可能封閉情緒，而不再進步。

二、第二階段為「渴望和尋找」（yearning and searching）

　　約持續數月至數年。在這個階段，哀傷者從失落而感到此後生活很空虛，對於未來也茫然。哀傷者會要找回過去所依附的對象，以便獲得撫慰，以及填補生活的空虛。可能滿腦子盤旋和被占據的，都是與死者有關的意像。Bowlby認為如果沒有進步，而一直停留在這個階段，哀傷者將會花費一生的時間，要去填補這個失落的空虛，並停留在被這個已經失落的人所占據。

三、第三階段爲「絕望與失序」（despair and disorganization）

　　由於接受死亡的事實，接受一切不可能挽回，或一如過去，由此而引起無望感和絕望感。同時，也感到憤怒和質疑。如果一直停留在這個階段沒有進步，哀傷者將會繼續被憤怒和憂鬱所耗損。對於生活的態度，也會停留在消極和無望。

四、第四階段爲「重組與恢復」（re-organization and recovery）

　　到了這個階段，哀傷者對於生活將再度恢復信心，建立新目標和每日生活型態。哀傷者將開始重建各方面，並且知道即便失去所依附的人，自己的生活還是可以積極，對自己的信心也慢慢恢復。Bowlby認爲失落變得模糊了，隱藏在大腦的一個區域，然而還是會繼續影響哀傷者，但是已經不是放在哀傷者的心上。

　　Bowlby並就依附行爲的互補行爲，也就是保護所依附的個體，而認爲不只喪親導致未成年子女哀傷，失去子女的父母，也會感到失去所保護和依附自己的子女而哀傷。而當父母年老，成年子女就變成父母的依附者，所以即便父母年紀很老了，失去父母的成年子女依舊會很哀傷，便是這個道理。

❖第四節　Worden的任務論❖

　　有別於其他學者，J. W. Worden提出「任務論」取代階段論。同時，主張哀傷工作共有四項任務（tasks）。Worden（1991, p. 35）直言：「雖然我對於Bowlby和Parkes，以及他們的階段化基模（schema of phasing）沒有爭議，我想在這本書當中我所提出的傷慟概念，在了解傷慟過程同樣有價值，並且對於臨床更爲有用。」顯然，Worden提出任務論，並沒有要取代和排除階段論的意思。其次，對於第四項任務，Worden數度改

變看法。在較早時，Wonden（1983）主張第四項任務爲：「情緒精力從死者退出，重新將這個精力投注在另一個關係」（1991, p. 16）；過了1990年之後，Worden（1991, p. 16）改變想法，認爲一個人對於一個重要的關係永遠不會忘記，而將第四項任務修改爲：「對死者的情緒重新定位，並且人生走下去」。晚近，由於受到Klass、Silverman和Nickman（1996）的繼續聯結論影響，Worden（2009, p. 3）提到：「對於死者的依附，是維持，而不是放棄，已經被稱之爲繼續聯結。這並不是全新的概念。Shuchter和Zisook（1988）早已提到，在San Diego他們的研習研究當中，喪偶婦女維持她們所愛的人顯現（present）的狀況，長達死後數年之久。」因此，他對於第四項任務再度改變想法，修正爲：「在融入新生活中找到一個與死者永恆的新聯結，同時邁向新生活」（Worden, 2009, p. 283）。茲將Worden（2009, p. 283）對於四項哀傷任務的新主張敘述下。

一、任務一爲接受失落的現實

當某個人死了，即便是預期性的死亡，生存者始終有一種感覺，就是那件事沒有發生過。相對於接受失落的事實，就是經由否認，進而不相信。否認事實也有不同的程度，從輕微的只是扭曲，到完全落入妄想（delusion）。Worden認爲Bowlby和Parkes的「尋找」行爲，與完成第一項任務有關，並且認爲否認有很多不同的方法。其一就是「木乃伊化」的方法，哀傷者可能會保留屍體而不通知他人，這種現象被Gardiner和Pritdhard（1977）稱爲「木乃伊化」（mummification），所幸這種有妄想現象的哀傷者很少；其二以「否認」失落的意義，作爲保護自己需要去面對現實的方法。採取這種方法，是將失落說成沒有實際上的意義那麼重要。這是使用與木乃伊化相反的做法，例如很快就將死者的所有物都丟棄，或對他人說：「我不會想念他」，或說：「反正他不是個好父親，我們不親」；其三是否認的另一種方法，爲採取選擇性記憶，例如都不記得

死者的長相；其四，認爲死亡可以復活；其五，最後一種方法，就是採取靈性的方法，認爲會再與死者重逢（reunion），也是一種否認的方法，Worden甚至認爲一直有這種想法是病態的。對於Worden最後這一項的看法，筆者持保留態度，由於有些宗教，例如基督教的教義，主張只要相信上帝，人死之後都會到主耶穌的天國，因此未來可以在天國重逢，這類哀傷者並沒有病態，而是來自個人的宗教信仰。

二、任務二爲奮力走過哀傷的痛苦

　　雖然，不是每個人都會有相同的痛苦體驗。但是，對於失去自己深深依附的對象，都會有某種程度的痛苦。去面對傷痛情緒和奮力處理，是療傷的好方法。失落後的這個時期，Worden也同意要去面對和感受，對於哀傷者很困難。至於如何奮力處理哀傷，他也舉出一些不適當的做法，其中有一種人，以爲可以使用旅行，從一個地方旅行到另一個地方，如此便可以揮別傷慟。Worden便引述Parkes（1972, p. 173）的說法：「爲了完成哀傷的功課，如果哀傷者經歷哀傷是必要的，因此任何容許這個人繼續迴避或克制這個痛苦，便能夠預期會延長哀傷的過程。」爲了強調不要迴避哀傷，他甚至進一步引述Bowlby（1980, p. 158）的看法：「遲早，一些迴避所有能夠意識到的哀傷的人會崩潰——通常帶著某種憂鬱的型態。」（相對於沒有感覺）。

三、任務三爲適應沒有死者的世界

　　內容包括：

　　（一）外在的適應：每日過著沒有那個人的生活，發展新技巧；相對的不適應，就是迴避面對世界、退縮。

　　（二）內在的適應：現在我是誰，發展對自己新的認同；相對的不成長，就是視自己爲無助、無能力、幼稚或人格破產、低自尊。

（三）靈性的適應：重新架構假設的世界，改變個人對於世界的看法，由於死亡挑戰個人的基本生活價值和哲學觀（相對於不理解）。

四、任務四為找到一個與死者持久的連結，並邁向新生活

這個哀傷歷程最後的工作，就是哀傷者將與死者情緒關係的連結，放在想法和回憶中，並開始有意義的參與可以帶來愉悅的事物，或新事物、新關係。Worden強調完成第四項任務才能生活，否則會變成隨著親愛的人死了，自己的生活也停擺，無法再過著有意義的生活。

由於對於哀傷工作的任務有這樣的見解，Worden主張諮商師的任務不是去協助哀傷者放棄與死者的關係，而是協助他們與死者的情緒關係，在這方面維持繼續聯結，並放在記憶中，作為內在的力量。此外，與Bowlby和Parkes認為完成哀悼的最後恢復階段，就是完了哀悼的看法不同。Worden認為即便完了四項任務，哀悼何時結束也沒有一定的時間，由於失落一個親密的關係，就算花兩年也不算長，也可能永遠不會完了，只是隱藏在記憶的某處，以後再遇到重要失落，或人生關鍵，將會再被勾起記憶。有關儲存在記憶之中，由於臨床經驗和實證研究的發現，日後還有被勾起記憶的可能，為當前學者普遍的共同看法。

❖第五節　Rando的階段論❖

Therese A. Rando（1993）綜合學者們之說與他個人的研究，對於哀傷和哀悼有相當深入的見解。尤其在哀悼方面，也很詳細的論述，並列出影響哀傷和哀悼的各項因素。Rando認為哀悼為具文化色彩和公開呈現哀傷的個人行為，也是指意識和下意識的歷程與行動過程；而哀傷則為自然而可預期的反應，主要有心理、行為、社會和生理四方面的反應。而心理方面的反應，包括情感、認知、知覺、態度，以及哲學和靈性等，並視哀

傷爲一個繼續發展，非固定的狀態，而且隨著時間推進，有很多的改變。
同時，Rando也提出一個三時期（phases）的階段模式。

一、第一個時期爲迴避時期（avoidance phase）

　　這個時期涵蓋的時間，爲剛剛接獲死亡的訊息，以及短暫的稍後時
間。其特徵爲想要迴避被告知親人死亡的恐怖訊息。哀傷者的世界好像整
個被震動了，個人感到不堪負荷。這個創傷性的震撼，不只是生理和身體
的震撼，在精神層面也由於聽到親人死亡的創傷而感到震撼，所以哀傷者
可能發生麻木的情形。個人可能感到很混亂、頭暈、迷惑，以及無法理解
發生什麼事，在想法、情緒和行爲上都崩潰了。

　　在逐漸可以意識到發生什麼事之後，可能馬上出現否認的現象。否認
具有治療功能，就像是一個緩衝器，可以讓哀傷者逐漸慢慢吸收失落的事
實，也如同是哀傷者開始體驗失落的痛苦時，一種情緒的麻醉劑。這個時
期，另一些反應也因人而異，有人可能不相信，而想知道爲什麼；有人可
能爆發情緒，突然很憤怒、傷心，或歇斯底理；有人可能安靜的退縮，或
沒有感覺。初期短暫的否認，乃是正常現象。然而當否認持續太長時間，
則可能是病態。

二、第二個時期爲面對時期（confrontation phase）

　　在個人對於失落的反應感到最強烈和嚴重的時候，就是面對的時期。
這個階段，是哀傷者最痛苦的時期，個人面對失落的事實，並且逐漸感
受失落對自己的意義。Rando特別強調這個時期學習的重要，他將這個時
期，視爲學習的過程。哀慟者很重要的，就是要去看到必須的改變。不
過，即便哀傷者可以健康的去調適失落，痛苦仍是不可避免。當每次哀慟
者想要與死者在一起，而發現不可得的挫折時，便「學會」所愛的人已經
死亡。渴望這樣與需要死者而不可得的挫折之痛苦經驗，可能經過百遍，

或甚至千遍。渴望和想要挽回死者的欲望，一再受到挫折之後，可以導致不相信和否認變得逐漸減少和消失。然後，就變得憂鬱和失序，這是哀傷者放棄了想反轉失落，以及迴避現實的希望，所呈現的一種信號。Rando（1993, p. 35）描述面對時期，是「一個憤怒傷心的時期」，會有極端的情緒反應。有人會要表達他的情感，有人則否，有人則是呈現衝突的情形。同時會有否認－侵入（deny-instrusion）的壓力反應症候之循環現象，通常這是在創傷之後發展出來的現象（Horowitz, 1986）。

三、第三個時期爲調適時期（accommodation phase）

這是最後的階段，Rando（1993）稱爲調適時期，不過較早Rando（1984）使用「重建時期」（reestablishing phase）。在這個時期，哀傷者嚴重的哀傷症狀，有逐漸減弱、減少的情形。在社會和情緒方面，開始涉入每日的生活和世界。這時期哀傷者個人開始重建他或她的世界，這種改變可以從哀傷者與死者的關係轉化、哀傷者修正了個人的假設世界，以及建立新的自我認同，見其端倪。哀傷者有很多的改變，除了改變自我認同，也重新界定自己的角色，改變與他人的關係，以及獲得新的技巧和行爲。當然，這些改變是積極的、好的；或消極的、不好的；或更豐富的、更精采的；或更貧乏的、頹廢的，都和哀傷者個人在哀悼期間，對於以後人生的看法和態度有關。Rando根據研究觀察和臨床經驗，認爲絕大多數的人，都能夠從主要的失落經驗當中獲得正向的利益。由此可知，一個人可以選擇從失落當中恢復，並且從惡境求生，化惡爲善，否極泰來。

在面對時期的後期，調適失落有時增大，有時削弱，呈現起伏現象，其後繼續如此。因此，有好些來自面對時期的反應，在調適的初期還存在，最明顯的例子就是內疚，哀傷者一直努力在處理這個議題。而這個議題，是由於哀傷者誤以爲嚴重的哀傷，乃是對於死者一種愛的證明，或以爲唯有痛苦的體驗，可以維持與死者的聯繫。所以，這是很矛盾衝突的現

象。哀傷者一方面想處理自己的內疚感；另方面卻存在著這樣的錯誤想法。治療師必須和哀傷者一起明著討論這個議題，否則嚴重的話，有可能演變成複雜性哀傷。

在此特別值得一提的是，Rando不贊同有些學者使用「解決」（resolution）階段，或「解決」時期的詞彙，也不贊同使用「恢復」（recovery）和「完成」（completion）這樣的詞彙，由於這兩個詞彙和「解決」同樣的不正確。因為一個非常親愛的人死亡之後，事實上不可能真正完全解決哀傷。有些失落會有遺留，直到哀傷者自己也死了。而且從哀傷者後來人生中，當有重要事件或其他失落，就會勾引起先前這個失落，可見一斑。Rando認為使用「調適」，有個人的調整適應，挪出了空間給特殊的情境之意涵。如此，比較有掌握到現實。失落可以統整到事後的人生，然而最終的結束是不可得，也無須想要獲得。而「適應」（adaptation）的意思，可以正確指出，即便處在不好的狀況，也要選擇最好的方式活下去，俗話說：「一籮筐的爛橘子，也要選一個比較不爛的。」兩者意思相同。所以Rando使用「調適」，有調停失落，使之與失落一致或適合的意涵。

此外對於階段論的應用，Rando特別提醒實務工作者，需要審慎而彈性的以哀傷者為主去運用。第一，不要僵化和不當使用理論和階段模式，這樣子去解釋哀傷者，這就如同框架了哀傷者，也就是將理論和階段硬生生地套在哀傷者身上。雖然人類有共通性，然而同時毫無疑問的是，普遍也有變異性。所以要機敏的認同哀傷者，並做出適性反應。第二，千萬要記得這三個時期，並非獨自分立而沒有關聯，哀傷者可能在兩個相連接的階段之間，來來回回的擺盪發展。影響這種情形的主因有：⑴當前迫切面臨的具體議題，有些議題容易因應，有些則難以應付；⑵這個議題處在涉及其他哀傷者，必須努力不懈的處理有關議題當中；⑶個人的處境卡在哀

悼歷程；(4)這些因素的交互作用，使得這位哀傷者對他或她的失落受到限制。因此，並不是每位哀傷者都能順利走過三個時期，或走完三個時期。

❖第六節　Kubler-Ross的五階段論❖

Elisabeth Kubler-Ross是一位醫師，同時也是一位精神科醫師，爲首位主張對於癌症末期病人進行安寧療護（hospice care）的醫師，也是現代安寧病房（hospice）和臨終關懷的倡導者。在她從臨床訪談超過兩百位臨終病人之後，獲得寶貴資料，整理出臨終病人失落的哀傷歷程，共可分爲五個階段（Kubler-Ross, 1969），茲敘述如下。

一、第一階段爲「否認與孤獨」（denial and isolation）

當病人首度知道自己得了個臨終疾病（terminal illness），第一個反應是：「不會吧！不會是我，這不是事實。」Kubler-Ross（1969, p. 38）提到：「在初始的否認，對於疾病一開始便立刻告知的病人，會如此反應。對於未明確告知，而自己後來得到這樣結論的病人，也是如此反應。」病人會要求檢查、再檢查。由於一方面知道原本的檢查是正確的；另方面想從一再檢查找到希望，以證明原本的檢查是錯誤的。有的病人會完全否認，有些病人則部分否認。Kubler-Ross強調，這是病人處理不舒服和痛苦情境的一種健康方法。否認的功能，可以作爲對非預期震撼性消息的潤滑劑，容許病人有時間矯正自己的想法，逐漸以較少激烈的防衛去採取行動。

二、第二階段爲「生氣」（anger）

當無法再繼續維持否認的時候，病人的反應將是由感到生氣、憤怒、忌妒和憎恨所取代。這個階段的生氣，從家屬和醫護人員的角度很難理解，也很難因應。原因在於，實際上病人對於無法阻止死亡的挫折所產生

的生氣和憤怒，全面的轉移和投射到周邊環境，而且在任何時刻對著隨機的任何人。病人對自己的人生前程，感到突然所有的生活和人生都遭受干擾，並即將提早結束。而對於這一切，卻自己完全失控，因此感到很挫折而憤怒。

三、第三階段為「協商」（bargaining）

Kubler-Ross認為這個時期即便很短，對於病人依舊很重要。病人首先是無法面對悲傷的事實。然後到了第二階段，對他身邊的人、上帝或神都感到生氣，而這些似乎也都沒有什麼幫助。可能就會想到，或許得到某種的和議，便能夠延長這個無可避免的事發生。根據我們過去的生活經驗學到的協商辦法，就是當對方無法接受他不同意的請求，我們可以做一些讓他能接受的事來交換。Kubler-Ross便提到病人最普遍會做的，不論是公開或私下在心中，就是和上帝協商，要求延長生命。病人會以酬賞上帝作為交換，例如終生服侍上帝、當義工服務教堂，也有以死後遺體作為科學之用等，以作為協商的條件。這種情形在華人文化也很普遍，向自己所信仰的神祇、佛、菩薩等祈求，並發願有生之年行善，或其他酬神的行為。

四、第四階段為「憂鬱」（depression）

當一再手術和進出醫院，病人不得不去面對自己步向死亡之旅的事實。病人不再麻木、生氣，以及想要僥倖延長生命等，取而代之的是很大的失落感。這個失落是很多方面的，包括醫療的花費，財物的耗盡、很少有時間享受生活、失去工作，甚至未來計畫等，這些都是和導致一般人會感到憂鬱的理由相似。而Kubler-Ross特別注意到，她所謂的臨終病人的「預備性哀傷」（preparatory grief），就是病人所經歷，以便準備自己最後將與世間分離。所以病人的憂鬱和一般人不同，Kubler-Ross認為需要區分這兩種憂鬱的性質。一般人的憂鬱，是反應的憂鬱（reactive depression）；臨終病人的憂鬱，是預備的憂鬱（preparatory depression）。因此對於這兩種憂鬱，需要有不同的處置方法。病人的憂鬱是作爲一種工具，準備可能就要發生的失落，也就是喪失所有自己所愛的人、事、物，以便促進接受的狀態。因此，Kubler-Ross主張在這個階段，鼓勵和保證對於病人都沒有意義。由於在這個最後的過程，病人將失去一切，甚至包括自己的身體和生命。假如能夠允許病人表達他的痛苦，將可以使得病人在最後比較容易接受自己的臨終病況。預備的哀傷，是無需太多語言，甚至無需語言，而能相互表達與感受，例如只需要一個溫暖的雙手緊握，或摸摸頭。所以陪伴的人最重要的是，能夠去傾聽病人。

五、第五階段爲「接受」（acceptance）

假如癌症病人沒有突然死亡，或不預期的死亡。而是有足夠的時間，並且得到協助去走過前述各個階段。病人將會走到這個最後的接受階段，既不憂鬱，也不生氣的面對他或她的命運。病人可以表達出先前種種情緒，以及對於可能就要發生，會失去很多有意義的人、事、物之哀傷。病人會帶著某種程度靜靜的期待，沉思他或她步向生命的結束。Kubler-Ross強調，接受不應該被誤解爲快樂的階段。在這個階段，是幾乎迴避感受、沒有痛苦、沒有掙扎，到了「要去長途旅行之前最後安息的時刻」（the final rest before the long journey）（Kubler-Ross, 1969. p. 115）。如果癌末的病人，越是迴避不可避免的死亡，越是去否認，就越困難到達這個階段。所以，也不是每一個病人都會經歷這五個階段。

經歷這樣的哀傷歷程，面對即將失去一切，站在臨終病人的立場，是痛苦的，也是殘忍的。Kubler-Ross特別看到病人的「希望」這件事。聽到醫師告知悲慘的消息，引發病人使用精神醫學所謂的防衛機制（defense mechanisms），作爲因應這樣重大危機的極端特殊情境。這些防衛機制，將會在不同階段的不同時間持續下去，或一個防衛機制被另一個所取代，或兩個、或兩個以上的防衛機制同時存在。然而有一件事，在各個不同階

段，則始終一直維持的，就是希望。即便能夠撐到最後而接受的病人，或是最有現實感的病人，都會抱持一些開放的態度，以為可能有治療痊癒的機會，或可能有新藥問世，或可能有新的治療方案。

從訪談病人，Kubler-Ross看到就是這一絲絲的希望，維持著病人經過受苦的每一天、每一週，或數個月。就是這個希望，使得病人感到有些許的意義，而願意付出代價。認為假如可以忍受一點，就可以多活久一點。不過，有關希望這件事，有兩個來源往往會導致衝突。這兩個來源，其一是當病人依舊需要希望的時候，而家屬或醫護人員卻傳遞給病人無望感；其二是極度痛苦的來源，就是家屬沒有能力接受病人的最後階段，病人已經準備死去，然而感受到家屬不能接受這個事實。所以，Kubler-Ross主張不要放棄任何一位病人，不管這個病人是否為癌症末期。就算是已經超越醫學可以治療痊癒的狀況，這個病人還是需要被協助，才不會讓病人覺得他或她活該，或是被放棄。

不過，自Neimeyer（1998, 2001）倡導意義重建論之後，可能受到普遍贊同意義締造，對於哀傷了結有關之影響。Kubler-Ross（1969）這本書，在後來的合作作者Kessler（2019）所寫的書，名為《發現意義：哀傷的六階段》，將Kubler-Ross原著的五階段延伸，最後再加上一階段，就是「意義階段」（meaning stage），而成六階段模式。

❖第七節　雙向過程模式❖

Stroebe和Schut（1999）認為解決哀傷的重點，在於哀傷工作。哀傷工作為個人在面對失落的事前和當時的認知過程，而這個認知過程的重點，在於撤出對死者投入的記憶和工作。他們認為當前在哀傷理論上的最大缺點，就是對於哀傷工作欠缺明確的定義，以及對於哀傷相關現象，也

缺乏充分的描述。Stroebe和Schut批評的重點主要有三：⑴他們認為傷慟是一種壓力，而批評當前的理論對於傷慟壓力的定義不精確，⑵他們不同意當前的階段理論，認為都採取個人內在的（intrapersonal）無缺乏動力觀，他們認為哀傷工作無法孤獨完了，因應失落應該在社會－人際情境，⑶當前對於哀傷的結果，聚焦在醫療模式（medical model）的觀點，而忽略其他獲得，例如成長。此外他們不認同階段的理由，也包括認為當前的階段論，缺乏可以普遍說明各種失落的現象。所以，Stroebe和Schut主張需要重新定義哀傷的壓力，並受到Rubin和Schechter（1997）從社會建構的概念來看哀傷的適應和復原，以及受到Rubin（1981）的「雙軌模式」（two track model）概念影響，而提出「雙向過程模式」（dual process model）的論述。

當前反對階段論的學者，主要與Stroebe和Stroebe（1998）、Stroebe和Schut（1999），以及Strobe、Schut和Strobe（2005）的論述有關。Strobe和Schut（1999）不只反對階段論，同時也反對任務論。他們批評這些因應傷慟的傳統理論，尤其是任務論，都未能包括精確定義，無法呈現動力的歷程，而這個動力正是哀傷的特徵。而且那些階段模式或任務論，既缺乏實證研究的支持，也不能有效反映跨文化和不同歷史時期的差異。甚至在個人內在歷程（intrapersonal process）和健康的結果，兩者關聯的論述都很有限。

此外，Strobe和Schut（2001, p. 376）也反對其他學者使用「因應」（coping）的概念，而採用「適應策略」（adaptive strategies）的概念。他們認為哀傷者會使用某些因應的方法，去處理失落重要他人之後的壓力情境，以及哀傷的負面情緒反應。這表示某些因應策略，可以導致減少哀傷的負面結果。不過，這樣的概念並不符合「因應」的定義，也就是「因應」的概念無法適用在哀傷這種壓力情境。Strobe和Schut認為，

適應策略是那些實際上可以減少傷慟在心理社會以及身體健康的負面結果，或可以降低哀傷之因應策略。所以他們有時也使用「適應的因應策略」（adaptive coping strategies）或「適應的因應風格」（adaptive coping style），並據此提出一個「雙向過程模式」，以取代任務論和階段論。

　　如果進一步探究Strobe和Schut的「雙向過程模式」概念，事實上也是將失落視爲一種壓力，只是他們認爲失落壓力與一般生活壓力在概念上不同，同時卻又借用Walter B. Cannon（1929）對於壓力因應（stress coping）的「打或逃」（fight or flight）反應原理，先將哀傷分爲「失落取向」的壓力和「恢復取向」的壓力。Strobe、Schut和Strobe（2005）自己都提到：「具體而言，有兩種型態的壓力，失落取向和恢復取向，需要這樣假設這個交替輪流的動力過程，最簡單的理由就是不可能同時照應兩個面向。在任何一個特定的時間點（在因應當中），就有面對某方向而迴避另一方向。」這句話之中，已經很明白的提到有兩種型態的壓力，就是失落取向和恢復取向。換言之，面對失落就是「恢復取向」，迴避失落就是「失落取向」；繼之，他們將哀傷適應因應，也分爲「復原取向」（restoration orientation）和「失落取向」（loss orientation）兩種不同的策略。

❖第八節　哀傷階段的實證研究❖

　　過去如Bowlby、Parkes等人的階段模式，或Worden的任務論，都被Strobe和Schut等人批評缺乏實證的支持，而持反對的立場。因此對於正常哀傷階段的實證研究，在臨床工作上有很重要的意義。由於發生親人死亡，在喪失親人之後的傷慟，臨床工作的治療師需要知道，對於親人死亡的這個人，在認知和情緒上是如何變化和進步。如果能夠認定正常哀傷階

段的型態，則在臨床方面便可以作爲參照，以便了解和判斷一名哀傷者的哀傷型態，爲正常或異常的參考。假如從事臨床工作的治療師可以知道正常的哀傷型態，那麼有異常型態者，便可以被辨識出來，並確定需要進行治療。

晚近Maciejewski、Zhang、Block和Prigerson（2007）的研究，主要在驗證Jacobs（1993）所提出的階段假設，Jacobs主張哀傷在死亡發生的6個月後結束。不過，Maciejewski等人這項研究的方法設計，對於Jacobs假設的6個月時間採取開放觀點，不受這個假設的限制。這項研究在受訪樣本做了嚴謹的條件限制，於受訪前：(1)排除非自然死亡的原因，如車禍、自殺等；(2)也排除有複雜性哀傷者，並於訪談中發現有複雜性哀傷、創傷死亡及測驗資料遺失等樣本，均加以排除，最後得到有效樣本爲233個。由於嚴謹選擇樣本，如此研究結果方能代表正常哀傷反應。而且這些樣本在親人死亡的24個月內，至少有呈現完成在階段假設當中的5項指標（indicators）。也就是這些有效樣本，都有呈現一個完整的哀傷歷程。

研究結果發現，正常哀傷在每一個階段，都有最明顯的指標，而且呈現階段變化。這些指標爲：第一階段爲不相信；第二階段爲思念（yearning）；第三階段爲憤怒；第四階段爲憂鬱；第五階段爲接受。其次，就哀傷的5項指標：不相信、思念、憤怒、憂鬱、接受而言，在近6個月內，這5項指標全部達到最高峰，也就是近6個月內爲嚴重哀傷的時期。若以1-6個月、6-12個月、12-24個月等三個時段，分別作爲觀察的期間，在每一個時間段落，「接受」這項指標都大於不相信、思念、憤怒和憂鬱；「思念」則大於不相信、憤怒和憂鬱；「憂鬱」則大於憤怒。也就是隨著時間段落的推進，在死亡發生後的1-24個月，「接受」首先持續增加；其次是「思念」於1-4個月期間持續增加，4個月後則轉爲持續減少；再次是「憂鬱」在1-6個月之間持續增加，6個月之後便持續減少；最後是

「憤怒」在1-5個月之間持續增加，但是在5個月之後則持續減少。由此可以看到家人自然死亡的哀傷者，約在失落後的第一個月，哀傷者便逐漸增加對失落事實的接受。而思念、憂鬱和憤怒，則分別約在4-6個月之間達到最高峰，然後開始逐漸持續減少。平均約需兩年時間，才完成哀悼的歷程。

　　總而言之，從研究證實，哀傷歷程確實具有階段現象：第一階段「難以置信」，以死亡發生的時候最爲明顯，1個月後這種現象逐漸遞減；第二階段「渴望」約在死亡發生後4個月左右爲高峰期；第三階段「憤怒」約發生在死亡5個月時；第四階段「憂鬱」約出現在死亡6個月後；第五階段「接受」在死亡失落之後逐漸出現（Maciejewski, et al., 2007）。Maciejewski等人認爲，哀傷最高峰約在6個月。由這項研究的發現結果，顯示：⑴親人自然死亡的哀傷歷程爲可預測性；⑵哀傷者的情緒反應需求不容忽視；⑶即便親人是自然死亡的方式，哀傷者依然需要一段不算短的哀悼與調適歷程；⑷哀傷時間有個別差異性，即1到24個月不等。這項實證研究的發現結果，在臨床應用的意義很大。然而由於哀悼與社會、文化的關係密切，因此在跨文化的應用尚須審愼。

❖第九節　有關階段論的評析與結論❖

　　在本節主要期望經由評析和討論上述各家學者有關哀傷和哀悼的歷程階段論，以便獲得結論，供臨床實務工作者參考。於此主要討論四項議題：其一，對於Margaret S. Strobe和Henk Schut（1999）反對階段論，而主張以「雙向過程模式」（dual process model）取代；其二，有關哀傷歷程的發展，到最後階段是應該切斷與死者依附關係的聯結，或是應該維持繼續聯結；其三，Kubler-Ross從臨終病人失落研究所獲得的階段論，是否

適合應用在其他失落情境；其四，有關以哀傷歷程的特定時間點，來區分非複雜性和複雜性哀傷的看法。

壹、以雙過程模式取代階段模式之觀點

首先，有關Strobe和Schut（1999）倡導反階段模式的主張，認為哀傷歷程沒有階段存在的事實。這樣的主張，已經在2007年由Maciejewski等人的實證研究所推翻。目前學者普遍同意哀傷是一個歷程，且正常哀傷的歷程，在各個不同的階段或時期，都具有可以辨識的特徵，以區別不同階段。Rando（1993, p. 22）認為：「哀傷是一種持續的發展，不是一種固定的狀態；而是隨著時間的遷移涉及很多的變化。」同時，她在論述這個持續的發展歷程時，所使用的標題為：「哀傷和哀悼的三個時期」（Rando, 1993, p. 30）。可見主張階段論的主要學者，如Bowlby、Parkes與Rando等人都確信哀傷和哀悼是一個時間上持續的歷程，並且隨著時間的遷移而產生改變，每一個時期或階段的特徵不同，可以看到階段變化的現象。所以，確實有階段的存在。

Strobe和Schut（1999）不滿當前有關哀傷結果和歷程的階段論述，可能與「繼續聯結」本身尚有困境，以及與意義重建之間的關係也有問題有關。當前學者為了解決死者這個客體實際上已經不存在，故建議以「記憶」作為聯結。其次，必須重建死者與死亡的意義，否則無意義的聯結無助於解決哀傷。然而，至目前為止，使用「記憶」作為聯結的效果，未經實證，而使用意義重建作為哀傷療癒的方法，則發現無法普遍使用，僅限於複雜性哀傷。所以，Strobe和Schut可能想為哀傷諮商與治療現存的這兩個問題解套，而提出「雙過程模式」。他們一方面反對現有的階段論和任務論，另方面也不去探尋和驗證階段論存在與否，也就是迴避從時間的過程去觀察哀傷反應的演變，而改以壓力論觀點取代，試圖去說明哀傷過

程的因應。事實上，Strobe和Schut（1999）的「雙過程模式」原理，所謂「復原取向」和「失落取向」，即「面對」或「迴避」。面對，爲朝向解決；迴避，則困住或卡住不前。哀傷者的面對或迴避，在哀傷歷程會呈現擺盪徘徊在特定階段之內，或出現在相鄰的兩個階段之間來回。

　　贊同階段論的學者，也不認爲哀傷歷程是呈現一直線推進的現象。Rando（1993, p. 30）特別提醒：「很重要的就是，在心裡要記得三個時期不是分立不連續的。哀悼者可能在它們（各時期）之間前進和後退……。」也就是在兩個相鄰階段之間擺盪徘徊不前，時而面對，時而迴避。發生這種情況的原因，Kubler-Ross（1969, p. 138）認爲在於：「當他們面對悲劇的消息時——防衛機制（這是精神醫學的名詞），因應機制在處理極端的困境。即不同階段將有時間延長，且彼此取代或同時並存。」此處精神醫學使用的「防衛機制」，也就是其他領域，特別在壓力管理所使用的「因應機制」義同。從這句話可以知道，Kubler-Ross一方面指各階段並沒有固定的時間期限；另方面指各階段在哀傷反應特徵的消長現象，有部分可能呈現同時並存的情形，直到哀傷者更能面對現實，才會發展進入下一個階段。所以在哀傷歷程的推進當中，有「失落」和「復原」兩個取向，即面對和迴避。由於哀傷者的選擇猶豫，躊躇不前，就可能發生卡在特定階段消長不定；或因哀傷者的選擇反反覆覆，則擺盪徘徊在兩階段之間，這不是不可能。由於哀傷歷程，充滿抉擇的時機，人可以主動抉擇與因應（Attig, 2001），當不迴避而去面對，哀傷歷程便可以進展。所以，在哀傷的歷程中，呈現擺盪徘徊爲正常的現象。

　　簡言之，Strobe等人主張的「雙向過程模式」，視哀傷的適應因應策略有「失落」和「復原」兩個面向之別，即「面對」或「迴避」的選擇確定或猶豫狀態。這個模式，精準而言是一個「因應策略模式」，可以用來詮釋哀傷歷程在階段之間的轉換和推進現象。因此「雙向過程模式」

無法取代當前用以說明哀傷歷程發展和改變的階段模式。而且階段模式能說明各階段特徵，對於臨床工作很有幫助，爲不可或缺的理論。尤其Maciejewski等人（2007）對於自然死亡的哀傷者之哀悼歷程研究，已經證明哀傷歷程確實有階段存在的事實，不容質疑。即便是複雜性哀傷的反應，有持續呈現某些反應特徵，可視爲哀傷歷程的窒礙不前所造成。學者認爲延遲的哀傷（delayed grief），也就是哀傷反應，停留或卡在哀傷歷程階段較早期的狀態，最能預測未來發展成爲複雜性哀傷（Parkes, 2001; Parkes & Weiss, 1983）。這就是爲何學者都不主張複雜性哀傷是病態或異常，而且認爲只要處理困住的部分，哀傷者便可以繼續完成哀傷的歷程，所以反對階段論並沒有意義。此外，Strobe和Schut（1999）並指稱，階段模式將哀傷工作視爲只有個人內在過程之論述，由於哀悼是哀傷歷程的行爲，Parkes主張哀悼是一種「心理社會轉換」，可以視爲在社會情境當中，個人內在和外在的調適過程，因此並非單純只是個人內在的過程。尤其目前多數學者贊同哀悼具有社會和文化色彩，所以不純屬個體的內在過程。

　　至於Robert A. Niemeyer（1998）也和Strobe等人一樣，不認同階段論和任務論。Niemeyer主要根據安寧病房臨終病人死亡，以及創傷性失落的哀傷家屬，對於失落的意義締造之哀傷相關研究（Davis, Nolen-Hoeksema & Larson, 1998; Davis, et al., 2000），而極力主張對於失落的反應，意義重建是哀傷的核心歷程，也就是哀傷的歷程，是一個意義重建的歷程。簡言之，他主張以意義重建過程的理論，取代哀傷的階段論。Niemeyer（2001, p. 261）自己曾以「失落的語言：哀傷治療是一個意義重建的過程」（The Language of Loss: Grief Therapy as a Process of Meaning Reconstruction）爲標題寫過一篇文章，可知他的理論，並不適合用以解釋哀傷歷程的發展，而是可以說明失落的意義重建是療傷的一種方法。

貳、繼續聯結或切斷聯結

有關完了哀悼，是繼續聯結或切斷聯結的議題。哀悼的最後階段，是否需要切斷與依附人物的聯結或維持繼續聯結。在1990年代之前，幾乎所有學派所提出的哀傷歷程階段理論與模式，都傾向主張哀傷者在最後階段，除了未成年的孩子，都必須和死者告別和切斷聯結，才算解決和完成哀悼調適。在「繼續聯結」論問世（Boelen, et. al., 2006; Field, Gao, & Paderna, 2005; Klass, Silverman& Nickman, 1996; Strobe, et. al., 1992）之後，學者開始呼應，並主張哀傷歷程的最後階段，不用告別和切斷聯結，而是轉化，並與死者維持繼續聯結。而且有關「繼續聯結」的主張，也找到以依附理論作為立論的基礎。

但是對於以什麼作為繼續聯結，雖然目前學者建議以記憶作為繼續聯結，然而這樣的繼續聯結仍有問題待解決，效果也有待考驗。其次，完了哀傷功課的任務，雖然似乎可以完成哀悼，但是就哀傷歷程而言，所謂真正「完了哀悼」是不可能的，已如前述，由於對於最重要的人之情感關係，這輩子我們是很難忘記，也不可能忘記的（Wonden, 1991），所以哀傷可以完了，哀悼則永不止息。

參、Kubler-Ross的階段模式與其他階段模式應用的差異

第三個議題，Kubler-Ross的階段論是否適合應用在其他標的之失落。除了Kubler-Ross之外，其他學者所主張的階段模式，都是用以詮釋或證實了失去親人、親愛的人的哀傷反應歷程，也就是失落的不是哀傷者自己的生命。唯獨Kubler-Ross的階段模式，是針對臨終病患所做的研究。所以Kubler-Ross的階段模式和其他學者的模式，有兩項特徵的差異，即臨終病人的失落為預期性死亡，以及失落的標的是自己的生命，而不是失落親人

或親愛的人。臨終病人的失落感發生於當他或她被診斷爲癌症疾病的末期之當下。而事實上這個人還活著，而且可能還會繼續活一個月、兩個月，甚至半年、一年或更長，這些長短不等的時間。癌末病人哀傷的產生，是由於在不久的未來，將喪失自己的生命。世上普遍每個人都相信自己可活到很老，或是生了病可以治好，然後健康的繼續活下去。然而對於臨終病人，與一般人這樣的期待有很大落差，以致產生失落和哀傷。精確的說，當一個人對於自己的生命走到盡頭，還沒有「準備」（readiness）就這樣死亡的時候，驟然聽到自己的生命不久之後將終止，這是很大的震驚。因此，第一時間的反應就是震驚與否認，這是一種突然的、非預期的，生命就要結束的反應，也可以視爲非預期性失落感。而後Kubler-Ross（1969）提到，在幾分鐘或一段時間的「憤怒與生氣」，而感到這樣無濟於事之後，便會想用「協商」的方式來挽救自己，避免生命被終止。這個「協商」階段，是在其他因死亡而喪失親人的哀傷者身上看不到的反應，因爲人已經死了，無從協商和挽救。

因此，Kubler-Ross的階段論除了適用於臨終病人，也適用於不願意放棄病人的家屬，以及其他重症疾病，或目前醫術和醫藥已經無法救治的病人和家屬。這些人都由於病人自己或生病的家人還活著，會想要努力阻止死亡的發生。此外，在美國，Kubler-Ross的階段論也已被廣泛使用於描述離婚者，以及父母離異的孩子的哀傷階段（Colglazier, 2015; Cooper, 2017; Fineran, 2012; Kessler, 2019; Townsend, 2000），用以了解和處理他們所經歷的哀傷歷程。與癌症的臨終病人相同，這些離婚的夫妻或父母離婚的孩子所失落的人還活著存在。因此當個人不再那麼「憤怒」的時候，就會有想要挽回這個人的企圖，便會出現「協商」階段的反應行爲，即便是孩子，也會期望和幻想父母再度復合，或設法做出企圖促成父母再度和好的行爲。

肆、6-12個月是正常和病態哀傷的分野點？

　　最後，有關以特定時間點劃分正常哀傷和病態哀傷的議題，可能受到Jacobs（1993）主張正常哀傷6個月就可以結束的影響。不過，目前學者普遍主張需要考慮文化因素。當前修訂ICD-11的工作團隊，正在研究和制定延長性哀傷疾病（Prolonged Grief Disorder）的診斷準則，雖然也有註明依文化差異和脈絡的因素而定，但是主要仍以6個月作爲時間的分野點，這是需要再審愼評估的。

　　首先，從理論去考量，以依附理論的觀點，哀悼需要容許足夠的時間去學習和適應。其次，就實證研究發現來考量，Maciejewski等人（2007）的實證研究，以親人自然死亡的哀傷者爲對象之研究結果，不只證明完了正常哀傷平均需要1至24個月，同時指出平均在6個月左右爲「憂鬱」階段，是哀傷最嚴重的時期。可能受到這篇研究結果的影響，美國心理學會在2013對於這項準則便有不同看法，提出以死亡發生12個月之後爲時間依據（Jordan & Litz, 2014）。

　　無論使用6個月或12個月這樣的時間準則，從華人傳統文化的觀點，應該抱持保留和質疑的態度。一則，在還沒有精神醫學對失落和哀悼的論述之前，自古以來哀傷和哀悼行爲被人們視爲正常反應；二則，正如Worden的看法，哀傷工作的任務可以完成，哀悼沒有確切的完了時刻表，兩年都不算長；三則，哀悼行爲特別涉及到文化和族群的差異性，以西方文化爲基礎的理論和觀點沿用到華人社會，需要審愼看待。傳統的華人文化重視喪禮，並強調鼓勵和包容較長的哀悼時間。所以有關以時間作爲論斷正常與病態哀傷的準則，可能需要特別謹愼。如國際衛生組織的ICD-11或美國心理學會的DSM，使用西方準則以6個月或12個月，作爲區分哀傷的正常或病態，應該審愼考慮華人的社會和文化，特別是華人爲家

族主義取向，重視互相依賴；不若西方人為個人主義取向，重視個人的獨立和人際界線，華人的家族，家人關係特別的「黏」在一起。此外，西方家人之間只有一個「愛」字，而華人的家人之間愛有很多不同類別，有父母的慈愛、子女的孝道、手足的兄友弟恭，各種家人關係在「愛」的分寸上有別。也因為這麼重視家人關係，華人的喪禮時間特別長，以表達不捨。所以，抱持個人主義和家族主義的差異，可能不只影響教養和成長過程，也影響哀傷和哀悼。

此外，在哀悼的時間，對於現代人特別困難。如第一章所論述，現代人生活的形式和環境，幾乎沒有時間和空間容許一個人去哀悼個人的重要失落。工商經濟活動的社會及都會生活型態，將人們推入快速的時間飛輪當中，人們被動的配合機構、公司、工廠、學校等工作時刻表，運作個人的生活節奏。因此，即便失落了重要關係的親人，也得匆匆揮去淚水，努力調整功能與效率，好準備跟上社會和工作單位的集體腳步。沒有足夠的哀悼時間，隱藏的哀傷隨時蓄勢待發，可能傷身或傷心。傷身，被稱為身心反應性疾病；傷心，被稱為心理疾病。這是心理健康專業工作人員不可忽視的現代人議題。

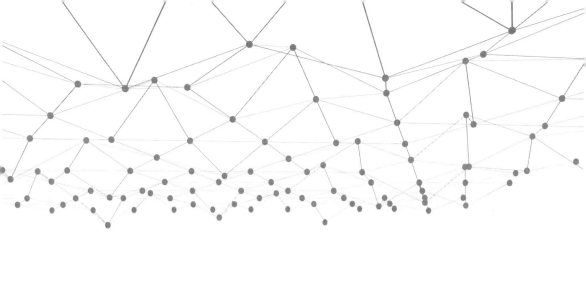

◆ 第二篇

依附關係與繼續聯結論

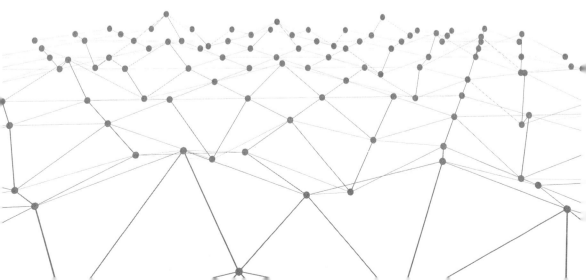

第四章
客體關係形成與依附行為

　　由於「客體角色轉化」的哀傷諮商模式之理論依據，一方面以台灣喪禮研究結果所發現的11項療效因子之中的核心因子，即「死者角色轉化」（詳如第七章和第九章所論述）為療癒主要理念；另方面則以西方客體關係理論和依附理論，以詮釋哀傷者內在客體轉化為心理學依據，而建構之哀傷諮商與治療方法（吳秀碧，2016，2017）。客體關係理論有許多不同的支派，依附理論亦屬其中之一。可能由於在客體關係理論各派當中，John Bowlby的依附理論與其他學者的主張差異較大，因而往往讓人忽略了Bowlby也是客體關係論的精神分析學者。他的依附理論，也是根據客體關係理論發展而成。在現代的西方心理學當中，Bowlby（1958, 1969, 1980）的依附行為理論，以及對於失落之後調適之論述，係以Sigmund Freud（1917/1957）在其〈哀悼與原發性憂鬱〉著作中對於失落與客體關係之論述，為其立論之基礎。因此，本章就客體關係發展的理論，以及依附行為理論各摘述其要者，以闡明將客體（即死者）角色轉化的哀傷諮商之心理學基礎，提供了解客體角色轉化模式，可以作為哀傷諮商與治療介入的可行性和適當性，同時可以了解不同依附型態的個體，對於失落客體有不同的哀傷反應。

❖第一節　依附、信賴與依靠的區別❖

　　「客體關係」（object relations）、「信賴」（dependency）和「依

附」（attachment）這三個名詞，經常被用以描述母嬰關係的特徵。雖然三者的涵義各有重疊之處，然而在定義和涵義上則不相同。客體關係的概念源自於精神分析論，客體關係原初發生在人類嬰兒出生後的第一年。本能的原慾以客體作為一種媒介，使得原慾所要獲取的標的（target）得以達成。而這個媒介通常是他人，並且在嬰兒出生之後的第一年，主要是母親。不過多數的精神分析學者主張，這時期嬰兒與母親的關係，在性質上主要是口腔的滿足，並且多數認為至少在開始有一個「原型的客體關係」（prototypical object relations），以提供嬰兒在早期可以與他的母親有一個信賴的關係，這是嬰兒在環境當中生存的重要條件，而且後來也由此發展出「真實的客體關係」（true object relations）。

從客體關係發展的角度，Anthworth（1969）對於「依附」、「信賴」和「依靠」（dependence）的差異做了精闢之論述，茲敘述如後。

壹、依靠

對於幼兒與母親的關係，Fairbairn使用「依靠」（dependence），而Bowlby則偏好使用「依附」。Anthworth認為，「依靠」具有不成熟的意涵，是一種無助的狀態，這種行為所尋求的不只是接觸或接近他人，同時也是引人注意的求助和贊同行為。因此，他所要接受和獲得的不是這個人，而是從這個人取得的接受和獲得。所以，「依靠」並不需要特定關係的人，若可以接觸和接近這個人，並從接觸和接近獲得所需要標的之滿足，便能產生對這個人的依賴。所以，當幼兒已經建立起與母親的客體關係，在母親離去數日，由母親的替代者照顧，幼兒心理的內在母親客體，並不會因此被這個暫時替代母親的照顧者所取代。因此，通常「依靠」特別是用來指孩童的正常狀態；而「獨立」（independenc）則以才幹（competence）為基礎，具才幹方能依賴自己而獨立。所以，當孩童逐漸

長大成熟的時候，「依靠」行為將漸漸被「獨立」行為所取代。

貳、信賴

　　雖然在一些精神分析學者的主張中，主要用在「原型的客體關係」，即前客體關係（preobjectal relation）。由於社會學習理論（Social Learning Theory）主張，人際關係源自於嬰兒對母親的信賴（dependency）。Anthworth係借用社會學習理論的觀點，故主張「信賴」為學習的結果，是一種習得的驅力（learned drive），為經由降低基本驅力（primary drive）而獲得。晚近社會學習理論的觀點，更主張信賴是一組的行為，在嬰兒與母親的信賴關係之脈絡中，由於母親的照顧而增強這個信賴關係，並且這種信賴能夠類化到與其他的人際關係當中，而與母親之外的他人也產生信賴。最早信賴的產生，乃是嬰兒經由母親或母親的替代者之照顧，以及互動之中習得。

　　「信賴」可以發展成為個人的人格特質。在人格上，信賴特質有個別差異，乃表示每個人的成長和發展史各自不同。而「信賴」與「依靠」最為不同之處，即在關係的特定性。雖然精神分析論並沒有特別強調信賴對象的特定性。但是，強調客體關係一旦建立了，將具有特定對象的特性。社會學習論學者Beller（1957）和Heathers（1955）都看到「無法信賴」和「信賴」這個兩極的現象，而強調焦慮對於強化信賴的角色。亦即嬰兒一旦發展出信賴的動機，父母的注意和出現，便與從痛苦的刺激獲得解救為同義；若有威脅到失去父母的注意和出現，也與危險或不能得到解救同義。因此在固定的行動上，害怕或焦慮機制便與「信賴」不可分離。不過，現在多數社會學習論的學者已經不贊同「信賴」是次級驅力。因為這樣是將嬰兒視為被動，也不認為「信賴」是類化的特徵，而是以「信賴」簡便說明某些習得行為。

參、依附

「依附」（attachment）是否為習得的行為，至今仍無定論。然而可以確定的是，依附關係一旦建立起來，便可能成為一種永久性的關係。雖然精神分析學者，從Sigmund Freud便開始使用「依附」一詞，但是近代心理學使用「依附」，主要源自於John Bowlby。Bowlby（1958）使用「依附」，作為解釋孩子與母親「基本聯結」（primary bond）的一種新方法。他為了尋求一種新的名詞來替代「信賴」，其理論乃依據人性學（ethology）的原則，採取使用「依附」。此後，「依附」一詞便廣為人性學家使用在研究動物行為方面。因此，後來也被用在學習理論當中。

Bowlby對於「依附」的看法，是指一個人或動物形成與特定另一個人的情感聯結（affect bond）。Bowlby使用「感受」（feelings）一詞來涵蓋「情感」（affect）和「情緒」（emotion）。而「情感」和「情緒」這兩項，在讚美的過程為很重要的因素。而讚美的過程，則與依附行為的建立有關。「依附」具有區分和特殊化的涵義，即一個人和特定的人之情感連結（connection），可以區分出與這個人是沒有依附關係的人物，或是有依附關係的人物。

與客體關係相似，依附可以發生在任何年齡。與「依靠」不同，依附不具有不成熟或無助的涵義。普遍情況中，當然一個人第一個形成情感連結的對象就是自己的母親。不過很快的就會有一撮特定的人繼續補充，而與他們發展出依附。不論是與母親，或與其他人，一旦形成了依附關係，就會有持久的情形。所以「依附」不適用在一時或暫時的關係，或單純只是情境性的信賴交流。由於「信賴」與不同情境的變化有關，而「依附」則是一個人與另一個人情感關係的空間和時間缺口的橋樑。所以，依附關係既不受時間的阻斷，也不受空間隔閡的障礙。雖然「依附行為」也會因

情境而升高或降低，但是「依附」本身卻具有持久性，因此沒有時空的問題。所以如前面提到，當母親不在家，而由替代母親的人照顧幼兒，在幼兒心中的母親客體，並不會因此被替代的照顧者取代。依附關係與精神分析論，兩者對於客體關係的持久品質之主張相似，同樣都認為具有有機體內在的涵義，以及有神經生理的性質，能提供個人持續的習性，引導個人朝向他所依附的特定客體。

❖第二節　客體關係的不同論述❖

　　傳統上，客體關係理論並非一種系統性發展的理論，而是各家各派之意見分歧，甚至有衝突之處。在哲學上，「客體」一詞用以和「主體」作為相對應的立場。「客體」不一定指稱一個人，也可能是一個物，或人體的一部分。各家客體關係理論共同之處，即在精神分析的客體關係理論主要論述，為個體在兒時發展一個與他人關係的精神結構之歷程。並且依據精神分析論的立場，客體關係理論認為，在個人的成年期，與他人連結關係和情境的方式，是在嬰兒時期由家庭經驗所塑造而成。精神分析論為第一個認識到孩子第一個客體關係，是一個人的人格基石。個人一生內在的客體並非只有一個，但是最早的客體為內化自己母親的意像（image）。而這個內化的客體，是在嬰兒期由被照顧的經驗之型態（pattern）所形成，對於照顧者可能正確或不正確的表徵（representation）。本節旨意不在詳細介紹客體關係理論之各家學說，也無法一一介紹各學者的主張。主要僅就學者對於客體的誕生，以及與客體關係有關之論述，簡要說明於後。

　　最早提到「客體」概念的人，可能是Sigmund Freud（1914/1957）。在論述客體關係，Freud主張採取本能論（instinct theory）的觀點，認為本能的驅力有其資源和標的，是生物天生由遺傳所決定的。因此很少受環境

變項的影響而改變，也就是不受環境的影響。而且驅力有其客體，透過這個客體達成驅力的標的；同時，他也提到嬰兒第一個愛的客體，是他母親的乳房。這個最早期的吸吮關係（sucking relationship），乃是一個人後來人生所有愛的關係之原型（prototype）。並且在這個論述下，擴大到最早的關係，即口腔期的愛之原型。從母親對嬰兒的撫愛、親吻和搖擺，完成了母親「教導他去愛」的任務（Freud, 1905/1953, p. 222），Freud特稱此為「anaclitic」，或可譯為「心理上依賴的」。「心理上依賴的」愛主要依靠被餵食，而嬰兒也透過了學習自我保護的本能（self-preservative instinct）來發現滿足。

之後Freud又觀察到，嬰兒在母親離開或即將離開之際，會有焦慮現象，他指出這是「信號」（signal）焦慮。由於幼兒的生理需求將無法滿足，因此分離對幼兒是危險的信號（Freud, 1926/1959）。直到1931年Freud才充分認識了嬰兒－母親的依附，是一種具永久不變的重要性（Freud, 1931/1961）。後來Freud（1938）更強調母親的重要性是獨特和無可取代的，這個第一、也是最強的「愛的客體」，便是一個人日後所有愛的原型。詳細審視Freud在嬰兒－母親關係的論述，有些零碎和不完整，甚至有矛盾之處。因此也讓後來的精神分析理論在有關這個原初和最早關係的發展方面，出現不同的理論。有一群學者，主要依循Freud強調客體的易變，以及嬰兒透過依賴母親作為需求滿足而得到母親為客體。這群學者視客體關係的發展，不可避免的與自我（ego）的發展糾結在一起，這就是傳統的「自我心理學」（Ego Psychology）；另一群學者則採用Freud指稱的「種類史的基礎」（phylogenetic foundation），視客體關係為主要且基本的，而不是次級的及取得的，這便是傳統上自稱為「客體關係理論」。

在此，先就自我心理學派的自體與客體發展進行簡介。自我心理學

派的Otto F. Kernberg（1975, 1976）主張，自我（ego）的發展有兩項主要任務。第一項任務爲在內在精神區分出自體（self）和他人。假如無法完成這項任務，由於無法分辨自己的經驗和他人的經驗，當與他人分離和區辨的時候，便無法發展出一個可依靠感的自己，這是許多心理問題的根源，例如無法區辨是自己或他人的經驗、是內在或外在世界、是自己的心理或他人的心理；第二項任務爲克服分裂。即自我之中，自體的「好」與「壞」統整爲一個完整的自體，以及客體的「好」與「壞」統整成爲一個完整的客體。當自我成功而完整的發展，便可以區分自體的意像和客體的意像，或他人的意像，亦即可以看到完整的自體（whole self）和完整的客體（whole object）。

❖第三節　客體關係發展的階段❖

　　一般而言，多數學者所主張之嬰幼兒在客體關係的發展階段，名稱雖異，階段數量不盡相同，主要約可將各家理論整合，劃分爲三個重要階段（Anthworth, 1969; Fairbairn, 1954; Kernberg, 1975, 1976; Mahler, 1952; Mahler, Pine & Bergman, 1975），分別敘述如下。

壹、不區分或無客體階段

　　S. Freud爲第一人，首先提到在這個時期，嬰兒的「基本的自戀」（primary narcissism）。其他學者則稱這個時期爲「不區分」或「無客體」（objectless）時期。從自我心理學的觀點，在這個階段嬰兒並非完全不區分，而是由遺傳決定所構成的「約定」或發展的特徵，其後隨著發展將會逐漸成熟，這是新生兒天生自戀的本性。Anna Freud（1954）則稱這時期與母親的關係爲「餵食關係」（feeding relations），她認爲主要與

「原慾」追求快樂的原則有關，嬰兒體驗到成功餵食，就愛上餵食的經驗，而不是愛他的母親。

不過Margaret Mahler（1965），則抱持不同看法。她主張孩子尚未出生之前，在懷孕期間胚胎與母親為「共生」（symbiosis）狀態，是一種「寄生－宿主關係」（parasite-host relationship）。在出生之後，初期嬰兒處在「正常的自閉」狀態，與共生時期處在「共生囊套」（symbiotic envelope）之內不同。她的主張與其他人最不同之處，即認為嬰兒最初的任務，是從被母親孵化分離出來，而不是依附。出生約三到四個星期的階段，嬰兒處在自閉（autistic）的狀態。嬰兒尋找乳房是一種反射，並不知道有他人的存在。處在這個生命最早期，嬰兒主要關心的是降低或消除生理緊張狀況。需要等到出生第二個月之後，嬰兒才開始與消除其緊張的照顧者，通常是母親之間，形成連結。所以出生約一個月，Mahler稱這個時期為自閉階段。

自我心理學派的Otto Kernberg（1975, 1976）將客體關係的發展劃分為五個階段。他認為第一階段為出生至一個月大，由於新生兒對於自己與他人的經驗欠缺有組織的經驗可以作為建構對自己與他人的概念，為未分化的經驗，嬰兒基本上對內在感受有反應，對外在感受的能力則很欠缺，故稱此階段為「正常的自閉」（normal autism）。

至於Winnicott（1948, 1953, 1960）在有關「嬰兒－母親繫帶」（infant-mother tie）緣起的立場並未明確說明，不過在他論述母親養育的時候，強調「夠好的母親」。顯然根本他不像S. Freud那樣重視口腔這回事，而較重視身體的擁抱。他認為基本上，這是「一種愛的形式」，且將「擁抱」一詞的意涵延伸為個體發展的最早時期，「擁抱」乃涵蓋了「整體環境的供應」，而不只是指母親的擁抱。

貳、轉換階段

　　這個階段為介於不區分和清楚劃清客體關係之間的時期。若依照Fairbairn（1954）對於客體關係發展的主張，可分為三個階段，即第一階段為「早期嬰兒般的依賴」，第二階段為「轉換期」，第三階段為「成熟的依賴」。Fairbairn認為，轉換階段是連結第一階段和第三階段之間的橋梁，為嬰兒從早期關係對照顧者單向依賴中脫離出來的一個終身過程。這個發展過程，是朝向具有相互依賴特徵關係之方向移動。人的一生有許多牽扯不清的分離，而我們大部分的時間都用在這些轉變上，若無法成功的交涉與協商，便容易罹患精神官能症。所以根據Fairbairn的看法，精神官能症是由於無能力，或不願意捨棄嬰兒般的依賴情結所造成的。

　　至於Margret Mahler（1963, 1965）則認為，嬰兒從出生的第五週，一直到約五個月大，母親仍未被嬰兒體驗為一個自主的存在體，Mahler稱這個時期為「共生」階段，母親為嬰兒同一個人際系統的一部分，而不是獨立分開的。嬰兒持續體驗母親，即便食物和其他生理需求可以滿足，當母親情緒沮喪的時候，嬰兒也以沮喪的方式回應。在這個階段，分化的目標仍舊很遙遠，嬰兒處在所謂「前客體」（preobject）的世界。A. Freud（1965）認為，這個階段母嬰關係主要仍舊在「口腔」食物的需求，嬰兒的「愛」為母親的乳房、牛奶。

　　Benedek（1952）辨識出這時期嬰兒發展的一系列行為，反映了嬰兒的發展，例如看到母親會有吸吮行為，眼光會跟隨著母親移動，當期待母親過來的時候會轉頭，以及當母親準備餵食他的時候會等待等。如果這個發展過程順利，嬰兒會獲得自信的期待，即對於他的需求將可獲得的自信。這個自信是嬰兒處在被動的、能接受的和依賴階段的精神關聯，也是嬰兒的「情緒的避風港」，能促進學習，由此嬰兒得以從內在的緊張，轉

換到外在的環境。Eric H. Erickson（1959）乃依據了Benedek的概念，提出所謂「基本信任」（basic trust）的觀點。認爲從出生到一歲，源自於愛和需求的滿足，人格發展的任務在達到信任感的發展，即發展出基本信任的重要階段。Spitz（1965）指出，這時期嬰兒出現微笑，是人類物種的特殊反應。由於這個微笑，顯示嬰兒內部感受器的分化，微笑是預期滿足的情感性訊號。而當母親離開，嬰兒哭泣，則是另一種情感的顯示，他稱這時期爲「客體先驅」（precursor of the object）時期。

這個階段約爲Kernberg（1975）主張的第二階段，約在出生後二到五個月大，嬰兒發展出因對外在感受所引導，開始有能力組織經驗。最先只有能夠區分好的經驗（愉快的經驗）與壞的經驗（痛苦的經驗）之能力。然而好的內在經驗和外在經驗，幾乎都不區分的集中在一起；相同的，壞的內在經驗和外在經驗，也幾乎都不區分。由於內外經驗尚未分化，嬰兒的「自體－客體」（self-object）爲全好與全壞，在嬰兒的第一個心理意像（mental image），是自己與他人的特徵之混合，只能嚴格的區分爲「好的自體－客體表徵」和「壞的自體－客體表徵」。

參、客體關係形成的階段

這是發展出眞正客體關係的階段。Anna Freud（1965）認爲這是「客體恆定」的階段，嬰兒能夠在心理維持一個客體的內在意像，這是母親內化的表徵。她還特別強調這個依附的建立不容易，而一旦建立了，即便母親離開幾天，由替代者照顧嬰兒的需求，嬰兒與母親的依附關係也不會被這個替代者所取代。

Margret Mahler主張幼兒要經過「分離－個體化」（separation-individuation）的過程，才有心理的自我（ego）的誕生，這個過程的進展，使得幼兒和母親的連結逐漸減弱（Mahler, Pine & Bergman, 1975）。

Kernberg（1975, 1976）認為需要經過這個發展過程，最後完整的客體象徵（whole object representation）和完整的主體象徵（whole subject representation），便得以完全分化區分開來。幼兒大約從五、六個月大至三、四歲期間，是「分離－個體化」的重要發展過程。在這個階段當中，最為重要的是在最後一個次階段，約在兩歲至兩歲半時期，孩子開始具有將外在的母親客體內化的能力，而發展出內在穩定的母親表徵之意像，亦即內在客體，並且當母親不在眼前的時候，幼兒仍舊可以對他的母親維持著穩定的內在觀感（Mahler, Pine & Bergman, 1975）。所以，這個次階段也被稱為「原慾的客體恆定」（libidinal object constancy）階段。

　　Mahler（1963）認為，「分離－個體化」的過程，實際上是由兩個不同的發展過程所組成。「分離」過程，是孩子與母親早期關係共生融合當中浮現出來的，為知覺區分的過程，屬於認知的性質；而「個體化」過程，則是指自主活動能力的行動，例如使用語言、身體移動、兩腳行走等。人類的行為，除了本能和生理的反應之外，多數與認知有關。因此孩子於內在發展出穩定的母親客體意像，當然也會與孩子的認知發展有關。若將Mahler的「分離－個體化」發展，對照Jean Piaget（1952）的認知發展理論，2-7歲之間的認知發展處在Piaget所謂的「前運思期」，認知發展的特徵為具有象徵功能（symbolic function）、直接推理（transductive reasoning）、自我中心（egocentrism）、集中化（centering）及因果概念（causality）。而2-4歲孩子認知的象徵功能，已經具有四種功能，即心理意像、延宕模仿、語言表達和象徵性遊戲。

　　心理意像是指孩子能將外在的事物或行為儲存在腦子裡，形成一個意像。此後在一些時機，當這種事物或行為再度出現的時候，孩子會辨識出這種事物或行為。所以心理意像乃是一種內化的模仿，具有再生的特性。等到孩子經歷實務操作過程之後，還能形成可以猜測的特性，例如與母親

互動過程，母親在準備要餵他牛奶的時候，會把奶瓶在他的面前搖動兩三下，此後只要看到母親在搖動奶瓶，便可以猜測母親將餵他牛奶。至於延宕模仿，係指孩子能夠將所看過的母親行爲或示範的行爲記在腦子裡，並且能夠在適當時機將這個行爲表現出來，這也是一種象徵功能（Piaget, 1952）。由此可知孩子約在2歲之後，便能形成母親及其他人在其心中的客體意像，且由於有記憶能力，即便母親不在眼前，孩子內在對母親客體的意像並不會因此消失，也能經由模仿而學習新行爲。

這個客體關係發展的時期，約可涵蓋Kernberg理論的第三階段和第四階段。Kernberg主張嬰兒在6-8個月大到18-36個月大，即約從6個月大到3歲不算短的發展期間，嬰兒開始建立起自我的界線（ego-boundary），能區分出自己與他人，也就是可以區分自體與客體，將「自體」從「自體客體」（selfobject）不區分的關係之中分化出來。在這個時期，「好的自體－客體表徵」分化成爲「好的自體」和「好的客體」；「不好的自體－客體表徵」則分化出「不好的自體」和「不好的客體」。

由於嬰兒處在第一個階段的時間相當短，約不到12個月，母親－嬰兒之間便開始轉化（transformation）。幼兒約到了3歲才有眞正的自我（ego）誕生，出現了自我（ego）的功能。最初嬰兒可以區分自己（self）和非己（non-self），也從被動開始變成能夠主動參與外在世界。這個階段可以稱爲「身體自我」（body ego）時期。遠處接受器（distance receptors）變得重要，能夠不需要接觸，即便與自己有距離，也可以看得到、聽到、感受到、出現記憶，也出現有指引的行爲，對於自己和非自己能做出一些區分。不過在這個時期的嬰兒，即便有上述能力，仍舊無法捕捉到眞正的客體（Anthworth, 1969）。而這個過程會受到已經存在的情感之干擾，由於無法統整對立的情感經驗，而形成一好一壞的兩個自體，以及一好一壞的兩個客體，這是由分裂（split）的防衛機制所造成。這樣是

為了可以保存與母親之間的安全、理想和完美的關係，以防被不好的自己表徵和不好的母親表徵所汙染，而且也可以簡單方便的應對外在。因此，6個月大的嬰兒有些像臨界特質的結構，一直約到3歲時候，才解決這種現象成為健康的個體。在這個重要的發展期間，如果幼兒遭受攻擊、挫折與忽略等經驗，要統整自體與客體便會很挫折，而傾向越依賴好的客體和害怕壞的客體，因而維持了極端化的自體與客體。而這種分裂的防衛，也是多數人格異常的內在精神基礎（intrapsychic basis）。

　　從Kernberg主張的階段論，至三歲之後的第四階段，由於幼兒有能力統整情感性的經驗，能夠將內射「好的自體經驗」和「不好的自體經驗」加以整合。因此，相對的與母親互動的經驗，他所內射的內在客體，也是將「好的客體經驗」和「不好的客體經驗」得以整合。因而知道好的母親和不好的母親都是同一個客體。自己不是全好或全壞，母親也不是全好或全壞，而能完整且持續體驗自己與母親，這樣可以發展出客體恆存的一致概念。同時相對的感受有自己與他人，而得以比較實際評估自己與他人，由此幼兒可以整合而發展出強健的自我界線（ego boundary）。到這個時期，本我、自我與超我便都完全形成（Kernberg, 1975）。如果這個整合的發展不完全，則孩子對於其環境中的人際會呈現兩極現象。而出現非「好」即「壞」的反應，直到長大至成人期亦如此，以致造成人際困境的問題。這種人際兩極的現象，對人不是拒絕或攻擊，便是以不切實際的方式滿足自我。不正常的出現，本質上為精神官能的特質結構（Kernberg, 1976）。Bion（1967）便認為，幼兒在分化過程會將其內在焦慮投射給母親，而母親則會加以包容，此為幼兒心理與認知發展過程所必需。因此，若母親無法包容幼兒的負面情緒，即對幼兒的拒絕將導致分化的發展不完全，呈現好的自體和壞的自體無法完全整合。同樣的，好的母親與壞的母親也無法完全整合。

　　Hartman等人（1946）特別關注自我（ego）和客體關係的連鎖，聚焦在S. Freud第二階段的「轉換」和第三階段的「眞正客體關係」之發展。尤其強調孩子能夠了解母親的溝通，可以視爲過程的認知面向。因此在這個階段，如果孩子的能力已經可以預期到，能以未來的滿足取代當下立即性的滿足，便會順從母親的要求和母親的禁止。如果孩子有能力這樣做，很顯然地，他或她有能力考慮到母親的愛，以及考慮到失去愛的威脅。孩子從被原慾所綑綁，依循著「快樂原則」的兩人關係，逐漸發展和演變成爲依循外在環境的「現實原則」。因此，若受到禁止或發生滿足延遲的時候，孩子會將興趣轉向所愛的客體，而不是直接反應出對挫折的攻擊。之後，Hartman等人（1949）歸因這是孩子從害怕失落客體，轉向害怕失落愛，這是由於孩子發展出可以中和本能的精力（neutralize instinctual energies）之能力，而且也發展出社會化的表達。

❖第四節　依附理論❖

壹、依附行爲

　　依附理論（Attachment Theory）的主要學者以John Bowlby爲首，還有Mary Anisworth等多位學者。Bowlby對於依附行爲，在1958年他是與S. Freud一樣，持本能觀的論述，主張行爲的本能反應成分之論。到了1969年，他提出新的論述，改以控制論爲基礎的依附行爲理論。認爲依附行爲是本能，但是本能與遺傳不同。若是遺傳的行爲，便具有發展的潛力；然而本能的發展，則與環境有關聯。他不只反對人際連結是以基本的驅力之滿足爲基礎，而發展出來的次級獲得。同時，他也力陳跟得上時代的精神分析之本能論，需要與現代的生物學觀點有一致性。他主張「嬰兒－母親

連繫」（infant-mother tie），是基於很多「物種－特徵行為」的系統。

　　Bowlby所建立的依附關係理論，主要以人性學（ethology）、控制論（Control Theory）和生物觀爲基礎。他對於依附行爲的看法，是以生物演化論的觀點爲基礎。認爲人類大部分的行爲是依環境的易變行爲，使得人類可以因應廣泛的環境變異因素。Bowlby對於依附聯結（attachment bond）的定義爲：依附行爲的系統是一組生物基礎的行爲，在受到威脅之際，便產生活動，引導個體去維持或重新建立親近依附人物（Bowlby, 1969, 1973, 1980）。由此可知，在Bowlby的理論當中，依附聯結不是一種單一的行爲，而是一套系統的活動，包括目標。與其他物種相較之下，比較少有穩定的固定行動型態。由於人類無助的幼稚期很長，比較具有學習的可塑性，因此儘管人類在幼稚期極端脆弱，卻能夠生存。Bowlby發現可以合理的假設：人類的嬰幼兒天賦有某些相當穩定的行爲系統，經由父母的持續照顧，在漫長的未成熟期間得以減少危險。確實，孩子的依附行爲，加上父母交互的照顧行爲，有助於在眾多物種當中發展最具環境穩定的行爲系統。後來Bowlby（1969）又提出了依附行爲的「控制論」，主張嬰幼兒約在9至18個月左右的發展，較爲簡單的行爲系統開始併入到較爲精緻化的「目標關聯系統」，以此組織和活動，孩子傾向維持親近他的母親。

貳、依附行爲發展的階段

　　Bowlby（1958）將依附行爲的發展劃分爲四個階段，分別如下所述。

一、第一階段：對人物沒有區別的取向和發出訊號

　　出生幾個星期大的嬰兒，儘管對於人的方式尚無區分性，無法區分某

甲和某乙這兩個人。但是對於近處的人會以眼光追蹤,看到人臉的時候會停止哭泣,而對於引發行為系統活動或終止的刺激,只是很粗略的區分。

二、第二階段:對一個或多個人物做出區分的取向和發出訊號

也和第一階段一樣,對於人類會有友善反應。但是對於母親的反應,則不同於其他人,嬰兒表現出對母親的聲音有區分。之後,很快地便能對熟悉的人有區分的行為。

三、第三階段:使用行動或發訊號,以維持親近一個被區分出來的人物

嬰兒出現了行動,不只出現了區分的行為,會跟隨母親、爬向母親、爬到母親身上,還會以母親作為安心的基地(secure base),四處探索。而且他的行為也以目標矯正(goal-corrected)為基礎而組織起來。此時嬰兒傾向以對母親的期待,以及以母親在何處調整其行為。

四、第四階段:形成一個彼此的關係

這個時期的孩子逐漸可以推論他的母親的目標,而且知道母親所要採取達成其目標的計畫,然後孩子能夠開始企圖去改變母親的目標,以便可以適合孩子自己的目標。孩子會使用說服和要求的技術,而不是改變自己的目標以便遷就母親的目標。不過由於這時期的孩子處在「自我中心」(egocentrism)的狀態,孩子的技術為笨拙和不能幹的,能否發展或產生障礙,端賴孩子的父母能否向孩子釐清或隱藏他們的目標,以及能否鼓勵孩子去認識父母,或是會使孩子洩氣。健康發展的緣起是幼兒對主要照顧者有安全感,並且具有反應性的情感依附(affective attachment)(Bowlby, 1969)。

由於幼兒對於父母的情感依附之發展過程中,逐漸由心中內在的世界所取代,內在有好父母客體,可以提供幼兒安全與自尊(Pedder, 1982)。尤其幼兒在分化過程,會將其內在的焦慮投射給母親,若母親

加以包容，此為幼兒心理與認知發展過程所必需（Bion, 1967）。然而，不管依附品質有個別差異，孩子都將與其基本照顧者發展出依附聯結（Cassidy, 1999）。

參、行為系統的三種重要行為

　　根據上述，Bowlby對於第三階段的行為特徵相當重視，也是他最重要的貢獻。Bowlby認為孩子多數的依附行為，是由行為的系統居間促成。一旦這些行為的系統充分發展，當行為目標固定在親近母親，任何與已經決定了的特定目標發生距離變異時，不管是由於母親的行動、孩子的行動或其他人的行動所造成的，這些行為的系統將變得活躍起來，直到特定的距離再度修復。這些居間調整依附系統的行為有三種，即：⑴導向的（oriented），⑵發出訊號，⑶執行。

　　首先，幼兒為了保持知道母親在何處，孩子無論在視覺或聽覺，都導向和追蹤著母親的行動。其次「發出訊號」，最初是用聲音，例如哭泣；或用行為，例如揮動小手；後來可以爬行、走動或呼叫「媽媽」。以上這些都可以使母親來依附孩子，孩子能組織行為使得與其目標合一，此為「執行」。且不久之後，便能發展出組織行為，持續地與包含目標的計畫一致，不過技術上會具有彈性。其後，雖然沒有與母親「接觸」或是「有距離」這種會引發依附行為系統的條件，由於孩子的依附行為具備與母親親近接觸的預測結果，因此與母親身體「接觸」與否，這個刺激情境也只是在環境當中引發行為的互動因子之一。這個可預測結果的行為系統，使得人類在物種生存上有利於繼續演進以適應環境。

❖第五節　成年人的依附❖

壹、成年期的依附聯結

　　依附聯結的定義爲：依附行爲的系統，是一組具生物基礎的行爲，在受到威脅之際便活躍起來，引導個體去維持，或重新建立親近依附人物（Bowlby, 1969, 1973, 1980）。依照依附理論，不論依附品質有何個別差異，孩子將與其基本照顧者發展出依附聯結（Cassidy, 1999）。而在成年人方面，雖然成人之間的依附聯結與親子聯結的主要方式並不相同，然而不論是孩子與父母，或成人與成人之間的聯結，都彼此互爲依附人物（Hazan & Zeifman, 1999; West & Sheldon-Keller, 1994）。不過，成人與成人的依附聯結，對於有關的個人，則依附具有相同的功能。而這樣的功能，爲可以區分出依附關係與其他型態關係的差別（Field, Gao, & Paderna, 2005）。

　　根據依附聯結的文獻，身體的距離調控，乃是依附系統的一套目標（Bowlby, 1969）。孩子能夠產生安全保障是有條件的，不只由於身體親近依附的人物。同時，也由於依附人物對於孩子的情緒需求有反應。尤其，當孩子處在痛苦狀況下時，父母有反應更爲重要（Ainsworth, Blehar, Waters, & Wall, 1978）。不過對於年紀較大的孩子和成人，在維持感到安全保障方面，身體距離的調控則變得比較不重要。由於他們比較有認知能力去預期他們的依附人物，在他們有需要的時候有能力且準備反應，即便現在身體尚未出現（Ainsworth, Blehar, Waters, & Wall, 1978）。

　　由於在增加社會認知的發展脈絡上，內化早期依附經驗到內在的「工作模式」。所以「心理的親近」依附人物，或評估依附人物的可取得，就成了決定個人感到安全保障或壓力的狀態。因此，能夠在心理上喚起一個

有反應的依附人物之表徵，就不再讓個體感到可以身體親近一個依附人物是安全保障絕對必要的條件（Field, Gao, & Paderna, 2005）。這就是何以成人與尚無記憶或表徵能力的幼兒不同，幼兒在母親離開自己的視線時，便會因焦慮而尋找，找不到的時候會慌張哭泣；而長大後的孩子和成人，在壓力之下或痛苦的時候，對他或她而言，只要「心理的親近」依附人物具有可取得性，便能感到安心，這是由於在個人心中已經建立了，可以作為「安心基地」和「安全天堂」的依附人物之內在表徵或意像。

貳、工作模式的重要

　　就個體而言，早期內化的依附經驗，將成為個人依附行為的內在運作模式，並在此脈絡中促進社會認知的發展，這就是個體內在形成的工作模式。「工作模式」在幼兒時期，Bowlby（1969）也稱為「嬰兒－母親工作模式」（infant-mother working model），這是一個認知的架構。「工作模式」包括可以了解自己、他人和外在世界。Bowlby對於這個「工作模式」的建構概念，不同於傳統精神分析所謂的「內在世界」（inner world）。工作模式基本上是個體基於過去真實的經驗，對於未來做出真實的預測；而內在世界，則是對於未來結果的想像或幻想，基於驅力和情感情緒的成分，是一種主觀給予結果的意義，而不是認知的預測。Bowlby用在依附理論的工作模式，個人在與依附人物脈絡當中管理分離、失落和再相會，為基於事實的預測原則（Petters & Waters, 2014）。

　　當個體成長和發展，便累積和聚集心理所記錄，他們從依附人物成功獲得足夠的親近或安慰的經驗，開始是從父母，其後從朋友和親密關係的伴侶。這些內化的心理表徵，被稱為「工作模式」（working model）（Bowlby, 1969, 1973）。工作模式包含兩項元素：⑴一個重要他人模式（例如父母、朋友、親密伴侶），包括父母等人，對於這個人在過去要親

近或取暖所出的價碼之反應，以及(2)對自己的模式，這個模式包括對於自己獲得足夠的親近，或取暖的個人能力，以及個人作爲關係夥伴的價值。這個模式一旦建立之後，便用以指引個人與他或她的親近夥伴，及周圍人際世界的關係。這個工作模式在運作的時候，不是完全不能改變。尤其在有壓力或威脅的情境，工作模式能夠隨時改變，以便對新經驗或與他們強烈牴觸的事件做反應（Bowlby, 1973）。

由於工作模式包含了重要他人模式，因此對於長大的孩子或成人，不管處在安全或壓力的情境，依附人物的讚美或心理親近之有無，都變成了很重要的決定因素。能夠在心中喚起一個有反應的依附人物表徵，是個人的體驗獲得了安全保障。因此，可以身體親近依附的人物，就不再是一項絕對需要的條件。不過，值得注意的是，爲了穩定個體感覺到安全保障，以能夠喚起依附人物的意像這個條件，有時也無法去否定可以獲得身體親近依附人物的重要（Field, Gao, & Paderna, 2005）。由於個體相信當他有需要的時候，就能夠再度親近依附人物的可能性，乃是評估可取得性的核心（Ainsworth, 1990）。因此依附也具有信賴的成分，但不是依賴。

參、區分依附關係和非依附關係的指標

此外在成年期的依附聯結方面，雖然成人相互之間的依附聯結與親子聯結的主要方式並不相同，但不論是孩子與父母，或成人與成人之間的聯結，都彼此互爲依附人物（Hazan & Zeifman, 1999; West & Sheldon-Keller, 1994）。不過，成人與成人的依附聯結，對於有關的個人，則依附具有相同的功能，這種現象與孩子和父母的依附聯結不同。而這樣的功能，爲區分出依附關係和其他類別關係的差別。因而Frale和Davis（1997）對於作爲區分成人的依附關係和非依附的附屬關係（affiliative relationships）之主要功能，提出三項重要的指標，茲說明如下。

　　第一，依附人物為親近所要維持的標的。當個人知覺到依附人物具有方便性，則比較可能產生積極的情緒；如果知覺到沒有方便性，便會引發痛苦。例如兩名已婚的人，如果夫妻之間有著依附關係，當丈夫到異鄉就業，每年只能返鄉一次，可能彼此都會感受這份工作造成兩人分居兩地的寂寞或痛苦。

　　第二，依附人物也是安全天堂。這是指當個人處在痛苦或威脅之下，將引起動機去尋求依附人物的接觸、保證和安全。這是由於知覺痛苦或威脅，而活化了個人的依附系統，並且引起他的動機，在身體或心理要盡力去親近依附人物，以便獲得安全感。因此一個人不論年紀有多大，如果父母尚存，痛苦的時候可能會去向父母傾訴，並期待得到安慰。

　　第三，依附人物為安心基地。「探索系統」（exploratory system），即Bowlby所謂的「分離行為的系統」（separation behavioral system），與「依附行為的系統」互為動力關係（Grossmann, Grossmann, & Zimmermann, 1999）。「探索系統」主要在引發積極參與環境的活動，因此可以導致個人技巧和才幹的發展，而增進生存的潛能；「依附行為的系統」則是在評估後而發覺有威脅時，便引發保護，作為對抗「探索系統」不顧及可能有危險的不適應和激烈的表達。換言之，依附系統和探索系統是相互作為動力的抗衡（Ainsworth, 1972; Cassidy, 1999）。因此心理安全感比較高的幼兒，當母親在附近的時候，他會脫離母親的懷抱去探索環境；而心理安全感較低的幼兒，則緊緊依偎在母親的懷抱，唯恐母親消失。同樣，在成人方面，心理安全感較高的成人冒險性較高；心理安全感較低的成人，冒險性也較低。

　　總而言之，在與他人的關係當中，若具有維持親近、安全天堂和安心基地等三項指標，便可稱為依附關係。依附系統與個體生存的安全有關；而探索系統則與個體參與環境互動、促進成長與發展有關。所以，個人會

評估在接觸的環境中，當有威脅之際，所依附人物是否具有便利性，作為引起探索系統的依據。

❖第六節　依附與分離焦慮❖

壹、幼兒的分離焦慮

在美國，依附理論已經成為歸類失落的性質和重要性的派典（paradigm），也是用以理解複雜性哀傷型態的依據（Stroebe, et al., 2005）。S. Freud（1926/1959）可能是第一位注意到幼兒分離焦慮的心理學家。他觀察到當母親不在，或似乎即將離開的時候，孩子會體驗到焦慮，他稱這個為「信號焦慮」（signal anxiety）。分離的信號對於孩子而言，就是一種危險，因為他的身體需求將無法獲得滿足。而S. Freud則到了1931年才充分認識到嬰兒─母親依附具有永久的重要性，並於1938年確定母親的重要性是獨一無二的，而所建立的是一個人終生無可取代，是第一個，也是最強的「愛─客體」（love-object），並為其後人生所有愛的關係之原型。

Bowlby（1982）在幼兒與母親分離的研究，提到幼兒與母親人物（figure）分離，在第一階段的反應為憤怒。這個憤怒代表兩種意義。其一為譴責她的遺棄；其二為要求她回來，即「我生氣，你離開」和「我哭泣，我要妳回來」。在這個雙重過程，同時意涵著「失落取向」和「保存取向」（Strobe & Schut, 1999）。由於悲傷與憤怒這兩種情緒，通常互為不可分開的情緒。憤怒情緒通常來自個人的需求遭受到挫折，挫折會導致憤怒的情緒，這是人性自然的反應。而憤怒的背後往往隱藏著受傷害的痛苦，因此會有悲傷的情緒。而且由於憤怒，則可能向外反擊，或向內攻

擊。當憤怒向外的時候，就是遷怒，而當向內攻擊的時候，就成了自責或內疚。這就是何以發生失落時，普遍有憤怒和悲傷的情緒反應。Bowlby主張健康的哀悼是：當渴望找到失去的母親與譴責她的過程，經由一再重複的失敗，然而有足夠的時間可以表達情緒，便可以逐漸產生適應，這些憤怒便消失，這是學習的結果。失落的哀傷反應，在性質上為一種分離的焦慮反應。在幼兒期，母親是我們生命的託付者，與母親的分離，則是幼兒的重大挫折與威脅。個人早期與母親的分離經驗，為個人終身分離焦慮的緣起。

貳、分離焦慮與哀傷反應

在哀傷方面，從母親離開兒童的研究，Bowlby（1980）認為，個人不論暫時或永久感受到與一個安全依附的人物分離時的威脅，便有調適依附行為的產生。因此主張哀傷歷程是一個調適的歷程，在本質上也是一種學習的歷程。Bowlby（1980）認為發生失落之後，哀傷者需要有足夠的哀悼時間來表達傷痛，並逐漸學習和調適，以便適應失落之後的環境。顯然這個調適歷程有兩項重要元素：一為學習，二為時間。在學習方面，主要為哀傷者在面對失去所依附客體的新環境之際，能夠學習因應策略與行為。有效的因應策略和行為，可以導致良好適應；無效的因應策略和行為，將導致不良適應。在時間方面，則是「足夠的哀悼時間」，以便容許哀傷者表達哀傷的情緒。由於當發現外在存在的實際客體不見了，個體的內在客體意像和內在世界並未立即改變，尚留存著對熟悉的客體之期望和需求，內外的差異和落差導致產生焦慮，這就是分離的焦慮。繼之由焦慮分化的各種情緒湧起，所以需要足夠的時間，讓哀傷者宣洩情緒，並學習去適應。顯然地，時間是哀傷復原不可忽視的重要元素。無論治療師具備多麼有效和良好的諮商與治療方法和技術，都不能忽略哀傷者需要「足夠

的時間」調理情緒。所謂的「足夠的哀悼時間」，不只因哀傷者個人而異，也會因死者的身分、死亡方式、依附的關係等而有別。

參、依附型態

Ainsworth、Blehar、Waters和Wall（1978）的研究，主要在於區分幼兒的安全依附型態和不安全依附型態。他們發現安全依附型態的幼兒在與母親重逢時，會試著去接近母親。而幼兒的不安全依附型態，又可分為兩種，為迴避型態（avoidant style）和矛盾型態（ambivalent style）。迴避型態的幼兒，會迴避和母親在一起；而矛盾型態的幼兒會尋求接觸母親，但是卻混合著憤怒的抗拒。

在成人的依附型態，也可以分為安全依附型態和不安全依附型態。不過由於所使用的研究方法之差異，對於不安全依附型態發現還有不同的差異，而再區分的類別，不同學者的分類略有不同。晚近在成人的依附型態研究，主要以親密關係與依附關係的關聯居多。而其中有一個困難的問題，即在於傳統分類對於「不想念－迴避的依附型態」（dismissive-avoidant attachment style）的成人有不同定義。

綜合學者對於成人依附類型的分類，可以分為兩種主要型態，即第一種安全依附型態與第二種不安全依附型態。而普遍對於不安全依附型態，又可分為：⑴「鄙視－迴避依附型態」（dismissive-avoidant attachment style），⑵「害怕－迴避依附型態」（fearful-avoidance attachment style），以及⑶「焦慮－先入為主依附型態」（anxiety-preoccupied attachment style）（Ainsworth, Blehar, Waters, & Wall, 1978; Bartholomew & Horowitz, 1991; Hazan, & Shaver, 1987; Pietromonaco & Barrett, 1997; Van Buren, & Cooley, 2019）。茲就前述兩種主要依附型態，分別說明如下。

第一種：安全依附型態（secure attachment style）

這個型態的特徵為個人擁有對自己正向的看法，以及對他人正向的看法。安全依附與適應的功能之發展，是由於照顧者給孩子的情感有可取得性，以及對於孩子的依附行為有適當的反應，同時照顧者有能力調節兩人的正向和負向的情緒（Sable, 2008）。

第二種：不安全依附型態（unsecure attachment style）

尚包括三種的次類型如下：

1. 「鄙視－迴避依附型態」。這種依附型態的特徵為個人傾向與自己、父母或伴侶，保持情緒的距離。這類型的人對於自己有較高的自尊，然而對於評估他人的價值，則看得較低。也就是在人際關係之中，呈現對自己擁有正向的看法，認為自己比較有價值，而對他人則抱持負向的看法，將別人看得較差。由於童年有不可靠的照顧者的經驗，使得他們在潛意識（subconscious）中害怕親密。他們會發現自己很難和小孩，以及親近的朋友維持支持的關係。伴侶越是要求親密和注意的時候，鄙視風格的個人就會越加以拒絕。並且，鄙視風格的個人更有可能結束關係，成為搞不好關係的伴侶。他們傾向抑制和隱藏自己的情感，且使用和拒絕的來源保持距離的方式，來處理被拒絕。

2. 「害怕－迴避依附型態」。這種依附型態的特徵為個人焦慮和迴避兩者兼具。對於自己和他人都有不穩定的波動或混淆的看法。這種依附型態的人，童年經常在情緒上感到害怕。因為，他們的父母可能有身體暴力、虐待、憂鬱或性格異常之類的問題，造成當孩子尋求安慰的時候，心理上會感到害怕，或怕他們的父母。簡言之，他們尋求安慰的人，也是導致他們痛苦的人。所以，他們會對於情緒親密感到不舒服，並且對於他們自己和他們的依附，有時情感是結合著下意識（unconscious）和負向的看法，也就是不自覺的負向看法。Bartholomew and Horowitz（1991）認為，

他們往往對自己和他人，持有負向的看法，感到不值得支持，也不期望他人會給他們支持。而且也不信任他人的依附意圖。與鄙視－迴避依附型態相似，具有這種依附型態的人，較少承認來自依附的親密，並且經常抑制和否認他們自己的情感。

3.「焦慮－先入為主依附型態」。這種依附型態的特徵為個人常焦慮會被遺棄，且在關係之中質疑自己的價值。因此使得他感到難以相信自己被愛和被照顧。由於這些想法和感受，可能讓人處在不愉快的關係。因為早期他們的依附需求，父母有時不能讓他們感到滿足，或有不一致的情形。個人對自己持有負向的看法，而對他人則持有正向的看法。所以，會質疑自己作為一個人的價值，也會因為依附人物沒有反應而自責。由於焦慮或對於依附先入為主的想法，個人對於關係可能呈現高度的情緒表達、情緒失調、煩惱和衝動。若有比較安全或不想念的伴侶，在親密關係中會讓對方感到太黏，或是過度要求。

肆、依附型態與因應策略

研究發現，依附型態可以預測在壓力情境之下，個人所使用的因應策略（Greenberger & McLaughlin, 1998）。成人的浪漫依附取向（romantic attachment orientations）包括兩種，即迴避取向的類型和焦慮取向的類型（Brennan, Clark, & Shaver, 1998; Fraley, Waller, & Brennan, 2000; Griffin & Bartholomew, 1994; Simpson & Rholes, 2017），敘述如下。

第一種：迴避取向的類型

主要反映個人在關係中對於親近以及情感親密感的自在程度。高迴避取向的人，對親密的伴侶會持有負向看法，且通常對自己的看法為正向，或有時則認為自己容易受傷害。迴避取向的人，會企圖在他們的關係當中

創造和維持獨立、控制、自主。因為，他們相信尋求心理或情感親近親密的對象，是不可能或是不可得。由於這樣的信念，迴避取向的人採取保持距離或停用的因應策略。以此策略，他們防衛性的抑制個人的負面想法和情緒，以便提升個人的獨立或自主。如果是低迴避取向的人，則對於親密會感到自在，也願意和對方相互依賴。

第二種：焦慮取向的類型

　　個人擔心被親密關係的對象遺棄，以及被貶抑的焦慮程度高。高焦慮取向的個人，在他們的關係之中會大量投資，他們渴望在情感上更親近他們的伴侶，以便感到更安全。高焦慮的個人會抱持負面的自我看法和有所保留，但是卻對他們的伴侶充滿希望感（Collins, 1996; Hazan, & Shaver, 1987）。這種衝突的看法，導致焦慮的人會質疑個人價值，擔心失去伴侶，以及對於其伴侶可能從他們的身邊被拉走的訊號保持警覺（Cassidy & Berlin, 1994）。他們的動機增加他們對於安全感的不足，導致他們所採取的行動有時會扼殺或驅趕他們的伴侶（Shaver, Schachner, & Mikulincer, 2005）。因為他們不知道是否能夠依靠伴侶，他們的工作模式為放大痛苦，使得他們感到更不安全。當痛苦的時候，焦慮取向的人會傾向使用「情緒－聚焦」，或過度活躍的因應策略（Mikulincer, & Shaver, 2003）。焦慮也使得他們維持或升高其憂慮或關注（Collins, Ford, Guichard, & Allard, 2006），這些特質可以用來解釋為什麼焦慮的人令人少有滿意且有更多適應不佳的關係（Feeney, 2016）。

　　從實證研究發現，依附型態會影響個人的因應策略。安全依附能夠促進個人採取積極和建設性的策略去處理壓力情境，結果能夠改善適應（Mikulincer, et al., 1993）。此外，研究也發現在有壓力的時候，安全依附可以讓個人有比較多尋求支持的行為（Simpson, Rholes, & Nelligan, 1992）。或許由於安全依附的個人，比較會期望他人方便作為資源；而不

安全依附的人，尤其是「害怕－迴避的依附型態」者，可能不會尋求他人的支持，而是自己採取其他因應策略。

至於依附型態和壓抑的防衛（repressive defense）之關聯，研究發現，安全依附型態的人，焦慮程度較低，防衛為中度；焦慮－兩難型態（Anxious-ambivalent style）的人，有相當高程度的焦慮，防衛較低；而焦慮－迴避型態（anxiety-avoidant style）的人，焦慮和防衛都很高，由於這個型態的人有很高的壓抑，以致無法成功的減低他們所體驗到的焦慮（Mikulincer & Orbach, 1995）。

❖第七節　客體關係與依附行為在哀傷的應用❖

壹、運用依附理論在哀傷的疑慮

健康發展的緣起，來自幼兒對於主要照顧者有安全感，且具反應性的情感依附。健康發展的依附行為，可以導致情感的聯結或依附聯結的發展；病態是由於一個人的心理發展走向偏差的途徑，而不是固著或退化至早期階段。此外，個體依附行為發展的途徑和型態，原則上決定因素在其未成熟時期與依附人物的經驗（Bowlby, 1969）。幼兒對父母情感的依附之發展過程中，從出生後僅與外在世界互動，逐漸由內在的世界所取代，內在有好父母的意像，可以提供幼兒安全與自尊（Pedder, 1982），亦即幼兒隨著成長與發展，逐漸將來自母子互動的外在經驗予以內化，而形成心中內在母親客體的意像和情緒情感。自此之後，個體主要便依賴內在母親客體作為安全和自尊的來源。由此可見，在幼兒形成內在父母客體的時期，親子關係和互動經驗的重要，也因而產生不同的依附聯結。其次，由前所述，幼兒具有不同型態的依附聯結，會影響母親離去時幼兒的反應，

以及幼兒離開母親懷抱的安全或焦慮反應。

　　當論及運用依附理論在哀傷諮商的詮釋和理解時，有關聯的主張似乎不論關係的死亡與失落，是由於父母、配偶、子女，或是其他關係的死亡或失落，都可以看到相似的型態。不過Klass（1999）質疑使用孩子與其母親分離的模式所發展的依附理論，運用於其他關係的時候，是否有過度擴大運用之嫌。尤其，用以作為解釋喪失父母的聯結時，是否為一個充足的架構，以及是否不同類別的失落都可以適用。

貳、運用依附理論在哀傷的可行性

　　若要了解源自於孩子與其母親分離的模式，可否運用在成人的喪偶、喪父或喪母，以及其他失落上，則必須從「照顧系統」（caregiving system）與「依附系統」（attachment system）彼此交互運作的關係去理解。George和Solomon（1999）主張，雖然照顧系統在行為方面與依附系統有關係，然而照顧系統有別於依附系統，為一個獨立的系統。照顧系統的主要功能是父母提供保護給自己的孩子。因此，照顧系統和依附系統兩者的目標，在尋求維持親近依附人物的保護上並不相同。不論幼兒或成人，在體驗到害怕、焦慮和痛苦降低到夠少的時候，依附系統便停止活躍；如果沒有獲得足夠的安全，依附系統維持部分或全部活躍（Simpson & Rholes, 2017）。然而，由於照顧系統的主要功能是作為父母提供保護給自己的孩子之反應。所以在孩子死亡之後，父母的照顧系統將會被積極化的活躍起來，由此父母企圖挽回已經因死亡而失去的孩子，以便可以提供保護。所以父母最主要的考慮，即是孩子的安全。如果將Bowlby理論之中的依附系統和照顧系統兩者運用在任何依附關係當中，不管是親子的依附關係，或是配偶的依附關係，照顧系統都是用以表達能夠期望接觸，並以安全為基礎。以這樣的道理運用在成人失落配偶和父母方面，或許同

樣可以解釋哀傷的發生和哀傷的反應。

　　總而言之，個體在早期為了確保足夠的照顧和安全，當有痛苦或與基本照顧者分離的時候，脆弱的個體會尋求身體和情緒接近他們的基本照顧者（Bowlby, 1969, 1973, 1980）。而且這些行為傾向當個人成長之後，在痛苦的時候更會去複製尋求生存的年紀之行為（Simpson, & Belsky, 2016），也就是複製幼年的依附聯結型態和反應。

參、依附關係的形成不限於至親

　　個人早期與父母建立的依附聯結具有永久性，也成為個人一生人際的基本特徵。依附可以發生在任何年齡，而不必具有不成熟或無助的涵義。因此到了成人期，除了父母之外，個人與其他成人之間的連結，彼此也可以發展依附關係，並且互為依附人物（Hazan & Zeifman, 1999; West & Sheldon-Keller, 1994）。在成人與成人關係的連結當中，依附具有相同的功能。Frale和Davis（1997）提出依附關係的功能，具有維持親近、安全天堂和安心基地等三項指標。成人與成人之間關係的連結，若符合這三項指標，便可稱為依附關聯。若不符合這三項指標的關係，就是非依附的附屬關係。Field、Gao和Paderna（2005）也贊同從依附關聯的功能，可區分出依附關係與其他型態關係的差別。一旦形成依附關係，不論是孩子與父母，或成人與成人之間的聯結，都彼此互為依附人物。所以，當配偶死亡或親密關係死亡，遺留生存的另一個人，同樣會深深感受到失落情感的聯結而傷痛；或是失落摯友的人，也會有很大的傷痛。

肆、使用依附理論詮釋成人的哀傷

　　由於依附關係，在孩童身上對於失落的反應似乎有個獨特目標，就

是：「迴避接受死亡的現實，以及死亡的情緒意義，並且對於外在已經結束的現實，維持著內在某些形式的關係」（Miller, 1971, p. 701）。因此哀傷可能會阻礙孩童去發展新的關係，由於不允許他或她去接受失落，或是不允許再投入新的所愛客體。

　　至於成人期發展的依附，也具有永久性。當發展出依附，不論是與母親或與其他人，一旦形成了依附關係，就會有持久的情形。「依附」性質為情感的連結，所以當所愛的人死亡，會讓生存者感受到情感關係的失落。成人哀傷的原因，根據Bowlby的依附理論，由於死亡導致生存一方的依附系統變得活躍起來，或是照顧系統變得活躍起來，都會有企圖尋找原本所依附，而已經失去的依附人物。所以在喪子的父母傷慟方面，由於照顧系統被活躍起來了，在積極的聯結表達方面，傾向聚焦在確保知道孩子是安全的，例如孩子在上帝的手中；而消極的聯結表達，可能繞著來自個人內在自體與客體的溝通，幻想孩子譴責父母未能保護他，父母自己譴責是個不盡責的照顧者，因而體驗到深深的內疚。反過來，孩子到了成年期一旦喪親，也會很傷慟。由於S. Freud主張，嬰兒—母親依附具有永久的重要性，且母親的重要性是獨一無二、無可取代的，所建立的是一個人終生無可取代的依附。因此一個人無論在未成年之前或成年之後，發生喪母的失落，都是最傷痛的事。由於依附含有信賴的意涵，因此喪母便如同心中的安全天堂和安心基地消失了，引發的分離焦慮會特別強烈。而與父親的依附關係之建立也在非常早的嬰兒期，通常僅次於母親，所以成年喪父也同樣會引發極大哀傷。

　　死亡，不只是一種特殊的壓力，也是一種極大壓力。研究也指出，依附型態在因應人際壓力、高成就的壓力、每日的壓力或極大壓力的時候都相似（Charles & Charles, 2006）。在一項有關年輕成人的依附型態和失落手足的研究，Charles和Charles（2006）發現，不同依附型態的人，面對失落手足和生活壓力時，在使用保持距離策略上沒有明顯差異，可能與

使用保持距離的策略和壓抑的防衛有關。但是相較於不安全依附的人，安全依附和先入為主（preoccupied）型態的人，在因應失去手足和因應一般壓力的時候，比較能夠使用社會支持策略；鄙視─迴避型態（dismissive-avoidant style）和害怕─迴避型態（fearful-avoidant style）的人，比較少使用尋求社會支持的策略去處理解決適應。不同依附型態的人，在面對壓力的焦慮程度上，沒有明顯差異，但是在防衛則有差異。此外，安全依附型態和鄙視─迴避型態，均為低焦慮和高防衛，先入為主和害怕─迴避型態兩型，均為高焦慮和低防衛。依照研究結果，Charles和Charles（2006）認為，一方面對於成人的依附型態分類，可能還有研究改進的空間，另方面在不同年紀失去手足的因應上可能有別。但是失去手足會干擾到個人對於基本照顧者的依附，使得年輕人的能力在處理重要發展的挑戰時受到阻礙，這個問題很值得重視。

伍、依附類別與喪子的哀傷

在依附的安全方面，有安全依附和不安全依附的個別差異。不安全依附又可以分為兩種不同類型：「焦慮─憂心的依附」和「迴避─不屑一顧的依附」，其中，「照顧」扮演一個重要的角色。「焦慮─憂心的依附」與過度保護孩子有關，父母傾向歸因情境的危險，而實際上沒有證據顯示可以對情境做這樣的推論，也就是來自父母焦慮的想像；至於「迴避─不屑一顧的依附」，與摒除或貶抑孩子的依附需求有關，因而父母關閉他們的照顧系統（George & Solomon, 1999）。由於所愛的人死亡而被積極化的照顧系統，可能直接影響表達主要的聯結類別。這兩種截然不同的依附類型，想必對於父母如何回應他們小孩的死亡，都會產生重要的衝擊，包括企圖維持聯結。

由於親子角色反轉在決定「焦慮─憂心的依附」時，是一個重要的

層面。「焦慮－憂心」的傷慟父母，將比較可能把他們死亡的孩子，變成
爲照顧他們的角色，並反映在與孩子的聯結相關的表達中。不過，聯結的
性質，可能部分也與孩子死亡時的年紀有關係。年紀較大的子女可能成爲
父母的重要典範，而年紀較小的子女則不可能。以嬰兒的死亡爲例，父母
就很不適宜將死者作爲情緒自我調節（self-regulation）的典範，並以這樣
一種依附形象的樣子來回憶；而年紀較大的孩子死亡，父母便可能以孩子
作爲情緒自我調節的典範（Main, Goldwyn, & Hesse, 2002），例如以孩子
的成就爲榮，而感到死者有意義，可以讓父母感到安慰。相反的，父母死
亡，孩子也會將父母作爲情緒自我調節的典範，並以依附形象的樣子來回
憶父母。

陸、喪親成人的哀傷

當孩子長大成年了，而父母年老的時候，照顧者和被照顧者的角色，
在親子的關係之中可能產生反轉的情形。成年的孩子成爲保護者和照顧
者，年老的父母則成爲被保護者和被照顧者。所以喪親的成人會感到哀
傷，這是由於在依附關係之中，一方面父母是永久的安心天堂和安全基
地，所以喪親便失去了內心最基本的安全堡壘；另方面，類似喪子的父
母，由於照顧系統被積極化起來，通常喪親的成人不只悲傷，也常常內
疚，以爲自己有保護和照顧不周之處。最常見的就是，越是最照顧父母的
子女，在喪親之後對自己的自責越爲普遍。此外表達與主要的聯結風格有
關，所以成人的哀傷反應會因依附類型而有不同。

從「焦慮－憂心的依附」理論類推，成人在配偶或親密關係的死亡
中，失去了依附人物，若死者傾向是被生存者依靠的角色，依附系統將會
變得活躍起來，由於喪失了安全基地和安心天堂。因此會特別渴望尋找可
以再次藉由獲得身體接近，以確保自己的安全。在依附關係當中，若死者

傾向為生存者保護和照顧的角色，生存者便會企圖尋找所依附而已失去的人物，目的在於繼續提供保護和照顧，以確保死者的安全。這些都成了成人失去依附關係的哀傷。

小結

依附關係的發展，不僅止於個人早期形成與父母的依附聯結。到了成年期可以與父母、手足之外的其他成人發展依附關係。而且所發展的依附關係，也會形成依附聯結或情感聯結（affective bond）。至於依附型態的類別，早期形成的幼兒依附型態，與父母的依附具有永久性，並且與幼兒和父母分離的反應有關。由於早期所發展的依附型態，影響個人終身的人際特徵。而到了成年期，與其他成人所發展的依附，根據當前對於親密伴侶（包括配偶、愛人）關係的研究，也有不同的依附型態。雖然那些依附型態的分類，學者尚存些微的不同見解，然而從實證研究發現，依附型態不只對於親密關係有差異影響，也會影響成人發生失落時的哀傷反應。

雖然依附聯結型態具有永久性，然而「依附行為」會因情境因素而升高或降低。哀傷的調適，是當所依附的客體發生死亡，所依附的外在客體已經因為死亡而不存在了，不過內在客體意像仍舊會存在，依附的情感聯結也還存在。但是外在環境已經發生改變了，所以個人的依附行為需要因情境改變，也就是需要降低由於失去依附人物而被活躍起來的依附系統或照顧系統，甚至需要完全不再期待對死亡客體可以獲得身體親近的依附行為。若無法改變或降低對於渴望親近所依附的客體，將會發生適應不良的狀況。西方當前主要的哀傷諮商理論為繼續聯結論，並主張找到新的繼續聯結表達或方式，對於調適哀傷有幫助。不過，當前西方學者對於最適當且有效，與已經死亡的客體繼續聯結表達，尚未完全獲得滿意的結果，還在繼續尋找和研究當中。

第五章

繼續聯結與意義重建

　　過去西方在90年代中葉之前所發展的哀傷諮商理論，主張生存者必須放棄或鬆開對於死者的連結（connection），並接受死亡分離的現實，以便可以面對和適應已經沒有這個親屬或親愛的人存在的現實世界，好讓自己的生活可以往前繼續過下去（Parkes, 1965, 1983, 1986; Bowlby, 1969, 1973, 1980; Wonden, 1982），也就是強調所謂「切斷聯結」（breaking bond）（Stroebe, et al., 2005, p. 48）。直到1990年代中葉，由Strobe等人（1992）及Klass、Silverman和Nickman（1996）等人，相繼主張以「繼續聯結」（continuing bonds，簡稱CB），以取代過去所主張的「切斷聯結」之說，認為需要放棄與死者的關係，並認為繼續聯結有助於解決傷慟，完了哀傷的重要任務。自此之後，學者們相繼呼應這樣的主張（Boelen, Stroebe, Schut & Zijerveld, 2006; Field, Gao, & Paderna, 2005），並成為解決哀悼和哀傷治療的一種新趨勢。此外，除強調繼續與死者連結的重要性，同時也重視記憶在哀傷復原的角色，主張以「記憶」作為連結（Attig, 1996, 2000）。不過有關維持繼續聯結的主張，一直到2005年左右，才開始有實證研究進行探討，究竟繼續聯結是一種干擾，或確實能夠促進恢復。

　　此外，晚近學者相當重視失落發生之後，哀傷者是否能夠獲得正向學習和收穫。將失落視為一種生活的轉變，並強調在轉變中哀傷者失去原來擁有的，然而也從中獲得成長的契機（Miller & Omarzu, 1998）。因此後現代主義的學者乃提出意義重建（meaning reconstruction）之說，主張意

義重建是哀傷療癒的核心（Gillies & Neimeyer, 2006; Neimeyer, 1998, 2000, 2001）。意義重建論的問世，與繼續聯結論有很大關聯，由於沒有意義的連結無助於療傷，因此繼續連結與意義重建，關係至為密切。意義重建是為了繼續聯結；繼續聯結，除了心理層面的處理之外，也需要靈性層面的處理，因此需要意義重建。本章主要在論述繼續聯結的理論基礎與重要性，並針對不同的依附型態與繼續聯結的關係，以及意義重建與繼續聯結相關議題進行論述。

❖第一節　繼續聯結論的發展❖

繼續聯結論的發展，與反對Sigmund Freud認為完了哀悼，原慾需要退出所投注的標的（target）之論述有關，同時也認為需要維持繼續與死者的情感性依附，以維持心理安全，這樣方有助於哀傷的恢復。事實上，在較早主張切斷聯結（bond）的學者，對於Freud的論述有偏頗的誤解。在本章第一節，將就Freud對於分離與哀悼關係之論述進行闡明，以還原Freud的原意。

壹、分離與哀悼

失落客體將導致哀傷的發生，失落的哀傷反應，在性質上為一種分離的焦慮反應。死亡的發生，為外在實際存在客體的失落，也就是性質上為感官經驗的失落。個人張力（tension）和焦慮的發生，是反應感官的知覺與內在心理世界不吻合。由於死亡的發生，使得個體外在感官知覺外在存在的客體消失，以致與尚有內在客體存在的記憶極不吻合，而引發混亂，因此產生強烈的焦慮。這種由於所依附的人物離開，所產生的焦慮，稱為分離焦慮（Bowlby, 1973）。Freud（1917/1959）認為，哀悼是個人試圖

找回失去標的的歷程。從自我心理學（ego psychology）的觀點，爲統整個人感官知覺與內在世界的歷程。內在世界需要改變或修正，以便可以與感官知覺的外在世界相互一致。當個人所依附的外在客體消失，個人可以慢慢的逐漸接受關係的終止，便會發展出另一種客體表徵，以及與之連接的方式。例如沒有感官的經驗，只有想像的意像（image），也就是內在的客體表徵（representation）。

　　主張切斷聯結的學者認爲Freud的理論，重視傷慟是內在精神的（intrapsychic）現象。哀傷者的任務需要將原慾或情緒精力從死者脫離，並將之昇華到他們現實生活的其他範圍。哀悼的恢復過程，乃是個體經過不斷的現實考驗（reality test），逐漸內化失落之後感官知覺的外在世界，並修改內在世界表徵，直至內在所發展的新世界與感官所知覺的外在世界兩相吻合，或與想像的客體意像（image）相符。在完成這個過程之中，哀傷者常處於尋找，或處於重複面對與迴避的衝突之間逐漸前進，這便是哀悼的歷程。在情感和認知都能夠接受感官知覺的世界，將導致內在世界的改變。在內在世界改變或新的客體意像產生之後，個體的內在主體意像也會改變，也就是自體（self）也會改變。這個自體與記憶中的客體互動，只對內在反應。如此便完了哀悼的歷程，解決了哀傷。過去，學者因曲解Freud對於哀悼的詮釋，而多主張與死者切斷連結（connection），以爲哀悼的心理任務，即在脫離對死者的記憶和希望；晚近的新趨勢，主要根據Bowlby的依附理論，而持不同見解，主張與死者繼續連結。

貳、對於Freud主張放棄客體的曲解

　　繼續聯結，就是維持與死者的連結，而不是放棄。這並不是一個全新的概念（Worden, 2009）。在兒童方面，Sliverman、Nickman和Worden（1992）的觀察研究，看到很多兒童在父親或母親死亡之後多年，仍舊持

續與死者連結著；在成人方面，Shuchter和Zisook（1988）的研究發現，喪偶婦女在喪夫之後多年，仍舊感到死者存在（presence）。所以，無論兒童或成人，都有這種與死者維持連結的現象。而且大部分人都具有正向經驗，當然也有少數人有負向經驗。較早學者從兒童死亡概念發展與自我（ego）發展的角度，主張喪親的孩子還沒有成熟的死亡概念，繼續與死者連結，可以提供孩子內在的安全感，以便自我可以健康的發展。因此與死者繼續連結的主張，僅被用在協助哀傷的孩子。由於學者誤以為S. Freud主張放棄死者（客體），切斷與死者的連結，因此過去對於喪親的成人，學者便主張切斷聯結。而晚近主張繼續聯結（continuing bond）的學者，便在Bowlby的依附理論中，找到與死者的內在客體繼續連結關係的依據。

Sigmund Freud（1917/1959）的經典論文〈哀悼與原發性憂鬱〉（*Mourning and melancholia*），主張成功的順應失落，需要哀傷者在精神方面鬆開對死者的投注，或是放棄對死者的依附，以便完成哀悼的過程。早期的在哀傷研究方面的學者，都依據Freud這個觀點，而主張需要與客體（死者）的依附鬆開，才能完成哀悼而恢復。事實上，Sigmund Freud沒有直接提出繼續連結的理念，但是Freud也沒有明確主張切斷與客體的依附聯結。只是後來的學者對於Freud主張原慾從客體「退出」（withdraw）的曲解，而誤認為Freud主張解決哀悼（mourning），需要放棄與已經死亡的客體之關係。學者認為Freud在〈哀悼與原發性憂鬱〉（*Mourning and Melancholia*）的論述中，主張哀悼是對某失落的渴望。哀悼始於需要脫離失落的客體，另方面則在於從現實測試的時候，所愛的客體實際不存在，從而原慾需要從所依附的客體退出。哀傷功課（grief work）在開始的時候，為企圖維持依附。繼之，已不再投注（decathexis）的一個過程，逐漸將情緒精力從死者退出。如能夠獲得這

樣的結果，痛苦可以減少。哀悼很耗能量。哀悼結束，自我（ego）再度獲得自由與不受束縛。

在那一篇重要的論述，Freud確實提到：「需要毫不遲疑的將原慾從他依附的所愛之客體退出」（Freud, 1917, p. 154），如此才能構成「順服於現實」。我們必須注意到Freud是指原慾從所依附的客體退出，但是Freud並沒有主張必須與所依附的客體切斷關係。這就好像一個人需要的是錢，母親已經沒有錢，不可再向母親討錢，但是不需要與母親切斷關係一樣。因此認為學者扭曲Freud主張的理由有二，說明如下：

理由之一：S. Freud所說的原慾退出，他很明白的指出是原慾從「標的」退出。原慾是精神能量（psychic energy），為所有行為的動力。由於初生的嬰兒以生存為主要目的，嬰兒的需求以物質和撫慰為主。因此就嬰兒的原慾而言，「標的」不是指母親（客體），而是生存所需的物質和撫慰。換言之，最早原慾渴望的是從母親獲得「標的」，這個「標的」不是母親本身，而是生存所需的物質和撫慰。本我（id）被認為是「原慾的大儲藏庫」（Freud, 1991, p. 369），可見原慾在本我之內，為本我的部分。而本我主要是依據快樂原則。嬰兒出生之後，原本生存所需主要得自母親的照顧，因此原慾需要從母親才能獲得標的。如Anna Freud（1965）所言，最初嬰兒「愛」的是母親的乳房、牛奶。其後，隨著成長由於本我的需求越多，才從學習或由類化，獲得與母親這個客體（或主要照顧者）的依附關係，並從這個依附人物得到安全。因此，最初原慾的「標的」不是母親本身（客體），母親是從原慾最初的標的，經由類化而獲得關係的另一個標的。

理由之二：自我（ego）的發展，三歲之前為自體和客體不區分，呈現「自體客體」（selfobject）狀態，需要到了三歲左右，自客體的結構，才會分化出獨立而完整的「自體」（self）與「客體」（object）（Mahler,

1952, 1968），並且有客體恆定的概念。也就是當母親離開，這個外在客體不在眼前，由於孩子已經有內在客體恆定的概念，孩子知道母親並沒有從世界上消失（Mahler, Pine & Bergman, 1975; Kernberg, 1975, 1976）。所以，比較完整的閱讀Freud的趨力理論，便可以了解當失落了外在客體，原慾需要從客體可以獲得的「標的」退出，而不是從內在客體（母親意像）本身退出。哀傷者需要放棄的應該是，希望從外在客體可以取得滿足個人需求的標的。由於死亡，外在客體已經不存在，所以要放棄的是外在客體，而不是放棄內在客體。喪失親人對於哀傷者而言是外在客體消失，但是將維持繼續與死亡的內在客體的記憶連結，要放棄記憶談何容易。

Rando（1993, p. 81）曾經為Freud叫屈，並替他辯解：「有些解釋者，與Freud在〈哀悼與原發性憂鬱〉的敘述相反，以支持哀悼者最終必須完全放棄失落的客體，並且任何與失落客體繼續的關係，就是病態的觀點。」可見Rando不認為Freud主張哀傷者，需要放棄與內在客體的關係。當初研究Freud〈哀悼與原發性憂鬱〉這篇文獻的學者，僅就精神分析論的部分文字斷章取義，便認為Freud主張哀悼的結束，是由於哀傷者完全放棄客體，自我成功地將原慾從失落的客體解脫，因此主張哀悼的心理任務，在脫離對死者的記憶和希望。此外Freud（1929/1960, p. 386）在寫給喪子的友人Ludwig Brinswanger信中提到：「雖然我們知道在這樣一個失落的哀悼之嚴重狀態將會消失，我們也知道我們將遺留傷心，並且將無法找到一個替代者。不管什麼可以填補裂縫，甚至可以完全填補，這無論如何都會遺留某些其他的東西。」從這段敘述，可以知道Freud相信失落的客體是永遠無法被取代，也無法真正被放棄和遺忘。由此可知，Freud在信中所指的無法找到的「替代者」，是指無法找到取代內在客體的替代者，所以他主張原慾需要脫離的應該就是外在客體。

❖第二節　繼續聯結的心理學基礎❖

當前主張繼續聯結學說的學者，主要以依附理論作為立論的基礎（Field, Gao, & Paderna, 2005; Field, Nichols, Holen, & Horowitz, 1999; Klass, Silverman, & Nickman, 1996）。其次，也有從自我心理學的理論，試圖去解釋繼續聯結的需要者（Hagman, 1995），茲論述如後。

壹、分離與依附聯結

根據依附理論，能夠在心中喚起一個有反應的依附人物表徵，是個人的體驗感到獲得了安全保障。同時，個人相信當他有需要的時候，就可能再度獲得親近依附人物，乃是評估可取得性的核心（Bowlby, 1969）。然而，由於死亡，使得這個可能性變成無效，因此產生心理失序（disorganizing）。Fraley和Davis（1997）指出，區別依附關係和非依附的歸屬關係有兩個準則：⑴由於依附人物是親近維持的標的，所以當個體知覺可取得，便比較容易引起積極的情緒。相反地，若知覺不可取得，便比較可能引起痛苦；⑵對於個體而言，依附人物是「安全基地」和「安心天堂」。「安全基地」是指個體知道這個依附人物有可取得性，因此讓他感到自由的去尋找新奇和面對未知；「安心天堂」是指在有威脅和壓力時，找到依附人物作為接觸、再保證和安全。不具備這兩個準則的關係，不能視為依附關係。

在Bowlby理論之中，還有一個與「依附系統」功能很不同的，就是「試探系統」。這個系統的作用，在發動積極的試探環境。因此可以導致發展技巧和能力，增加生存的可能性。而上述的「依附系統」，則在發動守護對抗不適應，以及當「試探系統」不考慮可能的危險，而毫無拘束的行動之際，在評估情境有威脅的時候，「依附系統」將會禁止「試

探系統」的活躍。所以Bowlby指出，「試探行為系統」為具有「分離行為的系統」與「依附行為的系統」，兩者互為動力的關係（Grossmann, Grossmann, & Zimmermann, 1999），同時也是具有相互制衡的動力關係（Cassidy, 1999）。個體需要有獨立的成長機會，「試探系統」便是驅動力；然而個體也需要生存，「依附系統」就是安全基地和安心天堂。由此，個體可在有安全保障之下，自由的去冒險試探新環境。同時，能夠增加生存和成長的可能性。所以在個體與他人關係方面，具有親近維持、安全避難所、安心天堂和安全基地等準則，便是依附聯結（attachment bond），否則便是非依附的歸屬關係。

貳、死亡對依附聯結的干擾

死亡對於依附關係的干擾，不同理論和不同的學者都各有主張。可以從不同的理論和學派，了解死亡如何造成依附關係的干擾。

Bowlby（1969, 1973, 1980）的依附理論，將哀傷視為一種分離焦慮形式的概念。分離焦慮的產生，是由於所依附的摯愛死亡干擾了依附聯結所致。Bowlby（1980）主張在親愛的人死亡發生的初期，哀傷者在依附系統，並未完全註記身體的永久分離。由於從人性學的觀點，分離反應是立基於大腦記憶的一部分。而對於在大腦註記死亡的永久性分離，在我們哺乳類，需要優先有能力去了解分離的永久性。所以在尚無能力去理解死亡為永久性的分離之前，死亡的親人只是被註記為這個人不見了或消失了，而不是永久性的分離（Shaver & Trancredy, 2001）。在發展心理學便指出，一歲之前的幼兒，只要母親從眼前消失，幼兒便以為母親從世界消失。幼兒需要等到一歲之後，發展出物體恆存的概念，當母親消失在眼前的時候，他便知道母親只是離開不見了。但是幼兒對於母親死亡的永久性分離，卻還沒有概念。年幼的孩子，對於死亡的永久性分離之理解，與孩

子在死亡概念的發展有關，是一個需要時間、經驗、學習和成熟的發展過程。通常需要等到孩子約9歲左右，才知道死亡的終止性，請參見第十一章「兒童與青少年的哀傷反應」。

　　Bowlby（1979）對於幼兒在母親離開的分離焦慮所做的研究，發現當幼兒發覺母親不在時的分離適應歷程，第一階段的反應為「抗議時期」（protest phase），在這個時期，幼兒所表現出來的分離特徵，包括明顯的抗議、憤怒、傷心和渴望；第二階段的反應為「失望時期」（despair phase），幼兒呈現出沮喪、低精力、無望和無助；第三階段的反應為「失聯時期」（detachment phase），幼兒開始適應和重組，會與新的照顧者連結關係。他主張依附關係具有類化和區分的功能。由此Bowlby（1980）根據幼兒與母親分離的研究結果，提出成人發生親人死亡的哀傷反應模式。主張哀傷者在早期第一個階段，反應的特徵便是「麻木」，這是由於沒有現實感所致。

　　Kubler-Ross（1969）從臨終病人的研究，提出在失落反應的第一階段為「否認與隔離」（deny and isolation），直指由於死亡的強烈震撼，個人一時無法接受，使用「否認」的防衛機轉來因應，可以避免內在世界被強大且突然的衝撞而崩潰。所以Kubler-Ross認為：「這是一種處理不舒服和痛苦情境的健康方法，……。在非預期的新訊息之後，否認功能如同一個緩衝器。……否認通常為暫時性的防衛，將很快的被部分接受所取代。維持否認無法一直帶來減少壓力。」（pp. 39-40）繼之，第二階段的反應特徵，他稱之為「渴望與尋找」。哀傷者的反應特徵為渴望和抑鬱，並帶著重建親近所依附的標的之企圖。「麻木」或「否認」的現象，從人性學觀點，這樣的反應暗示著在失落發生的早期，哀傷者對於死亡的不可逆，在有機體，即大腦的深處，並未充分了解死亡的不可逆（Field, et al., 2005）。若就依附理論觀點，就是在依附系統並未完全註記身體的永久性

分離，所以沒有分離或死亡的現實感。當逐漸有現實感，便會出現演進到後續的階段。

在自我心理學方面，也有對於重要他人死亡，導致中斷了提供個體內在安全，以及能量的重要外在資源之相關論述。Hagman（1995）的哀悼模式，爲同時整合了兩個理論，就是Kohut（1984）的自體心理學（self psychology）理論和Bowlby的依附理論，對於幼兒成長發展過程中，重要他人的重要性，以及與哀悼歷程的關聯，而創建的哀悼模式。Kohut在自體心理學的「自客體」（selfobject），是指一個重要他人可以作爲一個個體的輔助自我（auxiliary ego），或是個人自體系統（self system）的擴大，以維持個人情感和自尊的平衡，並主張孩子內建的，他稱爲「鏡子」的自客體，需要被重視爲特殊和有價值的。理想化的「自客體」，需要仰賴一個重要他人，作爲安慰、啓發和輔導的來源。所愛的人死亡，所導致的結果，就是失落了自客體。由於過去死者的角色，便是個體情感調控之重要外在資源。所以當發生死亡，個體將經驗到某種程度的開始失序（disorganizing）。由於死亡使得自客體失敗，將啓動一個行動過程，導向內化（internalization），將過去由死者帶來的自客體之功能，融入到自體。如此一來，哀傷者原本由他人提供的功能，現在得以自己供給功能。所以，Hagman（1995）認爲從自體心理學的觀點，成功的完成這個內化的過程，便是哀悼結束的跡象。

❖第三節　繼續聯結與失落的因應❖

壹、繼續聯結的重要

Bowlby的依附理論讓我們得以了解，人類有創造與他人強烈情感連

結的傾向。同時，也了解到，當感受到這個連結被威脅或是中斷，便會有強烈的情緒反應。由於Bowlby的依附理論有廣泛的理論基礎，包括人性學（ethology）、控制論（control theory）、生物學、認知心理學、神經心理學以及發展心理學等，並排除人與人之間的依附，只是一種生物的驅力。Bowlby（1977）觀察到非常多的動物，在幼稚時期都有這種行為。認為依附行為是來自於安全（safe）和安心（security）的需求，而不僅是為了餵食和性行為。所以當依附的對象不見了，便會引發強烈的焦慮和抗議。依附的發展，在生命的早期便開始了，而且只針對少數的特定對象，並且會在大部分的人生週期，有持久依附的現象。所以，無論是幼獸或人類的幼兒，長大之後會離開基本的依附對象，尋求和擴大生活的新環境，但是都會回到這個特定對象，來尋求安全和安心。這個早期的依附關係，也決定了孩子在日後的人生，與他人建立情感連結的能力。所以，與重要他人形成依附行為，不論對於兒童或成人而言，都應視為正常行為。

　　Bowlby（1958, 1969）主張幼兒與母親在最初發展的關係，不只是生存的物質需求關係。同時，也是一種情感關係的連結，可以提供幼兒面對生存的心理安全的需求。Bowlby稱謂這個重要關係，為「親子聯結」（child-parent bond），也稱為「依附聯結」（attachment bond）或「情感聯結」（affection bond）。而且這個依附關係是我們一生的「安心基地」和「安全天堂」。因此分離會威脅到幼兒，對於這個聯結的需求。所以，就Bowlby（1977, 1980）對於依附聯結的論述，並不是所有的關係都屬於依附關係，與他人連結當中，也有非依附關係。所以依附關係乃是一種特殊的關係，以致會產生「依附聯結」或「情感聯結」；而非依附關係，便沒有所謂的「依附聯結」。

　　所謂「繼續聯結」（continuing bond），表示哀傷者在內心存在著維持繼續與死者的關係（Shuchter & Zisook, 1993）。在哀傷方面，主張繼續

聯結論者,即根據依附理論提出的假設:「繼續聯結」,是由於哀傷者在死亡的失落發生之後,企圖恢復再度獲得「身體親近死者」的標的,也就是不願意切斷或放棄「依附聯結」。正常的哀悼,哀傷者將面對失落所帶來的外在實際世界之改變,而逐漸去調整和改變內在依附死者的工作模式(Field et al., 2005)。於失落發生之後,調適沒有死者的新生活之際,維持一種持續處在改變的變遷當中。而在維持個人認同方面,「繼續聯結」則扮演著重要角色。繼續連結(connection),能夠作為自動的促進內在資源,以增進哀傷者個人功能的能力(Baker, 2001)。因此在哀傷的適應方面,「繼續聯結」可以說是成功的統整,成為重要適應功能的一部分,使得哀傷者可以完全接受,身體親近的依附關係已經完全終結的事實。

貳、哀傷者的繼續聯結表達

Klass和Walter(2001)指出有四種方法,哀傷者用以和死者維持聯結,即:⑴感到死者存在(presence),⑵與死者談話,尤其最普遍的是在死者墳前向死者說話,⑶以死者作為道德指引,將死者當作典範,⑷與熟識死者的人,交談死者過去種種事蹟,以便獲得對死者知道得更多。Klass和Walter所指出的第一種維持聯結方法「感到死者存在」,也就是哀傷者敘述,在白日清醒中見到死者。過去這種現象,在精神醫學認為是一種幻覺(Hallucination),為一種精神疾病的症狀。但是現在學者認為,若是哀傷者有這種情況,應視為「與死者的一種持續關係」(Ree, 1997)。第二種方法相當常見,有人會在私下一個人的時候,喃喃自語,自己對死者說話,華人在祭祀的時候,更是公開的和死者說話。第三種方法,可見於哀傷者將死者理想化之後,便以死者作為自己的人生、處世為人的典範。至於第四種方法也很常見,例如從父母的老朋友或長輩的親戚口中,獲知已經逝世父母的往事,或從配偶的同事、朋友口中,得知配偶

有一些令他們懷念的事蹟。

另外在Hagman（1995）的模式中，認為成功完成調節內化的過程，就是結束哀悼的標記。Hagman（2001）是新分析論的學者，也是意義重建論的學者，指出傳統的分析論主張哀悼為私領域的精神歷程（intrapsychic process），而不是社會與關係。在新分析論，無論客體關係論（object relations）、自體心理學（Self Psychology）或關係分析論（relational psychoanalysis），都已經放棄Freud的本能精力（instinctive energy）和孤立的心理功能觀點，而接受心理生活的根本建立在關係和人際取向的意義。Klass等人（1996），以及Klass（2001）從喪子父母研究獲得的結論，認為解決哀傷是由於能與他人分享內在的孩子表徵。這些新理論的共同點，都主張哀悼為關係和社會性。因此不只重視繼續和死者的聯結，也重視其他生存者參與哀傷者一起哀悼的重要性。而且減少將哀傷私下化，以防造成自艾自憐，產生所謂的「可憐之我的態度」（poor-me attitude）（Neff, 2004, p. 31）。

自體心理學對於「自客體」（selfobject）在個體的情感調節（feeling regulation）之論述，與依附理論對於依附人物，在提供情感安心的角色方面之理念，有異曲同工之妙（Schore, 2003）。其一是這兩種理論都強調在情感調節方面，一個具有情感性調和角色的他人，乃相當重要；其二是這兩種理論都強調在發展的功能方面，將調節內化的重要，以便在發展方面擴大自我調控能力，可以讓個人更有自動調節能力，由於摯愛死亡而失落「自客體」，將啟動一個內化的過程，藉此在「自體－客體」（self-object）的功能中，過去由死者所提供，現在變成融入「自體－客體」。因此，使得哀傷者得以為自己提供功能，而這些功能，過去則是由他人所提供；其三是這兩種理論都主張個人在發展上，儘管對於情感調節已有較好的自我管理能力，能繼續依靠重要他人，可以在人生週期上獲得情感

調節（Field, Gao, & Paderna, 2005）。從Kohut在自體心理學的理論，內化「自客體」的功能，也反映在繼續聯結的表達。就是，哀傷者使用特殊的物品，作為死者的象徵。這種象徵死者的物品或遺物，不只可以作為立即的，也可以作為轉換的（transitional）功能（Winicott, 2005），以提供哀傷者在痛苦的轉換時期，可以與死者有連結感，直到哀傷者可以接受死亡的永久性。

參、繼續聯結與哀傷調適

有關失落發生之後，哀傷者對於死者繼續聯結的表達方式，可以作為心情調整之用的概念，早在1970年代便有學者進行調查研究，並發現有一組數量不少且適應良好的喪偶的哀傷婦女報導，認為她們已故配偶持續的現前，在死後的某些時間點作為不斷絕的伴侶。在效果方面，這個已故配偶存在的經驗，可以視為當作安心基地的功能，使得哀傷者感到被死者在心理上「擁抱」著，而能夠邁向新生活和面對不知的未來（Glick, Weiss, & Parkes, 1974; Parkes, 1970）。從喪偶者的研究，Bowlby（1980, p. 98）提出這樣的結論：「對於喪偶婦女和男士，正確的看法是，他們願意持續在情感依附他或她的配偶，以致可以保留他們的認同感，且變得能夠隨著發現意義，來重新組織他們的生活。」Bowlby認為產生健康的哀悼，主要在於當哀傷者能夠去接受個人外在世界的改變，而其內在，也需要有相對配合的改變。他的內在表徵世界需要重新組織，或許他的依附行為，也需要據以重新導向。

後來，又有研究以一組喪偶超過兩年的婦女為對象，在連續14天、每日4次、每間隔3小時1次，便填寫一份繼續聯結因應與心情量表。研究結果發現，較多使用繼續聯結的喪偶婦女，比那些較少使用繼續聯結的喪偶婦女，體驗到比較正向的心情。所以，從研究獲得結論為，一方面繼續聯

結對於調節心情有效果；然而，在另一方面，顯示死亡的時間，是調節效果的中介因子，對於處在哀傷較晚期者有調節情緒的效果，但是處在哀傷較早期則否。有一組喪偶還未超過4個月的婦女，也就是尚處在哀悼早期的喪偶婦女，則仍在因應失落，未能有效的使用繼續聯結的表達（Field & Friedrichs, 2004）。這個研究結果印證了兩件事，第一，呼應了Bowlby的依附理論，主張繼續聯結可以作為提供心理安全的角色，故有利於哀傷的復原；第二，發現死亡時間的久暫，對於繼續聯結的效果有影響，尚處於哀傷前期的調適，由於哀傷者強力的渴望喚回死者，以便可以身體親近，繼續依附死者，因此難以使用遺物或其他方式作為取代的連結。只有在死亡發生後，喪偶婦女獲得足夠的時間去重新組織其對於死者的內在工作模式，以符合新生活情境的現實，如此她們在因應失落的時候，才能有效運用繼續聯結的表達方式。可見，繼續聯結的表達方式能夠產生效果，不是所有的條件都適用。

　　由於依附安全在個別差異之功能，依附理論也提供一個架構，可以用來解釋不良適應有不同形式的「繼續聯結」表達方式。從依附理論理解繼續聯結對於死者的脈絡，提供一個作為區辨正常哀傷與複雜哀傷的綜合性架構。首先，哀傷的狀態，可以從繼續聯結表達類型的功能來理解，在死亡發生的早期，處在Bowlby（1980）所謂的「尋找時期」（searching phase）的幾個月之後，如果持續使用繼續聯結的表達，反映了統整失落的失敗，可被認為有複雜性哀傷。其次，在正常哀傷，那些顯示有很好的能力，有效的使用繼續聯結作為因應方式的一種態勢，便不可能是複雜性哀傷。最後，依附安全應該是適應哀悼的一個重要冒險因子。如此，那些「焦慮－先入為主依附」類型者，會呈現較多重要的繼續聯結的表達，顯示在情緒上接受失落的失敗。然而在另方面，「迴避－放棄依附」類型者，則可能限制自己使用繼續聯結的表達方式，以致他們去利用使他們的

依附系統停止作用的策略。這樣的人因而缺乏重要資源去因應失落，結果可能對於個人的適應造成負面影響。同樣在這個時期，若爲安全依附者，則顯示在因應失落的重組階段（reorganization phase），比較能有效使用繼續聯結的表達（Mikulincer, Shaver, & Pereg, 2003）。

肆、繼續聯結的表達方式與哀傷療癒

研究指出「繼續聯結」的性質和方式，對哀傷療癒有不同的影響（Boelen, Stroebe, Schut, & Zijerveld, 2006; Field & Filanosky, 2010; Field, Nichols, Holen, & Horowitz, 1999; Schut, Stroebe, Boelen, & Jizerveld, 2006; Stroebe & Schut, 1999）。至於不同的「繼續聯結」方式，在不良適應的實證研究方面，Field、Nichols、Holen和Horowitz（1999）使用縱貫式研究，探討「感到死者存在」（sense of presence of the deceased）、「遺物」、以及透過「復原記憶」（recovering memory）維持聯結。結果發現，控制樣本在開始的哀傷程度相同之下，使用「遺物」與哀傷嚴重程度有正相關，可以預測，隨著時間的過去，哀傷的嚴重程度越高；然而使用「記憶」作爲安慰，則呈現負相關，也就是時間越久之後，痛苦越少。Stroebe和Schut（1999）也發現，有些哀傷者的「繼續聯結」，產生哀傷更嚴重或傷害的情形，故某些「繼續聯結」確實可以預測不良適應。Field、Gal-Oz和Bonanno（2003）研究發現使用「繼續聯結」表達較廣，哀傷也較高；「繼續聯結」的強度相較於「繼續聯結」的方式，與哀傷的相關較高。換言之，哀傷者若使用比較多的「繼續聯結」的方式，顯然他或她的哀傷比較高；而比起「繼續聯結」的方式，使用「繼續聯結」的強度，與哀傷相關更高。

後來Boelen、Stroebe、Schut & Zijerveld（2006）以260名哀傷者（其中71人死亡發生在半年內）爲對象，分別進行三次問卷調查。在第一次調

查後，隔6個月（死亡後7-12個月），有56人填答，第二次調查後，隔9個月調查（死亡後16-21個月），47人填答。結果發現：⑴繼續聯結的各項方式，包括「遺物」、「復原記憶」和「死者現前」等三種表達，分別與哀傷和憂鬱具有不同的相關；⑵繼續聯結的總分，與哀傷和憂鬱同時都有相關，也可以預測哀傷，但是不能預測憂鬱；⑶「死者現前」與珍藏「遺物」達到高相關，但是珍藏「遺物」不能預測哀傷；⑷「死者現前」與「復原記憶」沒有相關；⑸珍藏「遺物」與「復原記憶」也沒有相關；⑹「復原記憶」能夠預測未來哀傷的嚴重程度，但是不能預測憂鬱；⑺珍藏「遺物」不只與開始的哀傷程度有關，也能預測未來哀傷的嚴重程度；⑻「死者現前」在與哀傷的相關，以及預測哀傷上，都呈現逐漸減少，以致不具預測能力。顯然地，有的聯結方式與哀傷的不適應有關聯，且從聯結的方式可以知道哀傷的程度。這樣的發現結果，與Field等人（1999）的研究發現結果相反。Field等人認為，「復原記憶」比較有利於適應，而Boelen等人的發現則不然，可能與研究設計與方法的差異有關。

　　由於先前的研究發現，不同的繼續聯結方式和失落的適應狀況有關。Field和Filanosky（2010）乃從網路調查502名哀傷者，研究繼續聯結與複雜性哀傷的危險因子之關係，以及哀傷相關的適應。他們將繼續聯結分為：「外化的繼續聯結」（externalized CB），包括對於死者的幻覺和妄想；「內化繼續聯結」（internalized CB），為運用死者作為自動提升安全基地之用；而危險因子則包括致死原因、對於死亡的責任以及依附型態；心理適應方面，包括複雜性哀傷的症狀、自覺的身體健康狀況、個人成長等。研究結果發現，「外化的繼續聯結」（幻覺或妄想死者），與暴力致死因素以及認為需要為死亡負責呈現正相關，也就是由於死於暴力，且哀傷者認為需要為死亡負責，與使用「外化的繼續聯結」有關；「內化的繼續聯結」（運用死者作為提升安全的基礎），則與危險因子呈現負相

關，而與個人成長為正相關，即「內化繼續聯結」與危險因子無關，但是與個人成長有關。

從上面所引述的各項研究，由於發現結果的不一致和分歧，故學者們強調可能受到「繼續聯結」和哀傷強度等概念化的差異影響，應繼續探討「繼續聯結」方式與哀傷兩者的關係。

❖第四節　成人期的分離與繼續聯結❖

壹、Bowlby模式在成人期的適用性

雖然有學者批評Bowlby所主張的哀傷階段模式是以幼兒在母親離開時的分離焦慮之研究結果為依據，所以適用於喪親的成人時，似乎有過於簡化對於哀傷的調適之疑慮（Wortman, Silver, & Kessler, 1993）。不過，Field、Gao和Paderna（2005）則認為，在提到哀傷過程，當前普遍的趨勢當中，Bowlby這個模式具有啟發性的價值。

此外，晚近的研究已驗證，這個質疑可能沒有需要。Maciejewski、Zhang、Block和Prigerson（2007）實證研究，係根據以親人自然死亡的成人樣本之資料，他們從研究發現的結果，提出一個哀傷的五階段模式，指出在失落發生的早期，第一階段的反應為「難以置信」（disbelief），約在死亡發生的一個月左右，也就是Bowlby所謂的「震驚和麻木時期」，如前述這是由於心理防衛所致。從人類生存的角度來看，剛剛接獲死亡訊息，這個防衛機制是有必要的，可以保護和預防個體的心理組織受到如此重大襲擊的壓力而崩潰，甚至死亡；第二階段「渴望」（yearning），約相當於Bowlby所謂的「渴望與尋找時期」，約在死亡發生後的四個月左右，達到最明顯的巔峰，目標在找回依附人物；第三階段為「憤怒」

（anger）與第四階段「憂鬱」（depression），約相當於Bowlby的「失序
與絕望時期」，分別約在死亡發生後的五個月和六個月左右，達到最明顯
的巔峰；最後階段為「接受」（acceptance），約相當於Bowlby的「重組
和復原時期」，顯示Bowlby的哀傷階段理念獲得實證的支持。

　　其次，也有學者質疑，運用在孩童的繼續聯結理論，若運用到成人，
是否有過度擴大運用的不當。從依附理論的觀點，照顧行為系統為分離
系統的一部分。照顧系統的主要功能，在於給孩子提供保護，恰好與依
附系統的功能相反，依附系統傾向維持身體親近依附人物，以尋求保護
（George & Solomon, 1999）。因此，當孩子死亡，父母的照顧系統便被
活絡起來，企圖恢復死去的孩子，以便提供保護，主要考慮即在孩子是否
安全。依附系統和照顧行為系統，兩者都適用在任何的依附關係。照顧行
為系統的表達，可以期望適用在兒童和成人身上。所以，從依附關係的論
點，不管是孩子死亡或配偶死亡，父母或配偶的照顧行為系統，都會被活
絡起來，企圖恢復死者。因此，Bowlby的模式，可適用在喪失親人或所
愛者的成人身上。

貳、哀傷早期的反應與繼續聯結

　　就依附理論的觀點，繼續聯結必須從較廣的脈絡，以及Bowlby
（1980）的哀傷階段模式整體來理解。Bowlby（1980）主張在所愛的人
死亡初期，個人的依附系統尚未將這個死亡註記在永久分離的程度。換
言之，從生物學和人性學（ethology）的看法，由於分離反應的基礎建
立在大腦的部分，哺乳類動物在有能力了解死亡為永久分離之前，不見
了的所愛，只是被註記為消失了，而不是死亡（Archer, 1999; Shaver &
Tancredy, 2001）。由於在依附系統僅被註記為消失，所以在失落發生的
早期，Bowlby（1980）主張的幼兒分離階段模式為「抗議時期」（protest

phase）。

在成人方面，雖然喪親的成人早已經具備死亡爲永久性分離的概念。然而，由於失落的重大打擊，或是突然的打擊，而使用了否認（deny）或退化（regression）防衛機制。若使用否認的防衛機制，便不承認死亡的事實，以致沒有現實感；若使用退化的防衛機制，則在依附系統尚未註記與死者身體的永久分離，以致也沒有所愛的人死亡的現實感。在哀傷早期，成人哀傷者所呈現的分離反應，Bowlby提出初獲死亡訊息的短暫時間之內，會呈現「震撼與麻木」的特徵，認爲死亡不是事實，不可能接受。繼之，發生失落的哀傷成人，會出現「渴望與尋找」的特徵，包括明顯的抗議和痛苦，並帶著朝向重建身體親近依附人物的目標。這個反應，意涵在死亡發生之後的早期階段，有機體的依附系統在較深的程度，失落尚未被充分了解，而無法解除抗議。這種現象，從繼續聯結的表達，便能夠了解依附系統的目標，是在尋求安全避難所。所以，在這個時期繼續聯結的表達，乃是一種反映由於依附人物不在了，所引起的活動。因此，分離的痛苦當中的一項重要成分，即在尋找死者（Archer, 1999; Parkes, 1998），這種行爲顯示在要求找回死者的意圖。

從哀傷早期，哀傷所呈現的一些繼續聯結的表達，便可以看到尋找的企圖，乃在以挽回死者作爲目標，例如：常去探視死者以前經常去的地方，好像這樣就可以找到死者；或錯將他人看成就是自己所依附的人物；或在群眾當中突然「看」到已經死亡親人的臉；或聽到熟悉的死者的聲音；或誤以爲聽到死者的腳步聲等，這些都顯示哀傷者企圖重建身體親近所依附的人物，而活化了依附系統尋找安心天堂的目標，也反映尚不確知失落的永不返回。對於這個繼續聯結的表達，有人保存死者生前的物品，也是呈現哀傷者在表達死者會回來的希望；或繼續保留死者的房間，一切如其生前，這也可以說明，表示抱持死者會回來的希望（Field, Gao, &

Paderna, 2005）。這些都在反映依附系統，企圖重建身體親近的目標。

在「渴望與尋找階段」的主要現象爲心理的混亂，由於哀傷者無法再建立對死者身體的親近。Barbato、Blunden、Reid、Inwin和Rodriguez（1999）的研究，便驗證了這樣的主張。他們發現在死亡不久時，哀傷者發生超自然現象，例如在有幻覺經驗的人之中，有相當比例的人認爲，這些經驗令人感到很心痛。因此可以推測，與死者現前的短暫相遇，暗示了這個死者在哀傷者當前生活中已經缺席。其次，知覺死者不存在的這個痛苦，反過來可能會牽動一個次級的目標，即以迴避回憶起死者來減輕痛苦。由Barbato等人的研究發現，便可以解釋在哀傷相關文獻所提到，侵入性壓力症候（intrusion stress symptoms）和迴避性壓力症候之間，有很高的相關之論述（Field & Horowitz, 1998）。換言之，就是哀傷者一方面不斷的想念和企圖接近死者，另方面則可能迴避提到死者或回憶死者，而呈現趨避衝突現象，所以產生心理混亂。不過正常的哀傷反應在死亡之初的幾個月，對於失落了解的程度，在依附系統會變得比較充分註記了失落的最終性，以及在哀傷的第一年過程，哀傷者顯著減少提到對死者的幻想或幻覺（Grimby, 1993）。由此可知，在哀傷者的依附系統，越來越有了解死亡的程度，而有現實感。

有關哀傷者說看到死者或聽到死者，從哀傷理論的角度，學者主張這是幻覺。若在傷慟期間，哀傷者的幻覺並不適合被認爲有精神問題。有趣的是，從文化的角度，台灣傳統的民間習俗認爲，在喪禮儀式的「頭七」，死者會回來。這種傳說可能由於華人有悠久的喪禮傳統，久遠以來經驗相傳不斷。聰明的古人便將哀傷者的幻覺，解釋爲一種與死者的連結，以便獲得安心。在筆者的工作經驗當中，有當事人表示，看到他的父親從房外的窗前經過的樣子；也有當事人表示，在臥室聞到其丈夫所抽的特定品牌香菸；更有當事人表示，看到死去的親人走在街上，這

種繼續聯結的表達,即學者所謂的「感到死者現前」(Nichols, Holen & Horowitz ,1999)或「感到死者存在」(Boelen, Stroebe, Schut, & Zijerveld, 2006),意涵著尚未成功承認失落的不可反逆性,而使得腦子有先入為主(preoccupied)的情形。所以,有這種經驗的當事人會問我:「是否相信民俗所言,頭七死者會回來?」提出這個問題,顯示當事人希望他的想法或企圖可以得到治療師的再保證或贊同,如此他便可以確定與死者有繼續聯結。筆者建議,治療師對於這個問題不要提供答案,以免剩餘的會談時間兩人可能落入兩種不當交談情況。其一為若治療師贊同當事人的想法,可能導致會談失去焦點,轉為談論鬼神話題;其二為若治療師不贊同當事人的想法,可能兩人落入爭論,或讓當事人感到無法繼續與一個立場不同的治療師交談下去。所以對於當事人提到的超自然現象,治療師比較適當的回應,就是同理他的痛苦情緒和渴望,例如:「聽起來你好想念他,多麼希望可以再接觸到他」,通常這樣的回應,可以讓當事人感到被理解,而促進他或她敘說個人傷痛心情的動機和機會。當然,如果哀傷者表達過多的幻覺或妄想,不斷的提到對死者的幻覺或妄想,治療師便需要注意和評估其精神狀況,或許這樣已經超過正常哀傷者的繼續聯結表達,應該轉介精神科。

參、哀傷晚期的反應與繼續聯結

當在抗議階段,企圖再建立身體親近已死亡的依附人物的目標,由於一再受到挫折,哀傷者便可以開始重視失落為永久性的現實,Bowlby(1980)指稱這個就是「失序與絕望時期」。因為現在依附系統更充分的註記了失落的最終性,因此哀傷者對於死者反應的質和量,都被壓抑和抽回了。雖然哀傷者或許不再抱持可能可以使死者復活的信念。但是,在失序和絕望的反應,事實上證明了哀傷者並未放棄重建身體親近死者的目

標。雖然，相對於渴望和尋找時期，哀傷者應該會較少使用幻覺或妄想的連結表達，因而使得哀傷者更了解逝者已矣。Martin和Tesser（1989）認為，儘管哀傷者對於身體親近已經死亡的人物，不再相信這是可能獲得，而導致無望感。不過，如果還無法放棄這個重建身體親近的目標，就是處在失序和絕望時期。哀傷者有能力去有效的使用繼續聯結的表達，以消除失落所愛的人有關的痛苦，在這個時期可能還是有限。因為企圖這樣做，將傾向誘發敏感的想起死者永遠不在了。事實上，由於覺知永久性分離的痛苦，而企圖迴避回憶死者，在這個時期或許會更加明顯。通常在哀悼歷程的「渴望和尋找」以及「失序和絕望」的兩個時期，在這期間繼續聯結的表達，最好是用於提供從失落的情緒痛苦當中，得到暫時性的紓解傷痛。

因此在失序和絕望時期，必須強調永久性的分離和目標，在重建身體的連結方面有所區別。進一步而言，就是對於繼續聯結作為「外在連結」（external connection）的行為表達，以及繼續聯結作為「內在連結」（internal connection）和感到安全的狀態，必須做出區分。外在的繼續聯結，例如妄想、幻覺、使用遺物等，這時期有些繼續聯結的表達，可能只是在表示企圖可以穩定的感到安全而已；有些過分使用死者的遺物，可能反映絕望的努力要再獲得連結，但是在內在的狀態，則這個人可能體驗到死者的不存在。因此，在失序和絕望時期，面對再獲得身體親近死者的目標，以及完全認識到分離的永久性，兩者之間，哀傷者會感到有矛盾與衝突。「內化」（internalization）乃是提供解決這個矛盾的一種機制。也就是說，哀傷者需要面對外在死者已經不存在的現實，並將這個現實內化。如果哀傷者能夠成功的內化，表示可以完全接受分離的永久性，哀悼歷程便進入了最後的時期。

就Bowlby主張的最後階段，「重組與恢復時期」（reorganized and

recovery）的脈絡去理解，對於死者依附的內在模式，重組階段的標誌，是在重建身體親近這個頂端程度的目標之改變。由修改頂端程度的目標，以便配合導入新生活的情境。就某方面而言，頂端程度的目標可以概念化為投入，經由以心理的親近，完成獲得安全感，相對於企圖身體的親近。所以，從依附理論的觀點，調適繼續聯結，乃是哀傷解決的統整現象。在一個重要他人死亡之後，應該持久地以心理親近的繼續聯結表達。因此，這樣也成為哀傷解決的核心，使得哀傷者可以保存過去的認同，以及一種有意義的關係（Attig, 2001; Neimeyer, 2000b）。哀傷者可以由內在死者的心理表徵得到情緒維持，而減少需要死者的身體親近。同時，在哀傷者的內在，死者的心理表徵也能夠成為「安全基地」和「安心天堂」的功能。哀傷者得以有效運用繼續聯結，作為情感調節的因應方式，這是由於重複地要發現死者而不可得，哀傷者對於死者的依附基模乃逐漸被修改，以便對死亡所帶來的新的現實做調適。想要獲得身體親近的目標，經由維持心理親近，被修改成為穩定安全感的目標。在重組與恢復時期，就反映內化的記憶，這樣的繼續聯結表達，應該持續存在。並且在死亡發生之後的某個時刻，有效的調節控制情緒。如此繼續聯結，乃是健康適應的一部分。

肆、成人的依附類型與哀傷

　　由於依附安全的功能具有個別差異性，依附理論也提供一個架構，可以用來解釋「繼續聯結」表達在不良適應的不同形式。有關成人依附的文獻指出，不安全依附可以分為「焦慮－先入為主的依附」（anxious-preoccupied attachment）和「迴避－拒絕的依附」（avoidant-dismissive attachment）兩種不同形式（Mikulincer, Shaver, & Pereg, 2003）。不安全依附的類型，失落重要他人之後，在調適和統整依附關係的基模時會比較困難，實證研究發現，此與發展成為複雜性哀傷有關（Schenck, Eberle, &

Rings, 2016）。茲就這兩種不安全依附與哀傷的關聯分別論述如後。

　　Bowlby（1980）認為，「焦慮－先入為主的依附」類型的不安全依附，與長期哀傷型態有關聯，包括哀傷者並未因時間的流逝，而減弱對於死亡的抑鬱，以及無助感的反應。發展出這個類型的不安全依附，乃是由於兒時與主要照顧者的經驗經常無法確定，當自己有需要的時候，依附人物的可取得性和反應，導致補償性的努力，要透過過度尋求照顧的行為以便確定安全感。由於這種特徵帶到成人期而形成「焦慮－先入為主的依附」。因此，這個類型的成人，比較可能發展出與配偶之間的情緒依賴關係，並且比較容易在一旦有預警訊號出現時，便體驗到失落感（Field & Sundin, 2001; Neimeyer, Prigerson, & Davies, 2002; Parkes & Weiss, 1983）。這個類型的人在處理憂鬱的時候，比較缺乏情感自律能力，例如都使用反芻和「情緒－聚焦」迴避因應的策略（Mikulincer et al., 2003）。所謂「反芻」因應，就是一再回到失落時刻的情緒反應；「情緒－聚焦」迴避因應則正好相反，即無法面對死亡的事實，想要挽回死者，以致陷在哀痛的情緒漩渦。由於失落的極端抑鬱，干擾到依附死者的心理基模修復，以致統整過程失敗，而統整則是調適失落現實所必須。結果，「焦慮－先入為主依附」的成人，較可能持續使用「繼續聯結」表達。這顯示哀傷者難以放棄重獲身體親近死者的目標，例如有過度使用死者遺物的情形，可能代表個人即便知道死亡的不可反逆，仍拒絕放棄重建與死者身體親近的目標。Field和Sundin（2001）發現，若與配偶過去的關係為越趨向焦慮依附的喪偶者，在發生失落之後的五年期間，越呈現出較高的心理症狀。有關未能放棄再獲得身體親近死者的目標，為「焦慮－先入為主的依附」和傷慟的症狀之間，兩者關係的調解因子之議題，是未來有待繼續研究的重要課題。

　　至於發展成為「迴避－拒絕的依附」類型的成人，從依附理論的觀

點，為個人在幼年時期，主要照顧者經常對於孩子的依附行為（例如哭泣、靠近）沒有反應有關。這樣的反應，甚至會導致孩子產生「防衛的排除」（defensive exclusion）之依附相關情感（Mikulincer et al., 2003）。因此，由於防衛的排除，將干擾到失落調適，而發生糾葛的歷程，造成與失落有關的痛苦情感和想法的修復發生失敗。這個類型的人，在失落發生之後，對於沒有死者的現實新世界，無法改變和統整其依附基模。再則，由於這類型的人，或許受限於有效使用「繼續聯結」表達以因應失落的能力，使得他們傾向防衛的排除，以致沒有因應的資源可用以協助調整憂鬱，以便面對新的生活情境。

❖第五節　有關繼續聯結的研究❖

壹、繼續聯結的實證研究

　　Stroebe（1992）以及Klass、Silverman和Nickman（1996）等人提倡「繼續聯結」之說，是從觀察沒有哀傷治療介入的哀傷者，他們會自動做出與死者的聯結而復原的發現，而認為哀傷者無須與死者切斷聯結，以便可以完了哀傷歷程。並自從他們提出「繼續聯結」論說以來，這個論說便持續在發展。首先，Stroebe和Schut（1999）整合了「繼續聯結」理論與哀悼的因應，提出一個所謂的「雙過程模式」（dual process model）。繼之，有學者將繼續聯結，用來研究喪失父親或母親的孩子之哀傷反應（Christ, 2000; Christ, Siegel & Christ, 2002; Silverman, Nickman & Worden, 1992; Silverman & Worden, 1992），也有學者從繼續聯結的觀點，去研究喪子父母的哀傷反應（Gerhardt, 2003），或用以探討失落手足（Packman, Horsley Davies & Kamer, 2006），或喪失配偶者的哀傷（Field, Gal-Oz &

Bonanno, 2003）。所以繼續聯結，在哀傷領域可說為當前熱門的理論。

　　較早時期，繼續聯結理論方被倡導，多數調查研究重點，都在繼續聯結對於哀傷歷程完了，或個人的適應與復原等議題。後來，學者逐漸注意到繼續聯結表達方式，並不全然都有正向助益。因此，開始探究繼續聯結與哀傷者的不良適應相關議題。首先，Stroebe、Schut和Strobe（2005）指出不同依附類型的哀傷者，使用不同的因應方式。其次，不同依附型態的哀傷者，有不同類型的繼續聯結。而且，不安全依附型態的哀傷者與哀傷複雜化有關。隨後有研究指出，不安全依附型態與不健康的繼續聯結表達，以及對於失落的不良適應有關聯（Stroebe, Schut & Boerner, 2010）。繼之，Field（2008）提出繼續聯結的概念，就整體而言，顯示具有多向度。以哀傷工作的結束而言，繼續聯結是與死者關係的重建，不像失聯（detachment）的概念比較單純。因此，與放棄聯結模式相較之下，並非是否繼續聯結或放棄聯結，二選一這樣簡單的問題，而是需要更為建設性的方法，去決定繼續聯結的適應性，辨認何者可以繼續聯結，何者需要放棄。如此才能以更有成效的方式，去釐清繼續聯結的功能，以及研究繼續聯結的適應，以及不適應的條件。

　　最早學者認為使用遺物以維持聯結，通常乃是一種迴避型態的因應；若以記憶來維持繼續聯結，則顯示為比較能夠接受死亡的事實（Field, Nichols, Holen, & Horowitz, 1999; Field, 2008）。有研究發現，有幻覺和妄想這類外化的繼續聯結方式、複雜性哀傷症狀及對於失落的不良適應，都具有正向的相關。簡言之，也就是有幻覺或妄想，作為繼續聯結的表達方式越頻繁，顯示對於失落的不良適應越嚴重，而且也越可能是複雜性哀傷的症狀。不過，若以死者的心理表徵（psychological representation），作為繼續聯結方式而得到內在安心，則與個人成長有正向的相關（Field & Filanosky, 2010）。後來，學者開始注意到個人外在的條件，例如死亡方

式和原因，以及預期的死亡和非預期的死亡等，都與哀悼的結果具有相關性。同時，也發現非預期的死亡、複雜性哀傷症狀及不良的哀悼結果，都具有相關性（Barry, Kasl & Prigerson, 2002; Stroebe, Abakoumkin, Stroebe & Schut, 2012）。

顯然從晚近的研究發現，並不是所有的繼續聯結表達方式，都有助於哀傷的適應。除了繼續聯結表達方式的差異，還有哀傷者個人之外的因素，例如死亡的原因和方式，都將影響哀傷適應的復原，或顯示哀傷的複雜化。

貳、依附上帝作為繼續聯結

Kirkpatrick（1999, 2005）認為從依附理論來看宗教的教義和儀式，可以看到上帝不只是教徒生活的心理支柱，祈禱行為就是一個與上帝的連結的行為。認為宗教活動本身，乃是一個積極的依附過程，目的在於獲得和維持隨時可以方便接觸上帝。所以，上帝堪稱是教徒的重要依附人物，信徒與上帝之間的關係，具有依附聯結的性質。為了尋找更好的繼續聯結的方式，有鑑於美國人主要信仰天主教或基督教，於是Kirkpatrick乃建議以上帝作為繼續聯結的依附人物。的確當人有壓力的時候，就會向上帝祈求，所以上帝可以提供情感慰藉和作為安心基地。尤其，當個人生命受到威脅的情境，例如參戰、冒險、面臨危險等，上帝被視為可以提供具有安全基地的保護功能。而且也有學者呼應Kirkpatrick的想法，認為遭逢死亡和各種壓力的時候，很多人都會轉向求助於宗教，可能當個人面對壓力或死亡的失落時，從意義方面來看，由於宗教可以提供超越世間有限的支持力量，因此特別具有撫慰的能量（Pargament & Abu Raiya, 2007）。為了解決維持繼續聯結這個議題的困境，以上帝作為依附人物，這是個有趣的提議。確實在台灣也有很多人，在生死關頭或危險的時候，就想要依賴上

帝或神佛的保護，或在親人死亡之後，由於哀傷不堪，而轉向宗教取暖。

Kelley和Chan（2012）研究哀傷者「依附上帝」的角色、意義和積極的宗教因應，作爲調適哀傷經驗的效果。結果發現，「意義」與預測低程度哀傷有關；對於上帝的安全依附，也可以預測低程度的哀傷；對於上帝的依附，是一種比較安全的型態，能直接和間接影響較低憂鬱和哀傷，並且增加壓力相關的成長；而「意義」和「積極的宗教因應」，在哀悼調適過程中同樣重要。使用「正向的宗教因應」，與壓力有關的成長，有顯著正相關。同時，從這項研究發現，Kelley和Chan指出，「意義」是調節對他人迴避依附的因子，迴避依附他人與低程度的意義有關。從這個研究的結果，可以看到沒有意義，則迴避依附他人，顯然有意義，才能有依附。由此可見若要繼續聯結，確實需要締造意義或重建意義。

由於受到倡導以上帝爲聯結的啓發，美國學者Wads和Park（2009）也企圖將佛教的生死觀及佛教的中道觀，引入哀傷諮商領域。不過他們將佛教的中道觀，視爲符合Strobe和Schut（1999）所主張因應傷慟的「雙過程模式」，可以選擇面對或迴避，乃是一大錯誤。因爲中道觀的本質爲中庸的理論，並不是如「雙過程模式」這種需要二選一的方法。也就是說，中道觀並不是黑白對立的理論。

❖第六節　有關繼續聯結的結論❖

由於外在的客體已經消失，所謂「繼續聯結」，爲哀傷者在內心存在繼續與死者的關係（Shuchter & Zisook, 1993）。維持與死者繼續聯結作爲哀傷療癒的方法，的確是一個有用的理念。然而，這個議題還有一些尚待解決的問題，有待繼續研究。

壹、繼續聯結有益療傷，然而並不適用所有的關係

在有關哀傷的實證研究方面指出，哀傷者維持與死者的「繼續聯結」，係與復原有關聯（Field & Friedrichs, 2004; Glick, Weiss, & Parkes, 1974; Parkes, 1970）。在Bowlby的依附行為理論中，幼兒與母親形成依附關係之後，這個「依附聯結」或「情感聯結」，就成為幼兒內在的「安全基地」和「安心天堂」，分離會威脅到幼兒對於這個聯結的需求。依附聯結具有長遠性或永久性，也具有類化的特性。所以喪親的成人與幼兒相似，威脅到切斷「依附聯結」，會引發很高的分離焦慮。維持「繼續聯結」可以提供哀傷者內在的「安心基地」，並形成個人內在的重要支持資源，使得喪親之後個人的人生和生活可以繼續往前邁進。就哀悼適應歷程而言，「繼續聯結」是一個人遭遇失落重要關係之後，顯示適應功能成功的統整，使得哀傷者可以完全放棄繼續渴望身體親近依附人物，並接受死亡的事實。維持繼續聯結，具有解決哀悼的重要性（Klass, et al., 1996）。而在維持個人認同方面，維持「繼續聯結」也扮演著重要角色，能夠作為自動的促進內在資源，以增進哀傷者個人功能的能力（Baker, 2001）。

不過所謂的「繼續聯結」，應該是指維持與原本有依附關係人物之間的「聯結」，因此，不是所有關係的失落都適用「繼續聯結」之說。由於在Bowlby（1977, 1980）的依附理論，並不是所有的關係都屬於依附關係，與他人的關係當中，也有非依附關係類型的存在。所以，依附關係乃是一種對特定人物的特殊關係，惟有依附關係才有「依附聯結」的存在。非依附關係則只有一般人際關係的「連結」（connection）性質，例如遠親、朋友、同事這類非依附關係，本來就沒有這個「聯結」（bond）的存在，因此發生外在客體（死者）的形體永久消失之後，就不會有渴望維持繼續聯結的問題。所以不是所有關係的失落，都需要維持繼續聯結才能復

原。但是有依附關係的失落，則需要維持繼續聯結以利復原。

貳、不同繼續聯結方式效果不一

　　實證研究方面，指出「繼續聯結」的性質和方式，能預測哀傷的嚴重程度，而且對哀傷療癒也有不同的影響。也就是說，不同的聯結方式，對於解決哀悼調適有不同結果。雖然，一方面實證研究指出，「繼續聯結」對於哀悼歷程的調適有助益；但是，另一方面也發現，「繼續聯結」對於某些哀傷者，無助於放棄渴望身體親近依附人物，而且也可能反映有複雜性哀傷（Boelen, Stroebe, Schut, & Zijerveld, 2006; Field & Filanosky, 2010; Field, Nichols, Holen, & Horowitz, 1999; Field, Gal-Oz, & Bonanno, 2003; Schut, Stroebe, Boelen, & Jizerveld, 2006; Stroebe & Schut, 1999）。尤其是過度使用「遺物」作爲聯結，隨著時間的逝去，哀傷的嚴重程度越高（Field, et al., 1996），並且能夠預測哀傷的嚴重程度（Boelen, et al., 2006）。這種狀況可能是哀傷者哀悼調適不良的徵兆，也可視爲哀傷者使用無效的策略去因應哀傷。原因可能和遺物作爲聯結的性質屬於「外化的聯結」（externalized bond）（Field & Filanosky, 2010），是由哀傷者將內在對於死者的情感聯結，投射到外在的遺物，然後作爲依附之用有關。

　　至於以「記憶」作爲繼續聯結方式，爲多數學者贊同。然而至目前爲止，對於以「記憶」作爲療傷效果的研究結果依舊不一。可能「記憶」是一種內在的聯結，只有心理的聯結，沒有外在的聯結，而且「記憶」是以過去作爲聯結，沒有現在與未來的聯結，以致這樣的解決方法對於有些尚難以放棄渴望身體親近死者的哀傷者來說，便沒有療傷功效。因此，繼續聯結是一個有待持續研究價值的重要議題。

參、繼續聯結表達與失落的時間之關聯

「繼續聯結」表達，也與死亡時間的遠近有關。在哀悼的早期，使用「繼續聯結」表達，就Bowlby的依附理論而言，乃顯示哀傷者尚處在分離之後的「抗議時期」。由於生物體的記憶當中，尚未註記死亡的永久分離，哀傷者還沒有完全面對死亡的現實。因而，一方面，理智上知道死亡的發生；另方面，情感上不能面對死亡的分離。就復原的任務而言，必須同時在理智和情感上都能接受失落（Parker & Weiss, 1983）。因此在這個「抗議時期」，哀傷者尚處在矛盾與衝突的轉換期間，以致以死者的「遺物」作為維持「繼續聯結」表達，以便獲得一種暫時的慰藉。然而等到哀傷過程有所進展，哀傷者才能夠逐漸增加對死亡的現實感。所以若尚處在哀傷較早的時期，哀傷者使用「繼續聯結」表達，為正常的哀傷現象。然而，若死亡發生之後，長期過度依賴死者遺物，保留或維持死者使用的房間，好像死者會回來，如此維持「繼續聯結」表達，可能與發展成為複雜性哀傷有關。

肆、依附上帝可以作為聯結

從Bowlby到Rando多位學者都重視轉化依附，Rando也提到轉化為象徵性。Kelley和Chan（2012）從研究結果，建議「依附上帝」這個辦法，由於上帝是象徵性的人物，似乎有道理。並且上帝是屬於「外在的客體」（external object），確實比「遺物」這種「外化的客體」安全。而且與上帝的聯結是心理的、象徵性的，也是靈性的；是現在的，也可以是未來的，比起以「記憶」作為聯結確實更勝一籌。但是建立與上帝的聯結，這是一個新的聯結，而不是與死者這個客體維持繼續聯結，顯然與Klass等人（1996）主張的與死者維持繼續聯結的涵義不同。

　　若進一步思考，以上帝作為繼續聯結有利復原，是由於以上帝取代死者這個客體，因而獲得復原力量，還是由於有了上帝，得自這個新依附客體的超世間力量作為慰藉，而有助於復原？當然，原因可能主要在於後者。但是當有些死亡使得哀傷者的假設世界嚴重受到衝擊，哀傷者不再相信上帝，這種情況該當如何？是否需要先締造死亡的意義，讓哀傷者可以接受死亡，恢復了這個部分的假設世界，才能夠以上帝作為依附。其次，若是企圖以上帝這個外在客體，取代死亡的外在客體，將會很像許多父母以為孩子的寵物死亡了，再買一隻新的寵物便可以取代一樣。結果對於孩子而言，不是取代，而是得到新的依附而獲得撫慰，但是孩子並沒有忘記舊的寵物，甚至會加以比較。因此對這個建議有待進一步的繼續探討，來確定依附上帝獲得連結，究竟如何運用，才可以有助於哀傷的復原。

❖第七節　意義重建模式❖

　　意義重建（meaning reconstruction）在性質上，就是一種意義締造（meaning making）。意義重建乃是一個人對於人、事、物原本所賦予的意義和重要性，重新再理解，而發現其新的價值和新的重要性。

壹、意義締造的定義和功能

　　論述意義重建的概念之前，需要先理解意義締造的概念與性質。所謂「締造」（making），是指塑造或產生某些物或指某些物的主要品質。在心理學方面，意義締造乃是指個人對於生活事件、關係和自己，如何塑造、了解或感到有意義的過程（Ignelzi, 2002），或是指個人以自己先前的知識和經驗，去解釋當前的情境、事件、目標和論述的一個過程。較早之前，意義締造常被使用於教育心理學的學習和教學，以指陳「學習如同

意義締造」，用以表達強調任何的學習情境，從個人相似的背景和文化，個人會積極參與，並對情境的架構、目標和關係給予意義。在諮商、心理治療和心理學方面，意義締造也被建構主義（constructivism）的學者廣為運用。當前在哀傷理論方面，學者主要用在闡釋個人對於死亡和失落的經驗，賦予某些意義（Attig 1996; Doka & Davidson 1998; Neimeyer 2001; Gillies & Neimeyer, 2006; Gillies, Neimeyer & Milman, 2014）。廣泛而言，意義締造是徵候學（semiotics）、生物徵候學，以及其他學術領域主要的研究目標。尤其在社會符號學以及其相關領域，更是社會意義建構研究的目標。

1940年代Viktor Frankl創建意義治療（logotherapy），在Frankl（2006）的著作《人尋找意義》（*Man's Search for Meaning*）這本書中，提到人們由於心理需求的驅動，而在他們的人生當中，發現或創造意義和目的。而且在所有情境之下，都能夠發現意義，即便是失落和悲劇的最悲慘的經驗，也可以找到意義。人可以從做一番功績之中體驗價值，以及在體驗受苦當中發現意義。雖然Frankl並未使用「意義締造」一詞，但是他強調締造意義（making of meaning）。Frankl的締造意義，後來對於哲學、藝術、文學，甚至心理學以及其他領域，都有相當程度的影響。當然，哀傷與失落的領域，在研究方面也開始驗證，失落所愛的人之後，哀傷者尋找意義的議題。

1970年代末，「意義締造」一詞開始流行和變得廣為使用，尤其是建構主義學習的倡導者。「意義締造」一詞，是由建構主義的教育心理學學者所提出，指個人的認識論（epistemology），為人們創造出來協助他自己，使得個人對於其世界中的各種影響、關係和知識來源等，感到有意義。依照社會學者和教育學者Jack Mezirow在成人的轉化學習上的解釋，認為成人解釋他們個人經驗的意義，是透過深度掌握假設的眼光，當他們

體驗到某些事與他們對於世界的協商，出現了矛盾或挑戰的時候，他們
需要透過一個評鑑他們的假設和製造意義的轉化過程，以便可以獲得協
商。就經歷死亡這件事而言，人們常常需要對他們的失落，創造出新的意
義。所以治療的介入，或許能夠提升意義締造，也或許對於哀傷者有所幫
助。尤其，當人們的努力，是「比較像是反芻而不是解決問題」（Sales,
Merrill, & Fivush, 2013, p. 97）的時候，提升意義締造，將會對於心理健康
比較有益處。由於「反芻」的概念來自生物學，是一種動物消化的過程，
食草性動物將先前吞下的食物，吐出再咀嚼，而變得容易消化。將「反
芻」用在人類的思考，是一種隱喻，指將個人的經驗回憶，並且再思考，
而產生新的想法。當一再反芻，將使得悽慘或挑戰的經驗，變得可以接
受。因此Webster和Deng（2015）認為，意義締造能幫助人們感到減少壓
力，同時讓人變得比較有彈性的去面對失落。

二、意義締造的方法

　　人們可以使用各種策略，作為意義締造的辦法。而在諸多意義締造策
略當中，最常被使用者，包括：個人成長、家庭聯結、靈性、重視生命、
負面的情感（negative affect）、無常、改變生活型態、同情、解脫受苦等
（Gillies, Neimeyer, & Milman, 2014）。在失落與哀傷方面，使用不同的意
義締造策略，有各種助益和收獲。使用家庭聯結作為意義締造的策略，乃
是指個人經由與家族成員的互動，以及花更多的時間和家人在一起，以便
創造失落的意義（Gillies, Neimeyer, & Milman, 2014）。如果一個人使用
家庭作為帶來失落的意義，將會有更多來自家族系統的意義締造策略。當
家人可以公開談論表達態度和信念，便可以導向健康，以及減少衝突，甚
至由於減少家庭張力，而增加了夫妻滿意度（Mackay & Bluck, 2010）。
意義製造，若透過靈性和篤信也很重要，可以幫助個人因應失落，同時發
展自己的靈性和篤信宗教。靈性和篤信宗教能幫助哀傷者思考超自然的現

實、分享世界觀，以及由於分享信念得以對社區有歸屬感。當個人經由靈性和篤信宗教，而具有神性的世界觀，將會看待神性涉及生活的主要壓力，而得以運用神性對失落發展出意義（Stein, et al., 2009）。另外，重視自己生命作爲意義製造的策略，便會珍惜個人所擁有的，並試著找出目的或改變自己的生活型態（Gillies, Neimeyer & Milman, 2014）。至於經由慈善服務作爲意義製造策略，例如參與慈善活動、基金會和組織等，能夠創造財力支持、社會支持、情緒支持，同時有助於從死亡的負面經驗，創造積極的結果（Rossetto, 2014）。

貳、意義重建的緣起

Sigmund Freud主張哀傷工作在開始的時候，爲企圖維持依附，繼之以一個撤出投注（decathexis）的過程，逐漸將情緒精力從死者退出。然而受到Bowlby對於哀傷模式的影響，當代有些哀傷理論，例如Klass、Silverman和Nickman（1999），以及Atting（2001）主張繼續與死者連結的重要，都建議死亡需要轉化（transforming），而不是放棄與死者的情緒聯結。所謂轉化，就是在失去所愛之後，重組個人對自己，以及對他人的工作模式。意義重建的緣起，主要受到兩方面的影響。Gillies和Neimeyer（2006）認爲，失落之後的這個重組工作模式，可以視爲意義重建（meaning reconstruction）的緣起之一。其次，受到Bowlby依附理論的影響，由於死亡發生之後，哀傷者也失去了「安全的基地」和「安心的天堂」，當哀傷者掙扎著重組他們的生活，以及繼續向前邁進之際，他們處在負面結果的高冒險之中（Field, Gao & Paderna, 2005; Neimeyer, 2006; Stroebe & Schut, 2005），這個主張也成了意義重建的源起之二。

參、複雜性哀傷與發現意義

一、失落與假設世界重建

　　喪親者意義的重建，包含「對死亡意義的理解」（meaning as comprehensibility）和「發現生命的價值和重要性」（Janoff-Bulman & Frantz, 1997）。透過內化死者有價值的特徵，可改變圍繞自己的表徵，融入自我－理想之內（ego-ideal）。同時，與死者的關係之表徵，也得以發生改變，而能夠堅持與死者的永久性分離（Baker, 2001）。因此親人死亡的生存者，在因應失落的時候，他們會持續地尋找失落的原因、理由和意義。顯然，「對死亡意義的理解」及「發現生命的價值和重要性」，為失落發生之後，個人假設世界重建的核心。

二、失落與死亡意義的尋找

　　過去近三十年來，很多學者的研究都以親友遭遇創傷和突然死亡的人，在找尋失落意義有關的議題。這些研究對於臨床介入的研發，有一定的影響。在臨床方面，用以協助哀傷者因應創傷死亡和突然死亡所採取的介入策略，主要有三個假設：其一為面對這樣的失落，無可避免的會去尋找意義；其二為經過一段時間，就會找到意義，並且將這個議題放到一邊去；其三為尋找意義，是適應或療癒的關鍵。為了驗證這些假設，Davis、Wortman、Lethman和Silver（2000）從臨床文獻研究，探討嬰兒死亡的父母，以及配偶或孩子車禍死亡的哀傷者。這個研究結果發現：⑴有部分的人，顯然不會去尋找失落的意義，然而傷慟適應相當良好；⑵不到半數的人，即便事件已經過了一年，有找到失落的任何意義；⑶比起那些未找到意義的人，那些找到意義而適應比較良好者，並沒有將意義的議題置於一旁，而是繼續尋找，一如那些尋找，但是未發現意義的人。從這樣的研究結果中，他們的結論是：⑴對於很多人在因應失落的時候，發現意

義是一個重要的課題；(2)在創傷性失落中尋找滿意的意義，是個痛苦，但是亦為有成果的過程。

三、不去尋找死亡意義的哀傷者

從Davis等人（2000）的研究發現，對於為何有些人不去尋找失落的意義，也許可以得到四個結論，為：(1)從「工作模式」（working model）（Parkes, 1971）或「假設世界」（Janoff-Bulman, 1992）的觀點，失落威脅到個人的世界觀，因此發生失落之後，個人會要尋找意義，以便減少個人的世界觀與所發生的事件兩者不一致。所以個人的世界觀，若能夠與失落事件和解者，不會去尋找意義。例如老人死亡，以及自然死亡的方式，並未與個人世界觀不一致，因此哀傷者不會去尋找失落的意義（Cleiren, 1993; Davis, et. al., 1998）；(2)親人遭遇創傷性的死亡和非預期性的死亡，那些未尋找失落意義的人，可能由於他們所擁有的世界觀，容許他們可以將那些失落事件整合到自己的世界觀；(3)宗教信仰越虔誠的人，越能夠在失落發生之後的幾週，便可以發現意義，並有正向影響，以及痛苦較少。但是臨床研究也有案例，失落粉碎了他們的信仰；(4)尋找意義，究竟是可以促進，或是抑制療傷，也會依情境而定。有的情境由於死亡粉碎了個人深層所抱持的世界觀，似乎最不可能產生意義。由上述研究結果，影響哀傷者個人會去尋找死亡的意義，並非單一因素構成，而且找到死亡的意義與否，似乎也與解決哀傷沒有一致性的關係。

四、複雜性哀傷與死亡意義的尋找

創傷性死亡和突然死亡的狀況，對於哀傷者的假設世界之重建，尤其是哀傷復原的核心工作（Cornwell, Nurcombe, & Stevens, 1977; Parkes & Weiss, 1983）。Davis、Wortman、Lehman和Silver（2000）自1970年至1980年長達二十年之間，從事非預期性和突然死亡的哀傷者之研究，發現近80%的哀傷者都會尋找發生死亡的理由，然而幾乎都找不到可接受的答

案。Janoff-Bulman（1992）對於創傷性哀傷的研究也指出，研究參與者在死亡過了三年後，也只有半數的人有答案；然而由這個問題再延伸，去問他們從失落找到什麼意義，則多數人未能找到意義，而且能否發現意義，也和這些人的個人功能好壞無關。所以Davis等人（2000）認為，在創傷性的哀傷，期望哀傷者發現意義是痛苦也無用的，因為死亡毀了他們的世界觀。因此Davis等人主張，應該促進或是禁止探問他們對失落的意義，宜視情況而定。對於這類哀傷者，以重建他們被粉碎了的行善、正義和自我價值等人生觀為要。

有幾個因素與升高發展成複雜性哀傷有關聯，包括喪失基本的依附人物、對於失落無法找出意義，以及暴力致死等因素。尤其，喪失一等親，也就是至親，比失落朋友或遠親，更容易發展成複雜性哀傷（Prigerson et al., 2002）。之所以造成這樣的差異，可能與哀傷者和死者為依附關係或非依附關係有關。此外，對於失落難以找到意義，也比較可能發展成複雜性哀傷（Holland, Currier, & Neimeyer, 2006）和不良適應（Park, 2010）。而暴力、自殺和他殺等死亡方式，對於哀傷者要找到意義更為困難。原因在於：⑴失落在本質上，就是一種暴力；⑵代表一種暴力行動；⑶侵犯到人們珍惜的信念，以及可預測環境的安全（Rynearson, 1994）。因此所愛的人遭受暴力而死亡，對於哀傷者，比較容易發展成複雜性哀傷。

綜合上述，當發生失落，人都會要尋找失落和死亡的意義。如果找到失落的意義，個人便可以對於自己的失落獲得結論，並完了哀傷。從「工作模式」或「假設世界」的理論觀點，個人對於發生重要的失落，會努力去尋找意義。然而，結果可能有幾種狀況：第一種狀況，有些人尋找的結果，與原來個人已經建構的假設世界取得和解。換言之，失落的事實，驗證了與自己的假設世界相符合，例如假設世界的信念是「老了必然會死」、「人總有一天會死，遲早而已」、「重病無藥可救會死」、「發

生致命的意外會死」、「失血過多會死」、「中了劇毒會死」等，所以可以接受；第二種狀況，創傷性和非預期性的死亡，有的哀傷者並未尋找失落的意義，可能是個人比較具有彈性，可以將那些失落事件整合到自己的假設世界，例如「人生難免有意外」，或持有宿命論認為「生死有命」、「命中注定」等，因此可能比較容易整合。具彈性的人格特質，是適應良好的條件，這樣的主張早已被驗證和普遍被認同。然而可以理解的是，這個調適過程比預期性的失落，肯定需要較長的時間；第三種狀況，宗教信仰有助於融合個人所發生的失落。可能與宗教對於死亡和死後世界的信念，有助於個人找到失落的意義；第四種狀況，不論有無宗教信仰，若無法找到失落的意義，可能與個人的人格彈性特質、所需的調適時間、失落的情境、不安全的依附關係以及其他相關因素等有關，這些未能找到意義的哀傷者，可能發展出複雜性哀傷。由於意義產生的過程不是創造，而是尋找和發現的過程，因此對於這樣的哀傷者，這個過程需要被協助。

肆、Neimeyer的意義重建模式

一、Gillies和Neimeyer主張意義重建的依據

Neimeyer（1998）的意義建構理論，反對傳統上將複雜或病態哀傷與正常哀傷加以分類，也不贊同哀傷有一定的型態和進展，以及哀傷的復原是將精神層面的精力從投入在死者之中撤退，而主張與死者象徵性的連結為健康的做法，強調認知過程的處理與意義建構。Nimeyer（1998）和Strobe與Schut（2010）一樣，都贊同繼續聯結，以及反對哀傷歷程的階段理論。Neimeyer（2000a）主張對於失落的意義重建，與兩篇研究特別有關，即Davis、Nolen-Hoeksema和Larson（1998）對於居家安寧療護的病人的家屬之研究，以及Davis等人（2000）有關非預期性和創傷性的哀傷者之研究。前者為安寧療護的病人，為預期性失落；後者喪子的研究，

主要爲創傷性失落。一方面，Neimeyer認同Davis等人（1998）的研究，認爲由於是預期性死亡，研究者可以在哀傷者哀悼的18月前後，進行研究樣本個人的功能評估；其次，對於該研究訪談問題，包括「對於死亡的意義感」和「有無發現正向經驗」這兩個題目，如此可以知道意思締造（sense making）、意義感和發現利益（benefit）。從Davis等人的研究結果發現，Neimeyer建議治療師要與時並進，不只在哀悼的早期要促進意思締造的過程；哀悼的晚期，則需要協助哀傷者發現利益，而且也要追蹤哀傷者意義重建改變的方向。Neimeyer所謂的「發現利益」，就是其他學者所謂的「學習與成長」（吳秀碧，2017）。不過在另一方面，Neimeyer卻反駁Davis等人（2000）的研究結論，認爲Davis等人的研究有些部分有待澄清，主要是：⑴喪子的父母，有86%尋找死亡的意義，而只有14%未尋找；這14%當中，有11%認爲沒有意義，而有3%的父母對於死因早有定見；⑵就所有樣本而言，有18%的父母在死亡發生後的第一個月，有在尋找意義，然而其中有半數找不到意義；⑶那些既不尋找，也不去發現意義的父母，在心理上與尋找而成功發現意義的父母相同，都比那些尋找失落意義，而找不到意義的父母適應良好；而那些尋找意義的父母，即便在傷慟的早期已經找到一些意義，仍舊繼續尋找意義，也就是早期找到的意義是暫時性的，他們在尋找永久性的意義。總之，雖然Neimeyer反駁Davis等人研究的部分發現結果，但是也認同Davis等人認爲對於失落發現意義的重要。所以，根據Davis等人（2000）的研究結論，Neimeyer建議治療師要重視哀傷者對於失落的意義重建，但是在治療的脈絡，則需要注意不同的死亡方式與哀傷者之差異。

二、Neimeyer對於意義重建的定義

　　Neimeyer（2000a, pp. 552-554）對於意義重建也提出具體而較廣的定義：

1.生存者企圖找到或創造生活的意義，以及對於所愛的人死亡找到意義。

2.統整意義，並建構意義。

3.意義建構是人際的，也是個人的過程。

4.意義締造，定錨在文化，以及親密的、交談的情境。

5.意義建構，包括不明言的、語前的，以及明白的、說出來的意義。

6.意義重建的過程和產物一樣，是「尋找」和「發現」，而不是由一群找它的人所創造。

由這些對於意義重建的定義，可以在哀傷治療的臨床介入，指引意思締造的情境、性質、形式，以及重建的過程。

三、意義重建模式

Neimeyer（2000）確定哀傷治療就如同一般的心理治療，在心理健康領域是一種有效的服務；其次，他認為在回顧很多描述性研究都指出，哀傷治療可以降低憂鬱、焦慮和一般精神症狀，並有助於嚴重哀傷的復原。此外，其他因素，例如死亡時間和年齡，也會影響治療效果。死亡已經比較久，效果會比較好；年紀輕的比年老的效果好；還有持久的、創傷的和複雜性的哀傷，比正常哀傷有效，由於正常哀傷難以證明。因此Neimeyer主張，需要對於複雜性哀傷者提供哀傷治療服務。其次，Neimeyer主張意義重建的主要根據，是來自Davis等人（2000）的研究，臨終病人家屬的預期性哀傷，以及喪子父母的非預期性和創傷性哀傷等，這些哀傷者在尋找死亡意義與哀傷復原的研究結果。Neimeyer（2000a）乃倡導哀傷治療的意義重建之重要，強調：「在反應失落的意義重建，是哀傷的核心過程」（Neimeyer, 1998, p. 118）。

所以，Gillies和Neimeyer（2006）建構了一個意義重建的治療模式，主張哀傷者個人在尋找意義的時候，由「意思締造」（sense making）、

「發現利益」（benefit finding）和「認同改變」（identity change）等三項意義締造活動，可以幫助哀傷者建構新的意義結構。並建議與哀傷者工作的臨床人員，要促進「意思締造」、「發現利益」和「認同改變」的建構過程。這個意義重建的過程，基本上是經由敘說或生命故事來完成。由此可知，意義重建模式並不是一般心理治療的方法，而是與Frankl的意義治療性質相同的治療法。在這個意義重構的過程，由尋找而能夠發現並發展意義，可以協助哀傷者重塑他被粉碎的假設世界恢復秩序感，促進新領悟和個人成長。在反應失落之際，引導有意義的行動，以及對於普遍且不可否認的哀傷之痛苦，得以帶來某種程度的紓解。

❖第八節　有關意義重建的結論❖

壹、何種的哀傷者需要意義重建

　　學者主張對於複雜性哀傷和正常性哀傷的處理，需要使用不同的方法。非複雜性哀傷使用哀傷諮商；複雜性哀傷需要使用哀傷治療（Parkes, 1998; Rando, 1993）。首先需要討論的議題是，Neimeyer（2000）認為，所謂正常哀傷難以證明。他建議將意義重建模式，使用在複雜性哀傷，顯然他自認為可以將意義重建模式歸為Parkes和Rando所主張「哀傷治療」的方法，可能與其意義建構模式的發展依據有關。Gillies和Neimeyer（2006）建構意義重建模式的方法，主要以創傷性哀傷和複雜性哀傷的研究結果為依據（Davis, Nolen-Hoeksema & Larson, 1998; Davis, Wortman, & Lethman, 2000）。這類的失落對於個人假設世界的衝擊（impact）較大，除了心理層面的處理之外，也需要處理遭到死亡嚴重衝擊的靈性層面，因此Gillies和Neimeyer特別強調意義重建。

　　Neimeyer、Baldwin和Gillies（2006）對於摯愛死亡與複雜性哀傷症狀，曾經以繼續聯結和意義重建的相關議題進行研究，發現在死亡發生之後，從經驗當中，這些人能夠重建一個漸進的認同感。有幾個變項與哀傷者有關，包括哀傷者與死者的關係，死亡的性質為提高壓力的冒險因子，而意義締造則有調節的角色。其次，發現利益的程度較高和積極的認同改變，以及哀傷複雜化的較低程度有關，也就是發現利益比較多和認同的改變比較積極的哀傷者，比較少產生複雜性的哀傷，而最後產生意義和繼續依附死者互動。

　　最近Rozalskia、Hollanda和Neimeyer（2017）的研究也指出，由於暴力導致基本的依附人物死亡，有增加發展成為長期哀傷和嚴重哀傷的可能性。他們以徑路分析法的研究結果發現，對於失落的意義締造，可以充分調解死亡原因與複雜性哀傷的關係，並且可以有部分調節與死者的關係及複雜性哀傷的症狀，顯示意義重建對於複雜性哀傷的治療效果良好。

貳、意義重建模式是輔助心理治療法的好方法

　　Viktor, E. Frankl認為，最能幫助一個人克服和承擔客觀的困境或主觀的困擾，莫過於讓一個人意識到他個人生命的議題。Frankl（1986）在他的著作《醫師與靈魂》（*The Doctor and Soul*）這本書之中，便引述尼采（Nietzsche）的名言。尼采曾說：「任何人只要持有一個生存的理由，就幾乎可以承受任何的生活型態。」（摘自游恆山譯，1991）。Frankl批評當時精神分析治療和個體心理治療對人缺乏整體觀，沒有關照到人的靈性部分。他認為意義治療（logotherapy）主要是以靈性層面為核心，強調意義治療無意取代精神治療法，而是在補足心理學主義的心理治療法之不足。Gillies和Neimeyer的意義重建治療與Frankl的意義治療有共同之處，即處理的核心工作都指向「意義」，所以與意義治療性質相似，也應該是

作為治療複雜性哀傷很有用的輔助方法。由於造成複雜性哀傷的原因很多，需要先處理「卡住」的部分，或是修通（work through）這些部分，例如，內在心理衝突、先前的依附類型問題、受虐和傷害的問題或是創傷的問題等，而這種修通的工作，乃是心理學的心理治療工作，而意義重建則可用以修復受創的假設世界，因此為複雜性哀傷治療的最佳輔助治療。

參、意義重建是一個持續的發現過程

由於受到後現代的社會建構主義、正向心理學，以及存在主義的影響。晚近哀傷諮商的趨勢，將失落視為一種生活的轉變。並強調在轉變中，哀傷者失去原來擁有的，然而也從中獲得成長的契機（Miller & Omarzu, 1998）。同時，重視記憶在哀傷復原的角色（Attig, 1996, 2000），以及意義重建的歷程（Neimeyer, 1998, 2000, 2001）。Neimeyer（2000a）特別強調意義重建的過程，不是由哀傷者去創造意義，而是一個「尋找」和「發現」的過程。Gillies和Neimeyer（2006, p. 56）認為：「這個建構主義模式的重點，因此，就是在意義結構（structure），以及這個過程，由此操作和轉化我們的經驗。」由此可見，意義是存在哀傷者個人的經驗之中，等待去「尋找」和被「發現」，然後賦予意義，這是一種學習的過程，也是意義締造的過程。

在Gillies和Neimeyer（2006）的「意義重建模式」當中，痛苦被視為如同槍的扳機。其作用在意義重建過程之中，具有兩種角色：一方面，能夠啟動哀傷者去尋找意義；另方面減少痛苦，則可以作為成功地完成建構意義的訊號。就「意義重建模式」的立場，主張痛苦的改變，不被視為一種結果，應該被視為只是一個過程。Janoff-Bulman和Frantz（1997）認為哀傷者的意義重建包含兩方面，即「對死亡意義的理解」和「發現生命的價值和重要性」，從哀悼的調適和意義重建的需要，這兩項應該是最關鍵

的核心工作。Kelley和Chan（2012）的研究也發現，意義與低程度哀傷有關。由於死亡導致個人依附聯結的斷裂，衝擊假設世界，首先就是找不到死亡的意義（Davis, et al., 2000）。隨之可能影響假設世界其他方面的損傷。因此不少學者認為，意義重建並不是一個單次完成的工作，由於重建涉及不同的層面。因此哀傷者對於失落，在發現某些意義之後，還時常繼續尋找意義（Davis et al., 2000; Downey et al., 1990; Schwartzberg & Janoff-Bulman, 1991）。而且在發現新的意義之後，仍然繼續感到失落的痛苦（distress）（Davis et al., 2000; Emmons et al., 1998; Lehman et al., 1993）。由此可知，意義重建不限於單次，也不是結果，而是一種持續的過程。既然意義建構是一個持續的過程，當在臨床的應用，對哀傷者實施意義重建的治療，究竟應該在何時結案，Neimeyer似乎沒有具體的交代。

肆、對於非複雜性哀傷與治療效果的質疑

對於Neimeyer認為難以證明有所謂的正常性哀傷，這種說法實在難以被認同。由於先前學者（Parkes, 1972; Rando, 1993; Worden, 1983）對於複雜性哀傷或病態哀傷，已經有很多討論。在Rando（1993）的《複雜性哀悼的治療》一書中，引述許多學者的論述，對於正常性哀傷的界定，認為可以從排除複雜性哀傷給予認定。而且多數學者都同意，哀傷是人類對於失落的自然反應，不能視為疾病。所以都主張使用排他法，也就是可以被視為病態哀傷之外，其餘都可以視為正常哀傷。這種方法，與身體健康的概念相同。因為要界定一個人有病比較容易，但是要界定健康比較困難，但是可以使用排除疾病的方法，認為無病就是健康。而且，當前學者都努力在研究，可以界定為複雜性哀傷或病態哀傷的類別，例如DSM-5已經在「創傷和壓力相關障礙」當中列有「持續性複雜哀慟障礙症」，而ICD-11也正在研究，努力將「延長哀傷障礙」列入疾病診斷。

其次，有關哀傷諮商介入效果的研究，Allumbaugh和Hoyt（1999）指出有兩個重要變項能夠強力的預測研究結果，即：⑴研究的參與者自發生失落之後的平均時間，也就是哀傷者在參與研究或接受治療的時候，距離失落與死亡發生的時間之久暫；⑵對於參與者的篩選程序，尤其應考慮這些人尋求諮商的動機不同。所以，當Allumbaugh和Hoyt（1999）以後設分析方法（meta-analysis）針對主張哀傷諮商效果的一項研究，以當事人開始接受諮商的時間點，是在發生死亡後的27個月以此作為篩選的依據，發現這樣參與研究的當事人，並不感到有足以讓他們要尋求諮商的壓力，而且這些當事人在過去超過兩年的時間，對於死亡的哀傷反應，也只有中度的減少。顯然，距離死亡的失落發生越久，介入的效果越不顯著。這就好像感冒快好了的人才吃藥，比感冒嚴重的人服用同樣的藥，會感受到改善的症狀比較少，是同樣道理。

而Neimeyer宣稱正常的哀傷者接受哀傷諮商，會有傷害影響，或沒有顯著效果（Fortner, & Neimeyer, 1999; Neimeyer 2000）。Neimeyer這個主張，主要根據他的學生B. V. Fortner的博士學位論文（Fortner, 1999），後來，被Larson和Hoyt（2007）針對這一篇論文在研究方法上的缺失，提出駁斥。同時，Larson和Hoyt認為，Fortner和Neimeyer這樣的宣稱，嚴重傷害到哀傷諮商的發展。根據他們的調查研究，沒有任何實證或統計顯示正常性哀傷（normal grief），也就是非複雜性哀傷（uncomplicated grief）諮商對哀傷者有危險性或有害。隨後，Fortner（2008）自己也撰文發表，承認她的論文在研究方法上的瑕疵。有趣的是，後來的Currier、Neimeyer和Berman（2008）在另一篇文獻回顧的研究，雖然沒有特別說明參與樣本的特徵，然而他們指出對於哀傷者的心理治療介入，沒有達到顯著性，效果很小。同時，他們也指出，由於研究的設計不同，哀傷諮商介入有無效果多數不一致。所以，Neimeyer與其同僚的這篇研究結果，很有可能也是

設計的問題，例如樣本的變異性或治療方法的差異所導致的結果。因此，Neimeyer似乎一直在質疑正常哀傷及非複雜性哀傷的諮商效果，然而這些論述已經都一一被駁斥。

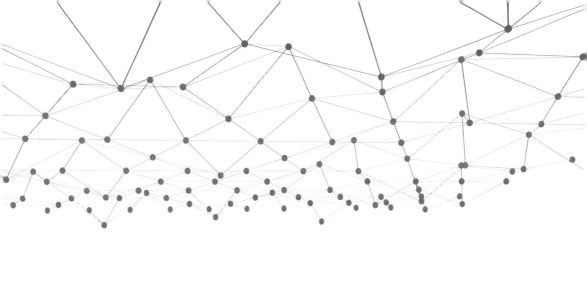

◆ 第三篇

繼續聯結論與
文化和宗教的關聯

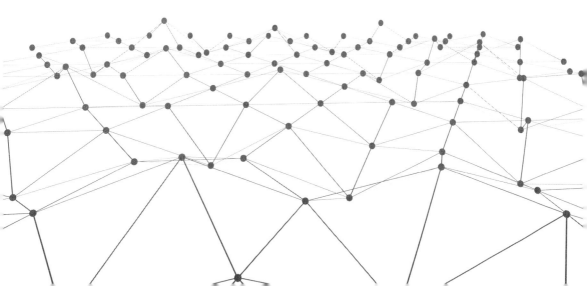

第六章　文化、宗教、喪禮與繼續聯結

假如我們可以確知有死後的生命和死後的世界，死亡只是一種轉換，或許人們對於死亡不再那麼恐懼，對於失落親人也不再那麼傷痛。但是，活著的人沒有人可以知道是否有死後的生命和死後的世界。幸好，文化和宗教可以給我們一些信念，去減少恐懼和傷痛。

文化和宗教，不只影響人們對於死亡的觀念和死亡態度，對於喪禮也有很直接的影響。死後是否有靈魂和死後世界的存在，往往也是文化和宗教的一部分。尤其歷史悠久的文化和宗教，通常與靈魂觀有關聯，相信有靈魂的存在，便相信有死後的世界，而且多數在喪禮會有與死者繼續聯結的儀式。而通常喪禮和葬禮的儀式，也與文化和宗教有密切關聯。在文化或宗教方面，若相信死後有靈魂存在，便會使用喪禮的儀式作為安排，以及準備死者在死後世界生活所需。甚至有些部分的喪禮儀式安排，乃是在為日後生存者可以與死者維持繼續聯結的儀式。由於哀傷和哀悼的行為，與文化和宗教都具有密切關係，而宗教和文化也有密切的關聯。因此，從文化和宗教的兩方面分別探討，人類對於靈魂觀，以及與死者繼續聯結的意義，實屬必要。

❖第一節　文化與哀悼因應❖

心理學當中稱謂「人類」（human）的相關名詞，有「有機體」

（organism）、「個體」（individual）、「自我」（ego）、「自體」（self）、「人」（personal），以及「人際」（interpersonal）等不同層次。「有機體」一詞，通常指的是生理，是成為一個人最為基本的部分，失去有機體，人也就死亡消失。Rogers（1947, 1951）主張人剛出生只是個有機體，出生之後才從有機體發展出「現象場」（phenomenon）這個部分。而「自我」（ego），則是由現象場的發展，再分化出來的一部分。從客體關係論的觀點，「自體」與「客體」都屬於「自我」內在的結構。由此，「自我」和「自體」當然是屬於心理層面的意涵；而「個體」則同時含有生理和心理兩個層面的意涵；「人」和「人際」，則屬於社會層面的意涵（吳秀碧，2017）。

人格的核心結構「自我」，包括「自體」和「客體」的意像，具有普世性質。但是「人格特徵」則不只具有個體的獨特性，也具有文化的集體性。「自我」通常為心理學者研究的旨趣，「人格特徵」的重點在文化脈絡中的人，故常為社會心理學者所關注和研究的重點。「人格特徵」在文化的集體性，文崇一（1981）稱之為「國民性」，西方社會心理學者Cattell（1949）稱之為「集體人格」（group personality），或Fromm（1962）所謂的「社會性格」（social character），使用詞彙不同，意思則大致相同。Fromm（1962, p. 62）的「社會性格」，是指「在同一個文化中多數的人，為共同的核心性格。相對於個人的性格，則是同屬於一個文化中的人，彼此相異。」所以社會學者所使用的專業術語，「國民性」、「集體人格」或「社會性格」，與台灣的閩南話，俗稱的「做人」，或國語中的「為人」涵義相似，皆指在特定文化之中「作為一個人」（as a person），在性格、態度、價值觀和行為等應有的共同核心特徵。由於哀傷不只是個人的行為反應，同時也反映個人所處的社會文化特徵。各個社會和不同時代，以及各個族群的文化皆有別，因此在了解與協

助哀傷者時，不只需要關照人類普世的哀傷反應，也需要重視特定文化之中，個人的哀傷反應和哀悼行爲，以及因應的方式。學者指出，社會文化變項（variables）具有中介影響力，其中任何因素都有助於個人用於減輕哀傷，以便回到失落之前的個人功能（Schenck, Eberle, & Rings, 2016）。因此，對於社會文化與哀傷、哀悼的關係相當密切，值得探究。

❖第二節　文化與死亡態度❖

壹、文化差異的視角

由於文化對於死亡有很多方面的影響，包括對於生死觀、死亡的態度、喪禮，以及死亡方式和原因對哀傷的影響等。因此，在哀傷的理論與臨床實務應用上，不可忽視文化的因素。而當我們談到文化與死亡的關聯時，必須很謹慎的注意以下兩件事。

其一爲不能對於同一國的人都視爲文化相同。當打開各國或各種族的文化之窗，將會發現無法籠統地說，美國人都是一個樣子，華人都是一個樣子，或西方人都是一個樣子，東方人都是一個樣子。不僅西方各國、各族群的文化有別，東方各國、各族群的文化也各有差異。以美國爲例，號稱是個文化大融爐，種族很多樣化，僅以白人爲例，德裔的美國人便與法裔、猶太裔的美國人，在文化上不盡相同；再以亞裔族群的華人、日本人、韓國人、越南人等爲例，被美國人統稱爲來自東方文化的國家，然而在文化上，各國的人也有所差異。

其二爲不能對同一個族群存有刻板印象。以台灣爲例，若從西方人的眼光，台灣人的文化應該都一樣。但是身爲台灣這一塊土地上的居民，我們自己便很清楚的知道，我們也是包括多樣族群，有原住民、客家人、河

洛人，以及1949年前後中國各省來台的族群等。雖然，台灣人可以統稱為華人族群，在不同族群之間的文化，或有相同之處。然而，進一步理解，不難發現各有差異，所謂「大同小異」便是。而屬於南島族群的原住民文化，則與其他漢人文化有相當大的差異。其次，僅就台灣原住民來看，也包含十多個不同的族群，文化也有差別（王嵩山，2001）。由上可知，就每一個族群內在組成的次族群文化本身而言，都不是單一且不區分的一個整體。

所以，當從事繼續聯結與哀傷相關研究時，研究者必須注意樣本的選取，以及謹慎的下結論。而從事哀傷諮商與治療的臨床實務時，治療師也需要注意當事人的文化背景，不可以個人所知道的介入模式僵化，缺乏區分性的強制應用在當事人身上，以免造成當事人的心理衝突。

貳、文化與死亡觀

雖然族群不同，對於死亡的態度會因文化而有差異。然而若從跨文化的視角，可以看到有很多不相同的族群，卻有相似的文化之處。若仔細觀察，不少文化並沒有將死亡視為生命存在的終止，而只是個人意識生存的死亡。認為死後人會到天堂或地獄，這兩處普遍被視為死後的世界。澳洲的毛利人認為死亡是由外力造成，也就是並非來自死者自身因素，而是有神祕的靈界力量所致。同樣地，很多非洲的族群也認為，死亡是由於已經被先入住個人的神奇、魔鬼，或其他外在神祕的力量所造成（Grof & Halifax, 1977）。

我們華人文化對於死亡的信念，普遍受到儒家和道家思想的影響。不過在論及生死的哲學觀，儒家的孔子與道家的老子則有不同看法。《論語·先進篇》子路問孔子有關死亡這個問題，子路說：「敢問死」，孔子答覆：「未知生，焉知死。」有人以為孔子迴避談論死亡議題，其實這句

話的深層意義，乃是孔子對於死亡的看法與對於生命的看法，視爲等同重要。孔子答覆子路的這句話，意涵著：一個人如果不知道生命的意義，糊里糊塗過一生，那又何必去談論死亡這件事；若了解生命的意義，便知道死亡的意義。這種哲學觀，與西方存在主義學者Viktor Frankl很相近，Frankl認爲即便受苦，也可以找到存在的意義；而人類有死亡，是促進人類文明進步的主要因素（Frankl, 1986）。

至於老子的死亡觀，則很直接深入。在《道德經》第五篇，老子說：「天地不仁，以萬物爲芻狗；聖人不仁，以百姓爲芻狗。」老子所說「天地不仁，以萬物爲芻狗」，乃是指天地任隨萬物自然變化，順其自然，依循自然的生滅法則，無所偏愛，不加以主宰，行其固然，由此可見天地的大仁。由於受到道家自然主義的影響，視生死乃是自然變化的必然。所以在華人世界的文化，對於死亡，普遍抱持豁達、順其自然的態度。古人言：「生死有命」，這是從觀察大自然不同物種的生存壽命，而得到的生物自然原則。古人又言：「人生一甲子」，這樣的觀點，是基於長期觀察普遍人壽的現象，而得到的結論，與現代研究法，使用統計的平均數據類似。古人頗有智慧，用這樣一句話道破自然法則，主要受到道家思想的影響。即便現在由於醫學知識和環境衛生的進步，人類的壽命已經至少平均延長10年以上。然而由於每一個物種有一定的存活年限，昆蟲普遍一日或數日，多則一週或數週；人類普遍一甲子上下，至多百年，都有定數，無法操之在己，全部都受到自然法則所規範。在華人的世界，無論士子或庶民都朗朗上口：「生死有命，富貴在天」。這裡所謂「有命」，指的便是自然法則，視生死爲一種很普遍，也很平常的自然現象，只能順著自然法則。由此可見華人的生死觀，深深受到老子思想影響之一斑。不過在實際生活的現實中，一般華人在面對摯愛死亡，則無法泰然如莊子，妻死鼓盆、友（柳下惠）死垂釣，而是傷痛不已，或許由於哀傷爲人類自然的反

應，普世皆然。

❖第三節 文化對於死亡與哀傷的影響❖

　　文化對於哀傷反應方式和哀傷復原的影響，主要有三項相關的因素，即：(1)死亡方式，(2)面對死亡的態度，以及(3)死亡相關的現實。在一些特定的文化，某些死亡方式被視為禁忌。例如自殺或他殺，不只被視為一種不祥的死亡，同時也是被社會負面烙印（stigma）的一種死亡方式。還有精神疾病患者的死，或被司法判決死刑的犯人之死，家屬會意識到，社會對於他們的哀傷不接受，所以很難公開表達哀傷，也無法獲得社會支持。

　　此外由於文化因素，也會影響一個社會對於特定年齡層的人死亡的態度。例如，台灣地區對於胎兒和嬰兒的死亡，以至於兒童和青少年的死亡，都被視為禁忌的死亡。俗話使用「夭折」一詞，以表未成年就死了，被視為不祥的一種禁忌性死亡。所以，家族的人通常事後都不願再提起或談論這個死亡事件。在過去甚至在死亡的孩子埋葬之後，其下葬的墳地都不立墓碑，以示斷絕關係，以後不需要祭祀。由於社會文化的禁忌，這樣對於孩子的母親，在哀傷的表達最為困難，既無法公開表達，也得不到社會的支持。家裡的人迴避再談論這個孩子的死亡，也不能接受孩子的母親的哀悼行為。雖然死亡的是嬰幼兒或未成年人，但是對於身為孩子的母親，自責無法保護孩子，已經痛徹心扉，更由於哀傷不受到社會認可，孩子的母親只能在暗處獨自哭泣，無法得到家人或社會的支持。有一位哀傷者告訴筆者，她的第一個孩子三歲的時候死亡，到現在她還保留這個孩子遺留的衣服，家人都不知道。她偶爾會在家人不在的時候，拿出來回憶孩子，或幻想孩子長大的樣子。由此可知，事隔二十多年了，這位母親尚未忘記這個孩子，一直默默獨自哀悼。由上述可知，面對死亡的態度，不只

不同族群有全然不相同或有部分不同的態度。即便在同一族群，內部也會有部分相同，部分不相同的態度。在台灣地區，有句俗話說：「隔一條溪，習俗就不同」。不相同的態度，正是凸顯其族群或個人的特殊性與獨特性。

至於時代不同與社會變遷，死亡的方式和原因也會改變，並影響到哀傷的反應。根據世界衛生組織2016年3月15日發布的統計報告，二十世紀初因黑死病，在五年之內死亡人數約20萬人；而僅2012年一年，世界上約有1,260萬人處在不健康的生活環境中或工作中死亡，占全球死亡人數的1/4；因癌症每年死亡人數約為760萬人（引自《樂活健康誌》，2016）。而且在二十世紀前後短短兩個時期，也有明顯差異。二十世紀前期，僅因兩次世界大戰以及政治因素，即有超過1億2千5百萬人死亡，而後半個世紀至今，則除了區域性戰爭之外，最普遍而常見的死亡方式和原因，則是人為災難或自然災難、暴力和交通事故，這類突然的、創傷的死亡方式，以及癌症預期性的死亡等，因此創傷性的哀傷和預期性的哀傷，都成為現代人死亡與哀傷的重要特徵，為臨床上不可忽視的哀傷類別。由此可知，隨著時代變遷與社會演進，人類主要的死亡方式也會隨之改變，自然死亡之外的其他死亡方式增加，影響了多數人的哀傷反應。

❖第四節　文化與繼續聯結❖

壹、文化與繼續聯結

就文化與宗教，在死亡和靈魂存在的觀點，對於維持與死者的繼續聯結表達，兩者都有所影響。若從西方心理學依附理論的立場，繼續聯結的表達可能會被解釋成為，顯示哀傷者還處在渴望和尋找死者的階段。然

而從文化和宗教的立場，這種看法是可以被質疑的。由於依附理論當中所講的繼續聯結之表達，乃是顯示哀傷者還處在尋找階段，為尋找階段的特徵，反映哀傷者面對失落的反應所使用的「崩潰的策略」（disorganized strategy），也就是「失敗的策略」導致的結果。然而，這樣的主張並不能反映文化或宗教，對於與死者繼續聯結的觀點。因為從依附理論的觀點，就崩潰的品質，可以很清楚看到，當闡釋繼續聯結的表達時，涉及發現死亡的飛速感，也就是很快地就發現死者已經不存在，所以難以調適。因此從認知的觀點去解釋「繼續聯結」，便可以理解繼續聯結是在顯示高度活躍的依附系統，要求高度接觸死者的心理象徵。雖然繼續聯結的表達只有少部分與死者相似，卻被誤解為就是死者（Field, et al., 2005），例如由於幻覺而看到死者現前，或擁有死者遺物等，都被哀傷者感到就是接觸到死者。

從文化來看，早在美國的哀傷諮商理論出現繼續聯結的論調之前，久遠以來，華人對於死亡的家人，並不會因為人死了，便斷絕了關係，而是維持繼續聯結。自古華人最重視家族主義和群體的生活，一個人必須在親屬團體之中有一種正常的地位和角色，才能被社會承認和接受。所以，以家族為基礎的家族系統，便包括了現在還活著和已經死亡的親屬（李亦園，1981）。如果在親屬團體中沒有正常的地位和角色，例如非明媒正娶的配偶，只能稱為「同居人」，或是婚外情的對象，也就是現代人所謂的「小三」，便不為族人和社會所承認和接受，即便死亡也是不被族人和社會承認在家族系統有地位。因此，在家族中有正常地位的人死了，並不會從此被除名，而是透過喪禮儀式，將死者進行角色轉化（transformation），使得死者得以有個新的地位與角色，進入另一個「家族系統」，可稱為「祖宗系統」，而維持繼續與活著的家人的連結，繼續作為家族的一份子，只是角色不同於生前，而成為祖宗的角色。所以就華

人的文化觀點，「家族系統」包括生存之家人的「家族系統」和已經死亡之家人的「家族系統」，這是華人的重要文化資產。不過一直以來，華人只從文化觀點去看待這個活動。如今西方的心理學，在哀傷方面增添了新的一頁，即有關死亡、失落與哀傷的科學心理學，主張與死者維持繼續聯結，有利於哀傷的復原，因而使得華人這項儀式活動可以獲得心理學理論的支持，而不是僅披著文化的彩衣，甚至被錯誤的蒙上神祕的宗教色彩。尤其，以心理學為基礎，可以運用我們原有文化的儀式意涵，發展成臨床實用的心理治療介入模式。

不過，有些文化也不贊同與死者的繼續連結。由於繼續連結的依附目標不只在於表達哀傷，也在重建與死者的接觸，而重要他人的死亡，將會被活躍起來。這樣便與有這種信念的文化產生衝突。由於這種的文化信念認為企圖去與死者維持接觸，會對於靈界造成干擾。或是有的文化基本上不相信有死後生命，認為死亡就是這個人的一切在世界上永久消失。因此，在這類文化社會當中，公開論述死者會受到處罰或制裁。可能私底下會談論與死者的繼續連結，但是在公開場合，肯定很少有人會去談論與死者繼續連結。而且在這種文化當中，私底下談論繼續連結，可能需要有證據顯示繼續連結，以便說服他人。

❖第五節　宗教與繼續聯結❖

根據《台灣地區社會變遷基本調查》的報導，在台灣地區20歲以上的人口，自我認定為佛教徒的人數最多，占了47%。其間固然有真正的佛教徒，實際上有不少人可能是民間信仰或其他宗教的信徒，例如崇拜媽祖、關公、王爺及土地公之類的神祇，有人也會自認為是佛教徒。在這個調查之中，自我認定為道教徒者約占7%。自我認定為民間信仰者約占29%，如果加上自稱為佛教徒，卻又崇拜媽祖等非佛教神佛者，則民間信仰的信

徒，應該在65%以上。自我認定爲天主教徒者約占1.7%，而自認係基督教徒者占3.5%，兩者合計，則爲5.2%。若以1.7%計算，台灣地區的天主教徒約有19萬人。信仰回教者大約占0.1%，信仰其他宗教者合計爲2.7%。最後，自認爲無宗教信仰者大約占9%（楊國樞、瞿海源，1988）。由此可見，在台灣地區20歲以上的人，絕大多數有宗教信仰。

就宗教來看，每一種宗教都有特殊的生死觀。然而，可能基於有神就有靈，因此大部分的宗教，普遍主張靈魂存在，以及有死後世界，少數宗教甚至主張有前世之說。因此幾乎所有主要的宗教，都相信哀傷者在摯愛死後，還可以與死者維持繼續聯結。由上述資料可知，台灣地區民眾主要信仰以佛教、民間信仰、道教、天主教和基督教（或稱新教），以及伊斯蘭教（回教）爲主，這些宗教都主張死後有生命，以及有死後世界的存在。茲分別簡述這些宗教的死亡觀於後。

壹、基督教與天主教的死亡觀

天主教和基督教（又稱新教）的死亡觀，原則上相同，都是來自《聖經》。由於相信人是由上帝所創造，所以人沒有前世，因此無論是天主教或基督教，當前的教義都不主張三世輪迴，而都只有現世和後世（未來世），後世也就是死後世界。由於新教追隨馬丁路德的「靈魂睡眠」（soul-sleeping）之說，視死亡猶如靈魂睡眠，死者已經完全沒有意識，將來一覺醒來，已經是末日了。基督教的喪葬禮儀，除了表達對於死者一生的追思和感恩，也正視哀傷者對於死者的心靈連繫。所以，基督教的生死觀，死亡不是一了百了，死者只是完成了人間的旅程，而回歸天國，回到天國的父那裡，也就是上帝或基督耶穌的天國。因此，每個人將來都會在那裡再次相聚（教會之聲，2014）。由此可知天主教和基督教，也抱持哀傷者在未來可以與死者再相見的信念。

貳、伊斯蘭教的死亡觀

　　伊斯蘭教的基本教義，主張：「萬物非主，唯有眞主；穆罕默德是主的使者」。《可蘭經》第112章：「阿拉是眞主，是獨一的主」。阿拉是獨一無二、無所不知、無所不在、創造一切並且主宰所有世上的人的命運。世間的一切都是阿拉預先安排好的，任何人都不能變更，唯有順從和忍耐，方符合阿拉的旨意。阿拉是至高無上的權威，這是伊斯蘭教信仰的核心。而四大天使是阿拉用「光」創造的聖靈，爲無形體，用以服務和崇拜阿拉，並接受阿拉眞主的差遣、管理天國和地獄，以及向人間傳達阿拉的旨意，記錄人間功過，並負責傳達阿拉的命令和降示經典，掌管俗世、管理死亡和吹響末日審判的號角。

　　伊斯蘭教（回教）認爲，人類是由眞主所創，眞主用泥土做成人，再把「靈」吹入人體。因此，人具備源自於眞主所賜的靈魂，如果沒有靈魂，人便變成一具屍體。而這個肉身，也只是爲了完成生命過程的工具。眞主造人的目的，是要人崇拜和侍奉眞主（楊興本，1994）。在今世和後世之間有一個世界末日，在世界末日降臨之際，現世要毀滅，眞主阿拉將進行「末日審判」。到時候，所有的死人都將會復活接受審判，有罪之人將會下地獄，而義人（即善人）將升天堂。就伊斯蘭教而言，死亡只是從今生過渡到後世的一個階段。所以，伊斯蘭教也相信生命不滅，終有相遇的一天。不過伊斯蘭教禁止偶像崇拜，不能將祖先當作神來祭拜，與漢人文化不同，所以也沒有清明掃墓習俗。

參、佛教的死亡觀

　　佛教對於生死觀，主張前世、今生和未來世，共有三世輪迴的生命觀。所以，死亡不是生命的斷滅和終結。佛教宣揚生死輪迴說，《心地觀

經》卷三稱：「有情輪迴生六道，猶如車輛無始終」。意謂一切有生命的物體，如果不求「解脫」，則永遠在「六道」（天、人、阿修羅、餓鬼、畜生、地獄）中生死相續，永無止息，猶如行進中的車輪，輪轉不息。而凡夫在分段生命流轉歷程中，死亡只是一個銜接前世和後世（未來世）的轉捩點。在佛教的經典，所謂「輪迴」（samsara），是佛教從現象學的觀點，描述娑婆世界（即我們所居住的世界）眾生，生死流轉的現象（釋慧開，2004）。

由於佛教傳入中國歷史久遠，可追溯自東漢時期，因此佛教的生死觀，深深吸引和影響華人，以致也影響了道教和閩南的民間信仰。

肆、道教的死亡觀

道教的生死觀並非始終如一，而是經歷了三個時期的歷史性轉變。這三個時期，分別從漢、魏、東西晉，經南北朝、隋唐五代，以至宋元明清等，使得道教在三個時期的發展各自呈現不同的理念。《太平經》說：「人失道命即絕，審知道意命可活」，可見在最早時期，也就是在漢朝，道教將「道」詮釋為肉體不死之道，因此生命稱為「道命」，認為經由修道，人的肉體是可以永恆不朽。到了南北朝、隋唐第二個時期，由於受到佛教的衝擊，道教在生死觀上開始產生分歧的主張。除了堅守傳統的成仙不死說之外，有一分支將佛教的無生無死，融入道教的長生不死之論說。這一分支由於同時融入儒釋道三教之說，而發生理論上的自相矛盾狀況。因此，後來到了宋元明清時期，便有一反道教傳統的觀點，而徹底揚棄神仙長生說，完全接受佛教主張生命本無生滅的教義。不過就道教而言，「神性」與「人性」是密不可分的，每個人都具有「神性」，都有可能成仙。就這一點，道教也如同佛教的「人皆有佛性」，認為人都有可能成佛之論說相似。由此，道教的生死觀，從肉體不死的主張，轉為追求精神不

死。在道教的內丹學，便主張「聖胎圓成」、「陽神出殼」。就是經由修練，精氣神在丹田凝成不壞的陽神，而成聖胎，當然已經不是「凡胎會死的肉體」，而是「純陽長生之體」（李剛，1994）。

　　道教的生命觀，偏重在精神形態的展現，道教以「人體」為信仰核心，關心人體的「生」。在「死」的觀念上較少著墨，期待能長生不死，人體可以永存。由於人體包含了肉體與靈性，肉體的存在或許有期限，然而靈性則可以經由神力的交感，成為宇宙的新核心，真正獲得了長生不死。道教相信「道由人顯」，故「重人貴生」，強調形體的健康長壽。修行的最終目的，在於人的靈性與天地自然的相應共生，人的生命與宇宙乃是相依共存。因此道教就建立在這「不死」的神仙崇拜與「養生」的修煉工夫上。道教不談死後世界，但卻深信鬼神存在。人與鬼神是可以利用各種法術，經由人體來溝通，符咒道法經由神聖的操作，來召神、驅鬼、鎮邪、治病等，主要在於滿足人們強身袪病，以及保健安神的生存需求。

伍、台灣民間信仰的死亡觀

　　台灣的民間信仰，多承自閩南的民間信仰，是有趣且值得研究的一種信仰。台灣或閩南的民間信仰，並非由特定一位教主的思想發展而成，例如道教、儒家、佛教等各有其宗師。而是經過長時間，由庶民從滿足人生和生活的各種需求，融合了華人特有的「萬物有靈論」思想、佛教和道教的教義，以及儒家的思想，甚至原始的宗教等，逐漸匯集形成。因此在宗教的哲學思想，佛教、道教、基督教等，都比較有系統，相較之下民間信仰相對的簡單許多，也沒有特定的宗教經書，如佛教有佛經、道教有《道德經》、基督教有《聖經》、伊斯蘭教有《可蘭經》等。供奉的神祇，除了佛教的佛、菩薩、護法之外，尚有道教的神祇，以及歷史上的聖賢、忠臣烈士、善人等，一些實際上曾經活在世上的人，如孔子、關羽、岳飛、

媽祖、玄天上帝、清水祖師等，展現對於忠臣烈士、聖賢的尊敬和效法。因此台灣的民間信仰，可以比喻如同一盤「沙拉拼盤」的信仰。然而也最能夠反映華人族群在信仰上的特徵，既是抱持「有神論」，也相信「萬物有靈論」。台灣或閩南的民間信仰會有這樣的特殊性，從歷史角度，可能與先民遷徙必須不斷適應新的居住地之不同文化和環境有關。約多達70%的台灣人，祖先在四百年前左右來自閩南一帶；而閩南人則為古代居住在黃河流域河洛一帶的漢人，由於五胡亂華，晉氏南遷時期遷移至長江流域，最後定居在閩南一帶。因此三、四百年前祖先已經定居台灣的台灣人被稱為「河洛人」。由於不斷遷徙異地，需要學習包容差異和適應的影響，造就台灣人的開放態度，以及對於不同文化的高度接納和包容力。因此，台灣民間信仰的神祇可以說最紛沓，然而以教義而言，則可能是最簡易，凡夫庶民都容易了解。

　　由於佛教在隋唐時期已經傳入中國，並非常盛行，因此台灣民間信仰的生死觀受到佛教影響極大，也相信有靈魂和死後世界，以及抱持三世輪迴觀。相信善人死後升天或往生善處，極惡者下地獄或淪為牲畜。由於佛教的教義主張除非修行覺悟，證入不生不滅境界，否則必受輪迴之苦，輪轉不息。所以民間信仰也相信，人死之後只是換個「相」，換個形狀，而會繼續輪迴。此外，台灣的民間信仰也受到道教的影響，相信透過靈媒，可以與靈界溝通，並相信符咒等。由此可見，台灣和閩南的民間信仰相似，都認為哀傷者在摯愛死亡之後，仍舊可以與死者繼續聯結，並且可以透過祭祀儀式，繼續和死者說話，甚至經由靈媒的協助，可以和死者連結，並繼續溝通。

❖第六節　喪禮為因應死亡的機制❖

壹、喪禮的出現

　　廣義的喪禮，通常包括葬禮，也有將喪禮與葬禮加以區分者。從社會和文化層面，喪禮主要似乎是為了死人，告知世人此人死亡的訊息，並舉行告別式，向死者告別；若從心理層面，喪禮更多是為了活人舉辦。在一個社會情境發生了死亡事件，例如一個家庭發生成員死亡，或一個社會因暴力或災難而發生社會成員死亡，不只這個家庭或社會需要去面對，凡是與死者有關的活著的個人，在生活和內在精神層面也需要去面對。喪禮便是在這種困難時刻，用以提供因應的一種機制。例如用以通知死亡消息的訃聞，或到靈堂弔唁的儀式行為，或處理屍體，都能提供強而有力的心理意義，讓活著的人可以逆來順受的去面對無法預測與阻止的死亡，並轉化自己，轉化生活和人生。

　　相較於喪禮，葬禮的出現可能更早，與人類的歷史和文明一樣久遠古老。世界上各個民族都有其特有的葬禮儀式，不過並非有了人類便有葬禮活動。在人類原始社會尚未興起崇拜鬼魂之前，並沒有安葬死亡的親人屍體的習俗，而是將死者的屍體棄置在荒野或溝壑之中。在《孟子・滕文公上》便提到：「蓋世上嘗有不葬其親者，其親死，則舉而委之於壑。」由此可證在遠古，人類確實並沒有葬禮活動。

　　葬禮活動的出現，主要與原始宗教的出現有關。考古學家發現，遠在約五萬年前，舊石器時代的尼安德塔人（Neanderthal），已出現葬禮的遺跡。他們將食物、裝飾的貝殼和石頭等，與死者屍體一起埋葬。顯示尼安德塔人相信，這些物品對於死者經由活人世界前往死亡世界有用處。而在新石器時代遺址的考古，則發現已經有墓葬和祖靈祭拜的遺跡。由於原

始人類意識到，生命活動除了肉體之外，還有一個超越生命的「靈性」或「靈魂」。「靈魂」觀念的出現，將人類的現實生活境界，延伸至冥想的死後世界。相信人死亡之後肉體會腐化，但是靈魂則會脫離肉體而出，生存在死後世界，也就是冥界。這個靈魂觀念和相信死後世界的出現，便影響了人們對於死亡與屍體的處理行為，以及祭祀儀式等思想和活動。

貳、喪禮為社會儀式

喪禮，被認為是一種社會儀式，不只用以告知社會一個人已經死亡，主要為用以處理屍體的儀式行為。國民性為一個社會中正常成員的人格特性，被稱之為基本人格結構或群體人格（group personality）。宗教信仰和儀式行為，乃屬於文化「投射系統」（project system），可以探知國民性的重要線索（李亦園，1981），換言之，國民性會反映在一個社會的宗教信仰和儀式行為當中。其次對於喪葬禮儀的選擇，不只反映一個族群對於死亡的態度和信念，同時也反映對於生命的意義和目的之態度。古埃及人相信有死後生命，因此在喪禮中會備齊死後世界生活所需的物品，並認為對於死無須恐懼，雖然身體會死，但是包含有不死的元素。埃及人所謂的「Ba」，是靈魂（soul）或精神力道（psychic force），所謂的「Ka」，則是靈性（spiritual），既是代表創造，也代表保存生命的力量。人死之後，Ka飛到死後世界去，Ba則留存在身體。所以人死之後必須將身體保存成為木乃伊，以便Ba可以有一個永久居所，如果Ba被摧毀，一個人便遭遇「二度死亡，且死亡也真正到了終結」，也就是身體死了，永生的元素也消失了，這個人將永遠不存在。因此以木乃伊保存屍體，乃是對這個人的認定（identity）與在墳墓中的身體之關係。

而美國人除了有宗教信仰者相信有死後世界，也就是上帝居住的天堂；但是，在他們的文化中並無死後世界的信念。喪禮，以追思死者生前

的成就為主軸，包含一堆有關在這個社會活著的人與死者相關的訊息，顯示對死者和活著的家屬的關懷，並會將屍體化妝，以便讓屍體保持外表看起來多少如同活著，這個假扮的舉動，反映了現代美國社會對於死亡的否認傾向；而簡短的喪禮，很快地將屍體埋葬，顯然也反映美國人希望盡快清除所有與關死亡相關的痕跡（DeSpelder & Strickland, 1992），且顯示美國人對於死亡迴避的態度。至於我們華人，也如古埃及人相信有死後世界，因此葬禮也有陪葬品。此外華人還由於家族和宗族制度文化的影響，而有一套繁複的喪禮儀式和葬禮儀式來安頓死者死後的靈魂。

參、喪禮的社會功能

由於靈魂觀的出現，人類的喪禮不只是為了處理死者的遺體和安靈。從社會學、心理學和教育學的角度觀之，華人的喪禮具有多樣的社會功能，包括：⑴完成個人社會角色轉換。由於在每一個社會，每個人都至少有一個以上的社會角色，「病人」是一種社會角色，「死人」當然也可以是一種社會角色。喪禮為公開宣布死者在社會角色轉換的儀式，由活人的各種社會角色，例如父親、舅舅、丈夫、校長、主任或董事長等社會角色，轉換成為「死人」角色；⑵個人在家族系統位置和角色的轉換。對於家族而言，死者角色轉換，在華人的文化特別重要。在社會學的研究中，發現傳統上華人的家族系統，除了活人的家族系統，還有死亡的家族成員所構成的祖先系統，這也是另一個家族系統。在華人的文化中，一個人不會因為死亡而被家族除名，這是華人獨特的文化。以致有活人的家族系統和死人的家族系統，兩者所構成一個完整的家族系統。一個人死亡，則藉由喪禮的儀式，將死者從活人的家族系統之中的角色，轉換為死人的祖先系統中之「祖先」角色。因此，一個人不會因為死亡而與家人切斷關係，而是繼續存在，並成為另一個家族系統中的角色，且以立「神主牌」，作

為註記已經死亡的家人。在台灣，可能由於忌諱的關係，對於家族死亡的先人，不說「死了」，老一輩的都使用去「作神」這樣的詞彙，以示尊敬，當然這個「作神」，不是真正或特定的神，而是一種模糊泛指死後在靈界的概念；(3)喪禮，容許死者的親朋好友公開表達哀傷的機會，並獲得社會網絡的支持，有助於療傷；(4)喪禮也規範了哀悼的方式和時間，例如依照古禮居喪一年或三年；(5)喪禮的儀式，具有社會教育的意義，例如發「手尾錢」給子孫的儀式，表示先人有餘，具有承傳的意義，當然也表示錢財「生不帶來，死不帶去」，就留給後人。而喪禮中宣讀祭文，有揚善去惡，理想化死者的意涵。旨在一方面頌揚死者的一生成就功德，另方面希望作為子孫的典範。所以如果一個社會的人們不再重視喪禮，就不重視死亡，就會怕死。因為，死亡沒有意義。所以好的喪禮，必須具備社會教育意義，但無關奢華。

肆、喪禮對於失落的療傷功能

華人傳統的喪禮，可以流傳千年，主要與能夠滿足社會的核心需求有關（李亦園，1981）。在現代的哀傷諮商尚未問世之前，自古以來人們便倚賴喪禮，作為一種療傷的憑藉。喪禮不只具社會文化和教育的意義，也具宗教的意涵，同時具有心理的意義。喪禮之所以受到文化、宗教和心理學的認可與肯定，主因喪禮具有療傷的功能。喪禮可以增強活著的人對於死亡的現實感，提供公開痛哭的場合，以表達傷痛，並接受社會支持的機會。社會認可和支持傷慟，對於個人哀傷的復原，為不可或缺的條件。

在台灣還沒有出現現代殯葬禮儀公司之前，家族的人會親自參與很多喪葬禮儀過程的工作。例如依照台灣的習俗，為死者淨身更衣、發送訃聞、縫製喪禮穿戴衣物、準備喪禮器具用物，甚至整理墓地等，這些活動都有鄰人和族人協助，且不時安慰著生存者。此外喪禮也有很多儀式，例

如早上供起床的漱洗用具、三餐供「腳尾飯」、夜晚「守靈」等儀式，都有助於生存者去面對親人死亡的現實。所以站在哀傷諮商研究和實務工作者的立場，對於喪禮的探討與理解有其必要。

在生存者的心中，死亡有生理的死亡和社會的死亡，前者為醫學對於死亡的定義，屍體為具體的，埋葬後便腐朽和消失；後者牽涉到死者存在社會的角色，為較抽象的，牽涉到與生存者的關係、功能、需求、情感等等。這些不會在屍體被埋葬之後，便隨之消失，而是需要足夠的時間，讓生存者慢慢處理，才會認知親人死亡的事實，不只生理的死亡，同時也發生社會的死亡。生存者知道死者生理的死亡之後，對死者的社會死亡才逐漸發展。因此對於生存者，死者生理的死亡和社會的死亡，這兩者並非同時發生。即便可能有人認為喪禮儀式只是一種形式，對於已經死亡的人毫無意義可言，或對生存者也毫無意義可言。然而喪禮中所包括的告別式儀式，至少可以提供生存者在形式上告別死者，也是象徵死者告別世間的儀式，宣布死者的社會死亡。同時提供生存者，可以在社會認可之下，公開表達哀傷的機會。

哀悼便是一個讓生存者認知死亡事實的過程，並且調適哀傷，而這個過程需要一些時間。Parkes（1987, p. 175）認為：「在傷慟的早期，任何強迫現實考驗的事物，都將引起困難。恐慌的反應、大量的關閉情緒，或反覆經歷創傷經驗，似乎為提早面質的普遍結果」。親人自然死亡的哀傷者，尚且需要一點時間去調適面對死亡的現實，何況特殊的死亡方式，則更有需要。有些家屬曾經到自殺、車禍或災難現場認屍，確實在會談的過程，會不斷重複描述在現場所看到親人的屍體，或被毀損的屍體狀況。由於沒有人考慮到，需要為他們先做好心理準備。所以當遽然面對已經死亡的屍體現實，便引起很大的創傷反應。不過在喪禮過程，死者的屍體通常已經被修補或化妝過，若是這項工作的結果不錯。家屬在瞻仰遺容之後，

會得到些許撫慰，反應也會變得較爲緩和。筆者曾經有位學生，家人從事殯葬行業，認爲讓死者的屍體看起來完整美好，對於生存的家屬很有幫助，可以感到安慰或安心。所以即便屍體有斷手或斷腳的情形，他們也會做一個假的腳或手塡補缺失，通常家屬看了都感到有安慰作用。

　　傳統的喪禮充滿繁文縟節，甚至鋪張，所費不貲。尤其在台灣，現在喪禮有商業化現象，常爲人所詬病，因而提倡簡約的喪禮。然而也有主張喪禮不宜過於簡化的聲音，認爲喪禮是生存者可以爲死者所做的最後一件事。從心理的意義，喪禮當中或許有些儀式，可以讓生存者減少遺憾或內疚。究竟喪禮的繁簡該當如何，可能最適合哀傷者需要的喪禮和儀式，將對於療傷比較有所幫助。因此研究和了解喪禮與療傷的關係，也是個不能輕忽的議題。

❖第七節　宗教與喪禮❖

　　各種宗教不只有獨特的生死觀，也有與其教義相對應的，不同的喪禮儀式。由於多數的宗教都相信有靈魂的存在，人死亡之後，屍體腐爛化爲烏有，但是靈魂不滅。死亡觀乃是一種宗教的理論，而喪禮儀式，則用以實踐其死亡理論的具體表現。喪禮除了處理屍體之外，主要與宗教對於死者死後的靈魂安置有關。因此，不同的宗教，都各有不同形式和儀式的喪禮。

壹、佛教的喪禮

　　由於佛教的生死觀，主張生命不生不滅的輪迴觀，只有證悟者達到涅槃境界，方能終止在六道輪迴不息。肉體只是輪迴六道的形體，輪迴到人道，便得人身，輪迴到畜牲道，狗就有狗身，雞就得了雞身。死亡是這

一世的業報完了，投胎到他處的過程。停止呼吸心跳死亡後，生命便脫離軀體。準備再次投胎轉生他處之前的這一段時間，稱爲中陰身，期間共49天，爲等候善惡判決。49日之後，若未投胎往生他道，則淪落鬼道。因此，佛教稱死亡爲「往生」。在49天之間必須「作七」，也就是每7天做一次的儀式，以助死者之靈，可以往生善處或西方極樂世界，不要落入三惡道（畜牲、惡鬼、地獄）。也由於佛教認爲肉體只是輪迴人道、畜道等之形體，因此勸人不要眷戀，應棄之如敝履，所以主張火化屍體。喪禮儀軌則包括助念、入殮、告別式、火葬、引魂、安靈等主要程序，並請法師誦經。此外也鼓勵喪家吃素，替死者誦經、念佛、印經、布施、供養等做佛事，替死者做功德，協助死者離苦得樂，往生淨土。逢年過節以及農曆七月的盂蘭盆節，則有祭祀儀式。綜觀佛教的喪禮和祭禮，可知主要功能有：⑴使用告別式，係向社會告知死亡；⑵依佛教教義，利用念佛和各種善行，協助死者順利進行角色轉化；⑶相信靈魂的存在，使用喪禮各項儀式和家屬的善行，協助死者往生善處，以安撫生存者；⑷祭禮用以繼續與死者聯結；⑸助念可以給哀傷者提供社會支持。

貳、天主教和基督教的喪禮

至於基督教和天主教的喪禮，由於都依據《聖經》的生死觀，因此喪禮儀式比較相似。基督教的死亡觀，主張人死之後是到天國，安息在主的懷抱。雖然親友感到不捨的痛，然而應該抱著喜悅的心情，喪家不必在家裡設置靈堂。但是在教堂舉辦告別式之前，會先在喪家舉行「家庭禮拜」，先用以安慰喪家。在教堂舉行告別式的時候，有禮拜、追思、感恩等各項儀式。喪禮的主要儀式和程序有：⑴唱詩、⑵禱告、⑶讀《聖經》、⑷牧師證道、⑸介紹死者生平紀事、⑹教會代表讀勸慰詞、⑺遺族致謝詞、⑻唱詩、⑼禱告、⑽入殮和瞻仰儀容等。在葬禮的部分，如果使

用火化，則有「火化儀式」。由於基督教主張上帝是唯一的神，認爲死者已經安息了，不會成爲「作神」來保佑子孫和存活的家人。可能與基督教傳入台灣的時期，正值清末和日本人占據台灣有關，對於華人傳統文化設置神主牌和祭祖等儀式，則完全否定與禁止，可能與鄙視華人有關。所以基督教喪禮的告別式，又稱爲「追思禮拜」，目的在於禮讚和感恩死者今生所做的一切。

天主教的喪禮儀式，則有少部分與基督教不同，主要與傳入中國的時間有關。在清朝，羅馬的教皇派遣利瑪竇，於1573年到達中國傳教，正值中國兵強國富，社會繁榮。因此天主教融入華人文化的情況比較良好，也比較能夠尊重華人傳統文化。在傳到台灣的時候，能順應台灣人拿香祭拜與設立祖先牌位的民俗文化，所以容許設立祖先牌位和祭拜祖先。喪禮先舉行「殯葬彌撒」，彌撒儀式之後，再行家祭與公祭（捻香），然後大殮蓋棺，封釘啓靈出殯。天主教和台灣傳統喪禮一樣，出殯之後返主安靈，設立靈位追思、祭祀與誦經祈禱，並有一年或三年除靈和合爐儀式，而且於每年清明節掃墓。顯然就繼續聯結的功能，受到華人文化的影響，天主教的喪禮似乎比較完整。

參、伊斯蘭教的喪禮

伊斯蘭教的喪禮，主張土葬、速葬和簡葬。伊斯蘭教信徒（穆斯林）死亡，於三天之內需要下葬，並且在太陽下山之前舉行葬禮。由於伊斯蘭教以日光計日，月亮計月，日落爲一天的結束和第二日的開始。人死之後「歸眞」，即「回歸眞主」，因此必須在太陽下山之前安葬。死者「歸眞」之前，通常親人就會在他旁邊，提醒他要唸淸眞言：「萬物非主，只有眞主；穆罕默德，是主使者。」死者「歸眞」之後要速葬，基本上不拖過三日。常常是早上「歸眞」，下午就入土，或是今天「歸眞」，明天就

入土。因爲講求速葬，所以在哪裡死亡，便就地安葬。即使是在旅行中過世，也應該就近盡速下葬，禁止千里迢迢把遺體運回家鄉下葬。這一點與傳統華人文化重視落葉歸根，主張客死他鄉也要帶回故鄉安葬的習俗不同。

伊斯蘭教的葬禮，始於一個人死亡之後，首先要給死者洗大淨（有點像沐浴）。洗完大淨之後，必須擦乾身體，再用開凡布（Kafan，或稱凱凡布）裹好屍體，通常爲素色無花紋裝飾之白布。男性死者使用三塊開凡布，女性死者則使用五塊。相較於男性死者，女性死者多用的兩塊，一塊是用來包覆胸部，一塊則是用作頭巾，包住頭髮。用開凡布包好全身屍體之後，將屍體放入經匣（類似棺木）蓋起來。然後在清眞寺舉行殯禮（稱爲站Janazah），將經匣置放在眾人前方，由教長帶領穆斯林親友爲死者站殯禮。參加者必須爲穆斯林，非穆斯林僅能觀看，不能參與殯禮。整個殯禮全程不到五分鐘即結束，過程中不叩頭，也不鞠躬。殯禮結束之後，將死者連同經匣一起送到要安葬的墓地，進行土葬。到了墓地之後，將死者從經匣中移出，直接把包著開凡布的死者屍體，放入挖好的墳坑之中。屍體擺放的方式，一律南北向，頭朝北、腳朝南，面朝麥加天房的方向。死者身上不覆蓋土方，就直接放入坑裡，蓋上石板或木板蓋，便完成下葬。

正統的穆斯林葬禮，死者的墳墓連墓碑都沒有，只在墳頭壓一塊石頭，日後不需要掃墓祭祖。在世親友對於死去的人最好的紀念，就是幫死者祈禱。而這個祈禱的儀式，並不需要到墳地去做，任何時間地點都可以進行，這一點也和華人傳統喪禮有很大的差異。穆斯林遊墳地的目的，在於提醒自己，人的生命隨時可能結束。因爲人一旦死亡就什麼機會都沒有了，藉此提醒自己，要改正自己的錯誤，以及多做好事。

❖第八節　華人文化與守喪❖

　　在傳統的華人世界，喪禮是一套繁複且時間冗長的儀式，其來已久，自古喪禮還包括守喪時間。不是每一個社會文化都有守喪的儀式；然而守喪儀式對於哀傷者很重要。守喪乃是社會制定，哀傷者可以公開表達哀傷，並得到社會支持的一種喪禮制度。在華人傳統喪禮儀式中的守喪或稱居喪，由於有時間限制，例如古代三年、現代一年。既可以容許個人有足夠時間哀悼，也限制無限度的消耗時間在哀悼。因此，守喪可以被視為有利於療傷的一種社會機制。

　　在我國，遠在春秋時代《禮記・檀弓》篇，子曰：「喪禮與其哀不足而禮有餘也，不若禮不足而哀有餘也」，可見儒家主張喪禮包括兩部分：「禮」和「哀」。「禮」指喪葬禮儀，「哀」指居喪或守喪，即在服喪期內對死去的親屬表現哀戚之情。同時孔子主張「哀」比「禮」更重要，《禮記・少儀》篇便明白指出：「喪事主哀」。另《論語・陽貨》篇，宰予問：「三年之喪，期已久矣！」子曰：「食夫稻，衣夫錦，于女安乎？」曰：「安。」「女安！則為之！夫君子之居喪，食旨不甘，聞樂不樂，居處不安，故不為也。今女安，則為之！」宰我出。子曰：「予之不仁也！子生三年，然後免于父母之懷。夫三年之喪，天下之通喪也。予也有三年之愛于其父母乎？」由於宰予認為守喪三年太長，主張守喪一年就可以，孔子不悅而說了：「予之不仁也！」譴責宰予不仁，可知孔子不只重視居喪，且具體主張居喪需長達三年之久。

　　這種守喪三年的古風，相傳至清朝依舊可考。滿清康熙年間的秀才李毓秀所寫《訓蒙文》，後經賈存仁修訂，改稱《弟子規》，其中《入則孝》篇有一段：「喪三年，常悲咽，居處變，酒肉絕，喪盡禮，祭盡誠，事死者，如事生。」這一段文字，同樣指出對於至親的父母死亡，守喪需

達三年之久，而且鼓勵可以經常哭泣，家居生活要有所改變，不可以飲酒食肉作樂以表傷慟，這才是盡了應有的喪禮行爲；而且以後逢年過節的祭祀，也需要誠心以對，侍奉死者，就如同對待其生前一般的善盡孝道。從這段文字，不只可以了解華人自古以來重視喪禮，社會和文化也鼓勵和包容傷慟和哀悼的表達。此外也重視使用祭祀儀式，作爲一種繼續聯結和溝通，透過祭祀儀式繼續可以向死者表達。

❖第九節　社會文化變遷與喪禮❖

有關死亡相關的實務，研究較多者爲處理臨終、喪葬與哀傷。而有關喪葬處理，通常會隨著社會和文化而變遷，可能與生活方式改變有關，而有不同的處理方式。以美國爲例，以同樣居住在洛杉磯（Los Angler）地區的非裔美國人爲樣本的研究，Kalish和Reynolds（1981）在1976年對於非裔美國人的死亡態度的研究，相較於Brown（1990）的研究報告便有明顯差異，Kalish和Reynolds指出，非裔美國人處理死亡相關實務，主要依賴朋友、教會和鄰居，而Brown的研究則以家庭爲主，並且這個族群所指的家庭，包括家人、家族的人以及鄰居。才相隔約十年時光，在前一篇研究的時間，由於非裔美國人的家人很少一同居在洛杉磯；而後一篇研究的時間，則一方面在洛杉磯的非裔美國人不但有了自己的家庭，而且其中以中產階層的態度和行爲，與主流社會文化相似。

在台灣，死亡方式、死亡原因與哀傷，有關研究和理論比較有限，多數借鏡美國的研究和理論。因此我們需要注意，除了時代與社會變遷帶來對於死亡方式、死亡的態度以及喪葬處理等有影響之外，還有文化本身的差異，對於臨床實務應用和介入的差異，這些影響更爲直接。傳統台灣地區的喪禮，主要沿襲閩南一帶的喪禮，不但時間冗長，儀式也十分繁複。

早期台灣地區有關臨終和喪葬都在家裡處理，主要由族人、親友和鄰居協助完成，尤其農村地區普遍如此。相較於三十年前，當前社會和人們的生活和居住型態有很大改變，同時也影響了死亡和喪葬禮儀，以及哀傷的時間和表達。由於居住都會地區人口密集、人際疏離、生活繁忙、醫療發達與便利，以及居住空間的限制，多數人都在醫院臨終，並且由喪葬禮儀公司包辦喪葬禮儀。至於守喪時間，雖然根據喪禮程序中的「合爐」儀式，可以一年或三年，新死之人的靈位和香爐，必須另設側居在家族祖宗的神主牌位之右下側。等待一年或三年舉行「合爐」儀式，方將新死之人的靈位併入祖先牌位，並共用一個香爐，以表示轉化完成。而這個合爐儀式的前一或三年，即是守喪時間，由於現代工商社會生活型態和生活方式的忙碌，當然無法效法古人，由於農業經濟活動，個人自主性較高，可以結盧守喪，什麼事都不做。而且現代人能夠從工作的機構請喪假的日期也極為有限，必須於短暫的喪禮結束，即刻返回工作崗位。因此守喪在現在也只流於形式，可見現代人被容許可以哀傷的時間相當不足。

小結

當代西方的哀傷諮商理論，自Klass、Silverman和Nickman（1996）主張「繼續聯結」有助於哀傷的復原以來，學者不只贊同，而且還相繼努力，企圖解決繼續聯結，以及以什麼為聯結的後續問題。然而至目前，以什麼方式維持繼續聯結仍舊是有待解決的難題，除了Attig（1996, 2000, 2001）提倡以「記憶」作為繼續聯結之外，還有Gillies和Neimeyer（2006）主張對於死者和死亡的意義重建，以便可以與死者維持繼續聯結。因此，也出現主張以上帝作為聯結之論述（Kelley & Chan, 2012; Kirkpatrick, 1999, 2005）。然而，這樣的主張只是建立一個新的聯結，不是繼續聯結，而且還是留有存疑，未能完全解決繼續聯結的問題。所以，

如何解決維持與死者繼續聯結的難題，便成了現代西方哀傷諮商當務之急。

從本章前面的論述，幾種主要宗教都主張有靈論和有死後世界，但並不是所有宗教都有繼續聯結的儀式，或鼓勵繼續聯結。其次，以宗教為依據，作為發展心理諮商與治療的方法，可能不是妥當的構想。由於各宗教教義各異，信徒也不一，何況還有無宗教信仰的哀傷者。

而在社會學的研究指出，華人的文化，不只相信「有神論」（Theism），也相信「萬物有靈論」（Anism）（藍采風，2000）。而且這樣的文化，直接影響了華人傳統的喪禮儀式。從閩南傳統喪禮的研究發現，喪禮儀式主要在於將死者進行角色轉化，使其成為已經死亡的家族成員所構成的另一「家族系統」中的一員，以便可以與家族存活的人維持繼續聯結，這是華人文化的特有資產，也是很珍貴的文化資產（吳秀碧，2017）。所以，西方因為沒有這樣的文化信念，而使得西方哀傷諮商學者都贊同的繼續聯結之論說所面臨的問題，至今尚未完全解決。而我們華人則可以利用自己文化的優勢，結合現代心理學的客體關係論和依附理論，建構客體角色轉化的哀傷諮商模式（吳秀碧，2017），便解決了維持繼續聯結的困境。尤其，如上面的論述，西方學者贊同，個人的哀傷反應和哀悼行為，都受到所處的社會和文化的影響。因此，以我們自己文化為基礎，而建立的心理處理方法，應該更合適我們華人在臨床實務的使用。筆者在研究和建構客體角色轉化模式的哀傷諮商方法過程，深深感受到華人文化的悠遠和豐厚，也深入華人的生活脈絡，對我們華人的影響深廣。我們應該回歸到自己的文化，尋找適合華人的心理諮商與治療方法，而不是囫圇吞棗，僵化的使用西方的心理諮商與治療方法。可能有些西方的心理諮商與治療方法所要處理的問題不涉及文化色彩，便可通用。然而，可能有些心理諮商與治療方法所要處理的問題涉及文化差異，在臨床實務使用

的時候，便需要審慎。哀傷反應與哀悼行為，具有濃厚的文化色彩，所以，有關哀傷的諮商與治療介入，需要考慮到當事人或病人的文化背景。尤其，任何諮商與治療的方法或模式，除了有心理學依據，也有其哲學基礎。建構諮商與治療的方法所依據的心理學和哲學基礎必須一致，因此，當治療師的生死哲學觀和當事人的觀點一致時，更能發揮哀傷諮商與治療方法的效能。

第七章
華人的喪禮與哀傷療癒

　　當前美國在哀傷諮商領域，主張繼續聯結已經成為主流的論說，認為哀傷者與死者維持繼續聯結（continuing bond），有助於哀傷的復原。自古以來我們華人主要依賴喪禮作為失落親人的哀傷療傷依靠，儀式繁複，時間冗長。因此，究竟我們華人的傳統喪禮具有何種療傷的功能，或可從繼續聯結論的視角來加以探討。

❖第一節　華人傳統喪禮與繼續聯結❖

　　華人的傳統喪禮承傳久遠，各地的華人喪禮儀式或有小異，主要儀式則相同，這是由於華人的傳統喪禮與華人傳統文化有密切關聯。因此在這一節將從我們華人社會傳統喪禮的由來、華人社會的靈魂觀與喪禮的關係、華人重視家族與喪禮的關聯，以及華人如何利用喪禮以維持家族系統的完整與圓滿等方面，來探討華人的喪禮之中繼續聯結的意義。

壹、華人社會傳統的喪禮由來

　　在華人社會文化中，人生有四大重要禮儀，即「冠禮」、「婚禮」、「喪禮」和「祭禮」等。所以喪禮在華人社會文化中，屬於相當重要的禮儀。在台灣，喪禮又俗稱「後事」，且因其儀式中的物品主要色調為白色，故又稱「白事」。若仔細區分，喪禮儀式尚可分為「喪禮」儀式和

「葬禮」儀式。喪葬禮儀可以反映著社會的、文化的、宗教的、心理的以及人際的因素，所共同形成的一個錯綜複雜的共識，決定如何將死者的屍體處理，以及埋葬的儀式行為。因此有著悠久歷史文化，且重視家族主義與孝道的華人族群之傳統喪葬禮儀，便特別具複雜性。《論語》子曰：「生，事之以禮；死，葬之以禮，祭之以禮。」所以對於先人，不只有喪禮和葬禮，還有祭禮。

據考古學家在中國的研究發現，遠在距今約兩萬年前，舊石器時代的山頂洞人已經有墓葬的儀式，也就是已經有葬禮的儀式。他們在死者屍體的周圍撒上赤鐵礦粉或礦石，相信透過這個儀式可以引導靈魂去死後的世界。可見當時已經有土葬的禮儀，同時也說明了華人對於死者「入土為安」的喪葬思想之緣起，有著淵源悠久的歷史。由於喪葬習俗並非一成不變，可因時因地而有變革情形。故遠古的葬禮活動，後來逐漸演變成為一套比較複雜冗長的儀式。因此流傳久遠傳統的葬禮，便進一步演變分為喪禮和葬禮。喪禮主要在公告族人和社會，有關一個人的死亡訊息和認定這個人曾經存在的意義，以及提供親朋好友向死者告別的機會；葬禮則主要在處理屍體。

貳、華人的靈魂觀與喪禮

傳統上，華人不只抱持「有神論」，也是相信「萬物有靈論」的族群（藍采風，2000），當然不會認為人死之後，一切便不存在，且相信冥界與活人世界的生活相似。由於相信有靈魂和死後世界，葬禮便有喪禮儀式，作為表示送別死者前往死後世界的禮儀，同時也有為死者去冥界生活而準備的陪葬品。對於死亡，民間俗云：「一了百了」，這是指當一個人死亡，在現世的一切便都結束了。然而，由於華人所抱持的靈魂觀使然，因此當真正面對死亡的時候，便會想到有死後的世界，死亡不是終點。

　　甚至由於佛教在隋唐時期已經傳入中國，佛教的輪迴觀對於華人的靈魂觀有所影響。因此也有人講到「死」，也會很豪氣地說：「怕什麼，二十年後又是好漢一條」，這正是在告訴他人，相信靈魂輪迴。由於相信死去的親人還未往生他處之前，是生活在冥界。所以傳統華人的喪禮，對於陪葬品就有一定的禮數。雖然沒有人知道死後世界是什麼樣子，然而會希望親人死後在冥界的生活無缺。因此，便以自己在這個世界的生活，來想像冥界生活的需要，作為準備陪葬品的參考，例如焚燒紙房子（台灣俗稱「糊紙厝」）、銀紙（又稱紙錢）、衣服、紙糊的男女僕傭，以便死者在死後世界可以好好享用。現在有些人，除了仍舊重視傳統的陪葬品，可能還會因死者的年紀而放入非傳統的陪葬品，例如死者是兒童，可能會放入玩偶、樂高玩具等陪葬物；如果是成人，可能會放入「信用卡」、紙糊的汽車；而若是老人，還可能會放入眼鏡，以備閱讀之需等。所以，從喪禮這些準備陪葬品的舉動，可以知道由於華人的靈魂觀認為，即便親人已經死亡，還可以為她或他盡最後的心意。從哀傷諮商的角度，這種使用陪葬品的行為，就像為即將遠行的親人備妥旅途需用物品，讓家人感到比較安心。同時，對於已經死亡的親人感到過去有所虧欠，陪葬品或可用來減少遺憾或補償內疚。

參、維持家族系統完整的重要

　　社會學對於「角色」和「地位」（status）都視為社會結構的要素。「地位」是「社會結構中被界定的一種社會位置」（葉永文主編，2012, p. 22）。角色的定義為：「特定身分之下的一套以文化為基礎所訂下的權力和責任」（藍采風，2000, p. 68）。所以從社會學的角色理論，「病人」是一種社會角色（葉永文主編，2012, p. 256），當然死人也可以被視為一種社會角色。社會角色（social role）是指社會地位所涉及的行為或

特質，或社會對於某一特定地位的行為期望。而社會角色，也可簡稱為角色（林義男，2000）。「死人」和「活人」，可以視為相對的社會角色。所以一個人死了，成為「死人」，其親屬需要告知社會，這個人已經從「活人」轉換為「死人」，此後這個人不只社會角色不同，與社會上活著的親人關係和地位也有別，所以權力、義務和責任也不同了。由此，活著的家族親屬對於「祖先」，不只賦於特定的地位，也抱持特定的期望；對於族人，祖先也被賦予其權力和責任，所以「祖先」也可視為一種社會角色。

華人為抱持家族主義的族群，在華人的文化當中非常重視家族團體，以及這個團體中每個成員的位置和角色。因此，即便已經死亡的家屬，也會在家族系統擁有一席之地。李亦園（1981，p. 182）提到：「中國人最重要群體的生活，他們不承認單獨個人可以存在，只承認親屬群體中有某種地位的個人存在。因此，中國人最基本的實質欲望就是要在社會系統中占有一正常的地位，而這系統是以家族為基礎，包括現存和死去的親屬在一起的。假如一個人未能獲得正常的社會地位，便要引起很大的不安，所以社會便企圖用不同方式把他們（包括生存和已死的）納入此系統之中。」由於即便已經死去的家人，也還是家族系統的一員。所以，華人的家族系統可以分為，生存的家屬之家族系統和已經死亡的親人之祖先系統，這兩者兼具的家族系統方為圓滿。據此，華人的喪禮，便是利用一套儀式，一方面提供生存者較為充足的哀悼時間，以及可以公開表達哀傷，並獲得社會支持，以因應心理的、精神的，甚至社會的與生活的困境調適；另方面主要在提供死者經過角色與地位的轉化，可以繼續被包括在家族系統之中，達到生死兩相圓滿。透過喪禮儀式，從喪禮開始，到葬禮將屍體埋葬，隔離了有形的肉體，經一年或三年守喪（又稱居喪）期間的轉換，以至守喪結束的「合爐」儀式，便將死者正式轉化成為祖宗的一員，

死者得以和家族的人結合或再團結。由此可知，喪禮對於華人何以如此重要。

肆、喪禮儀式與死者角色轉化

由上可知，由於要維持家族系統的完整，不能捨棄死亡的家族成員。所以，從社會角色來審視華人喪禮的功能，便可以看到喪禮儀式，具有將家族的「臨終」活人，轉化成為已經死亡的家族「祖先」角色，或台灣民間俗稱為「作神」角色，以便繼續被包括在家族系統之中，擁有一席之地，不會因死亡就被除名而失去了在家族中的位置，以致失去與族人之關係，及喪失在家族系統的角色和地位。

李亦園（1981）認為：「宗教信仰與儀式行為必是對於社會與心理的需要有所滿足，而若干特殊的信仰與儀式之成為『遺存』而持續於社會中，則更可認為與該社會的核心需欲求有密切的關係」（p. 177）。人類學者Shapiro和D'andrede（1966）也主張宗教信仰與儀式行為，之所以能夠在一個社會持續的存在，與該社會的核心慾望或需求有著密切的關係，且主要可以滿足社會的三種慾望，即：認知的（cognitive）慾望、實質的（substantive）慾望和宣洩的（expressive）慾望。他們並主張每一個社會有其獨特的宗教信仰和儀式行為，在於滿足該社會的特殊慾望模式，也就是表現其特殊的心理需求和人格特質。所謂「實質的慾望」，在於對日常生活所出現的困難與不幸的補救。由此推論，喪禮乃是滿足一個社會對於親人死亡的失落困境處理之慾望。而華人的傳統喪禮儀式，雖然因地因時有些變革，然而喪禮的主要儀式則歷久不衰，能夠自古流傳至今，成為李亦園所謂的社會「遺存」，必有其因。這個最主要的原因，便是在於可以將死亡的親人進行角色轉化，以便獲得在家族系統中的特定地位，並繼續維持與家族的關係，而使得家族系統保持完整和圓滿。

　　當前西方學者Klass、Silverman和Nickman（1996）在哀傷理論，提出「繼續聯結」（continuing bonds）有助於哀傷者恢復的概念。從上面的敘述，可以知道華人的喪禮，主要在於提供死者角色轉化，以便活著的家族親屬可以與死者維持繼續聯結。西方學者認為，儀式主要具有三個基本階段，即：⑴分離（separation）、⑵轉換（transition）、⑶結合（incorporation）或再團結（Gennep, 1960; Tuner, 1969）。一個社會成員，在生命的成長階段或面對一個重要關卡的時候，於尚未跨入一個新的階段之前，需要先和原來階段的社會地位和情境暫時隔離，而處在一個中介狀態。等到有關的儀式執行，便進入生命的轉移狀態，待儀式完成之後，便正式進入一個新的生命階段，並擁有新的社會角色和地位（謝宗榮、李秀娥，2017）。因此若將華人傳統的喪禮儀式，對照西方學者對於儀式轉化的三個階段，便可以看到華人傳統的喪禮，乃是運用一系列的儀式，以便對死者的角色進行轉化（transformation）的功能。將死者轉化成為「祖先」的角色，以便安置在祖先系統。所以華人的喪禮儀式具有轉化的功能，將死者轉化為冥界的人物。同時，死者也不會因為死亡而從家族系統中被除名，而是被轉化到祖宗系統，這是另一種的家族系統，並與活著的家屬所構成的家族系統維持繼續聯結。

　　如前述，華人的家族系統不僅有活著的家人的家族系統，也包括已經死亡的親人的家族系統，亦即祖先系統，而由這兩個系統構成一個完滿的家族系統。來自遠古黃河流域河洛一帶（即當前的河南）的喪禮，甚至經由閩南承傳至台灣以及南洋一帶的華人社會。這個傳統的喪禮儀式，顯然與華人「實質的慾望」有關。除了形式上可以告別死者在活人的家族系統，轉化成為家族祖先系統的一員，而使得生存的哀傷家屬能夠與死者的維持繼續聯結，以安慰和減少生存者的失落感。不只如此，經過喪禮儀式的轉化功能，已經死亡的人也可以繼續擁有社會的角色和位置。因此，在

我們的華人文化，人死了之後不是被除名或被遺忘。所以不只有族譜的記載，涵蓋已經死亡的家族親人姓名和地位，也建有家族的宗祠，作為提供祖先居住。死者的神主牌便被供奉到宗祠之內。在宗祠內，祖宗牌位也依倫理輩分排序而陳列。由於宗祠和神主牌對於華人而言十分重要，所以在傳統華人的文化，對於他人家族的宗祠和神主牌，總是心存敬畏，不隨便冒犯。過去一個家族的宗祠，不只是祭祀祖先，是與祖先溝通的地方，同時也是族人社交和家族處理重要事件的場所，現在則成為族人尋親的根據地。

　　總而言之，中華文化歷史悠久，在中國這塊大地居住的區域也十分遼闊。所以發源於黃河流域古代的傳統喪葬禮儀流傳各地之後，也會因時因地，甚至因宗教信仰的融入、族群和社會時代的變遷，而有些許差異。雖然如此，基本上傳統喪禮的主要儀式，不只能夠協助哀傷者將死者經由角色轉化，而繼續與死者連結關係，並且由於經過角色轉化，使得哀傷者能夠與死者建立一種不同於昔日的舊關係。這個新的關係，是具有不同性質的關係，有助於哀傷者清楚地畫出生與死的界線，而不至於產生對於死亡沒有現實感的生死混淆狀態，所以有助於放棄渴望與死者身體親近的依附。同時，喪禮也提供實質的和形式的社會支持。這些都有助於哀傷的恢復。Worden（1991, p. 61）認為：「好的喪禮會是重要的輔助，有助於健康的解決哀傷」。因此華人傳統的喪禮儀式，是哀傷者因應死亡很好的輔助，有助於哀傷者健康的解決哀傷和哀悼。

伍、神主牌與宗祠是繼續聯結的象徵

　　成功的哀悼過程乃是一種轉化的過程，或是一種重新組織的過程，而不是鬆開依附（Bowlby, 1980）。從自體心理學（self psychology）的理論，內化「自體客體」（selfobject）的功能，也反映在繼續聯結的表達，

使用特殊的物品作為死者的象徵。這種象徵死者的物品或遺物，可以作為立即的或轉換的（transitional）功能（Winicott, 1971），因此可以提供哀傷者在痛苦的轉換時期，讓生存者感到與死者有連結，直到哀傷者可以接受死亡的永久性。甚至一旦內化「自體客體」完全成功了，哀傷者不需要保留某些遺物作為心理安全的把關，仍舊會保留某些特殊的遺物，此時的繼續聯結是統整到成功哀傷適應當中，不只在死亡發生之後，同時也在充分接受身體永久性分離的情境當中，而這樣的繼續聯結表達，並不可以視同放棄重建身體親近依附人物的失敗（Field, Gao, & Paderna, 2005）。由於隨著死亡的發生，連接已經沒有外在，這個連結是沒有牽涉外在他人身體的存在。調適哀傷乃是依照新的生活情境之現實，去更改對於死者依附之心理基模（Horowitz, 1990, 1991）。由於成功的內化，使得哀傷者能夠從心理表徵的死者得到情緒的支持，而減少需要，甚至不需要身體的親近。簡言之，若以遺物作為轉換期的暫時性聯結，讓生存的哀傷者在失落之後最困難的時間，可以得到慰藉，以便轉換成功，能夠完全內化「自體客體」，便可以接受死者身體的永久性分離，哀傷者就不需要再依賴遺物作為依附聯結。此後，繼續保留遺物可以視為正常。也就是我們一般人以遺物只是作為紀念，而不是哀傷者投射的象徵物。

過去台灣民間對於死去的先人稱之為「作神」，是避諱的，也是尊敬的，同時也淵源久遠。遠在殷商時期，人們便已有這樣的信念，認為人死後靈魂升天，便升格為「神」，而且祖先的靈魂能夠保佑或處罰子孫。同時也相信靈界祖先生活的食、衣、住、行，一如活人的需求一般，因此需要喪葬禮節和逢年過節各種祭祀儀式，以及準備各種供品禮敬祖先。祖先牌位稱為「神主牌」，可考據遠自周朝，在周武王的時期便有「木主」的製作和使用。「木主」為祖先靈魂依附所在，「木主」當今普遍稱為「神主牌」。事實上，「神主牌」也是註記已經死亡家人的姓名，在家族的地

位和身分，如同活人的身分證。華人所相信祖先去「作神」，這個所謂「作神」，乃是模糊的概念，泛指稱在靈界的人物，並不是宗教上具體有所指特定的神。不過這樣的巧思和用語，族人與已經死亡親屬的關係變成為「人」、「神」關係，會感覺較為妥適和安心，也是比較正面的社會和文化角色；若說先人「作鬼」了，家裡供奉一個「鬼主牌」，存活的家屬都成了鬼子孫，可能會感到相當不妥適和不安心。因此，「神主牌」是我們華人先人的智慧之產物。而華人這個「神主牌」，便是社會學家涂爾幹所謂的「象徵化」（symbolization）之文化產物（引自蔡文輝，1989）。

　　華人文化中這個「神主牌」，主要與華人的家族主義的文化有關，死去的家人需要有個角色和社會位置，才能繼續與家人連結，而不是切斷關係。其次，周朝的《禮記》倡導「慎終追遠」和「飲水思源」，對於華人的喪葬禮儀文化的影響有關，這也是一種感恩的文化，不宜視為落伍。當前喪禮不適當而遭人詬病，應該是由於儀式商業化的鋪張和奢華，甚至都會化之後，還有部分的人利用住家辦喪事，噪音和妨礙交通影響鄰居，這都是古人始料未及，可能也會為之搖頭。從現代的哀傷諮商角度，實際上傳統華人的喪禮有很多優點。除了喪禮儀式，華人不只創造了「神主牌」，還建造宗祠以供奉先人的神主牌位。而宗祠也成了祭祖之外，其他與祖先溝通和族人聚會活動的重要場所。

　　從繼續聯結論的觀點，「神主牌」和宗祠，可以視為一種是聯結表達，而且不只是個人的，也是家族的。因此，與遺物在性質上完全不同。學者主張這樣的繼續聯結，應該在一個值得的關係死亡之後，持久維持，也構成哀傷解決的核心，能夠讓哀傷者保留認同感，以及繼續保有過去有意義的連結（Atting, 2001: Fraley & Shaver, 1999; Marwit & Klass, 1995; Neimeyer, 2000）。強調繼續聯結的哀傷諮商專家，都了解到一件事，成功順應失落就是連結的性質，已不同於死者活著時候了（Klass & Walter,

2001）。無論使用遺物或其他表達方式，神主牌和宗祠不只是華人所獨特的文化產物，也是最安全的繼續聯結。

華人使用「神主牌」作為繼續聯結死者的象徵。由於是將死者角色給予轉化（transformation）成為「作神」的角色，在文化、社會、家族和個人方面，連結的性質，都是不同於死者活著的時候，無論在社會或家族當中，死者已經有了新的角色和地位。所以生存者和死者之間的關係、權利和義務，也都與死者活著的時候不同，使用「神主牌」作為具體的象徵，就像活人使用的身分證。若與遺物比較，遺物是使用死者特殊的物品作為死者的象徵，這種象徵死者的物品或遺物，具有作為立即的或轉換的功能（Winicott, 1971），以提供哀傷者在痛苦的轉換時期，可以與死者有連結感，直到哀傷者可以接受死亡的永久性。然而，由於遺物為哀傷者的投射，為外化的（externalized）繼續聯結，因此過度使用可能導致複雜性哀傷。而以「記憶」作為連結，可能最大的困難在於哀傷者不放棄和繼續渴望外在的身體親近。由於「神主牌」並不是死者的遺物，而是一種社會公認代表死者的象徵，屬於外在（external）之物，所以可以作為安全聯結的象徵。

❖第二節　來自文化對於繼續聯結的啓示❖

壹、華人的神主牌與遺物的差異

由於在前面第七章的論述，不同的繼續聯結表達，對於傷慟療癒的幫助與否，結果不一致；而研究發現，以死者遺物作為繼續聯結的方法，對於療傷的效果也不一致。尤其，過度使用遺物，可能是顯示迴避失落事實的一種跡象，值得注意。所以有關辨識繼續連結表達的適用性，是一個很

重要的議題。傳統華人文化中的神主牌，也是一種連結的物品，但不是死者的遺物，而是死者的象徵，究竟有無幫助傷慟調適哀悼歷程，在前面第六章已經有論述，在此將進一步再做討論。

　　首先，從社會文化的角度，「神主牌」是屬於社會學家涂爾幹所謂「象徵化」（symbolization）的文化產物，是一個特定社會族群的人或特定社會的人，共同創造的象徵物品，而不是個人私下獨特擁有的。所以「神主牌」是傳統華人的文化遺產；而「遺物」則是屬於死者個人曾經擁有，哀傷者透過擁有屬於死者個人遺物，能夠感到與死者繼續連結，原因在於哀傷者將這個遺物，視爲就是死者，並作爲一種繼續對於死者的情感性聯結，這種情形似乎將遺物視同Winnicott（1951）所謂的「轉換性客體」，而可以無視於死亡的事實。在失落發生之後的轉換期，雖然遺物可以作爲暫時性的安慰，但是過度依賴「遺物」，則被視爲迴避死亡的事實。至於「神主牌」，一則不是過去死者所擁有之物，也就是不是遺物，因此不會發生依賴遺物的問題；二則神主牌是家族共同擁有「祖先」的一個象徵物，因此哀傷者便難以視爲自己與死者獨佔的依附聯結物。尤其，「神主牌」被視爲靈界人物的象徵，可以提醒哀傷者，所愛的依附人物已經死亡，不得不接受死亡的事實。

　　其次，遺物只能在死亡發生之後的立即和轉換時期，可以產生對於哀傷的慰藉。至於有哀傷者以遺物作爲繼續聯結，導致哀悼調適的失敗。可能的原因，主要在於遺物是死者生前所擁有，哀傷者容易情緒上投射遺物就是死者，所以遺物被稱爲哀傷者外化的關係，顯示哀傷者即便理性上知道人已經死亡，但是在感性上沒有死亡的現實感。若過度依賴遺物，則顯示哀傷者不願意放棄渴望與死者的身體親近，以白話來講，即是：「巴住死者不放」，也就是「保持死者活著」（Rando, 1993, p. 182），所以對於哀悼調適沒有幫助。

　　雖然「神主牌」是死者的象徵物，然而所代表的是「死後世界」或「後世」死者的象徵，「今世」和「後世」（after life）乃屬於兩個不同的世界。其作用可以提醒哀傷者親人已經結束今生，而去了死後的世界，可以區分「今世」和「後世」，即「生」和「死」的界線。從喪禮具有「分離」、「轉換」、「再結合」三個階段（Tuner, 1969）來看，立「神主牌」的儀式，乃是在「轉換」階段一種具有轉化功能的儀式。由喪禮儀式，一方面將死者角色給予轉換，一個人被立了「神主牌」，即宣佈這個人已經死亡，而成為靈界的人物，並從活人的家族系統之中的角色和位置，轉換到祖先系統的死人角色和位置，死者已經成為「祖先」的社會角色；另方面也將死者的功能、權利和義務，以及與生存的家屬之間的關係等，在內涵與意義給予轉換。所以這個已經死亡的人，對於生存的家屬而言，已經被轉化為靈界人物的地位和角色，死者已經沒有實際物質性的外在客體的存在，有助於哀傷者發展內在的「新」客體，這個新的客體是屬於靈界人物，然而由於祖先具有社會角色，也可以有外在的關係。簡言之，「神主牌」作為一種現實世界的外在的關係（external relationship）連結之象徵物品，也作為與靈性界人物連結象徵之媒介。而死者角色轉化之後，哀傷者也根據死者是靈界人物，產生一個新的內在客體，即Field和Filanosky（2010）所謂的「死者的心理表徵」，以此作為繼續聯結表達，不只可以獲得內在安心，也有助於個人成長。由於與這個靈界客體的關係是一種「外在的關係」（李秉倫、黃光國、夏允中，2015）。因此與「遺物」為一種「外化的關係」（externalized relationship），在性質上有很大的差異。這個「外在的關係」，是同時具有靈性、社會和心理的關係，也已經不同於過去哀傷者和死者為物質、社會和心理的關係。物質的關係已經因死亡而消失了，取而代之為靈性的關係，而且死者的社會角色也轉變為「祖先」，使得哀傷者需要面對死亡的事實，同時可以區分出

「過去」與「現在」，甚至還可以期待「未來」的關係持續。

貳、神主牌爲連結象徵的優勢

神主牌不是宗教的附屬品，而是華人文化的產物，可以普遍被華人所接受，因此在應用上不受限於個人宗教，比較具有普遍性。而且這個儒家社會文化的繼續聯結，是一種外在的關係，死者被轉化成爲祖先的角色，得以進行對話（李秉倫、黃光國、夏允中，2015），余德慧（2006）特別稱爲「關係的重返」。使用「關係的重返」是個高明的見解，表示某種舊的關係依然，但是再回來則某些關係改變了，代之以新的關係，或某些關係消失了，以新關係重返，例如喪父之後，父親以「祖先」的社會角色重返家族和社會，在人倫方面「人」對「人」的關係，依舊爲父子關係不變，但是在實質方面則已經改變成爲「人」對「神」的關係，當然在相處方式上，以及對待和期望等會截然不同。傳統華人文化的繼續聯結之優勢，不只是心理的，也是靈性的，更是「外在的關係」（external relationship），而不是如「遺物」的連結，是一種「外化的關係」（externalized relationship），或是如「記憶」的連結，只是心理的。所以可以避免欠缺現實感或生死界線不分。

其次，由於祖先是一種社會角色，這種的社會聯結，對於家族生存的人有一定的社會意義和重要性。由華人相當重視與祖先的關係，不可侮辱他人祖先、毀人祖墳、砸人宗祠，可以得知。再則，在華人文化中，認爲「祖先」能夠庇佑活著的親屬與子孫，並利用祭祀儀式可以與祖先溝通。由此，不只死去的親人有了新的社會角色，是一個需要被尊敬，甚至敬畏，以及具有非世間能力的角色，除了可以和家人繼續聯結，還可以憑藉作爲個人內在的力量，這不只是一種心理的力量，也是靈性的力量，同時爲現在的，也是可繼續的、未來的，這是來自華人文化的優勢。其中最

重要的是，經過死者的客體角色轉化，以及死者存在意義的轉化，比較不容易發生Rando（1993, p. 182）所謂的「保持死者活著」的長期性哀傷問題。

❖第三節　台灣的傳統喪禮❖

壹、轉變中的台灣傳統喪禮

　　台灣民間的傳統喪禮和祭祀儀式，與閩南喪禮和祭祀儀式相似，甚至與新加坡、馬來西亞一帶的華人喪禮和祭祀儀式也相似，可能與祖先遷移有關。在晉氏南北朝時代，由於五胡亂華晉氏南遷，我們的祖先從黃河流域的河洛一帶（現在河南一帶），往南遷移至閩南，再由閩南遷移至台灣和南洋各地。有關台灣的喪禮儀式，將在後面做個介紹和說明。由於台灣的漢人族群，祖先於明清時代係由閩南一帶移入。所以台灣民間的喪禮儀式，由先民傳承自閩南的傳統喪禮。而閩南一帶的傳統喪禮，則承襲黃河流域的古代喪禮。死亡的人，將轉化為祖先的角色，這是華人傳統喪禮的核心儀式，也是喪禮的核心目的。因此，在台灣與閩南一帶相同，一個死亡的親屬透過喪禮儀式轉化為祖先的角色，死亡被視為角色轉化。並且在逢年過節的時候，家族的生存者利用祭祀儀式保持與死者的繼續聯結與溝通。所以，死亡的親屬並未因死亡身體消失，而永久的與家族切斷聯結。

　　至於喪禮之後，逢年過節的祭祀儀式，則是一種繼續聯結建立之後，保持定期緬懷和溝通的儀式。這個儀式，也等同死者轉換為祖先角色之後接受奉侍的儀式。傳統華人的儀式，在死亡親屬的喪禮之後，還有侍奉和溝通的儀式，以維持繼續聯結。不僅有特定的祭品，也就是食物，也有特定的儀式，以表禮數齊備。透過喪禮與祭祀儀式，可以讓生存者心中的客

體免於完全消失，以及產生失聯的傷痛。這是一種古人智慧累積的生活文化，也是民間的特殊文化。從哀傷諮商的角度來看，很具有安撫與療癒哀傷的功能。

　　從歷史研究方面，台灣傳統的喪葬禮儀來源，可以追溯到晉氏南遷之前，先民居住在黃河流域的時期。這個歷史淵遠，可見諸禮記和歷代官修禮書等所記載的喪禮儀式。《禮記》云：「『凡民有喪、匍匐救之』，無服之喪也」，意指一般鄰人家中有喪事的時後，由於擔心和同情喪家面對親人遽然辭世，可能傷痛不知所措，所以要趕緊前去協助處理喪事。而古文「無服」，即「五服」。五服之喪，是指即便非五等親之內的喪事，仍舊應該義不容辭的去相助。這是一種主動提供哀傷者支持的最誠懇的方式，最能安慰喪家。所以，台灣過去尚處於農業經濟活動的時代，喪事多由地方仕紳、耆老、族人親友，甚至左鄰右舍協助完成，凸顯當時社會敦親睦鄰的友愛文化。

　　當然在農業經濟活動的社會，由於依賴土地營生，無法離開祖傳營生的土地，通常人們世居同一個村莊聚落，因而左鄰右舍往往是有血緣的親族，或世代之交的熟人，與當前工商經濟活動的社會，人們的生活方式以及居住的環境完全不同。現在人們往往比鄰而居，互不相識，非親非故。台灣自1960年代開始轉型為工商經濟活動的社會，居住環境的改變，喪葬活動也轉由喪葬禮儀公司代辦。傳統喪禮中的社會支持和情感交流元素早已消失，取而代之的為濃厚的商業色彩；傳統的儀式簡化，也代之以商業化的活動，以及時間大為縮短的喪禮，使得喪禮的療傷功能少了很多，人們開始運用哀傷諮商處理傷慟。這種情形，印證了Worden對於喪禮不宜太快的主張。這樣的社會已經很難再完全依賴喪禮作為哀傷療傷的工具，這就可以了解為何處在高度工商經濟活動社會的現代人，即便非複雜性哀傷，也有人需要借助專業的哀傷諮商服務作為療傷的方法。

貳、台灣傳統喪禮過程簡介

所謂台灣傳統的喪禮，也就是傳統的閩南喪禮，主要過程如下。

一、徙舖

當人在彌留之際，便從臥室移出至廳堂，俗稱「搬舖」。依古例男搬舖在左側（又稱正寢），女舖在右側（又稱內寢）。已婚男性或女性有子嗣者，死亡謂之「壽終」，所以在訃文之中男稱「壽終正寢」，女稱「壽終內寢」。

二、小殮

為遺體淨身整容，穿上壽衣。這個步驟要儘早，甚至有時在斷氣之前就進行。因為過幾個小時，由於肌肉細胞死亡，會出現稱為屍僵的四肢僵硬現象，影響穿壽衣。

三、報喪

正式通知遠近各處的親友死亡時間、情況和葬禮安排。經常有嚴格的形式和順序規定。

四、奔喪

親友攜帶禮品、禮金、輓聯、花圈等從外地前來參加葬禮。

五、停靈

又稱「暫厝」，將遺體在靈堂停放若干天，等待前來奔喪的親友；同時有助於確定死亡而不是昏迷假死。靈堂可為家中大廳、臨時搭製的靈棚或殯儀館的專用房間。期間每日必供腳尾飯及腳尾燈一盞。

六、守靈

又稱「守舖」，在停靈期間，由死者的晚輩在靈堂輪流守護亡者的遺

體，接受奔喪者的弔唁。在整個葬禮期間，死者親近的晚輩（稱爲孝子／孝女）穿不縫邊的白色粗麻布衣服或褂子，腰繫草繩或麻繩，腳穿草鞋，稱爲孝服。

七、居喪

自死者斷氣之後，遺屬便開始居喪，又稱「服喪」。喪服自周代已經有素服，爲哀悼死者而穿的服裝，之後並有五服制度，即按服喪重輕，分爲五等：

1.斬衰。這個制度始於洪武七年（1374）制定，傳至清朝都相同。由於喪服上衣叫「衰」，因而稱「斬衰」。表示毫不修飾以盡哀痛。子爲父母皆斬衰三年。

2.齊衰。於「五服」中列位第二等，次於斬衰。服制及穿著時間視個人與死者關係親疏而定。適用於祖父母、伯叔父母、兄弟、未嫁的姊妹。

3.大功。爲堂兄弟、未婚的堂姊妹、已婚的姑姑、已婚的姊妹。已婚女爲伯父、叔父、兄弟、姪，以及未婚姑姑、姊妹、姪女等服喪。

4.小功。爲伯叔祖父母、堂伯叔祖父母，未嫁祖姑、堂姑，已嫁堂姊妹、兄弟之妻、從堂兄弟及未嫁從堂姊妹；外親爲外祖父母、母舅、母姨等，都適用小功。

5.緦麻。爲「五服」中最輕的一種。爲本宗的族曾祖父母、族祖父母、族父母、族兄弟，以及爲外孫、外甥、婿、妻之父母、表兄、姨兄弟等適用。

八、大殮

在家屬的面前，將亡者移入鋪有褥子的棺材，蓋上被子，釘上釘子封棺。

九、出殯和下葬

把棺材送到墓地埋葬。出殯開始的標誌是孝子將一個瓦盆摔碎，稱爲「摔盆兒」。由孝子執「引魂幡」帶隊，有樂隊奏樂，沿途一路散發紙錢到墓地。下葬儀式有道士、風水師協助。

十、反主

將死者的神主放入斗內，由長孫手捧斗坐「魂轎」攜回，稱爲反主。

十一、燒七

下葬後，親友每七天去墓地探望並燒紙錢，一共去七次共四十九天。還有類似的招魂、超渡、燒紙錢等活動，稱爲「做七」。第四十九天的儀式稱爲「斷七」，爲正式葬禮部分的結束。

十二、安靈

反主之後拜懺和設靈桌，安放魂身（仿死者的紙人）和魂帛。並於魂帛前置一香爐、靈燭。在桌側放置幢幡，稱爲安靈。

十二、做七

與死亡之後，每隔七日做七一次，共七次，四十九天。「頭七」由兒子、孫子辦理；「二七」爲小七；「三七」由出嫁女兒、女婿、外孫子女主辦操持祭奠；如果死者沒有已出嫁的女兒，就由已出嫁的侄女或侄孫女來做。「四七」是小七；「五七」爲出嫁孫女、孫女婿主辦祭祀；「六七」是小七；「七七」又稱「滿七」或「圓七」，由兒子、孫子主辦祭祀，有始有終，功德圓滿。

十三、除靈

在死亡之後的百日，於前後選擇吉日舉行祭典，稱爲「作百日」。除靈時，撤除靈位，並將靈桌丟棄郊外。孝男便可以理髮，除靈之後就是「換孝」。

十四、守孝

按儒家的傳統服喪三期，每期九個月，共二十七個月，孝子應該守護在父母墓的周圍。守孝期間（實際上一般在百日內）有許多禁忌，例如不剃頭、刮鬍子、剪指甲、飲酒等。現代若家中有喪事，第一年春節不向親友拜年。

十五、做對年

於死亡之後的一週年祭典，稱爲「做對年」，將死者合祀於祖先牌位，並共用一個香爐，稱爲「合爐」，並「脫孝」，也就是不必繼續守孝。

參、台灣現代喪禮過程的簡述

1980年代台灣省政府民政廳有鑒於台灣社會結構產生巨變，隨之民間婚喪禮儀趨於多元化，主張「對於不合時宜，繁文縟節之儀式，應予改善，以求發揚中華民族之傳統美德」（徐福全主稿，1991，序言），於1991年訂定「台灣省各縣市加強推行改進婚喪禮儀實施計畫」。繼之，根據省立新竹社教館印行的《婚喪禮儀手冊》（楊炯山主稿，1990）編訂《喪葬禮儀範本》（徐福全主稿，1991）。吳秀碧（2016）乃以這兩冊爲本，來理解台灣的傳統喪禮。這兩冊書都將喪禮主要規範分成七個章節，其中第一、六、七章爲說明主要儀式。第一章〈喪事發生時的處理方法〉，第六章〈奠禮程序與儀式〉，第七章〈安葬至除靈各項儀節〉。其餘四章與喪葬文書物品較有關。由於喪禮繁文縟節，內容冗長。依據喪禮之主旨僅舉其要者，並依據舉行儀式的時序分成五個階段，茲簡述如下。

階段一：「臨終」，指已經呈現迴光返照將死之人。這個時候在家屬晚輩圍繞床邊之際，臨終者將會有「託孤」和「立遺囑」的行爲，或分

「手尾錢」給子孫。其次，在臨終的人處於彌留狀態嚥氣之前，家屬便開始爲他舉行「淨身」、「換衣」、「移水鋪」（或稱搬鋪）、「遮神」等儀式。「移水鋪」與傳統喪禮儀式相同。「換衣」通常爲上衣六件七層，或有九層至十一層，若年輕者僅三至四層。

　　階段二：「舉哀」。有九項儀式，其中包括「報喪」、「殮」、「魂帛」、「孝堂」等四項重要儀式，這些儀式與準備舉行喪禮有關。除外還有「示喪」，即於喪宅明顯之處貼上白紙，表白死者身分；「報喪」和「奔喪」爲死者嚥氣之後接獲噩耗才趕回的子孫，必須匍匐嚎啕大哭進門，以盡其哀，已嫁之女或孫女則需要「哭路頭」，需要在離喪宅不遠就開始沿途嚎啕大哭；「殮」爲將屍體置入棺材之內；「辭生」是在死者的足尾地方放置一盞「長明燈」（通常爲油燈或蠟燭），以及米飯一碗、熟鴨蛋一枚、直插一雙竹筷，即爲供「腳尾飯」，使亡者有力氣赴陰府，不受飢餓；「封柩」爲將棺蓋蓋上並封閉的儀式；「魂帛」則是古代使用絲絹，現代使用紙製成的亡魂靈位。

　　階段三：爲「居喪期間」。有八項儀式，其中包括「孝飯」、「守靈」、「做七」、「作旬」等五項重要儀式。「孝飯」又稱「捧飯」，爲早晚給亡者供膳的儀式，如此直至滿七或百日；「守靈」爲在出殯之前子孫必須在靈幃守靈，夜間在柩側鋪蓆而眠；「做七」的禮儀與傳統喪禮相同。

　　階段四：主要有「奠禮」和「出殯」。「奠禮」分爲家奠和公奠，先舉行家奠，後舉行公奠，重視莊嚴肅穆，在奠禮進行當中親屬不宜嚎啕大哭，若有樂團也不進行奏樂等，待禮成才奏樂。「奠禮」完成之後便舉行「出殯」儀式，出殯行列「喪燈在前，喜燈在後」，以表致哀。

　　階段五：爲「反主」和「安靈」儀式。指的是殯葬行列自墓地返回喪宅。主要在將神主牌位迎返供奉。出殯行列返回時，「喜燈在前，喪燈在

後」，由長孫捧斗坐轎，其餘親屬隨「魂轎」而回。安靈儀式是先將新死之人做一個「靈厝」暫時安置，每日晨昏兩次捧飯，至滿七除靈。再將新死者的神主牌及香爐供奉在祖先牌位之左側，直至一年或三年後合爐，才將新死之人的名字寫入祖先牌位，並共用一個香爐，至此「除孝」。

由上所述，現代台灣的喪禮有多處簡化，以符合現代人的生活和環境，但是根據華人重視家族團體和孝道文化，保留了傳統喪禮的重要儀式。

❖第四節 台灣現代喪禮的核心目的與療傷功能 ❖

台灣的喪禮由於和華人重視家族制度的文化有著非常密切的關係，即便時代變遷，台灣的現代喪禮已經有些變革，然而依然保留了閩南傳統喪禮主要的儀式。由於承襲自華人傳統的喪禮儀式，不論是台灣傳統的喪禮儀式或是現代的台灣喪禮儀式，最重要的核心旨意，乃在經由喪禮一系列的儀式來轉化死者角色，以便讓死者可以繼續存在於家族的關係之中，與活著的家人可以維持繼續聯結，同時也具有轉化生存者的生活和自我認同的功能。西方當代哀傷諮商理論重視繼續聯結的觀點，認為有助於哀傷者的健康恢復，與台灣的喪禮儀式可以轉化死者角色，並與生存的家屬維持連結不謀而合。所以死者角色轉化，為台灣喪禮的核心療效因子。茲就喪禮儀式轉化角色的階段和角色轉化（role transformation）對於華人社會哀傷者的重要性，分別說明如後。

壹、喪禮過程死者角色轉化階段的探討

參考Gennep（1960）對於儀式的三階段論及Tuner（1969）的研究發

現，喪禮是使用許多儀式來協助人們度過死亡的「刺激的閾」（liminal thresh）。所謂死亡的「刺激的閾」，也可以視爲死亡這個刺激的「門檻」，意指一個人對於死亡發生之前的社會承傳，變得暫時瓦解或顛倒，對於繼續原有的承傳也感到不確定，好像目前處在過去和未來的邊際上，例如對於過去信念的動搖，或對個人一向擔當的角色產生質疑，對於死亡發生之前，原來個人所抱持對於未來的前景之憧憬，也可能感到疑惑。而喪禮則可以協助個人走過這樣的不確定和不穩定的時期。喪禮的儀式，好像是以序列的活動，使得個人可以跨過這個刺激之閾的門檻，從過去走向未來。

Tuner提出喪禮儀式可分爲三階段：第一階段「分離」，包括以象徵的行爲，表示死者與個人或團體分離的意義；第二階段「介入刺激的閾」，這時期儀式的主體，無論是個人或屍體都是模糊的，經過文化的現實，沒有過去或未來狀態的歸因；第三階段「再聚集或再團結」，爲完成通過，儀式的主體不論是個人或屍體，在此階段到達穩定的狀態。經過儀式，主體與他人的權利和義務都有了清楚的界定，以及具有結構的型態。

若從社會學的角色理論和Tuner的階段模式，作爲探究現代台灣喪禮儀式，可以觀察到死者的角色轉化有著特徵明顯的一個歷程，約可劃分出以下四個階段（吳秀碧，2016）：

一、「臨終活人」階段

爲喪禮的第一階段，臨終將死的親人，被視爲如同一個即將遠行和遷居到另一個國度，即冥界的人。因此，親人圍繞臨終的床邊，臨終者進行「託孤和立遺囑」的行爲，並分「手尾錢」給子孫，以表「生不帶來，死不帶去」的華人傳統信念。並於嚥氣之前「淨身」、「更衣」、「搬鋪」，如同行前交代完畢，整裝待發。Bowlby（1961）認爲，失落的威脅會引發焦慮。在這個階段家人因而開始有哀傷的反應。雖然親屬還沒有

死亡，這是預警一個人即將死亡的短暫時期，家人開始準備面對死亡的前奏，有如預期死亡的階段。

二、「視如活人」階段

為喪禮的第二至三階段，主要為居喪期間，又稱「停靈」期間，指尚未出殯，將靈柩暫停在喪宅期間。這段時間剛死亡的人，被以類似活著般地加以對待和伺候，彷彿這個人還沒有死。「孝堂」是一個暫時安置這樣角色者的地方。入「殮」後，靈堂立「魂帛」。以「魂帛」代表靈位，如同旅途中暫時住宿登記。「孝飯」於大殮後開始，每日黎明後供盥洗用具、早餐等；黃昏前供晚膳，俗稱共「腳尾飯」，一直到滿七或百日為止。並且在夜間有子孫「守靈」，在柩旁鋪蓆而眠，此係「乃因生前晨昏定省，不忍死者遽然孤零」（楊炯山，1996，p. 65）。這些儀式行為，從禮俗而言為死者而設，若從哀傷理論觀點，則有助於生存者逐漸面對和適應親人的死亡，對於死亡產生現實感。Maciejewski等人（2007）在哀傷歷程研究發現的第一階段「難以置信」，為從死亡發生的一個月之後，哀傷者才逐漸減少沒有現實感。對照台灣的喪禮「做七」的儀式共49天，即約一個半月的時間，與Maciejewski等人的發現不謀而合，可能有助於哀傷者對於死亡產生現實感。

此外Hagman（2001）提到：「一個孤立哀悼的模式沒有認識到他人在哀悼的重要角色」（p. 21）。「做七」是一種在親人死亡發生之後，每七天舉行一次祭拜的重要日子，為與死者具特定關係之重要家族成員，依照與死者不同關係和角色，在不同的日期舉行祭拜儀式，例如「頭七」是孤哀子負責準備祭品，「二七」是由媳婦負責，「三七」則是由出嫁的女兒負責，如此每個「做七」有不同的人負責，直到做完「滿七」。因此在每個「做七」的日期，除了負責當次祭拜的人由於「做七」的儀式，被社會鼓勵可以公開宣洩傷痛，陪同的家人也有機會可以一起公開分享失落的

傷痛，以及相互安慰與支持。如此確實可免於孤立哀悼，衍生哀傷困境。

在上述「臨終活人」與「視如活人」兩個階段，可以對照Tuner的第一階段「分離」，為死者與家族的生存者分離的時期，主要儀式都在準備和適應分離，也就是適應去面對死亡造成的永久性分離。事實上，在這階段親人已經死亡，但是存活家屬還沒有現實感。根據美國Maciejewski（2007）的研究，對於死亡「難以置信」的階段，需要過了一個月後，才會逐漸減少。傳統閩南喪禮花了49天的「做七」的時間，也就是超過了1.5個月的時間，透過各種儀式去適應面對死亡現實和增進個人對於親人死亡的現實感。

三、「死人」階段

在前述喪禮的第四階段和第五階段的禮儀，乃是將「視如活人」的角色轉換為「死人」角色的階段。因此「奠禮」之後便是「出殯」，通常一天之內完成。而「死人」主要指身體死亡，將之埋葬，由於抱持「萬物有靈論」的信念，相信亡者魂魄依然存在。由於埋葬之後亡者就沒有身體了，得將亡者角色盡速轉化，所以在這個「死人」階段行使儀式的時間特別短。

就上述第四階段有關「奠禮」儀式，初喪出殯之前舉行的儀式稱為「奠禮」。原因在於「祭」為拜鬼神，「奠」有定、安置和祭獻的意思（何容主編，1981）。所以在靈幃前對死者因懷念而誦讀之追悼文詞稱為「奠文」，不可稱為「祭文」。可知還沒有出殯的新死之人，不被視為鬼神。由於「祭」才是用來作為拜鬼神之用。因此舉行出殯與合爐儀式之後的儀式，才稱為「祭」和「祭文」。從這些用詞可知舉行葬禮儀式之後，才將死者轉化為「作神」，並從在墓地的葬禮迎回神主牌位。若以這個階段對照Tuner的理論，Tuner認為第二階段的儀式，處在「介入刺激的閾」，主體無論是個人或是死者，都是模糊的。因此在台灣喪禮的「死

人」階段，主要在處理屍體，埋葬的究竟是「死者」或只是死者的「屍體」？確實是不明確的。

四、成為「作神」階段

　　Reeves認為儀式的益處，在於可以在一段很不明確和混亂的期間提供結構和穩定。「作神」這個階段的儀式，便是可以提供結構和穩定的益處。從自我心理學的觀點，當外在的關聯客體消失，哀傷者很難接受關係的終止，會逐漸發展出另一種客體表徵（representation），以及與之連接的方式，例如沒有感官的經驗，只有內在的表徵，想像的意像（image）（Klass, Silverman & Nickman, 1996），即客體意像。由於台灣地區有鬼魂觀念和鬼魂人格化的信仰（李亦園，1981）。因此，在極短暫的數小時葬禮儀式完成之後，「死人」就經由「反主」儀式轉化為「作神」的角色。從這個階段的儀式可以明確知道，在前面的「死人」階段，只是埋葬了死者的屍體，也就是會腐朽的「肉體」而已，死者的靈魂依舊存在，所以要迎回已經「作神」的死者，反映出華人文化的特殊性。喪禮在這個階段以繁複隆重的儀式，不同於出殯的行列，「作神」階段的行列是以紅色喜燈在前的儀隊，迎回「神主牌」。如此很明確表達了埋葬的是死者（外在客體）的「肉體」或「屍體」，不是死者，由於死者已經轉化為靈界人物，死者以「作神」的新角色定位，並重返家族系統。

　　由於出殯後死者已經沒有物質性的身體，乃將「魂帛」迎回供奉。此後死者角色被轉化為「作神」，家屬便可以開始和死者有一個象徵性的社會角色和社會關係之聯結。由這個階段的儀式，可以明確地將「死者」在哀傷者內在之舊表徵保存為記憶，確定為已經過去的經驗，而現在死者則被轉化為人格化的鬼神之新表徵，在哀傷者內在發展出新的表徵或意像，並以「神主牌」作為外在象徵。同時也具有宣布與死者過去舊關係的結束，以及新關係的開始之功能。所以在「反主」完成「安靈」儀式之後，

便確定了死者的新角色，以及與生存的親屬之間的新關係。

Rando（1993）認為成功的調適（accommodation）失落，適應必須發生在與死者發展新的關係、新的自我認同，以及對外在環境的再適應。Gaines（1997）主張：「哀悼的復原不是去強調需要從失落的客體抽離，而是要修復由於實際的失落導致干擾內在自己─他人關係（inner self-other relationship）……便是我所謂的：『創造繼續』。」（p. 549）西方學者當前以「記憶」作為繼續聯結之論說，並沒有將死者的客體或表徵進行角色轉變，似乎應該只是「繼續」舊客體角色，便很難發展出新性質的關係，可能造成新舊不分或混淆。從我們華人或台灣的喪禮，將死者的角色轉化為新角色和地位，並建立新關係，應該更合乎「創造繼續」的文字意涵，由創造而得以繼續的意思，以及合乎Rando所謂的調適和再適應。

再者，由於華人重視家庭倫理和輩分。新死者的神主牌位和香爐，必須放在祖先牌位的神桌之左側下方，以另一張桌子暫時置放死者的「魂帛靈位」和一個香爐，以表對先人和祖宗尊重之意。這個儀式的習俗，可能與華人重視家族人際關係和倫理有關，是個有趣的考量。活人世界的遊戲規則也適用在死人的世界，後到的人或晚輩，不可以冒冒失失的登堂入室，需要有禮貌的先就位在側，以表示新死的人對於先人的尊重，以免引起祖先系統的人際衝突。尤其民間信仰相信祖先不安，子孫也會不安。在「安靈」儀式之後，到完成「除靈」儀式，或稱「除孝」儀式，這段時間為「守喪」，期間為一年或三年。「守喪」結束，便會為死者舉行「除靈」儀式和「合爐」儀式，指燒掉「魂帛靈位」，並將新死者的姓名依輩分寫入祖先的神主牌位內，有了「神主牌」，就好像有了身分證。若在宗祠供奉這位新死者的神主牌位，也是依輩分高低安置，並共用一個香爐。如此，不只完成了將死者納入和再組織祖先系統，也重新納入和再組織整個家族系統，充分凸顯了華人重視倫理、族人的人際和諧，以及家族的完

整性。

　　「作神」這個階段，可以對應Tuner的第三階段「再聚集或再團結」，死者與家族生存者的權利和義務都被清楚的界定，並且具有結構的型態，死者被從活人的家族系統，轉化角色安置到另一個家族系統，就是祖先系統。李亦園（1981）認為從社會結構上看，祖先崇拜是中國家庭和宗族制度的精神基礎。透過家族中的祭典與宗祠中的祭祖儀式，祖先的意像就成為家族延續與宗族團結整合的象徵。對祖宗而言，要有子孫的供奉，他們才能繼續存在；對於子孫而言，有祖靈的存在，才能保證他們的福祉。「中國人的基本心理需要是維繫以親屬群體為主的社會系統」（李亦園，1981, p. 186）。

　　總而言之，若從客體關係理論的觀點，整個喪禮過程完成之後，客體（死者）的角色成功轉化，生存的家屬便建立了新的內在客體，同時也建立死者在家族系統和社會的新角色和位置，這是屬於外在客體的角色和定位，所以可以名正言順的以公開的祭祀儀式作為溝通。由此，喪禮和祭祖儀式使得家族世世代代相續，而不會因為死亡而中斷家族關係。且由於相信祖先的護佑，而感到靈性的助力。因此，傳統文化下的慎終追遠儀式，一方面呼應了Atting（1996）所主張，需要重視記憶在哀傷復原的角色，「飲水思源」和相信祖宗的護佑，可以帶來內在的力量；另方面，由於死者的角色已經轉化，生者不會發生「過去」與「現在」、「生」與「死」界線混淆的問題。顯見華人的傳統喪禮是一種非常有智慧，且符合人性的生活文化，也是民間信仰的特殊文化。從哀傷諮商的角度來看，很具有安撫與療癒哀傷的功能。

貳、守喪為完成「分離」的重要過程

　　適應死者的分離，不只是內在心理的調適，也是外在適應環境的調

適，因此需要時間。在台灣，不論傳統或現代的喪禮之中，「守喪」有一個系列的三階段儀式，可以協助哀傷者去調適分離。由上面敘述，傳統的閩南喪禮儀式當中，有使用「告別」、「埋葬」、「火化」、「戴孝」等儀式和象徵，來劃分和區隔「分離」的各個階段，使得過去可以逐漸遠離，讓人聚焦在現在和未來。

喪禮的奠禮，現在也稱「告別」儀式，在出殯當天舉行，告別式當中很重要的儀式之一是祭文，讀完需要燒掉。告別式結束，與死者相關的物和物品都將被移除，包括死者遺體，以及送給死者的陪葬品或其他物品（紙房、紙錢、紙僕人等象徵物品），這是「分離」的第一個階段。「埋葬」或稱「下葬」儀式，在告別式之後，當天將死者遺體火化或土葬，同時也將送給死者在死後世界可以使用的物品，也全部火化，這是「分離」的第二個階段。葬禮完成之後，會將紙做的死者「魂魄靈位」迎回家中供奉和祭祀，直到一年之後舉行的「除靈」儀式，將死者併入祖先的「神主牌位」，稱為「合爐」儀式，這一名死者才完全離開實質的世界，進入靈界的死後世界。這一年「守喪」期間，喪家將被容許繼續表達傷慟，「服孝」的儀式，為家人依照與死者的不同關係「戴孝」。現代人不再像古人真的披麻戴孝，穿戴五色孝服，而是使用不同顏色約一吋長的毛線結，用別針配戴在衣服的肩上，象徵不同關係者「戴孝」，例如通常孫子輩使用紅色，兒女使用白色，媳婦使用綠色等。不過由於社會變遷，台灣約在四十年前「戴孝」已經廢棄，不再每日配戴這個象徵物的習俗，而是將這個象徵「戴孝」的物品置放在靈桌一角，只有進行祭祀儀式的時候才配戴。最後，在「守喪」的一年到期，便「除孝」，即除去配戴的守喪象徵，古代人為除去孝服，現代人則除去配戴的毛線結並焚燒掉，這是很明確的對哀悼畫下截止點的儀式。此後，家人不再哀悼，需要恢復正常生活型態。綜合前述，可以知道這個分離和哀悼過程，使用儀式劃分階段，使

哀傷者有所依循。

　　「守喪」又稱為「居喪」，古人居喪的期間需要結廬於墳旁，不參與社交活動，以表哀悼與不捨。由於台灣傳統民間喪禮，受到古老華人傳統喪禮的影響，早期台灣地區也有守喪三年的傳統習俗，即便現在仍有守喪至少一年的習俗，在這一年期間不隨意到親友家走動拜訪，或逢過年也不向親友拜年。等一年或三年「守喪」結束之後，才舉行「合爐」儀式，宣告哀悼時間的結束。由於社會生活速度變快，普遍喪家都選擇一年，也就是一年就舉行「除孝」儀式，並且不必再居喪。以現代哀傷諮商理論的術語來說，就是完了哀傷的意思。由台灣喪禮的居喪儀式，顯見傳統的華人文化，似乎對於失去親人的哀悼行為，社會不只包容與支持，甚至是鼓勵哀傷的表達。

　　根據當代哀傷諮商的理論，面對親人死亡的失落，生存者需要有一段時間去調適，解決傷痛情緒。由於外在環境已經沒有死者，哀傷者也需要改變內在沒有死者存在之後的世界，並重新學習面對外在現實的因應策略與技巧，而後復原再出發，繼續人生旅程。此外，不論傳統華人喪禮或當前台灣民間的喪禮，提供一個社會認可的一至三年的守喪時間。其優點為，讓哀傷者可以有足夠的時間，去處理和調適哀悼的歷程；另方面，規範有限制的哀悼時間，並且不縱容無限期的哀悼表達。有趣的是，這個行之已久的古老儀式與美國最新研究發現，解決哀傷和哀悼歷程完了的時間，十分接近。晚近美國學者對於哀傷者之實證研究，發現親人自然死亡，平均至少也需要一個月到兩年時間才能完了哀傷（Maciejewski, Zhang, Block, & Prigerson, 2007）。可見古人從長期經驗而制定的哀悼時間，乃是合理且有智慧的時限。Worden（2009）認為喪禮若太快，則會沖淡療傷的效果。從哀傷諮商理論的角度觀之，這種較長時間居喪的儀式，對於哀傷者療傷相當有助益，可以在社會認可和支持之下，有較充足

的時間處理因失落引發的心理和精神層面的反應，甚至去適應外在沒有死者的環境，而不必擔心被視為異常，故有利較好的調適。令人惋惜的是，當代有些西方的學者提出不適當的哀悼時間表，以六個月為限。若就Maciejewski等人（2007）的研究發現，六個月左右哀傷者處在憂鬱的嚴重哀傷期，絕對不合適作為複雜性哀傷的時間界限之考量。此外也不考慮影響哀傷的因素，例如死者與生存者的關係（喪偶，喪子之類），有些哀傷特大，自然需要較長的哀悼時間。所以可能有誤導民眾的可能，以為過了六個月後，自己還有哀傷反應為不正常。

參、台灣喪禮的療傷因子之研究

根據吳秀碧（2016）以文獻研究法探究台灣現代喪禮之研究，發現台灣現代喪禮共蘊含11項對於失去親人的哀傷者具有療癒功能之相關元素。其中死者「角色轉化」（role transformation）這項是最為重要的核心因子，幾乎整個喪禮過程的各項儀式之主軸，便是在將死者進行社會角色的轉化。在這個過程的各項儀式，有助於哀傷者得以認知死者的生物死亡、社會死亡和心理的死亡，而促進對於死亡的現實感。此外喪禮中尚有其他10項因素，也分別各具不同的療癒功能。茲分別敘述如後。

一、死者的角色轉化和安置

Tuner（1969）對於喪禮儀式的詮釋，認為喪禮可以視為具有轉換（transition）的功能。一方面由於親人死亡，發生失落，生存的家人需要有一個轉換階段的時間，作為度過和適應一個活生生的親人變成死人、一個存在的親人從此不見了的巨大改變。台灣傳統的喪禮，便是提供了生存的家人一系列的儀式，去度過這樣一個極其艱難的時刻；另方面，最特殊之處為西方文化所無，乃是在於經由一組系列的儀式，將「臨終者」進行

角色轉化，使其成為死後「作神」（祖先）的角色。透過喪禮儀式，將死者從活人的家族系統，轉化成為家族祖先系統的角色和地位。死者並沒有因為死亡而永久消失，而是獲得新的角色，且被安置在另一種家族系統，以及死後的世界。使得生存的家人得以和已經死亡的親人以一種全新的關係和角色，維持繼續聯結，不必切斷聯結。

　　其次，涂爾幹認為，典禮的「儀式」是用來溝通人與神之間的關係（引自蔡文輝，1989）。就社會的需求而言，透過逢年過節、生辰、忌日等對祖先祭祀的儀式，作為家族生存者和「作神」的祖先溝通的方式，如此可以維繫家族系統的完整性與永續性，乃華人世界特有的文化。而且就社會角色而言，「作神」角色的責任為保佑子孫；而獲得的權利，是被按時祭祀。就心理需求而言，子孫按時祭祀祖先的功能有三，其一為可以滿足子孫表達對於先人思念之情的心理需求，也是重視禮節的華人傳統文化的具體表現。荀子曰：「祭者，志意思慕之情也。忠信受敬之至矣，禮節文貌之盛矣」便是；其二為可以滿足子孫報恩的心理需求，由於「樹欲靜，而風不定，子欲孝，而親不在」之痛，可以經由祭祖的儀式作為補償，所以具有心理補償功能；其三為哀傷的完了需時不短，哀傷的生存者還有與死者繼續對話的需求，能夠透過喪禮之後的各種祭祀儀式，家人不只可以向死者繼續表達情感情緒，而且祭祀之日也是家人聚會的機會，可以一起紓解失落的傷痛和相互支持，故有助於療傷和繼續維繫家族親屬關係的功能。

二、增進現實感

　　發生死亡的初期，哀傷者往往對於死亡缺乏現實感。根據實證研究，發現這種「難以置信」的現象，於死亡發生的時候最為明顯，約需1個月之後，這種現象方才逐漸遞減（Maciejewski, Zhang, Block, & Prigerson, 2007）。所以喪禮初期的「做七」儀式，特別具有促進對死亡現實感的功

能。在七七四十九天當中，每七日的做七儀式，哀傷的家屬不只可以公開表達傷痛，這7次儀式也能夠不斷的提醒家屬，親人已經死亡。如果只有認知上提醒死亡是不充足的，由於可以表達傷痛，所以可以同時促進情感上也接受死亡的事實。

三、充足的哀悼時間

根據實證研究哀傷的歷程，即便非複雜性哀傷也需要一個月到兩年的哀悼時間（Maciejewski, Zhang, Block, & Prigerson, 2007），因此喪禮的守喪儀式需長達一至三年之久，便提供一個有時限且安全的表達哀傷情緒的情境，哀傷者不用急著擦乾眼淚，也不用擔心被視爲「病態」。守喪儀式提供在社會認可之下，給予哀傷者較充足的哀悼時間。

四、合理的有時限之哀悼時間

根據研究指出哀傷反應，在死亡發生後6個月左右達到傷痛的高峰，隨後便能逐漸接受（Maciejewski, Zhang, Block, & Prigerson, 2007）。依台灣喪禮，在葬禮結束之後會將死者的「靈厝」暫時安置，每日晨昏兩次的捧飯，至滿七除靈。這期間便有大約一個半月（49天）的時間，然後再將新死者的神主牌及香爐供奉在祖先牌位的左下側。其後，並有百日祭和做對年儀式，直至一年或三年後舉行「合爐」儀式，至此「除孝」。因此在這期間的祭祀儀式，不斷提供族人一起哀悼的機會。然後在一年或三年後的「除孝」，這個儀式很明白的提醒哀傷者可以不用再哀悼了，讓哀傷者有一個明確轉換生活的時間轉捩點。

五、鼓勵公開表達哀傷和形成支持網絡

幾乎各項喪禮儀式，都期待死者的親人公開表達喪親哀痛的情感情緒。所以，因儀式的鼓勵，可以減少壓抑和自我禁制（self-inhibited）。此外，由於訃聞告知親朋好友來參與喪禮，而形成社會支持網絡。尤其至

親在「守靈」、「做七」、「百日」和「對年」等儀式中不斷相聚，都不是獨自哀悼的儀式，而是提供多次家屬共同哀悼的機會，有如自助的家族哀傷諮商團體的功能，更能夠減少獨自哀傷的無助狀況，家屬可以相互支持以度過最艱難的時期。

六、建立繼續聯結

喪禮經由一連串的儀式，將死者進行「作神」的角色轉化，使得死者在家族系統擁有新的角色和地位，並以新的角色和地位建立嶄新性質的聯結，可以明確區分生存者世界和死者世界的界線，可減少對於生死界線缺乏現實感的混淆。同時，雖然關係的性質已經不同了，但是可以維持繼續聯結。

七、鼓勵繼續溝通

透過設立「神主牌」，以及逢年過節、生辰忌日等按時祭祀的儀式，可以提供哀傷者持續和死者溝通的新管道。

八、儀式出自哀傷者的信念

儀式必須來自當事人的文化，為一種文化的資產。儀式的象徵力量，就在於其特殊資產，能夠碰觸到當事人的困難，或失去功能的下意識意義（Gilligan, 1991）。台灣傳統喪禮儀式承傳久遠，乃基於華人世界的共同基本文化與核心信念，故能產生儀式的功能。

九、界定過去和現在

從上面敘述喪禮儀式的階段轉變，除了協助哀傷者逐步適應失落，也在協助哀傷者劃清與死者的過去、現在和未來之關係。

十、統整受創後的身、心、靈

整個喪禮過程的各種儀式，都在協助哀傷者身、心、靈參與的機會，當死者轉化為「作神」角色之後，哀傷者也達到身、心、靈合一。

十一、減少自責與罪疚感

　　在喪禮過程的儀式和事後的祭祀儀式，除上述的功能之外，在民間信仰或佛教徒還會利用慈善行為或布施，替死者作功德。因此不管是喪禮儀式、祭祀儀式或做功德，對於哀傷者都具有去除遺憾和內疚的功能，甚至能夠鼓勵成長與發展的功能。

❖第五節　華人喪禮在哀傷療癒的啓示❖

　　從承襲自華人傳統喪禮的台灣喪禮之探討，可以看到台灣現代喪禮的儀式，雖然歷經時代與地域的遞變與遷徙，在主要儀式依然保留華人傳統喪禮的儀式精華。而華人喪禮最重要的核心目的，即在將死者進行角色轉化，以便可以與族人維持繼續聯結，作為確保家族系統的完整與圓滿。由於當代西方哀傷諮商重視哀傷者的哀悼行為調適、哀傷任務的完成，以及倡導繼續聯結為完了哀傷的重要關鍵之說。因此，從西方的理論反觀華人喪禮的過程，可以看到有不少的儀式具有哀傷療癒的功能，可供現代哀傷心理服務工作者參考。

壹、角色轉化為安全的繼續聯結

　　渴望尋找和保持與死者的聯結，為哀傷早期的共同現象（Bowlby, 1961），而且面對死亡有現實感也很重要，有利個人哀傷歷程的進展。根據前面所論述，台灣的喪禮因基於華人相信人死之後尚有「靈魂」的存在，以及有死後世界，同時也因華人文化重視家族制度和人倫關係，所以家人不會因為死亡而中斷關係。因此華人或台灣的喪禮主要利用一套儀式，將死者進行角色轉化，讓親人死亡之後能夠以嶄新的角色和地位繼續存在於家族系統。這些具有角色轉化功能的喪禮儀式，不只可以讓生存者

維持與死者的繼續聯結，尤其最特別的是將「臨終者」進行角色轉化，使其成為死後「作神」（祖先）的角色。所獲得新的角色和地位，是在家族系統的祖先系統與生存的家人之間的關係，以一種全新性質的關係和角色維持繼續聯結。所以，生存的哀傷者知道生死與幽冥兩隔，渴望身體親近是再也不可能的事實，也不會發生「生」和「死」界線的混淆，或發生西方學者所謂「與死者過生活」的複雜性哀傷問題。而且這樣的連結，既是外在的聯結，也是現在和未來都可以維持的繼續聯結，比當前西方學者主張以記憶或遺物作為聯結更勝一籌。「記憶」乃哀傷者內在過去的經驗，而遺物則是哀傷者外化的聯結，容易發生問題。Field（2006）描述日本人相信有靈魂，而有祭拜祖先的儀式，哀傷者先進入死者的國度，將死者靈魂帶回家安置，在點蠟燭和拍手儀式（等同華人合掌禮拜儀式）之後，儀式結束。儀式結束哀傷者鞠躬走出死者的國度，並回到活人的世界。因此，Field也認為經過這樣的儀式，哀傷者對於活人世界和死亡世界之間的界線非常清楚，兩者不會混淆。因此，角色轉化之後的繼續聯結為安全的聯結。

貳、祭祀儀式是滿足繼續聯結和溝通需求的方法

當然，只有角色轉化這樣的繼續聯結，不是充分而完善的辦法。我們華人有智慧的古人，除了使用喪禮來度過最傷痛的時間之外，還發展了祭祀儀式，以繼續滿足哀傷者維持聯結和溝通的需求。透過祭祀儀式，在特定的時間，例如週年忌日、冥誕、逢年過節等，這些特別容易引起哀傷的時間點，可以繼續溝通，保持連結。哀傷有完了的時候，但是哀悼則可能是一輩子很難終結的事，這些儀式可以滿足處在哀悼過程較早期時，例如死亡之後的兩、三年，還有溝通需要的哀傷者。所以祭祀儀式相當有助於哀傷者度過哀傷的早期，滿足連結的心理需求。因此，心理師可以善用當

事人相信的儀式，作爲鼓勵繼續聯結，以促進健康的復原，或也可以創作或使用適合當事人的治療儀式，促進當事人的繼續聯結。

參、會談過程重視包容與支持

　　一年或三年的傳統守喪時間，在現代已經形同虛設。由於在現代的工商社會，要求個人在數日喪、葬禮之後，便回到個人的工作崗位，並期待個人已經恢復功能。所以，現代人無法完全借助喪禮來充分處理哀傷，即便親人爲自然死亡的非複雜性哀傷，有些可能仍需借助專業諮商的協助。由前面的啓示，哀傷既然是人性的反應，需要足夠的哀悼時間。因此，面對哀傷者的工作，必須了解哀傷過程的進展具有個別差異。在死亡發生的初期，尤其需要以包容的態度，採取陪伴和支持爲主，並教育和鼓勵哀傷者允許自己的哀傷表達。同時，也必須容許哀傷者依照自己的步調前進，盡量避免採取企圖引導改變的積極性介入。若是非自然死亡者的家屬親友之哀傷，則可能發生創傷性哀傷或複雜性哀傷，而需要較長的時間，並由專業心理工作者對於哀傷者的精神層面進行治療。

肆、鼓勵家人互訴哀傷和相互支持

　　在還沒有現代禮儀公司出現之前，喪禮主要由喪家在親友協助下處理。Doka（1984）指出，參與喪禮籌備有助於哀傷的適應。李維倫（2004）和林耀盛（2005）都指出，當前西方哀傷理論的缺失，在於只是從個體化內在動力反應的角度構思哀悼經驗，忽略社會性的集體化療癒效果之面向。前述無論喪禮或祭祖儀式，皆具社會性或集體性，而不是個人或孤獨的哀思儀式，故能提供如前面兩位學者所指出的療癒需要。李維倫（2004）便提醒：「當我們不再把以往在西方社會發展的心理治療學理論

視為理所當然，當我們開始看到其所相映的個體主義視框，我們也就會開始察覺到人類生活中的集體性或是社會性並沒有在心理治療的理論中受到應有的重視。」（p. 362）其次，由於通常在忙碌的喪禮結束之後，是個人真正體驗到死亡的現實，以及有時間關注到自己情緒的時候，為真正感到失落與哀傷的開始。然而喪禮結束，也是個人失去哀傷環境的分野點。一方面不確定家裡其他成員對於死亡事件的喪傷程度是否與自己相同；另方面擔心談論死亡事件觸動其他家人的傷痛。因此談論死者相關的哀痛，便成為家人之間禁忌的話題，家人反而獨自哀傷，導致家人之間可能感到疏離。所以，在協助來諮商的哀傷者之過程，可以邀請其家屬參與，使哀傷成為家人之間可以公開互訴心聲，而不是孤獨承受之事。當有其他家屬參與，便得以互相傾訴和解除家人之間的孤獨哀傷，可以增加對彼此傷痛的了解和支持，打破哀傷為家庭禁忌話題的困境。

伍、需要協助哀傷者身、心、靈的統整

　　根據民族學者Arnold van Gennep（1960）的研究，Reeves（2011）（p. 409）對於死亡相關的儀式，提出這樣的定義：「死亡儀式為一種典禮（ceremony），有關一個人或一個象徵的失落，通常涉及其他人。」例如在天主教方面，與死亡相關的儀式，包括臨終受洗塗油膏、床邊聽取遺訓和告別、週年祭撒骨灰等，這些儀式都有揮別嚴重哀傷的意涵。因此，**儀式是用以提升意義和情緒，且通常為靈性的體驗**，聚焦在特殊事件或情境，為非尋常的活動。而當狀態改變的時候，也有淨化和保護的意涵。在台灣喪禮儀式當中的主軸，也是最核心之處，就在於將死者進行角色轉化的儀式，使得死者得以繼續存在家族系統，為華人文化所特有。而且那些儀式，具有統整哀傷者個人身、心、靈的功能，十分值得重視。在協助哀傷者之際，不只照顧其心理，同時也需要處理其靈性層面，即個人的信念

系統，以及因哀傷的壓力反應所造成對生理的影響。此外，最重要者，可能在協助哀傷者將內在死者的表徵，或是內在客體的角色和意像進行轉化，由於將死者角色轉化的療癒功能不只是心理的，也是靈性的，故有促進復原的功能。

陸、靈性的成長與轉化

台灣喪禮的儀式至少有一年的時間，社會容許一個哀傷者可以哀悼。若對應Maciejewski等人的研究所指出哀傷所需要的時間，似乎合理且足夠。在喪禮的過程，從「徙鋪」儀式到舉行「葬禮」儀式之間，已經有許多的儀式，容許生存者一再公開表達哀傷。在葬禮之後，由於必須等待完成「做對年」儀式才「除孝」，即經過一年之後才不用繼續守喪，且守喪期間至親需要戴孝，出殯前至親披麻戴孝，出殯之後只戴孝，例如死者的孫子將會在袖子別上紅色線或紅色毛線結，以示尚在守喪的期間。這樣的儀式似乎代表社會公開鼓勵和容許哀傷者，至少有一年的時間可以哀悼。哀傷的家屬也以象徵和非語言的方式，告知世人個人還在傷痛期。以這種儀式的方式，除可以得到社會的包容和支持，還可以避免需要以語言告知他人的困境與尷尬，同時也協助哀傷者度過最困難的時期。故傳承自遠古的喪禮，社會對於生存者哀傷反應的態度為容許和包容，並視為正常的人性反應，似乎對於哀傷者的失落適應相當有利。Kumar（2005）便認為對哀傷反應抱持可接受的觀點，可以打開讓情緒和靈性成長與轉化（transformation）的機會。由於可以公開表達哀痛的情緒，並為他人所接受和獲得支持的力量，最有利於情緒的紓解。當哀傷者不再沉浸在傷痛的情緒，便可以開始從經驗當中的省思獲得學習和成長。台灣現代的喪禮，守喪已經流於形式，也沒有戴孝的儀式，以致周遭的人不知道或早就忘記這個哀傷者需要支持與協助。在求助於專業人員的時候，會談中務必協助

哀傷者轉化自己，以便從經驗當中獲得靈性方面的學習和成長。

柒、轉化死者作爲哀傷者內在的力量

　　最後，〈中庸〉篇，子曰：「事死如事生，事亡如事存，孝之至也。」顯見華人的孝道，不僅有生前回報，還有慎終追遠和按時祭祀作爲身後回報。故祭禮可以保持與先人連結與溝通，有助於減少遺憾與內疚的功能。由於祭禮爲華人傳承千年之活動，因此有人所謂「很鐵齒」，不信鬼神，也沒有任何宗教信仰，唯獨會依習俗祭祀先人。可能與華人的傳統文化不只抱持「有神論」，也相信「萬物有靈論」（藍采風，2000）有關。此外，孔子說：「夫孝者，善繼人之志，善述人之事」，故「善繼」先人之志爲生存者的孝行，也具有鼓勵成長和發展的功能。因此，會談中與哀傷者討論與「善繼」先人之志相關議題，可能具有鼓舞哀傷者的作用。「善繼」先人之志也可能經由認同，可以讓哀傷者去延續死者的愛，例如器官捐贈者的家屬，會將親屬的器官捐贈視爲死者的愛或生命的延續，而達到療傷的作用。Atting（1996）認爲哀傷者經過再學習的過程，除了以新的方式和家人、舊朋友、新朋友的再連結，也透過工作和社群的再連結，包括擔任志工等。林耀盛（2005）的研究便發現，921受災的哀傷者有投入志工服務者。這些都是將死者轉化，而成爲個人內在力量或成爲個人認同的典範。

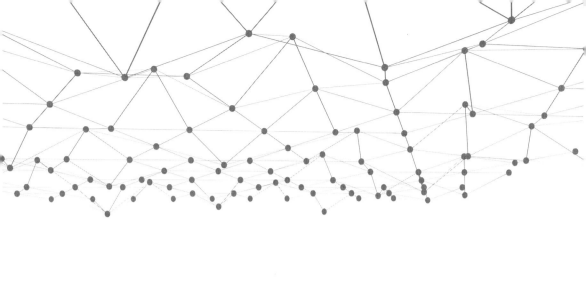

◆ 第四篇

客體角色轉化的
原理與建構

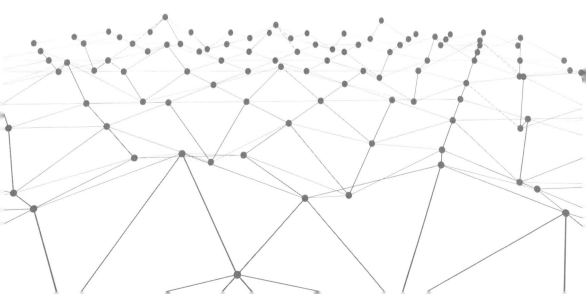

第八章
療癒的儀式

　　本章所謂「療癒的儀式」（therapeutic ritual），是指對於個人心理，在情緒、想法和行為，具有轉化和療癒功能之儀式，不是指宗教的治病儀式，或民俗巫術的治病儀式。由於第九章所論述的客體角色轉化模式之文化基礎，主要根據華人的「萬物有靈論」，以及喪禮文化中所蘊含之療癒機制。在心理學方面，則以客體關係論為依據。而在主要的諮商介入方面，則由於使用療癒的儀式，以便可以較為省時又有效的促進客體角色的轉化。因此，除了在第六章已經闡述華人和傳統閩南喪禮與哀傷療癒的關係之外，也需要在這一章說明在心理方面使用療癒的儀式，以便闡明這個模式的程序之中，所使用療癒的儀式之正當性和可行性。

❖第一節　儀式與象徵的意義和性質❖

　　儀式是世界各地族群生活和文化中不可缺少的重要行為，而且幾乎所有儀式都包含象徵的元素。儀式是一種典禮，多數可以激起情感情緒，例如輪船下水典禮、開學典禮、婚禮，建新屋的破土典禮等相關儀式，最容易帶來興奮和喜悅的情緒。人生和生活中還有些轉換的儀式（ritual of transition），例如畢業典禮、喪禮、忌日祭祀等，由於都涉及分離的議題，因此往往可以激起繼之隨後湧上的哀傷。所以，在諮商與心理治療可以運用治療的儀式，來處理未完了或情感情緒比較敏感的問題。如果助人的心理專業人員在引用儀式作為治療歷程技術時，對於儀式與象徵的性質

與特徵等越了解，則越有助於善用儀式作為一種治療的技術。

壹、儀式的定義和意涵

提到儀式，一般容易讓人聯想到宗教和巫術。然而，儀式也有非宗教和巫術的意涵。主要由於古老的儀式都有奉獻或宗教的意涵，因此儀式常常讓人與宗教、巫術聯想在一起。美國哀傷領域的著名學者Rando（1985, p. 336）對於「儀式」提出這樣的定義：「一種特殊的行為或活動，行動者個人或一個團體，用以象徵性的表達某種情感或想法。可能是一種習慣性行為，或是一時之舉。」可見儀式可能由於特定的一個社會，在習慣上傳承已久，例如婚禮和喪禮；也可能是個人在一個特定時間的舉動，例如應考的考生由於太緊張，不自覺合上雙掌向上帝祈禱。顯然地，儀式是情感或想法，以一種象徵性的方式呈現。儀式常見於生活中，例如對於貴賓的獻花儀式表示歡迎，或母親節對母親獻上康乃馨表示感恩，都有表達情感的意涵；若是升旗的儀式，則有表示愛國的想法。

傳統上，社會使用各種儀式來幫助個人或團體，在生命週期作轉換，從一個階段轉換到下一個階段，例如成年禮、婚禮之類的儀式。儀式也用來處理身體的疾病和心理的問題，例如一些宗教或巫術常使用祈福或治病的儀式。而有些儀式也用來改變個人和團體之間的關係，以堅定新關係，例如學校的開學典禮、軍隊的入伍典禮都是這類儀式。因此，社會上各種儀式的功能，主要是用在轉換和適應新環境。

由於儀式是從文化和生活經驗中發展出來的，所以與每個人息息相關，就存在個人的生活之中。每個人可能都知道儀式是什麼，也熟悉生活中各種慶典儀式。然而，可能有不少人並不覺知就在自己身邊的日常生活儀式。由於儀式可以轉化情緒和想法，因此每個人也會有自己的儀式，而通常是用以安心，例如在一個家庭吃飯的時候，父母親固定坐在特定的位

子，不能被換位子；或是有人右手腕一定要戴上一條佛珠。我有一個研究生，自大學時代就帶著一個黑色小塑膠玩具貓，無論搬到那一個住處，一定放在書桌的左角，他說就是要這樣心情才好。這些就是儀式，而且是個人的儀式。家族治療師就是會利用一個特定家庭的日常儀式，發展成為治療這個家族成員的儀式（Imber-Black & Roberts, 1988）。

儀式具有轉化的功能。大部分文化上的儀式和慶典，都具有促進生活轉化的目的和轉化自我認同的功能。Janine Roberts（2009）認為，儀式也可以促進每一代之間的連結。美國人在領養小孩的時候，就會舉行一個領養日的慶祝會（party），向孩子表示父母和這個社區歡迎他，也表示這個家庭從沒有小孩到有小孩傳承了。家裡的一些人也得到新的角色，領養者變成父母親，老一輩也改變角色，晉升為祖父母，還有人獲得姑姑或叔叔的角色。這個家庭不只生活不一樣了，也有新的希望，家族團體獲得轉化。類似的儀式，以前在台灣生了兒子的夫妻，在孩子週歲那天需要帶兒子回老家祭祖，有向祖先報告家族有男丁可以傳承的意義。世界各族群的婚禮儀式，也是用來轉化兩位新人的角色，包括自我認同和生活目的，以及個人責任和權利，甚至家庭團體生活的目的。其他，例如生日、成年禮、喪禮、開學典禮，以及各種節日慶典等，無不具有轉化的功能。

貳、儀式的特徵和力量

儀式具有特徵和特殊的力量。由於儀式為特殊的行為或活動，通常會借助象徵作為工具而產生力量。例如婚禮的帶戒指儀式，男女雙方互贈結婚戒指，並相互套在彼此的手指上，戒指就是一種象徵。Wyrostok（1995）認為儀式的主要特徵有五：特徵之一：為具有結構。儀式提供當事人一種實質性的（tangible）介入，具有安慰劑的效果。當事人只是知道已經做了某些可以解除不舒服的事，便感到不舒服解除了。而且儀式也

是有時間限制的一種結構，例如喪禮，不只具有安慰劑效果，也有時間的明確限制；特徵之二：為公開見證，Gilligan（1991）便很強調公開見證儀式的重要性。見證者提供了當事人情緒的支持，以及讓當事人定錨在現在，並代表他們相信當事人會步上未來。結婚儀式特別具有這項功能，未婚同居之所以不能大大方方公開，便是由於沒有經過公開的結婚儀式；特徵之三：為能帶來社會連結或關係，公開見證的力量，就是可以使得儀式能夠將受苦的人再與社區連結起來，由於公開見證的過程分享經驗，透過共同的語言和價值觀而促進社會連結，這就是喪禮儀式可以獲得社會支持的道理；特徵之四：為儀式具有象徵性，象徵性的力量既複雜又多面向，而許多儀式本來就有象徵性的力量，可以連結個人下意識。宗教便是利用各種儀式的象徵，讓信徒感到安心。Wyrostok（1995）提到軍隊，便是很清楚儀式的力量，因此利用一套入伍的儀式，可以讓一個人得到一個新的角色認同，而變成面無表情的戰士；特徵之五：為能夠「變化意識狀態」。D'Aquili和Laughlin（1979）認為，在儀式改變意識狀態之中，個人內在二分或對立的部分可以得到統整，是由於在不尋常的生理－社會狀態之下，產生一種對立的重逢，例如：受害與生存、死亡與再生、孤立與關聯，甚至在入神的狀態之下，可以產生和宇宙或超凡合一的感覺。華人的喪禮，便是利用喪禮儀式，將死者的社會角色轉化成為祖先，因此在社會擁有地位，在家族生存者的心中，也不會因這個人已經死亡而從此消失，死亡和在靈界重生，家族成員個人身、心、靈也得到統整，而安撫了家族生存者的哀傷。

參、象徵的意義和性質

從研究圖騰和洞穴文化，發現人類使用象徵的時間，已經存在超過幾千年，且普遍存在我們的生活之中。象徵與儀式一樣，具有很濃厚的文

化色彩，甚至個人獨特的意義。例如在華人社會的文化，龍代表吉祥的象徵，然而在西方的文化，龍卻代表邪惡。在象徵的個人獨特意義方面，一條五色線的手環，對一個人可能代表守護，對另一個人可能代表懷念。因此在不同的社會，相同的東西可能代表不同的象徵意義。在心理方面，同一種東西對於不同的個人，可能具有不同的象徵意義。不過也有一些東西的象徵意義，可能超越文化的差異。在Carl Jung的分析論當中，「橋」被認為是斡旋的象徵性傳輸工具，為轉換期連結內在精神（psychic）的象徵（Minuleniscu, 2014）。因此，當我們使用西方的分析論，在象徵的運用上需要特別注意，該象徵有無超越文化的共通性。否則，便有強制當事人接受的可能。其次，象徵與符號不同，兩者不能混為一談。象徵意指每個人的某個或某些很獨特的東西，擁有者根本很難告訴他人這個確切的意思，也就是這個擁有者若不說，他人不會知道該東西對這個人的意義；符號則對於每個人的意義都相同，例如「禁菸」的示意圖，或「停」的交通號誌等，不是象徵，而是符號（Langer, 1963）。

　　台灣有一種使用「替身」的巫術。一個被認為遭到邪靈附身的病人，可以經由巫師行巫，利用一個代表病人的紙人或小草人作為「替身」，這個紙人或小草人，臺語俗稱為「替身尪仔」，就是一種象徵，被視為可以替病人將疾病帶走，不知不覺這個病人便感到不藥而癒。Rogers（1982）在分析薩滿的治療儀式時，也提到象徵給人一種特殊的感覺，能轉移物質世界正常事件的活動。在儀式進行的過程當中，病人處在巫術的神祕現實之「閾」，也就是病人會處在意識與下意識的邊際，因此儀式似乎具有催眠的效用。無論台灣的驅邪巫術，或是薩滿的治療儀式，在行巫儀式的過程，當事人都有如被催眠一般，而產生神奇的效果。

肆、儀式與象徵的關係

儀式的主要功能在轉化，象徵則蘊含很多的力量。儀式和象徵通常具有很密切的關係，甚至有不可分離的關係。由於象徵為儀式中不可或缺的元素，當象徵透過儀式的行使，更能夠發揮其不可思議的力量；而儀式的轉化功能，也需要借助象徵來達成。所以儀式經常會使用一些象徵，來達到使用儀式的目的和效果。Imber-Black和Roberts（1998, p. 140）這樣讚美儀式的象徵：「所有的儀式都有象徵和象徵活動，因而能帶給我們儀式的深度、意義和價值」。儀式能表達言語所不及之處，往往僅觀看或回憶一個象徵，便能勾起我們對於童年熟知的儀式之種種記憶和情感。儀式深植人心，便是由於儀式其來已久，就存在我們的生活當中，我們從小就見過不少的儀式，也很熟悉儀式帶來的情緒和想法改變的力量。因此，將象徵與儀式結合運用，對於我們並不陌生。

象徵似乎具有很多力量，能夠引發人的下意識意義，這些通常個人在意識所未知覺；而儀式則具有不可思議的轉化功能。因此，若結合象徵形成一個儀式，兩者就能夠利用一個人、一個地方和一個人生事件，產生基本關係。在不同時代和不同社會，都會利用象徵和儀式的結合，以作為轉化和療傷之用，例如舉行紀念碑的立碑典禮，紀念碑是一種象徵，典禮是一種儀式，為特殊活動，當結合在一起，便可以產生轉化和療傷的效果。在台灣，南投霧社抗日事件為了紀念與哀悼當時參與抗日的原住民義士，便立了一個紀念碑。這個紀念碑的象徵，不只是記錄史實，立碑的儀式也是哀悼療傷，同時具有生命昇華等意義。在美國華盛頓特區，也有一座越戰退伍軍人紀念碑，讓親人可以靜靜憑弔哀悼，讓當時受傷擾動的美國社會可以止息，並轉化那些因參戰死亡軍人的生命意義，也轉化他們家屬的情緒和自我認同。

❖第二節 象徵、儀式與治療❖

壹、諮商與治療使用儀式的淵源

從歷史觀之，儀式用在心理的治療並非新的創舉，可追溯至遠古，人類的宗教與醫學原本就是合一。西方世界在中古世紀，由於開始發展醫學研究，才將兩者分流出來。現代在非西化的世界，仍舊有使用奉獻的儀式來處理內疚、焦慮、憂鬱、家庭功能等問題，與心理治療沒有兩樣（Wyrostok, 1995）。台灣約在六十年前，農村仍有使用「斬皮蛇」這樣的巫術，來治療目前醫學上稱為「帶狀疱疹」的疾病。台灣研究本土心理學的學者發現，台灣民間仍存有使用巫術來處理心理困境的情形（李亦園，1981；李維倫，2004；余德慧、彭榮邦，2003；彭榮邦，2000）。以「收驚」這個巫術為例，目前台灣在民間依舊很普遍，這是用來協助受到驚嚇的人安定情緒，如同現代以心理治療處理創傷。在台灣九二一地震的時候，受災地區的民眾也使用「收驚」處理創傷經驗。在這個巫術的行使過程，接受「收驚」服務的人，有如被催眠一般得到情緒的安撫與安穩。因此從「收驚」的目的和功能，可以被視為古老的心理療癒儀式。

晚近美國學者越來越重視將儀式應用到諮商與心理治療領域（Brook & Fauver, 2014; Reeves, 2011; Wyrostok, 1995），其中最著名者當屬Milton Erickson。他深入研究薩滿（Shaman）儀式，並依不同當事人而自創儀式，運用到心理治療以協助當事人，其治療方法他人難懂，然而與心理治療有很多相似之處（Thomason, 2009）。Erickson的心理治療法，已逐漸為美國諮商與心理治療領域人士所熟知。在情緒苦惱的療癒上，他的治療歷程和美國原住民使用的療癒歷程有共同之處，可歸納有四：⑴都依賴某種程度的權威治療師或治癒者（healer）；⑵使用象徵的方法和儀式，來

促進當事人對改變的感受性；⑶同時兩者也都使用催眠狀態來促進療癒；⑷兩者使用的程序和工具都具象徵。

　　雖然Erickson使用象徵和儀式在心理治療長達五十多年，但是他會很清楚的區分催眠和神祕，以及非科學的暗示。而且他也不討論宗教有關的靈性，以免自己陷入超個人的（transpersonal）解釋。基本上，Erickson堪稱是個理性主義者，他一直維持自己所做的治療和經驗，可以用具體且科學的術語去描述，無需使用奧祕的道理。由此可以了解巫術和心理治療儀式，雖然兩者都具有改變的療癒功能，還有很多共同之處。然而兩者不同的地方在於，心理治療儀式主要運用巫術所蘊含巫現象中的改變機制，而不是巫術本身。Erickson深信象徵的療癒方法之所以有效，主要在於當事人深信那些象徵的療癒力量。Frank和Frank（1991）認為，這個過程或許不太能理解，然而建立在廣泛的各種療癒儀式，確實能解除受苦和消除沮喪的事實。所以不管當事人的超自然或靈性的信念，是否可以被驗證為真實，他們的那些信念，卻可以用來促進他們的心理療癒（Thomason, 2009）。

貳、象徵應用在心理治療有效的原因

　　要知道象徵用在心理治療會有效的原因，必須先知道象徵的運用是如何實際發生作用的。Gilligan（1991）認為儀式的象徵力量，就在其為一種特殊資產，能夠碰觸到當事人的困難或失功能的下意識意義。或許這就是儀式的象徵所特有的力量，使得儀式在諮商與心理治療上可做為轉化或改變的工具。尤其儀式和我們的生活經驗如此緊密的綑綁在一起，不受嚴謹治療理論建構的限制，可用在許多治療模式當中，以及在廣泛的年齡群之當事人都可以使用。而儀式有趣又嚴肅，很能引發治療師和當事人都感到有興趣。使用治療師和當事人都感到有興趣的治療技術，是諮商和心理

治療介入的先決條件。

　　在諮商與心理治療當中，治療師想要有效的使用象徵，首先就必須知道象徵運用在諮商和心理治療能產生效果的原因，茲說明如下。

　　一、象徵的選取需要使用一個個人已經接受的信念，去處理他無法接受的想法（Cox, p. 239）。由於象徵的使用，會有讓一個人發生改變的力量，最基本的條件就是運用一個人本有的文化資產，這個人才能完全相信和接受。如果治療師使用一個當事人陌生或無法接受的象徵，乃為無用之舉。

　　二、象徵的使用必須容許一個人無需使用言語，便可以去認定他的價值觀。Roberts（2009）認為，儀式由於其靈性本質是超越語言所能陳述，所以必須使用來自一個人文化和生活中熟悉的象徵。

　　三、所使用的象徵必須使治療師和當事人兩人不用爭論。治療師必須使用當事人個人的文化資產作為象徵。由於使用一個人自己絕對能接受的象徵，所以可以無須爭論。

　　四、象徵宣示了從個人內在湧出的語言和行動的意義，因此具有自我－共振（ego-syntonic）的能量（Cox, p. 239），遠勝過Adler（1959b）所謂個人早期形成的「基本的錯誤」（basic mistake）。

　　五、治療中不要去分析象徵。由於象徵是不容分析的，其意義為情感的，不是理性的。一個人對於象徵意義的相應，但憑直覺和感覺，不是經由思考和推理。

　　六、象徵的本質沒有限制。因其最實在的本質，是遠超越時間和空間（Cox, 2011, p. 239）。因此，象徵可用來協助個人對於過去和現在依舊糾結的錯誤和問題，可以「重來一次」。

參、象徵可以斡旋過去和現在

　　Cox（2011, p. 93）認為「無論哪一種治療方法，當事人都必須搞定過去，步向未來」，意即心理治療不可避免的，就是當事人的過去與現在糾結的關係。我們常常可以聽到一個人後悔的說：「早知道，我就不……」或是：「如果會知道這樣的結果，當時我無論如何一定會……。」都是由於過去的錯誤或問題，將當事人帶到諮商室。而使用什麼方法或是如何進行，可以讓當事人能夠建構連結過去與現在的橋梁，對於治療師是一項挑戰。

　　策略心理治療（strategic psychotherapy）的學者，也主張使用儀式（Bergman, 1983）。策略心理治療特別著重在簡短和對症治療，聚焦在症狀或當事人的抱怨。他們也知道，如果個人的社會情境沒有產生基本的改變，症狀是無法治好的。他們認為，當一個人無法做根本的改變，就會出現症狀。而一個人需要做的根本改變，是當面對生命週期的一個「正常的轉換」，或是一個危機的時候。轉換通常為生活階段的改變，例如需要離家、換工作或結婚等，就需要轉換；危機則是一種突然出現的事件，例如死亡或生病等。無論是可預期的轉換或突然的人生危機，都需要重新定義關係和轉變家庭功能。如果個人或家庭就「卡」在那裡，無法重新組織，就會出現症狀。這時就需要諮商或心理治療。由於個人或家庭的當前被過去所佔據，治療的介入是要將個人或家庭帶離過去的人或過去的情境。治療師會為當事人量身創作，所謂分離治療的儀式。

　　策略心理治療學者Hart和Ebbers（1981, p. 189）認為：「儀式對於刺激為很有力量的工具，並且能使改變穩定下來。」而且他們認為儀式有正式規定的行動，這些行動不只有特定的方式，也有一定的順序。雖然策略心理治療不同於其他學者，認為象徵和儀式有時也可以由當事人自己創

造。不過，不論是策略心理治療或其他的治療，使用儀式主要都在處理過去和現在的糾葛，而需要分離和轉換。

　　象徵和儀式，都是運用當事人接受的信念，去處理他或她未接受的人事物。由於象徵對於一個人和一個社會，通常具有決定性的意義。其基礎在於允許一個人無須語言，或令人喪氣的爭論，便可以去認同一項價值、一個象徵或是一項儀式，是深層的情緒，其次才是理性。因此，可以成為找到發洩能量快速且容易的管道，並致力於帶著一種對於時間和空間兩者宣洩和重建的頓悟（Cox, 2011）。

　　象徵和儀式的運用可以帶來具體化，例如可以用以轉化抽象的情感成為具體的，而這個方法能夠協助當事人得以回到過去痛苦的經驗，然而也帶著能量推進到未來，同時能夠積極的處理情緒。在諮商和治療方面，可以使用儀式和象徵來協助當事人告別過去。Gilligan（1991）是一位擅長使用儀式的學者，曾經運用Erickson的模式，創造一個儀式來協助他的一名女當事人促進生活轉變。這名女當事人因流產，而沉溺在過去的生活中難以自拔。Gilligan使用一套儀式來協助當事人，埋葬她的孩子和告別孩子，以便可以不必牽掛這孩子，人生得以向前行。當然儀式當中的埋葬孩子，不是真正的去埋葬早已入土的孩子，而是使用象徵性的埋葬。

　　最後，由於象徵具有無限制的本質，可以超越時空。因此象徵和儀式在諮商或心理治療之中最寶貴之處，即在於每位當事人都在尋找「重來一次」的方法。而運用象徵和儀式，可以容許他們有這樣的一個機會。因此，在美國不只Milton Erickson創造和運用許多心理治療儀式協助當事人。Stephen Gilligan（1991）也曾經利用象徵的力量和儀式的功能，發展成為心理治療儀式來協助創傷的受虐者。Gilligan認為自虐的行為，是重演過去受虐的一種儀式。創傷性的受虐事件為一種儀式，會引誘一個人進入受害的自我認同。由於受虐的創傷，經由受害者的內化之後，使得受害

者形成再自我認同的過程（re-identification process），使用儀式可以協助當事人埋葬過去，再次重生（引自Wyrostok, 1995）。

❖第三節　儀式的療癒元素和功能❖

壹、治療使用象徵和儀式的可行性

　　由於有感於社會變遷和社會學理論的迅速發展，社會學家Cheal（1988）從後現代的觀點，呼籲在發展新的社會學理論之際，對於儀式需要有所了解。此外，社會學也需要在過去歷史上重視的整體（totality）與不變（immutable）的理念之下，轉為轉化（transformation）與暫時（temporality）的理念。Wyrostok（1995）主張就Cheal的「轉化」與「暫時」這樣的主題來看，認為心理治療理論與方法也不能墨守成規，宜採取新的嘗試。因此目前學者多認為儀式作為心理治療的介入，很適合在當代有時間限制（time-limited）的心理治療方法上使用。

　　從歷史的發展來看，儀式用在心理治療並非新的創舉，可追溯至遠古，人類的宗教與醫療原本就是合一。到了中古世紀，由於西方世界開始發展醫學的研究，才將兩者分野出來。現代在非西化的世界，仍有使用奉獻的儀式來處理內疚、焦慮、憂鬱、家庭功能等問題，目的與心理治療沒有兩樣（Wyrostok, 1995）。台灣研究本土心理學的學者也發現，在民間仍存有使用巫術來處理心理困境的情形（李亦園，1981；李維倫，2004；余德慧、彭榮邦，2003；彭榮邦，2000）。在美國，由於讓其他學者見證到心理治療儀式，確實可以協助當事人轉化和療癒，Milton Erickson的心理治療方法，使用自創儀式的療效，所以儀式和象徵的運用已逐漸為美國諮商與心理治療學界所熟知和接受。

貳、死亡相關儀式的哀傷療癒元素

美國學者Van der Hart（1988a）從人類學的角度，注意到對於失落重要親人的個人或一個家庭，儀式都扮演著重要的角色。而我們華人閩南傳統的喪禮儀式不只繁複，也使用豐富的象徵，使得喪禮儀式可以成為千百年來華人賴以療癒哀傷和調適哀悼的依靠。儀式普遍具有促進生活的轉化，以及轉化新的自我認同的功能（Wyrostok, 1995）。閩南的喪禮儀式，除了具有上述這兩項功能之外，還具有轉化死者角色的功能，使哀傷者不必切斷與死者的關係之優勢，這是來自華人文化的資產，為西方所無（吳秀碧，2016）。

美國在治療策略方面，研究儀式最著名者當屬Nancy C. Reeves。Reeves（2011, p. 409）根據人類學家Arnold van Gennep（1960）的研究，認為：「死亡儀式為一種典禮（ceremony）」，並認為有關失落一個人或一個象徵，通常會涉及其他人。也就是儀式為一種特殊的行動，或序列的行動，並且和他人有關。儀式能夠用以提升一個人、一個物或一件事的意義和情緒，且通常為靈性的體驗，並聚焦在特殊的事件或情境，為不尋常的活動。Reeves提出死亡相關儀式在諮商與心理治療運用的元素，有：⑴協助承認和接受死亡為事實；⑵提供有時限的與安全的表達情緒和哀傷；⑶提升生活方向或意義的正向感；⑷他人提供社會支持，公開表述和獲得鼓勵；及⑸達到身、心、靈合一等。

吳秀碧（2016）針對台灣喪禮儀式的研究，發現療癒的元素有：促進對死亡的現實感，提供充足的哀悼時間，有時限的、安全的表達情緒，允許和鼓勵公開表達情緒，獲得社會鼓勵和支持，利用死者角色轉化，克服過去、現在和未來的時間和空間限制，不必說再見，可以與死者繼續溝通，去除遺憾、內疚，並鼓勵成長與發展的功能，同時哀傷者也能達到

身、心、靈合一。台灣喪禮儀式中所蘊含的療癒元素，若對照Reeves所主張死亡相關儀式在諮商與治療運用的元素，幾乎完全相同。其中唯一差異之處，爲台灣的喪禮儀式之中蘊含客體（死者）角色轉化的療癒元素，相當獨特。尤其可貴的是，這項療癒元素未見於Reeves以及其他西方學者的研究或論述之中。由於透過儀式，將死亡的人轉化爲靈界的人物，而在實質性的世界所獲得的社會角色稱爲「祖先」，或稱爲「作神」，使得親人死亡之後，能夠明確的以另一種社會角色，以及另一種性質的關係繼續連結，不用切斷關係，對於生存者的哀悼調適特別有幫助。

參、儀式和象徵如何產生治療的功能

凝視儀式如同打開一扇通往當事人的信念之窗，什麼對他重要，以及與其社群連結或沒有連結的方式，都豁然明白。Cox（2011）從治療的實務經驗之中發現，使用象徵與儀式在會談的過程可以深化，同時可以縮短。他主張象徵和儀式，特別適用在短期治療模式。茲就西方學者主張象徵和儀式可以運用在短期治療的主要原因（Cox, 2011; Reeves, 2011），歸納和說明如下。

一、象徵和儀式可以爲一個人對於其人生多年來的人、事、物和各種關係，以及多重情緒的諸多事件之間，提供一個如同橋梁的過程，而不受空間和時間的限制。

二、象徵和儀式能夠允許當事人得以對於當前與過去的關係，獲得頓悟與理解的過程，無須多次會談的探問。傳統的治療方法通常需要一段時間，經過多次探問的過程，才能使當事人獲得頓悟和理解，有關他或她當前行爲和情緒與過去的關係。

三、象徵和儀式由於來自個人文化的長期薰習，好像得到暗示與催眠一般，無須語言，也難以言喻。但是，讓人相信，而且對於個人身、心、

靈整體都有轉化的力量。

　　四、象徵和儀式給當事人在過去和現在關係之間的裂痕，提供一個可以促進重建和修復的過程。當一個當事人一直卡在過去的傷害或傷痛之中，便很難將精力完全投注在現在的人生和生活。這樣的當事人往往會說：「我就是過不去」。經過儀式的象徵運用，可以協助這樣的當事人，重建和修復過去和現在的關係。讓這個人可以「過得去」，並繼續走向未來。

　　五、象徵可以對神祕提供意義，讓當事人得以回到自己和自己的家庭，做一個健康的人。由於儀式中象徵的屬性為靈性的本質，不是理性，這就是象徵無需分析，也不用爭議的優勢。

　　六、不管他人的希望，或他人的參與如何，象徵和儀式可以提供當事人得到情緒療癒的過程。原因在於雖然儀式的行使為公開化，有他人參與，但是象徵所產生的神祕療癒力量，則完全為個人化的經驗歷程。

肆、儀式和象徵可視為安慰劑

　　象徵和儀式具有特殊的力量和功能，可以縮短諮商和心理治療的過程，進而達到治療目標。然而，象徵和儀式如何產生治療的影響力，卻是神祕且難以說明的。為了減少象徵和儀式的神祕性，Brook和Fauver（2014）嘗試以生物場（biofield）和安慰劑（placebo）的概念，來解釋儀式之所以能在很短的時間產生治療效果的原理。他們引用生化學家的概念，認為生物場是一個複雜的溝通傳輸系統。生物場的溝通傳輸系統，使用範圍很廣的電磁波頻率，能夠將訊息從環境傳輸到有機體，再從有機體傳輸到環境，甚至在有機體本身之內傳輸。

　　生物場涵蓋細胞和器官，而傳輸空間是圍繞著人，以及和保有距離的刺激之間相互連結。生物場所負載的資訊，是由電磁波導向轉移能量，

看起來似乎瞬間就能夠給受損的細胞和器官帶來治療的訊息，也能夠帶來指示。在性質上，這個生物場似乎就是一個磁場，有助於在有機體各層級構造身體的功能，顯得能敏銳的反應認知和情緒狀態。Brook和Fauver認為，可以將這樣的原理用來解釋儀式和象徵的療癒力量。使用這個生物場的假設，可以提供一個微妙、普遍又具能量的組織和溝通系統，因此可以充分解釋治療的儀式，能夠轉化到生理治療的原理。由來自意義締造的效應，顯示是經由治療關係，而受到他人的影響，這個他人就像電磁波，具有傳導的功能。Brook和Fauver認為心理治療儀式的效果，就是一種安慰劑的效果。所以，儀式和象徵具有療癒力量的這個原理，就是一般所謂的安慰劑效應。其中，他人的影響為重要的原因之一，因此接受者能夠相信的權威人物，是行使儀式不可缺少的元素。由上述可知，Brook和Fauver的生物場原理，利用電磁波傳輸概念，似乎可以提供理解儀式產生轉化過程的一種架構。

❖第四節　療癒的儀式與治療❖

此處所謂的治療，包括療癒的（therapeutic）諮商和治療，以及心理治療，甚至成長與發展的方法。這三種心理介入方法的目的都在改變，可以統稱為治療。不同之處為療癒的諮商所要改變的對象為正常人，或因失落而有非複雜性哀傷的人；而心理治療所要改變的對象為病人，或由於失落和哀傷導致發生心理或精神疾病。但是，若沒有其他精神疾病問題的哀傷者，可能由於複雜性哀傷，也需要心理協助，以便處理「卡住」之處，讓哀傷者的哀傷歷程可以繼續前進，這是治療，不同於心理治療。由於如前面章節的討論，現代西方學者並不認為複雜性哀傷是一種精神疾病。所以，有複雜性哀傷的當事人還是正常人，不是病人。

壹、療癒的儀式可用在治療

Rando（1993）認爲儀式，能夠幫助哀傷者引導哀傷的情感，轉爲適配環境的行爲，使這些行爲有個明顯的開始、結束和清楚的聚焦。因此，可以幫助個人體驗到哀傷，而不會是籠統的、沒有區分的樣子。當前美國學者和實務工作者將儀式運用在諮商、心理治療，以及促進個人成長與發展等方面，已逐漸普遍。在台灣由於研究治療儀式的報告甚少，也很少看到諮商和心理治療使用儀式的文獻，在這個心理專業的行業，對於療癒的儀式在諮商和心理治療的應用比較陌生，可能尚在起步階段。爲了避免心理工作人員以爲儀式就是巫術或宗教儀式而迴避，或有使用卻誤用，以致造成傷害，因此很需要針對這個議題做一些探討。尤其，華人社會文化當中有豐富的象徵和儀式，而且很多象徵和儀式存在華人社會當中已久。儀式既好玩又嚴肅，如果能夠加以善用，可能除了可以增加諮商與心理治療的效果，也能提升治療師使用介入技術的豐富性，並讓當事人感到有趣。因此，爲了促進對於儀式的研究和在實務的有效運用，有必要闡釋儀式產生轉化的過程，認識有效的儀式和實施的步驟，以及治療師運用儀式的時候，應該避免的行爲。

貳、儀式的轉換過程

儀式具有轉換（transition）的功能。而這個轉換功能，是經過怎樣的過程而獲得，很值得探究。對於儀式的轉換過程，最早提出見解的學者是Van Gennep（1960），他提出一個三階段的過程，包括：第一階段的「分離」（separation），第二階段的「轉換」，以及第三階段的「再統整」（reintegration）。此外他也使用這三個階段，作爲檢視治療的開始、中間和結束等三個時期的架構。

　　後來的學者Tuner（1969）與Kwan（2007）對於儀式成功轉化的過程，都參考Van Gennep的論述，而有相似的看法。Tuner和Kwan也分別提出三個序列，用以解析進入和離開的變化狀態。綜合Tuner和Kwan所主張轉換序列的過程共有三階段，分別為：(1)「分離」，包括象徵的行為，分離的意義是從社會結構或社會情境中原來固定的點移開；(2)Kwan所謂「居間」與「中間」，也就是Turner所謂「介入刺激的閾」，為立足在經過一個刺激的門檻，為模糊的狀態，從文化的現實來看，這種狀態為沒有過去或未來的歸因。所以儀式用在諮商和治療過程，在這個階段個人處在意識和下意識的邊際狀態；(3)Kwan所謂「統合」（incorporation），或Turner稱為「再聚集或再團結」，是由轉換心理－社會位置，重新進入一個新的穩定狀態，個人回到健康的自己，也回到自己的家庭。同時，Kwan和其他研究療癒儀式的學者都強調行使儀式的過程，需要有權威人物的引導和象徵的運用。

參、諮商與心理治療儀式的類別

　　儀式用在諮商與治療儀式的轉換功能，與喪禮儀式的轉換功能相似，都有三階段過程。因而諮商與心理治療使用的儀式，主要也有分離、轉換和統合三種。複雜性哀傷的發生，往往與後面的轉換和統合兩個階段特別有關係。Van der Hart（1983, 1988a）便將治療的儀式依照儀式轉換的三個時期，區分為以下三種：(1)分離時期，主要為帶離的儀式（leave-taking ritual），可分為預備階段儀式、重組階段和最後階段（有帶離慶祝、清除儀式、以及再相會儀式）；(2)轉換時期，包括隱遁儀式和淨化儀式；(3)統合時期，包括帶離慶祝、清除儀式以及再相會儀式和強化連結的儀式。

　　在哀傷的初期，主要在分離。因此分離有困難或問題的當事人，可以使用帶離儀式，協助這個人離開過去，導向現在和未來。Van der Hart

（1988b, p. 5）認爲：「治療的帶離儀式……包括象徵的行動，形成一個有次序的形式，以便協助這個人，夫妻或家族能夠帶走某物，並且做成人生的新東西……治療的帶離儀式顯示，不只修通失落，而且有時候也獲得離開其他創傷經驗：這個人或人們縈繞於心的過去經驗，而且妨礙他們導向現在和未來。如果儀式成功了，可以幫助結束過去。」尤其是複雜性哀傷的當事人，在哀傷初期的分離階段便很困難。使用帶離儀式，可以幫助這個人離開或帶離情境。Van der Hart（1988b, p. 15）提過：「儀式也可以幫助這個當事人在人生做一個新的開始，正如傳統儀式所爲。療癒的帶離儀式是一個通路的儀式，由這個協助當事人將某些……留在他的後面，並生效一個新情境。」因此使用儀式可以省時又有效的協助哀傷者分離。

　　在哀傷的轉換期，當事人需要成功轉換。哀傷者需要變換自己的意像、角色，或甚至關係的定義。以華人和台灣的喪禮儀式爲例，這時期將死者角色轉化爲「作神」，哀傷者與死者也增加一種轉換之後的新關係。因此，哀傷者對於自己的角色，也需要轉換爲新的角色，並且對自己產生新的意像。在這個轉換時期有困難的當事人，Van der Hart（1988b）稱之爲「閾的問題」（threshold problems）。當事人既不再是在過去的人生，也沒有在過去之外，Van der Hart形容好像坐監一樣。使用療癒的儀式，可以幫助困在「閾的問題」的當事人隱遁和淨化。隱遁是在幫助當事人可以免於每日生活的必要遭受到干擾；淨化則是用來結束轉換時期，當事人需要找到方法給自己注入意義。隱遁似乎可以對照華人傳統喪禮儀式的「居喪」儀式；而淨化似乎可以對照喪禮的「除孝」儀式。

　　在哀傷後期，與死者的聯繫鬆弛了，當事人需要統合或統整。在這個階段，當事人需要找到與已經分離的死者有個重新開始接觸的方式，並再度開展日常生活。以華人的喪禮儀式爲例，就是「合爐」和「祭祀」的儀式。「合爐」的儀式可以將死者與祖先系統再相會，並與生存的家族系統

再統合。「合爐」之後，生存的家屬可以在逢年過節、冥誕與忌日等，使用祭祀儀式和死亡的親屬重新開始接觸，而生存的家屬也開始過著一般的日常生活和社交生活。而且在「合爐」儀式結束之後，生存的家人會一起聚餐，以鞏固和增進情感，並再次強化家人的連結。所以，療癒的統合儀式和象徵也有類似功能，可以幫助當事人找到與死者重新接觸的方法。在客體角色轉化的模式，是與在現世的死亡親人告別之後，重新與轉化到冥界的死亡親人，開始以不同性質的關係維持繼續聯結，並且將死者視為可以保佑自己，或帶給自己力量的人物。

肆、有效運用療癒的儀式之要素

治療師想要有效的使用儀式，最基本必須了解儀式蘊含的要素。其次，不同的療癒的儀式，可能步驟不一而足。然而有效的實施儀式，則有共同的主要步驟。茲就學者提出的有效療癒儀式所包含之要素（Cox, 2011; Reeves, 2011），歸納如下。

一、慎重的準備

由於創造儀式費時費力，在準備之際的首要重點，即治療師必須謹記典禮的目的。其次，在協助當事人準備的時候，則需要包括有什麼（what）決定、如何（how）、何時（when）、何地（where）等四個「H」的考慮。對於當事人而言，僅針對準備便可具有療癒作用。

二、象徵的重要

儀式可以將我們帶離日常生活，以便繞著特殊的主題注入經驗和知識。由於儀式通常時間很短暫。因此，有力量的儀式為能夠邀請當事人專注在典禮的目的，並遠離平日的想法和活動。至於使用的工具，需要選擇具有可以促進這個轉移的象徵。Reeves（2011）便舉了一個他使用空的桌

子當象徵的例子。在哀傷工作坊一開始，他在學員圍成的圓圈中央擺放一張空的桌子。然後讓學員閉上眼睛，引導學員聚焦在一個讓他或她個人感到心情很沉重的失落。其次，要學員好好的體驗這個沉重。然後，問學員那一些沉痛或憂慮，是否在身體的特定部位。就這樣，停留幾分鐘之後，讓學員睜開眼睛看著那張空空的桌子。通常學員會體驗到失落後的生活有如那張空的桌子。

三、全心全意的參與

即哀傷者個人的態度和注意力，都需要放在當前活動的現場。全心全意的參與，可以增進「一致性」（congruency）。Reeves（2011）認為，「一致性」就是指身、心、靈一起投入工作。若非如此，無法滿足我們在身、心、靈的需求。「一致性」的好處有：⑴可以讓訊息的過程更有效率，以及學習會更有效率；⑵當一致的時候，我們的身、心、靈好像長了眼睛，可以了解更多的涵義和更多的連結；⑶可以鼓勵我們對於關係、對於價值，甚至對於人生的道路等等，有堅定的承諾。

四、包含他人的參與

多數儀式不只一人參加，即便現場只有哀傷者一個人參與而已，未到場而知道的其他人，在事後也可以分享。若有其他人參與，將會讓哀傷者可以感到受到他人的支持。在諮商或心理治療使用儀式，當事人通常不會是一個人，因為還有治療師的參與。

五、劃清「過去」、「現在」、「未來」

在開展朝向未來之前，必須先告知或釐清過去和現在。表達當前的失落經驗，可以讓哀傷者得到他人的支持。公開允許儀式的目的，也能使哀傷者去擁抱儀式。所謂公開，意思是指這個不是當事人獨自進行的儀式。即便參與者只有當事人和諮商師兩人的情境，也可以視為公開。

　　從上述有效儀式的要素來檢視喪禮的儀式，也包含這五項要素。實際上，在諮商與心理治療所使用療癒的儀式，都是向喪禮、婚禮或其他儀式活動借鏡，而創造出來的儀式。即便是在寺廟當中很常見、很簡單的求神儀式，也具有這五項要素。求神的時候，首先得慎重的至少準備一或三炷香，甚至有香花和四果；利用這一到三炷香的工具，可以視為與神溝通的象徵；去求神的人，可能會告知他人或由他人陪同，或事後和他人分享；求神儀式進行的時候，拜拜的信徒需要很專注；至於第五項要素，希望求職順利的人，需要告知神，自己過去的職業（或學業）結束想要轉業（或就業），現在的工作機會如何，以及期待未來可以順利謀職。所以被視為有效的儀式，幾乎至少有這五項要素。因此當治療師創造一個使用在諮商和心理治療的儀式，也需要至少包含前述這五項要素。

❖第五節　療癒的儀式在哀傷諮商的應用❖

壹、死亡相關儀式在哀傷諮商的運用

　　世界上各種族群或許對於死亡與哀悼，持有不同的文化觀。但是，不論其喪禮儀式繁簡，目的都在於用來處理面對死亡的艱難時刻。Wyrostok（1995）認為，儀式普遍有兩種重要功能，即一方面可以促進生活的轉化，另方面可以轉化新的自我認同。在心理治療上使用儀式，同樣有上述兩種的功能。總而言之，由於儀式具有象徵的特質，象徵具有靈性的（spiritual）意義。諮商和心理治療使用儀式，同樣也有這兩種意涵。至於要不要使用儀式作為諮商或心理治療的方法，端視當事人的意願和獨特的問題情境而定。

　　實證研究發現喪禮儀式具有治療的角色（Doka, 2012），當前已經有

不少學者運用死亡相關儀式於哀傷諮商（Doka, 1984, 2012; Gilligan, 1991; Rando, 1984; Reeves, 2011; Wyrostok, 1995）。儀式用於哀傷諮商之相關益處不少，包括：⑴提供一個承認和接受死亡為事實的場域；⑵可以承認哀傷，以及有不同形式的哀傷；⑶在很不明確和混亂的一段期間，可以提供結構和穩定；⑷有助於提升個人自尊；⑸提供一個有時限、用以安全表達情緒和表達哀傷的地方；⑹建立可以榮耀死者，以及與死者關係的氛圍；⑺能夠釐清議題；⑻由於儀式是繞著未來的目的，因此可提升生活方向或有意義的正向感；⑼由於包括他人，故可以產生與社區一體的感覺，不至於感到孤獨；⑽由於身、心、靈都參與，可以達到身、心、靈合一；⑾經由公開陳述意圖之後，隨之有獲得鼓勵的作用（Reeves, 2011）。由於療癒儀式具有一般諮商和治療技術所沒有的優點，這就是何以在美國，學者早已承認並使用儀式來協助哀傷者。

貳、使用療癒的儀式促進分離

　　由於當事人的困擾或問題，往往與需要「重來一次」有關，以便解決過去和現在糾纏的問題，而其中「分離」是一個關鍵性的工作。而使用傳統的諮商與心理治療方法，對於治療師和當事人都很不容易，通常費力費時。儀式被認為可以用在短期治療模式，就在於儀式可以快速碰觸「情感的核心」，而且有上述多項益處。台灣傳統的喪禮，使用的象徵和儀式相當豐富，不只已如前面第七章所指出，有死者角色轉化的儀式和象徵，對於哀傷者療傷很重要，還有其他值得探究的象徵和儀式或可利用。尤其在喪禮所使用的儀式和象徵，例如「告別」、「埋葬」、「火化」、「居喪」、「除孝」等儀式，主要蘊含分離和轉換的機制。因此，可以嘗試經由創造，形成療癒的儀式。筆者曾使用「告別的信」和「火化」作為儀式，協助當事人告別過去，不用繼續「卡」在過去。也將「戴孝」和「除

孝」的儀式和象徵，使用來創造和協助不只死亡的失落，也包括其他失落問題的當事人。例如處理分手的問題，當事人自己可能選擇一條由三色的線串著單顆珠子的手環，而且從筆者的工作經驗，當事人選擇只有一顆珠子的手環之機會，遠高於全部都由珠子串成的手環，是否與一顆珠子象徵孤獨的自己有關，這是有趣的現象。但是，一顆珠子這個象徵不需要和當事人討論，只要當事人做了就可以。在戴上這個手環之後，我會問當事人：「你認為你要多少時間，然後除去這個手環？」也就是他們需要再給自己多久的時間去哀悼分手。通常他們會給自己一個時限，等時限到了，便和當事人討論這期間的經驗和告別儀式，例如包括埋了或燒了這一條手環，由於「埋葬」或「火化」都有結束過去的意涵。來自喪禮的「埋葬」儀式，幾乎具有普世性。在本章前面第二節所舉的Gilligan（1991）協助一名流產婦女埋葬過去之例，使用的便是「埋葬」的儀式，透過這個儀式將過去埋葬了，當事人便告別了過去，不再哀傷。

參、有效使用療癒的儀式的步驟

至於治療師想要有效地運用象徵和儀式，可以參考Cox所提出的六個主要步驟，依序說明如下（Cox, 2011, pp. 94-95）。

一、需要對問題命名

傳統上，諮商和心理治療對事情的命名很慢，而寧可使用所謂的「診斷」。然而診斷的名稱，對於當事人往往意義不大。Cox（2011, p. 94）便直言，「魔鬼」就是需要直接被指名，才能看破真面目。例如一名當事人的問題，可能被診斷為「延遲性哀傷」，這個問題的核心，在於無法向死者告別，使用療癒儀式的時候，可被命名為「需要告別」的問題。

二、尋找能夠通達問題範圍的橋梁

　　有位當事人在會談中提到，她一直以為母親重男輕女，自己在母親的心目中不是要重的子女。直到母親過世後，有一天大哥拿了一顆彩繪的小石頭給她，並告知她母親一直將這顆石頭保留在她的收藏盒中。這顆彩繪小石頭象徵著她對於母親和關係的重要，讓她瞬間和死亡的母親之間的關係緊緊拉在一起。由於這個石頭是她在10歲的時候，自己做來送給母親的生日禮物，被母親珍愛的保留著，變成她與母親關係再保證的象徵。

三、了解象徵的意義

　　一個需要鼓勵的當事人，被引入參與一項新的，有時候是陌生的過程。首先，這個人需要了解象徵的意義。例如一首歌、蠟燭、勳章、十字架、平安符等，這些都是象徵，而其意義就很個人化了。當這種象徵的意義建立了，然後便可以引導其了解象徵對於生活的重要，以及象徵對於行為的貢獻。當然，有時象徵則是用以控制行為。

四、協助當事人，認同可以通達問題範圍之特定象徵和儀式

　　有位當事人小時候，父親的漁船遇到大風浪翻覆而死亡。由於她將要結婚了，會談中提到很想念父親，不知道父親會對她說什麼。我給她一個巴掌大的海螺，她拿起海螺輕輕的附著自己的耳朵好一會兒，她的眼睛突然亮了起來，含著眼淚，一邊說：「爸爸在祝福我。」由於海螺有傳達訊息的象徵。台灣有個民俗，由於車禍或其他意外，而在外地死亡的人，家屬會請和尚或道士到事發地點舉行「引魂」儀式，使用「魂帛」這個象徵物，最後將象徵死者的「魂帛」帶回家供奉，表示死者已經回家了。這個「魂帛」象徵和「引魂」儀式的功能，可以增進家屬接受親愛的家人已經死亡的現實。

五、沒有不能作爲一個象徵之物

由於工具的象徵意義，可能每個人的不同。治療師不需要知道關係，只要當事人做了就好。當找到象徵的時候，治療師必須引導當事人一起探討和行使儀式。

六、象徵和儀式必須以某種形式來紀念

或許以寫一封信的方式，事後就將信燒毀；或如日本人去寺廟祈福，會在一個明顯的地方掛上祈福木板；或有朝聖者會在手腕戴上一個木頭珠子串成的手環，並在儀式之後作爲保護的象徵。

肆、可以鼓勵當事人爲自己創造象徵

象徵之所以具有療癒的力量，主要來自於當事人自己很相信。所以在療癒過程，不同文化需要使用不同的象徵（Frank & France, 1991）。爲了增加儀式的力量，Wyrostok（1995）甚至建議治療師，可以積極鼓勵當事人爲自己創造象徵，例如他或她的創傷、失落、未來、智慧、安全的地方，甚至全新的自己等象徵。

曾經有年輕的女性來會談，由於過去年少無知墮胎，到了有適婚對象，想要告別過去。筆者利用療癒的儀式，協助她們進行單次會談。由於當事人和死亡的胎兒並未發展依附關係，因此告別過去的核心目的，主要在於向死亡的胎兒告別。會談過程，主要有四個共同的步驟：（一）呈現問題。在A5白紙約二分之一的上端空間，邀請當事人畫出孩子。很神奇的看到，如果孩子能夠存活到現在，正如每一位當事人圖畫中所畫孩子的年紀這樣大了，而且有性別。可見死去的孩子即便尚未成形，也沒有看過，只憑想像的意像，在母親的心中未曾被遺忘，而且隨著歲月成長；（二）處理情緒。沒有機會公開表達的傷心情緒，可以藉由向治療師敘說

對畫圖意義的想法和表達情緒，而得到紓解，（三）道歉。目的在處理內疚。在白紙剩餘約二分之一的空間，請當事人寫信向孩子道歉、請求原諒並讀出來，以及和治療師分享心情與想法；（四）角色轉化。可以使用繪圖或冥想，邀請當事人想像和期望死後孩子轉化成什麼？在何處？幾乎所有的當事人都認為孩子在天上，（五）道別與祝福。這個步驟可以分為：⑴鼓勵當事人寫信向孩子告別和祝福；⑵信寫好之後，與治療師分享；⑶問當事人：「除了信，還有沒有要給孩子什麼？」治療師需要準備色紙之類的美勞工具和材料，提供當事人可以剪貼或摺紙，以便自製物品。通常她們都剪貼或摺出紙衣褲，還有紙花或紙球；⑷最後，問當事人：「你要如何將這些禮物送給孩子？」通常她們自己想到的方法，幾乎都是：「燒去給他或她」，也就是火化。但是也有例外，讓我印象特別深刻的是，有一位當事人告訴我，她要將禮物放入一個大氣球，然後等到風大的日子，在高樓上將氣球放走，讓風送給天上的孩子。事後，這位當事人寫信告訴我，當她將氣球放走，看到風很快速帶著氣球飛向高空，逐漸消失的那一刻，她很激動落淚，感到自己終於得到釋放，從此沒有過去錯誤的羈絆，頓時心中豁然開朗、很輕鬆。

　　這些當事人自創的儀式，讓我想到都與華人文化有關。在喪禮儀式，華人相信將紙錢、紙屋，紙人偶等物品火化，死者可以收到；而華人佛教徒則有農曆七月放水燈的儀式，所以無論是火化或放水流的象徵，都具有動向，朝向神祕而去，但是都可以通達當事人「情緒的核心」，產生療癒的力量。火化和放水流，都是華人相信的古老儀式。尤其喪禮中死者角色轉化之後的連結，若創造為儀式，創造的連結性質為靈性的，非心理的；靈性的力量遠超過心理的認知。這些經驗讓筆者發現療癒的儀式，能幫助當事人改變情緒，完了未竟事宜，以及埋葬和告別過去，重新出發。尤其能在很短的會談次數和時間，達到很好的效果。

　　由於在諮商與心理治療當中，每個人都在尋找個人的「基本的錯誤」（basic mistakes）（Mosak, 1979），個人早期的回憶，可能是錯誤的（Adler, 1958, 1959b）。學者們便利用象徵和儀式來協助個人，例如Williamson（1978）便利用造訪墓地的儀式作為治療方法，來協助一名與已經死亡父母之間有個體化（individualization）議題的當事人。由實證研究發現，治療的理論或方法，越是能夠看穿「情緒的核心」，越是具有永久的治療效果（Cox & Esau, 1974）。使用象徵和儀式，可以快速地到達這個「核心」，並產生效果。所以Cox便主張在短期治療，可以使用象徵和儀式來快速達成目的。

　　在協助當事人解決問題之際，Milton Erickson強調最重要的是，使用當事人本來就有的資產（assets），通常是指個人的文化資產。其次，他聚焦在當事人所呈現的問題，因此可以實施單次會談，不解釋和不提供頓悟。他的方法是，先列出家庭作業的活動，主要用以提升改變。而且通常是模糊的任務處方或嚴峻的考驗。他也使用催眠、隱喻、故事敘說、間接性建議、矛盾的指導、改變視框等技術（摘自Lankton, 1990）。他的主要目標在協助當事人不要「卡」在那裡，使當事人有經驗地去活化他們自然的療癒能力。Erickson的方法，都會因人而靈活且彈性的運用，幾乎不可能複製。儘管Erickson的治療方法和美國原住民的方法有相似之處，都使用象徵的溝通和療癒的儀式。然而很重要的差異在於，他對於靈的層面不感興趣，也不會陷入或卡在使用超個人的解釋（Erickson, 2004）。治療師有興趣運用華人文化或宗教相關儀式，創發成為治療的儀式，值得鼓勵。但是，必須嚴格謹守只運用文化、宗教或巫術的療癒機制。由於象徵和儀式必須使用當事人的文化資產，當然也可以鼓勵當事人自己尋找象徵和自創儀式。

❖第六節　療癒的儀式使用的限制❖

壹、使用療癒的儀式之限制

　　雖然儀式似乎有很神奇的力量，能影響人類的改變，對於問題能以很短的時間產生改變的效果。但是治療師必須知道，只有某些問題可以使用儀式，並不是所有的問題都可以使用儀式去解決。Reeves（2011）研究將儀式作爲不適應的哀傷治療之策略，長達20年之久。從他的豐富經驗便認爲，不是所有儀式都可以作爲心理治療之用，而是必須注意儀式之中可以作爲眞正的心理治療之用的元素。也就是運用儀式所蘊含的療癒機制（therapeutic machnisms），而不是儀式本身。

　　Gilligan主張儀式可以被研究，也可以借用在諮商與心理治療。然而必須將儀式的治療元素和儀式神祕靈性加以區分，以便區分心理治療儀式和民俗或宗教儀式的性質。余德慧和彭榮邦（2003）對於台灣民間行巫的民俗治療方法——「牽亡」的研究，也區分了巫術與巫現象。前者爲行巫儀式的具體操作和相關的宗教形式；後者爲行巫活動的蘊生機制。可見他們所謂的「巫現象」，可能與Erickson、Reeves和Cox等人所謂的「療癒的機制」義同。因此，巫現象才是心理學研究者要了解的對象，而不是巫術。能聚焦了解儀式療癒的元素，方可提供諮商與治療之用。

　　其次，使用儀式於心理治療時，治療關係是儀式是否會產生效果的重要關鍵。這種情形類似台灣的巫術是否有效，與當事人對於巫師和巫術的信任有關。對於巫術，信者恆信、不信者恆不信。在超個人心理學方面，Brook & Fauver（2014）認爲，人類的生物場顯示其在儲存、溝通和調律上，有療癒相關資訊的角色。人類的生物場（human biofield）對於心理－心靈的介入，特別有反應，這個或許可以解釋療癒的反應之行動機制。同時也指出「治療關係」和當事人的「意義建構」，這兩個元素可以預測安

慰劑效果和療癒的儀式之效果。所以，治療師必須獲得當事人相當的信任，使用療癒的儀式方能產生效果。

最後，Wyrostok（1995）也提醒儀式不是對什麼問題都有效，只有某些人類的問題可以使用儀式來協助。因此，治療師決定是否使用療癒儀式，必須先評估當事人的問題。此外，儀式有濃厚的文化性質，在借用其他文化的儀式的時候，務必審慎評估其價值體系，一如使用傳統的治療技術也得考量文化議題。所以為了避免誤用儀式，治療師最好需要對個人所使用的儀式，以及當事人的文化背景，都必須有深入的了解。就這個觀點，當華人的治療師和當事人運用儀式的時候，便需要特別注意，使用西方學者創發的療癒儀式和象徵是否適當。

貳、審慎使用療癒的儀式

治療師需要很清楚知道，所使用的儀式帶給這一名當事人的意義，以免誤用。其次，儀式往往和民俗、宗教或特定族群的巫術等有關。身為治療師，雖然需要尊重其他文化所使用的各種儀式，例如民俗或宗教儀式、或土著的儀式，但是不要試圖去碰觸、模仿或使用，不屬於治療師自己文化的民俗，或宗教的治療儀式、土著的治療儀式。如果因為有需要，不得不使用不屬於自己文化的儀式時，必須如Wrenn（1962）的建議：唯有非常小心的去檢視自己的價值體系，以及其中所隱含無數難以言喻的文化神祕，方可使用。也就是治療師需要小心使用不屬於自己文化的儀式，由於誤用會產生有害的效果，傷害到當事人。此外，在諮商與心理治療過程，也不要過度使用儀式。Reeves和Boersma（1990）就非常明白的提醒，過度使用儀式，將失去儀式帶來的力量而變得平凡。最後，需要了解使用的儀式不具通用性。每個人或每個家庭，都具獨特性，對於一個人或一個家庭有用的儀式，不見得對另一個人或另一個家庭同樣有效。

第九章
客體角色轉化模式的哀傷諮商

　　由於死亡的失落，哀傷者與其依附人物的物質性關係，必然永久性消失。當前西方學者所建議的繼續聯結方式，主要為記憶，是過去的聯結，因此不是完善的辦法。只靠記憶維持繼續聯結，不充足且具有潛在危險，但是目前也尚未有更好的定論，如前面第五章的評論所述。因此，美國學者還在繼續尋找更理想的繼續聯結方式。本章主旨在根據前面各章的論述，考慮死亡與失落在社會、心理和靈性等層面意義，並以華人文化為基礎，建構客體角色轉化模式，以轉化客體（死者）的角色維持繼續聯結，相信可以協助哀傷者因應哀傷和哀悼的調適歷程。

❖ 第一節　死亡與多元層面的失落 ❖

　　當個人因死亡而喪失至親的時候，由於死亡所引發的失落具多重層面向，不只失落身體的可以接觸和接近，也產生心理的失落、社會的失落，以及靈性方面的失落，因此可能同時引發各個層面的哀傷反應。然而，就死亡的人而言，除了身體和生理會因為死亡而永遠消失之外，其他層面可能會經由個人、社會或文化的因素而存在。由於哀傷諮商處理的是死亡的失落，死亡既然涉及多層面，因此諮商師在協助哀傷者個人的時候，不能只關照到哀傷者的心理層面，也需要考慮多元層面的介入以協助哀傷者，如此較為完善。以下就前述四個層面的失落與哀傷反應，分別說明。

壹、生命與死亡的四個層面

一個人的生命存在可以分爲四個層面，死亡也可以分爲以下四個層面。

一、生理與身體層面的生命與死亡

當胚胎形成的時候，一個人的生理與身體的生命，便展開了發展與成長的歷程。美國存在主義治療大師Rollo May（1981, p. 90）便提醒世人：「宿命從不同層面面質我們。我們的宿命有個宇宙的層面，如出生和死亡。例如，我們或許可以放棄抽菸而略微延壽，或我們可以自殺，但是死亡始終就在前方不可撤回的等在那兒。」的確，不管我們一生選擇什麼目標和如何過生活，生理與身體的生命將經歷出生、成長、茁壯、衰老與死亡的歷程，而在最後身體和生理將從人世間永久消失，這是宇宙的定律。不過在不同的時代和社會，對於生理的死亡有不同的看法。過去的年代認爲一個人心肺功能停止，便是死亡。當代由於醫學的進步，心臟可以藉助人工心臟運作，肺部也可以得到機器的輔助而維持呼吸，所以當前在醫學上以腦死爲宣告一個人的死亡。在未來，由於電子人工義肢或電子器官的開發，以及醫學的進步，對於生理與身體死亡的定義，可能將有很不同的界定。

二、心理層面的生命與死亡

心理層面的生命，最主要指一個人意識的存在。尤其一個人的意識，是讓這個人感到自己活著的重要關鍵。法國哲學家笛卡兒說：「我思，故我在」，指的正是一個人的意識活動。我國周朝《詩經・關雎》篇有一段：「心流也，情波也」，在這句話當中，心是指「意識」；情是指「情緒」。用白話表達，即：意識，像流水一樣的動態，川流不止息；情緒，因意識的起伏，而呈現波動的狀態。活著的人便有意識流動狀況，隨著

意識的變化，情緒起伏的動態，可以如湖水的微波，也可以如大海的洶湧波濤。死亡的時候，人的意識便隨之消失了，情緒也止息了。Robert E. Neale（1977）認為，人類對於死後的恐懼之一，便是失去意識，一個人完全喪失主宰和控制能力；其次，對於因死亡而產生失落的恐懼的之一，便是與世隔絕；另外對於死亡歷程的恐懼之一，便是失去尊嚴。所以，人感到最恐懼的莫過於個人意識的消失。因此有人認為自己一旦成為植物人，與死無異，生不如死。由此可以知道心理的生命與生存對於一個人的重要。

三、社會層面的生命與死亡

社會包括家庭、人際、組織、班級、學校、公司等，由兩人以上所構成。每一個人在這個社會上，至少都有一個以上的角色，例如一個人可能是家裡的長子，也是父親，在學校和社會的角色則是教師。每個角色都有它的存在意義，這便是一個人生命的社會層面意義。因此當一個人喪失社會意義，常感到自己如同行屍走肉，例如剛剛離婚的人，瞬間喪失了丈夫或妻子的角色，也可能同時喪失了為父或為母的角色，因失落這些重要角色，而麻木如行屍走肉。相反的，歷史上有許多的英雄偉人，雖死猶生，是指其社會生命意義的繼續存在，繼續被社會上的人記得，並影響著社會上的人。所以，有人追求永垂不朽，就是指一個人追求個人社會層面的存在。

而所有社會的人，也可以分為兩種角色，一種是「活人」，一種是「死人」。「角色」在社會學上是很重要的概念，社會對於不同的角色都賦予不同的權利與義務，例如病人也是一種社會角色，病人被賦予的權利是可以不必內疚地暫時放下他的責任，由別人暫時替他承擔，但是作為病人的義務和責任，就是要配合醫療盡快把病治好。假如作為病人不努力將自己的病治好，便會遭到譴責，尤其會使得替他暫代責任的人感到憤怒，認為這個病人沒有盡其作為病人的責任。現在從醫學觀點只有癌末的病

人，由於醫學上尚無法治療痊癒，所以社會對於癌末病人角色的看法，也有別於其他病人，可以容許癌末病人放下所有的社會責任，轉交他人接手，而不苛求其作為病人角色的義務。此外，華人稱謂死去的家族成員為「祖先」，因此「祖先」也是一種社會角色，也有其權利和義務，享受子孫逢年過節定期的祭拜是權利，而保佑子孫則是「祖先」的義務，活著的家人可以透過祭祀的儀式與祖先溝通。所以，死亡將導致個人喪失所有的社會角色。不過華人的文化很特殊，可以將家族的死者利用喪禮儀式進行角色轉化，而獲得在家族和社會的新角色和位置，得以繼續存在。

四、靈性層面的生命與死亡

主張意義治療（logotherapy）的存在主義學者Viktor E. Frankl（1986）認為，人是生存在肉體的、心理的和靈性的三次元結構空間之中。靈性層面的生命，是指個人的生命哲學觀或宗教觀。一個人有無哲學觀，與教育程度沒有絕對的關係，而是來自於生活經驗的省思。有一位台北的電視記者，到屏東去訪問一位六十多歲老農夫。這一位老農夫種植一分地的稻子，一年的收成只能獲得兩萬元。這位記者問老農夫，忙碌了一年，只能獲得兩萬元，這樣不划算，也不符合成本，為什麼他卻年年這樣繼續做下去。老農夫回答：「由於家裡的年輕人都去都市工作，沒有人願意種田。這是一塊由祖先遺留下來的土地，我不能讓地荒蕪了。一塊沒有人耕種、乾枯的土地，就是死的土地。」這是多麼簡單，卻饒富生命哲學的話。

一個人的生命哲學觀，是一個人生活與人生的最高指引。Frankl（1986）認為，個人存在的三個要素就是靈性、自由和責任。人的靈性就是他自身的存有。心理治療的目的，應該是使病人能夠實現自身的潛在價值。他批評精神分析和個體心理學的共同錯誤，就在於只看到人類存在的單一向度，而未能看到人類精神生活的完整圖像。對於快樂，Frankl也有

獨特的看法，認為快樂並不是人們所渴望與奮鬥的目標，而只是實現這些目標之後的副產品。對於死亡，他的看法是：死亡是生命的一部分，他說：「一粒麥子不死和一粒麥子死了差別在於，前者固有自己，而後者則化衍為無數個新的自己」（游恆山譯，1991，p. 83）。由此可知，死亡對於個人是無比傷心的事，對於人類卻是極為重要的好事。

　　綜合上面所述，少了生命哲學觀的人，如同少了舵的船。缺乏靈性的人，宛如是一個懂得享受生活的動物，在面對死亡這樣重大的事件時，可能不知所措。中國古代哲人談論死亡最多的可能是莊子。他將死亡視為生命的一部分，主張死亡是必然發生的事，因此勿須哀傷，當作平常事即可。戰國時代《莊子‧至樂》篇，記載：「莊子妻死，惠子弔之，莊子則方箕踞鼓盆而歌」，他的好友柳下惠指責他的無情，莊子回答：「不然，是其始死也，我獨何能不慨然？察其死而本無生，非徒無生也而本無形，非徒無形也而本無氣。雜乎芒芴之間，變而有氣，氣變有形，形變而有生，今又變而之死，是相與為春秋冬夏四時行也。人且偃然寢於巨室，而我噭噭隨而哭之，自以為不通乎命，故止也。」意思是妻子剛死的時候，我何嘗能夠獨特的沒有悲傷。後來詳加推究本來她就沒有生命，不只本來就沒有生命，而且也沒有形體。在若有若無之中變化而有氣，而後有形體，而成為有生命的狀態，這樣生死變化的現象就像春秋冬夏四時運行一般。現在這個人靜靜安息在宇宙之中，我卻隨著她的消失而哭哭啼啼，我認為這是不通達生命的道理，所以我就不哭了。顯然，莊子將生死視同大自然四季變化更替相續的現象，無須罣礙。當弟子問他對於自己的死如何處理時，他不主張厚葬。根據《莊子‧列御寇》篇所載，他很灑脫的告訴弟子：「吾以天地為棺槨，以日月為連璧，星辰為珠璣，萬物為齎送。」我們一般人就如同S. Freud所言，以為人不會死，所以當死亡發生的時候，才會悲痛。

貳、失落與哀傷的四個層面

一、生理的失落與哀傷

死亡發生的時候，首先發生的便是身體和生理的生命跡象停止。對於一個即將失去自己生命的人，這是最恐懼的一部分，由於隨著生理生命現象的消失，人將失去意識，無法再感受自己的存在，人會意識到個人的意識消失，將不再擁有個人的身體，這個我們賴以維生的軀殼，與關係最親密的物質，個人可以透過這個軀殼運用的一切將停止。由於我們在人世間許多事需要透過這個身軀的運作，這是很大的失落。對於兒童與青少年，首先將失去物質和生理的照顧，以及失去可以得到身體親近父母，滿足受到撫慰的需求。即便成人，失去父母也遭受長久以來安全基地的喪失。從自體心理學的理論來看，我們在自我（ego）分化的過程，自幼將存在外在的父母，內化成為心中的父母表徵（意像），也就是內在的客體。此後我們便依據內在的客體意像和情感情緒，與外在的父母客體互動。所以當死亡發生的時候，個人外在的客體與內在的客體不一致，甚至消失，將會引發很大的焦慮。剛剛發生死亡，面對屍體我們震驚不知所措，喪禮之後，我們再也看不到存在的客體，我們會有搜尋死者的衝動或行為。而哀傷者也會在身心上受到打擊，而有睡眠障礙、飲食障礙、頭痛、疲憊等壓力反應症狀。

二、心理的失落與哀傷

就依附理論而言，失落是對於喪失所依附人物的焦慮。對於具有依附關係的重要他人，當這個重要他人的人生命跡象消失的那一刻，也意味著與這個人的各種互動，以及長期以來從這個人可以獲得的標的，將隨之喪失，而再也無法從這個人獲得情感或物質需求的滿足，或在有威脅的時候獲得救援。換言之，個人將喪失安全感和安全基地（Bowlby, 1980,

1988）。尤其父母是我們長期以來內心安全感的堡壘，父母死亡，不只對於兒童和青少年是一種安全感的重大打擊，害怕從此沒有人照顧，不知如何生存下去。對於成人也一樣，會感到長期以來鞏固的內在安全基地從此消失，雖然已經心理獨立，並成為照顧父母的人，喪親使得我們不只會焦慮傷痛無法再得到父母的情感，同時也感到無所依靠，也就是古人所謂「失怙」的感覺。當父母相繼都死亡之後，成人也會感到自己從此是個「孤兒」的感覺，從此在這世上自己沒有父母了。失去其他具有依附關係的他人，例如配偶、手足，同樣都會有不同程度的傷痛。由於不只失去可依附的外在客體，也失去熟悉的內在客體，因而感到心理的重大失落，在情緒、認知和行為方面出現哀傷的反應。

三、社會性的失落與哀傷

在社會上，我們常因擁有與某個社會角色有關係的人，而獲得相關的角色，尤其是一些重要的配對角色。與具有依附關係的他人之間通常也具有相對的社會角色和關係，例如父子配對、妻夫配對、兄弟配對等關係。我們與重要關係者的社會關係若越重要，死亡所造成的失落也將越大。由於我們從重要他人的關係，而獲得社會的角色、地位、榮耀或物質，當重要關係者死亡，這些角色、地位、榮耀或物質，可能也隨之喪失或改變，例如由於結婚而獲得「夫」或「妻」的角色，喪夫或喪妻，將使得原來所獲得的社會角色，轉變成以前稱為「鰥夫」或「寡婦」，現在稱為「喪偶者」；或由於丈夫身為高官，而擁有「官夫人」的顯耀頭銜，隨著丈夫的死亡，這些顯耀也盡失；未成年的孩子，因喪父或喪母，而被稱為「單親家庭」的孩子，雙親都死亡的孩子，被稱為「孤兒」，這些社會角色的改變，往往也容易產生社會烙印（social stigma），而讓人感到負面化，可能影響個人短暫或長期的社會退縮或疏離。因此，在哀傷諮商方面，社會性的失落也值得注意。

四、靈性的失落與哀傷

重要關係的死亡將打擊或粉碎一個生存者的假設世界。一個人的假設世界，是長期生活體驗的領悟和學習所建立的一套指引生活的哲學或思想，其中包括有關靈性和哲學觀（Gillies & Neimeyer, 2006）。這些靈性和哲學觀，為一個人對於宇宙、生命、死亡和人生意義的信念，例如是否相信有上帝或神的存在，相信公平正義、善有善報、惡有惡報等因果定律，甚至包括一個人是否相信生命只有這一生或有死後世界和來生。然而，死亡的發生往往導致一個人的靈性觀和生命哲學觀面臨考驗。尤其親人經歷災難或痛苦死亡歷程的生存者，在哀傷期間最容易質疑因果論，甚至質疑上帝或神的存在。因為上帝或神代表因果、正義的裁判者和維護者。因此，過去的信念瓦解，導致為人行事與過去大為不同。有趣的是，當一個人走過哀傷，通常會再度恢復相信上帝或神的存在，也繼續相信善有善報、惡有惡報等因果定律，甚至發展出更高層次的生死觀和人生哲學。

五、結論

綜合上述，一個人死亡，身體與生理的層面必定從實存的世界永久消失。因此，死亡對於生存者最嚴重的打擊，莫過於死者身體的永久消失，對於身體可以親近依附人物感到絕望。然而，從心理層面，則可以永遠存在生存者心理層面，成為記憶，對於生存者具有特定的意義和安慰。其次，一個人死亡，在社會上的各種角色，也必然隨之除名。但是，如果死者對於社會有特殊的貢獻，也將獲得新的社會角色和地位，例如歷代的忠臣烈士，以及如孔子被尊稱為「萬世師表」等，由於被表揚為社會的典範，便能夠獲得一定的社會角色和位置，對於家屬也會有一定的慰藉作用。此外，由於華人有慎終追遠、供奉祖先的文化，使得死亡的人在社會層面，也可以獲得新的角色和位置。最後在靈性層面，華人文化和世界主

要宗教都相信有靈論，以及有死後的世界。因此死亡只是身體的永久消失，但是生命以另一種形式繼續存在。諮商師需要對於當事人個人的社會和文化背景，甚至個人的宗教信仰有適當的認識和理解，以便善用當事人對於生命和死亡的信念，來協助當事人與死者維持繼續聯結。

❖第二節　客體關係與假設世界❖

　　社會學習理論主張，人際關係源自於嬰兒對母親的信賴。而「信賴」是一組的行為，在嬰兒與母親的關係當中，由於母親的照顧而增強這個信賴關係，並且這種「信賴」能夠類化到之後與其他人的人際關係當中。「信賴」也可以發展成為個人的人格特質（Anthworth, 1969）。幼兒一旦發展出信賴的動機，父母的注意和出現，與從痛苦的刺激獲得解救，為相同的意義。幼兒若注意到有威脅，或出現有威脅將會失去父母的狀況，也與危險或不能得到解救，視為相同的意義。因此在固定的行動上，害怕或焦慮機制便與「信賴」成為不可分離的狀態（Beller, 1957; Heathers, 1955）。假設世界是個人心理的組織，發生死亡與失落，將威脅到可以信賴的關係，對於個人假設世界勢必造成衝擊，並影響個人哀傷的復原。在非複雜性哀傷，個人的假設世界受到衝擊比較小，通常能夠自行恢復，甚至能夠從哀傷歷程的經驗獲得學習和成長，使得個人的假設世界變得更豐富和成熟。但是，複雜性哀傷可能由於個人的假設世界受到衝擊很大，以致無法自行恢復，而需要治療。尤其是假設世界的核心信念，也就是關係的意義和死亡的意義。當重要的依附關係人物死亡，也就是外在客體永久消失，面對依附聯結的斷裂，首當其衝受到衝擊最大的，也是從這個關係的意義和死亡的意義開始。這一節主要在論述假設世界的形成，客體關係與假設世界的關聯，失落依附的客體對於假設世界的影響。

壹、假設世界的定義和內容

有關「假設世界」的概念，不同學派的學者使用不同的詞彙，例如Thompson和Janigian（1988）使用「生活基模」（life schemes），Farely和Shaver（1999）則稱之爲「表徵世界」，而更多的學者使用「假設世界」（assumption world）（Baker, 2016; Beder, 2004-2005; Gillies & Niemyer, 2006; Janoful-Bulman, 1992; Mitchell, 2005; Parkes, 1975），也有使用「工作模式」者（Bowlby, 1969, 1973; Anthworth, 1969），名稱各異，涵意則相近。普遍主張「假設世界」，是由個人一再經過驗證的經驗內化，而成爲個人內在的世界和意像，在意識或下意識影響或引領個人去行動，以及與外在客體或世界互動。

在學者之中，Parkes首先提出「假設世界」的概念，用以指陳人們對於現實（reality）的看法，是一個「對於世界和自己強力保持的假設，很有信心的維持著，並用以作爲認知、計畫和採取行動……這些假設是經由多年經驗的學習和證實而得」（Parkes, 1975, p. 132）。Parkes的「假設世界」與「心理世界」（mental world）爲同義詞，都是指個人建構的內在世界，也就是個人「主觀的世界」（subjective world）（Mitchell, 2005），也可以說是一個人的「現實世界」（reality world）（Beder, 2004-2005）。因此，「現實世界」與相對的「實存世界」（existence world），在涵義和性質上都不相同，後者是指外在實際存在的世界與狀態。而個人的「假設世界」或「現實世界」，是經由個人與外界互動的經驗，由個人對於外在世界的主觀知覺所構成。

自Parkes（1975）提出「假設世界」的概念之後，學者相繼加以延伸和擴大。Janoful-Bulman（1992, p. 4）便認爲：「在我們內在世界的核心，我們抱持著對我們自己和我們外在世界的看法。」所以假設世界不

只包含對於個人外在環境或世界的看法，也包含個人的自我概念和自我認同。Kauffman（2002a, p. 1）也在他的著作《失落假設世界：創傷失落的理論》中，開宗明義便說：「假設世界的概念，是那些人們作為安全或引導，那些給予人生真實的感覺，意義或目的假設或信念的根據。這個假設也許是，我是個好人，我會和我的配偶活到老，上帝是公平的，他人也許是可信賴的，事情就是這樣或將會是某個方式，假設有個未來。」由此假設世界也涵蓋了我們靈性方面的善惡因果，公平公正，以及對於上帝的信念，是我們個人行為的最高指引。此外，Beder（2004-2005, p. 258）認為假設世界：「在本質上，引領我們去相信，我們自己是住在凡事或多或少有意義的仁慈世界的好人。」由前面所舉有關「假設世界」的詮釋，學者形成的理念相近，但是由於學派的差異，視角不同，各有見地。Gillies和Neimeyer（2006, p. 54）乃綜合各派學者之說，提出「假設世界」的範圍，主要包括六項：⑴每日活動與優先順序；⑵他們對於自己和個人認同的看法；⑶他們的人際關係；⑷他們對於未來的展望；⑸從靈性或哲學觀方面，來看他們的世界；⑹他們在社會的社區裡有意義的行動。由此可知，個人的假設世界範圍之廣，幾乎引領個人整體人生各個重要層面。

貳、客體關係與工作模式的形成

Bowlby（1958, 1969）不使用「信賴」的概念，而以「依附」取代「信賴」。他認為「依附」是指一個人形成與特定的另一個人的「情感聯結」。其形成在最初由幼兒對母親的依附行為，而發展成為「情感聯結」，故又稱為「依附聯結」（Bowlby, 1958, 1969）。因此就「聯結」（bond）而言，一旦依附關係建立起來，便可能成為一種持久性或永久性的聯結。由於幼年形成的這個「親子聯結」（child-parent bond）具有類化的特性，所以能夠類化到母親之外的其他依附人物。在家庭之中幼兒最早

發展與形成依附關係的對象，除了母親之外，還有父親和手足都很重要。除了父母，在個人一生的人際關係當中，手足是一種很獨特的同輩關係。Robinson和Mahon（1997, p. 477）便提到：「手足死亡標示了我們所期望，一生當中一個最長久和最親密關係的結束。」這便是為何手足死亡，也會引發我們很大的傷痛，由於很難放棄與手足的「情感聯結」。「依附」是在情感上與特定的依附人物產生連結，因此成人之後，也能夠類化到配偶關係、摯愛的友人，或其他人際關係，同樣對一個人都很重要，而且這些都是相當持久或永久的關係。

這個「情感聯結」，在最初的關係是指「親子聯結」，在成人則稱為「成人－成人依附聯結」（adult-adult attachment bond）（Field, Gao & Paderna, 2005 p. 279）。幼兒與母親情感的連結為本能的，由於具有持久性，一旦依附聯結遭受到失落的威脅而有危險時，便有強烈力量的反應（Bowlby, 1980; Raphael, 1983）。不只幼兒，成人也有依附的需求，尤其在壓力之下便會黏到另一個人（Kastenbaum, 2001; Shaver & Tancredy, 2001）。所以對於成人，由於依附關係的人物死亡而發生失落，同樣會有強烈的反應。

由於「依附」具有區分和特殊化的涵義，即一個人和特定的人之「情感聯結」，因此不是與每個人的關係都具有依附關係的性質。由此可知，個人的人際關係，有依附關係和非依附關係兩種不同性質的區別。所以只有與具依附關係的對象，才有「情感聯結」或「依附聯結」。此外，Bowlby（1988）主張幼兒與母親或主要照顧者形成依附關係之後，也發展出「親子工作模式」（child-parent working model），或簡稱為「工作模式」，可以作為和母親或依附人物互動的指引。

從自我心理學（Ego Psychology）的觀點，Kernberg（1975, 1976）主張自我（ego）的形成，主要在於個體內在自我的結構發展過程，會區分

出自體（self）和客體（object），客體即他人。成功的自我發展，爲克服自我的分裂（split）狀態，成功的統整了自體和客體。當自我成功而完整的發展，也就是從與外在客體的互動經驗，由於幼兒的表徵能力的發展，而統整了內化的「好的客體」和「壞的客體」，同時也將「好的自體」和「壞的自體」統整了。如此，完成自我的發展，便能看到完整的自體和完整的客體，同時形成客體關係。而「親子工作模式」的形成與發展和客體關係有很密切的關聯。「親子工作模式」是幼兒經由與母親的互動，將經驗內化而形成的幼兒內在世界。因此，也是我們在最早期形成的假設世界，是自我面對外在環境的時候，用以理解現實世界，並作爲反應的依據。

參、假設世界的發展和重要性

我們最早形成的「親子工作模式」，是後來發展成爲我們個人「假設世界」或「工作模式」的原型。一個人在早期與母親之間所形成最基本的「依附聯結」和「親子工作模式」，在我們一生當中相當重要。早年發展的「依附聯結」型態，將影響我們此後一生與他人的依附關係是如何繼續類化和發展。其次，這個Bowlby稱爲「親子工作模式」，也是我們日後發展成爲「假設世界」的最初結構。Janoful-Bulman（1992）認爲，我們對於世界和他人的功能所形成的假設，是在早年的時候從與個人的基本照顧者之互動經驗形成的。如果在不健康的關係之中成長，相信這個人將不可能發展出對自己和他人的樂觀看法。如果對於他人的假設是關心和仁慈的人，可以提供一個人的生活意義，當孩子成長和體驗其周遭的世界時，也將會類化到父母或基本照顧者之外的其他人。所以一個人的「假設世界」，可以視爲從個人幼年比較簡單的「親子工作模式」，經過多年的發展，而逐漸成爲一個複雜的概念系統，也是一種信念系統，用以提供我

們對於自己和世界的期望。換個不同理論的語言，也可以說「假設世界」
是由基模所組成，反映一個人根據他先前的經驗，假設他的世界一切都是
眞的（Thompson & Janigian, 1988）。「假設世界」是有組織的基模，是
一個人基於過去的經驗，假定這個世界和自己都是眞實的（Parkes,1998;
Janoful-Bulman, 1992）。因此，「假設世界」指假設或信念，用以作爲根
據（ground）、安全，以及引導個人，也作爲個人對於生活的眞實感、意
義和目的（Beder, 2004-2005），所以也是個人的「現實世界」。既然這
個「假設世界」由個人經驗的學習和印證所得，所以是一個讓個人認爲可
以驗證的牢靠信念。這個「假設世界」的重要，在於提供一個人用以理解
自己的現實世界，並指引個人行動。

肆、失落客體對假設世界的衝擊

由於Bowlby的「工作模式」是我們最早內化的經驗和客體意像
（Anthworth, 1969），也是後來發展成爲我們「假設世界」的基礎
（Janoful-Bulman, 1992）。因此，親子的依附關係，以及其後類化到手
足、配偶和其他重要他人的依附關係，都是「假設世界」當中個人最重要
的人際關係。就Kernberg（1975）的理論，依附聯結也可稱爲「自體－客
體」的情感聯結。所以喪親或喪失其他依附關係，就是死亡造成外在客體
的失落，內在自體與客體的情感聯結，也面臨斷絕的嚴重威脅，將衝擊個
人的「假設世界」。因這個「假設世界」的部分或全部，將受到強烈的震
撼和衝擊，據以指引我們個人人生和生活的「假設世界」，可能面臨被毀
損、顛覆，甚至破壞。

Janoful-Bulman（1992, p. 6）認爲，這個「假設世界」有三個重要
的核心假設，分別爲：(1)這個世界是仁慈的；(2)這個世界是有意義的；
(3)我是有價值的。死亡是一種「粉碎的經驗」（shattering experience）

（Beder, 2004-2005）。與假設世界相矛盾或相反的猛烈攻擊，能夠粉碎個人如何看待他周遭的世界，以及如何看待他自己。不再相信世界是仁慈的、有意義的、自己是有價值的（Janoful-Bulman, 1992）。Beder（2004-2005）使用「粉碎」（shatter）這個名詞，很貼切的描述失落導致個人對於人生很多方面的無法理解，好像這個長久以來可以用來理解和指引行動的內在「假設世界」被擊潰，因而無法使用。而這個「假設世界」可能被擊潰，其中最主要的原因，即是所依附的重要他人死亡，個人面臨失落重要的客體與依附聯結的斷裂。

　　由於死亡而失落外在客體，首先衝擊到的便是與客體密切相關的自體，一個人便不再相信自己是有價值的。例如喪親的孩子，可能認為他不值得被父親或母親所愛，所以父親或母親不要陪伴他長大；喪偶的人會想到配偶棄自己而去，而感到頓失自尊。其次，受到傷害的便是在靈性方面，不再維持這個世界是有意義的和這個世界是仁慈的信念。由於失落客體，感到世界沒有意義，因此喪失期待和絕望。於是對於人生觀產生負面化，小如不再認為個人投入社區的活動是有意義的，而減少參與，或甚至退縮；大如失去對未來的雄心大志，而變得頹廢。可能也不再相信這個世界是仁慈的，不再相信上帝或神的存在，不再相信「善有善報」等靈性和道德信念。這是由於信賴關係的斷絕，缺少了信賴，使人對於「假設世界」感到質疑。缺少了信賴，個人也可能感到這個世界不再是一個安全的地方，對於發生在自己身上的狀況，個人只有很少的主宰力和影響力，而感受遭到被剝奪、無解、沒安全、不合邏輯和無力感（Beder, 2004-2005）。

　　就社會學習論而言，發生親愛的人死亡，便啟動了焦慮機制，害怕危險出現時不能得到解救。從依附理論的角度，死亡將導致個人「安全基地」和「安心天堂」的喪失，由於焦慮高度活躍化了依附系統的行為，而

阻礙了探索系統的行為（Ainsworth, 1972; Cassidy, 1999），渴望找回身體親近依附人物，以維持安全，並從環境退縮。從自我心理學的觀點，死亡的失落，即失去了外在客體，使得自我的結構，即「自體－客體」的內外發生不一致的情況，引發了自我的焦慮和害怕，並努力要阻止死亡或要找回外在客體。Davis等人（2000）強調死亡和失落的發生，導致個人假設世界毀損的開始，首先就是找不到死亡的意義。若死亡沒有意義，哀傷者可能就不願放棄死者。如果哀傷者可以找到與死者維持繼續聯結的有效表達方式，或許死亡的意義就可以變得比較好處理。哀傷者在解決哀悼調適的歷程，便會開始恢復或重建個人的「假設世界」（或「生活基模」、「表徵世界」、「工作模式」），以便可以回到正常活動，以及尋找或重新開始個人的社交關係（Farely & Shaver, 1999）。

伍、不同因素對假設世界衝擊的程度各異

由於依附關係具有特殊化和區分化的特質，因此並不是所有人際關係的死亡與失落，都會產生對於假設世界的衝擊。首先，就個人失落的對象而言，如果失落對於個人很重要的依附人物，例如親子關係、手足關係、配偶關係等，這些具有依附性質的關係，由於和死亡發生之前個人「假設世界」的信念落差特大，如此可能衝擊就很大，受到的破壞和干擾就比較嚴重；若失落的是非依附關係人物，例如社交或工作關係中的人物，可能衝擊和干擾就微小，甚至沒有影響，而且可能很快這個失落就被淡化或遺忘了。也就是越依靠從生活經驗形成的依附性質和程度的人，因死亡而失落重要他人，對於「假設世界」的干擾，才會越為扭曲（Beder, 2004-2005）。由於「假設世界」和依附關係之間的關聯很密切，因此死亡對於個人「假設世界」衝擊和干擾的大小，與所發生失落的關係，以及「假設世界」的一致程度有關。所以在哀傷者的療癒歷程，由於死亡而毀損或被

顛覆的假設世界，需要恢復或是需要重建，端視在生活中我們所形成的依
附性質和依附的程度而定（Bowlby, 1980）。

　　其次，死亡的預期性和非預期性也有影響，預期性的死亡，可能由
於個人已經有準備，或提早哀傷，提早開始調適失落與「假設世界」。所
以當死亡發生，這個衝擊和干擾會比較小。由於通常我們相信人老了才會
死，或病得很嚴重無藥可救才會死，或相信所愛的孩子會平安長大，或陪
伴自己到老，或小孩相信父母會一直陪伴他長大，或以為家人不會有意外
發生，或從來沒有想過自己會罹患癌症等。所以如果為非預期性的失落與
死亡，與「假設世界」的信念差異較大，這個衝擊和干擾就會比較大。在
創傷事件，尤其是暴力的悲劇死亡，這個假設世界的每一個假設，可能都
受到挑戰，甚至失落整個假設世界（Kauffmann, 2002b）。從實證研究的
結論，便認為非預期性死亡的失落，由於哀傷者強力要保持「聯結」，因
此適應最差，且並要保持「聯結」的動機，延續了很長時間，使得哀悼難
以解決和結束（Stroebe, et al., 2001），這可以視為是哀悼行為停留在哀傷
歷程某些階段的現象。

　　而死亡的方式也有影響，自然死亡的方式，由於失落與個人長期建構
的「假設世界」的信念，比較一致或比較相近，因此衝擊和干擾較小。若
為創傷性的死亡方式，由於不存在個人「假設世界」的信念之中，因此衝
擊和干擾會很大。

陸、不同依附類型的影響

　　至於依附類型差異對於哀傷和假設世界的影響，在成人方面，對於不
安全依附型態者，死亡發生的失落干擾較大（Beder, 2004-2005）。原因
可能在於，安全依附型態者由於長期以來「探索系統的行為」比「依附系
統的行為」活躍，對於與依附人物身體離開的心理安全感較高，因此心理

獨立能力較好。當發生死亡，如果有足夠的哀悼時間，便能夠調適和學習適應，而接受所依附人物的身體永久消失。

而對於不安全依附型態當中，屬於依賴依附型態者，由於最害怕被遺棄，黏著依附人物，當然失落依附人物時，便會引發很大的焦慮。當死亡發生以致造成所依附人物的身體，已經永久消失，由於哀傷者很難放棄死者，導致內在一直保留舊客體的意像，而產生「保持死者活著」的問題。若為衝突依附型態者，有可能由於過去對於死者憤怒的內射，而攻擊自己，導致產生揮之不去的嚴重內疚；也可能憤怒置換（displacement），而遷怒他人。而迴避依附型態者對於依附人物沒有信心，嚴重者會企圖以沒有愛、沒有支持的過自己的生活，成為孤獨者，或試著過著情感自給自足的生活，自戀便是這種人，這種人有一個「假的自己」（false self），看似真的，卻不是真正的自己（Ainsworth, 1985; Bowlby, 1988）。因此失落對這個類型的哀傷者，由於死亡使得修復關係無望，可能持續迴避面對死亡的事實。至於非依附類型關係的失落，則對哀傷者的「假設世界」干擾很小，甚至可能幾乎不會有干擾。

若從依附理論來看分離不適應的主張，認為適應不良是由於兩種不適當的防衛機制，即固著（fixation）和分裂（split）所導致。Bowlby認為，由於固著的防衛，當幼兒渴望找到失去的母親與譴責她的這些憤怒，由於沒有機會消失，而變得很堅持，這樣的結果便產生嚴重性。幼兒在潛意識中停留並固著在失去的母親。由此可知，在哀傷的成人方面，也由於固著而發生「保持死者活著」，不願意接受死亡的事實。若是由於「分裂」的防衛，則一方面否認真正的失落，另方面則告知他人失落了死者，不會回來。所以，對外可以告知他人有關親人死亡，但是內心則否認死亡的事實，因此迴避面對。這兩種情況都會使得哀悼調適產生困難，甚至發生複雜性哀傷。

柒、結論

　　綜合上述，我們早期形成的依附關係型態，可以類化到成長過程的其他重要人際關係。不論幼兒或成人，一旦與重要他人形成依附關係，便有所謂的依附聯結。威脅或切斷依附聯結，將會由於喪失信賴的關係，或失去安全基地，而引起很大的焦慮，並發展出哀傷的歷程。這個依附關係，也就是自體與客體的情感聯結。其次，我們早期與母親互動的經驗所形成的工作模式，也將隨著成長和生活經驗的拓展，逐漸發展成為一個複雜而有系統的基模組織，可以稱為假設世界或工作模式，這是個人內在的心理世界，用以作為個人面對外在世界的指引。

　　而在這個假設世界之中，最基本和最核心的部分，就是包含在人際關係當中，具有依附聯結的人際關係這個部分。所以，當親人死亡，外在客體的消失所引發自我的分離焦慮，便會撼動心理世界或假設世界，而呈現不穩定的搖晃，讓人時而懷疑過去的人生信念，時而確定自己的信念，或甚至有破壞的情形，不再信任自己過去的信念，而需要修復或重建。

　　至於對假設世界影響的程度，與哀傷者個人的依附型態、親人死亡的方式特別有關係。所以，在哀傷諮商過程中，對於個人的假設世界最需要處理的部分，當屬哀傷者與死者的聯結。對於哀傷者而言，若死亡有意義、死者有意義，且能夠維持繼續聯結，便可以降低分離的焦慮，解決哀傷、處理哀悼的調適過程。但是若依附關係的人物死亡，對於哀傷者而言，死亡沒有意義、是不可接受的、非預期性的、創傷的等，即可能是複雜性哀傷，除了找到維持繼續聯結的方式，也需要重建遭到嚴重破壞的假設世界，而且這樣的哀傷者，比較需要的協助方式是哀傷治療。

❖第三節　客體角色轉化模式的建構原理❖

　　根據前面各章相關論述，死亡的永久分離，或只是暫時外出、遠行的分離。由於不同的分離結果，在分離焦慮的反應便很不相同。死亡為所依附的外在客體永久性的分離與消失，造成威脅到個人內在客體的「依附聯結」可能斷裂，傷害到「安全基地」和「安心避風港」，以及嚴重可能影響個人的「假設世界」。在前面第五章和第六章，有關傳統華人文化及閩南喪禮的研究和論述，數千年來華人主要仰賴儀式繁複、時間冗長的喪禮，作為解決哀傷反應的過程，而得以結束哀悼。

　　從文獻研究，華人傳統喪禮中，蘊含很多合乎當代西方學者對於哀傷療癒因子的看法。其中以客體角色轉化這個療癒因子最為關鍵，由於文化的差異，這項因子也是西方學者研究當中所未發現的療癒因子（吳秀碧，2017）。這個得自華人喪禮的客體角色轉化療癒因子，乃是將死者進行角色轉換和轉化，使得哀傷者所依附的人物，對於生存者的外在客體或內在客體，都得以轉化成為新的角色和關係，而產生新的聯結和新的意義，達成與死者的依附關係可以維持「繼續聯結」，而且死亡也不致於成為毫無意義，因而有助於恢復，或修復「假設世界」。因此可以看到，華人的喪禮儀式以死者角色轉換和轉化作為方法，主要目的則在於與死者維持「繼續聯結」。當前西方的哀傷諮商理論和模式，最主要的困境就在於缺乏有效維持「繼續聯結」的方法。從閩南喪禮的研究所發現的這個「客體角色轉化」療癒因子，正好可以用來發展成為心理諮商方法，補足西方當前的諮商理論，用以發展適合華人哀傷諮商的模式。

　　由於有關建構「客體角色轉化模式」的心理學和文化基礎，已經在前面相關各章節有詳細論述。因此本節主要統整前面的論述，提出建構「客體角色轉化模式」的原理。

壹、依附關係與繼續聯結的需要

　　晚近Klass等人（1996）主張繼續聯結能夠幫助哀悼的適應。就客體關係理論觀點，「繼續聯結」可以重拾「安全基地」和「安心天堂」，可以恢復安全感，減少焦慮和害怕；或可以恢復「信賴」，降低焦慮，感到安全，如此可以恢復或重建個人的假設世界。然而，這個外在客體，或是這個所愛的依附人物，實際上已經因死亡而消失了。如此，過去所形成與內在客體的「依附聯結」，由於外在的客體已經永久消失，外在無法再獲得身體的親近。若沒有外在的客體，如何與內在客體維持繼續「依附聯結」，這是一個很嚴肅的問題，對於哀傷者不只是困惑，也是殘酷和傷痛的事實。

　　實際上，當發生死亡的失落，並不是所有關係的失落都需要維持「繼續聯結」。「繼續聯結」是指不放棄與死者的「依附聯結」，為繼續與已經死亡之依附人物關係的連結。由於人際關係可以分為依附關係和非依附關係，這兩種不同性質的關係，由此可知，第一，不是所有的關係都具有依附關係的性質，都有依附聯結，以致有維持「繼續聯結」的必要。由於非依附關係，雖然有關係的連結，但沒有Bowlby所謂的「情感聯結」，也就是並沒有「依附聯結」；第二，「情感聯結」或「依附聯結」不是一種方法，而是一種狀態。所以若要維持「繼續聯結」需要有方法，例如使用「遺物」、「妄想」、「作夢」、「死者現前」以及「記憶」等，作為繼續連結情感性關係的方法（Field, Nichols, Holen & Horowitz, 1999; Boelen, Stroebe, Schut, & Zijerveld, 2006），或是「死者現前」、「與死者談話」、「和熟人談死者的陳年往事」以及「將死者作為個人的道德典範」（Klass & Walter, 2001）等。但是，如前第七章所敘述，過度依賴遺物，顯示否認和迴避面對死亡事實，可能是哀傷複雜化的訊號，也可能有

發展成為複雜性哀傷的危險。此外Field和Filanosky（2010）的研究指出，使用「外化的繼續聯結」（externalized CB）表達方式，涉及對於死者的妄想和幻覺，與哀傷者過去的依附型態、暴力死亡和複雜性哀傷有關，而且在哀悼調適上比較差；使用「內化的繼續聯結」（internalized CB），例如使用「記憶」作為「聯結」，與過去的安全依附有關，哀傷調適比較好，且獲得個人成長，其原因可能由於運用死者作為能量的資源。顯然使用「外化的繼續聯結」，顯示哀悼調適不佳，以及發展為複雜性哀傷的跡象。

貳、客體角色轉化的聯結意義和性質

Rando（1984）提出解決哀傷的三項主要任務為「鬆開」（decathexis）、「與死者發展新關係」以及「形成新的認同」。其中「鬆開」，是指放棄內射的死者意像。其次，與死者發展新關係，雖然Rando提到過轉化和象徵性聯結的概念，但是未有詳細說明如何轉化、轉化為什麼，只是請哀傷者記得死者曾經活著，而現在已經死了，也就是保留對死者過去的記憶，是否Rando所說的轉化，只是轉化為記憶？不過Rando並未明確提出以記憶作為聯結。其後Klass等人（1996）提出繼續聯結的主張，並獲得其他學者贊同。Atting（2000, 2001）便明確建議以「記憶」作為繼續聯結，獲得較多學者的贊同，但是這個聯結方式已經如第七章所論述，不全然有效。

上述由於外在客體的消失，內在自體和內在客體之間的「情感聯結」遭受斷絕的威脅，不只造成哀傷，而且衝擊到個人的「假設世界」。若想要處理傷痛和解決哀悼過程的調適，以及恢復或重建「假設世界」，顯然必須先與這個已經失落的重要依附人物，重建「情感聯結」。然而，若依照建構主義的學者所主張，只有轉化死者的意義，而僅以「記憶」和持續

使用舊角色和舊性質的繼續聯結。而且已經沒有外在死者身體存在，可以作爲關係的情感聯結，如此可能使得有些哀傷者感到過去和現在混淆，以及生死界線混淆，實際上是有風險的。其次，使用「外化的繼續聯結」（externalized CB），研究已經指出有潛在的危險。

　　因此使用客體角色轉化，不只可以建立新的「內在的聯結」（internal bond），同時也建立新的「外在的聯結」（external bond）。由於一方面，哀傷者相信有靈論，將客體角色轉化之後，在內心發展新的客體意像，或稱爲新的心理表徵，並與其發展聯結。在第七章已經提過，Field和Filanosky（2010）認爲以死者的心理表徵，作爲繼續聯結方式，不只安全，也有利正向成長；另方面由於華人文化將死者轉化爲「作神」的祖先，在社會也擁有角色和位置，這是關係重返的外在關係，因此所建立的外在聯結，也是安全的，並且是社會所認可的。所以客體轉化之後所建立的聯結，與使用遺物、妄想、幻覺等的「外化的繼續聯結」，兩者性質和方式不同。由此可見，使用客體角色轉化模式所建立的「情感聯結」比較安全。

　　客體角色轉化的概念，不只見於華人的喪禮，宗教方面也有同樣的信念。在宗教方面，很重視對於靈界的上帝、菩薩、佛或神祇的依附關係，對於人類的死亡，也視爲一種角色的轉化。並且主張善人死後靈魂將到上帝的天國，或佛的國土或天上；極惡的人，死後的靈魂將下地獄。依據多數宗教的教義，主張生命不滅，死亡的人屍體腐朽，已沒有實體存在世間，但是死者的生命則轉化爲靈界的存在，並有死後世界。如此不只可以在哀傷者心中繼續擁有客體，而且這個客體擁有了新的角色，因此彼此也有了新的關係，於外在也能夠透過象徵性物品與存在靈界的死者互動。

　　哀傷諮商介入的主要工作目標，即在重建與死亡之所依附人物的內在客體之「情感聯結」，而重建「情感聯結」的首要工作，主要必須將客

體角色轉化。Hagman（2001, p. 24）主張：「哀悼涉及已經死亡的人關係上的意義和情感的轉化有關，目的是在容許一個人的生存沒有了他人，而同時又確保與死者的關係有一個繼續的經驗。」若只是將客體的意義和價值轉化，然後作爲記憶，並以記憶作爲聯結，那是不充足的，也可能有風險（risk）。哀悼的調適需要依據外在的新生活，去檢視對死者依附的心理基模（Horowitz, 1991），這個檢視，主要在哀傷者需要能夠清楚區分與死者過去、現在和未來的關係（Reeves, 2011）。若不能夠區分，並認知死者已不存在表徵的程度，也就是無法區分生與死的界線，那麼聯結將會成爲不適應（Field, 2006）。而這樣的哀傷者在陳述過去的失落時，會發生認知和行爲沒有重組和重新導向的狀況（Main, Goldayn & Hesse, 2002）。

從華人文化和喪禮獲得的啓發，將死者角色轉化爲靈界人物，既可以提醒哀傷者覺知所依附的人物已經不在人間，已轉化爲靈界人物；又可以協助哀傷者建構與死者新的情感關係的連結，而得以維持與死者的繼續聯結。Worden（2009）特別強調文化和宗教對於維持健康的聯結之重要，在不同的社會都有信念和儀式，可以連結和紀念死者。而且哀傷者的意義重建，主要的核心在於「對死亡意義的理解」和「發現生命的價值和重要性」（Janoff-Bulman & Frantz, 1997），因此，我們華人文化和各派宗教對於死亡的意義詮釋，也有助於假設世界的恢復或重建。

參、客體角色轉化與重建聯結

客體角色轉化的哀傷諮商，基於外在「舊客體」已經永久消失，而內在與「舊客體」也成爲記憶。所以主要必須協助哀傷者將「舊客體」的角色進行轉化，使其成爲新的角色和意義，以便哀傷者可以和轉化之後的「新客體角色」，建立新的內在與外在情感關係的連結，並在哀傷者內在

形成新的客體意像或心理表徵，得以重新建構與所依附的客體的情感關係之連結。如此既能夠與新的客體角色建構新的聯結，同時可以將內在舊客體角色和聯結轉化成為記憶，得以不用放棄維持舊的聯結。其次，與新的內在客體角色關係的連結，以及與新的外在客體角色關係的連結，由於在性質上都不同於死亡之前，故為全新性質的聯結，因此不會與記憶中舊的聯結混淆，可以區分過去的聯結和現在的聯結。

再者，由於新的外在客體角色，雖然具有社會角色和位置，然而是一種形而上的，非物質性的角色。這就是合乎Rando（1993, p. 24）所強調：「轉化對於死者的依附，從穩固在身體現前，轉至象徵性的互動；改變關係去知道死亡，以及發展適當的新方式去和死者有關係」。哀傷者可以將過去投注在舊客體的情緒精力退出，投注到現實世界當中的人際關係，去尋找新的依附人物，誠如Freud所言，找到替代的新客體與之建立關係。這種現象，在喪親的家庭便可以看到。學者觀察到，家庭重要成員死亡之後，家人的關係會發生重組的現象。事實上，這個家庭重組，可以視為找到替代的新依附關係之客體；若不在家裡找到，也可能經情感精力投注在家庭之外的新客體。走出哀傷的同時，也如Bowlby所言，失落變得模糊了，隱藏在大腦的一個區域，過去的記憶在意識上將會逐漸變得模糊，雖然下意識可能還會影響著我們。

從自體心理學的觀點，由於哀悼與喪失支持自體經驗（self experience）的他人，而干擾了自體的組織（self-organization），重組哀傷者的自體感覺（sense of self）為哀悼歷程的關鍵（Hagman, 2001）。「繼續聯結」為一個有利於統整自體組織的方法，但是必須將死者的客體角色轉化，以便建立新的聯結，以新角色和新關係作為全新性質的聯結，並將過去的「記憶」保留，以便哀傷者可以連結和繼續過去以及現在與死亡的客體的情感關係，如此只是過去的聯結和現在的聯結性質不同，但是情感

關係不至於斷裂。

從實證研究也發現，使用客體角色轉化的方法，除了能夠促進哀傷者對於死亡的現實感，還具有其他多項療效（吳秀碧，2017）。所以，「客體角色轉化」模式，可以達成重建「聯結」的目的，並成為因應哀傷比較完整的治療模式。死亡的客體被轉化為靈界的角色，表示死者這個客體已不存在這個世間，而是存在另一個世界，可以與之建立外在的關係。如此，一則哀傷者可以保留與客體失落之前的「情感聯結」的記憶；二則哀傷者可以與死亡的客體，重新建立「聯結」；三則哀傷者比較容易或不得不接受死亡的事實。

簡言之，哀傷者將死亡的客體角色轉化之後，可以向實質世界已經不存在的外在客體說再見，而以與死亡客體的過去經驗作為記憶，並和轉化角色之後的客體建立新的聯結，因此不會發生聯結中斷，舊性質的聯結中斷之後，有新性質的聯結接續。這種狀況，哀傷者向死者說再見，如同親人遠行國外旅遊的道別，離開了，但是還存在某處。如此，重建的「情感聯結」既是心理的，也是靈性的和社會的性質；同時，與依照社會文化轉化之後的角色所建立的外在關係，也是一種比較不容易混淆、安全的「聯結」方式。而這個重建「聯結」過程，也宣示了過去的「情感聯結」的結束，成為記憶，也是「新聯結」的開始。現在使用不同性質、角色、方式和關係的「情感聯結」；同時，在未來與死者的情感聯結可以繼續，有利於假設世界的修復和重建。

肆、客體角色轉化的聯結合乎繼續聯結的概念

以上帝作為「依附聯結」，以及華人以死者角色轉化作為繼續聯結，都有助於哀傷的復原，不過華人文化利用喪禮儀式建立與死者維持「繼續聯結」，則比和上帝建立的「依附聯結」更勝一籌。由於客體（死者）角

色轉化之後的繼續聯結，最合乎Klass、Silverman和Nickman（1996）所提出「維持繼續聯結」的概念。上帝是屬於靈界的角色，並以「十字架」代表「上帝」的象徵，配戴十字架的項鍊，或向十字架祈禱，可以獲得安心。這種情形與傳統華人文化中的「神主牌」有異曲同工之妙，都是「依附聯結」的物品。「神主牌」對於華人哀傷者，可作爲一種與具有依附關係的親人之連繫物品，用以連繫靈界已死亡的親人，而「十字架」對於基督徒而言，則爲用以與上帝的依附關係之連繫物品。「神主牌」有促使哀傷者必須面對死者已經成爲靈界角色的事實，哀傷者便很難再繼續維持過去舊性質的依附聯結。所建立的新依附聯結，乃是經由轉化之後的一種不同性質的聯結，以作爲與死者的情感連結。因此這個新聯結的性質和方式，與過去舊的依附聯結有大大的不同。在性質上，這種新的聯結，與基督徒和上帝的聯結比較相似，都屬於和靈界人物的連結。由於相信靈界的人物比一般世人更具有能量和能力，因此可以感到安心，也可以獲得力量。

　　Kelley和Chan（2012）主張與上帝建立聯結，確實有不少的益處，不過與上帝的依附聯結，由於上帝並不是死去的親屬這個客體，而是與另一個人物所建立新的依附關係，這樣的依附聯結就是一個新建立的聯結，並不符合Klass等人（1996）對於維持繼續聯結的概念。而以「記憶」作爲繼續聯結，則只是過去舊的聯結。因此相較於當前美國學者們所建議的這些繼續聯結方式，華人透過喪禮儀式，將客體（死者）角色轉化之後的聯結，則不只是繼續與同一個依附人物的聯結，而且由於這個新建立的聯結，在性質上不同於舊的聯結，既是心理的聯結，同時也是靈性的聯結和社會的聯結，而且與「作神」親屬的聯結也具有外在聯結的性質，因此不只合乎維持繼續聯結的概念，也不容易將生死界線混淆，所以比與上帝建立新的依附聯結更爲完善。利用台灣傳統喪禮儀式萃取的治療因子，所發

展的客體角色轉化模式，在實證研究結果也指出：「將死者角色轉化的療癒功能，不只是心理的，也是靈性的，故有促進復原的功能」（吳秀碧，2016, p. 11）。

伍、客體角色轉化與假設世界的恢復或重建

　　並不是所有關係的失落與死亡，在哀悼調適的歷程都需要修復和重建「假設世界」。多數非複雜性哀傷者所需要的是足夠的時間，便可以自行經由理想化死者，繼續和死者連結情感關係，並恢復（restored）「假設世界」。其次，是非依附關係的死亡，也無須繼續聯結和重建假設世界。不過對於複雜性哀傷，關係的重建和連結，是修復和重建假設世界的關鍵。由於有這個新的聯結，增進安全感和減少焦慮，因此有助於「假設世界」的修復和重建。

　　個人「假設世界」的重建，不同的學者，主張有別。Atting（2002, p. 64）主張：「對這個世界再學習，或就我們的假設世界的失落而言，主要學習新的行動方法和活在世界上。這件事，就是在這個我們生活的情緒、心理、社會、靈魂、靈性各方面，都曾經被承諾的世界，已經不再能夠支持和無法實用的情況下，要知道如何繼續走下去。」Atting不贊同認知取向的治療方法，他認為「假設世界」的建構，是經過許多年很多經驗和互動的累積，而形成對於我們的生活和人生的假設，其中有許多可以追溯到我們最早的經驗和記憶。因此，不可能經由再思考我們的目標，以及發現替代的意義，而可以獲得修復。從Atting的觀點，經驗和再學習，是修復和重建「假設世界」的必要途徑。

　　Parker和Weiss（1983）主張哀傷復原的任務有三：其一、在理智上接受失落；其二、在情感上接受失落；其三、個人的自我和外在世界的模式改變，以吻合新的現實。由此可知需要個人在理智的認知和情感情緒的感

受，都能夠接受失落的事實，因此只有認知的改變不夠給力，難怪Atting不贊成認知治療的「再思考」（rethinking），而主張經驗和學習。客體角色轉化，已被驗證由於客體已經被轉化為靈界的角色，可以使得哀傷者產生死亡的現實感（吳秀碧，2017），在於雖然放棄對於原來物質形式之外在客體的依附，然而能夠連結轉化之後存在靈界的外在客體，這是一種新的「情感聯結」，在「聯結」的性質和方式上，已經完全不同於過去，使得哀傷者不只在理性上面對現實，在情感上也面對現實，這是一個經驗和學習的過程。

其次，意義締造和意義重建是一個過程，不是結果，也不是單次（Gillies & Neimeyer, 2006）。因此，對於死亡和死者的意義重建，以及客體角色轉化和重建「聯結」，構成一個持續循環的過程。發生越重要的失落之後，假設世界需要重建和修復意義，所涉及的部分也越廣和越多。由於學者認為失落之後的意義重建涉及不同的層面，不會是一次便可完成的工作，在發現某些意義之後，仍舊時常在繼續尋找意義（Davis et al., 2000; Downey et al., 1990; Schwartzberg & Janoff-Bulman, 1991）。所以，在意義締造和意義重建的過程，可能經過多年，依舊持續在進行。在這個重建和修復「假設世界」的過程，包括持續重建死亡的意義，重建客體的意義圖像，重建個人對自己的知覺和個人的自我認同，並鞏固重建的聯結。當再度建立聯結，由於自我再度獲得安全感，而修復了個人的假設世界，例如重建個人的生死哲學觀，再度相信上帝或神的存在，以及過去持有的「善有善報，惡有惡報」等道德信念。甚至由於重建死亡的意義和個人對於死亡的看法，改變個人的人性觀，以及對於人際關係的珍惜（吳秀碧，2017）。

最後，利用客體角色轉化的模式，個人可以不用放棄或故意遺忘對過去的記憶。在「意義重建模式」之中，Gillies和Neimeyer提到這個模式

以「或」（or）來簡單描述意義重建之後，新的意義可能有兩條不同的途徑：一條爲「意義結構」是有幫助和能支持，可以減少痛苦；或另一條「意義結構」沒有幫助和不能支持，哀傷者繼續痛苦。顯然意義重建的結果，不全然都是正面的獲得，也有負面的結果。Neimeyer從研究發現，也有重建而沒有意義的關係，就主張放棄。這樣似乎使得意義重建模式可以作爲哀傷治療，但不夠完整，依舊會有當事人無法獲得協助。Stroebe和Schut（2010）乃提出「雙過程模式」的論說，以支持意義建構論，主張無法發現意義，則放棄連結。這樣的主張對於沒有依附關係的連結可行，然而對於有依附聯結的關係，則有待再審愼。哀傷的歷程，可能有百種的選擇（Niemyer, Keesee & Fronter, 2000），然而對於具有依附關係的人物死亡，選擇「遺忘」或「放棄」，並不能眞正解決問題。因此，若將死亡客體的角色進行轉化，有了新性質的角色，便有新性質的關係和意義。至於自體與客體過去關係當中的經驗，應該經過整理、省思和獲得學習，並歸入過去的記憶，才不會讓一個人過去的人生故事發生缺頁的情形。只要將精力重新投入現在，記憶便可以逐漸淡忘。

❖第四節　客體角色轉化與傷害性依附的聯結❖

壹、謹愼使用「變態哀傷」一詞

　　前面已經論述過面對失落和死亡，而引發的哀傷，是自然的屬性，也是人之常情，是人類正常的反應，何來變態的哀傷（abnormal grief）之有。每個人在哀傷的反應都是獨特的，因此在提到哀傷的反應是正常或病態的時候，必須就當事人特殊的人格與死者的關係，以及他或她的家庭與文化背景等方面去考慮。尤其，各個族群和文化的死亡觀與哀悼行爲，可

能有很大差異。一般西方的文化，比華人文化更容易傾向將一個人的哀悼行為視為異常，已如第二章所敘述。

當前蘇黎世大學心理學院的Clare Killikelly博士正在研究有關延長性哀傷的診斷準則，以便可以列入ICD-11之中，其中便有重視哀傷反應在文化差異的考量。George Hagman（2001）認為，被治療師稱為病態反應的哀傷，或許是由於使用不成功的策略，試圖去維持意義和保留對失落的客體之依附。此外在治療方面，不需要放棄連結關係，而是要去探討繼續依附對於生存者的價值，以及在生存者後續人生的脈絡當中，去考慮重建這個死者的意義。顯然Hagman也看到連結關係和繼續依附的差異，可以保留過去的依附關係和依附聯結作為記憶，但是此後若無需要，可以不用再依附，也就沒有維持繼續聯結的問題。尤其，華人有祭祀儀式用以保持與死亡家人的聯繫，即便不再需要依附的關係，也不能斷絕人倫的關係，因此需要積極協助哀傷者處理至今依然糾葛的未竟事宜，除去「卡住」過去和現在的問題，轉化死者角色，以便維持有意義的關係，或至少不再是負面的關係。所以治療師必須保持開放的態度，去面對心理和文化的個別差異，並且願意和當事人一起探討其獨特的哀傷反應，乃是治療介入的關鍵。

貳、切斷聯結和切斷關係不同

切斷聯結，可以不用切斷關係，但是切斷關係，必然也切斷了依附聯結。死亡造成的失落，之所以會引發哀傷，主要由於哀傷者與死者有依附關係，失落了繼續與死者在情感關係的連結，才有失落依附聯結的問題，而強烈的渴望維持繼續聯結。新精神分析的哀悼模式，主張需要保留對於死者的依附，以及獲得一種有意義的關係之感受。從自我心理學的理論，自我的發展歷程，從「自體客體」到「自體－客體」的完成，「自體」與

「客體」成為密不可分的關係。過去美國學者主張，哀傷者必須切斷自體與死亡客體的「聯結」，是否同時也否認過去的自我，或如何對於過去只刪除與嫌惡的客體經驗，而得以保留自體的記憶。當然刪除過去的客體，勢必同時也刪除了過去的自體。換言之，努力忘記過去的客體，將導致過去自體與客體有關的部分全部忘記。每個人的人生都是一個完整的故事，不論是美好的或是痛苦的，都是個人生命的故事不可或缺的一頁。重要的關鍵在於個人能否從不好或痛苦的經驗，發現意義或締造意義，而不是去迴避或否認曾經擁有的經驗，使自己的生命故事成為有缺頁的痛心和遺憾。

Kaplan（1995）認為與死者繼續對話，對於哀傷者很重要，唯有保留記憶和關係才能對話。Harvey、Carlson、Huff和Green（2001）便認為人不可能擺脫重要的失落，因此極力主張擁抱記憶，建構對於失落和希望的利益。所以，他們自稱所使用的助人模式為「利益締造模式」（account making model），認為有重要失落的人們，運用利益締造和自信，去發現或創造失落的新意義，可以帶來新希望和擴大目標。Gaines（1997, p. 549）認為：「需要從失落的客體鬆開，使得傷慟工作的另一面變得模糊」，所以他主張哀悼的任務之一，就是要去修復由於實際的失落，導致對於內在「自體－客體（他人）」關係的干擾，因此他強調「創造繼續」（p. 549）。所以，無論是Harvey等人或是Gaines，都重視即便曾經傷害自己的重要他人，也可以努力發現或創造失落的新意義。顯然，他們都不贊成Neimeyer主張對於重建而沒有意義的關係，就放棄。

至於會有強烈需求繼續「情感聯結」的對象，就依附論而言，主要以曾經具有依附性質的關係為主，例如親子、手足、配偶等，並不是所有的關係都具有依附聯結。因此非依附性質的關係所引發的哀傷，可能只是輕微或短暫而已，例如同事、同學、上司與下屬。所以這個「聯結」主要存

在親子、配偶和手足等具有依附關係之間。繼續聯結論的主張，應該僅適用在具有這種「情感聯結」的客體；至於沒有依附關係的對象，關係之中根本沒有所謂「依附聯結」的存在，也就無所謂維持「繼續聯結」與否的問題。其次，當前的美國學者主張繼續聯結，以記憶和重建死者意義作爲聯結。由於意義重建論只對於死者意義和關係意義的重建，並未包含對於死者角色的重建。死者意義的重建，與對於死者角色的重建，兩者的意義和內涵並不相同。前者只是轉化死者的意義和價值、改變原來的負面關係或提升關係的正面意義；後者乃是將死者轉化爲新的角色，這一來，生存者和死者的關係，不只是性質和內涵的改變，更是功能和相對責任及權利的改變。對於過去受到死者的傷害，不想維持繼續聯結的哀傷者，可以改變連結的關係爲非依附的關係，從此可以捨棄或保留，例如在倫理上還是保留有「親子關係」的名義，然而可以不用繼續舊關係中的「聯結」，也不用再依附，可以選擇非依附關係。雖然有了新關係的連結，但是沒有所謂的「依附聯結」，這就是沒有維持「繼續聯結」。

此外對於失落之後的「聯結」，必須分清楚過去的舊聯結和現在的新聯結。若是重建沒有發現意義，可以將新客體角色的關係，轉變爲非依附關係的性質，從現在起脫離與舊角色關係的「情感聯結」之牽絆，或從此之後與這個已經轉換爲非依附關係的客體告別，並切斷關係，讓內在的自體獲得自由，將精力和情感投入尋找和發展新的依附關係。如提倡「利益締造模式」的學者所主張，不要擺脫重要的失落。因此可以不用刻意遺忘或迴避過去，而是需要從過去的經驗獲得學習，這也是另一種意義，以便改變對自己的看法和自我認同。這個道理可以舉例，如一個人說：「我是受害者」，改爲：「我不再是受害者」，或是說：「我是脆弱的」，改爲：「我不再是脆弱的」，這樣的感受差異很大。有一位喪偶的婦女，由於丈夫在世的時候非常不盡責，年紀還輕就死亡，這位婦人承擔丈夫的債

務和獨自養育子女，因此克制很大的憤怒超過近三十年。在支持團體的過程之中，以空椅技術協助她向死亡的丈夫表達憤怒。當進行死者客體角色轉化之際，問她如何處理他們此後的關係。這位婦女表示「罵夠了，我要把他放在一個很遙遠，空蕩蕩的地方，讓他可以好好反省下輩子如何做人。把他丟得遠遠的，我也解脫了，不必在心裡每次想起來就生氣。」說完了，露出了表示勝利的笑聲，繼續說：「現在我知道我比他有能力，比他堅強。由於過去的名分，還是需要依照習俗，逢年過節帶著孩子們祭拜他，反正意思意思就好。」從這個例子，顯然過去衝突的依附關係無法改變，但是可以改變現在，過去的依附關係已經被修改爲非依附關係並放下。一個人與死者過去糾葛的關係，沒有處理和完結，往往無法放下，彷彿關係繼續存在於現在，其實過去與現在糾葛不清，因而持續痛苦。當死亡客體的角色轉化之後，也如同宣布過去、現在及未來的區隔，而將過去放入記憶，可以從此擺脫過去負面經驗的束縛，並從過去經驗當中學習，發現和轉化自己的意義，使得哀傷者的人生可以全心全力往前邁進。

參、重視和善用華人文化

華人利用喪禮儀式將死者角色轉化，即便失落之前爲有傷害的依附關係，由於死者角色被轉化爲靈界人物，也轉化到家族的祖先系統，因此在現實世界，哀傷者在內心可以選擇繼續依附，或不再依附這個曾經傷害他的人，但是形式上的人倫關係則可以繼續。從個人實際的會談經驗，失落發生之前具傷害的依附關係，通常最普遍發生在親子關係和配偶關係當中。這兩種人倫的依附關係，通常在死亡的失落發生之後，不因人死了，就能夠使得過去一切付諸流水，反而關係變得糾葛而持續，也就是未能切斷依附聯結，以致發展成爲複雜性哀傷。主要原因可能在於華人的集體主義或家族主義所致，無法輕視千年來根深蒂固的家人倫理相互牽連的關

係，與抱持個人主義的社會或族群或許可比較容易放棄受傷害的關係不同。在協助哀傷者處理過去受傷害的經驗，需要使得哀傷者的憤怒和痛苦得到和解，可以寬恕死者，不用刻意去迴避和遺忘，反而可以獲得靈性和哲學觀的學習與成長。至於是否維持繼續聯結，則留給當事人決定。由於死者角色已經轉化，可以繼續維持不變的人倫關係，然而可以放棄依附聯結。

Viktor E. Frankl（1986）認為，由於心靈是自由的，心靈的力量為新生之泉源。在實證研究中，可能受到孝道文化的影響，也驗證了客體角色轉化模式的哀傷諮商，在運用個人的心靈力量的影響，讓痛苦的經驗也可以找到意義。對於童年遭受父親傷害的成年孩子，不只轉化了客體的意義，個人自己的意義也獲得轉化。有一位研究參與者表示：「這一次的活動（指客體角色轉化治療的儀式），我覺得主要在幫助自己，了解潛意識裡面正在經驗什麼，……自己可能需要一個自我轉化的經驗，我畫的東西也會經歷一個所謂的自我轉化的過程，所以我覺得畫出亡者下一輩子，我想像他在經歷什麼，或希望他的樣子如何，都是可以幫助自己能夠做自我療癒，也可以更了解自己。」（吳秀碧，2017，p. 86）；此外這位參與者也表示：「讓我再去思索到我對於『人』的看法之外，當我體認到人可能是非善非惡或是有善有惡時，我可以選擇怎麼去看時，我會覺得有一種自由的感覺」。另有一位參與者這樣描述：「在省思中卻發現父親的角色對我人格特質上的影響。壞人不一定所有的行為都是壞的，這部分影響了我的哲學觀。」（吳秀碧，2017，p. 87）。由此可見哀傷者不只獲得哀傷療癒和自我轉化，也由於學習和成長，而感到從受傷關係中解脫，可以繼續維持親子關係。不過儘管華人的文化重視家庭倫理，也重視對親人寬恕的美德，諮商師仍舊必須抱持謹慎的態度。對於父母或配偶生前有傷害的依附關係，在改變內在「聯結」，也就是重建「依附聯結」與否，或轉換為

只是非依附關係的連結，仍舊需要尊重當事人的選擇和決定。

　　的確，經過諮商歷程，當事人可以重新賦予自己過去受苦經驗的意義，重新認同死者，且發展出新的和正向的自我認同，可以避免否定過去的自體與客體，而無法產生統整自我的功能。V. E. Frankl是一位在第二次世界大戰從納粹（Nazi）集中營存活過來的哲學家，從他自己的經驗，體驗到即便是痛苦的經歷，也可以找到意義。Frankl在他的書中，有很多值得品味的名言，如：「受苦的立意是在於保衛個體，使個體不致流於冷漠，或不致流於精神上的僵硬。……我們是在受苦中成長，且趨於成熟──苦難可以使我們更為茁壯，更為豐富。」（游恒山譯，1991，p. 137），又說：「在命運的錘擊之下，經過痛苦的淬鍊之後，生命才能呈現它的真實型態」（p. 140）。所以對於失落之前具傷害性的依附關係之協助，一方面要締造意義和意義重建，另方面需要同時重構關係，以便維持繼續聯結，或是容許轉化為非依附關係，如此哀傷者可以不必努力揮別過去，或要忘記過去，卻又忘不了，而引發內在心理衝突。存在分析承認苦難的意義，並將受苦視為生命中的一項榮耀（游恆山譯，1991），讓自己的受苦變得有價值，就是尋找和發現受苦的意義。從過去的受苦經驗，個人獲得學習和成長，並重新建構對自己的知覺和自我認同，讓自己和自己的生命歷程，不至於發生斷裂和不連續，這是諮商師協助具有傷害性依附關係哀傷者的重點。沒有意義和不重要的記憶，將隨著歲月變得模糊，或流入大腦中不重要的記憶位置，使個人得以全心全力投入當前的生活，但是不會完全遺忘過去，即便已經褪色了，也是一個人生命故事的一頁。此外由於重要他人死亡，哀傷者在調適過程往往會重組個人人際關係，因此可以從現實世界找到合適的人，發展新的人際依附關係，並與新的客體產生依附聯結。

肆、假設世界修復與重建

假設世界重建的策略，就是需要認知哀傷者所面對的挑戰和掙扎。在本質上意思是指，眼光超越實際的失落，放在失落的另一個水平，亦即要超越這個失蹤的人，以及生存者實實在在的生活失落部分所受到的衝擊。從這樣的觀點，基本上重新安排或重新定義假設世界，對這個人而言，或許看起來可適用和更具現實基礎（Beder, 2004-2005）。過些時日，在個人以有意義的認知再評估，以及在親近和關心生存者的人真誠支持之下，大部分的生存者都能夠重建他們的假設世界（Beder, 2004）。如此，即便是受害者，也可轉為倖存者（Janoff-Bulman, 1992）。

Gillies和Neimeyer（2006）主張的意義重建模式之中，對於意義重建的內涵，提出有三方面，即「意義締造」、「發現利益」和「認同改變」。而他們所謂的「認同改變」，乃是指哀傷者「對他們自己的知覺和對他們的個人認同」的改變（Gillies & Neimeyer, 2006, p. 54）。如上敘述，在客體角色轉化之後，即便失落之前有傷害的依附關係，容許哀傷者也可以重建聯結，不切斷關係，或只切斷依附聯結，轉化為非依附關係，可以讓自己和自己的生命歷程保持連續，達成自我統整的功能。因此在協助哀傷者處理哀悼適應的歷程，除了意義重建之外，協助哀傷者將客體角色轉化，並自我轉化，改變自我認同，以便與死者建立全新的繼續聯結，可以彌補當代西方的繼續聯結論和意義重建模式的不足。

❖第五節　客體角色轉化治療的儀式❖

「轉化」一詞原出於生物的基因學（Lederberg, 1994），有變形的意涵，生物界最典型的例子就是蝴蝶的羽化。現在也被心理治療所借用（Janoff-Bulman & Frantz, 1997）。因此，在吳秀碧（2017）研究中所謂

「角色轉化」，指實際的客體死亡之後，物質性的身體已經不復存在，哀傷者內在客體的意像，經由儀式或一種特殊活動，由過去死者尚生存的舊意像，轉變成為一個死後世界的全新「角色意像」（role image），換言之，就是「舊的心理表徵」轉化成為「新的心理表徵」。

根據第六章引用吳秀碧（2016）所發現的「客體角色轉化」療效因子，在本模式當中，除了使用一般「談話治療」的技術之外，建議使用心理儀式技術，可能在治療程序的時間和效果上，可以省時且效果良好，也可以使用角色扮演的技術完成這個步驟。以下為筆者所創客體角色轉化的心理儀式技術，主要有六個步驟。

一、「承」（heritage）

「承」，即「承接」、「繼承」或「傳承」的意思。《Wesber字典》對於「heritage」的定義為：「留傳給其繼承人的財物」，《Longman字典》（1983, p. 325）定義為：「在一個家庭或國家，傳承多年的一些東西」。總而言之，從過去留下或傳遞，作為一種傳統，最常見的就是遺產，通常有物質遺產和文化遺產兩類。所以利用來自文化的個人資產，即運用從一個人出生的社會所承襲的文化資產。在使用心理儀式技術的第一步，就是需要選擇適合當事人文化的心理儀式技術，由於當事人自己很相信，才能顯出效果（Frank & France, 1991）。客體角色轉化治療的儀式，乃是將死者角色轉化為靈界的象徵性角色，為依據華人承襲自傳統文化和傳統喪禮的資產。從實證研究，不論有無宗教或不同宗教信仰的參與者，都能夠創造安頓死者的死後世界，顯然主要與華人文化有關，不是宗教因素的影響（吳秀碧，2017）。

二、「思」（thinking）

「思」，指「意義的推想」，例如：什麼樣的死後世界，可以符合當事人對死者這個人意義的評價。在此所創造的聯結性質為靈性的，非

心理的。在本心理治療儀式中的「思」，相當於李清發（2003）所謂的「思」，是一個詩意的，「非」知性的系統，因此是「非」心理空間，而是屬於靈性空間。的確，死後世界的想像是創造的、浪漫的，非知性邏輯的，所以不是心理的，而是靈性的自由揮灑空間。華人與其死亡親人之間「人」、「神」的聯結便是這種性質。

三、「慮」（contemplating）

「慮」，是一種「盤算」。在於盤算自我滿足的方式，例如：如何可以符合哀傷者自己的希望或期待，作爲安置死者於死後的世界，而能讓哀傷者自己感到圓滿。Corr、Nabe和Corr（2000, p. 519）在有關死後世界的意像，有一段令人發想的陳述：「當人面對不明確的狀況，會尋求證據。他們將會想要就繼續存在這方面，去知道死亡的意義爲何。然而，蘇格拉底似乎是對的，我們不會知道。我們必須選擇某些死亡意義的圖像，並隨之而爲」。華人文化相信死亡並不是一切都消失，而是有靈魂和死後世界的存在，即「死亡意義的圖像」。創造的作品如Pollock（1989）之說，反映哀悼歷程的主題，如期望、內疚、牽掛、缺現實感、未竟心願等。牽掛死後的親人狀況，往往是哀傷不能了結的原因之一（Gilligan, 1991）。當死亡爲有意義的圖像，便可減輕牽掛。所以在「慮」的過程，這個令哀傷者得以感到滿意的「死亡意義的圖像」便逐漸浮現。

四、「映」（projecting）

「映」，有「投影」或「反映」的意思。這個步驟，指哀傷者創作的繪畫之類作品，爲個人內在的投射，成爲視覺化的象徵性作品。哀傷者由繪畫啓動解決問題所需的想像和創作潛力，並投射其內在處理哀悼歷程的議題於作品。因此，經由繪畫、剪貼或雕塑等創作過程和產品，遠比只有想像來得具體和有幫助。

五、「轉」（transforming）

此處的「轉」，即「轉化」。「轉化」為哀傷者將過去對死者的心理意像或心理表徵，經由想像改變成為生活在死後世界之中的新角色和意像。就儀式與轉化功能而言，華人的哀傷療癒是一種轉化的過程，具有依附關係的人物，依賴喪禮或宗教儀式轉化到象徵領域，非自然而得（余德慧，2006）。由於將死者轉化為祖先，為一種外在的關係，得以與死者進行外在關係的連結，並進行對話（李秉倫等人，2015）。使用之心理治療儀式，驗證能轉化這種外在關係的聯結，並促進死亡現實感，也提供一個承認和接受死亡為事實的場域（Reeves, 2011）

六、「成」（identifying）

「成」，特指完成新的認同之過程。哀傷者從作品中已經視覺化象徵死者的新角色和新意像，產生對死者新的認同。這個步驟是在作品完成之後，哀傷者向他人敘說作品的意義和情感，獲得他人傾聽，再經由自己認同作品中死者和死後世界的意像，而產生療癒的轉化。雖然這個步驟，在創作過程已經有療癒的功能，然而向他人分享與敘說十分重要，除獲得傾聽，還可以得到他人的支持、回饋和認定。根據研究指出，由於在前面的諮商程序，情緒已經充分紓解，並處理未完了議題，以及重建死者和死亡意義的過程，而產生心境轉變，所以所創造的死後世界和生活都是美好的，對於死者的新意像也是積極的、健康的、年輕的。這些皆來自參與者期望和希望的投射，而能夠自我轉化和療癒。從研究驗證了靈性的力量遠超過心理的認知（吳秀碧，2017）。儀式中的象徵，確實具有產生意義和價值的功能（Imber-Black & Roberts, 1998），且由於儀式能轉移物質世界的正常事件活動，似乎有催眠的效用（Rogers, 1982），使得儀式可作為諮商與心理治療的介入。

❖第六節　客體角色轉化模式的實證研究❖

　　吳秀碧（2017）根據哀傷療癒最重要的核心因子——「客體角色轉化」，進行實證研究。這項研究在哀傷諮商的實施採取團體方式，共進行十次，而以當中的第九次聚會爲研究標的。由於第九次的實施便是使用客體角色轉化治療的儀式。因此，以該次參與者對於這項治療儀式的體驗爲研究資料蒐集的來源，以便作爲分析，以及了解這項治療的儀式介入效果之依據。本節主要呈現研究的發現結果。

　　使用客體角色轉化治療的儀式效果之研究，共發現有兩個層面的療癒效果：一個層面爲療傷與復原；一爲學習和成長。茲說明如下。

壹、獲得療傷和復原

一、得到釋懷

　　相信死者死後處於善境，而感到釋懷。研究參與者透過繪畫視覺化了死者死後美好的生活處境。即便生前因病而死亡，也由於所創作死後死者轉化爲健康的意像，因而能夠放心死者，並改變心情。由此可知哀傷者轉化的死者意像爲健康的，或變得年輕，或穿著更好的衣物等，這類死者正向的意像或心理表徵，以及死者所處的環境美好，這兩項可以讓哀傷者感到安心和放心，有助益療傷。

二、彌補遺憾

　　能夠經由創造，對生前或死後哀傷者感到內疚或遺憾之事獲得彌補或補償。這種效果似乎與華人在喪禮或祭祀的時候，會焚燒冥紙、紙屋等給死去的親人，並相信親人在死後世界可以使用，而過著較好的生活有同樣效果。可以產生彌補，是由於相信有死後世界，因此關係不是從此消失和斷裂，所以哀傷者還可以爲死者做一些事，作爲彌補或補償，以便獲得心

理安慰。這項療癒效果來自靈性層面的信念，帶來心理層面的撫慰。

三、建構死者新意像

心理儀式的實施過程，提供參與者思考和發現死者的意義，並創造對於死者的新意像。在這個過程，哀傷者不只發揮想像，並在創作外在的具體圖像之際，將內在形成的死者表徵或意像，逐漸以具體的圖像呈現，也從創作完成的圖像，透過視覺再次與內在形成死者客體的新意像，或與新的表徵相印證並內化。這個過程如同有些哀傷者夢見死亡的親人穿著與生前不一樣且較華美的衣服，便很相信死者現在就是這樣。Fritz Perls認為人在日間的幻想和夜間睡眠中的夢，兩者性質相同。所以自己想像的創作的意像，和作夢的意像有同樣的功能。

四、產生現實感

創作的過程，似乎是能再度喚醒參與者對於親人死亡的現實感，或體驗到「逝者已矣」，因此具有促進對於死亡現實感的功能。由於這個治療儀式的進行，首先需要思考一個要安置死者的死後世界。哀傷者需要經由思考和創造一個死後世界，讓哀傷者體驗到自己生存的世界和死後世界的不同和區隔，然後將死者安置在死後世界，在這個過程讓哀傷者面對死亡的現實。

五、發展全新性質的關係和聯結

由於在心理形成客體（死者）的新意像，這個新的意像被歸為在死後世界的人物，因而哀傷者需要發展新的聯結和新關係，並成為心中的力量。這個繼續聯結，性質已經與死亡之前的聯結性質有別，所以哀傷者不會發生生死界線混淆，以及「繼續和死者生活」的問題。

六、修復關係

哀傷者與死者生前有焦慮、傷害或衝突的關係，可能造成哀傷者的自

責或其他負面情緒，以致哀傷難以復原。在治療的儀式實施的創作中，不自覺地被勾起童年被疼愛的記憶，或其他正面的記憶，由此心中修復了與死者的關係。或有對死者持負面看法，透過團體交流的過程，重新詮釋過去對於死者的負面觀感或受傷經驗，而修通關係。在這個過程，可以觀察到華人文化重視「寬恕」、「家族主義」、「孝順」和「倫理」的家人關係等因素，經過會談過程而寬恕和原諒，都是讓哀傷者可以修復關係的重要因素。

七、完成未了願望，可以放下死者

在現實世界不可能執行的事，參與者可以從創造中完成死者的心願，或自己對死者的心願，讓自己為之釋懷。這是靈性層面的功能，是情感的，不是理性的。

八、療癒的自我轉化

從創作和團體中的分享，發現死者的正向意義和死亡的意義。由於自我結構中的自體和客體具有相對關係，哀傷者內在自我結構的客體有意義，相對的，自體也會產生新的意義。由於心理產生自我轉化歷程，不只產生新的自我概念，也產生新的自我認同。

貳、學習與成長

一、重建死亡的意義

對於死亡的負面想法，容易使哀傷者產生迴避。在創作安置死者的死後世界，可以改變對於死亡或死後世界的負面想像，而能去面對。

二、人性觀的改變

創作過程，以及和他人分享，讓哀傷者再思索死者與自己的關係和影響。尤其在團體中，可以獲得觀察治療、比較、對照、接納、回饋、被認

定、支持和鼓勵等,對於哀傷者產生彈性和多元思想特別有幫助,改變了個人對人性的哲學觀。

三、人際關係的學習

死亡使人失去所愛,而感到傷痛。如果能夠將情感、情緒從客體(死者)退出,導向現實人際,對於復原有幫助。治療的儀式,活動過程讓哀傷者得以省思,生者與死者關係和時間的密切關係及重要性,體驗和發現及時珍惜親人關係,或重要關係的可貴。

綜合上述,可以看到治療儀式所產生的轉化功能,包括對死者的轉化,哀傷者自我的轉化,以及失落後世界觀或假設世界的轉化。運用客體角色轉化的理念所發展的一項治療的儀式,包括兩項重要元素:一為參與者原有的文化;二為儀式的轉化功能。從參與者的反應,可以看到治療儀式中使用參與者本有的文化元素,特別有助於參與者融入儀式中。由於儀式為可作為通向當事人文化背景和靈性的橋樑(Doka, 2012),因此參與者容易接受和相信,而能產生治療的功能(Frank & France, 1991)。

其次,儀式具有不可思議的轉化功能,產生八項有助於解決哀悼歷程的療癒功能。參與者內在已經產生死亡客體的意義圖像,這個經由角色轉化的客體,參與者知道為靈性的客體,顯然不同於Winnicutt(1959)所謂的「轉換性客體」,例如遺物,因此這是一種安全的內在客體。對於新的聯結,參與者能清楚知覺是靈性層面的另一種性質的關係,可以感到安心,並成為內心慰藉的力量,而相對應的自我認同也發生轉化和成長。這個轉化的歷程,從參與者根深蒂固的文化種子萌發創作的想像緣起,作品形成也就是將參與者的內在世界予以視覺化,成為具體的圖像。

此外由於與他人敘說,可以改變對死者的表徵(Klass, 2001),而在團體中提供機會向他人敘說自己的創作品,這個過程,從語言說出來有兩種作用:一為在自己敘說過程之中,從聽覺得到自我檢視和回饋,且與他

人交談，以及從他人得到的回饋等刺激，再擾動與重構個人內在世界，激盪豐富的新認知，不斷的賦予作品更多內涵與意義。也就是在這個向他人敘說的過程，持續意義的締造，產生認知結構的改變；二為他人對其作品的積極認定（regard），強化了他認同自己所繪的死後世界，發展死者的新意像與新連結，而產生療癒。這個歷程是一個自發的歷程，正如Rogers（1982）所言，儀式似乎具有催眠的作用。這個歷程好像參與者在自我催眠。而在這項研究治療的儀式介入，參與者獲得對於死亡意義、人際關係和人性觀等三方面的學習和成長，也就是Gillies和Neimeyer（2006）所謂的「獲得利益」，可見這項儀式具有促進從失落事件學習的功能。

最後，由於這項研究的參與者喪親的時間，從未滿一年到長達十一年以上，而每一位參與者都從過程獲益，或解決未竟事宜，顯然哀傷不可能真正完了，此為一生的工作。也就是一生只要有重要的事件發生，例如結婚、再次失落重要他人、小孩出生，甚至新居落成等，會持續一再發現和重構意義的歷程。

❖第七節　客體角色轉化模式的使用與限制❖

壹、本模式同時具備社會學依據和心理學基礎

「客體角色轉化模式」的概念，在社會學的依據，主要源自於傳統的華人文化，抱持「有神論」和「萬物有靈論」的信念，死亡只是肉體的消失，還有超自然的存在。而世界各主要宗教信仰，也有類似的信念，主張靈魂說，有死後生命和死後世界。不論華人傳統文化或各個不同的宗教，都根據有死後生命的信念，而發展和衍生他們的喪禮儀式。所以，本模式主要根據以華人傳統閩南喪禮的研究發現，死者角色轉化對於哀傷者的療

傷有莫大重要性。

　　此外這個模式的原理，也具有心理學的基礎，依據客體關係論，死者角色轉化，就是客體角色轉化。因此，這個模式除了很適合華人，對於在文化上相信有靈魂和死後世界的族群，以及有宗教信仰的當事人也都適合。然而，從社會學的立場，對於在文化上沒有靈魂觀和死後世界觀的族群和當事人，諮商師可能需要以審慎的態度，考慮採取這個模式協助哀傷者。基本的原則是，諮商師不可以強制當事人接受諮商師個人的信念或宗教信仰。

　　由於客體角色轉化模式的哀傷諮商，兼具心理和靈性的處理功能。Frankl（1986, 2006）批評心理學主義的治療，未能照顧一個人的整體，需要以意義治療作為輔助。由於哀傷諮商涉及死亡的議題，與一般心理適應或異常的問題不同，不能忽略個人的靈性層面。因此在諮商過程，諮商師必須了解當事人宗教信仰、生命觀和死亡觀，以及對於靈魂和死後世界的看法，並與當事人討論這些議題，以便評估當事人是否適合使用這個模式。

貳、本模式根據華人文化，運用到其他族群需要審慎

　　發展「客體角色轉化模式」，除社會學和心理學基礎，也注意到當前西方諮商的主要趨勢，其一為根據多元文化取向的諮商精神和倫理，在使用諮商理論或模式，以及方法與技術的時候，都需要考慮當事人的文化差異（Atkinson, Morten, & Sue, 1989; Carter, 1995; Helms, 1990; Ponterotto, 1998; Sue, & Pedersen, & Ivey, 1996）；其二為根據晚近美國在諮商領域的趨勢，對於關照當事人的靈性（spiritual）和宗教兩方面的需求，受到相當的重視。因此無論在諮商方法、諮商師教育，以及諮商倫理等方面，融入靈性和宗教元素的課程，以及非課程（例如工作坊等非學院課程的

培訓方案），都有逐漸趨於普遍的情形（Kelly, 1994; Kelly, 1995; Lambie, Davis, & Miller, 2008; Lonberg, & Bowen, 2004; Myers, & Williard, 2003; Shaw, Bayne, & Lorelle, 2012）。由前所述兩點，對於死亡這個特殊的議題，是一個饒富濃厚文化色彩的議題，可能很難將西方文化背景所發展的哀傷諮商方法，完全適用在東方或華人文化背景的哀傷者身上，反之亦然。所以筆者無意建立一個普世適用的哀傷諮商模式，而是以華人文化為基本，致力開發一個適合華人的哀傷諮商模式。尤其，死亡觀念和哀悼行為，與文化和宗教的關係最為密切。從多元文化諮商的角度，也不可能有普世皆適用的哀傷諮商模式，諮商師在引用不同文化的哀傷諮商模式於臨床實務之際，都需要審慎考慮所服務的當事人，至少在社會與文化兩方面的差異。

參、在兒童的適用性

至於在兒童的哀傷諮商之應用也合適。由於對於死亡尚無現實感的兒童，往往以為死者只是到不知名的遠方去，孩子會說：「他到很遠、很遠的地方」，並相信會再回來，或是認為死者到天上去，但是會再回來。Baker（2001）發現有81%的孩子感覺到，他們的父母好像從天上看著他們。Silverman、Nickman和Worden（1992）的研究發現，超過半數的孩子會和父母做心理交談（mental conversation），所以建議採取讓傷慟的孩子維持內在和死亡的父母連結，他們的意思是指，孩子建構父母的內在表徵，而不是只有保留父母活著時的記憶。Normand、Siverman和Nickman（1996）研究孩子在喪親的兩年之間是否繼續維持內在的關係，是否有改變，結果發現有四種繼續內在的聯結：(1)死者是個鬼，呈現讓人害怕和不可預測，孩子無法控制；(2)死者只是一種回憶，沒有感到與死者情感交談；(3)維持與死者有「互動」關係，經由感到與死者交談，分享情感

和事情,並向死者祈禱;(4)成為活在世上的遺產,透過內化父母的價值觀、目標或具有特徵的行為,作為保留與他們連結的方式。同時,他們也發現在兩年要結束研究的時候,孩子們有朝向後兩種類型內在聯結的趨勢。因此,對於兒童的哀傷諮商,學者不主張兒童需要切斷與死者的「依附聯結」,主要是孩子沒有如成人一般的死亡現實感。再者,保留這個「聯結」,也就是「繼續聯結」,對於孩子也有必要,有利於孩子自我(ego)的發展。當兒童到了死亡概念成熟的時候,自然就會知道他親愛的依附人物已經死亡。對於喪親的兒童,使用客體角色轉化模式的哀傷諮商,可以協助孩子締造死者的意義,去安置死者的死後世界。雖然他們腦海裡的「死後世界」概念,或許與成人的認知不同,但是可以為死者創造一個兒童自己可以安心或喜歡的地方。即便孩子成長到了可以了解死亡的現實之際,心理上也不會有衝突的感覺,因為他早已經將死者安置在一個他小時候安心和喜歡的地方。

肆、在其他失落的運用

由於這個模式在進行角色轉化時,可以包括內在客體角色和外在客體角色的轉化,因此或可運用在死亡之外其他的失落問題。例如離婚或親密關係分手,也是一種重要的失落。諮商師可以和離婚者或失戀者討論,有關已經離異的配偶,或已經分手的愛人的角色轉化,此後關係性質的改變與定位,以及角色改變之後的互動方式,例如當事人認為好聚好散,以後可以成為友善的「朋友」角色。或相互情感交惡,可能希望轉化成為「陌生的路人」角色。並且根據當事人自己界定的新關係,決定和發展在未來的互動,由於關係的性質不同,互動的方式也必須改變。例如轉化為「朋友」角色和關係,此後以友善朋友的身分互動,若轉化為「陌生的路人」,從此互不往來,狹路相逢,也視若陌生人。這樣可以協助離婚者或

失戀者明確告別過去的角色和關係，發展彼此的新關係。同時可以探討和發展新的自我認同，並準備展開新生活。

　　尤其，離婚對於比較年輕的喪偶者來說，分離是一種非典型的轉換（atypical transition）（DiGiulio, 1992），也就是類似人生發展階段的一個轉換期。配偶過世，生存者不只需要處理家人關係和角色、經濟和財務，以及心理等層面的問題，還有一項很重要的社會層面問題，就是社會角色。雖然離婚或失戀的對象形體沒有消失，但是可能已經無法繼續存在當事人的主要生活情境。所以，不只需要轉化對方的角色，也必須進行當事人的角色轉換和關係的改變，以及轉化和重建對自己的新認同。過去筆者和離婚或喪偶者會談的經驗中，有一位年輕喪偶近兩年的婦女，提到喪禮過後，偶然在工作場所聽到同事在她背後交談，提到：「她這樣年輕就當寡婦，真可憐。」又不久前在朋友家聚餐，朋友向一位她不認識的人介紹時說：「她就是某某人的遺孀。」她哭訴著說：「雖然知道他們沒有惡意，也不是有錯。但是我很不喜歡聽到『寡婦』或『遺孀』這樣的稱呼。所以，現在我很怕，自己躲了起來，不參加社交活動。」因為在華人的傳統文化，寡婦有剋夫的意思，這個就是婦女喪夫之後的社會角色轉換議題。在經過一起討論她現在的角色之後，她表示滿意的選擇使用「單身」這個角色，並以這個新角色作為自我的新認同。所以，對於失落配偶或其他關係的當事人，客體角色轉化是一個重要的程序。

　　最後，客體角色轉化模式也可以使用在臨終病患和其家屬。用在臨終病患時，主要在於協助病人本身對自己死後的角色進行轉化和安置，以便讓病人感到安心和減少死亡焦慮。協助病人做角色轉化，可以讓病人找到與自己維持繼續聯結的方式。由於人對於死亡的恐懼之一，就是對於死後「一無所知」，包括死後無往生、死後沒有生命、沒有任何餘留，什麼都沒有了，自己從此一切都消失了（Neale, 1977）。因此，在協助臨終病

患回顧、尋找、發現和統整個人一生的意義之後，臨終病患若已經可以接受死亡，由於華人相信有靈論，因此無論臨終病患個人有無自己的宗教信仰，都可以和他們討論對於靈魂和靈界的想法。不過在這個步驟需要十分小心，首先要謹慎評估病患本人是否確實可以接受死亡，其次必須先告知家屬有關病人的準備程度，然後和家屬討論這個步驟幫助病人的目的，讓家屬對於這個步驟有充分的了解，以免引起家屬的不安和擔心。

有時由於和病人討論對於靈魂和靈界的想法，而引起沒有宗教信仰的病人想要了解特定宗教的興趣。這時諮商師可以協助他們找來適當的宗教神職人員，以便給予病人感興趣的特定宗教教育。之後，可以邀請病人就自己個人一生的意義，一起討論希望死亡之後可以轉化為什麼角色，以及「以後想去什麼樣的地方？」若臨終病患有自己的宗教信仰者，則可以運用他們的宗教信仰，來鼓勵和協助他們找到安置自己的好地方，例如天主教和基督教徒，通常都會希望回到天父的身邊，而佛教徒則希望往生西方極樂世界，民間信仰者可能會想到天上或可以修行的地方。西方的學者也認為文化和宗教的世界觀，以及認為靈魂存在，會影響哀傷者表達對死者維持聯結（Field, Gao, & Paderna, 2005）。雖然臨終病人所要維持連結的是自己的生命，不是別人的生命，道理上可以通用。當病人必須捨棄現世的各種角色時，透過病人對自己的生命轉化成為靈界的角色，存在靈界，自己現在的生命，便可以和未來靈界的生命持續連結（connect），讓臨終病患感到自己死亡之後，不是自己一切都消失，而且相信有個自己適當或喜歡的地方可去，這樣會比較安心。

❖第八節　結論❖

綜合前面各節的論述，與母親的依附聯結，是我們個人一生最早與他

人建立的聯結。由於依附關係具有類化的特性（Bowlby, 1958），因此日後我們得以類化到與其他重要他人的關係，並與之建立依附聯結。而「親子工作模式」也是我們最早用來和母親互動的模式（Bowlby, 1969）。這個基本模式，乃後來發展成爲我們的心理世界或假設世界的核心（Anisworth, 1972）。所以假設世界在人際關係最核心的信念，就是我們與依附人物的關係和聯結，具有長遠性或永久性。由於死亡而失落了依附聯結，無論是與父母、手足、子女、配偶或摯友，對我們都有不同程度的打擊。尤其是最早與父母所建立的依附聯結更爲根本。因爲與父母的依附聯結，是我們早年就已經建立的「安全基地」和「安心天堂」。因此喪親對於假設世界的這個核心信念打擊特大，不管喪親的人是兒童或是成人，都是難以承受的傷痛。在哀悼調適的過程，首先必須締造死者的意義和死亡的意義。尤其死亡有意義，可以讓我們接受死亡的事實；而死者有意義，方有維持繼續聯結的需要。當我們可以接受死亡的事實，並獲得繼續聯結，便會逐漸恢復和調整我們的假設世界受到衝擊的部分。走完了哀傷的歷程，通常我們的假設世界可以恢復，並由於從面對死亡經驗的學習，會有所獲得和成長，而使得我們的假設世界變得更成熟和更豐富。至於人際關係之中的非依附關係，由於沒有建立依附聯結，便無所謂維持繼續聯結的問題。

其次，依附人物的死亡方式，如果超乎我們假設世界的信念越遠，對於假設世界的衝擊也將越大，有時甚至哀傷者沒有得到協助，便難以自行恢復或調整。與死亡的客體維持繼續聯結，是維持安全基地的一個辦法，是療癒哀傷的關鍵，也是讓我們的假設世界得以恢復和調整的方法。但是，當前美國學者所提議的繼續聯結方式，諸如使用記憶（Atting, 2000），以及建立與上帝的依附聯結（Kelley & Chan, 2012），都不夠完善。使用記憶作爲聯結表達方式，實際上是與死者過去的聯結，對於不願

意放棄強烈渴望身體親近依附人物的哀傷者，這樣的方式可能療傷效果有限。至於建立與上帝的依附聯結，確實具有超越世間的力量，有一定的安撫作用。然而這個依附聯結，並不是與死亡的客體「維持繼續聯結」（Klass, et al.,1996），而是與死亡客體之外的人物，所建立的新依附聯結。當死亡的打擊特大，對於哀傷者的假設世界衝擊也會特別嚴重，可能傷害到靈性層面，使得哀傷者相信上帝和神佛的存在，以及善有善報之類的信念受到破壞。若哀傷者無法接受死亡的事實，可能暫時也很難相信上帝和神佛的存在。因此對於逐漸恢復中的哀傷者，或許比較可能與上帝建立依附聯結，這是與上帝建立依附聯結可以繼續研究的議題。

客體角色轉化模式的主要目的，在於協助哀傷者尋找、發現死者的意義和死亡的意義，並將死者的角色轉化為靈界人物，且安置在靈界。如此對於哀傷者而言，相信死者並未完全消失，而是以另一種形式存在。因此在心理層面和靈性層面，哀傷者可以與所依附的死者維持繼續聯結，並將死者安置在讓哀傷者滿意的地方。客體角色轉化模式，是以社會學對於華人文化的研究和理解，以及客體關係論為建構原理的依據，因此這個模式對於華人的哀傷者的協助，除了涵蓋心理層面和靈性層面，也因為華人有「祖先」的信念，具有社會角色和地位，所以也涵蓋社會層面。這個哀傷諮商模式，協助哀傷者所建構的繼續聯結，符合Klass等人所提出的「維持繼續聯結」的概念。從實證研究的結果，發現客體角色轉化模式對於哀傷者有多項療效，也能促進學習和發展（吳秀碧，2017）。至於具有傷害經驗的依附聯結，經處理與死者的未竟事宜，在客體角色轉化之後，哀傷者可以選擇和決定彼此的關係，是否維持繼續依附聯結，或轉化為非依附關係的連結，或甚至放棄關係的連結。最後，不論維持繼續聯結，或是轉化為非依附關係，都需要協助哀傷者統整得自死亡與哀傷經驗的學習和成長，以便恢復和充實假設世界。

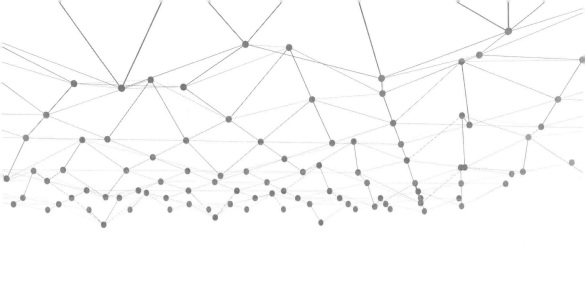

◆ 第五篇

哀傷諮商與治療的
實務與應用

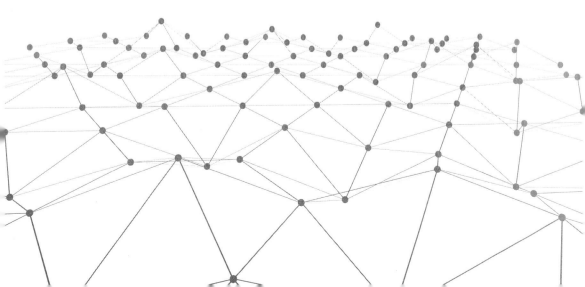

第十章
非複雜性哀傷的諮商

　　正常哀傷（normal grief），又稱為非複雜性哀傷（uncomplicated grief）。由於哀傷為人類對於失落的正常反應，即便有些人的哀傷無法如多數人一般，能夠在一段時間之後順利完了，也是不宜被視為病態。因此，當前學者多數贊同以「非複雜哀傷」和「複雜性哀傷」（complicated grief）作為相對的區分，以取代使用「正常的哀傷」和「病態的哀傷」（abnormal grief）。若個人有需要協助的時候，前者可以提供哀傷諮商（grief counseling）給予協助，後者則必須提供哀傷治療（grief therapy）給予協助。本章主要敘述客體角色轉化的模式在非複雜性哀傷的應用。

❖第一節　哀傷諮商與哀傷治療的差異❖

　　哀傷諮商與哀傷治療在服務的對象、介入目的、介入的時間，以及治療師所需具備的訓練，甚至使用的方法與技術，都有一些差異。對於「哀傷諮商」與「哀傷治療」的差異，James. W. Worden（1991）認為，哀傷諮商（grief counseling）主要用在處理非複雜性的哀傷。目的在於協助哀傷者促進非複雜性哀傷歷程，或正常哀傷歷程的推進，以使哀傷者在一段合理的時間，健康的完成哀傷任務，並且告別死者，成功的結束哀悼調適的歷程。在論述中Worden特地使用「促進」（facilitate）哀傷歷程這個詞彙，意在凸顯非複雜性哀傷，是人類對於失落自然的、正常的反應，本來無須協助就可以復原，不過也可能有些因素，使得部分人需要或多或少的

協助；其次，從哀傷和哀悼是一個歷程的觀點，對於非複雜性哀傷的介入，主要在陪伴、支持和協助哀傷者，順利而健康的完成哀傷任務，或走過哀悼的調適歷程。Worden認為提供哀傷諮商的人員，除了諮商心理師之外，受過適當訓練的社工師、護理師或半專業人員，也可以提供支持性的哀傷會談。

至於哀傷治療（grief therapy），Worden認為主要用在協助有複雜性哀傷，或病態哀傷的哀傷者。目的在協助哀傷者辨識出分離的衝突，並加以解決，以便促進哀傷任務的完成。所以通常為了解決這些衝突，哀傷者需要去體驗他或她所迴避的那些想法和情緒。治療師提供支持和允許當事人去哀傷，這些往往是當事人之前在其環境中所缺少或未被認可的。簡言之，就是需要建立工作同盟，治療重點在處理哀傷者卡住的點，使哀傷者可以通過這個困難的地方，以使哀悼的歷程可以暢通。使用哀傷治療而不使用哀傷心理治療（grief psychotherapy）的主要原因，在於心理治療通常用在協助有精神疾病或有心理異常的病人，具有矯治或改變人格結構或動力的意涵。既然哀傷是人類對於失落普遍的自然反應，即便由於各種因素，而無法健康的順利完成哀悼任務，以致需要專業人員的協助，也必須以保留的態度，不輕言所謂的「病態」或「疾病」（Rando, 1993; Worden, 1983, 1991, 2009, 2018）。因此，多數美國學者偏好使用「複雜性哀傷」，用以取代「病態的哀傷」，當然也就不使用「心理治療」這樣的詞彙。所以哀傷治療主要在於協助複雜性哀傷，而通常需要受過哀傷相關專業訓練的諮商心理師或臨床心理師，使用特殊的介入方法與技術，以協助各種哀悼困難的哀傷者。

Worden（1991, p. 79）認為，哀傷治療最適合以下三類狀況：⑴複雜性哀傷反應，以延長性哀傷顯現；⑵哀傷反應本身，經由一些身心或行為的症狀出現；⑶哀傷反應，是以被誇大的哀傷反應呈現。目前在DSM-5

的「創傷及壓力相關障礙症」當中，包括「持續性複雜哀慟障礙症」，被認爲需要心理治療，但是也謹慎的註明：「有待未來研究的病況」（台灣精神醫學會，2015，p. 153）。未來有部分的複雜性哀傷，將會被列入DSM之中，成爲一種心理疾病，例如美國學者正在研究中的創傷性哀傷（Prigerson & Jacobs, 2001），將來可能列入DSM，以及瑞士蘇黎世大學的Clare Killikelly博士也在研究延長性哀傷的診斷標準，將來可能列入ICD-11，如此這些被認定爲心理疾病的複雜性哀傷，便只有精神科醫師和臨床心理師可以提供協助。

❖第二節　哀傷諮商的目標和實施原則❖

壹、客體角色轉化模式的諮商目標

　　所有的哀傷諮商，目的都在協助哀傷者完成哀傷任務，以及處理任何與死者之間未完了的事件，以便可以順利而健康的調適哀悼歷程，並完了哀傷。由於Worden（1991, 2009, 2018）所主張的哀傷任務，已經是當前學者普遍接受，爲哀傷諮商的部分重要工作。故客體角色轉化模式，融合了Worden（1991,2009, 2018）的哀傷任務，形成非複雜性哀傷需要完成的諮商目標，主要有七項如下：

- 增進哀傷者對於失落的現實感。
- 促進各種情緒的表達與紓解。
- 協助哀傷者處理未竟事宜。
- 協助哀傷者締造死亡的意義和死者的意義。
- 協助哀傷者將死者的角色進行轉化，以建立新性質的聯結。
- 促進失落發生之後的環境因應技巧。

• 促進哀傷歷程經驗的統整和學習。

貳、哀傷諮商主要的原則

一、給予足夠的時間

在美國的現代社會，不容許個人有足夠的哀悼時間，期待個人儘早回到工作場域和正常的生活步調（Granek, 2010），否則易被視為「病態」。然而若將哀傷視為自然屬性能自主的復原，顯然也不是無條件的。除了死亡相關因素會影響哀傷的復原，時間也是一項很重要的條件。Bowlby（1980）主張哀傷歷程是一個調適的歷程。因此，Bowlby認為哀悼需要有足夠時間來表達，逐漸學習而適應。Parkes（1987）也認為：「哀傷是一個了解，對失落『形成』事實的過程。而且，這個過程花費時間，雖然可以被協助，在傷慟早期，任何強迫現實考驗將會引起困難。」同時，他也提醒諮商師，哀傷者由於恐慌反應，大量遮蔽了情緒，或一再的生活在創傷的經驗當中，似乎都是過早面質死亡的結果。尤其是親人痛苦的死亡，或屍體有損傷狀況，可能縈繞在哀傷者的記憶當中，蓋住了哀傷者對於死者的快樂記憶。顯然**足夠的哀悼時間**讓哀傷者表達情緒，學習去面對失落的事實，是哀傷復原的首要條件。從Maciejewski等人（2007）的研究發現，可以知道即便非複雜性哀傷的哀傷高峰期約在6個月左右，而平均約1-24個月方能完了哀傷。所以，期望哀傷者在完成喪禮之後就可以結束哀傷，是不切實際的期望。給予哀傷者足夠的時間去適應沒有死者的環境，是絕對必要的條件。

二、容許個別差異

哀傷的行為反應範圍很廣，就像中了樂透的開心反應，每個人的行為不同一樣，每個人如何哀悼也不盡相同。所以不可能期待每一位哀傷者

都會有相同的哀傷反應。尤其影響哀傷的因素差異，對於失落的反應和需要的哀悼時間，也都會有所不同。在失去父親或母親的兒童，可能會看不到有傷痛的表情，而在青少年則可能嗅到生氣的情緒，這些狀況除了因年齡差異所致，也有性格差異的影響。失落一名家庭成員，即便生活在一起的家人，每個人的哀傷反應也互不相同。所以，身為諮商師不可以有刻板印象，認為哀傷者都是一個模子。也不可以對於每一個哀傷者的哀傷階段的演進，採取「食譜式」的期望，以為到了何時，哀傷者就該有什麼哀傷反應。而是必須細心體驗哀傷者，仔細觀察哀傷者的行為，充分的正確了解，以及小心解釋哀傷者的行為。

三、持續提供支持

　　失落所愛的人，對一個人首當其衝的感受就是孤獨。哀悼是一個永遠沒有真正結束的歷程。在關鍵的時期提供支持，尤其以失落的第一年，對於哀傷者特別需要。由於在死亡禁忌的文化之下，哀傷者會感到朋友和親戚都突然疏離了，或由於親友面對哀傷者不知道該說什麼，而讓哀傷者得不到支持。支持是實質的協助，也是情感情緒的撫慰。Worden（1991）提到哀傷諮商與哀傷治療的不同，指出哀傷治療比較會特別聚焦在特定的時期；而哀傷諮商則傾向至少在死亡發生的第一年，也就是關鍵時期之內，提供方便的協助。由於諮商師的角色之一，就是提供希望和遠景。所以，需要隨著哀傷者和其家人的需要，方便給予協助。其中一項值得推薦的好方法就是支持團體，不論是有期限的團體（time-limited group），或是開放式的團體（open group），都比個別諮商更能提供哀傷者較多的社會支持。而且特殊的團體，例如喪偶、喪妻、喪夫、喪子、兒童、青少年等，也可以提供不同哀傷者，獲得相同遭遇者的彼此相互支持。

四、適時提供諮商

　　何時提供哀傷者諮商，這是一個重要的議題，也是個難題，由於沒有特定的規則可以作爲依循。Worden（1991, p. 39）認爲：「哀傷諮商開始，最早在喪禮之後的一星期，或一星期左右。」這是指適合提供協助的最早時間點。繼之，他又提醒：「一般在第一個24小時找諮商師是太快了，除非在死亡之前便曾經接觸過。」太早提供諮商的最大問題是，哀傷者剛剛面對失落，尚處在震撼、否認、缺乏現實感和麻木的狀態。根據美國Maciejewski、Zhang、Block和Prigerson（2007）的研究發現，第一階段爲「不相信」；其後，在一年之內，以每6個月爲一期的兩個時段，觀察到每一個時間段落，「接受」都增加，且大於「不相信」，顯示一年之內哀傷者對於失落的現實感和接受程度大爲增加；其次是「思念」，在1至4個月期間呈現持續增加。可能一方面由於比較有死亡的現實感，另方面由於思念的情緒越來越高而難以忍受。Worden（1991, p. 40）指出：「有些人需要協助處理傷慟，但是將會一直等到卡在困難了，認知到自己需要協助，才出來尋求協助。」因此根據經驗，多數非複雜性哀傷者，尋求協助的時間都落在死亡發生之後的2至3個月之間。不過，若覺察到有障礙性的死亡，例如病人需要拔管或中止葉克膜等維生系統的救治方法，而讓病人自然死亡。諮商師便可以在死亡發生之前先接觸和協助家屬，並在死亡發生的時候，再做個簡短的協助。隨後，便可以等待喪禮之後再視情況提供協助。有關這樣的臨床服務，在台灣很需要醫療系統設置諮商師，方能適時提供有需要的病人或家屬。以上有關諮商介入時間的建議不是定律，僅供參考。有關適時的提供諮商，端視情境來決定哀傷諮商的角色和運用而定。

五、選擇適性的介入

　　首先，就介入技術（intervention techniques）的選擇和決定而言，哀

傷諮商與其他議題的諮商相似，由於諮商理論都是根據對於人格心理學和
人類行為的理解而研發的方法與技術。所以有效的諮商師，不會只是一名
擁有和使用一堆技術的技術工作人員。如果你相信只要擁有很多的技術，
便可以有效的協助一個人，這是很荒謬的想法。這種情形就如同外科醫師
有很好的開刀技術，卻沒有人體解剖學和相關醫學的知識，如此的醫師怎
麼致人於死，可能自己都不知道。所以一位好的哀傷諮商心理師，不只需
要具備哀傷與哀悼的知識，也需要具備其他相關心理學的知識，以及敏銳
觀察和體驗他人的能力。永遠需要記住，技術是「固定的」，人是「變化
的」。由於不只人有個別差異，人的需求也會改變。一項有用的技術，不
見得對每一位當事人都有效；對一位當事人有效的一項技術，也不見得一
直對他或她使用，每次都會有效。因此，在選擇和使用一項介入技術的時
候，適當的時機最為重要。運用技術，這項能力與諮商師個人的經驗有很
大的關係。技術使用的原則，主要是提供給新手，以及比較沒有經驗的諮
商師作為參考，而有經驗的諮商師往往憑藉經驗和直覺。直覺就是積累的
經驗很豐富，已經到了潛移默化的境界，成為不用特地思考就能表現，就
像開車的熟手，已經到了人車一體的情況，自然可以駕馭自如。

六、保持服務的彈性

　　首先就程序的彈性而言，每位學者或每個學派，都根據他們所發展的
理論或模式，對於諮商的實施通常會有一個程序，方便作為臨床實務操作
的依循。但是，普遍對於不同的當事人，也會重視實施程序的彈性，以適
應個別差異和突然發生的狀況。在哀傷諮商中，施實的程序更是需要保持
彈性。雖然，哀傷反應和哀悼歷程似乎有些人人共同的現象。然而，由於
影響個人哀傷反應，以及哀悼歷程的因素眾多，因此實施的時候必須保持
彈性，而不是一成不變的按表操課。例如，原本正常的哀傷，由於個人突
然與家人發生衝突，可能嚴重影響到他或她的哀傷反應。

其次，是會談地點的彈性。Parkes（1980, p. 9）認為：「電話接觸和辦公室的諮詢（consultation），無法取代家訪。」他認為到哀傷者的家中會談，是最合適的場所，即便有和哀傷者簽訂契約、訂定目標等，並不一定非在正式的辦公室（也稱為諮商室或會談室）會談不可。雖然Worden（1991）也贊同這樣的主張，不過他認為如果是進行哀傷治療，則比較適合在專業的辦公室會談，而不是在家庭或其他非正式的情境；若是哀傷諮商，則適合使用非正式的場所。他所謂非正式的場所，是指若在醫院，由於通常家屬正在陪伴即將死亡的病人，因此可以在花園或其他各種安靜的非正式地點，讓哀傷者感到比較自在，所以不一定要在辦公室。

最後為時間的彈性，由於哀傷者可能遇到偶發事件、特殊節日或其他因素的影響，容易突然爆發傷痛情緒，急需協助。因此，雖然契約上有訂定每週固定的會談時間，也需要保持彈性，以便提供臨時有需要的哀傷者，可以增加約談的時間。

七、注意有風險（at-risk）的哀傷者

對於具高風險因素，預估可能發展成複雜性哀傷。若親人死亡的原因為創傷事件、災難事件、車禍，或其他非預期性的死亡。由於有明顯高風險的外在因素，諮商師可能會比較容易注意到哀傷者的哀傷發展狀況。但是，有些主動來約談的哀傷者，或是在醫療系統內的諮商師所主動接觸的對象，由於沒有明顯的外在風險因子，可能造成諮商師忽略了哀傷者，可能有風險發展成為複雜性哀傷。最早Lindemann（1944）曾經提出四項辨識正常和複雜性哀傷的特徵，分別為：⑴身體或生理型態的痛苦；⑵腦子裡一直想著死者的意像；⑶對於死亡的情境，或對於死者感到自責與內疚；⑷有憎恨的反應；⑸個人的功能無法如失落之前。此外Worden（1991）又補充了一項，就是在哀傷者自己的行為上，明顯的發展出有死者的特徵。Parkes和Weiss（1983）從臨床研究發現，死亡發生四週之後，

在八項風險因子之中，哀傷者若有幾項符合，也需要諮商師主動介入，以防發展為複雜性哀傷。這八項因子為：⑴家裡有較多小孩；⑵社經階層較低；⑶失業或無固定職業；⑷有強烈憤怒情緒的狀況；⑸有強烈歸咎的情形；⑹有強烈的自責；⑺當前缺乏關係；⑻使用因應評估的結果為需要協助。

八、及時辨識出病態的哀傷並轉介

在哀傷諮商當中，諮商師也具有「守門人」的角色。一方面有哀傷領域的學識，可以區辨正常與異常的哀傷；另方面也要具備有關精神疾病知識和診斷的能力，以便有能力去辨認出當事人，由於失落而牽扯到存在的病態，以及哀傷的情況出現膠著的困難，而能夠及時協助專業轉介，這樣的哀傷者需要哀傷治療而不是哀傷諮商。由於治療的目標改變，所使用的策略和技術不同，因此哀傷諮商的諮商師需要考慮到自己角色的限制和法令的規範，而必須知道何時需要轉介當事人，以便讓他或她去接受哀傷治療，甚至心理治療。

九、尊重文化差異

由於哀傷反應和哀悼行為涉及社會和文化相當多，因此協助哀傷者的諮商師特別需要注意文化差異。東方文化和西方文化差異很大，對於死亡觀和死亡的態度，哀傷反應和哀悼行為等都有很大差異。當我們使用西方理論之際，需要很小心留意跨文化的問題。即便我們華人，各地、各族群、不同性別、不同年齡和不同社經階層的文化，也有大同小異的狀況。而小異，反而容易被忽略，而且也可能為數不少。尤其在同一個社會，不同年代的當事人，可能反應也有差別。諮商師可能面對同一家人，由於出生在不同年代，而對於失落和哀傷表達也會有差異。因此諮商師在哀傷領域，需要具備多元文化觀，尊重哀傷者的個別文化差異。

❖第三節　展開會談❖

　　一般哀傷諮商的程序，需要包括完成哀傷的主要任務，以及注意哀傷歷程的適配，並重視個別差異，以協助哀傷者順利走過哀傷的歷程，以便完了哀悼。在哀傷諮商的實務，多數學者參考Worden（2009, 2018）的哀傷任務，形成諮商的程序。即便提倡意義重建論的Niemyer，在哀傷歷程，除了「修改自己的假設認知架構」這個程序之外，也提出與Worden任務論相似的諮商歷程，依序為：承認失落的事實，讓自己面對痛苦，修改自己的假設認知架構，與失去的重建關係，重新定位自己。

　　由於協助當事人接受死亡現實，紓解和調適傷慟的情緒，適應沒有死者的實質性世界，以及投入新生活都屬哀傷諮商共同必要的任務。在客體角色轉化模式的諮商程序當中，除了完成哀傷任務，發現死亡的意義和死者的意義之外，最為關鍵的工作就是將死者的角色轉化，如此可以安置死者，能夠讓哀傷者維持與死者的繼續聯結，並且以新角色的死者（客體）作為哀傷者心中的力量，可以讓哀傷者感到安心和放心，方有助於了結哀傷。客體角色轉化的諮商程序，主要共有九項程序，也是工作的重點。這些工作重點的順序僅供參考，最主要是必須把握工作的重點，彈性運用程序。通常來面談的當事人，可能處在不同的哀傷階段，或已經比較能夠接受死亡的事實，而感到情緒的不堪負荷，或由於適應死亡之後的環境產生困境而需要協助，或由於沒有機會表達哀傷，而需要有安全和安心的環境表達哀傷，更多是由於有未竟事宜，而無法自己完成哀傷。

　　哀傷諮商最重視的態度就是陪伴。開始第一次會談，以及其後各次會談，諮商師最好保持開放的態度，由當事人展開會談。由於來面談的當事人一方面通常會以個人感到比較有壓力的議題展開會談，例如「他死得好突然，我到現在都沒有現實感」、「我一直感到內疚，因為當時很忙沒有好好盡心照顧她」、「我知道人死了應該原諒，可是我心裡總是無法原諒

他對我的傷害」、「他很有責任，一直很照顧家裡，現在他死了，我不知道該怎麼辦」。當然，也會有當事人表示：「不知從何談起」，這樣的當事人，諮商師只需保持沉默，以期待和關心的目光看著當事人，容許當事人自己整理好，他或她一定知道如何開始。總而言之，由當事人自己展開會談，諮商師可以從當事人開始的話題，了解他可能很需要協助的議題所在；另方面，在會談初期當事人可能會不斷的一再敘說不同段落的死亡故事，用以宣洩情緒，以及尋找和發現死亡的意義。所以諮商師必須彈性的運用部分程序，同時注意當事人需要完成的重點工作。

❖第四節　哀傷諮商的程序❖

壹、增進死亡的現實感

在每日生活的時間流動中，無論滿意或不滿意，多數人都不曾認真想過親愛的家人有一天會真正永久離我們而去。即便是預期性的死亡，也不會知道確切的日子。所以當死亡發生，對於活著的人而言，都會有一種很突然而不真實的感覺。即便痛恨一個人，也不曾認為這個人會真正死去，所以當這個人死了，一時之間也會有很意外的震撼感。在第三章已經提過主張哀傷歷程階段論的學者和實證研究，都認為發生失落的初期，就是缺乏現實感，或震驚、麻木的反應。而哀傷最重要的任務，便是知道失落，去接受死亡的現實感，以便處理對於失落的情緒反應。

增進哀傷者對於失落的現實感，最簡便有效的方法，就是讓哀傷者自發性的敘說死亡的故事。這個方法往往是最容易入手，去協助哀傷者敘說個人的失落。諮商師可以這樣開啓會談，詢問當事人：「請告訴我，你要談的這個失落事件。」哀傷者可能從死亡相關歷程的任何時間點，開始

敘說他或她的故事，如果當事人開始是這樣表達：「不知道從何說起」，諮商師只需要耐心等候，靜靜的表示容許當事人可以決定從何處開始敘說，由於當事人選擇開始敘說的部分一定對他或她有所意義。在當事人敘說的過程，諮商師需要用心聆聽，並注意當事人敘說的故事之中，有無提到有關「這件死亡的事情何時發生的？」「在何處發生的？」「怎麼發生的？」「如何得知死亡的訊息？」「什麼人通知他的？」「當他得知死亡的消息，當下有何反應？」等，如果沒有提到的，諮商師可以提問，以便協助當事人可以將死亡的故事敘說得更為詳細和完整，對於提升他的現實感會有所幫助。

誠如Maciejewski、Zhang、Block和Prigerson（2007）的研究指出，現實感在死亡發生的時候，已經開始出現，然而在最初的半年增加較緩慢，到了滿一年到二年之間增加就比較快，也顯示兩年之間逐漸增加現實感的趨勢。所以，有些時候我會鼓勵當事人帶來死者生前有關的照片，或死者與家人的合照，作為輔助敘說的刺激。當事人所帶來的照片通常都會經過選擇，且與特殊日子或特殊事件有關，也就是照片保存了對死者的重要記憶。有機會對他人敘說，可以促進現實感的提升。在美國，諮商師也會鼓勵當事人造訪死者墳墓，可以增進對死亡的現實感。由於文化差異，華人對於墳墓和納骨塔等地方比較有禁忌，雖然現在多數人都火化並將死者的骨灰存放在納骨塔，但是有些人可能除了特殊的節日，例如清明節，平日不會去納骨塔祭拜死者。因此，諮商師需要注意文化和個別差異，可以試探性地詢問當事人。

從會談中，會看到哀傷者需要幾次會談的敘說，不斷回顧他／她的失落故事，每次可能從不同的時間點、不同的事件開始，而越談越有細節，也越完整，敘說幫助了哀傷者有機會好好整理自己的失落故事。在當事人所敘說的故事，會包括對於過去的記憶，以及現在個人和家族所發生的種

種事件與相關的情感情緒。在協助當事人敘說個人的失落故事過程，諮商師可以扮演的最佳角色，就是聆聽者和鼓勵者，以及情感情緒的同理和反映者。有耐心且了解的傾聽，以及鼓勵當事人以語言說出事情和相關情緒。如此，不只有助於產生死亡的現實感和紓解情緒，最後也會對於死亡產生意義，進而可以接受。

貳、情緒表達與紓解

由於哀傷的情緒是當事人對於死亡不願意分離的反應，為最重要的部分，因此可能需要較多的時間，容許當事人去處理情緒和表達。這個程序，主要在鼓勵當事人在會談中，公開表達情緒和宣洩情緒。Worden（2009，2018）認為要哀傷者去面對死亡的事實和感受哀傷情緒，對於哀傷者很困難，但是奮力處理，是療傷需要的過程。由於哀傷的情緒與當事人對於死亡的記憶和想法有關，治療師可以鼓勵當事人詳細的敘說死亡的故事，並即時同理當事人的情緒，尤其治療師需要有能力，敏察感受當事人未使用口語表達的情緒，並給予深度的情緒反應，以協助當事人可以表達這些可能自己未覺察的情緒。

在前面第二章描述了許多一般人面對失落時，會體驗到哀傷相關的情緒反應。由於那些情緒，通常會使人感到煩躁或不安，或心情低落，而知道自己心情不好。然而也可能有些情緒，哀傷者自己並不覺察，或由於干擾的程度尚未讓哀傷者感到需要處理和解決。往往哀傷者會尋求諮商，目的在於紓解痛苦。哀傷者並不知道對失落的哀傷反應需要一些時間，會期待趕快消除痛苦。所以，協助他們去接納痛苦，並且陪伴他們修通痛苦，是諮商師可以做的事。其中，對於哀傷者最容易有問題或困難的情緒，包括：悲傷、憤怒、內疚、焦慮和無助感。尤其，沒有表達的悲傷、憤怒和內疚等三種情緒，往往與延遲性哀傷或其他問題有關。

一、悲傷情緒的處理

悲傷是一個人面對失落的時候，最容易感受到的情緒。有的人會很悲傷而痛哭；有的人則相當自我禁止或克制，看不到悲傷的情緒和眼淚，或獨自飲泣。除了讓哀傷者自主的表達悲傷情緒之外，諮商師還可以邀請當事人談談或畫出「最難忘的一幕」，這一幕通常會隱含特別傷痛的情緒。在陳述最難忘的一幕，諮商師可以協助當事人充分表達悲痛的情緒。例如圖一，哀傷者想到親人屍體推進火爐的那一幕，就是永別，特別傷痛難忘；又如圖二，哀傷者在病床邊聽到醫師告訴護理師記下親人死亡的那一刻，震驚又傷痛難忘。

圖一：屍體送入火爐的一幕

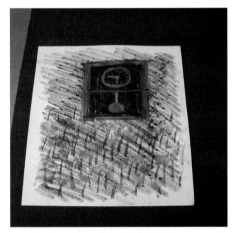

圖二：宣布親人死亡的那一刻

此外，諮商師比較需要注意和協助的對象，為死亡發生之後，後續需要承擔很多責任的人，例如喪親的長子女，或自認為堅強的喪偶者。由於沒有足夠的時間表達哀傷，需要盡快擦乾眼淚，承擔家務和照顧弟妹、子女，以及另一個活著的父親或母親。一個人隱藏的悲傷情緒，並不會消失，只是在暗中等待伺機出擊，可能是心理的，也可能是生理的。有一位

喪子的中年男性，由於胸悶問題，在心臟科就醫近兩年之久，又接著出現兩臂麻木，一直查不出生理病因，醫師建議他看精神科。他來會談，協助他了解到病因與三年前喪失獨子有關，同時也引發較早年喪父的哀傷有關。這位當事人在喪子之後，他擔心觸發妻子的哀傷，而極端自我禁止悲傷，並安慰妻子。會談中，連結到他在青少年晚期喪父的狀況，而且他是目睹父親意外死亡的人。由於身爲長子，爲了努力安慰母親傷痛的心情，乃極端克制自己的悲傷，並承擔家庭經濟重擔。所以他早年的哀傷反應與當前喪子情形雷同。當事人那些被壓抑（repressed）的情緒和被抑制（suppressed）的悲傷情緒，導致他嚴重到影響兩隻手臂麻木，但是手腕可以正常活動，這是精神官能的症狀，也就是過去稱爲歇斯底里的症狀。很明顯的，這一位當事人有禁止性哀傷（inhibited grief）和多重哀傷的問題，並有身心反應症的問題。另外筆者在美國遇到一位當事人，是一位女性，她在喪夫之後，由於與妹妹有衝突的關係，她說爲了不願意示弱，丈夫死亡她都沒有掉過眼淚。但是死亡發生的一個月後，開始先發生嚴重睡眠障礙，到半年之後的長期子宮發炎，都投藥失效。尤其子宮發炎屢次查無生理原因，這樣折騰了近一年半，她的婦科醫師建議她尋求諮商。這位女士同樣有禁止性哀傷。從上面兩個例子，他們的哀傷複雜化的原因，均爲個人角色或有人際衝突，而極端抑制和禁止自己表達悲傷、憤怒所致。所以，一般容易被認爲理所當然的悲傷情緒，也可能由於缺乏支持的環境，而過度克制或自我禁止，以致衍生身心反應的疾病。諮商師最好在會談中，注意可能被抑制或自我禁止悲傷情緒的當事人。除了同理和反映（reflect）當事人各種表達的哀傷情緒之外，可以邀請當事人探討所體驗到的悲傷情緒，並表達出來。

二、憤怒情緒的處理

其次，當親愛的人死亡，生存者普遍會體驗到憤怒。化解憤怒很

重要，哀傷者的憤怒需要有機會以口語表達出來，才能得到處理。常見的有兩種憤怒的來源，其一為死亡帶來的挫折，從心理學的角度，任何挫折都會引發人的憤怒，包括死亡剝奪了親愛的人而無法阻止，或是過去受到的傷害還沒有機會報復或向死者表達憤怒而感到的心理不平；其二為Worden（1991, p. 43）所謂的「退化的無助感」（regressive helplessness）。若哀傷者知道憤怒的來源，能夠向諮商師或在哀傷諮商團體中向其他成員敘說，並得到諮商師的協助，以及其他成員的支持，可以獲得釋懷。

有時哀傷者會知覺到自己的憤怒，然而並不知道與死亡有關，這些憤怒通常不會直接指向憤怒的真正源頭就是死者，而是轉向朝著醫生、護理人員、喪葬人員，或其他家庭成員，而呈現遷怒的現象。有時哀傷者根本沒有覺察到自己的憤怒情緒，或有覺察到憤怒情緒，然而是轉向朝著內在的自體，因而感到憂鬱、內疚、自責、自尊低落等。憤怒朝向自己可能產生自殺意念、自殺企圖、自殺行動，進而發生自殺的危險。因此，對於憤怒朝內的哀傷者，諮商師可以直接問他或她：「你是否曾經糟糕到想傷害自己？」而諮商師很不適合提問：「他死了，你有沒有對他感到生氣？」這樣可能讓對方感到被質疑或觸怒。

不過有些哀傷者的自殺意念，並不是憤怒的轉向所導致，而是來自於想和死者一起死去。此外憤怒也可能由於在哀悼期間太痛苦所致。對於哀傷者的憤怒處理，諮商師直接詢問他的憤怒情緒，通常可能沒有幫助。由於當事人自己可能未覺察到，或是由於文化因素，例如華人的孝道文化，不宜對死去的長輩憤怒，而迴避回答。比較有幫助的提問，通常是先問這樣的問題：「死者有哪些讓你想念的？」，在當事人敘說的時候，通常會邊講邊傷心哭泣，等到當事人幾乎沒有再繼續舉出想念的事之後，可以這樣提問：「死者有什麼讓你不想念他的？」，當然，這樣被問到，當事人

可能有一點意外，以及感到遲疑是否適合說出來。諮商師只需要耐心和關心的等待，通常當事人都會講出對於死者負面情感情緒的地方。當事人能說出對於死者的「正向」情感情緒，也能說出「負向」情感情緒，協助當事人找到可以得到平衡這兩種情緒的體驗，並且看到這些情緒是並存的，而是無法相互抵消，如此有助於「捨得」。

　　也有少數的哀傷者，在會談中主動談到很多對於死者的憤怒。至於當事人若有強烈的憤怒，可能隱藏有被死者傷害的事情，需要協助當事人能夠去談，能夠將受傷害的憤怒表達出來。這種情形諮商師傾聽是最好的辦法，讓當事人可以有機會表達憤怒。然而，諮商師除了同理當事人曾經受到的傷害之外，同時也需要協助當事人談談對於死者正向情感情緒的事，即便是少許的，也很重要。由於哀傷者可以不用壓抑憤怒，能夠得到諮商師的理解，又能夠去承認對一個人的情感不是百分之百「全壞」，對於去原諒死者和解決一個人的哀傷很重要。因為，如果哀傷者無法原諒死者，他的憤怒將永遠糾葛在心中。當然這裡談到的死者，是和哀傷者有依附聯結關係。通常當事人與死者之間若有依附關係，可以嘗試協助當事人寬恕死者，以便獲得和解，或是不願意和解，可以用當事人希望的方式處理，例如從此切斷依附聯結，讓自己自由。若是沒有依附聯結的死者，除了協助哀傷者表達憤怒之外，可能需要協助哀傷者切斷與死者的關係。

三、內疚和自責的處理

　　此外，自責和內疚也是哀傷者很常見的情緒，而且絕大多數都是非理性的內疚情緒，並且都與死亡的情境相關。有關非理性想法導致的內疚，可以使用現實考驗（reality testing）的技術，協助當事人發現自己的想法不合理之處，而解脫內疚。在臨床工作經驗當中，常聽到哀傷者內疚的原因，例如：「早知道開刀會導致失敗，就不要讓他開刀，也許還可以多活些日子」、「當初認為這家醫院很好，怎麼知道會這樣，或許有更好的醫

院可以救他」。如果治療關係很有信任的時候，當有些哀傷者如此自責的時候，我會問他：「聽你的陳述，你好像有很好的預知能力」，或「你有如神一般的料事能力嗎？」當然他們的答案是：「沒有」，接著會反問他或她：「你承認自己沒有預知能力，那就無法早知道……」。如此可以協助哀傷者看到自己無法預知的限制，而擺脫自責。繼之，會肯定他或她當初的努力和盡心盡力。另一種常聽到的自責，類似這樣的：「我如果再多盡力一些，或再做些什麼，可能現在他還活著」，或「她死了之後，我覺得自己做得不夠多」，這種情形，我會請當事人說出他或她曾經為死者所做的一切，不分大大小小的事。我一邊聽取當事人的陳述，一邊會依照順序幫他或她寫在紙上，等到她說完了，會問她：「妳還有做什麼嗎？」當他或她回答：「沒有了，都說完了」的時候，會讓他或她看看我為他們記錄所列出的單子。往往當事人的反應是：「沒有想到有這麼多」，我會肯定他或她：「當時你應該很辛苦」。我有一位當事人的答案是：「我想我已經比我家裡其他人做得多太多了」，或有的會想了一下，然後回答：「我想我那時候已經很盡力了，也不知道還可以做什麼？」當事人自己的答案，讓他們可以擺脫自責的內疚。諮商師甚至可以為有些當事人增強：「的確你已經做了所有你能夠做的事了」，以堅定他們的自我領悟。

不過也會遇到當事人有真實的內疚原因，也就是確實有實際的事件或行為造成死亡。治療師便需要協助當事人去接受這個已經發生的事實，以及接受當事人內疚的表達。由於當事人想要抱持內疚，作為一種贖罪的方法，治療師若企圖去安慰，反而使得讓當事人反應更強烈。所以去表達了解和接納，反而對當事人會比較有幫助，感到被支持。有學者建議這樣的當事人，容許他或她帶著內疚，可能比安慰或勸說有用。在所帶領的哀傷諮商團體當中，Worden（1991, 2009）建議可以利用心理劇的技術來協助當事人。Worden的成員是一位年輕女性，父親病危而死亡當晚，她還留

在男友家過夜，事後覺得自己做了很大錯誤的事，感到很內疚。在心理劇演出時，讓她選擇成員扮演她的家人，包括找一位成員扮演她。然後，讓她與每一位演出者互動，並一一向那些人承認自己的過錯，也讓每位演出者給予回應。心理劇進行中很感人，尤其當她擁抱演出她的那位成員時，最令人動容。在哪一刻她經驗到修復和療癒了自己。此外可以參考寬恕諮商（forgiving counseling）（Davis, D. E., et al., 2015；Griffin, et al., 2015）的方法與步驟去協助當事人。

四、處理無助的焦慮

最後，常見的情緒是焦慮和無助感。哀傷者的焦慮，主要來自無助感。當重要他人死亡，可能讓哀傷者覺得無法獨自活下去，或不知道如何獨自過日子。尤其，過去有許多的生活瑣事都依賴死者，這種哀傷者特別容易有無助感。通常這是一種退化的經驗，心理上退化到較小的年紀，可以感到比較安全。隨著時間過去，哀傷者將會逐漸知道可以安排和處理。有位喪偶的男士，會談中傷心而無助地告訴我：「以前都是我老婆在照顧我們，管教我兒子，幫我們做三餐，送兒子上學。現在她不在了，我常常不知道怎麼辦。」我便和他談論到妻子死亡之前，他自理生活的方式，管教過兒子的方法和經驗。有時妻子有事，他也有幫忙帶兒子上學的經驗，以及現在他改成買現成的早餐，午餐、晚餐也都外食，上班時順便送兒子去學校等。雖然目前有些不習慣和感到比較不方便，但是都可以維持生活的正常運作。所以，對於陳述無助感的當事人，諮商師可以從過去他或她在發生失落以前處理生活和事情的方法，發現成功和有用的經驗，肯定哀傷者的能力，協助哀傷者重建認知結構，幫助他們甩掉焦慮和無助感。

參、爲當事人解釋正常的反應和行爲

從事哀傷諮商的諮商師，必須具有哀傷這個特殊領域的訓練，以便了解和具備區辨「正常」和「異常」哀傷行爲的知識。由於正常哀傷反應的層面和範圍廣泛，有些並非一般生活中個人曾經體驗過，因此可能讓哀傷者擔心自己太傷心，或有強烈的憤怒情緒，而懷疑自己有「發瘋」的感覺或「不正常」的行爲。由於若哀傷者先前沒有過重要失落，可能對於產生的幻覺，或高度無法集中注意力，或死者的意像終日縈繞在腦海裡等，會感到很困擾，也懷疑自己是否不正常。若有這種情況的當事人，諮商師可以先請當事人具體描述他或她所擔心的「不正常」行爲，並向他們保證和解釋反應行爲的正常性，以協助當事人可以安心。筆者在美國臨床曾經遇到一位當事人，陳述白天清醒的時候看到自己死去的母親，從她的臥室門口走過，很擔心自己的幻覺，是否有精神疾病的問題發生。然而，由於華人相信靈魂存在，在台灣多年來所接觸的當事人，若白天清醒時刻看到死去的親人，都沒有人認爲自己可能有「問題」或「不正常」，尤其在喪禮的頭七，有這種經驗的當事人反而有一種安慰，甚至會認爲死去的親人回來看他們或還沒有離開。這種情形，現在學者都認爲正常，可能與很想念、很期待再看到死者有關。由於文化差異的反應，若在台灣被當事人問到的時候，不用解釋，而是這樣反應：「你一定很想念他，很期待可以再見到他」，通常可以促進當事人表達更多的情感情緒。

不過諮商師偶爾或極少數的機會，可能會遇到來談的當事人，由於失落的代償失調（decompensates），而發生精神異常的問題。通常這種當事人，在發生失落之前便有心理或精神疾病史，或發作精神疾病的前兆。此外Worden（1991）認爲失落發生之前，曾經被診斷有邊緣性人格異常的哀傷者，也可能對於失落會有不尋常的反應。對於這類的當事人，諮商師需要協助當事人做轉介。

肆、促進失落之後的環境適應

　　由於失落導致環境可能產生或多或少的變化。若是失落的死亡對象，越是重要的他人，則在心理和物理的環境改變將會越大，對於生存者的適應學習，也越需要。最常見的是，死者是家庭的決策者和家庭經濟主要提供者。這個人死了，家裡由誰來承擔作決定的角色，如何作決定，誰可以分擔家庭經濟，便成了家人需要協調和學習的重要事情。若是喪偶者，死去的配偶是作決定的角色，生存的配偶便需要學習和發展作決定的能力。作決定看似簡單，對於向來依賴配偶作決定者，卻是困難的任務。若死者是家庭經濟唯一的提供者，喪偶者便需要重新學習謀生技能，這些都會增加傷痛的壓力。

　　其次是生活型態的改變。有一位單身中年婦女與母親兩人同住，在會談中傷心的敘說不適應母親過世之後的生活，她說：「我媽媽過世昨天剛好滿百日，我還是很不能適應一個人的生活。以前下班，回到家一開門就會先去廚房，看看媽媽準備的晚餐有什麼菜。一進廚房就會看到媽媽，聽到抽油煙機轟轟的聲音，還有冒著白煙的鍋子。現在回家，明明知道媽媽已經不在了，還是忍不住往廚房去，每次看到空空的，非常安靜的廚房，心裡就一陣酸痛，痛哭。」顯然這位當事人很需要重新安排下班之後的生活，發展社交生活型態，並學習一個人過日子。因此，這個程序有用的方法，便是利用解決問題的技術，來協助哀傷者處理各種適應憂慮或困境。

　　可能有的哀傷者以為搬到遙遠的新地方，便可以快速擺脫哀傷。從國內外的例子可知，事實不然，由於企圖迴避面對失落的哀傷。然而沒有處理的哀傷不會因此消失。有一位中年婦女，由於丈夫有憂鬱症，兩人經常發生衝突，丈夫自殺死亡，她則遭到男方家族嚴重譴責。她在丈夫的喪禮結束之後，便迅速搬離，到一個沒有人認識她的地方，也不告知娘家的

人，想要完全重新開始生活。但是，結果沒有如預期，讓她不得不斷斷續續地尋找諮商師。當她來找我的時候，距離她丈夫死亡已經12年了，在這期間包括轉換兩次工作和搬三次家，讓她倍感疲憊和傷心，生活一直沒有穩定下來，也由於缺乏支持系統，經常感到非常孤獨無助。因此協助她重新走過哀傷和處理創傷的障礙，是一個必經的歷程。

此外可能有的哀傷者在發生失落之後，由於經濟因素，需要搬離原來住所、重新就業或換工作。哀傷者在嚴重的哀傷時期若需要搬家，或重新投入職場、換工作等，將會更為困難。因為可能涉及需要作較多和較大的決定，而學習新技巧和適應新的環境，也需要適應新工作環境，甚至需要學習就業技能，所以更不容易。如果由於財務和經濟的關係需要賣房子，搬離原來居住的地方，不只需要學習適應新的居住環境和交通，還可能失去原來的支持系統，對於處在嚴重哀傷時期的當事人，有如雪上加霜，會需要更多的協助去適應。故宜建議哀傷者，如果可以的話，暫時不要做太大的生活變動，先尋求暫時性的解決辦法，容許自己有個轉換的過渡期，這樣比較容易適應。

伍、檢視當事人的防衛與因應型態

防衛和因應型態為調適失落的勝任行為之徵兆。有些防衛和因應型態，可能造成哀悼調適的輕微障礙，有些則可能嚴重阻礙哀悼的調適。例如哀傷者使用迴避的防衛，採取暫時「擱置」失落，例如遠離家鄉去旅行，雖然哀傷者知道失落的事實，只是現在不想面對和處理；或有哀傷者經常漫無目的的開車外出，想藉此拋開傷心的情緒。「擱置」並不是真正有幫助的策略，隱藏的哀傷不會消失，只會找出路。有位當事人以為使用她所謂的「工作療傷」，以及「堅強面對」，認為全心全力投入工作，不要讓自己哭泣和脆弱，不談失落的事，也不高興他人提到死者，久而久之

就可以從此不傷心，結果導致經常暴怒，人際嚴重惡化，家人和朋友都認為她性格變得「怪怪的」。

　　有些因應策略，則可能導致哀傷者整體生活型態逐漸變調，甚至個人生活和人生幾乎毀掉，對於哀悼調適完全沒有幫助，例如使用飲酒，而變成酗酒；使用毒品，而成毒癮。由於失落，會使得個人的防衛和因應型態變得明顯。當哀傷者與諮商師的關係發展良好，有了信任的諮商關係之後，哀傷者會比較有意願去討論那些防衛機制和因應策略。所以，當諮商師敏銳覺察到當事人的防衛機制和因應型態，阻礙了哀悼調適，便需要協助當事人去檢視那些特別的防衛機制和因應型態。有些當事人由於退縮，而不想再看到死者的照片或身邊的任何遺物，可能是不健康的因應跡象。諮商師可以提出來和當事人討論，並讓他看到這樣的行為對於其調適哀傷的效應。尤其，那些使用飲酒和毒品，企圖藉以改變不好受的負面情緒的當事人，諮商師不只需要有高度警覺去發現，同時要去詢問，並協助他們去接受積極的處理，例如參加戒酒、戒毒的團體。也要讓這種哀傷者了解到他們使用酒精和毒品成癮，將會導致哀傷和憂鬱更加嚴重，也傷害到哀傷歷程的調適。

陸、處理未竟事宜

　　哀傷者可能由於和死者之間有未竟事宜，而無法完全解決哀傷的問題。不只複雜性哀傷的哀傷者有障礙哀傷反應歷程的問題，通常非複雜性哀傷的哀傷者，由於非理性的想法，而產生不需要的內疚情緒，以及因失落的挫折較大，而有憤怒和遷怒的狀況，是很正常和常見的反應。在非複雜性哀傷中，最常見的未竟事宜，有過去受到死者語言或身體的虐待，而感到對於死者的憤怒情緒；或是由於個人各種原因，例如忙碌；或對於死者生前生病的照顧過程，由於感到死者過度要求或哀傷者自己的疲憊

等，種種原因而拒絕死者的要求，事後感到自己不夠盡力等，而在死亡發生之後感到相當內疚或自責。對於曾經受虐的哀傷者，可以利用「空椅的技術」（empty chair technique），讓哀傷者有機會向死者表達憤怒。對於自認為不夠盡力而自責的哀傷者，可以利用「雙椅的技術」（two chair technique），協助哀傷者擺脫自責和內疚。

此外也有些哀傷者提到來不及向死者說的話，而感到遺憾和傷心。諮商師可以利用空椅的技術，讓哀傷者有機會向死者表達和告別。

柒、尋找與發現死者和死亡的意義

有關Neimeyer（2000）主張需要重建假設世界，比較適用於複雜性哀傷治療。對於非複雜性哀傷者，無須重建假設世界，主要工作在於檢視哀傷歷程的經驗，以便獲得學習和成長，可以豐富假設世界。因此經由諮商師的協助，哀傷者回顧個人的經驗和故事，尋找與發現死者的意義和死亡的意義。由於非複雜性哀傷對哀傷者的假設世界之衝擊，一般為暫時性的改變，或損傷也少，通常可以自己恢復。哀傷者在有被傾聽理解和支持的情境，不斷回顧和敘說死者和家族過去的故事過程，自己會「理想化」死者。由於在使用語言陳述故事之際，敘說個人故事的當事人，將會聽到自己陳述的故事，宛如再次體驗當時的經驗，將同時省思和發現故事裡的人、事、物之意義。所以，會對於過去經驗的人、事、物，賦予新的意義，諮商師只需要聆聽或給予些許內容反映和回饋，以促進當事人對於意義的發現。

為了便於協助哀傷者回顧和尋找死者個人的意義，諮商師可以建議當事人帶來死者過去的生活照片、家族照片、遺物等，將會有幫助。當事人選擇的照片，通常會與死者個人或家族在特殊節日聚會、出遊等，有特殊意義和快樂的回憶有關。從回顧過去生活中有意義的經驗，協助當事人分

享和陳述，讓他們對死者「感到引以爲榮」、「對死者特別感恩的事」、「死者對家庭的貢獻」、「家人最懷念或敬佩死者什麼？」、「鄰人或死者同事怎樣描述死者這個人？」、「死者友人最懷念，或喜歡，或敬佩死者什麼？」等，可以協助當事人逐漸形成對於死者有意義的圖像，同時也能夠在這個過程，一再省思和發現與死者關係的意義。甚至對於過去感到被死者傷害的事，也能轉化爲有意義或有趣的事。有一位來談的大學生，他的省思很有意思，他說：「直到我爸得了肝癌，我還一直很厭惡他喝酒這件事。現在我終於可以體諒他爲什麼那麼愛喝酒。他沒有休閒嗜好，又沉默寡言。所以就只有看電視和自己一個人喝酒，然後洗澡、睡覺，明天趕早上工。想起來我爸應該很能吃苦，生活苦悶，但是他很盡責在養我們。」他原諒了父親過去的暴力管教，肯定自己父親堅毅的個性，也感恩父親一生的辛勞。在一次的工作坊，有位學員泣述母親對她的暴力管教和無理的成就要求，我使用重構技術（reframing）協助她換個角度看母親的行爲，告訴她：「似乎你的母親看到妳的能力特別好，很期待你有過人的成就」，讓她領悟到確實母親對她特別有期待，而不再貶抑自己，雖然母親的管教行爲過當，她理解到母親的用心，也原諒了母親。在筆者的研究中也有個例子，提到：「從和同組夥伴分享過程中體會到的，一個人不管生前有啥不好的作爲，要放下對於死者的怨和恨，似乎都要去想想他生前不錯的部分。」（吳秀碧，2017, p. 91）這位研究參與者在哀傷諮商團體中，從參與和觀察治療獲益，而原諒了他的父親。

會談到這個階段，哀傷者不只對於死者建構了意義，對於死亡亦然。尤其對於死亡意義的發現，往往也是一種學習和獲得，例如：「……也許死亡沒有什麼不好，也許死亡讓他開始另一段旅程……從原本從單一的角度解讀負面的死亡以及殘忍，到死亡世界的創作，重新建構死亡的意義，不只有負面和殘忍，也有新生，新生活的開展。」（引自吳秀碧，2017,

p. 86）由於意義的建構，對於遭遇死亡的失落之哀傷者，可能不只一次，透過一再的回憶，或許每次都有新的發現與學習。由於意義重建是從經驗學習（Atting, 1996），而且不是一個單次完成的工作，哀傷者對於失落，在發現某些意義之後，仍舊時常繼續尋找意義（Schwartzberg & Janoff-Bulman, 1991）。

在會談的過程，隨著哀悼歷程的發展和推進，哀傷者將繼續「尋找」和「發現」死者和死亡的意義。在失落的初期，主要任務在提升死亡的現實感；越到後期，對於死亡的意義，會有更多的省思，而發現死亡在人生的意義。有位中年當事人說：「我父親是個不抽菸、不喝酒，生活很規律的人，健康還算不錯，很少生病，本來以為他可以活到八、九十歲。沒想到因為腦溢血，三天，一下子就走了。」我給他的反映：「父親的死，似乎讓你認識到死亡的無常。」他很同意對於死亡這樣的信念。從這個例子可以看到走過哀傷的歷程，個人可以獲得生死哲學觀的學習。此外意義締造，有助於哀傷者感到減少壓力，同時讓人變得比較有彈性的去面對失落（Webster & Deng, 2015）。

捌、客體角色轉化和安置

具有依附關係的重要他人死亡，使得生存者失去依附的實體，如前面章節所論述，過度依賴轉換性客體，例如遺物，可能為發展複雜性哀傷的跡象。吳秀碧（2017）主張必須協助哀傷者創造內在可以連結的新客體意像，而且是與死者有不同於過去舊的聯結性質的新聯結，而得以繼續聯結。如此也使得哀傷者可以將舊客體的意像和經驗作為記憶。根據華人文化，相信人死之後有靈魂，到靈界也就是到死後的世界了。因此在會談中可以利用第九章描述的客體角色轉化的「治療的儀式」（therapeutic ritual），協助哀傷者轉化內在客體（死者）的角色，為死者創造死後

世界，並安置死者，以便與死者有新的聯結。客體角色轉化的治療的儀式，在此採用創作的方式，實施過程主要有六個步驟（吳秀碧，2017, p. 80），敘述如下。

一、承（heritage）

指利用來自哀傷者個人的文化資產。治療的儀式，必須使用當事人的文化資產，也就是當事人本來就相信的。「有神論」和「萬物有靈論」，便是我們華人久遠以來共同的文化資產。所以，華人相信人死亡之後形體消失，但是靈魂存在，並且有死後的世界。

二、思（thinking）

為推想的意思。在這個步驟主要協助哀傷者，根據前面的程序所建構死者的意義，去推想死者死亡之後會是什麼樣子？什麼樣的死後世界符合哀傷者對於死者這個人意義的評價？以便為死者創造一個死後的意像和角色，以及居住的死後世界。

三、慮（contemplating）

指哀傷者考慮，思慮或盤算，如何可以滿足自己需要的方式。這個步驟在於協助哀傷者，以符合個人期待或希望的方式，來安置死者於死後的世界，以便使自己對於親愛的人死亡這件事，可以感到圓滿。

四、轉（transforming）

又稱為轉化，有變形、變化、改變的意思，指哀傷者想像在死後世界中，死者的角色和意像。很有趣的是，即便死者年紀很大，或因生病形體瘦弱，通常哀傷者所想像死後的死者，都是年輕或健康的樣子（吳秀碧，2017）。牽掛死後親人的狀況，是哀傷不能了結的原因之一（Gilligan, 1991），因此，從哀傷者重新給予死者的意像為健康或年輕，也可以看到哀傷者療癒程度的跡象。而能夠創造一個安置死者的死後世界，且讓自己

滿意的地方，同樣很有療癒功能，在研究參與者中，有一位表示：「在畫的時候我一直在調整，想試圖畫得更好一些，就像盡我所能讓他過得更好一些一樣，最後畫完了以後，我感覺心情就變得很好，很高興，彷彿是我畫出來以後，他就可以住在那樣的世界了，我可以很放心，也很開心。」（吳秀碧，2017, p. 88-89）

五、映（projecting）

指將心中的舊客體（死者）意像，轉化所形成的新客體意像，並經由投射與創作成為視覺化、具體化的形象。同時，鼓勵哀傷者將新客體的意像，安置在哀傷者想像最適合死者的環境，並且創作成為具體的作品，以便將心中的想像具體化。所以使用畫像、剪貼像或塑像等，可能比只有想像、敘說或寫作更有幫助。但並不是每一個人都喜歡繪畫，所以在這個步驟可以選擇當事人合適的材料，例如紙張、繪畫器材或黏土，讓當事人進行創作、繪製或塑造。也可以使用彩色紙，或廢棄的彩色雜誌、廣告紙，以及剪刀、膠水等，讓當事人創作剪貼死者死後的樣貌，以及所處的死後世界。

尤其在這個步驟，「安置」死者非常重要。哀傷者能夠具體安置了死者，也是安了自己的心。所以這些作品都非常有意義，例如圖三，死亡的寵物被安置在有天使守護和狗食物的死後世界；圖四為一位佛教徒將死者安置在佛的世界；圖五為死者一輩子沒有旅遊過，所以被安置在可以享受旅遊的死後世界；圖六希望死者學習重新做人，而將成人的死者轉化為嬰兒，安置在佛國的蓮花中重生。

六、成（identifying）

指哀傷者創作象徵死者的新角色和新意像，以及令哀傷者可以滿意的死後世界之具體作品後，再透過自己的視覺去看，並內化成為內在的客體新意像，以及這個新客體所在的地方。當安置了死者，哀傷者可以不用再

圖三

圖四

圖五

圖六

憂慮或牽掛死者的去向，可以放心和放下死者。有一位參與研究者很具體的敘述自己的體驗：「畫畫的過程之所以會有幫助，我認為那是一種具體化的付出表現，面對摯愛的人死亡，人難免都會有愧疚、自責等情緒，而畫畫的過程，不只是具有抒發情緒的功效，更能以畫出來的方式，具體的呈現出死者在死後的世界，生者藉由圖畫，看見且相信死者在死後世界生活得很好，也能產生一種安慰的作用。」（吳秀碧，2017, p. 88）

　　其次，如前所敘述，對於死亡產生確切的現實感，在哀悼是一個持續的歷程。有些哀傷者經過這個治療儀式的協助，達成了對於死亡確切的

現實感，這樣的效果有如臨門一腳。有一位參與研究者表示：「由於我無法為××（死者）送行、見她最後一面，以及參加她的喪禮，所以對我來說，××就像突然消失了一樣。我之前偶爾還會有一種很奇妙的錯覺，就是覺得她還依然活在遙遠的○○（城市），在這一個活動裡面，對我產生最大的幫助，莫過於終於讓我有機會去面對××的死，當我在繪製××活在天堂的那一刻，我感覺自己終於回到了現實，真真切切的知道了××在天上，而不是在○○。」（吳秀碧，2017, p. 88）

此外這個程序的實施過程，向他人敘說也是不可少的重要步驟。當哀傷者在向他人描述和敘說作品的意涵之際，透過人際交流，可能原本有些是在個人的意識，有些則在個人前意識（pre-consciousness）或下意識（unconsciousness），將逐漸在意識當中對於死者和死亡產生更多覺察，並發現和發展更豐富的意義，同時對於作品中的客體意像和死後世界，也產生堅定的相信。有位參與研究者表示：「活動中將死後世界和死者現在樣貌『畫下來』，讓想像、創造更具體，再加上『說出來向別人分享』，讓我對創造出來的死後世界、生活、連結關係等，思考得更細緻詳實，也再次加深了對這個世界、連結關係的相信。」（吳秀碧，2017, p. 89）

在完成這個程序後，哀傷者便能夠將舊的客體意像和過去與死者的經驗，轉化在記憶之中，意識可以很清楚的區分出「那已經是過去的事了」。同時，由於內在有了新客體的意像，以及與新客體的角色建立新性質的關係，而得以有了與內在新角色客體的「情感聯結」，而舊關係的「情感聯結」則可以成為記憶。如此不僅可以明確區分生死界線，也不至於讓哀傷者感到被死者所遺棄，或與死者從此切斷了聯結，而有助於解決哀悼。

玖、讓生活和人生繼續前進

在哀傷者安置了死者於死後世界，便如同向自己宣示了死者已經不存在現實世界，而是在另一個世界，可以用不同角色與哀傷者有了新聯結。由於這個新客體已經是靈界的人物和角色，角色已經轉化和改變，所以與哀傷者也有了另一種性質不同的新關係。雖然過去世間的角色和關係在記憶中可以繼續，例如母子、兄弟；而同時死者有了新的社會角色和位置，例如「死人」、「祖先」、「作神」等，有了新角色，就有了新關係。雖然想繼續從與死者的舊依附聯結，獲得過去習慣的需求，已經不可能；但是從死者新角色和新關係，可以期待獲得新需求的滿足，也就是獲得精神支持，或受到保佑等靈性的力量。正如一位參與研究者所言：「在經歷與死者重新產生連結的過程中，了解了即便實體的人已經不在，卻能繼續在心理層面帶來新意義的領悟，知道自己是被愛的、知道關係的失去並不代表斷裂，而是能在回憶中重新翻修，賦予新的意義與繼續活下去的動力……人死過後，並不代表連結就斷絕了……，現在與她的連結、對她的思念，能成為人生路上的精神糧食。」（吳秀碧，2017, p. 89-90）

雖然任何人都不會知道哀悼確切完全了結的時間點，不過在哀悼調適的歷程可以完了哀傷，在一段合理時間的範圍之內，個人可以恢復生活各項功能，並結束哀傷。所以完成這個程序的哀傷者，可能都可以走過傷慟，放下死者，但是不用放棄死者；可以告別實質世界的死者，然而可以連結靈性世界的死者；不需要以身體親近為依附的標的，但是可以運用與死者的新關係所帶來的力量，將精力和生活重心放在現在與未來，人生和生活再度全心全力繼續向前。

❖第五節　哀傷諮商可用的技術❖

壹、隱喻

隱喻有一種轉化功能（transitional function），一種「我－非我（me-not me）」的語言（me-not me）（Seligman, 2007, p. 335），可以使得當事人不必很明顯地感到自己是在對著諮商師談自己的內在。因此，當事人可以在具省思的合夥會談中進一步分析。由此可以產生兩個自動進行的改變過程：一個是明顯過程，與當事人一起省思；另一個是隱晦過程，當事人在他人對他的心智有興趣的互為主體當中，建立起他的主體感。利用隱喻可以去討論和當事人相似的特徵，讓當事人得以有個支持象徵化和自我省思的轉化空間（Winnicott, 1951: Benjamin, 2004）。當事人是否適合使用隱喻，從會談中可以得知，喜歡隱喻的當事人在會談過程中，可以聽到她或他自己使用隱喻的表述法，這樣的當事人很適合使用隱喻技術。因為不只當事人自己可以選擇和使用隱喻，治療師也可以使用隱喻協助當事人。當事人使用的隱喻，例如「聽到那個消息，當下自己好像被雷劈到」、「我覺得內在被掏空了一樣」；治療師給當事人的比喻，例如「你覺得自己的心情像一團打結的毛線」、「站在街頭看著行人來來往往，你感覺自己好像不屬於同一個空間的人」。

Leary（1990）認為，隱喻不只是指類比概念，同時具知識創造的功能。換言之，透過隱喻，有時可以帶來思考上不期而遇（serendipity）的意外發現，而產生概念之間的新（想像）關係，從而跨越概念間原先固著的疆域，創造新知識。隱喻可以是「鮮活」（live）的，意味著尚未失去戲劇化、高潮化的隱喻張力，也可以是「死寂」（dead）的，指稱著隱喻已被竭盡了神聖的力量，論述中缺乏震撼及驚奇的張力。Moser（2000）

則指出，隱喻體現了思考的結構，並進而說明隱喻分析的優點有三：其一為隱喻模式是寓居於社會文化源頭裡；其二為隨著時間過往，隱喻也會在歷史境遇下產生變化；其三為隱喻是具高度脈絡敏感度（context-sensitivity）。由此可知，隱喻可以反映隱微知識（tacit knowledge），也展現出理解上的社會文化歷程。所以隱喻技術可以讓當事人和治療師的會談，相互透過隱喻的文化共通性，而心領神會其中的意義。

貳、書寫

書寫的主要目的，在於提供當事人可以向死者表達情感和想法的機會。這個技術相當簡易，只要當事人有書寫能力便可行，所以這個方法比較不適用於年紀小的兒童。讓當事人寫一封信，甚至依據當事人的需要和狀況，可以多次寫信給死者。寫信可以讓當事人完成未竟事宜，向死者表達來不及敘說的情感和想法；也可以在死亡發生之後，將這段期間當事人個人的情感和想法，透過寫信和死者分享，只要當事人想要告訴死者的，都可以經由寫信完成。而寫好的信，除了在會談過程當事人可以讀出來和治療師分享，也可以在團體中與其他成員分享，達到敘說和「被傾聽」的療癒。之後，可以和當事人討論如何處理這封信。通常當事人會選擇火化給死者，這個火化的儀式，象徵死者可以收到。

另一種書寫是用在寫日記或短文、詩歌等。若當事人很喜歡書寫，可以使用書寫在日記或詩詞之中，表達個人的傷痛經驗，可以抒發心情，也能對失落賦予意義。書寫日記或詩詞，除了抒發情緒，會有反思的功能，對於死者和死亡會產生有意義的解讀。有一位當事人來會談，第一次就帶來一本她的日記。她的父親心肌梗塞突然死亡，讓她很難相信父親就這樣消失了。她的父親死亡約半年，這本日記約有三十多篇。每次會談當中我請她選二到三篇，閱讀出來和我分享，然後我們彼此分享對日記內容的感受。我

沒有爲她特別做什麼處理，就這樣會談五次，我認爲她可以結案，她也同意。她告訴我，沒有想到光是分享日記，可以帶給她很好的療癒。當我第一次見到她抱著一本日記，我想她很需要和人分享，而且安全的暢談。

書寫技術最常被用在非複雜性哀傷，而Range、Kovac和Marion（2000）的實驗研究，指出對於所愛的人遭他殺或意外死亡的大學生，使用書寫創傷事件的技術，對於他們的哀傷有顯著改善效果。

參、繪畫

繪畫和書寫有一些相同的地方，可以透過繪畫過程和作品，表達情緒和感想，以及表達與死者過去的經驗，甚至可以讓哀傷者爲死者創造一個理想的死後世界，就像活著的人類沒有人去過天堂或佛的國土，但是在宗教上卻有許多創造並畫出來的天堂和佛的世界，以及地獄，而帶給人憧憬嚮往或迴避。繪畫可能比書寫更勝一籌，由於書寫的內容都經過個人意識的表達，而繪畫卻有不在個人意識到的狀況下表達出來的時候，然後在事後說明繪畫才發現和覺察。繪畫使用的對象不分年齡層，無論兒童、青少年和成年人都可以使用，尤其適用於兒童，由於口語的表達不容易，可以協助兒童經由繪畫作較充分的自我表達。偶爾但非常少見，可能會遇到非常不喜歡繪畫的當事人，可能是成人，也可能是兒童，則不能勉強，需要使用他可以接受也喜歡的技術。

在哀傷諮商使用繪畫的用途很廣，可以用來表達「最難忘的那一幕」，這一幕通常隱藏很多不同的傷痛情緒，如下面圖七，對於陪伴自己多年死去的狗，哀傷者特別難忘有一次童年生病沒有去上學，父母都上班了，由於那隻小狗悄悄地走到床邊來陪伴他，而忘了寂寞孤單；如圖八，哀傷者想到父親死於胃癌開刀的痛苦，特別難忘。繪畫也常用以協助當事人表達和紓解傷痛的情緒，如圖九；此外可以用來協助當事人展開死亡故

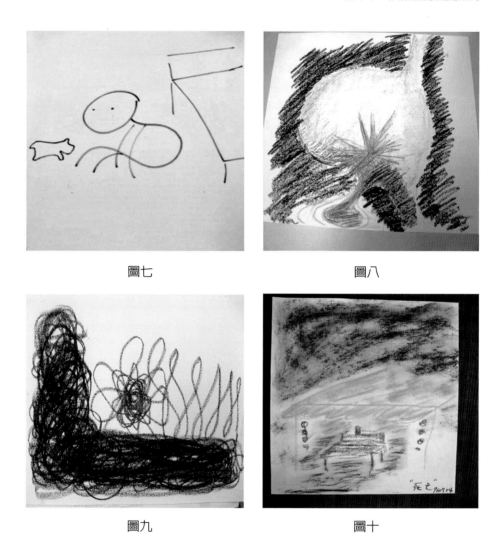

圖七   圖八

圖九   圖十

事的敘說，例如圖十，為室外搭棚停靈的情景；最後，也用來協助當事人
進行死者的客體角色轉化，如圖十一死者轉化為靈界人物前往極樂世界，
以及圖十二死者轉化為天上的人物，逍遙地坐在所愛的龍眼樹下，悠哉看
著在人間遊戲中的孫子。

圖十一 　　　　　　　　　　　　　　圖十二

肆、角色扮演

　　角色扮演是一種行動的技術，尤其很適合在諮商團體使用，可以讓當事人扮演自己或扮演對手，並且有更多的人可以演出各個不同角色。角色扮演的技術，常用在協助當事人處理失落之後適應新環境的任務。Worden（1991）認為可以利用角色扮演，協助當事人處理讓他感到笨拙或害怕的情境，來幫助當事人建立和學習新技巧，以便適應失落之後沒有死者的新環境。

伍、空椅技術

　　空椅技術和角色扮演非常類似，不同之處在於角色扮演無論那一種角色，即便是不同的情緒，都可以由人來擔當演出；而空椅法則利用一張空的椅子，代表一個人。所以可以利用一張空的椅子，作為死者的象徵，以便當事人可以向死者表達。使用空椅技術的主要目的，在於提供當事人可以處理未竟事宜，例如當事人說：「我一直想告訴我爸爸，我……，但是現在他死了，我再也沒有機會向他說。」或是當事人說：「這一年來我

好想她，真想告訴她……」總而言之，在當事人表示有話想向死者表達的狀況，便可以使用空椅技術協助當事人，提供當事人向死者口語表達的機會，而不是只有放在心中去思考。通常可以讓當事人向死者表達愧疚、抱歉、感恩、喜歡、想念等，甚至向死者分享現在自己或家人的成就、喜事或其他狀況。技術使用的時候，若在個別諮商情境下，最好在諮商室事先另外準備兩張椅子，這兩張椅子是用來進行空椅技術使用。在當事人完成向死者的表達之後，需要離開演出的時候所坐的那張椅子，回到原來會談時的座位，以便區隔演出情境和會談情境。然後，請當事人分享對這個體驗過程的學習或獲得。

陸、雙椅技術

雙椅技術可以用來協助當事人處理內在自我的衝突，讓內在衝突的兩個部分相互溝通。在哀傷諮商協助自責的當事人時，與上述空椅的技術相同，都需要使用兩張空的椅子，一張代表當事人的自體，一張代表當事人的內在客體。S. Freud主張「超我」（super ego），是我們內化早年父母的管教而成。當個人面對外在環境和個人內在需求的時候，這個超我用以管理和控制自我（ego）。從客體關係論的觀點，在自我發展的過程，個體到三、四歲左右的時候，好的客體（例如讚美、包容、安撫的客體）和壞的客體（例如指責、貶抑的客體）會統整，成為一個完整的內在客體；而好的自體和壞的自體也統整成為一個完整的內在自體。

自責的哀傷者，是由於將內在客體的指責內射，成為自責。因此可以使用雙椅技術，先讓當事人坐在其中一張椅子上，面對代表死者的空椅，並陳述自己的內疚和自責。然後諮商師在適當的時機，請當事人離開自己的那張子，坐到代表死者的椅子，並扮演死者。這時候，諮商師要引導當事人扮演包容的、撫慰的客體，來安慰當事人。例如在當事人扮演死者的

時候，諮商師可以根據當事人所陳述之與死者的關係，提醒說：「你的女兒在你生病的時候，每天奔波在工作和醫院之間盡力的照顧妳。現在她卻為了一、兩件自認為照顧不周之處，而相當自責。一向疼愛她的你，會對她說什麼？」，通常這個提醒會讓當事人內化的好客體出現，而去安慰當事人自己，使得當事人感到安心，不再自責。必要的時候，諮商師可以協助當事人多次適時往返這兩張椅子，讓內在的自體與客體相互溝通，直到當事人可以接受撫慰，不再自責為止。

柒、演夢

夢解析是在長期治療和短期治療都可以使用的方法。在長期治療，主要透過夢解析來探討當事人人格深處的議題；在短期治療，則被用來解釋當事人的核心衝突。完形學派對於「夢」有很獨特的一些看法，該學派主要創始學者Frederick Perls對於夢的主張與S. Freud不同。Perls指出：「Freud曾經宣稱夢為『通往下意識的忠誠之路』，而我則相信它是真正通往統整的忠誠之路。」（Perls, 1971, p. 204）由此可以了解完形學派的釋夢目的，在於協助當事人統整。並且Perls認為白日夢或白天的幻想，和夜間睡覺中的夢，在性質上相似（Perls, 1973），所以也可以利用當事人的幻想或白日夢來協助當事人。此外Perls主張為了協助當事人了解自己的夢，不可以只是去接觸夢的意像和概念的意義，也要將夢表演出來，如此方能讓當事人從肌肉的感受和處在當下，完全感受擁有這個夢，包括在夢中所做的投射（Zinker, 1992），這樣的釋夢方法才充分，因此演夢也成了完形治療的特色。另一位完形學派的學者Isadodore From認為，當事人回來會談前後所做的夢，可能是當事人所想，但是沒有說出來的部分（Stern & Lathrop, 1978），所以使用夢，可以讓當事人對自己有更充分的探究。

　　夢被用在非複雜性哀傷諮商的時候，不需要使用夢解析的技術，而是經由演出夢，來協助當事人統整和圓滿他們的需求和願望。演夢使用角色扮演的技術，讓當事人在團體中找一位成員演出他或她死去的親人。在筆者的工作經驗中，很多哀傷者的夢，反映分離的主題，或掛念死者死後的境遇。同時夢也反映哀傷者的哀傷階段，例如有些當事人夢見在車站或街上看到死者上車，車子走了，他追不上；或在街上看到死者混在人群中，追過去的時候，已經不見了；或在街上遇到死者，邊喊著死者邊跑向死者的時候，死者卻默默地揮揮手走入人群遠離而去。這類的夢，都反映分離的主題。因此，可經由演夢，讓哀傷者有機會和死者道別。另外，有些當事人由於都沒有夢見死者，而很掛念死者的去處。若是這類的夢，可以經由演夢，讓當事人演出探訪死者，讓他們與死者有機會交談並道別。或有當事人夢見死者住在很不好的地方而感傷，可以經由演夢讓當事人在演出的時候攜帶物品給死者，或是去調整和改變死者住所的環境。總而言之，在演夢的過程，可以完成現實世界所無法處理的情境，安頓死者，就是讓當事人安心。所以演夢的技術很適合在哀傷諮商團體使用。

捌、引導想像

　　引導想像（Directed imagery）的技術，也稱為視覺化想像（visualization）。顧名思義，這是一種當事人閉著眼睛，被引導想像的時候，會引導當事人在心裡出現死者意像的技術，例如想像一個人的時候，在腦子裡可以看到這個人的樣子。這項技術可以適用在個別諮商或團體諮商。活動的目的，在於協助當事人將需要告訴死者的話，對死者說出來，可以說出與失落相關的情緒和想法，甚至不論是後悔的或失望的事情也可以。這項技術可以分為三個步驟：⑴再生或再體驗（reliving）；⑵更改（revising）；⑶再造訪（revisiting）（Rando, 1993）。

　　實施這項技術的時候，首先請當事人閉上眼睛，並放鬆坐著。然後諮商師開始引導當事人想像心中可以看到死者出現在他或她的面前。接著，請當事人去除障礙或綑綁等，這些是阻礙或約束哀傷者可以說出心中的想法或感情情緒的障礙。繼之，鼓勵當事人對死者說出他或她需要對死者說的話。Worden（1991）認為這項技術的力量，不是來自想像，而是來自死者就再次出現在當事人之前，並且當事人就對著死者說話，而不是對著諮商師談論死者。這項技術與空椅的技術相似，差別在於空椅的技術是由一張空椅代表死者，當事人需要使用視覺化想像死者就坐在空椅上，所以空椅的技術比較適合個別諮商，以及在團體中協助個別成員。

玖、認知重組

　　理情行為治療法的創立學者Albert Ellis（1997）認為，一個人的想法，會影響這個人的情緒。尤其是藏在心中的想法和自言自語，對一個人的情緒很有影響力。常聽到一般人會說：「我越想越氣。」這就是獨自困在心中的想法對情緒的影響，好像沒有洩洪的水庫，水位越蓄越高。David D. Bruns（2008）有一本給讀者自助使用的書，名為《感受良好：心情新療法》（*Feeling Good: The New Mood Therapy*），便利用認知行為的治療法，協助個人認知重組，幫助個人改變內疚、被批評，以及其他負面的情緒，以建立自尊。因此為了協助當事人去辨識他或她的那些想法，是否理性、是否正確，或是否有過度類化的情形，治療師可以使用認知重組的技術，讓當事人將心中的想法，或那些自言自語的想法，可以公開說出來，並使用現實考驗（reality testing）的技術，來幫助當事人改變那些非理性的想法，以減少當事人被非理性想法所糾纏的那些煩躁不安的情緒。

拾、象徵物的應用

　　象徵物是指象徵死者的物品。最容易取得的象徵物，就是死者生前的照片和錄影。尤其現在的手機很進步，也很普遍。手機都有攝影和錄影的功能，可能家人聚會或出遊的時候就有照片或錄影。在會談中使用照片或錄影有很多好處，最有意義的就是，在當事人和治療師交談死者的時候，當事人會看著照片說話，好像死者就在眼前，當事人正對著死者說話，而且與當時拍照時候相關的人或事，突然感到歷歷在目。所以與當事人只對著治療師談論死者的感受，將會有很大不同。此外有照片或錄影，對於治療師也有幫助，可以很具體地看到和感受到當事人所談論的這個人。因此，治療師可以事先請當事人帶來死者的照片或錄影，有了這些象徵物，對於展開會談很有幫助。尤其在失落的早期，在會談過程當事人會不斷的講述失落的相關故事。這種情形與當事人想搞清楚死亡的現實感有關，因此若使用照片或錄影會更有幫助。

拾壹、創作

　　台灣傳統的喪禮儀式中，有火化物品，例如燒掉紙屋、衣物、紙錢、日用品等給死者的儀式，好像死後世界與現實世界一樣，需要這些生活物品。此外受到佛教和道教的影響，也會有紙蓮花、紙鶴等，象徵死者坐蓮花到西方極樂世界，或駕鶴西歸。因此，在諮商與治療可以利用創作技術，讓當事人創作他和她想要給死者的物品，在會談結束之後火化給死者。這類的儀式就是van der Hart（1988）所謂的「告別儀式」（leave-taking ritual），這種儀式包含具形式和有次序的象徵行動，能協助當事人將過去留在背後，並面向開始新生活。尤其創作的技術，可以讓當事人寄情於自己所創作的物品，表達對死者的情感和情緒，甚至創作過程就有療

癒的作用。

　　告別死者，有很多時候不是單次，非複雜性哀傷會在最後的一次到兩次會談進行，如果是複雜性哀傷，更需要提前到每次會談結束的時候，讓當事人向死者有暫時的告別。而整個會談程序將結束，在最後準備告別的時候，創作紙屋是個很有用的告別技術，也特別有助於哀悼期間家人的心理疏離狀況改善。由於每個家庭成員擔心自己的情緒，會影響另一個或其他家人的哀傷，以致最需要相互支持以度過傷慟的期間，反而出現家人心理疏離的情形。這個技術是使用傳統喪禮「糊紙屋」和「燒紙屋」儀式的概念，來協助當事人或團體的成員。傳統的喪禮過程，喪家會付錢請人「糊紙屋」，這個紙屋會在出殯當日火化給死者，象徵給死者有房屋可居住。將這樣的概念，創作成為治療的儀式，活動目的在於提供當事人與家人有共同分享傷痛情緒，可以相互支持的機會，並有補償與準備告別死者之意，也能促進告別過去的準備（readiness）程度。首先，需要指定家庭作業，請當事人或團體成員做一個象徵，即「紙屋」。鼓勵當事人或成員，盡可能邀請有意願參與的家人，一起進行這項作業，共同製作一座他們認為死者會喜歡的房子。家人在一起做這個作業的過程，便有機會彼此分享失落的情感情緒，並一起回憶和討論死者的習性與偏好，以及家人感到與死者有意義的過去記憶等。於下次會談或團體聚會時，將作品或作品的電子檔案照片帶來，以便分享作品和製作過程的經驗，並於事後依據當事人或成員與家人共同討論的決定處理作品，例如保留作為紀念或火化給死者。通常他們會選擇拍照之後，將「紙屋」火化給死者，照片則留作紀念。日後這個照片，可以成為家人團結與快樂的記憶之象徵。

第十一章
兒童和青少年的哀傷反應

　　天下沒有不哭的孩子，但是喪親的孩子不一定會哭。不要讓孩子沒有眼淚的表情給騙了。他們獨自默默承受著喪親的害怕和憂慮，甚至內疚。也正爲了不知道明天以後誰來照顧我，而感到茫然。

　　在台灣，兒童的哀傷常常被忽略。原因在於，成人認爲孩子不懂得失落與哀傷，沒有眼淚，也不會哀傷；或是由於成人掩飾自己的哀傷之後，再和孩子避重就輕的討論親人死亡的事。此外也可能基於成人想保護孩子的心理，爲了避免孩子的心理壓力，而迴避和孩子討論死亡，以爲這樣孩子不知道最好，導致讓孩子如落入許多不明確的疑雲當中。其實孩子對於成人的情感情緒相當敏感，成人避開孩子而悄悄的談論著死去的親愛家人，孩子知道家裡發生了重大事件，所以家裡的成人和平常不一樣了。因爲孩子不知道如何去向成人詢問發生什麼事，以及成人們的變化，孩子可能變得很沉默，內心則感到不安和不知所措。Oltjenbruns（2001）提到，在美國這種情形直到1970年代也是如此。Attig（1995）和Wass（1991）都認爲想保護孩子的結果，只有增加孩子的孤單感，由於如此以致相信他人輕視失落，因而對於周遭的人的信任驟減，對於眞正發生什麼，也產生錯誤的概念。

　　當然，有部分忽略孩子哀傷的原因，也來自文化因素。尤其華人對於死亡有諸多的禁忌，成人們總是迴避去公開討論死亡事件。由於在家庭中，成人們無法公開討論死亡與表達個人的哀傷，當然孩子就沒有機會談

到失落和表達哀傷，並且存有很多疑慮和不了解的問題，沒有成人可以告訴他們。不過並不會由於成人的迴避，孩子就沒有機會接觸死亡相關的資訊。孩子和成人一樣，對於死亡的學習，就在生活環境之中，無論社會、文化、習俗、儀式、傳媒等活動，都包含有死亡相關資訊。尤其在孩子的生活之中，電視、漫畫、童話、卡通等，各式各樣的死亡資訊，都銘刻在看過的孩子們心中，只是成人不知道孩子的理解和想像是怎樣。因此，當成人可以和孩子討論和分享哀傷的時候，孩子才有機會從發生在生活中對死亡的體驗，獲得對於死亡的真實了解，並對照原來與他們從電影、童話、卡通或漫畫中，所獲得的想像或幻想對真實死亡的差異。

❖第一節　兒童面對的死亡經驗❖

幾乎所有的父母，都想盡量減少孩子面對生活中的死亡事件，或盡量企圖減輕失落對於孩子的影響。然而，在孩子的生活當中，發生死亡和失落幾乎不可避免，因此不能忽略孩子的失落。企圖掩蓋或隱藏死亡事實，或減少影響，並非妥善之舉，由於死亡是人生需要學習的重要課題。相反的，成人需要利用機會以適配孩子年齡可以理解的方式，協助孩子了解死亡和表達情緒。茲就兒童時期比較普遍遭遇的死亡討論如下。

壹、寵物死亡

在孩子的生活之中，最容易遭遇的死亡經驗，便是孩子的寵物死亡。當發生寵物死亡的時候，孩子可能生氣或悲傷。有些父母不知道如何處理孩子的情緒，可能由於來自於父母自己的焦慮，而禁止孩子哭泣或生氣。有的父母可能不當一回事，就將孩子的寵物屍體任意丟棄，不理會孩子的抗議。曾經有一位女碩士生提到童年失落寵物的經驗：「小時候我家養了

一隻小黃狗，陪伴著我長大。但是牠後來年紀大了，在我小學五年級的時候死掉。我希望可以找個地方埋葬牠，但是我爸爸卻不管我的要求。記得那一天在垃圾車來的時候，當著我的面將用塑膠袋裝著的小黃屍體丟到垃圾車，讓車子載走。我非常難過，哭了好幾天，也做夢，在夢中看到小黃孤單站在很骯髒的垃圾場裡，很抑鬱的樣子。我醒來後難過很久，但是在小時候我從來沒有告訴過任何人。」她一邊說一邊越說越傷心，即便過了很多年，童年未完了的哀傷，依舊好像那個死亡事件才發生不久。

有的父母基於保護孩子的心態，努力要減少失落對於孩子的影響。企圖以購買一隻新的寵物來安慰孩子，殊不知每一隻寵物，對於孩子都是無可取代的。孩子很快就能夠與一隻新的寵物建立關係，而且很開心，但是他不會忘記已經死亡的那一隻寵物。也就是在孩子內在的記憶組織，舊寵物的表徵（representation）依舊存在，新寵物只是添增了新的表徵。換言之，孩子對於舊客體的意像不因死亡而消失，而新的寵物出現會增加內化新客體的意像，並且實際上與新客體可以互動，而舊客體只存在記憶當中，或許有幻想的互動，已經沒有實際的互動。有一個小學三年級的小男孩，他的貓咪死了，難過而哭泣。後來媽媽領養一隻新的貓來安慰他，孩子以這樣的口語來悼念：「這一隻好可愛，我很喜歡。不過原來的那一隻真的很聰明，每一次我放學回家，牠就會跑到窗邊，隔著玻璃伸長脖子來看我。」

有的成人也許會認為那只不過是一隻「畜生」，而不了解人類與寵物的依附可以很強烈，對於孩子，寵物視同重要的家庭成員。即便是成人，與寵物的關係也和孩子一樣，有時甚至由於失去寵物而自殺。2005年TVBS報導一則新聞，高雄市一名26歲的男子，因為養了10多年的愛犬病死，隨之上吊自殺，並留下5封遺書，其中1封是給他的狗。從將近20年來在台灣寵物殯葬業的趨於蓬勃發展，可一窺人與寵物關係緊密的跡象。寵

物對於現代人的關係，有其重要性。尤其貓和狗的社會角色，已經從過去農業社會的工具角色——貓抓老鼠、狗看門，轉變為人類的情感情緒同伴的角色。由於社會變遷，從居住農村的大家庭型態，轉變為居住都會的小家庭型態，改變了孩子的支持系統和家庭關係。雙薪家庭、單親家庭等，造成孩子在家，每天大部分的時間自己一個人度過。這種生活情況之下，孩子會對於寵物有高度的依附，倚賴寵物的情感情緒和社會支持。所以，在現代生活，寵物除了提供安全感之外，也具有慰藉飼主的功能，家庭寵物更是扮演著子女、伴侶，以及替代親職的角色（Archer, 1997）。尤其有小孩的家庭，寵物會成為小孩的同伴，甚至是家人的角色，同時不只是溝通的成員，也是精神上的陪伴者（吳銘祥，2010）。當寵物死亡，導致飼主和寵物的聯結（bond）中斷，很自然的對於孩子會感到傷痛，甚至現代的成人亦同。

貳、家族內的死亡

影響孩子對於家族成員死亡的反應，除了個人因素，還有家族系統的環境因素。Brown（1989）提出任何家族成員的死亡，將干擾家族系統平衡的六項因素，其中有三項，即：⑴死亡的性質，例如自然死亡，或病死，或自殺等；⑵這個死者在家族系統中的地位和功能；⑶家族系統的開放狀況。以上這三項，可能對於孩子有較為重要的影響。而家族成員在孩子的成長過程，有祖父母、父母和手足等三種角色的死亡比較常見。茲分別敘述如後。

一、祖父母死亡

通常孩子第一個經驗到的家庭成員死亡，可能是祖父母。孩子對於祖父母的死亡反應，除了年齡、認知和情緒的發展階段為影響因素之外，

主要與依附關係的品質有關（Crenshaw, 1991）。孩子如何反應祖父母死亡的失落，會根據彼此互動的頻率、和藹可親的程度，以及關係的親密程度而定。有的孩子很少見到祖父母，或有見面，卻沒有太多的互動。因此祖父母的死亡對孩子而言，不算什麼重要的失落或事件。孩子或許知道祖父母死了，然而由於沒有情感聯結，孩子不會眞正有傷感。這種情形，Rando（1991, p. 150）認爲：「他們可能相當受到自己父母對於失落的抑鬱之影響，而他們自己則可能少有哀傷。」所以孩子對於祖父母死亡的反應，因人而異。在個人方面，主要與失落的關係之品質有關；在家族系統方面，則與家族中其他人的反應有關（Webb, 1993）。

二、父母死亡

在兒童時期，所有可能經歷的死亡當中，以父母的死亡對於孩子的影響最爲巨大，也最爲長遠，且影響的層面也最廣。Altschul（1988）便認爲父母死亡，對於所有的兒童都可以視爲創傷。由於父母死亡，意謂孩子失去了安全、依賴、撫育、情感等來源。也就是同時失去物質、生理、心理，甚至心靈的支持來源，嚴重威脅孩子的生存和成長。因此，對於一個孩子的心理社會，以及各項發展的成長，都將有重要影響。

從精神分析論的觀點，Dietrich和Shabad（1989, p. 279）的觀察研究指出：「從觀察經歷過童年早期喪親的個人，在超我的結構化典型所顯現的問題。……一個人可以預期驅力組織始終帶著這個早年失落客體典型的印記，而這個正是反映在當年發生失落時出現在驅力發展主要階段之典型的持續。不過證據指出並非所有這樣的孩子會變成神經質（neurotic），或發展其他更爲惡質的病態。」Schafer（1968）稱謂此爲「不朽的客體」，這個概念源自於Rapaport（1951）「記憶的驅力組織」（drive organization of memories）概念，卻與Rapaport的記憶組織概念相反。

「記憶的驅力組織」通常爲下意識的記憶，將主體遺留在基本過程

（primary process）。而且在這個驅力組織裡，記憶並非記憶，而是真實，這種假設也是來自Freud（1932）的嬰兒期假設，被幻覺為滿足希望的客體之模式。因此，以「記憶的驅力組織」的概念，這已經失落的客體，並不會在未來某個時間再回來，而是這個人是存在的。Dietrich和Shabad支持Schafer所主張「不朽的客體」看法，而不贊成Rapaport「記憶的驅力組織」的概念。由於早期的喪親經驗，驅力組織變得很高警覺，並影響主要的各方面。在現實上，驅力的目標所引出的客體，突然且創傷的不見了，客體被現在變得不朽的驅力性質所污損，因此驅力的發展和組織基本上就僵化了。如此影響所及，包括戀母情結的解決、超我的結構化、甚至更遠的自我的發展（含綜合的功能）、自我統整的功能、客體關係的發展、自體和客體表徵的發展、防衛型態、衝突與協調形成的特殊組織等。所以Dietrich和Shabad認為早年喪親，以能夠完全解決戀母情結而言，往往是受到損傷而有困難。孩子只能夠在理性上了解父母死亡，並就次級歷程（secondary process）的操作方面來分析喪親的事實，以指引他的心理水平和自我發展。

由於早年喪親，是一種精神的創傷，Dietrich（1986）稱之為「失落不朽的父母情結」（the lost-immortal parent complex）。他主張這種結果的影響，包括：⑴認同和認同過程都受到干擾；⑵影響攻擊的驅力（下意識殺了自己的父母）；⑶以特殊的型態，體驗到競爭和謀殺的衝動好像真的（由於存在幻想中，某些感覺好像真的，為戀母勝利者或失敗者）；⑷持續強而深的被拒絕的經驗（就像父母棄他而去）。當然這些影響與喪親當時孩子所處不同的發展階段有關。所以，在成長的歲月，童年喪親需要漫長時間的哀悼和療癒。隨著認知、情緒的成長和經驗的增加，不斷考驗過去的幻想和實際，並重新組織和修復。

然而，孩子在父母死亡的情緒反應，對於孩子周邊的人而言，可能不

明顯。孩子會哀悼失去父母，但是與成人的反應不相同。對於父母死亡，孩子不僅體驗到情緒的反應，也會體驗到生理和身體的反應（Koocher, 1983），特別是家庭的人際關係和互動，對於孩子的影響很大。而死亡發生的特殊情境，也會影響兒童的哀傷反應。如果死亡發生得很突然，或是非預期，甚至沒有機會說再見，孩子將陷入無法理解這個失落的苦思當中（Corr & Corr, 1996），甚至會認為尚存的那個父或母，接著也將死亡（Saravay, 1991）。如果父母是病了很久而後死了，孩子知道他或她生病，和以前不一樣，變得很脆弱，並且從觀察到其他成人的愁容，關切之情，以及小聲討論病人等情形。孩子在這位親人未死之前，便暗中開始害怕被遺棄，也可能產生內疚感（Webb, 1993）。

三、手足死亡

家庭中一個孩子的死，對於其他孩子不可避免的影響有二：⑴孩子對於喪失這樣重要的關係，必然有強烈的感受；⑵由於孩子死亡的壓力為家族系統的一部分，必然影響所有的家庭成員（Rosen, 1986; Sourkes, 1980）。死去一個孩子對於父母得承受這個幾乎淹沒自己的事件，可能因而未能注意生存的孩子。尤其孩子表達的方式異於成人，孩子對於失去手足的情緒更容易被忽略，因此讓生存的孩子缺乏安全感（Webb, 1993）。

由於手足之間的關係，充滿愛恨交集，忠誠和陪伴又反叛，羨慕又忌妒，所以既親密又複雜。當手足過世，生存的手足感到哀傷失落的同時，可能也會有內疚感，因為會想到自己活著，而那個手足卻已經死了（Sourkes, 1980）。他們可能也會想到，由於過去自己對這個死去的手足，有憎恨之心，導致發生這個死亡（McCollum, 1974）。尤其，以年齡越小的孩子越自我中心（ego-centered），越是容易有這種想法（Thunberg, 1977），並容易有神奇想法。若生存的孩子比死去的孩子年紀大，這種現象將更為明顯（Lindsay & MacCarthy, 1974）。此外失去手

足的孩子，也會有害怕和焦慮的反應（Rosen & Cohen, 1981）。在手足死於癌症的孩子，由於他們彼此的關係，會感到有相似性和認同，因此會害怕自己也會有相同的命運（Sourkes, 1980）。

至於失落手足的青少年，會有和兒童期不同的影響。原因在於：一方面青少年已經具備成熟的死亡概念；另方面青少年的發展任務，正值形成個人生命意義感的時期。因此，手足死亡的哀傷，會干擾這時期的這項重要發展任務。甚至也會使得青少年個人對於宗教信仰的價值，以及相信上帝或神佛的存在，產生質疑。所以，喪失手足可能可以帶給青少年在認知發展、道德判斷、社會推理，以及認同的形成等方面成熟的機會。

手足的角色，也有影響。由於兄弟姊妹之間除了彼此是玩伴，通常還具有保護者和照顧者的角色。若哥哥或姊姊死亡，此後沒有這個關係了，年紀較小的弟妹可能感到難過，或感到輕鬆，因為少了競爭對象；若死亡的是弟弟妹妹，身為哥哥姊姊，可能感到內疚，或少了責任的釋放感。

而父母對於失去手足的孩子，則有很大的影響。由於父母對於喪失子女的反應，會影響家庭功能和氛圍。父母因喪失子女，在失功能情況之下，會傷害到生存的子女。Despelder和Strickland（1992, 2014）認為父母失功能的範圍，可從憎恨生存的孩子，一直到企圖改造生存的孩子，使其具有死去的孩子相同的特質，因而使得孩子感受到被父母所拒絕。

參、教師死亡

在孩子生活的人際環境當中，有一個人對於孩子的影響和重要性不容忽視，即學校教師。其中以班級導師尤甚，由於職責不同於一般任課教師，因此與班上孩子的關係更為特別。每天孩子大約至少花費8小時在學校，而且大部分時間與教師互動，不論是個別或在團體中。因此對於孩子不無影響，當然對於孩子的影響多或少，則因人而異。在學校和班上，幾

乎所有的孩子都會期待，可以獲得教師的積極注意、認可和讚美，這些對於孩子發展自我概念將有所助益。此外，孩子也從被教師肯定所完成的作業，而獲得個人成就感。

傳統的華人社會文化特別重視「尊師重道」，也使得師生關係變得特別，不同於其他工作場域的人際關係。因此，只有華人文化，有所謂：「一日為師，終生如父」。即便當前的風氣，師道日微，多數人還是會同意，在自己童年時期的成長過程，不管積極的或消極的，會感受到教師的一些影響。教師的死亡，對於每個孩子可能影響有別。有的孩子對於教師不滿，有很多的抱怨，有的孩子則對於教師有積極的和毫無怨言的關係。Webb（1992, pp. 216-217）所舉教師死亡對於校園內和社區影響的八項因素，當中有四項因素特別值得注意，對於孩子有較直接的影響。這四項因素為：⑴教師對於學齡兒童，有如父母的角色；⑵教師對於同事和學生之間關係的品質；⑶教師個人知覺的教師職責（例如擔任導師、科目教師）；⑷教師所傳達的權威程度（為實際或學生的想像），這四項對於學生的人格成長和發展，有直接或間接的影響。

教師死亡對於孩子，比較難以去處理的原因，在於孩子沒有足夠的時間準備面對。教師每日總是有精力的帶著孩子們學習和活動，孩子們看不到教師生病，看不到教師改變，看起來也不像會死。因此，當得知教師死亡，孩子可能感到突然、意外或震驚。尤其教師若是意外死亡，孩子不但震驚，也會害怕。而且通常很快就有一位取代的新教師出現在教室，因此基本上，孩子沒有時間去經歷哀傷反應的歷程。孩子們對於自己的教師死亡，有的可能感到相當悲傷，有的可能感到生氣或內疚，因為過去自己總是不乖，認為教師不夠好。當然也會有孩子可能感到如同獲釋，或有的孩子有否認教師死亡，或由於感到震驚，處在否認階段的反應，好似未曾發生過什麼事一般。

　　總而言之，孩子對於教師的死亡，沒有所謂正確或不正確的反應，只有孩子真實的感覺。不幸的是，通常家長不會注意到孩子對於自己的教師死亡的情緒反應，因而沒有提供機會傾聽自己孩子的表述，甚或由於文化對於死亡的禁忌，或為了保護孩子，而禁止孩子在家裡談論教師的死亡。在台灣，學校已經推動生命教育多年，學校當局已經知道重視教師死亡對孩子的影響。有的學校會提供孩子自願參加教師喪禮的告別式，讓孩子有機會向教師說再見，協助孩子完了這件事。更有學校的輔導教師會提供兩次的班級輔導，一次是危機介入和另一次的追蹤，讓全班的孩子對於班級教師的死亡，有表達情感情緒和被傾聽的機會，並透過儀式活動向教師告別。此外在次一週所進行的追蹤評估，可以確保所有孩子都有得到情緒的妥善照顧。若有不尋常反應的孩子，也可以及時發現，並提供個別協助或轉介。

❖第二節　兒童的心理發展❖

　　在華人的社會，由於長幼有序，尊卑有別。尊長的結果，過去一兩千年來，並未好好正視兒童與成人的差異，將小孩看作成人的縮小版，孩子穿著的衣帽樣式和成人差異不大。過去傳統上在台灣，父母有教導孩子「有耳無口」的教條，也就是有成人在場，沒有小孩說話的餘地，只能聽成人說話，不可插嘴。由此可知，在過去除了認為孩子不懂事，其餘都被看作和成人一般。因此，成人以為孩子在能夠交談，以及了解其周遭發生的事情之前，並不知道死亡這件人生大事。現代的華人社會，不同於過去，會考慮兒童與成人的身心差異而有童裝，也重視傾聽孩子說話。

　　受到西方心理學的影響，現在我們終於知道，在孩子能夠使用語言表達，以及了解事情和生活中他人的行為之前，很多發生在孩子生活當中

的事情和經驗，會形塑孩子的認知和人格。在孩子年紀還很小的時候，便開始發展對於死亡的了解，只是他們的知覺與成人不同。隨著成長與成熟會不斷的繼續改變，孩子會將生活中各種有關的經驗，與死亡加以融通。在孩子的文化當中，對於死亡的概念與情緒反應，便越來越與成人相近。Wolfelt（1983, p. 20）有一句很經典的名言：「哀傷的重點不在一個人『了解』的能力，而是在一個人『感受』的能力。」所以一個人對於死亡的理解和反應，不只是年齡或認知能力，也是對於經驗的感受能力。孩子不只會逐漸理解死亡的真實意義，各方面的發展也會受到其對於生活中死亡事件的理解，以及感受程度之影響。因此談論孩子與死亡，不只要重視孩子的認知發展階段，也需要注意不同心理或人格發展的階段對於孩子面對死亡的影響。

　　超過一個世紀以來，不同專業領域的發展心理學者，對於孩子行為的觀察和研究，相繼提出兒童發展的理論與模式。為了理解孩子的死亡概念發展，若有理論架構用以對照觀察在不同階段孩子特殊的態度和行為，將有助於我們了解孩子如何理解和感受，發生在他的生活之中的死亡。在有關死亡論述當中，最常被提及且與心理發展有關的理論，有A. Freud、E. Erickson和J. Piaget的認知發展階段理論。由於多數研究指出，12歲以後，孩子的死亡概念已經成熟，並具有和成人相似的特徵。因此在此回顧和簡介孩子發展理論的重點，只限於出生至青少年時期的孩子。

　　首先，就Sigmund Freud在人格發展理論的主張，人是一種能量系統，人格是由「本我」（id）、「自我」（ego）和「超我」（super ego）等三個系統所構成。人格動力，乃是由這三個系統的能量分配所決定，而個人行為便是由這三個系統的能量變動所主宰。因此精神分析理論，演變到後來被統稱為心理動力理論。孩子自出生至青少年時期的發展階段，依Anna Freud的性心理模式（The Psychosexual Model），共分為五個階段：

⑴出生至1歲的口腔期（Oral Stage）、⑵1至3歲的肛門期（Anal Stage）、
⑶3至6歲的性蕾期（Phallic Stage）、⑷6至12歲的性潛伏期（Latency
Stage）、⑸12至18歲的性器期（Genital Stage）。

　　其次，E. Erickson（1963）的心理－社會發展理論認爲，S. Freud
在性心理學方面過度重視「本我」（id），對於自我（ego）所產生的
作用未有充分解釋。因此他強調社會心理因素，對於兒童及其後一生
的影響力量，整合了心性發展與心理社會發展因素的觀點。Erickson在
這個時期與Freud相對應的心理發展任務，共分爲五個階段，爲：⑴出
生至1歲的「信任」（trust）相對於「不信任」（mistrust），⑵1至3歲
的「自主」（autonomy）相對於「羞愧」（shame），⑶3至6歲的「主
動」（initiative）相對於「罪惡感」（shame），⑷6至12歲的「勤勉」
（industry）相對於「自卑」（inferiority），⑸12至18歲的「認同」
（identity）相對於「角色混淆」（role confusion）。

　　至於Jean Piaget，則以研究兒童認知發展最爲著名。Jean Piaget
（1972）主張認知發展具有兩項功能，即組織和適應（adaption）。因此
孩子對於死亡的理解，也反映了孩子持續適應和精煉的過程。由於當有
新的經驗，引起他再度檢視其價值觀和反應的時候，這個適應和組織的
過程便發生了。且認知和行爲，是彼此相互連結成爲一個系統，而非各
自獨立。初生嬰兒的認知結構很簡單，那些反射行爲的基模（schema）原
先都是相互獨立的，因此功能極爲有限。直到18至24個月大的幼兒，方
有表徵（representation）思考，也就是運用抽象思考的能力。在Piaget的
認知理論，將兒童的認知發展劃分爲四個具體階段：⑴出生至2歲的嬰兒
爲感覺動作期（sensory-motor period），⑵2至7歲的幼兒爲「前運思期」
（preoperational period），⑶7至12歲的兒童爲「具體運思期」（period
of concrete operations），⑷12歲以上爲「形式運思期」（period of formal

operations）（Piaget, 1972）。

　　前述各家學者的發展理論與模式，有如一張很有用的地圖，可以知道孩子在不同年齡的發展階段特徵，讓我們看到每一個階段的大概圖像。但是每一個孩子的特殊之處，這張地圖則無法充分描述。雖然發展的階段有其順序，不可能跳躍或顛倒，但是每一個孩子在各方面的發展速度不同。Piaget和Inhelder（1969）便認為孩子心智的發展呈現連續的現象，每一個階段都擴充了前一階段，並在其上再建構一個新的階段。而後一個連續接著的階段，則遠超過前一階段的程度。雖然心智的發展有階段現象，然而發展的速度則有個別差異。

　　從當代對於兒童死亡概念的研究，讓我們知道年齡、認知的發展、人格特徵、社會文化，以及先前的死亡經驗等因素，都會影響孩子對死亡的了解，甚至可能還有當前我們尚未知道的因素。孩子對於死亡的了解，通常與其各個不同發展階段的世界模式有適配的情形。因此，若以成人觀點和語言去和孩子談論死亡，只能等到孩子的發展準備好了，才可以抓到成人所想傳遞的要點，否則可能會使得孩子感到不解或疑惑。所以，我們必須謹記在心，孩子對於死亡的認知和情緒反應，不只是年齡的問題，經驗也扮演著很重要的角色。每一個孩子都是獨特的，所以我們不可以期待，同年齡的孩子對於死亡的理解都相同。

❖第三節　兒童的死亡概念發展❖

壹、兒童死亡概念發展的實證研究

　　在美國，雖然對於兒童死亡概念的研究到了1980年代前後，才出現蓬勃發展的情形。但是，早在二次世界大戰結束後，由於對於兒童心理學

的重視，便有學者研究兒童死亡概念的發展。其中以匈牙利學者M. Nagy（1948）和英國學者A. Anthony（1971）兩人研究所發現的階段模式，至今仍常被學者所引用。由於Nagy的研究年代已久，並且國情文化有別，因此美國學者J. D. Melear（1973）以美國兒童為樣本，進行了複製性研究作為比較。他的研究發現，的確兒童對於死亡概念知覺的深度與年齡有關，不過並未發現6至9歲的孩子對於死亡有擬人化（personalification）的概念，例如死亡是一個死神。

其後，Kane（1979）採取Piaget的認知發展模式觀點，以122名年齡3-12歲的美國中產階級家庭兒童為樣本研究。在他的研究中，區分為第二階段（7-12歲）的孩子，也未發現有Nagy所指出，孩子對於死亡有擬人化的概念。因此，Stillion和Wass（1979）就前述這些研究，再做進一步觀察的結論，認為文化和死亡經驗，對於孩子形成死亡概念有顯著影響。因為Nagy的研究樣本是匈牙利兒童，而這些兒童在戰爭期間曾經目睹戰亂的血腥，而且多數經歷親人死亡，因此與美國兒童樣本的反應有些差異。茲將Nagy、Anthony和Melear的研究發現，摘要如表一。

表一　不同年齡階段孩子的死亡概念

年齡	Nagy	Anthony	Melear
0-4			相當忽略死亡的意義。
3-5	傾向否認死亡為正常和最後的過程。	忽略死這個字的意義。	
4-7			死亡為暫時狀態。死亡不是不可逆的，且死亡仍有感覺和生物功能。

年齡	Nagy	Anthony	Melear
5-9	傾向擬人化死亡，認為死亡是一個人。 知道死亡的存在，並企圖保持遠離。	沒有證據顯示孩子不了解死這個字。 對於死亡儀式有先入為主現象。	
5-10			死亡是終止，將停止所有生物性功能。
6及6以上			死亡是終止。 所有生物功能都停止。
9及9以上	視死亡為所有人不可避免的。 對死亡有現實的知覺。	了解死亡這個字和這件事。 可以從生物名詞定義死亡。	

貳、兒童死亡概念發展的討論

　　雖然Corr和Corr（1996）認為Piaget的認知發展理論有限制，並認為在這個領域，對於兒童死亡概念發展的探究，有過於依賴Piaget的發展理論之疑慮。不過大部分學者都支持參考Piaget的理論作為研究的參考架構。如上述Piaget理論的重點在於兒童認知的變化，而認為有一個個體對於世界改變理解的模式。並且從嬰兒到成年，為具有順序的階段，每一個階段有明顯的特徵。依照那些階段特徵，孩子組織其對於世界的經驗。雖然每一個孩子發展的速度不一，但是發展階段的順序則相同。

　　其次，E. Erikson的理論架構，對於研究孩子的死亡概念，也很有幫助。他主張各個階段兒童的心理－社會發展，都受到孩子的環境，以及孩子與其他人連結的關係所影響，因此父母突然死亡會影響孩子。所以，要研究孩子如何了解死亡，可以參照這些心理發展模式。尤其，早期有

關兒童死亡概念的發展模式，比較強調不同年齡的各個階段，有特殊的行為和概念；而晚近的研究則顯示，在描述孩子如何學習和理解死亡的順序上，比年齡與階段的關聯更為可信，也就是不再特別強調年齡與階段的關聯（Despelder & Strickland, 1992）。所以，在此將採取兒童發展階段的模式，來論述不同發展階段孩子的死亡概念。

一、1-3歲

這是從嬰兒期到學步期的孩子，在Piagaet的認知發展模式為感覺動作期。2歲之前的嬰幼兒，由於有感覺能力和反射行為，使得嬰幼兒能夠利用感覺和動作去知覺和接觸外界的人、事、物，而形成認知發展，且認知結構將逐漸趨於複雜化。2歲之後的孩子，開始使用代表環境的象徵符號，來理解周遭環境。但是，在出生的頭兩年，由於嬰兒還沒有能力使用語言叫出東西的名稱，因此稱不上是概念發展的時期。2至4歲的孩子，認知的象徵功能，具有四種功能，即：心理意像、延宕模仿、語言表達、以及象徵性遊戲。所謂「心理意像」，是指孩子能將外在的事物或行為，儲存在腦子裡，而形成一個意像。此後在一些時機，當這種人、事、物或行為再度出現的時候，孩子會辨識出這種人、事情或行為。所以「心理意像」乃是一種內化的模仿，具有再生的特性，等到孩子參與實際的實務操作過程之後，還能形成可以猜測的特性（Piaget, 1955; 1972; Piaget, & Inhelder, 1972）。

Piaget認為到了3歲，孩子開始有物體恆存的概念。由於研究這個階段的孩子困難度較高，所以，多數有關兒童死亡概念的研究，都以4歲以上的孩子為對象。但是，並不表示這個年齡的嬰幼兒，不會體驗死亡的經驗。M. W. Speece（1983）對於1-3歲孩子的研究發現，在研究樣本當中，接近一半的孩子有死亡經驗，有的是祖父母、堂兄弟或表兄弟之類的人類死亡，有的是魚、鳥、狗之類的非人類死亡。而這些年幼的孩子，顯現可

觀察到對於死亡的反應。他們問到死了的不會動，或死後會怎樣，並且有情緒反應，例如因為鳥死了，不會活過來而哭了。在一次兒童死亡教育的座談會，一位母親分享她的經驗。她的3歲兒子，很習慣看到家裡有蟑螂會到處跑。有一次，突然發現有一隻蟑螂六腳朝天，躺在地板上不會跑動。孩子可能發現不一樣，指著蟑螂問她：「牠怎麼了」，她告知兒子：「牠死了」。孩子若有所思的重複了母親的語言：「牠死了」。然後又問：「牠怎麼死了」，母親告知：「牠不會動，所以死了」，孩子又重複了母親的語言：「牠不會動，死了」，因此孩子可能學到不會動就是死了。然而，孩子與成人的概念不同，認為「不會動」等於「死亡」，而不是「死亡」的狀況之一，是「不會動」了。Melear（1973）指出0-4歲的孩子，相當忽略死亡的意義。

精神分析論認為早期的分離和失落，為死亡有關的焦慮的開始，並且這個焦慮會持續終生（Bowlby, 1982）。從Erickson的模式，嬰幼兒正在發展對於環境的充足信任。因此死亡的某些方面可能特別重要，例如對於嬰幼兒，就其環境而言，母親死亡可能傷害到信任的發展。雖然嬰幼兒不見得有死亡的語言，但是他們能夠經驗和感覺。

二、3-6歲

約3-6歲的孩子，處在學齡前和幼兒園的時期。Piaget的認知模式指出，2至7歲之間，孩子的認知發展處在「前運思期」。在前運思期，認知發展的特徵為具有象徵功能（symbolic function）、直接推理（transductive reasoning）、自我中心（egocentrism）、集中化（centering），以及因果概念（causality）（Piaget, 1955; 1972; Piaget, J., & Inhelder, 1972）。

早在二次大戰結束之後不久，Maria Nagy（1948）和Piaget也有近似的主張。Nagy發現5歲以下的孩子，對於死亡的看法是自我中心的方式（egocentric way）。否認死亡是人生最終階段，以及是普遍的事。幼兒認

爲死亡只是暫時，並且具有可逆性（reversibility），死了可以再活過來，並有神奇想法。他們可以接受死亡的事實，但是相信死人有靈魂，可以生活一如生前。這時期的孩子，對於分離會感到痛苦，並且有尋找的行爲，也會問這個人何時回來。Anthony（1971）的研究也發現，3-5歲這個年齡的孩子忽略死亡這個字的意義，對於死亡概念的了解很有限，或甚至錯誤。Melear（1973）也發現4-7歲的孩子，認爲死亡爲暫時狀態，死亡並非不可反逆，以及死亡還有感覺和生理功能。

依照Piaget的認知論，學齡前的兒童在認知方面，具有自我中心（egocentricity）的特徵，尚無法區辨想法與行爲。因此這個年紀的孩子還沒有死亡爲不可反逆（irreversibility）的事實，死亡還可以如同活著一樣，有一些日常活動；也可能認爲死亡就像睡覺，大聲的叫喊，可以將人叫醒（Saravay, 1991）；或認爲在棺材裡的屍體不會有任何感覺，以及平日的活動；或在喪葬儀式中，親眼看到親人被埋在墳墓，可能感到困惑，被土掩埋的這個人要怎樣呼吸和上廁所（Fox, 1985）。對於學齡前的幼童而言，一個死去的人可以同時住在天國而身體在墳墓裡，可能會感到困惑不解（Saravay, 1991）。女兒4歲的時候，筆者曾觀察到，她和四個4-5歲的孩子圍著一個鐵盒子而坐，童言童語的談論著死亡。由於女兒的寵物鳥死了，這些孩子將小鳥放在一個鋪滿了扶桑花和葉子的盒子裡。孩子們認真看著這隻死去的鳥，並在交談。一個孩子說了：「我們要小聲一點，牠死了，太大聲會吵醒牠。」接著女兒一邊拿一粒白米放在鳥的嘴邊，一邊向同伴說：「牠死了，不會吃很多，但是可以吃一點點。」顯然這些幼童認爲死亡只是生理功能變得不同或微弱，就像睡覺或生病。睡覺或生病，是他們生活經驗中知道的事，便以他們知道的經驗，企圖去理解不知道的外在世界。

在Kane的研究指出，2歲至6歲的孩子除了知道死人不會動，並依賴

相信有靈魂，來理解死人的「生活」，而且有著神奇想法，相信由於自己對某人生氣，或罵了某人該死，導致某人的死亡。筆者和幼童談話中也發現，幼童相信一個被車禍撞死的人，如果有很快的直升機送到醫院，就不會死，或有一個很厲害的醫師或神仙，這個人就不會死。另外，筆者有兩個案例：一個是4歲幼童，在會談過程，他提到父親生病死了，是因為他常常讓父親生氣，所以父親就病死了；另一個5歲半的幼童，相信父親車禍死亡是由於他的希望造成的，因為曾經被父親處罰而生氣了，希望父親騎車子摔到水溝裡。這兩個例子對於喪親都有內疚感，反映了在Piaget前運思期的兒童，認知具有神奇想法（magical thinking）和直接推理的特徵，以及在思想上的具體和對事實的扭曲。

同時，這個時期的孩子知覺的主觀世界和客觀世界，或多或少有融合為一的現實，也開始尋找因果和如何解釋。孩子第一個問題為：「什麼導致死亡？」，由於前運思期的孩子使用幻想的理由、神奇想法，以及致死的實際因果，在有些地方便有自我中心的現象。由於他們這些思考的特徵所致，儘管與邏輯思考不符，他們就是有這種想法。此外從Erickson的心理社會發展模式，3至5歲的孩子處在自主相對於內疚的發展階段。孩子增加想要發現自己的目的和方向，同時也考慮到父母或其他成人，可能會如何看待他那些表達自主和個體化的試驗性努力。因此，幼兒會從過度自我中心，轉向較多社會化的統整他人和自己（self），這個轉換可能容易誘發內疚，顯示這個時期孩子開始有道德感，並且發展有能力和有效的行為，以行使社會認可的行為模式。

三、6-12歲

在A. Freud的心性發展論，大約這個年齡的孩子處在「性潛伏期」（latency-age period）。孩子對「性」的興趣，不再專注在戀母情結或戀父情結，而轉向對於玩伴、運動、上學等各種新鮮的活動。孩子朝著向外

面社會化，並建立家人以外的人際關係。在Erickson的心理社會模式，處在學齡兒童時期，孩子需要擴展對世界的認識，並發展出更適當的性別角色，以及讀、寫、算等能力，以便完成學業。在此時期的基本發展任務為「勤勉」。若無法做到，則產生不適任感，而感到「自卑」。所以，此時期來自他人的鼓勵，對於孩子的心理健康發展甚為關鍵。

就Piaget的認知架構，這個時期為「具體運思期」，在6至8歲，孩子便逐漸減少自我中心和進步，孩子開始使用邏輯思考以解決問題。隨著年齡增長，小學階段的孩子，在理解能力進步很明顯，並且不需要有直接觀察事物的關係，便能夠使用邏輯思考，來推論事物。數字的加減推演，便是其中的能力表現之一。

在死亡概念方面，孩子可以將生活中的事物，融合到他的內在世界。因此，不用觀察特定人的死亡，孩子可以推論「假如一個小孩玩打火機或瓦斯，可能引起火燒或爆炸致死」，或從電視上看到的新聞，推論「有人死亡是因為嚴重汙染或某種疾病」。所以，這個時期的孩子，對於致死原因有較廣的理解。對於死亡的了解也有長足的進步，對於神祕的生死也有更正確的理解。這時期，孩子知道死了就是死了，也就是知道死亡是生命的終止。雖然知道死亡，有時可能會發生在每個人身上，但是尚未了解死亡具有普遍性的特徵，也就是每個人一生必有一死。

6至8歲孩子在死亡概念上，具有個別化（personalized）、外化，以及若及時知道死亡，就可以避免。因此，這個年齡的孩子，在死亡的個別化方面，會認為只有老人會死，生病會死，衰弱的人會死，壞人會死；死亡的外化的方面，指成為鬼、殭屍等（Lonetto, 1980）。可能由於這個年齡的死亡概念如此，反映在小學中年級的兒童，會有一方面喜歡聽鬼故事，另方面又很害怕的情形。而孩子的死亡概念尚不具普遍性特徵，可能與這時期的孩子逐漸增加權力和控制感有關，以致很難相信死亡會發生在他們

的身上（Fox, 1985）；或可能每個人都有一死，無可倖免的概念，對於這個年紀的孩子是一種威脅、不愉快、難以形容的未來狀況。因此孩子對這個難以忍受的不可避免事情，能置之不理。而且，由於那個死亡還很遙遠，而否認了對死亡的感覺，並且每日豐富而開心的生活，也助長於阻擋了去相信死亡的可怕和痛苦（Solnit, 1983）。

　　Nagy的研究發現，9歲之後的孩子，對於死亡有現實的理解，知道死亡的不可避免和不可反逆，一旦死了不會再活過來，死亡就是終止，因此對於失落比前一階段的孩子，在情緒反應更多。Anthony（1971）也認為9歲以後的孩子能夠以生物的名詞定義死亡。而Melear（1973）也指出這個年齡的孩子，已經知道死亡為生命的終止，也具有不可逆的性質。這樣的主張與Piaget（1968）主張孩子到了11或12歲才有抽象思考能力顯然不符。可能與死亡的現象比較複雜有關。由於一方面，孩子在9或10歲左右，已經可以理解生理的死亡，上學的自然課程讓他們知道死亡之後屍體會腐爛；而另一方面，死後的生命和靈性現象，則屬於抽象的，需要在孩子11或12歲之後才能理解。Lonetto（1980）研究兒童的死亡概念時，讓孩子使用蠟筆畫圖，發現9至12歲的孩子，似乎已經能夠知覺死亡不只是具有生物性的、普世性的，也具有不可避免的性質。同時，孩子們使用「黑色」代表死亡，開始理解死亡的抽象本質，這個與死亡有關的認知型態，與他們相信人死亡的本身不朽有關。只是死亡對於這個年紀的他們而言，是在遙不可知的未來。

四、12歲及之後

　　精神分析學者認為12歲及以上的時期，這時孩子處在前青春期（pr-epubertal period）。在Erickson的心理社會模式，12-18歲青少年主要的階段發展任務是「自我認同」。這時期為介於兒童期和成人期之間的階段，開始步向建立個人認同的里程碑，是人格發展的重要時刻，考驗著自我統

整和分離的能力，要打破依賴的心結，以及開始爲個人完成自己所要的。他的目標和夢想似乎就在眼前，因此死亡對於他要成就的，可能是一個嚴重的威脅。

而從Piaget心智發展論，這時期則在第三階段的「形式運思期」。通常在孩子約在11或12歲的時候，心智出現複雜、成熟的思想和理解力。這時候孩子已經具有邏輯思考能力，可以同時處理很多事項，以及處理抽象和假設。Kane（1979）的研究指出第三階段，即12歲之後的孩子，有能力建立更正確的死亡因果關係，也能夠以抽象和臆測方式，去思考死亡這件事。

Maria Nagy（1948）在死亡概念發展的研究，並未超出10歲以前的孩子。不過後來的學者，則有針對青少年階段的死亡概念進行研究。在青少年早期階段，也如同兒童時期，有認爲死亡是老年人的事，對於他們是遙遠的、抽象的事情。有時可能對於死亡，有些浪漫和難以描述的美麗，以及平和的想法（Aiken, 2009），或認爲死亡是黑暗、光明和一種轉換，甚至是「化爲烏有」，就是什麼也沒有了（Wenestam & Wass, 1987），而終於知道每個人都會死，然而提到他們自己的死，則會傾向於認爲遭遇致命事件或暴力才會死亡（Ambron & Brodzinsky, 1979）。在青少年早期，孩子對於死亡的概念有這樣的特徵，可能與青少年早期發展階段的自我中心有關。所以，到了青少年階段的成熟，逐漸脫離自我中心，特別會展現擁有成熟的死亡概念。他們理解死亡是不可反逆的，而且爲永久的，即死亡便永遠不能再復活。而這種情況在人世間爲具有普世性和不可避免，世界上所有人終有一死，沒有一個人可以倖免不死，而且死亡將導致生理功能的停止。

綜合上述，孩子的死亡概念，在不同年齡的發展階段，呈現不同的特徵，除了由於年齡的差異，對於孩子的認知能力發展有別，而影響了死亡

概念的發展，心理社會發展階段，也是重要影響因素。其中，不論年齡、認知或心理社會的發展，可能都與經驗也有關。過去，在農業經濟社會的時代，孩子可以從環境獲得與死亡有關的學習，工商經濟活動的社會，孩子生活的自然與人為環境有很大的變動，便需要有學校的死亡教育課程來協助孩子。

❖第四節　兒童死亡概念成熟的要素與新爭議❖

壹、死亡概念成熟的要素

從上述學者普遍主張孩子的死亡概念，約在12左右成熟；死亡概念的發展呈現階段特徵，不同發展階段有不同的特徵出現。死亡概念的學習，與孩子的年齡、認知發展，心理發展等有密切關聯。死亡概念發展的階段現象，在發展的順序上，遠比與年齡的關係可信，每一個孩子都是獨特的。

Speece（1995b）認為死亡概念不是單一建構，而是各種不同要素的組合。目前，學者普遍都主張成熟的死亡概念之要素，包括：普遍性（universal）、不可逆的（irreversible）、停止生理機能（cessation of all physiological functioning）、因果性（causality）、腐化和終止（finality）（Atwood, 1984; Hansen, 1973; Melear, 1973; Speece & Brent, 1984; Despelder & Strickland, 1992）。其中，有學者認為腐化為不可反逆的事實，涵蓋在不可反逆的要素中，因此不另列項目。而終止這項要素，有的學者主張，是用來解釋停止生理機能（Smilansky, 1987），有學者則用以解釋不可反逆性（Blurm, 1987），甚至是用以合併解釋停止生理機能與不可逆性（Gorman, 1983）。由於腐化是屬於死亡生物的物體和生理敗壞，以致不

可挽回和不能改變，因此在本節，將腐化歸在不可反逆的要素。雖然目前學者有主張，成熟的死亡概念必須包括四個要素。筆者認為終止為描述較多死亡發生現象之綜合概念，所以需要保留終止為一項要素，而成為五項要素。因此孩子對於死亡概念，若具有普遍、不可反逆性、生理機能停止、因果關係以及終止等五項概念的要素，便可以視為成熟了。茲將這五項要素說明如下，以供參考。

一、普遍：指知道所有生物都會死亡的事實。這個特徵涵蓋三項要素：(1)「概括」，即了解每個人都會死；(2)「不可預測」，雖然每個人都會死，但是不知道什麼時候會死（Swain, 1979）；(3)「不可避免」，指死亡不能預防，無可閃躲，終究無法避免（Miller, 1988）。

二、不可反逆：指身體死亡，便不會復活，是一個永久不變的事實。

三、生理機能停止：一旦生物死亡之後，所有活著的生理和身體的功能，都將終止，並且屍體就開始腐爛分解。

四、因果關係：指對於導致生物死亡，可能的內在與外在的真實和抽象的原因之理解。抽象原因為普遍適用於生物的原因；真實原因為成人所接受之明顯且合理之死亡原因，例如老、病、意外傷害。非真實原因，例如：做壞事或被詛咒（Corr & Corr, 1996）。

五、終止：所有生物功能都停止和斷絕，因此這一項要素與缺乏機能有關，有學者便主張與停止生理機能合併。

貳、有關孩子死亡概念成熟的未定論議題

有關孩子的死亡概念，目前尚有一項未定的爭議。即在研究孩子和成人對於死亡的理解，當前有部分學者主張，非軀體的延續性也是其中的要素，這是對於死亡的靈性延續之議題。兒童會提到有天堂，但是至目前的研究，並不知道兒童早期在這個概念上，與年齡較大的兒童和成人的差異

（Brent & Speece, 1993; Blum, 1976; Corr & Corr, 1996）。對於死亡的不可避免，被認為與形式運思以及抽象思維能力的發展有關。Corr（1995）認為不要由於青少年能夠以抽象思維的方式思考死亡，在臨床方面便認為青少年會在意有關死亡的思考。因為青少年不會自動將自己的死亡，放在他們對死亡的整體觀當中。如前所述，由於青少年時期追求要有成果，因此抑制了其繼續探索死亡的概念。

不過Kastenbaum（1992）和Speece（1995a, 1995b）對於上述學者主張的四項死亡要素，已經足夠作為反映孩子成熟的死亡概念感到質疑。因為那四項要素沒有包含輪迴和死後生命，即Speece（1995b）所謂的「無軀體的延續」。Speece（1995b）認為多數的研究者，未能認同「無軀體的延續」是一個需要分開的要素，而以為有這個概念是未成熟的現象。原因在於從兒童發展的文獻中發現，對於兒童的發展，主要強調自然主義的概念的通論，而孩子的死亡概念發展，則為特殊的部分。Brent、Speece、Lin、Dong和Yang（1996）曾經就死亡的不可反逆和停止機體功能這兩項要素，比較美國和中國青少年，以及大學生樣本，研究發現，兩國的樣本對於死亡的非自然主義的解釋，有隨年齡增加的趨勢。並且兒童對於死亡採取二分法的概念，在青少年則傾向比較少有二分法的概念。尤其美國的青少年，比中國的青少年更少如此。特別是在「無軀體的延續」這項整合上，可能與青少年正處在從二元合一的邏輯思維時期，以及轉型為更複雜「模糊」的邏輯思維概念有關。

Nope和Nope（1997）對於早（初中生）、中（高中生）、晚（大學生）三組青少年的比較研究，結果發現，當三組的青少年在思維和談論死亡的時候，既像兒童，又像成人。就青少年觀念的廣度方面，在一條直線上，由一端是非常具體的天堂、地獄或死亡如睡覺，到另一端是考慮死後留下遺物或其他，出現在三組青少年無論概念和態度，都反映了他們的發

展任務。初中生這一組，不會和父母朋友談論死亡，也不太擔憂死亡，但不表示他們未慎重考慮死亡。他們個人對於死亡意義的看法，比較持傳統「成熟」的概念（即含上述五要素），很少涉及「無軀體的延續」。此外，從他們煩惱有無死後生命和不可反逆，也顯示他們的死亡概念處在重新建構之中；高中生這一組，會和朋友談論死亡，對於死亡的煩惱，會談到個人的死亡。其中，相信「無軀體的延續」概念者，不會從事很多冒險行為，而曾經有好朋友或家人因自殺死亡者，比較會從事冒險行為；大學生這一組，和高中生這一組相似，對死亡的煩惱，呈現與其談到個人的死，不如多關心留下遺物、分離，以及使他人有失落等方面。也比較會和朋友談論死亡，而不是自己的父母。尤其有許多死亡經驗者，呈現對於父母和同儕較少依附，可能以此作為對未來失落的防衛。此外，能夠很清楚將生命與死亡、天堂與地獄分歧，以及輪迴的可能等加以區分開來。Nope和Nope這項研究，支持了Brent等人（1996）的研究發現，顯示青少年在死亡基模（schema）的演進，有越來越複雜「模糊」的死亡概念。

❖第五節　青少年時期的哀傷反應❖

壹、青少年期的發展任務

　　如前述孩子的哀悼受到諸多因素影響，其中以認知發展和人格發展兩個因素的影響備受注意。尤其當探討不同年齡孩子的哀悼現象時，人格發展的任務理論具有特殊優點。由於不像一般階段理論，著重在各個不同階段的特徵，而是從社會角度去了解各個不同階段需要完成的任務，得以觀察到不同階段的任務，如何影響處在那個階段發生死亡時孩子的哀悼。

　　有關年齡與發展階段的劃分，學者有不同主張。Erickson（1963）主

張從12至18歲爲青少年時期，18歲以後至35歲便屬於成年初期。Fleming
和Adolph（1986）爲了探討青少年的哀悼需求和反應，整合了Bowlby
（1973）的分離與情緒反應論述、Sugar（1968）的哀悼理論，以及Laufer
（1980）有關青少年自我發展的理論，然後從Erickson的發展任務觀點，
建構了一個新的模式。在Erickson的發展任務模式，12至18歲的青少年時
期，主要發展任務爲自我認同相對於角色混淆。而Fleming和Adolph的模
式，則呼應學校制度，將青少年時期的年齡延長，涵蓋12歲至21歲者。其
次，Fleming和Adolph將青少年時期，劃分爲三個次階段，分別是：階段
一爲青少年早期（11-14歲）；階段二爲青少年中期（14-17歲）；階段三
爲青少年晚期（17-21歲）。因此，在學校、社區或臨床運用方面具有便
利性。這個模式有利於解釋不同年齡階段的青少年在適應重要他人死亡
時，受到所面對的發展任務之影響。而且Fleming和Adolph積極地強調，
不同年齡階段的青少年，在因應生活危機時的反應，以取代消極地看待青
少年不同於成人的哀悼。茲說明這三個次階段的發展任務與衝突如下。

　　階段一，爲青少年早期，從11-14歲。主要發展任務，在努力與父
母的情緒作出區隔；主要的衝突，在分離相對於復合（即遺棄相對於安
全）。

　　階段二，爲青少年中期，從14-17歲。主要發展任務在個人能力、自
主和控制；主要的衝突在獨立相對於依賴。

　　階段三，爲青少年晚期，從17-21歲。主要發展任務在親密關係和承
諾；主要的衝突在親密相對於疏離。

貳、青少年時期的哀傷

　　有關青少年的哀悼，在臨床研究和理論方面的文獻，都提到年齡與
性別會影響反應的差異。有關年齡對哀悼的影響，在手足死亡的青少年之

研究方面，Deveau（1990）發現，年齡較小的青少年，假如情緒無法表達或解決，那麼所導致的焦慮將會內化，甚至會從生理症狀呈現出來，例如頭痛、胃痛、失眠等；至於年齡較大的青少年，可能在思維方面比較獨立，並且有較強烈的自我認同感。因此，比較有機會與同儕和朋友去討論個人的失落和表達情緒。且年齡較大，會比較減少否認手足死亡對其個人在短期和長期的影響。Balmer（1992）也研究失去手足的青少年，同樣發現年齡對於適應有顯著影響。與Deveau的研究發現相近，年齡較小的青少年，傾向較多的生理痛苦，而年齡較大的青少年，則較多心理痛苦。另外，Gray（1987）在喪親青少年的研究，比較年齡15歲以上和15歲及以下的青少年。發現在父母死亡的時候，15歲及以下的青少年，比起15歲以上的青少年，在學業成績有明顯下降的情形。

在前述這些以年齡區分的各種比較研究，若從Fleming和Adolph的模式來理解，這樣的發現結果是合理的。在研究方面，或許可以假設：由於青少年處在自我認同發展的重要時期，年齡較小的青少年，對自我認同才在初始尚未明確，因此對於和同儕有所不同會比較敏感。如此一來，他們就會很少打開心扉，去和同儕和朋友談論或分享自己親人死亡的傷慟和情緒；還有，在死亡發生的時候，由於這時期青少年想和家人的情緒有所區隔，他們就會變得孤單，且很少有機會表達情緒。因此便容易藉由生理方面來表達哀傷。而年齡較大的青少年，在自我認同的發展比較成熟，和父母和家人之間也有較好的獨立性，而傾向與同儕朋友發展親密關係，因此，能與自己交友圈的好朋友分享和抒發心情。

在性別差異上，對於青少年哀傷影響的研究。Raphael（1983）的研究發現，男性青少年，會傾向攻擊行為，挑戰權威，也較可能使用嗑藥和飲酒，他稱這個是「自我藥療」（self-medicate）；而女性青少年則不同，傾向向外尋求支持和安慰。對照Fleming和Adolph（1986）的研究，

也發現性別對於表達情緒有很大影響，當抑鬱或挫折的時候，男性除了憤怒之外，比女性較自我抑制以對抗情緒表達，以致與女青少年相較之下，男青少年很少外露哀傷。

　　整體而言，青少年哀傷呈現的特徵有：長期沮喪、長期焦慮、睡眠障礙、飲食障礙、否認哀傷、自責和內疚、難以專注、難以定靜、失去平日興趣、空虛與孤獨、憤怒及害怕等。而青少年不願意與人談論自己的哀傷，可能原因則有：⑴正處在和成人對立的時期，因此不想讓成人知道自己的哀傷；⑵擔心顯露哀傷會被當作自己有弱點，因而害怕遭受到攻擊；⑶青少年時期，人際關係轉向以同儕為重心，害怕喪親與同儕不同，因此不在同儕之間提起個人的失落；⑷由於青少年時期，有他們自認為所謂的「正義感」，因此以為個人的情緒最好隱藏，以免影響其他同儕的情緒；⑸社會和媒體傾向報導，單親的孩子容易變壞或有問題，害怕社會烙印，因此最好不要讓人知道喪親。所以，必須知道青少年時期，這些與成人不一樣的哀傷反應和想法，方能理解喪親的青少年如何哀悼，以及可以提供的協助。

❖第六節　孩子再哀傷的現象❖

　　如前述孩子的哀傷反應，與其生理發展、心智發展、人格發展、面對死亡的經驗，父母和其他身邊成人的反應，以及社會、文化環境等都有關係。因此，隨著孩子的成熟和新能力的出現，甚至環境的改變，較之前的歲月，他們開始更有能力去進行處理過去的死亡經驗。Newman和Newman（1999, p. 17）有一段重要的論述：「一個人能以新的領悟和新的經驗，重新回顧和解釋先前的各階段……較早階段的各主題，可能在任何時候再度浮現，並給較早的衝突帶來新的意義或新的解決。」

　　失去父親或母親的喪親經驗，個人可能會根據喪親時自己所處的不同發展階段，而有不同的理解和解釋。失去母親或父親的兒童，可能很想念母親或父親是養育者、基本照顧者和生活各方面需求的提供者。有一名小學三年級的兒童告訴我：「以前都是我爸爸開車帶我上學，爸爸死了以後我自己坐公車。……我不喜歡自己坐公車到學校。」對於生活發生改變，讓他想念父親的照顧者功能和重要性。

　　如果換成青少年，可能對於失去父親或母親在自我認同發展方面會發生一些掙扎的現象。若為男性少年，可能會想到如果父親沒有死亡，對於他的生活會有什麼影響，或父親如果還活著，他的生活會有什麼不同。有一名大學二年級男學生，他的父親在他就讀幼兒園的時候死亡。來會談的原因是由於生涯規劃和母親意見不同，與母親發生嚴重衝突，會談中他突然轉了話題，這樣說：「讀小學的時候覺得自己和別人不一樣，同學都會談到他們的爸爸帶他們去旅行的事，或教他們下棋，或和他們打球的事，我都只是靜靜的聽，很羨慕。但是，好像沒有其他很特別的感受和想法。家裡有他的照片，我爸是個空軍，長得還不錯，媽媽常說我很像我爸，我只記得他的笑聲很開朗……還有，有時媽媽會提到爸爸以前會做什麼、或喜歡吃什麼，後來到了中學，我突然常常想起我爸爸，不知道他以前是怎麼樣的一個人？只記得舅舅說過我爸是個很健談的人。我常幻想我爸，如果他還活著，我們會談些什麼？他會希望我將來做什麼工作？我從小成績就不錯，當然他不會要我考軍校啦！（突然有一點驕傲而調皮地笑了一下）到現在我偶爾還會想到如果他還在，有很多事情，或許我可以和他商量。他一定不像我媽，什麼事都得聽她的，很難溝通。」很顯然的，這一名剛進入成年初期的男孩，正在和我談他的喪親感傷、生涯規劃及自我認同有關的議題。

　　在成年之後，由於認知發展成熟、對於死亡經驗增加，加上人生發

展階段的影響，個人可能更深刻感受喪親的影響和意義。此外已經大爲減少依靠父母親的功能性意義，更由於在靈性信念的精進，而發展出對於死亡有關的哲學、靈性或宗教的意義。Ganies（1997, p. 568）便強調：「哀悼不是一種可以完了的事」，他認爲我們一旦不談鬆開（decathexis），便沒有需要宣稱有一個可期望哀悼終止的時間點。從精神分析論這種新的觀點，一個人可能哀悼一輩子，例如童年喪親的哀悼，在中年復甦，或在一個新失落的哀悼期間，舊失落的哀悼復甦。這種現象顯示一件很重要的事，即由於在下意識我們附著哀傷，以及與死者內在關係的動力作用，所以成了哀傷持續開放的狀況。在筆者的會談經驗中，看到童年或青少年喪親者，在成年期的重要關鍵時刻，早年喪親的記憶會突然再浮現，而特別思念和重新發現喪親的意義。有一位年輕女性，父親在她小學六年級時過世，談到當前即將婚嫁的事，突然很傷感的說：「我好希望結婚那一天，我父親可以牽著我的手走上紅地毯……我突然好想他（飲泣）。……希望那一天，他在天上可以看到我披著婚紗的樣子，因爲小時候他最疼我，他一定很高興我終於長大要結婚了。」另有一位小學五年級時喪父的中年婦女，提到：「小時候，我們家經濟不好，都得租房子，住得很擁擠。我記得我父親常常講，以後有錢的第一件事，就是一定要買個寬敞一點的房子。上週末我搬家到自己買的新房子，是透天四樓的房子，我特地回娘家拜拜，告知我父親我們搬家的日子，希望他可以來看看，並保佑我們。我想他一定很高興看到我現在有個不錯的家庭，也有能力買這樣好的房子。」

從上述例子，童年喪親者，在成年期似乎特別想和已經死去的父母親分享個人的事情或成就，或自己完成了父母的未竟事宜。Miller（1995, p101）有一段話：「發展的轉變，……可能突然引起哀傷的復活，這個可以提供機會，得以進一步將失落調適融入當前的人生階段。」哀悼早年失

落的父母，可能是一個人終生的功課。在每一個人生階段，以不同的方式在進行著，死亡的父母也在個人心中，不斷重新賦予意義與關係，而轉換失落的意義。或許一個童年喪親的人，可以藉此修補因失落而沒有父親或母親陪伴成長的歲月，將在後來的人生各階段，逐漸重新處理和調適失落的哀傷，這樣可以逐漸告別哀悼。

❖ 第七節　結論 ❖

　　哀傷的重點，不只在於孩子的認知能力，也在於孩子去感覺的能力（Wolfelt, 1983）。因此任何一個成熟到足以去愛的孩子，便有去哀傷的足夠能力。綜合上述，一則可以推論，當母親死亡，即便是幼兒也會有失落的發生，而且會有哀傷的經驗，只是孩子的哀悼行為與成人不同。美國臨床便有7歲小男孩因為喪父而造成厭食症的病例，而且也有2歲的幼兒對於喪母已經會有哀傷的反應；二則當母親死亡，幼兒並不了解死亡的意義，且在幼童期的孩子，沒有死亡具有不可反逆的概念，因此會想像母親可能在天上看著自己，或到很遠的地方去，可能有一天會回來。此外由於不論是孩子與父母，或成人與成人之間的聯結，都彼此互為依附人物。因此不只喪親的孩子，由於失去最重要的依附人物，而有哀傷反應；孩子死亡的父母，也會體驗到失去依附人物，而產生哀傷反應。

　　其次，孩子和成人的哀傷有所不同，主要有：(1)兒童認知發展尚未成熟，因而影響其了解死亡的不可逆、普世性、以及無人可以倖免；(2)兒童容忍情緒痛苦的能力有限；(3)兒童用以表達其情緒的能力有限；(4)兒童對於與其同儕不同，有敏感力（Webb, 1993）。因此喪親的兒童，尤其年紀越小，對於死亡的看法與成人越不同，成人需要使用孩子能懂的語言和他溝通。由於無法容忍痛苦的情緒，較小的幼童會因為看不到父母的挫折而

哭泣和情緒不穩；中童期以後的孩子，可能迴避痛苦，而看不到情緒，此外由於孩子的敏感，喪親可能會讓孩子感到不如人而自卑。以上都是成人或與兒童工作的治療師必須知道的。尤其每個孩子的成熟速度不一，以及孩子的個別差異等，都不容忽視，不要過度期待孩子的哀傷表達，方能對喪親的孩子有幫助。

第十二章
協助哀傷的孩子

哀傷的孩子要的不多，只是個能夠傾聽他敘說的成人。如果這位成人善聽，又能夠了解性的回應孩子的心聲，那就更好。

❖第一節　兒童哀傷的爭議❖

有關童年哀悼的研究，約在1950年代才出現。從1950年代到1980年代中期的研究，以個案研究，或從臨床很小的樣本為基礎居多數，並且主要採取樣本自身的內省報導。而且對研究的發現結果，往往是以精神分析的觀點來解釋，不免帶有病態的眼光（Oltjenbruns, 2001）。直到多年後，學者才了解哀傷是一種正常的過程，而且未必就會導致病態或是發展的異常。至於孩子對於失落有無哀傷和哀悼能力，則一直是學者關心所在，尤其對於孩子有無哀悼能力，學者持不同看法，主要認為哀悼能力與物體恆存的概念，以及精神分析學者強調哀傷者需要能夠對死者「放棄」（relinquishing）或「撤出投注」（decathexis）有關。這個爭議的議題，也將在本章討論。所以參考有關童年時期的哀悼文獻，一定要以嚴謹的眼光，知道很多因素可能完全推翻過去的發現。若注意到樣本的選擇、資料蒐集方法、實驗設計，以及引用解釋發現的理論等細節，過些時候就可能看到之前的研究結果，有一些矛盾或混淆的狀況。這種狀況反映了，這個領域可能還在不斷改變和進步當中。

壹、兒童的哀傷和哀悼議題之爭議

有關喪親方面，對於孩子是否有哀傷反應，學者很少有爭議。但是，孩子有沒有哀悼能力，學者向來有不同的主張。Sigmund Freud（1926/1957）討論到幼兒看不見母親時，幼兒的哭泣和臉部表情，認為這是幼兒焦慮和痛苦的證據。他認為幼兒尚無法區別，母親暫時不在和母親永久失落的差異。因此一旦看不到母親，就以為再也看不到了。從這種現象可以知道幼兒還不能夠了解，母親即便看不到，但是還繼續存在。Deutsch（1937/1994）認為孩子很明顯的缺乏哀悼行為，可能由於防衛機轉的作用，轉向避免被哀傷所擊潰。Anna Freud（1960）也認為幼兒尚不具有表現哀悼工作（work of mourning）的自我能力（ego capacities）。所以A. Freud和Furman（1974）都認為，唯有孩子有物體恆存概念與現實考驗（reality testing）能力，才會有哀悼行為。

在這個哀悼的議題，Bowlby（1961）持不同見解，認為即便年幼的孩子，當與母親分離的時候，便有哀傷與哀悼反應。6個月大的嬰兒所體驗的哀悼，在某些方面和成人一樣，只是嬰兒可能以和成人很不同於的方式處理失落。他主要引用Robertson（1953）在10年之間針對18至24個月大的幼兒進行研究，探討幼兒對於母親分離的發現結果。Robertson指出，由於對於母親的熱切和占有性依附，如果將這個年紀的孩子與母親分離，他的世界便如同被粉碎一般，會有嚴重的痛苦（distress）。Bowlby特別提到2歲大的孩子尚無法了解，也沒有能力容忍挫折，因此對於幼兒而言，母親離開就真的如同母親死亡一樣。Bowlby（1960, p. 15）說：「他是不堪負荷的，一如失去所愛者的成人」。因此Bowlby認為6個月至6歲之間失去母親人物（mother figure），對於孩子的發展影響最大。

由於客體的發展與形成，與人類的認知發展有密切的關聯。孩子約在

2歲以前與母親的關係，主要在餵食的關係。2歲之後，由於認知發展便能形成母親，以及其他人在其心中的客體表徵，並且由於有記憶能力，即便母親不在眼前，孩子內在對母親客體的意像，並不會因此消失。原因在於2歲之前的幼兒，對於母親尚無「心理表徵」（mental representation）能力，也就是一般所謂「記憶」，因此看不見母親便會引發焦慮。通常幼兒到了2歲半，發展出「心理表徵」的能力，才具有物體恆存概念。所以當母親不在的時候，幼兒能夠回憶母親的意像。也就是至少需要等到「分離與個體化時期」（separation-individuation stage），即所謂的「和解階段」（rapprochement stage），約在幼兒25個月大的時候（Mahler, 1952, 1968; Mahler, Pine, & Bergman, 2008）。

其次，從精神分析論的立場，兒童能解決哀傷，必須生存者的情感情緒能夠「放棄」在死者的投注。所以Nagera（1970）也主張孩子需要到了青春期，才有哀悼反應。Nagera主張孩子在青少年時期之前，不可能從父母處分離。他指出在性潛伏期的孩子，強烈的聚精會神（cathect）在幻想的生活當中。已經失落的客體對他而言，可能好像還活著，並且是他心中的偶像。同時Nagera也指出失落父母之後，孩子繼續在心中保有與父母的關係，以便繼續完成其發展任務。這個與已經死亡的父母的幻想關係，很顯然的，排除了任何從那個幻想去放棄原慾，這種現象會持續，一直到完成了青少年期。此外他會抱持這樣的觀點，可能除了認為孩子需要具備成熟的死亡概念，才會有哀悼行為。還有哀悼具有濃厚的文化色彩，是需要經由學習的結果。

Baker, Sedney和Gross（1992）對於孩童時期的哀傷，提出這樣的概念，即孩子在幻想中繼續保持與死去的父母的關係，乃是隨著時間的推移，必須去完成一系列的心理任務。因此Webb（1993）強調，由於許多孩子維持內在依附死者的心理意像，以作為孩子發展的重要功能。甚至

對於後來成年期發展也很重要。因此，他認為「分離」（detachment）或「撤出投注」，並不是哀悼歷程的主要元素，也不等同「放棄」，比較像是減少渴望死者。由此，孩子的發展和生活得以繼續前進。

死亡無論對於成人或孩童，都是難以言喻的痛苦。根據第二章對於哀傷和哀悼的定義，以及前面第十一章兒童的死亡概念發展，對於孩子有無哀傷的反應，可能比較可以了解。然而，孩子是否會哀悼，以及能否解決哀傷，則為比較複雜的問題。由於哀悼這一個人，是解決哀傷的過程。所以這個哀傷的人，必須要能夠理解「他或她的失落的意義、嚴重性、永久性，以及不可反逆性」（Krueger, 1983, p. 590）

如果嚴格的區分「哀傷」和「哀悼」的定義和性質，似乎孩子必須對於他人的獨立存在和分離，具有很清楚的概念，才會在這個人死亡時有哀悼行為。因此，Webb（1993）認為，雖然幼兒失去母親時的反應，都符合了Bowlby（1960）主張母親離去時，幼兒在分離焦慮反應的「抗議」（protest）、「絕望」（despair）和「脫離」（detachment）等三階段，然而這不能視為哀傷。由於幼兒並不知道死亡是最後的終止，也不解在其人生的意義。所以，幼兒的悲傷、憤怒和渴望，在性質上應該稱為「哀傷」反應。也就是，只有了解到失落的終止性和意義，孩子的反應才能稱為「哀悼」。筆者也贊同這樣的看法，由於嚴格的區分「哀傷」和「哀悼」的概念，有助於學者或實務工作者都能尊重失去親人的孩子的反應，而不會對於孩子的反應有先入為主不當的期待。所以孩子會不會哀悼的問題，應該比較適合提問的是：「孩子會不會哀傷？」

此外也可能由於成人需要否認失落，以致造成孩子這樣的功能，使得孩子缺乏哀悼表現，而這個否認也使孩子落入有風險的處境。由於孩子有沒有能力去成功的哀悼，端賴照顧者能否高度支持孩子面對死亡的現實考驗，接受衝突的情感情緒，承認防衛，以及提供協助，使孩子精熟這個經

驗（Furman, 1974）。所以喪親之際看不到孩子的哀悼行為，或許不代表
孩子沒有哀傷的經驗，然而孩子能否表現哀悼行為，可能與成人的理解和
支持有關。根據Charles和Charles（2006）以成年初期為對象的研究，發
現若由於童年的失落缺乏足夠的支持，在成年時會體驗到自己禁止（self-
inhibited）了個人的發展；其中，尤其以沒有能力面對相互依賴的挑戰最
顯著。顯然，沒有得到支持的哀傷，對於孩子的發展具有負面的影響。

❖第二節　兒童的哀傷反應❖

　　了解兒童的哀傷反應，可以從不同的反應層面和哀傷的過程獲得了
解。茲就這兩方面分別論述如下。

壹、兒童的哀傷特徵

　　在台灣，幼兒和兒童，甚至青少年早期的哀傷，通常被忽略。雖然
在傳統閩南喪禮的儀式之中，包括了孩子的參加和出席，然而通常是由於
家族主義的文化影響所致，而制定了與人倫和孝道有關的喪禮儀式，需要
孩子去行禮如儀。對於孩子的哀傷會忽略的原因，不外乎認為孩子「不知
傷慟」，或是為了保護孩子，不讓他們完全知道死亡這件事，或其他成人
對於所發生的失落的焦慮反應。這種忽略孩子的哀傷之情形，同樣出現在
美國。1970年代之前，一般成人也是將孩子排除在哀傷之外。在1980年代
許多研究，終於了解孩子對於失落的反應，無論在生理或情緒的症狀，
在很多方面與成人都很相似。比較特殊之處在於孩子的經驗受到較多因
素的影響，包括年齡、心理與情緒發展階段、在家庭中的人際互動型態
和溝通，與死者的關係、手足排行，以及先前的死亡經驗等（Despelder
& Strickland, 1992）。此外，若孩子必須面對的是突然死亡、非預期

性死亡，以及自殺死亡等因素，也會導致失落和哀傷的發生（Gyulay, 1989）。還有與成人不同之處，也在於即便是同年齡的孩子，在理解死亡和因應失落的效能，每個孩子的能力也不盡相同。

孩子對於失落的情緒反應與成人的差異有四：(1)孩子的認知發展尚未成熟，干擾他或她對於死亡的不可反逆、普世性和不能避免的理解；(2)孩子對於容忍情緒痛苦的能力有限；(3)孩子以語言表達他或她的痛苦的能力有限；(4)孩子會敏感自己和同儕不同（Webb, 1993, p. 14）。可能由於這些差異，導致兒童的哀傷表達往往不為成人所辨識，而容易被成人忽略。事實上，兒童的哀傷不只是情緒反應，更是多向度的反應。

Oltjenbruns（2001）綜合許多學者對於兒童哀傷反應的研究結果，指出下列各項生理、行為和內在精神（intrapsychic）的反應特徵：

一、身體的反應：有(1)睡眠困難、(2)拒絕飲食、(3)尿床、(4)頭痛、(5)胃痛、(6)有的會發生嚴重疾病等。

二、行為的反應：有(1)退化、(2)爆發性情緒、(3)洩憤（acting out）、(4)脾氣大怒、(5)極端害羞、(6)欠缺遊戲的興趣、(7)過度依賴、(8)要求注意、(9)有的會發生犯罪活動。

三、內在精神的反應：有(1)情緒痛苦（emotional distress）、(2)分離焦慮、(3)害怕他人也將死去、(4)死亡幻想、(5)學習困難、(6)內疚感、(7)有的會發生懼學（school phobia）、(8)嚴重憂鬱。

同時，Oltjenbruns從文獻也發現上述所列的各項反應，有些可能在失落之後的幾個月，便立即可以觀察到，有些則可能一年後，甚至兩年後，才出現明顯情緒或行為。並且那些反應，臨床的孩子樣本比社區的孩子樣本多。此外兒童對失落反應的情緒或行為，與時間的相關呈現曲線現象，Wordon和Silverman（1996, p. 99）的解釋，是：「開始的時候，哀悼組的孩子與無哀悼組的孩子，在行為或情緒反應不同。無論如何，在哀悼的一

年之後，這些差異減少了。到了兩年，這些哀悼組的孩子在學校表現、一般行為處理以及整體的自尊，出現明顯的差異，……雖然未達統計顯著差異，這些哀悼組的孩子在團體有嚴重干擾行為，比率遠高於控制組的孩子。」這個說明讓我們了解到，兒童發生失落的第一年，相較於無失落的兒童，哀傷的兒童會有明顯可以觀察到的行為，或情緒反應。滿一年之後，可以觀察的哀悼行為似乎完了。其實不然，只是不再以明顯的哀傷反應呈現，而是繼續明顯影響到學校的各項表現和一般行為，以及內在的自尊，甚至有干擾的行為。顯然，孩子的哀傷，不只和成人在特徵不同。而且很值得注意的是，兒童的哀悼行為，不是在一年之內就結束，而是會持續對於兒童的外在和內在都有影響。這個研究讓我們了解到，協助哀傷的孩子的重要性。

此外，兒童的哀傷反應由於具掩飾性（masked），可能看不到對於失落的眼淚和憂傷。但是若仔細觀察便可以發現，孩子的行為與失落發生之前有差異，例如獨自一個人遊戲，或靜靜望著窗外，好像在等待什麼人回來似的。其次，由於處在喪親的早期階段，或由於孩子的情緒抑制，容易被解讀為沒有哀傷（Baker, Sedney, & Gross, 1992, 1996）。在一次為小學教師辦理的工作坊，有一位小學三年級導師的分享，她班上有一名男童喪父，剛剛出殯，卻在下課時間和一群同學在操場玩，一點也看不出痛苦，因此她認為這個孩子對於喪父沒有任何哀傷。這就是普遍孩子容易被誤解的情形，由於孩子的哀悼行為與成人不同。此外也如Oltjenbruns所指出，可能發生失落之後，哀傷的孩子有憤怒與內疚的反應，是當孩子需要這個成人的時候，或希望這個對他重要的人回來，卻不可得，因挫折而使得孩子感到憤怒。最常聽到的是一些母親抱怨，喪父之後孩子變得經常發脾氣。

至於內疚感，則不容易從孩子口中說出，通常只有在和孩子會談中

才可以聽到。而焦慮和憂鬱，可能與喪親的孩子變得欠缺安全感，所以容易焦慮，也可能感到無助和無力而憂鬱。至於哀悼的孩子會有身心反應症狀，可能受到口語表達能力的限制，喪親的孩子會由身體來表達他的哀傷。因此，可能在要去上學的時間，便抱怨頭痛或肚子痛。最後，孩子有短暫爆發性的悲傷。一位小學四年級的輔導教師分享的經驗，在班級團體輔導課程時間，談論死亡相關主題時，引發一個孩子的哀傷，而爆發短暫的強烈哭泣。但是下課之後這位關心的輔導老師找他來會談時，孩子卻表現出好像對於會談有些不耐煩，讓這位老師感到不解，因此也不知如何談下去。由這個例子可知，若實施生命教育方案有涉及死亡主題時，除了輔導教師，最好導師能夠參與協同教學，若有失落經驗的孩子爆發短暫悲傷的時候，可以有一位教師繼續課堂的活動，以免中斷而干擾到其他孩子；而另一位教師，則可以陪同這名哭泣的孩子在一個適當的空間或角落，給予抒發情緒的空間，並得到教師的支持。

貳、兒童的哀傷任務

如前述，已經有不少學者提出，從對照成人哀悼的階段，雖然在孩子也可以看到一些反應和成人相似。不過若死者為非血親，是否也會有相同的狀況，則不得而知。Burgen（1983）對於兒童期的哀悼，提出這樣的概念，認為孩子哀悼的強度和時間，與兩個層面有關，即關係的親密程度和哀傷者對於死亡可預防的看法。哀傷者若認為死者是他生活中的核心人物，以及無論如何都無法阻止死亡，可能他或她的哀傷反應強烈，但是時間短暫。

當前有許多哀傷歷程的階段模式，適合闡釋成人的哀傷歷程，但是應用在兒童的時候，則忽略了孩子的認知發展差異會影響死亡概念和哀傷反應（Baker, Sedney & Gross, 1992; Baker & Sedney, 1996）。適用於成人，

在哀傷歷程描述有相當多的模式，Baker等人（1992, p. 105）稱這些爲所謂的階段「快照」（snapshots）。因此他們認爲在臨床應用的時候，需要有對於各階段較詳細描述的模式。顯然當前的那些階段模式，被認爲比較簡略。

由於「任務」是指在特定的時間之內需要完成的，在這段時間之內需要個人去作改變，以便完成任務。因此當前學者多主張以任務爲基本的模式，去理解哀傷的孩子，並提供協助（Baker, Sedney & Gross, 1992; Baker & Sedney, 1996; Corr & Corr, 1998; Fox, 1988）。Fox（1988）首先提出對於兒童哀悼，有用的四項任務：⑴了解，以及對於發生什麼事或正在發生什麼事感到合理。因此孩子會尋找有關死亡和發生死亡環境相關的資訊，以解釋或理解意義；⑵對當前發生或預期的失落，表達情緒或其強烈的反應。孩子會辨識和確定，對於失落的情感與其他強烈反應，以此孩子首次體驗到也找到了不會傷害其他孩子和其他人，可用且能適當表達的反應方式；⑶經由正式或非正式的紀念來溝通失落，特別是使用肌肉活動，以及以回憶或緬懷過去生活的形式來溝通；⑷學習如何繼續生活和去愛，因此小孩需要得到許可，去找到失落之後，得以繼續健康的生活下去的方式。從Fox所提出的這些任務基模，讓我們可以知道孩子的哀傷有很多面向，並且了解到遭遇失落經驗的孩子，如何努力找尋有效的方式，去安頓他的失落與哀傷。孩子對於失落，不是缺乏知覺與無反應，成人該如何配合這些任務，來協助孩子可以順利度過哀悼的歷程。

參、兒童的哀傷歷程

Baker等人（1992, 1996）便根據Fox（1988）的「任務」的基模概念，並參照Furman（1974）、Shuchter（1986）和Wonden（1982, 1991）等任務模式，發展了一個適用於兒童的哀傷歷程模式。Baker等人的這個

模式，共包含三個階段：

第一階段，為「早期任務」。主要任務有二，為：⑴了解。從孩子一知道死亡發生便開始，孩子需要知道發生了什麼事情，什麼人死亡，以及與這個死亡有關之事；⑵自我保護。同時運用自我保護的機制，使用保護孩子的身體、內在精神和家庭，以防範受到失落的所有情緒衝擊。

第二階段，為「中期任務」。主要任務有三，包括：⑴情緒接納。知道這一切不會恢復的失落，以及無可取代；⑵再評鑑關係。回顧與死者之間積極的和消極的記憶和連結；⑶忍受痛苦。即慢慢的、嘗試的、斷斷續續的學習去忍受內心的痛苦和矛盾的情緒。

第三階段，為「晚期任務」。主要任務有五，包括：⑴形成一個新的自我認同。這個孩子的認同，融入了失落的經驗和對死去的人的某些認同，但不限於這些；⑵投入新關係。不再過度害怕失落，或繼續需要將新的人與死去的人加以比較；⑶建構一個與死者的持久之內在關係。融入死者不在了，以及一個與死者全新的依附；⑷專心一意的回到適配年齡的發展任務和活動；⑸最後，因應某特定時間復發的痛苦。通常發生在發展的轉換點，或特殊的週年紀念日。

哀悼的任務有順序，但是不能催促。孩子需要滿意完成較早的任務之狀態，方可以移向下一個任務。因此，必須每一個階段的任務都談到，也完成了，這個哀傷的歷程才算進展。由於這個模式在每個特定階段，都採用心理任務的概念，與採取病態觀點的模式相較之下，這個模式採取適應的觀點，來描述孩子的哀傷相關行為，並且行為也都指向特定具體目標。因此，可以協助治療師在擬定短期治療目標時作為參考。

❖第三節　兒童的哀傷範圍與評估❖

壹、了解兒童哀傷反應的範圍

　　協助孩子處理哀傷，首要條件是諮商師和照顧者，需要知道孩子行為的意義。經歷喪親的孩子，他們很難使用口語表達自己，而呈現一些可以觀察或探查得到的行為。尤其，孩子的哀傷也容易由生理反應來顯示，成人若能夠細心辨識這些反應行為，便能夠了解孩子的哀傷經驗。Wolfelt（1983, p. 31）從經驗觀察中指出這個範圍能辨識的13個層面（dimensions）：⑴震驚／否認／不相信／麻木、⑵茫然的情緒（absent emotion）、⑶生理改變、⑷退化、⑸「小大人」症候群、⑹脫序（disorganization）與恐慌（panic）、⑺爆發情緒、⑻洩憤行為（acting out behavior）、⑼害怕、⑽內疚與自責、⑾解脫（relief）、⑿失落或空虛或悲傷、⒀修復（reconciliation）等，並將這13個層面安排成一個架構如下表：

表一　兒童哀傷的13個層面

修復
失落或空虛或悲傷
解脫
內疚與自責
害怕
洩憤行為
爆發情緒
脫序與恐慌
「小大人」症候群

退化
生理改變
茫然的情緒
震驚／否認／不相信／麻木

　　由於孩子遭逢喪親，自然就會產生主要的情緒、生理和行為的改變。不了解的成人，可能有意或無意的，試圖預防上述這些孩童時期的哀傷表達，以致自己無法接受孩子任何上述的情緒、想法和行為，甚至自責無法預防孩子有這些表達。如果成人能夠理解，並且協助孩子去因應這些改變，那麼孩子不只可以獲得學習，同時也能獲得成長。所以這個架構對於協助孩子，以及孩子的照顧者，有很好的參考價值。

　　在上述Wolfelt所提出的架構之中，由於孩子的哀傷反應，同時受到死亡相關因素和家庭因素的影響，因此各個層面出現的時間，並非全然如架構中的順序。然而大部分約如架構所列的順序，即隨著死亡發生之後，時間越後面，出現越多的相關現象。通常孩子對於親人死亡的第一個反應，就是感到震驚，他們無法相信親人的死亡，並認為這個死去的人將會回來，甚至當作沒有發生這回事。對孩子而言，親人死亡遠超過他在認知能力或邏輯能力，能夠理解的範圍。因此有震驚的反應，這個反應不只情緒的，也同時隨伴生理的反應。孩子完全否認事實，一副對現實麻木的現象。這樣的狀況，可能出現在死亡剛發生後的6-8週之間。接著可以觀察到，孩子對於所發生的死亡，呈現情緒茫然（absent emotion）的反應。情緒茫然，是孩子正常的哀傷反應。然而成人往往不解，喪親的孩子何以如此漠然，或認為他們不懂事，或不了解死亡。可能也有成人，不自覺的因此生孩子的氣，並且未自我覺察，而不自覺的和孩子保持距離，或是會帶著質疑，探問孩子：「你愛不愛妳爸爸？」「你媽媽死了，你怎麼沒有哭？」或「你愛不愛妳奶奶？她最疼妳了。」由於孩子不了解，為什麼成

人在這個人死了之後，要問這些問題。因此可能卡在害怕，而說出不合乎成人期待的答案，或表現不符合成人期待的行為。其實成人對於孩子的憤怒，是來自於以成人眼光去審識孩子哀傷反應的現實。

繼之，可能會聽到孩子抱怨生理的不舒服，或看到孩子退化到較幼稚的行為。特別是年幼的孩子，難以使用語言表達他的哀傷，而會透過生理表達他的哀傷情緒。最常見的生理反應有：頭痛、胃痛、疲倦、或有倦態、睡眠困難和缺乏胃口，甚至呼吸急促、肌肉無力、說話好像捏著喉嚨似的等。還有，有關哀傷的孩子的退化行為。在心理壓力之下，成人有時候也會有如孩童的舉動，例如考試很緊張，或是看球賽很緊張的關鍵時刻，會用嘴吸著或輕咬著食指而不自覺，宛如含著奶嘴，或吸吮手指的嬰幼兒一般。這是人類在缺乏安全的時候，希望回到早期被保護和安全經驗的感覺。在失落重要他人的心理壓力之下，孩子會期望回到更早的發展時期，這是很自然的自我防衛，讓自己可以感到較安全。不過，無論在美國或台灣，成人對於孩子這樣的行為，可能看作缺乏自我控制而不鼓勵。哀傷的孩子常見的退化行為有：過度依賴，要求擁抱或如抱嬰兒的輕輕搖擺，要與父或母睡在一起，或任何時候都不願離開父或母，或要求他人代勞之前已經會做的事，例如要人餵食，在學校要求教師或同儕的注意，或不肯獨立工作，或是以「病人」的角色，盡量不去學校，或出現「娃娃似的語言」，如同嬰兒一般，或在同儕關係中的能力，崩潰而沒有足夠功能（Wolfelt, 1983）。總而言之，孩子可能已退化到較早期的行為，來表達他喪親的缺乏安全感。

還有，由於排行和文化的關係，哀傷的孩子可能出現「小大人」症候群。孩子希望趕快長大，通常是努力要取代死者的角色和功能，以阻止家庭崩潰或增加安全感。這種想頂替死者角色的現象，通常以手足之間，心理排行為長子女者最有可能。尤其，在華人文化中，長子女在家族和手

足當中有特殊的位置，更容易感受到或想像被託付重任。我們可能會在喪禮中，聽到來弔唁的親友對著年僅8歲大的孩子，說這樣的話：「你爸爸已經死了，以後你要多照顧媽媽和妹妹」，這是很不務實，也不合邏輯的話。究竟是媽媽更需要好好照顧哀傷的孩子，還是一個8歲的孩子可以照顧媽媽，可能說話的人沒有仔細務實的考慮。但是文化使然，說這一句話的人，沒有想太多。相反的，手足排行老二的孩子，容易有洩憤行為（acting out behaviors），出現憤怒、憎恨、恐怖等爆炸性情緒。由於家庭中有人死亡導致氣氛低迷，排行老大的孩子會想到要減少生存的父親或母親的煩惱和擔憂，而相當自我克制。老二則因競爭議題，會有與老大相反的舉動，為這種情境和氛圍感到憤怒，他可能生氣死去的親人，再也沒有機會成為死者的寵兒，讓他處在困境，因此比較容易有洩憤行為。從Adler（1959）的家庭星座理論觀點，在失功能的家庭，長子女容易出現「英雄」角色而去挽救家庭，避免家庭瓦解；而老二則與老大的壓抑情緒相反，而容易有洩憤行為，以致成為「代罪羔羊」角色，他成了大家合理的憤怒出口，成為被指責的對象。

　　大約在重要他人發生死亡之後的1到6個月間，哀傷的孩子會突然發生崩潰和恐慌（panic）的現象，並且達到高峰期。由於許多的想法和情緒，長期而密集的襲擊孩子，而變得驚嚇。對於過去無論好的記憶或不好的記憶，都蜂擁而至。即便是好的記憶，然而這個人已經死了，好的經驗變成從此不可得。孩子可能會提到夢見死者，呈現焦躁和不安，無法集中注意力，睡眠型態和飲食習慣嚴重受到干擾。孩子也可能變得過度敏感和哭鬧。至於哀傷的孩子會有害怕的情緒，主要與逐漸體驗到死去的親人不會回來了有關，開始有這種現實感，會讓孩子變得害怕起來。一方面，可能孩子擔心從此沒有人可以照顧他，尤其當孩子看到另一個沉溺在沉痛哀傷之中的親人，似乎無暇理會孩子，也無心照顧孩子的需求，和孩子有著

距離，這種擔心將特別明顯，害怕這個人還會再照顧他嗎？另外，孩子也害怕看到所愛的父親或母親哀傷。有一位成年初期的男性回憶道：「我外公在我5歲的時候過世，其實當時對於我外公的死，不記得有什麼傷感，在喪禮中也不知道該做什麼？只記得我媽媽跪在靈堂前哭得很傷心，我第一次看到媽媽哭得那麼傷心，可能有一點害怕，所以我也一直嚎啕大哭。」的確，當孩子看到平日強有力保護自己的親人，突然變得不一樣的脆弱，與平常很不相同的時候，尤其是傷痛的情緒，都會感到害怕，因為不知道這個親人發生了什麼事。不過有時候孩子的害怕是看不到的，他也無能力，或感到無從說出自己的害怕。由於他目睹父母或手足的死亡，在因應如此痛苦的失落，孩子可能選擇遺忘，或以較可得或舒服的方式重構現實。如此以遺忘死亡細節或重構死亡意像，使孩子再次想到這個經驗的時候，不會因痛苦的回憶而不堪負荷。

有一項是哀傷的成人，與哀傷的孩子相同的反應，就是內疚。成人的內疚通常來自非理性想法，想到無法阻止死亡發生而內疚；而孩子的內疚，則由於認知發展的特徵所造成，因為他們不了解因果關係，常以為自己做了什麼導致死亡，例如不乖，或生氣暗地裡罵這個人「去死」。可能由於無助感，努力想獲得主宰感，以為如果之前自己行為不一樣，例如不生氣罵人，這個人就不會死。還有，孩子有一項情緒最容易被成人忽略，就是解脫。如果一個親人久病而死，在人性上很自然的，存活的人會有解脫的感覺，不只成人如此，孩子也會有。但是孩子不了解這是人性的反應，因此內心會有掙扎，害怕這種感覺是「不對的」，成人所「不允許的」，因此不會說出口。至於哀傷的失落感、空虛感或悲傷等，需要等到孩子知道這個人真的不會回來了，才會發生。所以上述這些反應，對於孩子特別困難，需要花費較長的時間，約在死亡發生之後的6到10個月後。孩子自己可能會感到奇怪，親人剛死的時候自己都沒有哭，為什麼過了這

麼久之後，反而很想哭。影響這些反應的因素很多，通常很少成人會鼓勵孩子釋放這些情緒，而是鼓勵壓抑，結果往往使得孩子變得更焦慮、更躁動不安。

最後階段，很多學者的模式都使用「復原」（recovery），但是Wolfelt特別強調使用「修復」（reconciliation）。他認為「復原」的意思指完全回到「正常」，哀傷會使人產生改變，要確切恢復到死亡發生之前的生活，乃是不切實際的想法。所以他主張使用「修復」，具有從哀傷顯現出獲得完整與健康的人的意思，同時知道這個重要的人死亡之後，沒有了這個人，生活將會不同。筆者認為使用「復原」也正確，「復原」指狀態，由於復原不是指恢復到死亡發生之前的生活型態，而是指哀傷者由於哀悼使得原有功能下降，完了哀悼而恢復了之前的功能水平；而「修復」，則以歷程為重點，是一個調適改變的歷程。Wolfelt（1983, p. 49）自己也提到：「在死亡事件之後，哀悼的孩子的修復是一個歷程，不是一件事。」他特別提出這個修復歷程，包括的改變如下：

1. 回到穩定的飲食和睡眠型態。
2. 恢復精力和幸福感。
3. 主觀感到從死者得到解脫感。
4. 增加思維和判斷能力。
5. 享受人生經驗的能力。
6. 對於死亡的現實和終止的認知。
7. 建立新的與健康的關係。

由上述項目可以看到Wolfelt所謂的修復，與生理、認知、人際和感受的功能恢復有關。因此，使用「恢復」或「修復」，可依個人想要強調的狀態或歷程而定。Wolfelt（2013）建議孩子哀傷範圍的多元架構，條理良好而具體簡潔，在諮商師面對被送來求助的孩子，以及協助照顧者面對孩

子的哀傷上，特別實用。

貳、專業人員對兒童哀傷反應的評估

在前面有關成人的哀傷反應已經說明過了，哀傷的性質和時間長短，會因人而異，不能一概而論。這樣的道理，用在孩子身上亦同。對於孩子的哀傷反應，是「正常哀傷」、「病態哀傷」或「異常哀傷」，是否可以使用對成人評估和區辨的概念來評估孩子的哀傷，則有待討論。

二十世紀最早從實證研究發現，哀傷為正常反應或異常反應的學者，為美國學者E. Lindeman（1944）從波士頓一家Coconut Grove俱樂部的火災生存者與親人，共101個樣本的研究，得到結論：⑴「嚴重哀傷」（acute grief）是一種明確的症候，具有心理的與生理的症候學基礎；⑵這個症候，可能就在危機之後立即出現，也有可能延遲出現，也可能被誇大，或似乎缺乏；⑶在典型的症候這部分，可能呈現扭曲的圖像，每個圖像代表一個哀傷症候的特殊面向；⑷經由運用適當的技術，這些扭曲的圖像可以成功的轉化為可以解決的正常哀傷反應。由於哀傷領域的進步，現在我們可以理解，Lindeman所研究的樣本，他們的親人死於災難，生存者容易發生創傷性的哀傷，或複雜性的哀傷，他也將這些反應視為「病態的」（morbid）。

由於哀傷已被視為人類對於失落親愛的人的正常反應。晚近Rando（1991）不使用「病態哀傷」這個詞彙，而使用「未解決的哀傷」（unresolved grief），並將未解決的哀傷，依各種不同的反應樣貌區分為：「欠缺哀傷」（absent grief）、「禁止性哀傷」（inhibited grief）、「延長性哀傷」（delayed grief）、「扭曲性哀傷」（distorted grief）、「非預期性哀傷」（unanticipated grief）、「長期性哀傷」（chronic grief）、「衝突性哀傷」（conflicted grief）等數種。在處理這些「未解決的哀傷」

之方法，也不使用心理治療，而使用治療。

此外談到失落與哀傷，John Bowlby的理論也常被引用。Bowlby論述失落的重點，主要在失落對於童年的影響。他認為在童年，早期的歲月當中，父母的分離或死亡，可能使得個人傾向於「不利的人格發展」（unfavorable personality development），這將導致未來的精神疾病。Bowlby（1963, p. 501）有一段經典的論述：「如果失落的經驗被比喻為受傷或被燒傷的經驗，隨著失落的哀悼歷程，能被比喻為在受傷或燒傷之後的療癒歷程。我們都知道，可能過程及時導致痊癒，或幾乎痊癒，功能得以保留；或相反的，由好幾個過程其中的一個，每一個過程都會導致或多或少程度損傷功能。同樣的，哀悼的歷程可能採取有利的過程，及時導致再度保留功能，就是更新能力去開啟和維持關係，或可能走的過程，使得這個功能或大或小程度的受損。」從Bowlby傳神的比喻，可以看到兩個重點：其一為，童年時期的失落如同受傷，需要時間療癒；其二為，療癒的管道，有可以導致完全恢復功能，或使得功能受損的差異。因此，Bowlby（1963, p. 527）特別強：「不是每個曾經經歷永久性或暫時性失落的孩子，長大後就會成為一個有困擾的人。」這是很具有鼓勵性和真實性的觀點。

就上面三位學者的觀點，linderman的理論主要重點，在於嚴重的哀傷或病態的哀傷，他特別指出在失落發生之後的延遲哀傷、誇大哀傷或欠缺哀傷，這三種似乎都不適用在兒童有異常哀傷的診斷。因為兒童，特別是年齡較小的孩子，由於認知對於死亡的影響所及，年幼的兒童可能否認死亡的真實性，或以為死亡的人會再回來，因此孩子面對死亡可能不知該怎麼反應，從成人知覺的角度，看不到孩子的哀傷，而被成人認為「欠缺哀傷」。其次，孩子將隨著年齡成長，不斷的重新定義死亡，而對個人的失落，也有不同的反應。因此，所謂的「延遲的哀傷」和「誇大的哀傷」，

似乎也不適合用來評估孩子的哀傷是否有異常。至於Rando（1991）對於未解決的哀傷之定義或所列舉的各個類別，如禁止性哀傷，也不適合用於兒童或青少年。年齡較大的兒童或年齡較小的青少年，由於害怕與同儕不一樣，而影響他的哀傷反應，看不到哭泣或悲傷行為，禁止哀傷正是在兒童和年齡比較小的青少年，常見的哀傷反應，為孩子哀傷的特徵，故不能視為異常。

　　如前面所述，兒童的認知、情緒和人格發展水平等，會影響不同發展階段的孩子，在面對死亡有不同的死亡概念和哀傷反應。兒童對於傷慟經驗，會以適配他的特殊發展情境來反應（Silverman, et al., 1992; Silverman & Worden, 1992a）。因此，如果尚不知死亡為終止的孩子，或許會想像死去的人會從事些什麼活動。而已經知道死亡為不可逆和無生理功能的孩子，可能會提及有關死去的人的屍體會怎樣等相當具體的問題。而且傷慟的孩子，可能會延遲開始哀傷工作，為了盡量去因應失落，孩子可能轉向遊戲，或看電視。因而被成人解讀為對於死亡沒有知覺、沒有情緒或不了解。Webb（1991）便認為所謂延遲、欠缺、長期、未解決等哀傷型態，這些從時間的線路去評估兒童的哀傷，並不是有用的考慮，而是要從哀傷所締造出來，冒然強行進入孩子生活的程度，由這方面去評估。如果一個孩子的社會、情緒或生理的發展顯示受到干擾，這樣的哀傷歷程，或許有理由被認為孩子發生了有待協助的問題，即Webb（1992, p. 21）所謂的「使得無能」（disabling），孩子被卡住了，需要有人協助，而家族成員可能無法提供。因此很重要的就是，要能夠認識孩子正在掙扎和卡住了，並提供協助，尤其需要專業人員的協助。

❖第四節　對於哀傷孩子的協助❖

　　由於成長中的孩子，必然在發展階段的一些特殊時間點，會一再的重回他們過去發生而有所憂慮的議題。因此當孩子面對發展任務和情境的挑戰時，這些議題需要再次的被重新討論，有了新的理解，並獲得新的意義。孩子會在生活之中的尋常事件，以很自然及有效的態度，去完了這些事，這是孩子繼續成長和社會化的一部分。面對哀傷的孩子，成人無法替代孩子去面對，也不可能封鎖已經發生，或即將發生的預期性失落之事實，以期待等孩子長大再告知。但是，可以將孩子準備好去面對，努力創造機會，以建設性的對話與孩子討論，或至少可以陪伴孩子在漫長的成長歲月，去度過哀悼歷程的任務。

　　由於協助哀傷的孩子，不論是他或她，是兒童或是青少年，這是一條很漫長的路。在不同的發展階段和重要時間點，當孩子重新回到早年失落的議題，他需要重新再定義死亡、關係的意義、自己和人生。這種重要關頭，孩子需要有成人的陪伴和相助。因此可以協助孩子的這個成人，不限於專業的心理師，也可以包括孩子周邊的重要成人，例如家裡的父親、母親，或孩子的重要家族成人，以及學校的導師和教師。當孩子有需要的時候，成人應該要立刻出現，並打開方便之門，讓孩子可以得到需要的協助。所以，在接下來將論述對於哀傷孩子的協助，除了提供專業人員作為參考之外，也提供適合協助孩子的其他成人作為參考。

壹、專業人員協助兒童的指標

　　評估與判斷孩子的哀傷情況是否需要專業協助，專業人員至少應有一些指標作為依循。由於成人的未解決哀傷，或病態哀傷等之分類，並不適

用於孩子，因此孩子需要另有指標作為評估的參考。然而由於這方面的資料比較少，這就很困難了。較早之前Grollman（1967）便已經指出在心理方面，哀傷的正常反應與扭曲的反應僅一線之隔，其差異不在症狀差異，而在強度。不論是喪禮之後，事隔數月有無依舊否認死亡的事實，或持續有身體壓力，或漠然與焦慮持久不減等，並不是每一項所呈現的症狀本身可以決定是否為扭曲的反應，而只是在於專業人員能夠將整體化視為系統的組織之觀點，也就是專業人員從所有呈現的症狀，如何系統的組織和判斷，由此可知專業人員的判斷之重要。

由於孩子的哀傷有無順利進展，很難引用以成人作為研究對象，所發展的各種哀傷階段論說。所以Baker等人（1992, 1996）為喪親的兒童所提出的三階段論，似乎就可以成為很實用的對照指標。專業人員可以使用那三個哀傷任務階段，作為比對孩子的哀傷進展狀況。如果一直卡在早期的哀傷任務，或某個特定任務，或毫無進展，則需要注意孩子需求協助的程度。例如一個孩子在喪禮之後過了一段日子，仍舊處在「早期任務」的震驚中，有很強的自我保護情況，不肯面對死亡的發生，這就是值得注意的狀況。由於即便是年幼的孩子，以為死者未來還會回來，然而他也會知道那個人死了；「晚期任務」包括投入新關係，如果喪禮已經結束有一段時間，孩子依舊無法接受新的照顧者，或發生社會退縮，無法投入同儕玩伴的關係，這些情形可能也值得專業人員的注意，並應及時提供協助。

在很少數論述兒童哀傷指標的學者當中，Fox（1985）提出一些看法，也值得作為參考。他特別注意到，孩子若有涉及到另一人死亡的某方面，或有自殺危險的症候，顯示孩子需要協助，他稱這樣的孩子為「脆弱的孩子」（vulnerable children）或「苦惱的孩子」（troubled children）。這些症候如下：

1. 自殺暗示。

2. 身心問題。

3. 學業有困難。

4. 惡夢或睡眠障礙。

5. 飲食型態改變。

6. 臨時的退化。

以上6項之中，任何單一的症候，都不足以作為正式且可診斷為有情緒問題的指標。但是，每一項指標可能在告訴專業人員，孩子的哀傷沒有順利進展。因此值得訓練有素的專業人員注意，並且盡快採取介入。尤其那些本來就有情緒困擾的孩子，或本身有危險疾病，或罹患臨終疾病的孩子，或當家族中的成員都已經恢復了每日一般的例行活動，而還處在震驚宛如僵住了的孩子，都應該密切注意，孩子可能需要協助。

貳、專業人員協助哀傷兒童常用的方法

由於在每日生活中，孩子比較容易親近的人，就是父母或孩子的照顧者，加上父母或照顧者與孩子的關係不同於其他成人，因此由父母或孩子的照顧者協助其處理失落與哀傷相當合適。但是，有時候父母或照顧者無法提供這個便利，或是孩子的哀傷行為，似乎有不尋常狀況，便需要尋求專業的協助。專業人員與哀傷的孩子工作時，需要有適當的專業訓練。一方面選擇自己熟悉的方法；另一方面，需要對於哀傷的理論有所理解。常使用的方法和方式如後所論述。

一、家族治療

從家族系統的觀點，家族的每一個成員，相互有依存的關係，其中一名成員發生改變，將會影響整個系統，以及這個系統中的每一個成員。

因此當家庭中的重要成員，例如父親或母親死亡，整個家庭系統將發生很大變化。首先，家庭中成人的哀傷，必定影響孩子們的哀傷。其次，家庭系統少了一名成員，其餘成員在家族團體中的位置、角色和功能，必定產生改變，以便可以維持家庭功能的運作。從這樣的角度去理解，便可以知道，協助喪親家庭的孩子，家族治療是一種很有幫助的選擇。

使用家族治療協助孩子的優點有：⑴失去家族重要成員，將使得家庭中的成人，都陷於個人沉痛的哀傷中，而無心注意和聆聽哀傷孩子的情緒，諮商師將會是唯一能夠全心全意去傾聽孩子心情和想法的成人；⑵在家族治療的聚會中，從家族成員的參與和表達，諮商師可以了解這個失落對於家庭整體的重要性，以及知道家庭成員如何面對失落和死亡的經驗，因此可以利用這些資訊和觀察所得，用在協助哀傷的孩子；⑶家族重要成員死亡，家庭成員在哀傷期間很容易發生疏離，由於不知道其他成員是否和自己一樣傷痛，而害怕表達個人哀傷，會因此影響對方的心情，或造成他人更傷心，所以家人變得彼此疏離，每個人獨自哀傷。家族治療最大的益處，在於可以幫助家庭成員，當然也包括孩子，溝通和了解彼此的哀傷情緒；⑷在家族治療的聚會中，孩子有機會讓家庭中的成人知道他們的想法、情緒和需求，得以在居家時間協助孩子，如此在協助孩子方面可以更為周延，因為除了諮商師，還有家裡的成人可以隨時協助孩子的需求；⑸在家族治療中，由於在諮商師的協助之下，每個人可以比較充分表達自己，當這個家族系統在改變的時候，便可以將孩子的角色納入整體系統的功能之中來考量。

Walsh和McGoldrick（1991）指出兩項家族任務，其一為分享死亡現實的告知，以及分享失落的經驗；其二為家族系統的重組，以及在其他關係，還有追求人生的再投入。他們認為，假如這些任務未能完成，家族成員將處在容易失功能的情況中。此外，Webb（1993）特別指出，Walsh和

McGoldrick所提出的「告知」和「分享」的任務，恰好呼應了Baker等人（1993）所提到，有關兒童哀傷任務的第一階段任務，主要在了解。所以家族治療，具有一石兩鳥的功能，諮商師可以同時折衷了孩子和家族的需求。

至於介入的時間，Webb（1993）建議，最好約在死亡發生之後的1-2星期之後，以便可以容許死亡剛剛發生時的震撼逐漸消退，同時整個家庭都將被死亡的傷慟壟罩當中。家族治療介入的目的，需要依據死亡的情境，以及孩子的年齡，而略有所調整為宜。

二、團體諮商

至親死亡的孩子，由於不喜歡和同儕不一樣，因此他們盡量不讓他人知道他的遭遇和心情。即便告訴他人可以得到安慰，他們也不喜歡透露這樣的訊息。所以將同樣都是遭遇喪親和摯愛的家人死亡的孩子，以團體諮商作為協助他們的方式，可以讓孩子們彼此相互支持，減少孤單，也可以一起分享經驗相似之處，而知道自己是正常的，自己的反應別人也同樣有。Webb（1993）認為哀傷的孩子，參加團體諮商有三項益處，即：⑴減少孩子的孤獨，⑵將死亡的經驗正常化，⑶孩子可以看到其他孩子已經「活著過來」，到了哀傷最後的階段，會有希望感。

提供給哀傷的孩子的團體諮商，為有時間限制的短期諮商方法，通常持續8至10週。為了協助和促進孩子，可以比較充分表達想法和情緒，在技術方面會使用布偶、玩偶、繪畫、書寫、剪貼，以及其他團體活動，以補足孩子在語言表達的限制。至於參加的孩子，人數以5-8人為宜，年齡越小人數越少為宜。團體成員的組成，以當前處在傷慟中期和晚期的孩子為限。尤其最適合處在傷慟中期的孩子，由於處在初期哀傷的孩子，可能還在震驚和否認之中。因為有處在不同哀傷任務時期的孩子，因此已經處在晚期的孩子，可以提供經驗和支持，給處在中期的孩子。不過Webb也

提出警告，在團體中的孩子，可能聽到其他孩子的「可怕」故事，由於其他團體成員強烈的情緒，孩子可能感到不勝負荷。此外Webb也提醒，害羞的孩子可能不參加，這樣的孩子可能比較適合個別諮商。所以諮商師需要注意以上這些狀況，並加以調整這些可能性。同時，可以考慮慢一點，才將近期有傷慟議題的孩子加入團體，也就是處在哀傷早期的孩子，可以再等等。

三、遊戲治療

遊戲治療的原理，主要在於孩子可以辨識和投射他的內在衝突和憂慮，在遊戲的媒材上，讓成人可以理解孩子的內在世界，而得以和孩子溝通，孩子也可以藉由透過遊戲媒材和活動，紓解情緒壓力。因此，在與孩子進行個別諮商的時候，這個方法特別有幫助。尤其在協助孩子的時候，比起家族治療和團體諮商，個別諮商有很特殊的優點，即這種方式允許諮商師得以最能夠注意到一個孩子的特殊需求。而且諮商師可以細心地按照孩子自己的步調和速度，去探討埋藏在孩子心底與死亡有關的想法和情緒。

學者主張兒童的創傷性哀傷、複雜性哀傷以及危機介入，在個別諮商方面都很適合運用遊戲治療（Corr & Corr, 1996; Corr, Nabe, & Corr, 2000; Kaduson, & Schaefer, 2006; Webb, 1991, 1993）。遊戲治療會使用繪畫、沙盤、玩偶，以及其他各種媒材和活動，以協助孩子表達情緒，並獲得支持。同時，在孩子互動之中，諮商師可以鼓勵孩子體驗宣洩，以降低麻煩的效應，重新引導衝動，以及矯正情緒經驗（Enzer, 1988）。也可以從孩子在象徵遊戲所表達的主題，嘗試性的去和孩子的生活經驗做連結，可以作為一種「解釋」或「澄清」（clarification），這是遊戲治療的任務之一。只是使用這樣的技術，必須非常小心，需要訓練有素，以免發生「過度解釋」的錯誤，不只浪費，更可能使孩子變得混淆。所以有時候沒有

「解釋」可能還比較好，僅就孩子所玩的遊戲中蘊含的隱喻去處置（Terr, 1989）。若使用在危機介入時，更可以讓感到無助和害怕的孩子，經由重演危機經驗，孩子得以轉化被動與無能為主動和有力。這個道理，與成人需要一而再，再而三的陳述所愛的人死亡的各種細節相同。受到創傷的孩子，或許經由遊戲中的象徵，重複尋求重建危機經驗。因此，處理危機的遊戲治療有很多技術，同樣可以使用在協助哀傷的孩子身上（Webb, 1993）。

❖第五節　準備協助哀傷的孩子❖

壹、協助孩子的成人

　　社會現代化之後，人們對於自然死亡的經驗，已經變得不如過去的人熟悉。由於現代醫學的發達，發生危急狀況的人，通常被送到醫院急診室去急救。因此在醫院死亡的人越來越多；相反的，在家裡準備臨終「搬鋪」儀式，家族成員隨侍在側，並且與即將死亡的人告別，這樣處理死亡的方式，則越來越少見。因此，也傾向限制或禁止孩子，與死亡有建設性互動的機會。現在的孩子幾乎沒有機會看到親人，從原本是一個活人，嚥下最後一口氣，到變成死人的過程，死亡對於孩子很陌生，可能也會感到害怕。有一次，在一個小學三年級的班級，筆者問孩子們，你們想和爺爺或奶奶睡在一起的舉手，只有少數幾人。再向沒有舉手的孩子提出第二個問題，不想和爺爺或奶奶睡在一起的原因，他們的答案是這樣：「他們很老了，如果半夜死了，就變成殭屍，好可怕喔！」顯然孩子們對於死亡缺乏經驗，而是從電影或漫畫獲得資訊。

　　因此在孩子生活的周邊，最可能方便協助哀傷的孩子的成人，有學

校輔導教師、諮商心理師、班級導師以及孩子的父母等，最需要努力去協助孩子因應死亡。而且這些成人對孩子有一些責任，包括：⑴負起準備的責任，首先得自我省思，自己對於死亡的想法和情感情緒；⑵對孩子眞正的需求要有所反應；⑶與孩子有效的溝通；⑷與孩子合作，與其他成人合作，甚至與有關的助人機構合作（Corr, 1984）。如果成人對於現代死亡相關的知識不理解，可以諮詢專業人員。所謂諮詢（consultation），是來談者爲了協助第三者（例如孩子），而與諮商師會談，所以諮商師不是聚焦在來談者這個人，而是在他所提到的第三者的問題。如果成人發現和質疑孩子在因應死亡有困難，可以帶孩子去向相關專業人員求助。不過無論是孩子周邊的成人，或是專業人員，在協助孩子方面，都需要有適當的態度和準備。

貳、溝通態度與準備

首先，無論是諮商師或其他成人，需要有和孩子溝通的意願和適當態度。在協助孩子的時候，Corr、Nabe和Corr（2000）認爲，成人唯一的選擇，就是將自己的知識、經驗、領悟和因應資源等，給孩子開方便之門，讓孩子需要的時候可以獲得這些資源，這就是協助的意願。同時，在協助哀傷的孩子時，無論諮商師或其他成人，應以態度優先於任何技術，也就是沒有適當的態度，徒有技術也枉然。而成人的適當態度，不會無端的自然產生，主要來自於努力去理解孩子的哀傷反應和哀悼任務。

由於正確的態度，有助於建立和孩子的信任關係。所以，有效溝通的態度之首要條件就是誠實，誠實有鼓勵信任的作用。但是，誠實並不表示就是將所有的事情一五一十全部告知。由於孩子年齡還小，有時聽了只有一頭霧水，或有時會嚇壞孩子，或是由於孩子的認知能力尙無法理解和承受，而感到訊息轟炸。因此，誠實需要視孩子的年齡、個性和發展差異，

就個別狀況和發展水準，去決定告知的範圍和程度。由於孩子理解死亡這件事，端賴成人如何告知，因此正確的溝通態度就是，成人舉凡「告知」孩子的訊息，不管多或少，都要有可靠性和一致性。其次，在回答孩子的問題時，要避免曖昧、模糊或不完整的答案，以免造成孩子的誤解，而更加扭曲事實。為了避免孩子對於死亡相關訊息的誤解，成人在說明或回答孩子的問題之後，可以請孩子解釋，他對於所聽到的訊息之理解，以便檢核和確定孩子有正確聽懂，這樣才算是有效的溝通。

其次，雖然孩子的語言表達能力可能有一些限制。但是，不表示孩子很缺乏溝通能力。相反的，未曾受到溝通挫敗的孩子，例如被否認、被罵、被批評、被阻止或被嘲笑，通常孩子有多樣的溝通方式，可以表達自己。甚至才18個月大的幼兒，就會以塗鴉來表達自己的感受。因此是成人需要知道和熟悉孩子使用的溝通方式。孩子常用的溝通方式有三種，即：⑴象徵的語言溝通方式。孩子會以間接的方式，將想像的朋友，或神形、物形的人物，來詮釋可能真正與自己有關的憂慮；⑵象徵的非語言溝通方式。即以各種的藝術作品來表達。這種方式，對於還沒有足夠的語言技巧的兒童特別重要。他們會使用藝術或其他媒材，來表達深層的憂慮，或情緒的憂慮；⑶非象徵的語言表達方式。這種方式，最像我們成人交談一樣的精確（Furth, 1988）。因此，準備協助孩子的成人，需要了解孩子所使用的溝通方式，以便可以和孩子溝通。

此外孩子在與成人溝通的時候，可能擔心不被允許、被否認或是被拒絕，因此認可（validation）孩子的表達也很重要（Corr, Nabe & Corr, 2000; Corr, Corr, & Doka, 2019）。一個正在努力去因應遭遇死亡有關經驗的孩子，很需要被認可他所提出來的問題、所講的概念，或表達的語言和情緒等。成人可以使用不批判的方式告知小孩，他是什麼樣的，例如告訴孩子：「我聽懂你正在告訴我，你很想要他回來」，或「你有話要跟我講，

但是不想讓別人知道」，或「你現在心裡很想知道他怎麼死了」，以這種方式來認可孩子所表達與死亡有關的經驗。由於明白的告知，就是等於允許孩子去探究他感到混淆，以及還沒有明著說清楚的部分。Corr、Nabe和Corr（2000, p. 327）認為：「分享，在這樣的過程便是賦能；改正或『修理』，便可能是錯誤和傷害」。由此可以理解，不只對於孩子所說的話給予「糾正」，對孩子可能會有傷害，或讓孩子以為自己犯錯。即使對於孩子溝通所表達的，成人都漠然不給予任何回應，包括語言或非語言的回應，都可能讓孩子以為自己所說出來的成人不贊同或質疑，或自己說錯話了。

參、建立關照的關係

在諮商關係當中，諮商師本身就是一項工具。這個概念，不只適用於對成人的諮商工作，也適用於兒童和青少年的諮商工作。同樣的道理，也適用在協助哀傷孩子的成人，不論是專業的諮商師或是其他成人，都需要善用自己作為助人的工具。成人在以自己作為工具當中，以關係最為優先。沒有關係，就不可能接近孩子的內心世界，而且這個關係，必須是關照的關係，讓孩子感受到會被完全接納，感受到安全，可以放心，可以信任，並且有感受到被照顧的關係。

關照的關係，顧名思義就是關心和照顧。除了關心孩子的需求和心情，也要照顧到他的需求和情緒。因此這樣的關係，至少必須包含三項要素，就是：⑴敏察和親切、⑵接納的溝通、⑶願意了解。為了能夠達成關照的關係，成人需要具備技術。可以讓孩子體驗到被成人關照的四項技術，即：⑴知覺、⑵了解、⑶反應、⑷表達（Wolfelt, 1983）。成人對於孩子的關照，及與孩子互動之意圖，在於協助孩子可以從經歷親人或親愛的人死亡，個人所經歷的經驗當中獲得成長。

　　由於和孩子溝通，運用「知覺」和「了解」兩項技術，成人可以獲得溝通的基本根據；而「反應」和「表達」兩項技術，則為成人所獲得對於孩子的正確知覺和了解，可以被孩子接收到的兩項技術。正確的「知覺」，需要透過成人的敏察，即敏銳覺察。主要經由對孩子的語言和非語言表達，鉅細靡遺的察言觀色，所獲得之總和，為成人對於孩子的正確知覺，得以理解孩子努力想要表達的意思。尤其，在非語言方面，除了孩子使用語言所表達之外，都可以屬於非語言表達。而孩子的非語言世界相當複雜，如果成人只憑孩子單一的非語言行為，去判斷孩子的意思，通常很不適當。至少需要多一兩項非語言行為，甚至加上語言的訊息，方可確定孩子想表達的意思，例如孩子不會說：「我要求助」，可能以哭泣或生氣來取代求助需求的語言。不過單憑孩子哭泣或生氣，就這樣做判斷，也有可能發生錯誤。真正關心的成人，需要先知道孩子的用意，並給予反應，然後等待孩子的回應之後，便可以確定孩子想表達的意思。例如，對著要去上學就生氣的孩子說：「你在生氣，因為你不想去上學」，孩子更生氣了，可能沒有很正確符合孩子的表達，如果改為：「你在生氣，因為爸爸不能陪你上學了」，孩子就哭泣了，可能就貼近孩子的表達。至於對孩子語言表達的知覺，道理也是相同，畢竟孩子的語言表達，與成人仍舊有些差異。這些差異，一則受到孩子的各種發展水平，包括認知、語言能力、情緒發展等影響；二則孩子的世界和成人不盡相同，故不能從成人自己的經驗和想法去理解孩子的語言表達。如果以成人的經驗去解讀孩子的語言表達，這樣可能發生雞同鴨講的狀況。因此和知覺非語言的道理相似，就是成人可以先反應自己的理解，並等待孩子回應。在與孩子溝通方面，知覺和了解很重要，似乎也很不容易。成人可以經由實務，而獲得改善和進步。由於這兩項都是技術，技術可以經由練習而熟能生巧。

　　與孩子溝通，親切也很重要。親切是指成人在與孩子的溝通當中，語

言和非語言所表達的熱誠和溫柔。通常必須眼神專注和聆聽，但是並不是一直注視，或瞪著對方，友善和溫柔的眼神，讓孩子可以安心；臉部不漠然而有表情，能適配聆聽到的訊息，會讓孩子感受成人有反應；身體有適當的距離，不宜太遠，讓孩子有疏離感，也不宜太近，讓孩子有壓迫感，並能隨著需要而調整，例如必要時，可以靠近孩子，並輕輕握到孩子的手；態度和藹可親，聲音溫柔，速度緩急需要配合表達的內容，讓孩子可以聽清楚，並且感受到成人的關心，以及有興趣聽他敘說；身體的姿勢保持開放和前傾，且能自由移動，不要僵化或一直靠著椅背，也不要兩手交叉在胸前或用一手托著下巴，或翹著二郎腿，給孩子權威的感受；最後，也需要有精力，而不是呈現疲憊、委靡或不耐煩。

至於接納的溝通，即能夠有耐心的傾聽孩子敘說，不要催促。而且成人需要使用非語言來表達正在傾聽，例如點頭，或一邊點頭，一邊以聲音「嗯哼」回應，表示你正在聽和鼓勵他繼續講。當孩子急於表達，而言語急促無法講清楚時，需要安慰，並請他慢慢講就可以。對於孩子所表達的內容，要努力的去了解，並摘要或反映你的了解，或同理的表達，讓孩子聽到你確實了解他。千萬不要判斷或批評，讓孩子覺得自己好像說錯話了。如果成人有聽不清楚，或不了解孩子所想表達的內容，應該請孩子多告訴你一些，來幫助你可以理解他，例如：「我不太了解，請你多告訴我一些，來幫助我了解」，或是提供媒材（例如畫具，沙盤）以協助孩子表達，請勿這樣告訴孩子：「你在講什麼，我都聽不懂」，或是「你講得不清不楚，我都沒有聽懂，你再說一次」，你可能看過，一個孩子被要求再講一次的時候，成人竟然聽到孩子說：「你好笨，都聽不懂，我不告訴你了」。所以要把「搞懂」作為成人自己的責任，而不是歸咎孩子的表達。

最後，願意了解，這是成人的意願，而且必須讓孩子知道你有意願，去了解他，以及他所表達的。表達願意了解的方法，有語言和非語言兩

種。語言表達的方法，乃是直接向孩子表示：「我很願意聽聽你敘說你的想法和心情。」或是：「我很想知道你的想法，你可以告訴我嗎？」，或是：「如果你可以告訴我，任何你的想法或心情，我會好好地聆聽，並與你討論。」或是：「你可能覺得這是個很難過的經驗，不知道可以找誰說，如果你願意告訴我，我會認真地聽和試著理解。」這樣的表達，可以讓孩子體驗到成人的邀請，以及有傾聽的意願。此外更可以僅僅只重複他剛剛說過的話，讓他聽到你確實有聽到他所敘說的，也可以表達你傾聽的意願。至於在非語言方面，可以在孩子敘說當中，輕輕拍一下他的背部，或用手掌輕按一下他的肩膀，或將他的小手握在你的兩個手掌之中，都可以表示你了解，並認同他正在敘說的想法或心情，或是將你的身體略微前傾，表示你更注意或更用心在聽。成人表達願意了解，能夠鼓勵孩子敘說的意願。

❖第六節　協助孩子的哀傷情緒反應❖

　　由於能夠每日觀察到孩子的哀傷反應狀況的成人，比較能夠適時提供協助給哀傷的孩子。因此不限於諮商專業人員，那些生活在孩子周邊的成人，例如家裡的重要成人，學校的導師和教師都很合適。僅就這一點，在即時提供孩子的協助需求方面，便可以彌補求助於專業人員的限制，不需要等待與專業人預約時間，孩子才能得到幫助。當然，成人對於孩子哀傷情緒的反應面向，越具備知識和理解，越能夠滿足孩子的需求。通常可以透過心理教育團體來協助孩子周邊的成人，以便獲得這些有用的知識和簡易的方法。茲參考Wolfelt（1983, 2013）所建構的孩子情緒反應面向，以及其他學者的論述（Corr & Corr, 1996; Corr, Corr, & Doka, 2018; Webb, 1991, 1993），說明如後。

壹、初期的震驚和否認

　　成人面對孩子震驚和否認的反應，需要提供支持，以及好好照顧孩子的生活。由於成人能夠接納孩子，這個自然的暫時性防衛機制，乃是協助孩子可以去因應，這樣重要失落的第一步。由於如此容許足夠的現實，可以輔導孩子依照他的需要，去調整他的經驗，準備與朝向哀傷，而不是遠離。而先前由於否認，在下意識封鎖的情緒和想法，便得以容許孩子自己去碰觸。

貳、處理情緒茫然

　　情緒茫然，是孩子正常的哀傷反應，然而成人往往不解，喪親的孩子何以如此漠然，或是認爲他們不懂事，或不了解死亡。可能也有成人不自覺的，因而對孩子生氣，並且自己未覺察的和孩子保持距離，或是會帶著質疑探問孩子：「你愛不愛妳爸爸？」「你媽媽死了你怎麼沒有哭？」或「你愛不愛妳奶奶？她最疼妳了。」由於孩子不解，爲什麼成人在這個人死了之後，要問這個問題，可能卡在害怕說出不合乎成人期待的答案，或表現不符合成人期待的行爲，而保持沉默，似乎茫然而無回應，可能因而讓成人感到挫敗。

　　其實這個憤怒是來自於以成人眼光，去認識孩子實際的哀傷。因此成人需要認知，茫然是孩子面對死亡的自然反應。所以不能給孩子壓力，要求孩子哭泣，或顯露哀傷情緒，或想要預防和阻止孩子表達情緒。

參、身心反應症狀

　　孩子會透過生理表達他的哀傷。最常見的生理反應有：頭痛、胃痛、

疲倦或露出倦態、肌肉無力、呼吸急促、睡眠困難和缺乏胃口、說話好像捏著喉嚨等。由於孩子可能有很多害怕的想法和情緒，或問題與憂慮，而受到發展的限制，無法像成人可以藉由語言表達。人類的身心是一體的，互通的結果，便是心理沒有出口，就由生理作為出口，因此孩子在下意識，藉著這些生理反應行為，告訴別人他的哀傷。這些是身心反應的行為，孩子並沒有意識到，這是受到自己心理的影響，也不是孩子故意要引人注意。因此不能忽略，也不能指責或過度擔憂。首先，成人可以協助孩子去了解生理的症狀，是哀傷正常的面向。往往由於這樣的容許，可以讓孩子比較放心，隨著哀傷工作的進步，將逐漸減少這些生理症狀。由於這些的生理不舒服，是真的有疼痛感，或無法好好進食。所以孩子有這些問題的時候，成人需要及時諮詢醫師和心理師，雙管齊下，只要成人處理得當，不會有傷害，例如肚子痛或頭痛，可以帶去看醫生，以便服藥減少疼痛。同時，也要諮詢心理師，以便對這個問題有個完整圖像的理解，可以有較切中問題的對策。

肆、退化行為

哀傷是一種很大的心理壓力。退化的防衛機制，是人類在沒有安全感的時候，希望如同回到較早時期的經驗，感到被保護和安全，孩子如此，成人有時亦如此。由於喪親的孩子希望回到從前父母還活著，可以保護他，讓他安全無憂慮，當他缺乏的時候，可以提供他所需要的。所以在孩子經驗到嚴重哀傷的時候，可能有下列比較常見的退化行為：

1.使用「娃娃語」。指在語言發展方面，已經可以好好使用語言能力的兒童，出現如同嬰幼兒開始學習語言時的說話方式，不只聲調如嬰幼兒，形態上也如嬰幼兒。

2.社會功能退化。人際行為退縮，缺乏能力，而無法和同儕一如往昔

互動或遊戲。

3.變得依賴。原本已經可以單獨自處，變得無法和成人分離，總是需要人陪伴。一旦要他獨處，就會引起焦慮而哭鬧，很怕與人分開。

4.自理能力退化。隨著兒童年紀成長，日常生活本來已經發展到可以自理行動，如今變得需要成人協助，例如要求替他穿鞋子、幫他洗澡等。

5.不願意自己睡覺。本來已經獨立自己睡覺，如今改變習慣，要求和父親或母親睡在一起。

6.需要成人引導或指導。原本已經不需要成人指導或引導的事，簡言之，如今做什麼事都得指導才會。

7.經常要成人抱抱，或依偎在成人懷中，如同他還很小。

8.不願意自己去上學，或在學校經常需要教師或同學的注意，或是變得很依賴教師和同儕，如果不受到注意，或得不到依賴，就會哭泣或生氣。

9.已經6歲以上，突然變得會尿床或尿褲子。

10.經常吸吮手指，或咬手指甲。

處在哀悼中的孩子，這些退化的行為，通常都是暫時性的。如果成人能夠持續給予支持，陪伴孩子走這一趟哀悼的過程，敏察孩子的需求，並且知道這些退化是很自然的暫時性現象，給予容許，但不是鼓勵或增強，孩子通常會逐漸恢復功能。如果出現長期的退化行為，成人得仔細檢視，可能增強或鼓勵這些退化行為的因素。因為有時候由於發生死亡，讓成人覺得對自己的世界失控，或成人自己的哀傷，有內疚感，以致過度擔心自己是否忽略孩子，而不自覺的有補償的行為，例如過度保護或溺愛，使得孩子落入依賴的位置和角色。實際上，這樣做是來自於成人，可能感到需要對於自己、孩子和自己的世界有主宰感。有時因失去親人，也讓成人感到孤獨，對於越來越獨立的孩子，不自覺的感到孩子也將離自己而去，或

遺棄自己，因此要將孩子留在身邊，如此所造成的結果。所以面對孩子的退化行為時，成人的自我覺察很重要。如果孩子的退化行為，有持久的情況，不管原因在成人或孩子，都需要尋求專業的協助為上策。

伍、害怕、脫序與恐慌

親人死亡的焦慮，可能導致孩子害怕或恐慌，由於這兩種情緒都以焦慮為基礎，而且焦慮、害怕與恐慌的界線相當模糊。差異之處在於處於焦慮狀態時，害怕的對象通常不易辨識，而恐慌則是高度焦慮的形式。恐慌襲擊的時候，孩子會隨伴有生理和神經的症狀，例如腿軟、發抖或出冷汗。喪親的孩子，在開始意識到失落的父親或母親再也不會回來了，就會感到驚嚇和害怕。可想而知，一個每日可以依靠的人不見了，對於還不能獨立或未能完全獨立的孩子而言，這是多麼可怕的事。而且隨著目睹另一個還活著的親人因哀傷而自顧不暇，這個害怕還會再升高，由於可以信賴和依靠的人缺席了，使得孩子感到生存受到威脅。

哀傷的孩子，會有生活突然或不可預期的脫序現象。孩子可能變得躁動不安，無法專注，飲食異常，睡眠障礙，對於環境的人、事、物等，變得過度敏感，經常好像無緣無故哭泣或生氣等，那些看起來好像與哀傷無關的一些行為，實際上有關。由於躁動不安，兒童可能遊蕩街頭，青少年可能去飆車。由於無法專注，孩子可能課業一落千丈，教師也抱怨，孩子上課中沒有專心聽課，好像常常在作白日夢。由於睡眠障礙，也嚴重影響作息的規律，或由於喪失依靠的父母，對於未來可能感到害怕。又有很多想法和情緒，沒有人可以敘說，自己也找不到出口，因此可能常發脾氣或哭泣。有的孩子由於退化，變得依賴，也讓成人不解，或感到不耐煩。總而言之，孩子的行為和生活與喪親之前變得很不同，情況嚴重的孩子整體生活好像脫序或崩潰了一般。因此不了解兒童和青少年哀傷相關反應的成

人，可能誤以爲孩子喪親之後變壞了。

通常孩子這些脫序或恐慌的行爲，約在至親死亡之後的1至6個月之間，比較容易發生（Wolfelt, 2013）。由於過去這個從出生以來，便可以信任的成人，無論身體的安撫，或心理的安慰，每天都可以看到、接觸到。無論快樂的或悲傷的情緒，每天都可以和這個人分享，或得到回應。然而，死亡使得這些成長過程的需求都被剝奪了。尤其在哀傷的這段期間，孩子很需要有人傾聽他的哭訴。因此，協助孩子的成人，需要了解孩子爲何生活脫序，並且能夠一再向孩子保證，他的傷心和哭泣是很自然的行爲，就算是成人有這樣的遭遇，也是會常常想哭，或感到不公平而生氣。給孩子提供支持，傾聽孩子的哭泣和敘述，而不是給予虛假的再保證，例如：「你要是勇敢一些就不會感到難過」，或是：「不要脆弱，只要堅強就不會被環境打倒，所以要趕快堅強起來就沒事。」這類否認孩子眞實感覺的保證無濟於事，對孩子毫無幫助。唯有成人對孩子的害怕，能夠眞正理解和接納，並且持續的支持，孩子會比我們想像的堅強，在與成人的關照關係之中，孩子會從哀傷經驗逐漸獲得學習，方能轉化哀傷爲成長，轉化痛苦爲堅強。

陸、情緒爆炸

爆炸的情緒可能有很多種。憤怒、憎恨或是恐怖等，不同情緒各有特徵可以區辨，但是這些爆炸性情緒，底下所隱藏孩子的各種需求保證，則有相似性。由於喪親使得孩子感到無助、痛苦、挫折，甚至感到受傷害，這些感受可能引發孩子很大的害怕。本來媽媽保證會陪他長大，現在卻死了，擔心從此沒有人會照顧他，或是擔心沒有了這個親愛的母親，自己是否能活下去和長大。這些需求保證，也可能引爆憤怒和憎恨，也許會對死者感到很生氣，本來以爲媽媽很愛他，會一直照顧他，死亡使得孩子認爲

死者不愛他了，才會棄他於不顧，此後也不再相信任何人了。或是對自己感到生氣，由於孩子認為，假如媽媽不愛我，我一定有什麼不好的地方，這樣別人也不會愛我。此外也可能會對其他人生氣，例如醫師，認為醫師沒有好好醫治媽媽；或例如上帝或神，由於祂沒有好好保佑媽媽，或因為太生氣了，認為根本沒有上帝或神的存在。

面對孩子爆炸的情緒，成人不是去迴避，而是需要去接觸孩子這些基本的情緒，並且去認識這些基本情緒，通常會以爆炸性情緒的型態表達出來。由於悲傷和憤怒，為情緒一體的兩面，所以憤怒是哀傷的一部分。然而我們往往可以接受成人或孩子的悲傷，卻無法接受他們的憤怒，這是來自於我們自己害怕憤怒。協助哀傷孩子的成人，可以經由包容性的聆聽，使哀傷的孩子學習到，情緒無所謂好或壞這回事，而去接受情緒當下的真實感。所以面對孩子的爆炸性情緒，成人唯有接納孩子所有表達出來的情緒，方能為孩子創造出一種了解，他這些強烈與奇怪的情緒都是自然的，將可以慢慢平息或消退。不過或許有些孩子，可能將憤怒情緒轉向朝內，而變成深深的憂鬱、退縮，或發展成延長的生理症狀，或是變成暴力，以及無法管理的狀況。假如這樣的行為持續一段時間不見改善，就需要專業人員的協助。

柒、「小大人」症候群

與退化行為剛好相反的，就是哀傷的孩子會出現「小大人」症候群。孩子擔當起與死去的母親或父親相似的角色，試圖承擔死者的各種功能，包括也會照顧和管教其他弟妹。Wolfelt（1983）認為會有「小大人」症候群，可能是孩子企圖擔當如同已經死去的人的角色，作為一種象徵這個人還活著。或是在哀傷的某些時候，有無助感和無望感，而努力成為「大人」，可以有保護作用。孩子的「小大人」行為，很不幸的往往被成人增

強，尤其是活著的那位父親或母親，由於自己喪失配偶還在哀傷中，又需要負起更多的責任，早已不堪負荷，可能在下意識，或甚至在意識中，意圖讓這個孩子取代死者，更容易讓孩子承擔這個角色的一些行為。事實上，這種結果會使得這個孩子與其身邊的家人感到混淆和不確定，例如被管教的弟妹，可能不服管教，認為「你又不是媽媽，幹嘛管我」，讓這個孩子感到挫敗。或由於這個喪偶者過於依賴這個小孩，而讓他無法如其他同年齡的小孩一樣參加同儕活動，這些都將影響這個孩子的成長和發展。在華人的文化環境，成人尤其要預防孩子出現「小大人」症候群，如果孩子已經出現這樣的行為，成人要去了解造成孩子如此的因素，並容許與鼓勵孩子安心，盡量按照正常的成熟發展型態就好。

捌、洩憤行為

如前述，有些孩子，特別是手足心理排行老二的小孩，比較容易傾向將哀傷的痛苦，以洩憤的行為型態表達出來。而不同的洩憤行為，也會因孩子的年齡和發展階段而異。年齡較小的孩子，可能以噪音，或大小聲喊叫來表達；年齡較大的孩子，可能爆發脾氣，以及和其他小孩打架，或和權威人物對抗，或對什麼事情都採取反對和反抗，或出現反社會行為，而成為家裡和學校的麻煩人物。

協助這樣的孩子，說教沒有什麼用處。首先得去了解，這些洩憤行為背後的因素，才能採取協助的過程。通常孩子這些行為正在敘說他的需求，以及間接的再要求一些特定的限制，作為一種再保證他仍舊被愛，而且有人可以保護他、注意他，以及關照他的需求。因此如果成人以為孩子已經失去了一個重要他人，便給予過度的包容，往往使得洩憤行為更加惡化。因為過度包容，可能讓孩子誤以為沒有人如死者一樣，願意注意他和管教他，成人過度包容被孩子解讀為忽略。所以協助的成人必須努力理解

洩憤行為的情緒根源，以及努力滿足孩子情感和安全感的需求。

玖、內疚和自責

　　親人死亡，哀傷的孩子容易有內疚感和自責，以為自己與造成死亡的發生有關，已如前面論述。作為協助孩子的成人，對於孩子的內疚和自責，不能只是安慰，或企圖去解釋死亡與他的行為沒有關聯。這些做法，孩子不但不能理解，還可能感到混淆。有效的協助方法，就是要提供機會，讓孩子可以就實際的狀況去談這個死去的人，而且當孩子回憶與死者的各種經驗，不論是好的或不好的，成人都可以公開且坦誠的和孩子交談，以協助孩子了解他的生氣，並不會導致這個人死亡。協助孩子去了解，一個人有時候會對於他關心的人生氣，這是很正常的事。同時也可以協助孩子了解，生活中有些事，是人無法控制的，例如死亡便是。所以對於哀傷孩子的內疚和自責，成人需要面對，並提供協助。如果成人迴避和孩子交談，反而可能增強孩子對於死亡是一種處罰形式的想法。

　　能夠說話的孩子，可以經由參與成人容許、耐心和無批判的交談關係，感到被容許，而有機會去修通內疚感。至於年齡太小的孩子，尚無法以語言說明自己的想法和情感。因此能夠對一個成人，產生信任的關係最為重要。由於孩子在成長過程，是經由被成人接納，而學會接納自己。因此成人可以使用非語言行為和語言來表達接納和親切，以建立彼此的信任關係。

拾、孤獨感與悲傷

　　由於影響兒童哀傷反應的因素複雜，孩子可能在喪親後的6至10個月左右，變得更容易悲傷和哭泣（Wolfelt, 1983, 2013）。可能與孩子慢慢從

經驗當中發現，這個死去的人不會再回來了，因此特別感到孤獨、空虛和悲傷。孩子無法以言語表達孤獨感和空虛感，只能哭泣。若成人不了解而禁止孩子哭泣，將會使得孩子更加想念死者和更感到傷心。由於孩子身邊的成人，對於喪親的孩子會有孤獨、空虛和傷感，往往缺乏認識，可能導致孩子處在表達情緒與不被允許表達的衝突當中。克制這些情緒的結果會升高焦慮、不安，甚至抑鬱。抑鬱的孩子對人、事、物興趣缺缺、失去歡樂、鬱鬱寡歡、神經質、低自尊、飲食和睡眠出現障礙。當孩子有這些現象的時候，便需要專業人員協助。

❖第七節　結論❖

了解以上有關孩子的情緒反應和需求，成人必須提供支持和穩定的照顧。這段期間的孩子，失去了重要的依附關係，由於特別脆弱，可能會尋找替代死者的人，由於強烈依附需求，以致變得很依賴，或是很黏人。這個成為孩子新的依附的成人，可能會感受到孩子強烈的依附，在這段期間與孩子有這樣的依附會有幫助。但是，更重要的是必須繼續協助孩子去完成哀傷的各項任務，鼓勵孩子說出心裡的情緒會有幫助。和孩子交談時，成人可以示範表達情緒，也就是成人也可以分享自己的一些心情作為示範。成人示範的時候，簡短分享相關情緒即可，而不是冗長的分享自己的故事，以免變成轉移談話焦點在自己身上，同時也占用與孩子談話的時間。例如喪偶的爸爸，可以如此示範：「有時候我一想到妳媽媽，會感到很難過和傷心，妳可能也會這樣吧！」或是小學導師：「我奶奶很疼我，在我讀高中的時候死了，記得當時我很傷心，而且痛哭。所以我在想，妳想念媽媽的時候也會傷心。」成人的示範，是為了讓孩子知道哀傷的一些情緒很正常，可以說出來，不必感到羞恥。如果成人都無法允許自己表達

情緒，就很難協助孩子。由於成人自己很克制情緒，以為這樣可以保護孩子，結果往往適得其反。因為只有讓孩子的情緒可以表達出來，對孩子才有幫助。有時孩子也會談到，死亡發生之前和死亡的一些事，孩子若越能去談，也會逐漸越可以忍受失去這個人。所以孩子若提到死亡和死者，成人不要迴避。由於人雖然已經死了，但是還活在孩子的心中，可以談就有幫助。尤其孩子需要保留對死者的美好記憶，也成為孩子可以繼續過生活的力量，對於孩子的自我發展有幫助。

第十三章
複雜性哀傷的治療

　　自古以來親人或所愛的人發生死亡，生存者因失落而產生哀傷反應，本來被認爲就是人性的反應、自然的反應，或天經地義的事，何勞學者們如此費心。雖然早在1914年Sigmund Freud便論述哀悼與原發性憂鬱的關係，不過一直到1944年才有美國學者Erich Linderman以實證研究探討哀傷反應，並發表論文。此後，失落與哀傷這個議題才開始迅速受到普遍關注。至於哀傷問題需要治療，更是晚近備受關注的問題。由於多數的哀傷者都能夠自己復原，不需要治療。因此學者都贊同，即便嚴重而有症狀的哀傷，都是人性正常的反應，不應該被視爲病態。

　　不過就像身體受傷會自然療癒的道理，有時看似不嚴重的受傷，也會發生變得嚴重的狀況，使得生理無法自行復原，這個道理在哀傷問題上也相同。哀傷是一種嚴重的壓力，能夠引發生理和心理的異常，如果未加以治療，可能會干擾到自然療癒的能力，這樣就會發展成爲複雜性哀傷（Shear, et al., 2011），因此治療便有需要。其次，在美國，晚近複雜性哀傷之所以受到學者積極關注，其實與健康保險給付也有關係。如果複雜性哀傷可以列入DSM診斷手冊成爲一種疾病，則接受治療的當事人可以獲得健保給付。儘管如此，學者們還是非常謹愼地避免將哀傷病態化，而使用複雜性哀傷（complicated grief）一詞的概念，以有別於精神疾病或心理疾病。

　　在這章將分別論述和討論複雜性哀傷的心理學基礎，繼續聯結與複雜性哀傷的關聯，未完了哀傷的原因和病態的類型，複雜性哀傷診斷的困

難、分類、發現的線索和評估，以及治療等議題。

❖第一節　複雜性哀傷的依附理論基礎❖

　　目前在探討複雜性哀傷的發生原因，多數學者都從依附理論的觀點來研究和論述。Bowlby（1980）主張病態哀悼的發生與防衛的類別有關，在早年發生失落，可能造成未來個人容易有病態哀悼的傾向。從研究進化獲得的事實，動物對於失落發生的本能反應，是對於失落的客體先找到，然後責罵；當失落成為永久性的狀況，生氣便再也無用。重複渴望找到和責罵都未果的挫折，哀傷者便會發展出現實感，這是健康哀悼的歷程得以前進和進步所必經的過程；病態的哀悼，則是由於分離的焦慮所引發的防衛過程出現得太早，導致上述過程在下意識沒有足夠時間去表達出來，以致無法消除。這些較詳細的概念，請參見前面第三章在Bowlby的階段論之論述。

　　由於解決哀悼的歷程，若能夠完了哀傷，在哀傷者個人的內在需要與外在已經失去一個摯愛的新環境加以統整，這是一個漸進與情緒痛苦的緩慢過程，無法催促或壓縮，需要時間。依照依附理論，當得知死亡消息之後，個人的依附系統將被誘發去對失落做出反應。因死亡的失落所導致的分離為不可反逆，在死亡發生之後，哀傷者的目標即在致力於企圖恢復達成與死者依附的系統（Shaver & Tancredy, 2001）。哀傷者會產生幻覺（hallucinations）和錯覺（illusions），渴望去到死者過去經常去的地方，以及會有攜帶死者衣物等行為，這些都是一種繼續聯結的表達，反映哀傷者還在尋找死者（Field, 2006; Parkes, 1998）。從死亡為永久性失落的角度來看，企圖再喚回死者而不可得，在死亡發生之後的變動環境之中，這些行為被Main、Goldwyn和Hesse（2002）稱為「脫序」

（disorganized）。由於從依附理論的觀點，解決哀悼的重要標記，即在於個人確知「發現」失落的人物之不可能，而終止尋找死者的行爲，並且重新導向至每日的生活和任務（Bowlby, 1980; Parkes, 1998）。Horowitz（1990, 1991）認爲，由於努力要與死者的身體，再度相會而不可得，哀傷者若能夠忍受這樣猛然打擊的情緒創傷，便可以修正對於死者的依附基模之衝力。所以，即便從某些方面而言，哀傷者可能會說：「失落的哀傷是永遠不會完全了結」；然而Bowlby（1980）和Parkes（1998）都認爲在正常的哀傷過程，個人是能夠變得放開，而重建需要身體親近的目標，也就是建立放棄身體親近的新目標。

❖第二節 繼續聯結類型與複雜性哀傷❖

壹、繼續聯結與哀傷的適應

依附理論，除了提供「繼續聯結」表達的正常途徑之基模（schema），也提供一個架構可以作爲依據，用以觀察死亡發生之後，長時間以來哀傷者傷痛的特別突出狀況，以便作爲辨認「繼續聯結」表達的不良適應之變化狀況。所以按此原理，再度獲得「身體親近死者」的這個目標，將會隨時間度過而放棄；若哀傷者有過度使用「繼續聯結」的表達，這就表示哀傷者在死亡發生已經過較後面的時間點，還拒絕放棄「身體親近死者」這個目標。這種情況，乃反映了改變依附死者的工作模式之失敗，將造成哀傷適應的失敗。從依附理論的觀點，這個改變的失敗正是複雜性哀傷的核心（Bowlby, 1980; Horowitz, 1990）。

另方面，由於假設哀傷者進入了重組階段，便是意涵著可接受身體分離的永久性，所以，不應該還不放棄使用繼續聯結作爲身體親近死者的目

標。如果還未能放棄，顯示可能哀傷歷程的發展，並未隨著時間而在調適的這方面有所進步。所以若哀傷者有過度使用「繼續聯結」表達，作爲象徵「身體親近死者」的目標，則可能與複雜性哀傷有關。就此而言，有些文獻有傾向於暗示，「繼續聯結」的表達爲無條件的，都是適應的方式。持這種論調者，學者認爲可以被批評爲，可能忽略了「繼續聯結」的負面影響（Field et al., 1999; Fraley & Shaver, 1999）。實際上，在應用於哀傷的適應上，不同的「繼續聯結」表達，不應該被一視同仁看待，有些類型的「繼續聯結」表達形式，可能是不適應的線索，從使用的繼續聯結表達形式，可能顯示爲哀傷不適應的跡象。

貳、繼續聯結表達的類型與哀傷適應的關聯

由於Klass、Silverman和Nickman（1996）在哀傷理論，主張「繼續聯結」有助於哀傷恢復的概念。Field、Nichols、Holen和Horowitz（1999）乃使用縱貫式研究法，探討「遺物」、「死者的存在感」（sense of presence of the deceased），以及「復原記憶」（recovering memory）等三項，作爲繼續聯結形式的影響。研究結果發現，使用「遺物」作爲安慰的聯結，即未能放棄死者的遺物，並以透過接觸死者的遺物作爲一種安慰，如此在減少哀傷症狀的情形會比較少，但是其他兩項則沒有這種情形。因此認爲某些繼續聯結的形式不只誘發哀傷，也可以預測哀傷的不良適應。Field等人（1999）這篇研究相當重要，開啓了對繼續聯結形式與哀傷療癒的相關之研究。之後於2005年左右開始，相繼有較多的學者開始以實證研究，探討繼續聯結是干擾或是能促進傷慟的復原。

Field等人（1999）的研究發現，呼應了依附論的觀點。在決定「繼續聯結」是否爲適應死亡事件這方面，他們澄清了關鍵就是需要區分「繼續聯結」表達的「類型」（types）。他們發現：哀傷者的「繼續聯結」

表達與放棄重建身體與死者親近作為目標的適應失敗，彼此之關聯甚為密切。也就是哀傷者使用繼續聯結的類型，目標在於以身體親近死者，顯然是適應的失敗。他們對於在死亡發生6個月之後的哀傷者進行評估，發現涉入眷戀死者的物品，或過度使用死者特殊的所有物作為慰藉，與同時發生的哀傷之特殊症狀，以及更嚴重的抑鬱有關。Field等人進行研究時，使用角色演出的獨白，指導哀傷者對他們死去的配偶說話。在過程當中，可以從哀傷者的語言行為表現，觀察到這些情況。相反地，哀傷者經由「找回記憶」獲得安慰，這種「繼續聯結」表達，顯然比較與重組階段有關聯。所以，由角色扮演的獨白所呈現的語言行為，可預測到較少抑鬱。顯示過度使用死者「遺物」作為繼續聯結，與不良適應有關；而使用「找回記憶」以獲得安慰的聯結類型，則與不良適應無關聯。這個研究提供了基本證據，即依據依附理論的觀點，「繼續聯結」不應該被視為單方面的對待，也就是不應該一視同仁，其與哀傷解決的關係是有條件的，得依「繼續聯結」表達的類型而定。此外有關使用「遺物」作為繼續聯結方面，Field等人（1999）的研究結果也發現，這些「繼續聯結」表達，預測了在死亡發生後的25個月期間，哀傷者在哀傷特殊的症狀，較少有減少的情況；同時，有關過度使用死者「遺物」作為因應策略，為不良適應的結果，研究發現也支持了這樣的論述。後來，Field等人（2003）尚發現，延長使用死者「遺物」的影響，在發生死亡的失落之後長達五年之久，與更嚴重的哀傷症狀有關。顯然越長時間使用遺物，與越嚴重的哀傷症狀有關。

　　總而言之，從這些研究發現結果，過度涉入死者的「遺物」，不只與同時發生的哀傷症狀有關係，實際上也使得干擾哀傷的解決更為活躍。原因可能在於涉入死者遺物，具有作為增強反芻的傾向，也就是延長了哀傷相關的抑鬱症狀（Nolen-Hoeksema & Larson, 1999）。Stroebe和Schut

（2005）根據一項使用「遺物」的調查研究，做出這樣的結論：使用「遺物」，可能使得哀傷者較少有個人資源，以便採取行動去建構新生活，而建構新生活正是哀傷的重要任務。這種情形有可能由於哀傷者沉溺在使用遺物與憂鬱情緒的惡性循環，而無暇也無餘力去發現和善用個人資源解決哀傷。總而言之，由上述各項研究顯示，在死亡發生之後的較後段時間裡，若有幻覺和過度使用死者「遺物」作為繼續聯結，為顯示哀傷的不良適應。尤其，以某種程度不尋常的使用任何形式的「繼續聯結」表達，都可能意涵有不良的適應後果；而使用「復原記憶」或「找回記憶」的繼續聯結型式，則顯示哀悼歷程的進步和適應。

在第五章曾經引述Boelen等人（2006）的同一份研究，以「繼續聯結總分」、「死者的存在感」、「遺物」和「復原記憶」等四個項目，探討這四個項目與「同時發生的哀傷」（concurrent grief）與「預期性哀傷」（prospective grief）兩者的哀傷症狀嚴重程度之相關。結果發現整體而言，「繼續聯結總分」與「同時發生的哀傷」、「預期性哀傷」的症狀嚴重程度有顯著相關。此外，也與「同時發生的憂鬱」相關，然而與「預期性憂鬱無關」。而且「繼續聯結」表達的某些形式和哀傷的不適應也有關係，可以預測不良適應的後果。

Boelen等人的發現結果，與之前其他學者的研究所發現的結果一致，都驗證了「繼續聯結」的某些形式，確實和不良適應的傷慟有密切相關（Field, et al., 1999; Schut et al., 2006）。在單獨的個別聯結形式方面，研究發現「死者的存在感」和「同時發生的哀傷」之嚴重程度有關，但是和「預期性哀傷」嚴重程度則無關；珍惜「遺物」與「同時發生的哀傷」、「預期性哀傷」的症狀嚴重程度，都具有顯著相關，且珍惜「遺物」的傾向，可以預測後續哀傷症狀嚴重程度的趨勢。「恢復記憶」這一項，則和哀傷症狀的嚴重程度，無顯著相關。而且「恢復記憶」感受溫暖和被支

持，則可以強力預測後續哀傷症狀的嚴重程度，但是無法預測憂鬱。所以，Boelen（2006）等人的發現，與先前Field等人（1999）的發現有些不同。Field等人指出，不是使用「恢復記憶」，而是以「珍惜遺物」，以獲得安慰，在長期時間方面，可以預測哀傷症狀的嚴重程度；而「恢復記憶」則沒有這樣的發現結果。顯然至目前，對於繼續聯結的類型與哀傷調適的關聯，研究發現並不完全有一致的定論。因此Boelen等人謹慎提出研究限制，並建議未來使用更長期的研究，以持續探究「繼續聯結」的類型與哀傷調適這項議題。

❖第三節　造成未完了哀傷的原因❖

造成個人哀傷調適困難的原因很多，除了許多的中介因子是影響複雜性哀傷發生的風險之外，個人的統整能力也是重要的因素。

壹、增加複雜性哀傷發生的中介因子

影響哀傷無法了結，而增加發展成為複雜性哀傷的可能性，有幾個值得注意的中介因素：（一）與死者的關係。就是什麼人死了，對於個人失落為主要的影響因素。關係的親疏遠近最能預測哀傷的嚴重程度，關係有父母、孩子、配偶、親戚、朋友、愛人等，越親密的關係影響越大。（二）依附的性質。依附的強度與不同的依附性質有關，不同依附對於哀傷影響各異。在安全依附、矛盾依附、衝突依附、過度依賴等四種不同類型當中，除安全依附類型之外，其餘都增加複雜性哀傷發生的風險。（三）死亡方式。怎麼死的，也很重要，包括：⑴死亡發生地點的遠近；⑵突然或預期的死亡，突然比預期的死亡，對於生存者的打擊大很多；⑶暴力或創傷的死亡，這兩種死亡方式，對於生存者都會造成長期或複雜

的哀傷。尤其創傷的死亡，還可能發生PTSD的問題；(4)多重失落，一個
所愛的人剛死亡不久，又一個也死了，也很容易發生複雜性哀傷；(5)可以
預防的死亡，當死亡的發生，似乎可以預防，生存者將會很內疚、自責，
以及自認為應該受到處罰；(6)不確定的死亡，生存者無法確定所愛的人是
否死了或還活著，例如越戰失蹤的美軍家屬，或2002年5月25日華航飛往
香港班機墜海事件，當時沒有看到屍體的家屬，不知道要抱持希望或要哀
傷；(7)社會烙印的死亡（stigmatic death），這是屬於社會忽略的死亡，或
不能公開關係的死亡，例如死於愛滋病、精神病患的死、自殺、外遇對象
死亡等。這些死亡社會很少會給生存者支持，也提高了風險。（四）個人
的心理健康史。死亡的失落發生之前，若有憂鬱症或其他精神疾病，則容
易由於死亡的壓力而惡化，哀傷更難以完了。（五）個人變項。例如性
別、年齡、因應風格（包括問題解決、情緒因應、依附類型、自尊和自我
效能、假設世界等）。（六）社會變項，包括支持的滿意度、社會角色、
宗教資源和族群的期望。（七）同時發生的失落與壓力，死亡發生之後，
同時發生的改變和危機，死亡可能改變個人和家庭的環境，甚至造成財務
危機（Rando, 1993; Worden, 2018）。以上不利或負面的中介因子越多，
對於哀悼的調適和解決越困難，也越可能發展為複雜性哀傷。

貳、哀傷者統整能力的影響

過去的創傷，會影響一個人面對失落的統整能力。主要原因在於創傷
會傷害個人內在與外在的統整能力。有一種情況就是，在孩童時期父母死
亡，或哀傷者直接目睹死亡的創傷事件，或哀傷者本人的生命也在被威脅
之下。例如大地震時目睹父母死亡，而當時自己也處在令人覺得恐怖的地
震災害的威脅中，雖然自己存活了，如此發生的失落，就很可能特別害怕
再被誘發（Green, 2001）。由於這種情境，被驚嚇本身便容易促使哀傷者

提高驚覺，並聯想到在危險的情境，個人卻無力保護自己或所愛的人。當後來發生的失落，如果由於尋找死者的努力失敗，促成過度的情緒痛苦，哀傷者便無法統整個人內在和外在的失落（Horowitz, 1990）。

其次，依附類型也影響個人的統整能力。在死亡發生之後，哀傷者有無能力統整失落，在過去未發生死亡的歲月裡，哀傷者對於死者的依附，也扮演著重要角色。雖然年紀較大的孩子和成年人，不再那麼需要和所依附的人物有身體的親近，才能體驗到安全感。然而，在親人死亡之後，由於依附人物的心理表徵或內在客體，被眼前所見的現實瓦解，也就是生存者心理變得雜亂無章。所以在哀悼的過程，生存者的內心是否能夠呈現已經死亡的依附人物之表徵，與這個人過去的依附經驗有關。

我們不能忽略了在過去成長歷程的歲月裡，一再獲得身體親近，以便穩定安全感，我們方有能力在心理喚起依附人物的意像。也就是當需要身體親近依附人物，而有便利性，這樣使得個人有安全感。因此，Ainsworth（1990）和Kobak（1999）都認爲當個人有需求的時候，可以深信與依附人物能夠再重逢，便利性乃是核心因素。在不安全依附方面，矛盾類型或衝突類型的依附，由於過去成長的歷程，在需要身體親近依附人物，往往沒有便利性。當死亡發生，這個需要親近成爲絕望，可能造成失落調適的困難。Horowitz等人（1984）提到有關矛盾依附的關係所造成的情緒創傷，可能是一種原因。由於這個所依附的人已經死了，所以再也不可能有調解衝突的機會，這個哀傷者可能對於死者會感到非常的憤怒和內疚的衝突。與死者之間的「未竟事宜」，會使得哀傷者變得個人情緒很難以管理，而成爲情緒創傷。

另外，在不安全依附方面，如果哀傷者過去過度依賴死者的關係，尤其是以依賴死者作爲個人自尊高低的調整之用，在死亡發生之後，由於處在威脅狀況而失去調整功能（Hagman, 1995）。在這種情況之下，哀

傷者容易訴諸極端形式的迴避，以此作爲排除死亡經驗的防衛（Bowlby, 1973）。Bonanno等人（2002）的研究，也發現慢性哀傷（chronic grief）和死亡發生之前的依賴有關；而能夠彈性調適失落，則與死亡發生之前能接受死亡，以及相信公正的世界有關。

　　上述兩種不安全的依附類型，之所以難以統整個人的內在與外在，與「繼續聯結」有關。「繼續聯結」的表達，反映在繼續尋找，以便恢復死者，以及使用防衛來對抗去承認分離帶來的終止。在哀悼過程，「尋找階段」的表達，Field（2006）認爲與渴望「繼續聯結」有關，因此不放棄，所以尋找。Bowlby（1980）使用「隔離」（segregated）一詞，以取代迴避死亡的事實，而繼續尋找，似乎更直接。「隔離」，讓哀傷者可以不用承認死亡的事實。當有人提到死亡的失落時，便啓動迴避的表達，以便「隔離」被引起的痛苦。在死亡發生的早期，哀傷者使用尋找「繼續聯結」相關的表達，例如使用遺物或幻覺，乃是普遍的現象，可以視爲「健康」的防衛。但是，死亡發生的較後來時期，這就顯得很突兀，不能視爲「健康」的防衛，由於是被用來阻擋充分理解失落。在某種程度而言，這樣阻礙了哀傷者去修改他們對於死者依附的基模，如此可謂之不良適應。所以，在短期方面，這樣的防衛功能可以用來避開心情的煩躁。然而，在長期方面，這樣的防衛過程，將具有決定性的衝擊，會妨礙哀傷者修改他們對於死者的依附目標，以致無法調適永久的失落（Horowitz, 1990, 1991）。

❖第四節　未完了哀傷的病態類型❖

　　從繼續聯結的角度，學者指出未完了哀傷的不良適應或病態（Bowlby, 1980; Field, 2006; Gorer, 1965; Volkan, 1981），可分爲幾種類

型，茲說明如下。

　　第一種是「定位差誤」（mislocaiton）。這是一種顯示統整失落失敗的現象，哀傷者企圖致力於不適當的定位死者還在某處，而不知道死亡的事實（Bowlby, 1980）。這一種現象，有一種常見的形式，就是將一個新的人，視作死者的替代或替身。例如死去孩子的父母，企圖將已經死亡孩子的特徵，強加在新生的手足上。在台灣有一種古老的相傳民俗，相信幼兒死亡後一年內，哀傷的母親可以趕快再生一個孩子，死去的孩子就可以再投胎被生回來，至今仍舊有少數人相信這種民俗。在哀傷諮商或親職教育，都是需要矯正的問題。如果一對父母很相信這個新生的孩子，就是已經死亡的孩子再來投胎。由於父母對這個新生的孩子有這樣扭曲的知覺，對於這個新生兒的期望和教養方式，便會視同已死去的孩子。將這個孩子當作已死亡孩子的複製品，可能造成這個孩子意識到，真正的自己被父母否認，而發展不良的自我概念，而且缺乏自尊。所以「定位差誤」，意涵繼續尋找，以便找回死者，而否認失落的事實。

　　第二種被稱之為「木乃伊化」（mummification）。這也是一種哀悼的不良適應，表示無法承認死亡。Bowlby（1980）便注意到Gorer（1965）提到「木乃伊化」的概念。在埃及，「木乃伊」是用以保存死者的身體，埋葬時有很多陪葬品，以便死者在死後世界可以享用，死者可以過著一如生前的生活，甚至相信可能有復活的一天。使用「木乃伊化」來比喻哀傷者的繼續聯結，這是由於雖然哀傷者無法將死者的屍體製成木乃伊，但是在心中繼續幻想死者還活著，或甚至可以復活，而保留死者生前所有生活的物品，一如死者活著的時候。筆者在美國求學時，曾經應一位婦人邀請，到她家喝下午茶。美國人對於第一次到訪的客人有導覽房子（house tour）的習慣，介紹自己的家。在參觀房子的時候，看到有一間以粉紅色調為主的臥室，房間梳妝臺上有一張妙齡少女的照片，以及小花

瓶中插著一支新鮮的粉紅玫瑰花。以少女照片的年齡推論，可能是她孫女的房間。後來經她說明才知道，是他們夫妻兩人已死亡將近22年的女兒的房間。她的女兒在16歲生日（成年禮）當天發生車禍喪命。婦人很難接受這個突如其來的殘酷現實，這個房間就一直維持如當天一般。這是個延長性哀傷的例子，也是未完了哀傷「木乃伊化」的病態。這位傷慟的母親不願意面對失落後的現實世界，時間永遠停留在過去，維持死者還活著的環境，保持象徵性地與死者的繼續聯結，以及繼續溝通。Despelder和Strickland（2014）認為這種現象，有如與死者繼續一起生活。這是運用幻想對於死者繼續存在的防衛，作為否認死亡，以便隔離失落所帶來的痛苦。

第三種是「去人性化」（depersonification）。在複雜性哀傷的過程，從文字上的意義而言，為哀傷者在重組過程的一種障礙，哀傷者維持與死者繼續接觸的錯覺（Volkan, 1981）。「去人性化」，是哀傷者對他物投射一種死者的擬人化表徵，或以完全未經修改的形式，以擬人化的「連繫物」來代表完整的死者，例如死者的衣服。所以「連繫物」若被破壞或毀損，甚至碰觸，都會引來哀傷者異常憤怒。擁有這樣的物品，哀傷者維持一種外在接觸死者的錯覺（Field, 2006）。這些「連繫物」的功能，不同於只是用來保存對死者的記憶之物品，完全不具有任何神奇的療癒性質。而是好像可以作為死者的化身形式一般，從「連繫物」去體現死者。有人喪妻，讓另一個女人穿上死者的衣服，然後將這個女人當作已經死亡的妻子，並親近這個人。

第四種也是「定位差誤」，然而不同於第一種的「定位差誤」，主要是以內射的形式出現，死者如同在哀傷者心理寄宿的一個外國人（Field, 2006）。例如，過去哀傷者與死者為矛盾的關係，死者可能被體驗為是一個嚴厲的人，或是個「外星人」。由於如同內在寄宿者，哀傷者無法分辨

自己與這個「寄宿者」，有時便會出現死者的行為特徵，哀傷者如同死者。這種現象，很不同於另一種「繼續聯結」的表達，就是死者是被體驗為一個重要的角色典範或引領者，而成為哀傷者仿效的典範，以及認同為哀傷者「較好的自己」之一部分。總而言之，在「定位差誤」的所有形式當中，死者的擬人代表，是從承認死亡為存在的事實中分離出來，而當作這個人還活著。

❖第五節　複雜性哀傷診斷的困難❖

由於哀傷是人類，甚至一些動物，發生失落依附的至親時的自然反應。因此若欲將哀傷視為一種疾病，必須很謹慎。哀傷在何種狀況，可以被視為有困難或有問題。目前學者主要從哀傷反應的持續性、嚴重性和影響的損傷（imparment）狀況，作為區分複雜性哀傷和正常哀傷的差異（Boelen & van den Bout, 2008; prigerson & Maciejewsiki, 2005）。早期Freud（1917-1959）和Abraham（1927）從哀悼特徵的差異，認為正常的哀傷有一些共同的特徵，而病態的哀傷也有共有的一些特徵。Parkes（1987）則從自己的研究，指出哀傷的精神病人與正常的哀傷者，在哀傷經驗都有些相似。唯一不同的症狀，就是內疚和自責。到精神科就醫的哀傷者，顯然有這個症狀的人比較多。並且有兩種不同傾向，有一種是哀傷的延長（prolonged），另一種是哀傷的延遲（delayed）。前者為哀傷經過比平均一般人要長很多的時間而未完了；後者是在死亡可能已經過了兩、三年哀傷者才出現哀傷反應。

對於治療複雜性哀傷，Rando（1993, p. 347）有個很有信心的哲學觀：「假如哀傷可以變得複雜，那就能夠變得不複雜」。她認為治療師的治療目標是針對非複雜性哀傷去修通抗拒、防衛和阻礙，移走這些導致複

雜化的因素，便可以容許正常哀傷歷程的進步，只是需要一些時間。這個概念與一般心理疾病的心理治療很不同。心理治療的假設是，心理正常與心理異常有很不一樣的建構（constructs），因此會針對異常本身去處理。由此，便有一個令人感到好奇的問題，便是複雜性哀傷與正常的哀傷兩者之間，究竟在建構上為相同或不同。這個問題，已經由Dillen、Fontaine和Verhofstadt-Deneve（2008）的研究獲得驗證，複雜性哀傷和正常哀傷，兩者在建構上確實相同。因此可以確定，主要由於持續性和嚴重性，以及影響的損害程度等，可以區辨出複雜性哀傷和正常的哀傷。由此可以理解Rando和Parkes對於處理複雜性哀傷，都不使用心理治療（psychotherapy）這個字，而使用治療（therapy）這個字。

為了尋找可以區分複雜性哀傷和正常的哀傷，以便作為診斷的準則。學者的研究驗證，有死亡的客體轉變、繼續聯結以及時間等不同的變項，都與區辨異常哀傷反應和正常哀傷反應有關係。在較早的研究方面，使用憂鬱、身心反應症、焦慮等，作為區辨複雜性哀傷和正常的哀傷之症狀。後來的學者認為，雖然這些症狀與哀傷有關，但是不適合描述哀傷的性質和核心反應。於是Aaron Lazare（1979）開始從死亡的客體之轉變和聯結兩方面，進行失落的研究，使用的研究變項，包括：「死者現前」、「與死者說話」、「內射」（introjecting）死者的價值觀和信念」、「負起死者的特徵」等變項，用以區分出哀傷的獨特。在聯結方面，由於Strobe和Schut（2005）研究發現，長期性哀傷與焦慮依附類型有關。故Strobe和Schut乃主張繼續聯結並不具有通用性質，什麼樣的人繼續聯結有幫助？什麼樣的人繼續聯結沒有幫助？需要從依附型態去看各種次團體以便了解。Field、Gao和Paderna（2005）的研究則發現，繼續聯結的時間架構與適應有關。所以，他們認為哀傷的時間，可以作為區分正常哀傷與異常哀傷的參照之一。

　　此外過去有學者主張複雜性哀傷與憂鬱、PTSD的症狀相似，以致在診斷方面，常被診為憂鬱或PTSD的疾病。尤其，暴力之下死亡、遭受恐怖攻擊、他殺等哀傷者的哀傷，往往被認為是憂鬱和PTSD結合的疾病。直至晚近，有許多學者開始注意到複雜性哀傷與憂鬱、PTSD不同。Bonanno等人（2007）從複雜性哀傷、憂鬱和PTSD的比較研究，已經提出兩份實證研究結果，確定複雜性哀傷的情緒反應面向，具有多層面的建構，與憂鬱或PTSD都不相同，有其獨特的功能變異，為有別於這兩種疾病的心理病態，並主張需要另訂診斷的準則。而且複雜性哀傷的抑鬱要素，也與憂鬱症不同。因此晚近主張複雜性哀傷，為一種獨特的臨床疾病之聲浪，日益升高。終於在2013年出版的《DSM-5精神疾病診斷準則手冊》，於其中「創傷及壓力相關障礙症」一類之中的「其他創傷及壓力相關障礙症」，列有「持續性複雜傷慟障礙症」這項疾病。但是註明這是有待未來持續研究的病況。因此，複雜性哀傷與正常的哀傷，不只有時間長度的差異，也有反應的嚴重性和持續性之差異。

　　不過目前對於複雜性哀傷的診斷，還是存有一些困難的問題，這是一個讓學者還在不斷努力的問題。在臨床診斷最普遍使用的DSM之診斷準則，通常主要以個人的社會、工作和生活功能等損害的狀況，來區分正常與病態，或異常的行為。依據這樣的標準，複雜性哀傷必須比正常的哀傷具有更強烈的抑鬱和損害的反應。然而困難之處，也就在於「複雜性哀傷」在定義上不夠具體，造成嚴謹的研究方面有困難。若無法解決這個困難，想要提出可以符合疾病定義的診斷準則便有困難。目前學者正努力以「慢性哀傷」（chronic grief）、「延遲的哀傷」（delayed grief）、「延長的哀傷」（prolonged grief）等名稱，企圖使「複雜性哀傷」的定義變得比較具體。然而，西方學者用以診斷區分正常哀傷與「慢性哀傷」、延長性哀傷或延遲性哀傷等不同的「慢性哀傷」，在時間長度的分隔點，

都以6個月作為切割。實際上，多數人在失落之後的6個月，哀傷的強度變低，並不表示哀傷已經完了或解決了，而是適應變得比較統整，不再繼續阻礙生活（Shears, et al., 2011）。何況實證研究已經發現，死亡發生之後的6個月左右，是最嚴重的哀傷期（Maciejewski, et al., 2007），所以使用6個月作為切割，實在有待商榷。再者，哀悼的表達會因文化、社會，以及其他因素的差異，而影響鼓勵和容許哀悼，或禁止（inhibit）和不容許哀悼。所以，使用6個月的時間作為區分，可能也需要斟酌文化和社會的因素。

❖第六節　複雜性哀傷的分類❖

所謂「複雜性哀傷」，至今依舊很難有具體而明確的定義。Rando（1993）提出，從死亡發生之後，於一段時間之內，可以利用她所謂的六個R，來作為評估之依據：⑴認知失落；⑵對分離的反應；⑶回憶和再體驗死者，以及兩人的關係；⑷放棄對死者舊的依附和舊的假設世界；⑸沒有忘記死者，而能夠再適應新世界；以及⑹再投入生活。哀傷者必須在這六個R的項目都成功地完成，才能避免有複雜性哀傷的發生。如果有扭曲或失敗，可能發展為複雜性哀傷。Rando認為複雜性傷慟症候群（bereavement syndromes）雖然有不同的類型，卻有兩項共同之處，即：⑴企圖否認、壓抑或迴避失落的各個方面、⑵企圖保持或迴避放棄已經失落的所愛。簡言之，由於適應的異常，或由於適應策略的錯誤，以致發生複雜性哀傷。若哀傷者經驗到與傷慟有關的壓力，以及失能的症候群延長時間，便稱之為複雜性哀傷（Shear, et al., 2011）。由於複雜性哀傷是一個模糊、不夠具體的概念，所以定義很困難，也因此影響學者在分類上分歧不一。

壹、複雜哀傷的分類

　　學者對於複雜性哀傷，有不同的分類。Worden（1991）使用哀傷反應（grief reactions）來區分不同類型的反應群。Rando（1993）則提出不同的複雜性傷慟症候群，她特別使用專業術語「症候群」來分類，並以「傷慟」取代一般學者普遍使用的「哀傷」。使用「哀傷」，重點在對於個人失落的反應；使用「傷慟症候群」，重點在對於客觀失落事件的反應現象。由此可知，Rando似乎更重視症候群的現象差異，而不是反應特徵的差異。目前很多學者可能為了簡化語言，都直接只使用「哀傷」兩個字，例如「慢性哀傷」，而不使用「慢性哀傷症候群」或「慢性哀傷反應」。綜合學者所發現的複雜性哀傷類別，共有慢性哀傷（chronic grief）、缺乏哀傷（absent grief）、延遲性哀傷（delayed grief）、衝突性哀傷（conflicted grief）、誇大性哀傷（exaggerated grief）、掩飾性哀傷（masked grief）、禁止性哀傷（inhibited grief）、扭曲性哀傷（distorted grief）以及創傷性哀傷（traumatic grief）等，共有九種之多（Wortman, & Latack, 2015; Parkes & Weiss, 1983; Rando, 1993; Raphael, 1983; Worden, 1991, 2018）。茲分別闡明如後。

一、慢性哀傷

　　由於對於失落的哀傷反應時間，比一般人平均的哀悼時間更長久，並且持續不斷，而且似乎沒有改善，所以也被稱為延長性哀傷（prolonged grief），或長期性哀傷（protracted grief）。不過，如果只有因為哀傷的時間延長，便被認為是慢性哀傷，這樣的標準也很模糊。還需要當嚴重的哀傷反應無法消退的時候，才會對於當事人進行慢性哀傷症候群的診斷。而且治療的處理，也會因為當事人的病態防衛型態，以及Rando（1993, p. 269）稱之為「自掘壕溝」的角色，也就是自己陷在傷慟的深淵，而需要

比較複雜的治療技術。這是一種在各類型的複雜性哀傷當中，最普遍被提到的類別。

由於哀傷者對於死亡無法獲得個人能夠接受的結論，而持續悲傷、哭泣和憤怒，並且渴望再見到死者，或繼續尋找死者。因此，出現似乎無止境的嚴重傷慟。這類型症候群的當事人，有次級獲得（secondary gains），例如，有引人注意或引人同情的行為，因而可能會很少有動機，去鬆弛哀傷或放棄持續與死者的關係。他或她的行為，與控制及處罰他人有關，同時也在誘使他人對他或她的關心。然而，另方面慢性哀傷的當事人，有疏離他人的行為，而且往往是非常疏離支持系統所有的人。

長期性哀傷之所以為複雜的型態，在於症狀呈現長期的延長（prolonged），並隨伴著強烈的哀傷，例如滿腦子都是對於死者的想法、憂鬱心情、反覆的想法等，並且很顯然的在了結失落這方面，並沒有進展。對照Stroebe和Schut（2001）的DPM，長期性哀傷的當事人，特徵就是保持聚焦在失落取向，隨著時間的推移，毫無或無任何一絲絲搖擺到復原取向的情形，或減少哀傷的強度。由於這樣的狀況，所以治療師需要聚焦在當事人與死者的失落關係，死亡的性質，以及當事人對於社會支持的看法。

Freud、Bowlby等傳統的哀傷理論，都主張抑制（suppress）哀傷，是有害的。而抑制哀傷則被認為與發展成為複雜性哀傷有關。Fraley和Shaver（1999）討論到，去解釋看不到哀傷與適應之間的關係，認為是由於哀傷受到抑制，可能對於一些人確實有傷害，不過這個傷害性也可能被過度高估。晚近的文獻對於這樣的論調，認為有爭議性。近期在延長性哀傷（prolonged grief）症狀的研究指出，這個症狀的嚴重程度與個人成長（指假設世界的善心、意義和自我價值），呈現非直線的相關。嚴重程度為中度者，呈現高度的自我成長，唯有嚴重程度低和嚴重程度高，兩者呈現低度的自我成長（Currier, Holland, & Niemeyer, 2012）。也就是嚴重程

度呈現中度者有利成長；只有不嚴重和太嚴重兩種情況，才對個人不利。
所以，從這份研究結果，顯示可能個人成長和複雜性哀傷，比較具直接關聯。

　　綜合結論，慢性或長期性哀傷發生的原因有：⑴由於社會退縮，導致缺乏支持和鼓勵，而增強自我復原的抽退，並形成惡行循環；⑵避免復原，幻想與死者關係的持續，以便維持安全感；⑶缺乏自信，不認為自己有能力活下去，寧願活在過去的世界，也不要一個沒有死者的新世界；⑷從他人蒐集到支持，鼓勵繼續哀悼。

二、延遲性哀傷

　　指哀傷者在哀悼過程有停留的狀態，在失落的初期或許有一些些的哀傷反應，但是看起來與正常哀傷反應有相當的落差。Worden（2018）認為這個類型的哀傷，如果遇到再度發生失落時，最容易出現爆發似的巨大哀傷。由於非複雜性或複雜性的哀悼，都有可能延緩多年才出現明顯的哀傷反應。所以將這樣的現象，歸為複雜性哀傷的一種，似乎有爭議性。延遲性哀傷或克制性哀傷，主要在於這個哀傷者，雖然在較後來可能會有哀傷表現，但是在失落的早期，只有表現些微的或幾乎沒有哀傷反應的跡象。

　　這個延遲性哀傷類型的哀傷者，表面上常與欠缺哀傷或克制性哀傷相似，哀傷者都有迴避失落的痛苦之狀況。不過延遲性哀傷，主要由於哀傷者個人選擇延緩，或延後哀悼；至於缺乏哀傷，哀傷者的反應則好像沒有發生過什麼事一般，生活和人生繼續過下去。所以延遲性哀傷的複雜狀況，可能很難和缺乏哀傷做區分。雖然目前有這樣的分類，但是似乎也有爭論的理由。由於延遲性哀傷的這些人是使用認知策略，去迴避面對哀傷的情緒。特別是在男性，常有缺乏或克制哀傷的情形，也許與有問題的適應有關係。值得注意的是，研究顯示，延遲的哀悼，最能夠預測複雜性哀

悼的發生（Parkes, 1998; Parkes & Weiss, 1983）。

雖然，對於延遲性哀傷歸類在複雜性哀傷，仍有些爭議存在。不過，將延遲性哀傷歸類在臨床處理，則有一些益處，不只可以描述其哀傷狀態，也能夠描述其動力和病源學（Rando, 1993）。這個類型的哀傷發生原因，主要有：(1)個人需要保留哀傷，以便應對所要負起的責任，例如身為長子需要先處理喪事，及後續的經濟等；(2)個人認為現在還不能處理哀傷，要等待可以的時候再哀悼，例如喪子的男性，可能認為當前最需要安慰過度哀傷的妻子，而不是自己的哀傷；(3)個人理性尚無法接受失落的事實，哀傷者並非對於死亡沒有現實感，只是理性上尚無法接受；(4)個人要迴避痛苦與哀悼的壓力，然而知道自己要延遲；(5)個人對於哀悼過程感到害怕；(6)個人若哀悼，卻缺乏社會支持；(7)面對多重哀悼，難以區分或不知從何開始。知道這些發生病源所在，對於處理延遲性哀傷，便有脈絡可循。

三、掩飾性哀傷與缺乏哀傷

掩飾性哀傷症候群的當事人，雖然哀傷反應已經造成個人生活的一些困擾，然而本人卻不認為自己的行為或症狀與失落有關。Parkes（2006）認為掩飾性哀傷的當事人，會發展出非情感性的症狀，這些症狀被視為等同哀傷的情感反應。也就是以非情感性的症狀，掩飾了哀傷，以致不了解者以為這個人沒有傷慟。Parkes（1987）認為掩飾性哀傷會以兩種途徑，或其中之一的途徑來表達，即：一為身體或生理的症狀；另一為不正常或不適應的行為。同時Parkes提出所謂「非典型哀傷」（atypical grief）的概念，例如在延長的（prolonged）或延遲（delayed）的哀傷，可能沒有哀傷的情緒表達，也會和掩飾性哀傷似乎相同。而掩飾性哀傷，會以恐慌發作（panic attack）、胸痛、人際退縮、激動、爆發攻擊、自殺相關行為，或被診為憂鬱或有臆想（hypochondriacal）症狀等呈現。所謂「臆想」，

是指當事人發展出一些症狀，非常像死者最後生病死亡時的那些症狀。有位約五十歲的男性當事人，他的父親死於腹部腫瘤太大爆裂出血。由於他的職業性質，被社會定位在「勇者」的角色，因此儘管他是父親最疼愛的么兒，喪父應該很傷心，然而喪禮期間忙著同事來弔唁的接待，都沒有機會表達哀傷，喪禮之後又開始投入工作，自己也覺得沒有太多情感情緒。死亡發生之後約一個多月，他發現自己腹部似乎有硬塊，並開始感到偶爾隱隱作痛，這樣約過了三個月，家人要他去檢查，他拒絕，害怕發現自己也有腫瘤。在與他會談之後，鼓勵他去做健康檢查。結果發現沒有任何疾病或腫瘤，他才放心。這是典型的掩飾性哀傷實例，當事人經由臆想導致的狀況。由於掩飾性哀傷的當事人，在死亡剛發生的時候，幾乎沒有或只有些微的哀傷表達，之後會以身體或其他行為方式表達哀傷（Parkes, 1987）。

至於缺乏哀傷則和掩飾性哀傷相似，表面看不到哀傷者的傷慟。不過真正的缺乏哀傷，與沒有哀傷的表明，兩者並不相同。沒有哀傷的表明，是個人內心知道傷慟，外表不顯露；而缺乏哀傷，這種類型的個人內心和外表，都沒有哀傷表達，彷彿未曾發生過失落。缺乏哀傷發生的原因，主要在失落發生的初期，便使用否認的防衛機轉。可能一開始便處在完全否認的狀態。其次，可能一直處在震撼狀態（Rando, 1993）。在很早期Deutsh（1937）便注意到缺乏哀傷的問題，認為主要與自我（ego）特別有關，包括：(1)由於自我發展尚未充分，缺乏足夠的堅強，可以忍受哀傷的功課，例如兒童或老人；(2)各種防衛機制流動，以保護自我免受哀傷的痛苦。在兒童方面，與自我發展尚未充分有關；在老人方面，則一方面由於淚腺的退化，造成外在看不到，或見到很少眼淚，另方面也可能與自我變得脆弱有關。

缺乏哀傷在成人很少見，不過也有，通常以兒童比較容易發生。筆

者也接觸過幾個家長來諮詢的兒童個案。小孩每到上學時間，就抱怨頭痛或肚子痛，而不要去學校，這些都與喪父或喪母有關。由於喪親，讓孩子失去安全感，藉由生理問題表達。這種狀況雖然基本原因在心理，還是需要帶孩子去就醫，處理實際的腹痛或頭痛，但是更需要積極諮商，以解決哀傷，才是治本。所以，欠缺哀傷的狀況，與由於環境、文化、宗教等因素，以致個人在意識或下意識決定不哀悼的情況，有所不同；同時，也與哀傷者因為心理衝突，不願意或拒絕表達情緒，也不一樣；與哀傷者知道在身分上可以合法不需要哀悼，也有差異。需要明確而詳細查明，以免誤診。

四、衝突性哀傷

Parkes和Weiss（1983）辨識出這個類型的傷慟症候群，常發生於高度紛擾的或兩難關係的失落之後。在死亡剛發生之際，哀傷者可能沒有哀傷，甚至有解脫感。繼之，很快便體驗到強烈的悲傷、焦慮、內疚、自責。同時，也會很後悔，持續需要與死者連結，或感到與死者連結，渴望挽回死者，或要固守死者等，這些嚴重的哀傷反應。這種混亂情緒的哀傷，與過去病態混亂情緒的人際關係相似。雖然衝突性哀傷與扭曲性哀傷，在內疚上有相似之處。不過不同的是，衝突性哀傷症候群發生的外在因素主要有二：⑴早年經驗，導致衝突的關係；⑵有極端衝突，兩難或混亂的關係。所以哀傷者會帶著後悔，經驗到更多情感和複雜的動力。其次，衝突性哀傷發生的心理因素有四：⑴內心繼續與好批評的死者對話；⑵企圖透過哀悼，作為對死者的賠償；⑶由於人格動力或早年經驗的關係，無法發揮功能，哀傷者容忍衝突的關係，以致干擾復原；⑷情感功能的阻抗，以及由於長年處於不愉快的關係，導致自尊與自信的消失。

五、誇大性哀傷

誇大和掩飾性哀傷，都出現在Worden（1983）的書中，顯見在複雜性哀傷類型中受到的重視。誇大性哀傷和掩飾性哀傷，兩者最大的差異，在於前者能夠意識到自己所體驗到的症狀和行為與失落有關係；後者沒有發覺自己的一些反應與失落有關。被稱為誇大性哀傷，是由於哀傷者對於正常的失落，體驗到很強烈的哀傷反應，覺得不堪負荷，或產生不適應的行為。因此這類型的當事人會去就醫，而且常被診斷為DSM手冊所列的重大精神疾病。失去重要他人之後會感到焦慮，這是正常哀傷反應普遍的情形，但是若焦慮的狀況已經有恐慌反應，或有恐慌發作（Panic Attack）、畏懼的行為，甚至發展出懼曠症（Agoraphobia），或其他焦慮疾病（Anxiety Disorder）症候群，這就已經是誇大性哀傷。

六、禁止性哀傷

哀傷被禁止為當事人在意識或下意識當中，阻止哀傷的表現。這種情形在複雜性哀傷類型，有某些程度或某些時候發生，是相當普遍的現象。例如缺乏哀傷（Raphael, 1983）和延長性哀傷（Parkes, 1980），兩者也都有禁止哀傷的時候。不過有些個案，則發生幾乎完全禁止對失落的外顯性反應，而他的內在反應所呈現的，則顯示出他覺知哀傷和病態，這就已經是發展成為禁止性哀傷。發生的因素有：⑴個人害怕太強的情緒；⑵人格特質使然，特別禁止有負面的、衝突的或不愉快的反應；⑶失落發生之前的個人心理狀況；⑷容易將情緒或衝突由身體化呈現的人，所以常由生理症狀呈現出來；⑸由於個人的環境、宗教、文化、種族、哲學觀等背景，禁止哀悼的表達；⑹由於是隱性哀傷者；⑺無法坦然承認的死亡，或不被認為需要哀傷的死亡。

七、扭曲性哀傷

　　Raphael（1983）認為這類型哀傷的共同型態，就是極端憤怒和極端內疚，而看不到其他哀傷的反應。可能是將非複雜性哀傷誇大，為強烈的扭曲，並伴隨一些程度的自我禁止或是自我克制的運作，以致普遍有兩種極端的型態，即：其一為極端的憤怒；其二為極端的內疚。Rando（1993）認為誇大、缺乏及延長，為複雜性哀傷的三個主要面向。無論是誇大性哀傷，缺乏性哀傷或延長性哀傷，都涉及扭曲了非複雜哀傷的現象。由於複雜性哀傷都有某些程度的扭曲，若沒有扭曲的存在，則可被認為非複雜性哀傷。

　　發生的原因，主要為：⑴突然或意外死亡，而有人該被責備；⑵對死者有病態的依賴；⑶死於暴力；⑷死亡讓哀傷者感到被遺棄；⑸死亡象徵著無可取代，或失落很特殊的關係。通常哀傷者過去有病態的依附關係，或有象徵著無可取代和特殊的依附關係，或由於死於暴力，或非預期的發生死亡，而有人應該受到責備。而且這個哀傷者感受到，他的生存受到這個死亡事件的威脅；或感受到連結到早年失落的一種象徵，這個摯愛的死亡乃被扭曲為被遺棄。因此哀傷者的反應，很少有渴望或尋找死者，或感到憂傷，只有很強烈的憤怒情緒，以及只有抗議。其次，扭曲的哀傷，也發生在失落了兩難的關係。這種兩難的關係，在於一方面與死者關係的連結很強；而另一方面的關係，則完全或部分是負面的。死亡的發生，好像剛好滿足了哀傷者攻擊死者的願望，可是另一方面哀傷者又需要強烈，而且持續的自責（Raphael, 1983）。

　　由於極端的憤怒造成扭曲哀傷，治療師處理的目標和介入技術之運用，與前面所陳述在缺乏的、延遲的和禁止的哀傷相似。不過需要特別強調，治療以協助哀傷者修通憤怒在置換（displacement）方面的問題（例如遷怒醫護人員，以及其他家屬等），以及由於依賴關係的失落所造成的

問題，或是失落某種相當特殊和無可取代的象徵。

對於由於極端的內疚所造成的扭曲性哀傷，由於存在於否認和內疚之間的兩難動力。治療師也是使用缺乏的、延遲的和禁止的哀傷相同的技術，以便鼓勵和促進未表達的哀傷。治療師需要探討死亡的情境，失去的關係，以及支持網絡的便利狀況，以便協助當事人解決兩難的衝突。此外特別重要的就是，需要查明原來就存在關係中的兩難，這個是連結到較早年重複的強迫，以及哀傷者的親子關係。可能會發現，由於關係中的憤怒，以致當事人期望死者死亡。而當死亡真的發生了，就好像應驗了，因此造成當事人很內疚。當這名當事人能夠面對，並且能夠對治療師說出曾經有過這樣的願望，這個當事人在解決兩難的困境上，就能夠踏出很重要的一大步。

治療師面對這類型症候群的當事人，不要太早給保證。只有在當事人體驗到治療師的真誠和不批判之下，當事人才會感到治療師的保證，而願意接受治療師的面質，並將藏在心裡那個幻想的毀壞性希望，公開告訴治療師。一旦當事人的內疚可以正當的說出來，治療師可以協助當事人去接受，以及就這樣過活下去。治療師需要知道，這類型哀傷的當事人保留內疚，是為了可以平息死者。如果內疚變得無從處理，他們就會發生臨床方面憂鬱的問題。如果他們幻想去和死者相會，將可能會有自殺的風險。治療師對於早有自殺意念或意圖的當事人，在治療過程需要特別小心。最好的辦法就是治療師發現有很深內疚的當事人，就必須進行自殺評估，以便及早預防和處理。

八、創傷性哀傷

這是一種很新的複雜性哀傷類型，在創傷和哀傷領域都備受關注，晚近學者正致力於探討將這個類型的哀傷，可以被列為DSM疾病的一種。因此，在此將對於創傷性哀傷有較多的討論。過去創傷性哀傷，在臨

床都被當作創傷來處理，直到晚近才被認為應當注意到，當事人同時在創傷與哀傷兩種壓力下掙扎的困難。創傷性哀傷，哀傷者的哀傷反應，有時會有不自覺的侵入性反應相對於迴避之間的現象，與創傷事件的壓力反應，在回憶相對於迴避之間的現象，兩者都有中斷徘徊的相似現象（Horowitz, Wilner, & Alvarez, 1979）。不過兩者有不同之處，從Stroebe和Schut（2001）的DPM原理，在密集程度，持續程度和喚起（arousal）程度等三方面，適應的擺盪，創傷性哀傷則與PTSD不同。PTSD有一再體驗到持續高程度的壓力，並隨伴著持續努力要迴避回憶；而創傷性哀傷，在「面對」和「迴避」過程中，兩者之間則很難有一個分野的點，可以去區分適應和不適應的結果。

　　Jacobs（1999）對於創傷性哀傷的定義為：一個人的痛苦來自於死亡結果的哀傷，同時也來自於創傷的壓力。當一個人經歷哀傷和分離焦慮，會有渴望和找回死者，以及孤獨的感受等症狀。當這個人同時又有創傷壓力，會體驗到麻木、不相信、不信任，以及對未來感到沒有意義。Jacobs認為發生創傷性哀傷可能的因素，包括：⑴突然或非預期的死亡，也就是沒有預警而發生死亡；⑵自殺；⑶暴力、他殺，或死於犯罪者意圖傷害之下；⑷意外或車禍，或傷害到摯愛的身體；⑸親人死於自然或人為災難事件；⑹目睹親人死於災難、意外、自殺或他殺；⑺多重失落，或帶著過去未解決的創傷，又遭遇死亡的失落等。

　　Prigerson和Jacobs（2001）主張創傷性哀傷，需要作為一個獨立類型的診斷，不歸類在複雜性哀傷的一種。他們的理由在於認為：「複雜性哀傷」是一個模糊、不具體的概念，所以不要被歸在複雜性哀傷。同時，他們也避免使用「病態的」（pathologic）、「神經質的」（neurotic）、「扭曲的」、「變態的」（abnormal）、「不健康的」（morbid）的哀傷。其次，他們認為死亡也是一種壓力，對失落的反應與壓力反應症候群

相似，而那些症狀也與創後壓力異常反應相似。他們認為創傷性哀傷本身有一致性的症候群，而那些與哀傷有關的憂鬱和焦慮症狀，則顯然不同。創傷性哀傷的症狀，包含不同的兩類症狀：⑴分離壓力症狀。為滿腦子有關死者的想法，已經到了損傷個人功能，對死者的記憶的不安，渴望與尋找死者，及孤獨感；⑵創傷壓力症狀。對於死亡感到不相信，由於失落產生不信任，憤怒和對他人疏離，對於死亡感到震撼。所以，Prigerson和Jacobs堅信創傷性哀傷可以作為DSM疾病的一種診斷。雖然創傷性哀傷尚未被列入DSM診斷手冊，學者們還在繼續努力。

目前學者們建議，創傷性哀傷暫時的診斷準則（Prigerson, et al., 1999, pp. 67-73）為：

準則（A）

1. 個人經歷重要他人死亡。

2. 個人同時體驗到以下4項症狀至少3項：

⑴對於死者有侵入性（intrusive）的想法。

⑵渴望死者。

⑶尋找死者。

⑷死亡導致的孤獨感。

準則（B）

對死亡的反應，在以下8項當中有4項真實經驗：

1. 感到對於未來失去目標和徒勞無意義。

2. 主觀的感到麻木、疏離和沒有情緒反應。

3. 難以承認死亡（例如不相信）。

4. 感到生命空洞或無意義。

5. 感到部分的自己死了。

6. 粉碎了世界觀（例如失落安全感、信任、主宰等）。

7.確信相關症狀或傷害的行為與死者相關。

8.對於死亡有過度易怒、痛苦或憤怒。

準則（C）

困擾或症狀至少持續有兩個月。

準則（D）

困擾導致臨床方面顯著在社會、職業或其他重要功能範圍的損傷。

❖第七節　複雜性哀傷的線索與評估❖

在臨床工作上，來求助的哀傷者，可能有各種狀況和原因。有些哀傷者沒有複雜性哀傷，只是處在嚴重哀傷的期間；有些則正處在失落的哀傷期間，卻由於其他壓力引發額外的問題，導致個人來求助；有些則是原本以生理症狀來就醫，例如經常頭痛、心悸、胸悶等，甚至如前面提過的案例，由於子宮長期發炎，自己不知道與失落的哀傷有關，後來被醫生轉介；有些可能由於睡眠障礙、焦慮等問題在精神科就醫，而不知道與未解決的哀傷有關；更有些缺乏哀傷或禁止哀傷，由於一件新的失落，而出現極大的情緒痛苦。所以，面對這些哀傷者，會發現有的可能知道自己的困擾與失落有關，有些則不知道自己的困擾與未解決的哀傷有關。因此，Worden（1991, 2018）建議照顧者可以先就一些線索去做初步診斷，以便確定當事人的困擾，是否與複雜性哀傷有關。其次，若發現當事人的複雜性哀傷議題，已經屬於DSM手冊之中的心理疾病，諮商心理師便需要將當事人轉介給適合的照顧者。最後，對於複雜性哀傷的治療，首先一定要進行評估，以便選擇和決定，最能協助哀傷者的專業人員和治療方針。

壹、治療需要注意影響哀悼的多元因子

Worden（1991, 2009）提出影響哀悼的中介因素，共有7大項，如下：

1. 血緣關係：指何人死亡，如果是親子或手足這兩種關係，屬於直系血親，通常也具有依附關係，可能比其他無血緣的關係密切。

2. 依附的性質：有⑴堅強／安全保障的依附、⑵兩難／衝突的依附、⑶有依賴議題的依附等不同類型。依附關係通常與血緣有關，但是例如配偶或親密關係，雖然沒有血緣關係，然而也可能發展依附關係，值得注意。

3. 死亡的情境：⑴直接（接觸）死亡；⑵預期性的死亡；⑶創傷的死亡；⑷多重失落，也就是同時或近期發生不只一名親人的死亡；⑸可預防的死亡，例如他殺，為一種可預防的死亡；⑹不明確的死亡，例如失蹤；⑺標籤性的死亡（stigmatized death），例如有精神疾病的家屬死亡，或自殺死亡。

4. 歷史事件：⑴個人的失落史、⑵心理疾病史。

5. 人格因素：⑴年齡／性別、⑵因應型態、⑶依附型態（安全、不安全）、⑷認知型態、⑸自我強健程度（自尊、效能）、⑹個人的假設世界（價值觀、信念）。

6. 社會因素：⑴支持的可取得性、⑵支持的滿意度、⑶涉及的社會角色、⑷宗教資源、⑸族群的期望。

7. 當前的壓力：生活改變的事件，例如換新的職業、個人角色改變、財力的減少、經濟負擔增加等。

貳、診斷和發現複雜性哀傷的線索

在醫院或精神科，雖然一般初晤會談（intake interview）從個人的病歷史已經獲得相當多的資料。然而，很可能忽略了與疾病有關的失落和哀悼的病歷。所以，當精神科醫師或臨床心理師、諮商心理師接到被轉介來的哀傷者，或自行求助的哀傷者，進行診斷的評估時，必須留意一些與未解決的哀傷有關的線索。在未解決的哀傷方面，Lazare（1979）提出簡明易懂的一些線索，對於臨床工作的精神科醫師、臨床心理師和諮商心理師都很有幫助。在初晤會談的評估中，如果發現至少有一項符合下面所描述的線索，便可以認定哀傷者有複雜性哀傷。

線索一，哀傷如同才剛剛喪親。在初晤的會談，當事人每提到死者就忍不住的非常哀傷，好像死亡才剛發生不久，而這個失落可能已經過了兩、三年以上，甚至好幾年。例如母親可能年紀大，生病兩年過世。雖然母親已經死亡三年了，當事人卻在每次提到母親或母親的死亡時，就很悲傷。

線索二，無關的小事件，卻有強烈的哀傷反應。可能當事人來談有關的困擾當中，提到一件與自己無關的小事，卻在談這件事的時候有不尋常的哀傷反應。例如提到同事的叔父剛剛過世，卻出現很悲傷的反應，好像是自己親人過世一般。這種情形有可能隱藏著當事人自己未解決的哀傷。

線索三，其他困擾的會談過程，夾雜失落的主題。當事人來尋求諮商的原因，是由於其他問題的困擾，但是在會談中卻談論到失落的事，並佔用很多時間，顯然這不是原本會談的主題。這種情形，有經驗的治療師，會謹慎的傾聽，並注意有無尚未解決的哀傷之可能性。由於一名當事人若在會談中特別談論他的失落，可能這個失落對他還沒有過去。也就是這個失落對他而言，是個未竟事宜，所以需要注意可能有未解決的哀傷。

　　線索四，堅持保留死者所有物。在會談中，若聽到當事人陳述，他幾乎保留很多死者的物品，不讓家人移走或丟棄，或甚至將死者活著時所使用的房間保留原狀。例如前面提過的那位婦人保留過世的女兒臥室，長達數十年之久。這種情形可能有未解決的哀傷。

　　線索五，有類似死者死亡之前的疾病症狀。當檢視當事人病歷，若發現當事人有類似死者死亡之前的疾病症狀，有可能與複雜性哀傷有關。例如前面所舉例的男士，由於職業的社會角色，導致抑制哀傷，而發展類似他父親的疾病症狀。Worden（1991）認為這種問題特別容易發生在每年的忌日或假日，或是在自己到了父母去世時的年紀，或同性別的父母去世時的年紀，特別容易發生類似的疾病。

　　線索六，生活型態改變過大。在失落發生之後，當事人的生活型態起了很大的變化，例如原本很認眞工作的人，卻常常放下工作去旅行或玩樂；或原本不會喝酒的人，卻常常在喝酒；或是不再與死者有關的親屬和朋友來往，彷彿從此斷了關係；或不從事與死者有關的活動，例如以前常常一起去登山郊遊，從此不再登山郊遊，或過世的母親喜歡看電影，母親死亡之後，當事人絕對不去看電影，這些情況也可能與未解決的哀傷有關。

　　線索七，注意長期的憂鬱和假象的愉快。這個線索是在病歷上，記錄當事人有長期憂鬱的問題，並經常持續內疚和低自尊；或另一種情形是，親人過世之後，只呈現極少的哀傷，或只是非常短暫的哀傷，然後相反的呈現假象的愉快。這兩種情形，也可能與未解決的哀傷有關。有一位中年男士事親至孝，母親在短暫生病之後，很快就過世了。親友以爲他會很傷心，企圖安慰，但是每次他都一副很輕鬆的說：「沒事，現在我解脫了，無須牽掛我媽。」事實上，讓他的妻子擔心的是，從不喝酒的他，經常偷偷地獨自喝悶酒。

線索八，**有模仿死者的強烈衝動**。特別是這個當事人，在意識中並沒有這樣的慾望，對於某些行為也沒有那個才幹，而是出自於需要對失落做補償，以致自己認同死者。Pincus（1974, p. 128）認為這種情形：「正如害怕的小孩，需要在內心建立一個永久的母親意像，哀傷的成人需要在心裡內化所愛的客體，如此就永遠不會失落。」Worden（1991）認為這類情形，甚至會包括模仿以前當事人所拒絕死者的人格特質。經由模仿，當事人可能想要修復過去的拒絕，以及獲得平復。

線索九，**有自我傷害的衝動**。來談的當事人提到有自我傷害，或其他自毀的衝動。可能有很多的情境，足以刺激一個人的自毀衝動，不過身為治療師需要考慮到未解決的哀傷，可能是其中的原因之一。

線索十，**特定日子出現哀傷反應**。在每年固定的時間，就會有很多的悲傷發生，可能也是未解決的哀傷的一個線索。常言道「每逢佳節倍思親」，這是人之常情。但是若當事人在一些特定節日和週年紀念日就會特別的傷痛，這是隱藏有未解決的哀傷。有一名婦人，女兒是游泳選手，暑假與好友數人去山裡一個湖泊泛舟。由於翻船，奮不顧身努力搶救落水的朋友，最後體力不支溺斃。她的母親每逢中秋節和她的忌日，就極其傷痛，在深夜燒著冥紙，哭聲響徹半個社區。由於她的母親無法接受那幾個「旱鴨子」都得救，她擅長游泳卻慘遭滅頂。

線索十一，**對於疾病和死亡感到恐懼**（phobia）。這種情形，通常與導致親人死亡的疾病有關。例如親人死於癌症，當事人可能對於癌症特別恐懼。有一名中年男士，他的父親和弟弟都因為長期抽菸，分別得了肺腺癌和肺惡性腫瘤過世。之後，每當感冒有一點咳嗽，一定堅持要做肺部各項檢查。最後，他的醫生建議他務必接受心理處理，才來會談。

線索十二，**迴避行為**。如果當事人迴避參加死亡喪禮相關儀式或祭祀，或是不願意參拜親人墳墓，可能與未解決的哀傷有關。尤其，在哀傷

期間沒有家人或其他社會支持，可能會造成這樣的問題。所以治療師需要詢問當事人，發生失落的當時，對他而言像什麼？了解環繞著死亡當時的環境，有助於治療師確定有未解決的哀傷之可能性。

參、評估

協助哀傷者的首要工作就是評估（assessment），無論是非複雜性哀傷或複雜性哀傷，都有必要。尤其，當哀傷者首次來會談，都需要進行初晤會談和評估。有四種情境的評估，即：危機時的評估、開始治療時的評估、治療中的評估、以及特殊目的之評估（Rando, 1993）。說明如下：

一、危機的評估

當哀傷者來到會談室，或由於特殊狀況出現在急診室的時候，需要有個初晤會談的程序。這個時候進行的評估，都可以採取危機的評估。使用簡短而適當的評估，用以確保哀傷者和他人的安全。非複雜性哀傷的當事人，可能處在嚴重的哀傷狀況，或許在簡短的評估之後，需要轉介去接受藥物治療；而複雜性的哀傷者，可能正處在危機狀況，尤其出現在急診室的哀傷者，不論自行求助或被送來的，可能有自殺、殺人或其他危險性，需要立刻進行藥物治療。這個時候的哀傷者，由於壓力過大，不堪負荷，需要盡快調節對失落的反應。所以一般的初晤方法不太適合。除了取得個人基本資料，以及簡短的心理狀況檢測，以便形成一個診斷印象之外，Rando（1993, p. 249）建議需要簡單的獲得以下五個問題的資料：

1.失落的性質和發生失落時的環境，例如生病死亡、自殺或他殺，當時有哪一些人在場，這些人在做什麼。

2.失落是預期的或非預期的，以及突然的程度。

3.失落的意義，以及對於哀傷者生活的影響程度。

4.哀傷者過去的失落，以及當時哀傷者如何因應那個失落。

5.哀傷者當前的環境，以及有什麼支持的來源和方式。

在評估過程，治療師需要正確並且扼要的抓到哀傷者陳述的重點。所提出的問題，必須讓哀傷者感到有意義，而能理所當然地順著治療師前面回應的重點，繼續回答下去。新手的治療師需要注意，不宜生硬的依照問題的順序，逐題提問。這樣會讓哀傷者感到，好像兩人在做「問」、「答」，而不是在交談。如果在初晤會談當中，有當事人無法回答的問題，治療師需要從他或她的家人，或其他有關的人取得答案。如果當事人會繼續來會談，則可以於隨後會談再了解。

二、開始治療時的評估

在開始治療的時候，這時的當事人在心理狀態比較安定了。與治療同時進行的評估，可以一方面開始治療，另方面獲得可以決定治療方針的寶貴資料，這些可以提供看起來似乎與他來尋求處理的問題，不那麼直接有關的資料。治療師和哀傷者雙方都需要了解，對於死亡之外，需要有個整體的評估。由於死亡的失落帶有戲劇性，為清楚切割的一個事件，好像與當事人個人生活其他方面無關，只要針對這個失落來討論就可以。然而，能夠統整其他哀傷者個人資料，例如與死者的關係、有無其他失落、過去因應失落的策略、支持資源等，則可以了解失落的個人意義，了解這個哀傷者，以及了解失落和哀傷者的情境，以便可以決定最佳的治療方針。所以，有時候治療者需要教育哀傷者，有關整體性了解的需要。

三、治療中的評估

通常若在初晤衡鑑的時候，能夠充分而完整的獲得失落相關的病歷資料，最有利於從眾多的介入類別當中，選擇和決定治療的方法。然而，有時候這樣的個人病歷史，並不是在例行的初晤評估就會取得。由於前來求

助的哀傷者，可能因其他看起來似乎與失落無關的病症，而前來就醫。治療師是在治療過程當中，才清楚看到原來與哀悼有關，而需要對當事人失落的哀傷與傷慟，進行完整的臨床評估。所以，Rando（1993）提到治療中的評估，可能使得治療師變得有些笨拙，由於需要改變角色。有時治療師的角色轉換可能不明顯，例如治療師可能在與哀傷者談論他最近失業的問題，可以順著這個問題去問哀傷者其他一般失落的因應。有時治療師可能很明顯的轉換角色，原本進行治療，治療師是個治療者的角色，然而有時需要轉變為晤談人員的角色，例如在治療過程，治療師由於需要，而對哀傷者說：「我需要回頭問你一些與失落有關的特別問題」。事實上，在治療過程中辨識新的傷慟議題，而需要評估，與在初晤的時候就已經有完整資料，而可以安排處理的意思相同。只是若在危機的初晤評估，由於現實的限制，而無法取得失落的完整資料，因此需要利用治療過程做評估。當已經展開治療，哀傷者和治療師已經建立了關係，能夠這樣處理，會比將哀傷者轉手到晤談人員去做評估，然後再轉回來治療或轉給其他治療師，可能對於哀傷者會比較妥當和可以接受。

四、特殊目的之評估

　　為了特殊目的所進行的評估，和其他類型的評估相同，都是為了獲得個人經驗的完整資料。對於個人的哀傷和傷慟，需要進行有時限的（time-limited）臨床評估，通常這樣特殊目的評估有很多理由。這些理由，至少包括：⑴決定治療的處置；⑵獲得精神科的診斷，可能需要服藥治療；⑶法定的支持行動，例如參加支持團體；⑷確定由那一種照顧者與哀傷者工作，例如需要由臨床治療師或諮商心理師，或精神科醫師協助。由於特殊評估的目標明確，哀傷者通常配合度較好，不會有所質疑。

❖第八節　複雜性哀傷的治療❖

由於現在複雜性哀傷普遍受到重視，並認為複雜性哀傷的處理，有別於正常的哀傷，因此有不少學者提出處理的步驟或方法。本節將介紹常見的治療方法，包括：⑴再哀傷治療（re-grief therapy）、⑵焦點心理治療（focal psychotherapy）、⑶Worden的病態哀傷治療（pathological grief therapy）、⑷完形治療、⑸其他治療方法。

無論使用那一種方法，如果採取團體治療形式，可能需要考慮成員的組成和治療方法的適配。研究發現，無論使用解釋的治療方法或支持的治療方法，效果沒有差異；至於成員為同質性或異質性的組合，治療效果也沒有達到顯著差異；不過若將治療方法和成員組合同時考量時，QOR程度低的成員以支持的治療比較有利；QOR程度高的成員在團體中能使用利他協助其他成員，而且提供利他的成員對自己也有幫助（Piper, et al., 2007）。所謂QOR，指個人在人際從初始到成熟的關係，都能從建立到維持的傾向，對於他人可以一起工作，維持關係和利他，在個別或團體治療當中都被視為有利的特質。

壹、再哀傷治療

再哀傷治療，為Vamik Volkan（1971, 1975, 1985）首創。最早原本發展這個治療方法，主要使用在短期住院病人，用以處理病態哀悼，同時由於死亡的失落導致反應性憂鬱（reactive depression）的病人。也就是主要為了治療病態哀悼，並且有反應性憂鬱的短期住院病人（Volkan & Showalter, 1968）。目前再哀傷治療方法，可能是處理複雜性哀傷領域，最受矚目的一種治療方法。

Volkan認為複雜性哀悼的發病歷程，可以分為兩個階段：⑴開始的階

段，爲對於失落的嚴重反應，可長達數週至數月之久。變得複雜化之一，是對於死亡的誇大反應，由一般對死亡正常反應的症狀被放大。與複雜化有關的兩項症狀，爲否認和內疚。然而是否變得複雜化，須視時間有無延長來決定；⑵第二階段，約1到2年的哀悼，包括哀傷者對於死者關係緩慢移動的看法，以及對於死者表徵緊密綑綁的保持或拒絕。健康的哀悼過程被複雜化之後，會出現反應性憂鬱或形成病態哀悼，或兩者並存（Volkan, 1985）。Volkan特別強調複雜化的病人，會擁有他所謂的「連繫物」（linking object）。這個概念，與外化的「繼續聯結」，這個概念類似，都指稱內在客體經由外化在一個外在物體，以象徵死者。差別在於外化的「繼續聯結」尚包括幻覺。由於這個「連繫物」是病人投入神奇的力量，用以和死者維持一個外在的關係，如果經過成功的治療，由於內化了新的功能，哀傷者的自我可以表現出健康豐富的狀況，對於外在失落有了內在的新適應，並結束哀悼。這些「連繫物」約有五種：⑴死者個人的所有物（例如衣服、手錶或手機）、⑵死者過去贈送的禮物、⑶某些用以擴展感官或死者功能的物品（例如使用照相機來擴展視覺）、⑷死者實際的表徵（例如照片）、⑸死者死亡時手邊之物（例如死亡發生那一刻，當下聽到的一首歌的錄音帶或光碟）。

由於病人使用上述物品，以維持外在連結死者。再哀傷治療的主要目的，是經由回憶死亡，以及過去與死者相處的種種經驗，以便對照事實，促進病人覺察那一些是他自己的衝動，幻想與希望，那一些是死亡的現實，以便處理當事人兩難的衝突。也就是處理病人自我分裂的防衛，以去除連繫物的使用與相關的防衛，使得當事人可以正常哀傷和解決哀悼的調適。Volkan（1975, p. 334）對於再哀傷治療的目的，有一段這樣的說明：「再哀傷治療的設計，是用以在死亡之後，協助病人有一些時候將記憶中的失落，以及過去他與她（死者）的經驗帶回意識當中，以便與現實做

對比的考驗，去接受情感——尤其是適當的憤怒——過去發生了什麼，並讓他從過度被死亡所囚禁當中獲得自由。」再哀傷治療的整個療程，大約需要2到4個月，每週3到4次的會談。根據Volkan（1975, 1985）的治療過程，Rando（1993）將治療過程融會整理，成爲八個治療階段。此處主要依照Rando整理後的治療過程，依序闡釋如下。

一、病人的篩選

在發展成爲複雜性哀傷的歷程，病人將出現反應性憂鬱或病態哀悼。不過，也有一些病人在發展複雜化的初期，已經有兩者兼具的症狀。通常會考慮需要接受再哀傷治療的病人，是根據Volkan（1985, p. 286）所提到：「成爲再哀傷治療的病人，有個很強烈和堅持的希望看到死者復活，但是依舊有一個『殺死』死者的欲望，以便完了哀悼。……並非常重視心理接觸死者的表徵，可被視爲就是內射（introject）。這些能夠將這個表徵外化爲他們的連繫物，在口述可能不會提到這個內射。但是，無論在任何事，病人很清楚地嘗試與一個未同化的（unassimilated）死者表徵有矛盾的關聯。」

此外診斷病態哀悼，有兩項症狀：⑴對於失落，6個月或更長的時間，呈現出認知上知道死亡的發生，情感上卻否認的態度；⑵維持長期的希望死者再回來，同時隨伴著害怕死者回來。其他症狀，例如，尋找貌似死者的陌生人，以便建立或排除死者繼續活著；強迫性的閱讀訃聞，反映對自己死亡的焦慮，或是由於訃聞沒有提到，得以否認死亡。其中，Volkan認爲病態哀悼最主要的兩個病態特徵，一爲單一幕的夢。這種夢反映內心衝突的凍結，Volkan（1985）引述他的病人稱謂這一種夢爲：「凍結的夢」（frozen dream），或生死掙扎的夢，或夢見死亡是個幻想；二爲連繫物和現象。尤其，診斷時可以清楚看到病人使用連繫物，以及滿腦子渴望死者回來，然而又害怕等症狀，由這些來加以辨識。此外，病態哀

悼可能和反應性憂鬱的病人一樣，也有某種程度的干擾性認同死者之症狀。

二、劃界

在劃界（demarcation）階段，治療師協助病人清楚區分，那一些屬於哀傷者，那一些屬於死者的表徵。這個步驟需要同理而仔細的揭開哀傷者的歷史，才能獲得所需要的資料。採取非指導式的（nondirective）交談，最能協助病人分辨由於受到內射死者的影響，與他個人的想法、態度和感受的差別。病態哀悼的病人，在會談中難免會自己帶進死者和死亡的話題，因此盡量不要使用直接的探問。所獲得的資料有助於治療師可以協助病人，去評估對於內射或死者表徵的感受，以及決定那些方面困擾著哀傷者。

這個劃清界線的步驟，或許需要費時3到4週的會談。在這個期間，治療師不要去鼓勵病人爆發情緒，而只是去做好準備。所以，要避免讓病人的揭露過於快速，而是往前邁向哀悼的過程，在情感性和認知性兼具的過程慢慢來。總而言之，在這個步驟治療師可以開展程序，導向澄清和解釋，以及知道更多有關病人對於哀悼過程的抗拒，以及不能夠哀傷的理由。

三、回顧

在這個步驟，治療師可以鼓勵病人說出與死者的往事，當死者生病或意外死亡，他知道或接受死亡訊息時的情境，死亡時他是否在現場，或被人通知，何人通知他，看到屍體的反應，喪禮等，越仔細越好。治療師需要記住，直接探問，不如鼓勵，讓病人自己說出來最好。病人陳述他個人故事的過程，應該有適當的情緒反應相伴，因此治療師可以適度的同理，反映情緒和回饋等，讓病人覺察自己的情緒，並且能夠表達出來。

四、澄清兩難

　　這個步驟的任務，在澄清兩難。所以治療師不要評論，而是抱持中立的態度給予同理，讓病人對於自己所表達的兩難感到正常。如此，治療師得以一方面促進病人對於自己處在兩難的好奇；另方面能夠領悟到，自己對於要「挽救」死者和「殺死」死者的兩難，有一堆的反應，以及其他反應。一旦病人能夠準備好，要去轉變負面和正面的兩難狀況，就會變得憤怒了。

五、發洩

　　這個步驟，就是開始再哀傷。在這階段的治療過程，雖然病人會感到混淆或有遷怒他人的情況，但是病人能夠真實體驗到自己的憤怒。病人好像重回到開始階段的兩難狀況。由於了解到保持死者「活著」的症狀，為病人有此需要，治療師慢慢的澄清病人和死者的關係，同時以憤怒為正常的情緒，來解釋這個兩難的關係。假如到了這個步驟都很順利，病人會連接到那些和死者或死亡有關的過去經驗，他的情緒會再甦醒過來。這就是反映了，病人再度審視當初他對於死亡的反應，並調適哀悼的功課，因此病人會再度哀傷。Volkan提示，此時治療師要注意病人浮現某些衝動的狀況，例如希望死亡、自殺。同時，再度哀傷，也顯示病人已經準備好。治療師評估病人準備狀況，可以向病人進行解釋，以減少內疚感。

六、重新審視和修改

　　由於對於死亡的初始反應，病態哀傷的病人是使用分裂（split）的防衛機制，造成自我功能分裂的現象，以致認知上知道這個人已經死了，情感上則否認。因此，治療師需要在病人出現適當情緒的時候，指出這一點，以協助病人將死者看作確實已經死亡，以免形成只是停留在認知上知道，這樣才會有效。在這節骨眼上，治療師可以協助病人去審視他的自我分裂的現象，並再次評估現實。

在病態哀傷的病人當中，有不少病人會說：「在喪禮中沒有看到屍體入殮，只有看到已經蓋上的棺木」、「我想到死者只是沒有呼吸，但是沒有真正看到實際死亡的狀況」或「在葬禮的時候，沒有親自看到棺木下葬的情形」諸如此類的話。所以，當治療師問他：「你怎麼知道死者已經入殮？」或「你怎麼知道死者已經下葬？」的時候，病人可能會很驚訝的明白自己有個部分，從來不相信死者已經死了，並下葬入土。而這個時候，病人普遍的反應，就是對於那些當時擋住他看到葬禮儀式的人會感到憤怒。雖然病人感受到，也知道死亡已經發生。然而治療師還是需要清楚反映和告知病人，他那種持續的矛盾行為，好像什麼事都沒有發生過一樣。

七、處理連繫物

在這個步驟，需要聚焦在連繫物。當治療師使用面質、澄清和解釋，用以對治病人對於死者，以及死亡相關的衝動，幻想和希望，並處理病人使用防衛來對抗那些衝動、幻想和希望的時候，需要聚焦在連繫物上。一旦病人了解連繫物，是如何被他用來維持絕對性的控制接觸死者，這樣的神奇魔力，以及延長哀傷，病人就能夠活化哀悼，不再呈現如同凍結哀悼一般。

由於病態哀傷的特徵之一，就是使用連繫物。而這個連繫物，具有感官接觸的物質性和財物性。因此連繫物比內射客體，具有更大的神奇魔力。治療師在這個步驟可以邀請病人，將他的連繫物帶到會談室。在開始的時候，病人可能會拒絕，治療師可以允許病人保留，然而要指出那個連繫物的神奇魔力，只有在病人的看法當中才會存在。當病人最後終於可以將連繫物帶到會談室，需要將那個物件放在治療師和病人之間，靜靜的等待一段時間，讓病人足以感受它的魔力。病人可能會要去碰觸，並說出心中的話。會令人感到驚訝的是，病人與這個連繫物所凝結在一起的強烈情緒，因此治療師特別需要具有警覺性（Volkan, 1985）。那些情緒的作

用，在打開被封鎖的心理歷程，病人一旦爆發情緒，可能會持續好幾個星期。剛開始情緒很混淆，然後會變得能夠區分。如此，治療師和病人都可以辨識出憤怒、內疚和悲傷等情緒。這樣連繫物就失去了神奇的魔力，病人要保留或丟棄，可以自行選擇。

八、解組和重組

當治療過程為針對死者和死亡的澄清和解釋，以及聚焦在使用連繫物的議題，乃在導向會談的最後階段，也就是解組，而後隨之便是重組和表現悲傷。由於再哀傷的經驗，而被重新打開的傷口，治療師需要協助病人運用次級思考歷程來療癒。所謂「次級思考歷程」（secondary-process thinking），是精神分析心理學用以描述較高水準和較成熟的思想。次級思考的歷程，與自我有關，為具有邏輯，以及比較複雜的思考。到了治療最後即將結束的階段，對某一些病人，Volkan會使用病人所述說的一系列的夢。以病人夢的內容，作為再哀傷治療病人完成到什麼狀況的指標。從夢的內容，很多病人報導他們的內射客體已經離開，讓他們感到心理平和與自由，甚至有人感到興奮，在卸下負擔之後，尋找所愛的新客體。

綜合上述，經過再哀傷治療，當病人領悟到自己無法讓死者可以「逝者已矣」，就會體驗到自己有各種不同的情緒。而病人可以得到領悟，主要經由治療師進行澄清和解釋而獲得。病人抗拒去承認他在哀傷工作的固著（fixation），治療師會針對固著這個防衛機制進行解釋，來幫助病人領悟。治療師所做的解釋，主要針對仔細檢視病人自己觀察的自我。由於外化的連繫物，是連結到死者的表徵，所以能夠帶入病人內在的經驗。因此這個解釋技術，可以讓病人使用的連繫物，帶出特殊的情緒風暴（Volkan, 1985）。

此外Volkan也注意到，儘管病人使用了特殊的連繫物，當治療師使用

精神分析的治療方法，移情依舊是治療的重要工具，可以用來處理病人渴望又害怕死者的兩難，解決了這個衝突。治療師的目標，在發展治療聯盟，而不鼓勵幼稚的移情神經官能症（infantile transference neurosis）。爲了避免治療關係，發展出成熟的幼稚移情神經官能症，治療師需要在這個成熟之前解釋這些移情的現象，以便打斷病人將死者的表徵置換（displacement）在治療師身上，以保持覺知在哀悼所愛的人裡面的複雜狀況。在特殊的時刻，例如遇到放假或週末，治療師和住院病人需要暫時分離，治療師可以向病人解釋他的反應，是對失落和對治療師離開的平行情境。聚焦在這樣的解釋，可以修通病人過去與死者的衝突。

　　至於憤怒與自我傷害的問題，Volkan認爲在病態哀悼的病人，自我傷害的風險沒有反應性憂鬱的病人那麼高。由於病態哀悼的病人，受到使用連繫物的保護，病人維持與死者接觸的幻想；而反應性憂鬱的病人，在自我表徵裡就沒有這種幻想，而是排除在外。所以，病態哀悼的病人，攻擊是朝向連繫物或內射的死者表徵，而不是自己。而且這個幻想也維持可以減輕內疚感，因爲病人如果選擇將死者「帶回來」，他可以透過內疚的運用。病態哀悼的病人會採取自我傷害或自殺，是在他苦於希望很神奇的可以與死者的表徵重逢。除了自殺問題之外，複雜性哀傷的病人，也可能發展出其他症狀，而來尋找治療。

　　最後，在談到病態哀悼與分析治療的時候，Volkan（1985）提出兩則警告，不過這兩則警告可以適用在其他形式的治療。其一是呈現角色組織程度比較低的病人，不適合再哀傷治療；其二是，病態哀悼干擾到有效解決其他心理病態，尤其是這個病人有祕密使用連繫物的情形，也不適合再哀傷治療。由於在治療依賴和攻擊等心理病態之前，治療師必須先改善病態哀悼。雖然這樣的治療先後順序好像有矛盾的情形，甚至這些已經存在的心理病態，就是導致哀悼者對於失落產生病態的原因，還是需要先處理

病態哀悼的問題。由於Volkan注意到有些病態哀悼的病人，以使用長期的精神分析治療比較有利。或者，先實施再哀傷治療之後，還是需要接受長期的精神分析治療，這樣比較妥當。

貳、焦點心理治療

複雜性哀傷的焦點心理治療（focal psychotherapy），是由Beverley Raphael（1975, 1983）所創。Beverley Raphael（1975）發表一篇名為〈處理病態哀傷〉的研究，可能是在治療複雜性哀傷領域當中，最早提出策略和介入方法的一篇研究。治療的主要目標，在將當事人的症候群轉為比較正常的型態。如此，當事人便能夠適當的去進行哀悼的過程。因此，在評估複雜性哀傷症候群的時候，主要將根據Raphael（1983）所提出的複雜性哀傷的三種症候群。他將複雜性哀傷症候群，劃分為：⑴缺乏、延遲或禁止的哀傷；⑵扭曲性哀傷；⑶慢性哀傷等三種，並針對這三種不同的症候群，以及各自不同的病理學，分別提出處理的策略和方法。在治療之中，治療師主要以清楚可理解的解釋，或是以逐漸開展處理的過程，來傳遞某些認知的事實給哀傷者。

在處理缺乏、延遲或禁止的哀傷方面，治療師的主要任務，在以間接的方式探討哀傷者無法接受死亡的理由，諸如依賴死者、對於死亡感到內疚、或害怕哀傷的效應等，並且需要重複一再的回顧病人與死者的關係。這樣處理，可以揭開哀悼者的防衛，也能促進一些哀悼的進展。同時，治療師也會向哀悼者解釋，他或她害怕鬆開情緒，是由於擔心失控。若當事人對於喪失關係感到內疚，治療師會向他解釋，是由於先前他幻想殺死死者，而如今對方死了。他的幻想不是導致死亡的行動。Raphael不主張直接面質，因為這樣做不只無效，而且會引發病人和治療師的衝突。需要透過探討死亡，以及當事人與死者的關係，才能發現這些克制和否認的原

因。使用焦點心理治療，治療師可能透過清楚而明白的解釋，或是以漸進治療展開的程序，來傳遞給哀傷者需要認知的事實。這些傳遞給哀傷者的事實，分別條列如下（Rando, 1993, pp. 268-269）：

1. 表達知道當事人內在難以忍受和表達的痛苦。

2. 讓當事人知道內在的痛苦和其他的害怕，乃是哀傷者普遍的狀況，並表達治療師能了解。

3. 讓當事人知道，他的防衛是用來作為心理目的，因此不會被殘酷的撕下來，或是會沒有考慮到那些防衛的功能。

4. 讓當事人知道，他的不肯鬆開死者，可能有各種理由。治療師將與當事人一起探討和了解那些理由，以及與不肯鬆開相關的感受。

5. 讓當事人知道，很多哀傷者同樣害怕並希望迴避失落的痛苦，以及在此時發生的其他強烈的情緒，尤其是憤怒、悲傷和內疚的情緒。

在處理扭曲性哀傷方面，由於哀傷者會有強烈的扭曲，並隨伴某些程度的禁止和克制。因此可以看到極端憤怒和極端內疚這兩種的型態。在處理憤怒方面，所使用的技術和治療缺乏與延遲性哀傷相同，不過需要特別加強協助哀傷者，修通遷怒的問題，以及喪失依賴或象徵無可取代的關係，所造成的特殊問題。這個類型的哀傷，需要特別注意，很容易有自殺的問題。很多這種複雜性哀傷者，會有要平息死者而產生的內疚感。如果這個內疚變得強烈無從處理，哀傷者可能陷入臨床憂鬱的問題；如果哀傷者幻想去和死者重逢，則有自殺的風險。所以，治療師務必小心處理自殺這個問題。很重要的就是，不要過早去向哀傷者保證，他對於死者已經竭盡所能。由於哀傷者在意識或下意識當中，很清楚自己如何以謀殺死者為樂。只有當哀傷者自己將這個摧毀性的願望，公開向治療師揭露，或告知重要他人，並且沒有被批判，讓這個隱藏的幻想變成可以公開。這個時候治療師向哀傷者保證，他或她已經盡力努力了，當事人方能感受到。

　　以焦點心理治療對治慢性哀傷，又是另一種挑戰。由於哀傷者有控制和處罰他人，而獲得他或她所要的照顧，這樣的次級獲得。因此，哀傷者可能很少有動機要鬆弛哀傷，也繼續哀傷，而且他或她有疏離所有支持系統的情形。所以治療必須聚焦在哀傷者與死者的失落關係、死亡的性質，以及他或她對於社會支持的看法。同時，治療要特別聚焦在這個關係何以對哀傷者有特別的意義，為何哀傷者無法鬆開這個關係。此外也要探討哀傷者，在與死者關係當中的角色及認同。或許這樣可以找到自己新的角色，以及可以放棄對於死者的認同。還有，因為當事人可能害怕，一旦採用新的角色和認同，就是放棄了死者。對治這種慢性哀傷的當事人，治療師可以採取一些行為治療策略，制定一系列的任務，讓當事人去實踐，來處理這類型的當事人。例如有少數幾次去探視死者的墳墓，時常少量的將死者的遺物加以分類和處理。其次，需要協助當事人發展其他可以滿足的來源，以取代想要控制和處罰他人，或想要操縱他人關心等，並建立不同於慢性哀傷者的角色。由於慢性哀傷的當事人之所以維持傷慟，好像只要他或她一直哀傷，就可以維持死者還活著似的。因此Rando認為這類型症候群的當事人很難處理。

參、Worden的哀傷治療

　　Worden（1983, 1991, 2009, 2018）認為解決病態哀傷需要運用治療，針對哀悼時間過長、延遲等類型哀傷，協助哀傷者解決分離和衝突的問題，幫助哀傷者完成哀悼的任務，因此與哀傷諮商有別。哀傷諮商主要在協助哀傷者促進哀悼的過程。而哀傷治療，需要解決衝突，就會涉及到哀傷者，必須去體驗個人對於死亡和死者所迴避的想法與感受。治療師的責任在提供哀傷者，成功完了哀傷工作所需要的社會支持，並對於先前所否認的，允許哀傷者哀悼。

　　Worden主張哀傷治療適用在：⑴延長反應的哀傷、⑵延遲反應的哀傷、⑶誇大反應的哀傷、⑷以身心反應症或其他行為的症狀表達的哀傷。只要符合前述四種情況的一種或兩種，都適合採取哀傷治療。依據Worden的建議，哀傷治療共計10個程序。茲說明如下。

一、首先需要排除真正的生理疾病患者

　　如果來談的當事人有生理的症狀，必須先確定不是由於身體疾病引起的原因。即便顯然當事人的生理症狀與哀傷反應雷同，治療師還是需要十分謹慎。除非已經先排除有生理疾病的原因，否則治療師絕對不要開始進行哀傷治療。

二、簽訂合約，並建立同盟

　　當事人和治療師雙方都需要同意，要再探討當事人與死者的關係。若當事人同意這是一個值得去探討的範圍，在治療師的增強之下，當事人會相信這樣有益處。治療的重點，特別是在失落，以及與失落直接有關的事。在這個時候，暫時由治療師替代死者，提供希望和安慰。並且，一方面保持覺知哀悼者的內疚和毀損；但是，另方面表現這樣的覺知，並未減少對於哀悼者的體恤和關心。

三、還原對於死者的記憶

　　治療師和當事人一起討論死者這個人，他是什麼樣的人，像什麼樣子，當事人對這個人有些什麼記憶，他們喜歡一起做些什麼事或活動等。在開始會談的時候，要多談談正向的記憶作為底子，以便後面協助當事人去談負面記憶的時候，可以得到平衡，而不至於全都是負面的記憶。逐漸地，對於交談需要轉到當事人感到比較兩難的記憶，最後再談到充滿受傷害、憤怒和失望的記憶。如果在治療中，當事人所談的死者都只有負面的感受，毫無正面記憶。治療師需要設法扭轉這個過程，還原正面的記憶和

感受，即便只有很少數正面的記憶，也是重要的。此外如果在當事人的回憶裡有多重失落，則需要逐一處理，而且選擇程度比較不複雜的哀傷先談，最複雜的放在最後才談。

四、評估四項任務當中尚未完成的部分

Worden提出如前面第三章所描述的哀悼四項任務，因此他認為完成哀傷的解決，就是成功的完成那四項任務。當發生複雜性哀傷的當事人來談的時候，治療師需要評估這一位當事人，究竟在那四項任務當中的那一個環節出了問題。假如當事人口頭提到：「我不要你死，你只是離開並沒有死」這類的話，顯示當事人不能面對死亡的現實。治療師需要聚焦在死亡的事實，協助當事人放開死者。假如當事人表示可以接受死亡的事實，然而沒有適當的情感情緒，則顯示這名當事人的問題卡在任務二，治療師需要強化當事人可以表達哀傷情緒的安全，使得當事人能夠表達正向情緒，也能夠表達負向情緒。這兩種記憶和情緒的宣洩需要平衡，以便當事人能夠重新定義他們的關係。

至於任務三，主要在於適應沒有了死者的新環境。因此在完成任務二，可是當事人有適應不良、感到無望感和無助感的情形，治療師便需要採取問題解決策略，讓當事人回到生活現實，來協助當事人適應環境。可能也需要教導當事人適應技巧，並促進希望及感到增能，以及發展新的角色和角色擔當。最後，完成任務四，當事人需要能夠在投入新生活當中，找到與死者永恆的連結。這個任務無法完成，與不安全的依附關係很有關聯，Rando（1993, p. 312）用「跛腳的依附」（crippling attachment）來形容。因此治療師需要幫助當事人，從與死者過度依賴或衝突的依附之中解脫出來，以便形成新的關係。使得當事人允許自己停止繼續哀傷，判定兩人的新關係，並探討最後告別的困難在何處，以便完成任務四。

五、處理由於回憶所引發的情緒或缺乏情緒

在哀傷治療時，治療師往往會聽到當事人對死者有過度理想化的現象。從他或她使用很冠冕堂皇的正面用詞，便可以得知。在會談的早期可以容許當事人如此，然而這種過度讚賞對方，通常是在掩蓋沒有說出來的憤怒。治療師可以逐漸先從探討兩難的感受著手，然後協助當事人觸動憤怒的經驗。一旦當事人能夠辨識出自己的憤怒情緒，治療師便可以協助當事人看到他並沒有抹滅對於死者的正向情感。而且那些正向情感確實存在，因為當事人很關心死者。簡言之，就是當事人對於死者需要有正面和負面感受的相互平衡。其次，由於回憶很常帶出來的另一種情緒，就是對死者的內疚。如果是非理性的內疚，只要使用現實考驗技術，讓當事人看到那些內疚沒有事實根據即可。如果當事人的內疚有事實的根據，可以使用角色扮演的技術，來協助當事人與死者的關係當中，可以尋找與獲得原諒。

六、探討並化解連繫物

Volkan（1972, 1981）提過複雜性哀傷的哀傷者，有使用連繫物，以致阻礙解決哀悼的狀況。因此在治療複雜性哀傷的時候，治療師需要詢問當事人，在所愛的人過世之後他所保存的遺物，以便了解和確定是當事人的連繫物，或只是用來作為紀念，單純保留而已。如果當事人保留遺物作為連繫物，就要鼓勵他帶到會談來，並一起討論。但是不要勉強或甚至暗示，要當事人放棄或丟棄那個連繫物，這樣會引發當事人很大的焦慮。在治療的過程，能夠有效的促進哀悼，以及指出衝突造成問題，而解決了兩難困境，當事人將會自動的將連繫物放到一邊去，或者丟棄。

七、承認失落的最後結局

當哀傷者長期以來暗中懷抱著希望再重逢，並維持失落不是最終的結果，死者會以某種形式再回來（Rando, 1993, 2009, 2018）。治療師需要

協助當事人去正確評估，爲何他不能夠承認失落的最終事實。對於當事人那些的理由，需要以帶著療癒的方式來討論，以便可以預防當事人堅持否認。那些理由，例如相信「承認」的意思，就是個人必須做出自己的選擇，並受制於自己的衝動。療癒的討論，可以協助當事人面對自己逃避選擇的責任，以及害怕面對自己的衝動。所以在討論過程，治療師的了解、同理和支持很需要。

八、協助當事人重建新生活

　　這個步驟主要扣著任務三和雙向過程模式，來協助當事人聚焦目標（Worden, 2009, 2018）。目的在幫助當事人建立結束哀傷之後的生活憧憬。以簡單而且多彩的方式，讓當事人探討和想像，完了哀傷之後的生活。治療師可以使用幻想技術（fantasy technique）來協助當事人，請當事人閉上眼睛，然後想像他或她的悲傷神奇的消失了，他或她對生活有何盼望，他或她會想做什麼，他或她會要什麼，沒有死者他或她也可以完成的新生活目標是什麼（Shear, 2006）。此外也可以利用角色扮演，來協助當事人建立新生活中所擔心的必要技巧。在這個程序的探討，可以很有效地讓當事人有兩方面的學習，即：一方面，辨識出是什麼干擾了哀傷的完結；另方面，讓當事人知道自己會停留在哀悼的次級獲得，促使當事人更堅定的走出哀悼。

九、增強和改善社會關係

　　由於長期的哀傷，親友的安慰和勸說都無效，久而久之，親友也會有無力感或焦慮，以致不知所措，因此不再聯絡或疏離了。或有些當事人是自己迴避親友，認爲親友不理解，只會一直要他放棄死者。因此在病態哀傷的治療，會看到不少當事人遠離了親友，變成孤獨地過日子。會談的時候，一方面可以利用角色扮演來協助當事人學習如何重新接觸和連結親友的關係，另方面可以鼓勵當事人踏出一小步，去接觸和聯繫他認爲最有

可能成功接受他的親友。現在電腦網路和手機很普遍，也很方便。可以鼓勵當事人先寫信、寄email，或使用簡訊，向他選擇準備展開新關係的親友，表達過去讓他們感到失望，以及現在對於與他們的新關係的希望。

十、協助當事人告別死者，並找到可以永恆連結的方式

告別死者，在治療是一個漸進的過程。在每次的會談可以鼓勵當事人，向死者做暫時的告別。這樣做的優點，可以導向最後結束整個治療過程的時候，做出最後的告別（Rando, 1993）。當未完了事件已經完成了，在最後的一次會談，當事人可以說出：「我得讓你走了」，或「現在我得向你說再見了」這樣的話，在說完了，會感到獲得解脫。當然這個過程，是需要在當事人準備好了的時候，他本人將會知道自己已經準備要這樣做了，這時治療師才可以問當事人，是否要向死者道別。

對於病態哀傷治療的療程，Worden認為如果當事人沒有不尋常的病發問題，通常約需8到10次的會談，每週1次。如果採取密集式會談，將會更有效。不過偶爾有當事人在哀傷治療中途浮現出潛在的病態問題，則需要在哀傷治療之外，延長額外的時間來處理。這些在哀傷治療過程發現的潛在病態問題之一，即為共病症。最好在首次會談中能夠發現，並過濾掉這些會阻礙短期哀傷治療的共病症，例如憂鬱症、焦慮症、創傷等。其次是人格異常的問題，除了哀傷治療之外，也需要更長的時間處理。反過來的情況是，在一般心理治療的過程，治療師可能會發現，當事人有未解決的哀傷，就需要在心理治療的脈絡之中去進行哀傷治療。

有關哀傷治療的效果，Worden相當自信的認為，比一般心理治療效果明顯，而且可以確信。至於治療效果的評估，可以經由三種改變來評估效果。第一種是當事人的主觀經驗，在哀傷治療結束之後，由當事人報告自己的改變，能將死者的好感和好的經驗連結，感到自尊提升，不再覺得無力感和無助感等；第二種為可以觀察到的當事人行為改變，例如發展新

的社交關係，重返社交活動，遷移或丟棄死者的遺物，改造死者的房間等；第三種是生理症狀和哀傷症狀的減輕或消除，可以使用憂鬱量表或壓力量表之類來評估，在美國有一份由Prigerson等人（1995）編制的「複雜性哀傷量表」（Inventory of Complicated Grief），可以評估哀傷治療之後改善的狀況。

肆、完形治療法

完形治療認為，哀傷是人生的重要元素。人生有很多的改變，而改變的轉換，就是從一個生活的完形，轉換到另一個完形。在這個轉換過程，我們會接觸到分離的過程和連結的過程。前者是從固有的到解體；後者是從固有到統整的完形。當失落的每一個層次都接觸並同化了，新的就慢慢的開展。我們的注意也會轉移，當我們成功組織和改革了我們的生活，就會發現興奮、歡樂和熱情。哀傷的工作，允許我們得以從過去，經由分離和失落，到呈現出形成未來。所以哀悼所受的苦，就是一種鬆手讓自己過得去，一直到改變（Perls, Hefferline, & Goodman, 1951）。

E. Smith（1985）主張有兩種複雜性哀傷的狀況，治療師可以給予協助。這兩種分別為：一種是哀悼者硬撐著失落，而呈現無法哀悼的情況；另一種是哀悼者開始哀傷，但是持續過久。前者有缺乏、延遲或克制哀悼的症候群；後者為慢性哀悼症候群。Smith主張缺乏、延遲或克制哀悼的症候群，有兩種不同的動力所致，即：其一是痛苦恐懼，因為迴避哀悼，導致造成未竟事宜；其二是「要堅強」，所以「不要哭」、「要像個男人」、「不要脆弱」、「不要露出情緒」，以致防止充分的哀悼。至於慢性哀悼症候群，之所以慢性哀悼，維持未竟事宜的原因，在於拒絕完成哀傷工作，不肯鬆手，並繼續自己的生活。主要的影響因素有二：(1)假如這個人先前就有特質的傾向，哀傷可能引起憂鬱；(2)繼續維持哀悼有次級獲

得。

　　Smith指出治療介入的標的，在覺察（awareness）、喚醒（arousal）以及痛哭的活動。對於複雜性哀傷的治療，可以分為四個步驟：

　　步驟一，借助心理劇的空椅技術，讓哀傷者將死者帶到此地此時，哀傷者想像死者就坐在那個空的椅子上。最好治療師需要提供一些引導想像，協助哀傷者可以比較進入狀況。

　　步驟二，當哀傷者體驗到，死者好像就活生生的坐在前面的空椅後。治療師請哀傷者靜靜地坐一會兒，並觀看死者看起來如何。然後，請哀傷者去感受有什麼情緒出現。

　　步驟三，治療師邀請哀傷者告訴死者，任何他想要對死者說的話，包括所心裡所想的，以及心情，而且只要維持想法不離此地此時的經驗。Smith認為健康的哀傷，需要包括表達感恩、生氣和懺悔等三方面。在哀傷者對死者說話的過程中，因此需要包含三項要點：⑴感謝，對於死者的美好記憶、情感和愛；⑵不滿或不愉快的記憶和負向情感，甚至可能是對死者的憎恨；⑶後悔的事，或承認不像哀傷者所想要或想做的。

　　步驟四，獨白。讓哀傷者先坐到原來死者的空椅，並扮演死者，以便對上一個步驟，哀傷者所陳述的內容做回應。進行這個獨白技術的時候，哀傷者需要來回坐在原來自己的椅子和死者的椅子，以便演出自己的角色和死者的角色兩人之間的對話。何時該回來坐在自己的椅子，並回到自己的角色說話，何時該換到死者的椅子，演出死者的角色說話，需要治療師協助，因此治療師的經驗很重要。

　　在進行這四個步驟的時候，治療師需要注意哀傷者任何對於充分覺察的迴避。有迴避之處，就需要治療的介入。通常所需要的治療介入，只有提醒哀傷者或鼓勵哀傷者，去充分覺察自己所迴避的事。處理迴避，簡單又好用的方法，就是從身體去著手，提高覺察和促進呼吸，就能提高喚

醒，以及減少去克制痛哭的肌肉緊繃狀態。此外迴避的時候，呼吸會變小。因此治療師要處理迴避，並提起喚醒，可以對哀傷者說：「不要憋住呼吸」、「放鬆一些，保持呼吸」。若哀傷者迴避哭出來，治療師要鼓勵的說：「哭出來」、「讓眼淚流出來」、「哭出聲來」。這樣可以讓覺察、喚醒和痛哭的哀傷循環流動，以便進行得更有效。

伍、其他治療方法

除了上述的治療方法，其他提出對治病態哀傷的還有行為治療、認知治療等。在此僅簡要介紹Lieberman（1978）以及Mawson、Marks、Ramm和Stern（1981）所建議的行為治療方法。Mawson、Marks、Ramm和Stern提出所謂「引導哀悼」（Guided Mourning）的治療方法，主要為使用系列的介入，因此Lieberman的方法也可以歸類在這種方法。最後，簡介Shear等人（2005）治療複雜性哀傷的方法。茲分別說明他們的方法，以供參考。

Lieberman建議有三種不同型態的病態哀傷，可以使用他所建議的強迫哀傷治療法（forced mourning procedures）。這三種不同型態的病態哀傷，為：⑴第一種型態為對於與死者有關的一些人、地方或東西，會有恐慌迴避（phobic avoidance），而且對於死者和死亡情境，有極端的憤怒和內疚。這種型態的哀傷，通常與失落發生超過2週之後才延遲出現哀傷有關，使用他所謂的強迫哀傷的治療方法最有效；⑵第二種型態為對於失落完全缺乏哀傷。通常對於死者，以及最後生病與死亡當時的周遭環境，會有極端的憤怒。在會談之初，這種憤怒需要有個出口，通常不會直接針對死者，而是會衝著治療師而來，原因是哀傷者將死者理想化。治療師可以使用解釋，鼓勵哀傷者了解這些情緒與失落了所愛有關；⑶第三種型態是延長性哀傷，包括生理疾病，以及一再做噩夢。這種型態的哀傷，與伴隨

有生理疾病的反應性憂鬱非常相似。

Lieberman（1978）根據系統減敏法（systematic desensitization）和內爆法（implosion）的原則，針對病態哀傷的病人提出了一套強迫哀傷的治療程序。治療的程序如下：

一、要求哀傷者以正向和負向的方式說出死者，回顧與死者的關係，鼓勵哀傷者以口語和非口語（例如書寫、寫信等）表達方式，表達出強烈的、痛苦的，以及被封鎖的各種情緒。

二、將哀傷者的注意力聚焦在死者有關的話題，每當哀傷者偏離話題，就得將話題帶回，並再繼續聚焦。

三、請哀傷者將死者的物品，例如照片、遺物或衣服等，攜帶到會談中，協助哀傷者可以面對和正視他所帶來的物品。

四、會談的工作，協助哀傷者將迴避行為放到一邊去，並發展一些新的關係。

五、教導哀傷者去和家屬談談他的情感情緒。

六、若在會談中哀傷者有提到其他失落，也以相同的方法處理。

Lieberman的治療方法，有哀傷者的家屬參與治療過程很重要。由於病態的哀傷，就是一種家族型態，家屬也需要體驗強迫哀傷。如果家屬沒有參與，當事人需要表達哀傷情緒和談論失落，由於家族型態不容許表達憤怒，家人將會阻礙治療。

另外，也是屬於行為治療的一種方法，就是Mawson、Marks、Ramm和Stern等人（1981）所提出來的「引導哀悼」方法。他們認為未解決的哀傷與恐慌迴避有關。治療的重點就是使用一些行為策略，聚焦在哀傷者的失落反應，讓哀傷者暴露在他或她所迴避的情境。這些行為策略，有⑴使用想像或是真實的方法，讓哀傷者暴露在與死亡有關的痛苦、念頭或情境，以及哀傷者的迴避；⑵重複的描述那些屬於失落，或由失落導致的結

果，例如非常悲傷或內疚等，直到那些壓力消失；⑶鼓勵哀傷者去參訪他所迴避的地方；⑷鼓勵哀傷者以口語或行為向死者道別；⑸指定作業，包括強迫去書寫或想想死者，面對哀傷，以及每天要看死者的照片。

根據Mawson他們自己的研究，引導哀悼的治療方法，可以降低恐慌性迴避，但是對於改善憂鬱心情和一般焦慮，則沒有顯著效果。原因可能在於：⑴情緒困擾和迴避哀傷可能不如一般所想，以為兩者有相關；⑵治療方法可能沒有通用性。因此可以有效治療某些問題，不見得對於其他問題也有效。

最後，介紹Shear等人使用的複雜性治療法（complicated grief treatment，簡稱CGT）。複雜性哀傷治療的重點在失落的過程。這是由Shear等人（2005）所提出的一種設計，主要用以改善複雜性哀傷的症狀之方法。Shear等人認為造成複雜性哀傷的主因，在於哀傷者不能接受失落。所以利用類似延長暴露的技術，以「想像的再造訪技術」（technique of imaginal revisiting），讓當事人再次口述死亡的故事，以便努力去面對那些防止他或她接受的事件之各方面。而在當事人口述的過程，諮商師則協助當事人去認知，造成他或她無法完全活在當前和去計畫未來，這些個人所迴避的部分。此外，CGT也使用「情境再造訪技術」（technique of situational revisiting）。對於當事人過去喜歡的人、地方和情境，由於發生失落之後，哀傷相關的痛苦，致使個人在行為或認知有去迴避的狀況，例如迴避去談論或提及，或迴避去那個地方或見那個人。使用「情境再造訪技術」的諮商師，需要挑戰當事人，對於他或她所迴避的這些行為和認知。同時，諮商師也可能會使用「想像的對話技術」（technique of imaginal conversation），讓當事人和其所愛的死者來一場在有想像圖像情境中進行對話。目的在於讓當事人可以談一談讓他或她感到困擾的議題，例如與死者的兩難關係，或感到內疚與自責的事。

第十四章
臨終病患

　　面對死亡是一件恐懼的事，不只害怕死亡過程的痛苦，也害怕對於死後的一無所知。對於臨終病患的照顧，不僅在身體和生理需要盡量減少疼痛感，更需要心理的準備與靈性的安頓。

　　治療癌症病人已經成為健保費每年一大支出，根據健保署公告資料，2017年在癌症醫療支出約933.5億元。癌症的危險因子可分為先天型和後天型兩種。先天型危險因素可歸納為：老化、性別和基因三種；後天型危險因素主要為不健康的生活型態，除了一般人熟知的菸、酒和檳榔之外，燒烤紅肉、加工肉品、油膩食物、甜食等，缺乏運動、肥胖也與癌症有密切關係。所以，後天型的危險因素，可藉由個人自己的決定。

　　根據衛生福利部報告，癌症已經連續33年位居國人十大死因排名第一位。根據健保局最新統計資料，在2015年癌症患者人數達到63萬人。又根據2016年衛生福利部癌症登記報告，新發癌症人數為10萬5,832人，較2015年增加676人，顯示癌症時鐘又快了2秒，平均每4分鐘58秒就有1人罹癌。這個數字的確令人心理有威脅感。由於人口老化快速，以及不健康生活型態，癌症發生人數預料仍將持續上升。從另一方面，雖然癌症發生人數上升，但是就年齡標準化發生率來看，2016年每10萬人中有296.7人罹癌，較2015年每10萬人減少5.3人。這項消息則略可讓人感到安心，不過能夠預防癌症發生是最好的安心辦法。癌症病人的醫療和照顧，已經是世界各國醫學界十分關心的議題。除了研發致癌藥物，對於臨終癌症病人的

妥善照顧，已經成爲先進國家努力的重點。

❖第一節　醫院需要諮商心理師❖

在安寧療護（palliative care）的發展，台灣已經躋身世界少數趨於統整程度的國家。根據英國卡斯特大學「國際生命末期照顧觀察組織」（簡稱IOELC）和「英國全國安寧療護組織」（簡稱NHPCO）在2006年共同發表的「安寧療護發展程度拼圖」，台灣在安寧療護發展，已經可以符合最高等級。這個最高等級的定義，包括：⑴在廣泛的區域內，都發展出安寧療護積極行動的關鍵性主體；⑵由許多安寧療護機構，提供所有安寧方式的完整服務；⑶在健康專業人員、地方社群以及整體社會，對於安寧療護都有廣泛的認識；⑷能不受限制的獲得嗎啡及其他強效的止痛藥物；⑸安寧療護對於公共政策有具體的影響力，尤其是在公共衛生政策上；⑹建立許多受到認可的教育中心、與各大學建立學術上的聯結、已存在全國性安寧療護協會。黃曉風（2014）認爲儘管台灣的安寧療護發展已經相當先進，不過仍有許多有待努力的空間。

由於安寧療護的多面向特質，很需要不同專業人力、半專業人力和非專業人力，以及病人親友的團隊合作。然而，傳統上在台灣的醫院和其他醫療機構，主要工作人員爲醫師、護理師、藥劑師、醫技人員和社工師等。事實上，醫院和其他醫療機構有許多重症、長期疾病和臨終疾病的病人，都不是精神病患，然而他們會因身體和生理疾病的因素，除了身體和生理的需求之外，還會有不同的心理需求。由於諮商心理師的專業，主要在協助一般非精神疾病的對象，處理他們生活和人生的困難以及憂慮的問題。所以，醫院和醫療機構所服務的非精神疾病病患，在心理層面的需求和問題，很適合由諮商師提供協助。目前這些病人的心理需求，都由醫院內的臨床心理師或社工師負責。然而，臨床心理師在精神科

的工作不少，人力又有限，社工師的狀況也相似，實不宜再增加他們的任務。其次，諮商心理師、臨床心理師和社工師爲不同專業。我常強調「合夥」（collaboration）和「合作」（cooperation）不同，合作需要分工，各司其職。在美國，醫院也有社工師的編制，由於社工師的專長主要在安置（displacement）和社會資源運用，所以通常不會從事心理服務工作。至於臨床心理師，專長的領域在精神疾病，除非前述那些不同類別的病人，同時隨伴有憂鬱症或其他精神疾病，才需要精神科醫師和臨床心理師的協助，否則主要由諮商心理師提供服務。

　　尤其在安寧療護這個領域，不只病人和病人的家屬有心理需求，即便在安寧醫院或安寧病房工作的醫師和護理人員，由於臨終病人的特殊性，安寧醫護環境的壓力，以及醫病關係問題等，也都可以獲得諮商心理師的協助。例如醫師要告知病人癌症嚴重的程度已經到了無法治療，即便對於有經驗的醫師，也是個棘手而有壓力的工作（Docherty, Miles & Brandon, 2007）。然而，至目前台灣的醫院和其他醫療機構，任用諮商心理師的情形殊少。可能由於諮商心理學在台灣的發展較晚，1971年才引進台灣，在彰化師範大學（原台灣教育學院）開始設系培育諮商心理專業人才。而且到了2000年，才有國家諮商心理師證照的設置，導致醫院和醫療機構對這個行業的陌生和缺乏認識。美國由於越戰對整個國家和社會廣泛的心理傷害，在1968年的國防法案便制定了「社區心理健康法案」，在各縣市成立了「社區心理健康中心」（簡稱CMHC），這種醫療機構同時具有五種功能：急救、預防、心理教育、諮商、藥物治療。由於諮商心理師具有臨床心理師和社工師無法取代的專業能力。因此CMHC開始引進諮商心理師，以便對於非精神疾病的就醫者，提供更加完整與統整的服務。所以在美國，諮商心理師早已成爲醫院和其他醫療機構不可缺少的心理服務角色。台灣是一個醫療相當發達的地區，尤其安寧療護已是走在世界前端國家之

一，這是值得台灣醫療體系借鏡。

❖第二節　Dying與死亡❖

壹、Dying的概念和定義

在此暫時不使用中文，而使用「Dying」，是由於這個英文字的概念比「死亡」（die）複雜。「Dying」這個字的中文意思，可以翻譯為「瀕臨死亡」、「步向死亡」、「趨於死亡」、「奄奄一息」、「衰敗」、「垂死」、「將死」、「臨終」等不同概念，各個意思不盡相同。Corr、Nabe和Corr（2000, p. 134）提到：「*成為死亡是要經過垂死，成為垂死依然是活著。*」確實，即便將死之人，他還是活著的人，我們不能抱持對待死人的態度，來協助將死或臨終的病人，這樣照顧者可能會忽略病人的需要和情感情緒。對於「死亡」和「Dying」的看法，在醫學、哲學、宗教，甚至不同文化，都有很不一樣的看法。

存在主義哲學家Rollo May（1981）在他的名著《自由與宿命》（*Freedom and Destiny*）之中提到，我們對於死亡的覺知，是在人類宿命最為鮮明，而引人注目的例子。這句話令人想到，生命是在出生和死亡這條直線的兩極端之間的過程。人類的宿命，在出生之後便朝死亡的方向走去，這也是唯一的方向，不管這個過程有多麼的順利輝煌或曲折失敗。可能有人會反駁他的看法，主張出生不久的嬰兒、年紀還小的兒童、青少年等，怎麼可能朝死亡的方向走去。的確，從社會、醫學和生物的觀點，生命本身有兩個面向，一邊是朝向「活著」（living），另一邊是朝向「死去」（dying）。

就生理和生物的觀點，確實一個人至少在中年及以前，主要每天都

朝活著的方向，所以越長越大，也越強壯、越有精力和活力；過了中年之後，身體和生理才會逐漸衰敗，體幹和四肢，以及各項器官都逐漸退化和老化，功能逐漸變差，體力和精力漸減，逐漸朝死亡方向前進。然而，即便成長和發展迅速的嬰兒、兒童、少年和青年，都有走向死去的可能。由於疾病、意外、人爲或自然災難，戰爭等因素，而迫使生命提早面向死去和死亡。所以，就宇宙的宏觀和哲學的角度，人自出生，便步向死亡的方向，「Dying」這個字，就不是強調垂死或將死的意思。

　　由於「Dying」的過程和「死亡」都具有社會意義。因此，從生到死的過程，若以社會的觀點，人類便可以有較多的選擇，不至於無奈。筆者在1988年閱讀到Rollo May（1981）的《自由與宿命》這本書，便有感而發的在書籍的前頁寫下：「死亡是人類的一種宿命，我們無法選擇不死，但是可以選擇如何活著。」三十一年後，再度看到自己寫的這句話，還是有同樣的感觸。尤其，再次閱讀到Elisbeth Kubler-Ross（1969）的《死亡與將死》（On Death and Dying）這本書，她從訪談惡性腫瘤病患和臨終病患獲得的資料，看到一個人怎樣過一生，會成爲影響他在臨終之前，怎樣面對死亡的重要因素，由此更感到一個人應該重視自己可以選擇和選擇的責任。以罹患癌症的病人爲例，至目前醫學尚無法完全治癒，不論發現疾病的時候爲二期、三期或四期，都只能暫時控制，所以一旦罹患惡性腫瘤，一個人在生物層面的生命，便走在朝向死亡不同距離和時間的「死去」路上。唯有末期惡性腫瘤的病人，由於藥物已經無法控制，被稱爲「臨終」。就前述Dying的概念，其他各期的病人，或可稱爲「步向死亡」的病人。然而就病人在面對「活著」的方向，還是有很多的選擇，即便是臨終的病人，每天還是可以選擇如何活著。筆者所認識的幾位罹患不同惡性腫瘤的同事和朋友，都依舊繼續享受著工作的興趣和意義，直到死亡，而不是等到死亡。也就是說，雖然受到死亡的威脅，依舊選擇面對活

著。

　　然而，就醫學和生物層面的生命，當用在臨終病患時，以特定病人個體的角度，「Dying」這個字，便有「將死」、「臨終」、「垂死」或「奄奄一息」等不同狀況。在安靈療護的工作，Corr、Nabe和Corr（2000,p. 133）認爲：「垂死的人，是活的人類。……死亡是垂死的結果。」很明白地強調「死亡」和「垂死」這兩個概念不同。垂死不等同於死亡，死亡也不等同於垂死。這樣的概念，尤其對於臨終病患很重要。由於我們對於將死之人，容易視同「死人」般的加以對待，最普遍的就是沒有溝通。事實上，將死之人和其他活生生的人相同，也有他的需要，他的願望，歡樂與痛苦，焦慮、害怕，計畫和規劃，以及希望（hope）。然而，由於我們面對病人「將死」的壓力，便在前意識低估了病人「活著」的面向。

　　從哲學和宗教的角度，Dying是我們生活和活著的經驗之一部分，也是唯一的一部分。直到生命「活著」和「將死」都結束了，才發生死亡（McCue, 1995）。所以，即便是「將死的人」，我們還是必須以「活的人」來相互對待，需要與他溝通，相互表達情感，重視他的歡樂，聆聽他敘說個人故事和談願望，了解他的希望，共同討論計畫和規劃。隱瞞和迴避，臨終的病人還是可以從醫護人員和家屬的非語言線索知道。當病人周邊的人不再和病人溝通，病人也不會和家屬、醫護人員或神職人員溝通，只是被動的保持緘默和接受安排，帶著遺憾離開人世。

　　從訪談兩百多名臨終病患的經驗，對於和臨終病患工作的人員，Kubler-Ross（1969, p. 258）這樣提醒：「被這樣一個病人『拒絕』，並不意味著『不，我不要談這個事』，他的意思只有『我現在還沒有準備好去開口或分享我的憂慮』。如果沒有中斷訪視，當病人準備好去談的時候，將會給出線索。」所以，沒有機會分享或談到自己的將死和死亡，是由於還沒有準備好，往往被醫護人員和家屬誤以爲病人「否認」面對死

亡，或可能由於醫護人員和家屬的非語言迴避線索，透露出讓病人知道
「我們不要談這個話題。」所以，當病人還能溝通的時候，不要放棄和迴
避溝通，即便病人無法言語了，醫護人員和家屬還是要保持和病人溝通，
因爲他或她還活著。

貳、死亡的概念和定義

對於死亡的定義，有很多不同的看法。從時代與醫學的進步，對於死
亡便有不同的定義。過去在醫學上對於死亡的定義，以心臟停止跳動和呼
吸停止來認定死亡。由於醫學的進步，如果從這個定義，現代有不少還活
著的人就被認定死亡了。由於心臟病發作，會導致心跳和呼吸停止，然而
目前的醫術可以經由葉克膜等人工方式維持生命的持續。因此，目前以腦
死爲準則，便可以合法的關閉呼吸器，由於腦死爲完全的無法返回功能。
不過由於科技的進步，誰都無法預知，未來是否對於死亡的定義還會有所
不同。

美國自1960年代以來，對於死亡的定義，從謹守生理的準則，轉變到
討論生命的價值和人類品質的素質（Prior, 1987）。1981年美國雷根總統
創辦「雷根總統的委員會」，以醫學、生物醫學和行爲研究方面，從部
分腦死、全部腦死和非腦死的方式，研究從死亡的倫理和法律方面對於
死亡的定義，決定以腦取向的準則來決定死亡。當發生「所有腦功能的
不可逆轉的失落」（Younger, Landefeld, Coulton, Juknialis, & Leary, 1989, p.
2205），就是死亡，這個定義已逐漸被廣爲接受。顱內死亡，就是這個人
死亡，特別由於是在較高的腦功能停止了。

然而從腦死這個準則認定死亡的定義，對於前面兩個極爲不同的觀點
之妥協，是有爭議的，即：一方面這樣妥協的概念是，人類有機體的功能
完全不統整，所有生活的元素都死了，所以這個人就死了；另方面考慮對

於死亡概念的妥協是，在於作爲一個人，具有意識能力是必須的條件，死亡就是個人存在的中止，而植物人就不是個人了，然而不管腦幹死或整個腦死，植物人明明是活著的（Gillon, 1990）。由此可知，對於死亡的定義是一項極困難的事。不同的文化、不同的社會和不同的宗教，對於死亡的定義有不同的看法。當社會演進，醫學、文化，甚至宗教，都可能改變對於死亡的定義，且勢必也會演進。

參、死亡和Dying的社會意義

死亡和Dying（在此刻意使用英文，以傳達更多的意思）都具有社會意義。Leming和Dickinson（2010）主張臨終是一個社會過程，一個即將死亡的人是活的，並且參與他人的生活經驗。其次，就死亡和Dying的各方面而言，社會意義是最重要的元素。死亡的社會意義，包含有社會所創造和使用的象徵，這些象徵有些具有實證性質，有些則不然。但是，兩種性質都可以使得人能夠彼此有所關聯，以及創造出分享行爲和意義（Glenn M. Vernon, 1970）。如果認爲死亡只有生物和生理的過程，這樣就很簡單。但是從社會意義的角度，可能很難令人獲得同意。由於一個人死亡，涉及他周邊的人和環境，都會因爲這個人死亡的影響而改變。

至於臨終，更不只是生物和生理的過程。說實話，最爲個人私下的，固然是發生在身體，然而一旦提到臨終的意義，由於人類的身體是存在社會和文化的脈絡當中，所以在臨終的過程，就是個人能擁有最具社會性的一個經驗。當一個人將死，除了內在的生物和生理的改變，還有非常多的事會發生。所有人類將死的每個行動都會影響他人，而同時他的環境及圍繞著他的人，也會影響著他。因而將死的行動，就是一種社會事件。一個社會能不能公開談論死亡和臨終的事，對於臨終的人和繼續生存的人，都將有所影響。

❖第三節　臨終病人對於死亡的反應❖

　　致力於癌症病人和臨終病人心理工作多年的經驗，Kubler-Ross一再強調從病人去學習，是一個最好的辦法。對於有心努力協助臨終病患的醫護人員、神職人員以及家屬，這是很中肯的建議。由於癌症是當今醫學領域最棘手的疾病，而且多數的癌症疾病類型，至今都無藥可解。因此，從上個世紀以來，人人聞癌色變，幾乎普遍有癌症恐懼。根據Kubler-Ross（1969）的訪談經驗，所有病人聽到這個會致命的疾病壞消息，幾乎都有這樣相似的反應，就是「震驚」和「難以置信」。這種反應，可能是人類對於巨大，且非預期性壓力的一種反應。包括Kubler-Ross本人和她的學生所訪談的病人，這種否認的反應，從短短幾分鐘到長達幾個月都有，然而否認也不是全部都否認掉。在否認之後，接著主要是「生氣」和「憤怒」。生氣的表達呈現多種方式，例如忌妒他人可以好好過日子，更能幸福。華人所謂的怨，也是一種生氣的情緒，只是語氣和語言內容不同。憤怒的另一面，就是悲傷，這是值得注意的陰陽兩面反應。Kubler-Ross提到病人有一部分的憤怒，會以遷怒的方式出現，並由被醫護人員和家屬辯護而增強，醫護人員和家屬越是辯護，病人就越感到憤怒。假如醫護人員和家屬可以包容，不要「對號入座」，認為病人的生氣是衝著自己來，就可以幫助病人度過。而在短暫的「協商」階段之後，便是「憂鬱」，這是朝向最後「接受」的踏板。每一個階段不會相互取代，而是會有前後相繼和並存的現象。很多病人無須他人協助，就可以到達接受階段；有些病人則需要他人協助，去修通難以度過的階段，以便死得平靜和有尊嚴。

　　Kubler-Ross特別提到，不管疾病到了那一個階段，以及病人所使用的因應機制，直到最後的時刻，病人都還會維持某些形式的希望（hope）。那些被告知最後的診斷，沒有機會、沒有希望，病人對於這個最壞的反應，就是對於告知他消息的人，也不曾完全有所妥協。病人所關心的就是

維持希望。因此，身為醫護人員要好好記得這一點。

　　Kubler-Ross從她與病人交談的經驗，看到受教育較少而且單純的人、老練的人、與社會緊密維繫的人以及具專業職責的人等，這幾種人通常在面對最後的危機，比較沒有困難；相較之下，富裕而死亡會失去很多奢華物質、過著舒適生活、有一票人際關係的人，面對最後的危機，就比較困難；還有一生勞碌、勤奮工作和勞動，並且養育子女已經成人，而且滿意其工作的人，比較容易安詳和有尊嚴地接受死亡；相較於有控制環境野心，累積物質財富，以及有一堆社交關係，但是卻很少有意義的人際關係的人，就比較難以面對臨終。至於有無宗教信仰，似乎沒有差異，可能差異很難確定。不過少數真正虔誠的教徒，確實受到虔誠信仰的幫助。但是多數的人介於有宗教和無宗教之間。Kubler-Ross的這些經驗，可提供照顧人員的參考，不過由於文化和社會的差異，還有待再驗證。

❖第四節　對於反對Kubler-Ross五階段論的評析 ❖

　　在美國有不少學者，並不認同Kubler-Ross（1969）所提出的臨終病患面對死亡的五階段模式，而主張沒有階段現象的存在（Corr, 1993; Corr, Nabe, & Corr, 2006; Klass; Metzger, 1980; Shulz & Aderman, 1974; Wright, 2003）。當進一步檢視持反對立場的學者之論述，便可以發現，他們用以反對的證據很脆弱，多數反對的人都只是評論，只有少數採取實證研究。在實證研究方面，Metzger（1980）使用36個題項的Q分類研究法，分別給兩對夫妻實施調查。這兩對夫妻，妻子都被診斷可能臨終了，也就是夫妻樣本總共4人，各對有一人為臨終病患。詢問他們當前對於疾病的看法，以及自從被診斷以來的四個時間點，對於疾病的看法。根據這樣的研究設計，Metzger發現沒有階段論。後來Wright（2003）以開放式深度

訪談法，針對36個樣本進行訪談，其中12名爲將死（dying）的病人，24名爲病人家屬。雖然Wright的研究樣本比Metzger的大很多，然而以dying的複雜性，可能不只需要大量的樣本，由於研究過程的階段改變，可能時間的長度也很重要，尤其臨終病人，以及病人和家屬互動的特殊性，若使用回溯法，可能變異會比較大。所以，這樣的研究設計，尤其病人的樣本數量顯然不足，所發現的結果，依舊令人十分存疑。在研究結論中，Wright（2003, p. 451）自己也表示：「我沒有答案——沒有可建議的意見，所有的人應該如何因應，且當然我的研究沒有提供任何dying的普世理論……。我們必須重視將死（dying）一如活著（living）的複雜和互異。」

　　誠如Wright所言，dying本身的複雜性，以及病人的差異性。後來這些反對Kubler-Ross的五階段模式，甚至不認爲有階段存在現象的學者，他們所憑藉的研究證據，筆者認爲多處有待商議，分述如下。

　　第一，醫學的進步與癌症的分期。1969年Kubler-Ross發表五階段模式的年代，在惡性腫瘤或癌症醫學方面與現在的進步程度，堪稱不可同日而語。而且，一則在Kubler-Ross的倡導之後，才有安寧病房或醫院的設置，二則現在對於癌症檢查的正確性、癌症的診斷與分期、治療技術和策略以及醫藥，都有很大的進步，而這些都會影響病人對於診斷和治療的看法，以及所抱持的希望（hope）。Kubler-Ross（1969, p. 138）提到：「有個東西通常持續經過所有的這些階段，就是希望。」後續又提到（p. 139）：「在聆聽臨終病患，我們始終得到印象，即便最能接受，最爲現實的病人，都保留開放對於治癒、發現新藥，或到最後一分鐘研究計畫的成功。」由於這一絲絲的希望支持著病人度過每日、每星期、每月的痛苦。仔細閱讀Kubler-Ross的書，會發現她和她的學生訪談的對象，有初診被發現癌症的病人，更多是多次進出醫院的住院病人，以及最後被留在醫

院治療的病人。所以從現在對於癌症嚴重程度的分期，她的受訪者在癌症的嚴重程度，包括的範圍就很廣，不限於從當前癌症醫學觀點被診斷爲末期，而且被安置在安寧療護醫院或病房的病人。也許當時的醫學是這樣的情形，所以Kubler-Ross常用「dying」這個字，反而不常使用臨終疾病（terminal ill）。後來的學者，如Wright（2003）的研究對象，都是來自安寧療護醫院或病房，才是眞正的臨終病患。可能這個差異使得Kubler-Ross可以觀察到比較廣的、處在不同病程的病人對於死亡的反應。

第二，信任。常採取質化研究方法的人都知道，訪談者和受訪者的信任關係，會影響受訪的資料。尤其對於重大疾病的病人需要去談死亡，信任關係更重要。訪問面對重大疾病的病人，困難程度很高。由於病人面對自己的疾病，是一個非常大的壓力，面對他人，病人也有要維持的尊嚴。缺乏信任，病人或家屬爲了維持尊嚴，可能影響作答。Kubler-Ross是在爲病人工作中進行研究，與目的單純爲了研究而接近病人，可能病人會有不同的反應。她在書中談到，雖然病人很樂於和Kubler-Ross，以及她的學生們分享他們的憂慮，自由的談論死亡和即將死亡這些事，而當他們想換個話題的時候，他們也會給出訊號，隨著病人的意向，然後大家就轉換交談話題，甚至病人終止交談，改天再談。病人承認紓解情緒很好，也需要選擇時間和何時結束。所以，如果只是爲了研究去接近病人和訪談病人，信任的關係可能不同；而且願意接受訪談的病人可能有不同的動機，可以推測可能影響所獲得的研究資料。

第三，訪談者的訪談技術和敏察力。有些時候不是病人要刻意有所隱瞞，Kulber-Ross提到病人的防衛，會影響他們對於死亡的反應。以第二階段憤怒的反應爲例，憤怒可能以遷怒的方式表達，也可能抑制（suppress）或壓抑（repress），以致病人不承認或完全不自覺。憤怒也可以是以羨慕或忌妒的方式呈現，或以「怨」的方式呈現。還有憤怒的另

一面是悲傷，可能病人以悲傷取代了憤怒。所以，訪談的人如何「問」與如何「理解」病人的表達，基本上就是一大難題。目的為了研究所進行的訪談，肯定與前述病人和Kubler-Ross，以及她的學生分享他們的憂慮，而自由自在的談論死亡，非常的不同。這是病人自願、自動、自發，並因時因地的自我揭露，而不是在特定時間為了回答研究問題而揭露。

　　第四，不是每個病人都經歷五個階段。Kubler-Ross特別提醒，不是每位病人都會經歷那五個階段，何況還有病人呈現相鄰階段特徵並存的現象。也有一直到死，都沒有去面對死亡現實的病人。而有些病人處在一個特定的反應階段，可能只有短短幾分鐘，有些病人則長達幾個月，例如知道自己疾病狀況在「否認」之後，可能在很短暫的「憤怒」之後，很快便進入「協商」階段，以便尋求可以化解死亡的逼近或延長壽命。這種情形在台灣最常見的協商策略，就是尋找更新的藥物和治療方法、求神拜佛、布施行善、希望積德受到神佛保佑或尋求偏方等，力圖挽救或延長自己的生命。還有由於癌症類別和個人背景因素的差異，病情變化可能很大也很快，超乎個人心理準備和反應。依照這樣的情況，顯見研究病人對於Dying反應過程，研究對象不能只限於住進安寧照護醫院或安寧病房的病人，也不能根據數量很有限的樣本，便武斷下結論。如果沒有長期和足夠大的樣本，可能很難知道Dying的病人面對重症和死亡的哀傷反應過程全貌。在喪親的哀傷歷程階段研究，Maciejewski等人（2007）很嚴謹的以親人自然死亡的哀傷者為研究對象，並且取樣233個。而研究dying病人的哀傷歷程階段，應該更困難。所以無論是Writght（2003）或Metzger（1980）的研究樣本，顯然都非常的不足。雖然Writght、Corr等人也批評Kubler-Ross的研究缺乏效度，然而如果研究方法的設計有欠嚴謹或樣本過少，同樣在信度和效度都令人感到質疑。

　　除上述之外，Corr、Nabe、和Corr（2000, p. 144）反對Kubler-Ross

五階段論的另一個理由，就是指控：「很不幸的，自從出版《死亡與Dying》之後，有些人變得對待將死的人視為『憤怒的病例』或『憂鬱的病例』，另外一些人告訴病人，他們已經生氣了，現在應該繼續前進到協商或憂鬱，還有一些人變得挫折，由於有些病人在他們看起來是『卡』在dying的過程。」用這個理由來反對實在不充分。發生誤用五階段模式，應該不是Kubler-Ross的責任。Kubler-Ross已經提醒過，醫師往往容易將病人物化，看病不看人，所以就有所謂「肝臟病例」（liver Case）、「心臟病例」（cardiac case）的問題。她呼籲我們要自問：「是否醫學是保留在一個人道主義和受人尊敬的專業，或是一個新的，但是非人性化的科學，在服務延長生命而不是減少人的痛苦？」Kubler-Ross在她的書中一再強調「個體」，「人文」，以及「傾聽」和「人際溝通」等，在與臨終病人工作的重要性。因此身為精神科醫師的她，研究dying病人的方法，就是和病人「交談」，而不是「詢問」，也尊重病人對於交談話題的選擇和改變，讓病人可以自由自在的交談，而且要使用病人聽得懂的語言，都是她特別重視的態度。因此，她絕對不會贊同使用她的五階段模式的人，將病人視為「憤怒的病例」或「憂鬱的病例」。

最後，Corr、Nabe、和Corr（2000, 2006）認為，沒有Kubler-Ross所主張的階段存在，應該以他們的任務模式取代。筆者認為，階段模式和任務模式兩者在層面、功能上不同，應該可以並存和並用，而不是取代。由於Corr他們的任務模式是由橫向層面的觀點，去論述臨終病患的需求，重點在協助病人去因應瀕臨死亡；而Kubler-Ross的五階段模式，是從縱向層面去描述病人面對死亡的反應，兩者為完全不同的事。Corr、Nabe、和Corr的任務模式，主張因應瀕臨死亡的任務工作，包括四個範圍，分別為：⑴生理的範圍，以與其他價值觀一致的方式，滿足身體的需求和減少生理的壓力；⑵心理的範圍，最大化心理的安全感、自主，以及豐富；

(3)社會的範圍，維持和促進那些對這個人關心的人際依附，以及解決在dying的社會影響；(4)靈性的範圍內，解決無意義的聯繫和超越，以培養病人的希望。至於Kubler-Ross的五階段模式，在於了解瀕臨死亡的病人面對死亡的心理反應歷程，在於照顧者了解病人和提供適切的服務，可能是目前唯一值得參考的模式。除非在未來有嚴謹設計的研究結果出現，足以推翻Kubler-Ross的模式。因此，如果結合五階段模式和任務模式，可以根據病人對於瀕臨死亡之心理反應的了解，促進各項任務工作範圍的適切因應。

❖第五節　死亡恐懼與告知❖

壹、人類對於死亡的恐懼

美國存在主義學者Roll May（1981, p. 102）認為：「吾人對於死亡的覺知，是一個最為閃耀和引人動容的宿命例子。」同時May指出，多數的動物都會知道自己即將死亡，但是只有人類有能力預知自己的死亡。死亡對於動物，都是一件最恐怖的事。尤其死亡的過程可能帶來的痛苦，更是令人不寒而慄。人也是動物，當然也會怕死。

Robert E. Neale（1977）認為，人類對於死亡以及瀕死有下述九大恐懼。

一、對於死後會發生什麼的恐懼

1. 軀體的消失（例如腐敗、潰爛）。
2. 被審判（懲罰、死後的重審）。
3. 一無所知（沒有任何餘留、死後無往生）。

二、對於死亡歷程的恐懼

　　1.痛苦（長期臥病的痛苦、暴力下死亡）。

　　2.沒有尊嚴（窮困、尷尬）。

　　3.負擔（財力，長期住院）。

三、對於失落一般生活的恐懼

　　1.失去控制與主宰（作決定、理性）。

　　2.未竟事宜（孩子尚未成年、未竟志願、其他生活未完了問題）。

　　3.與生活隔絕（離開每種事物，以及每個我們所愛及認識的人）。

　　由上可知，死亡的壓力非比尋常，是一種特殊的壓力，對於人類為一種不堪負荷的壓力。面對死亡，臨終的病人在個人身體逐漸趨於虛弱的時候，要承擔多麼大的壓力。因此很需要周邊的照顧者特別注意和考慮到，死亡帶給病人心理的恐懼，在很多方面需要不同於一般病人的處理。

貳、告知病人壞消息的需要和障礙

　　所謂「壞消息」的定義，Buckman（1992, p. 15）的定義是：「任何不利和嚴重影響他或她的未來的消息。」我們一般人都樂於告訴他人好消息，迴避告訴他人壞消息，何況是死亡這麼嚴重的壞消息。基於人性，告知病人臨終的訊息，對於醫師也會是一種壓力。然而，這件不容易的工作，也是醫師的職責。告知壞消息這個工作，確實難為醫師。所以醫師會面臨兩難的困境，比較缺乏經驗的醫師可能有較高的焦慮。如第十五章所論述，醫師採取「敬業精神」（professionalism），專注在對病人的治療，這是一種認知因應的策略。最好醫師，尤其新手的醫師，需要知道告知的目的、告知的需要和告知的步驟，讓自己準備好去因應。

一、告知壞消息的目的

告知病人壞消息有四個目的：⑴從病人蒐集資訊，以便醫師可以知道病人在聽到消息之後，對於疾病狀況的承認和期望，以及準備度；⑵提供配合病人需求和所需的易懂資訊；⑶使用技術，以減輕病人獲知壞消息的時候，感受到的情緒衝擊和孤獨；⑷在融入從病人得到的資訊和合作之下，發展一個策略來形成治療計畫。

二、告知壞消息的需要

首先，告知病情是醫生的例行工作。但是告知臨終病患，如同被雷劈到的嚴重消息，對於醫師會有壓力。尤其是醫師本身資歷較淺，病人年紀又輕，病情又到了未來治療極為有限，這樣壓力會比較大。其次，病人需要真相，所以醫師必須說實話。在美國1982年有一份針對1,251名美國人的調查結果，顯示有96%的人表示，如果他們被診為罹患癌症，希望醫師可以告知；同時有85%的人希望被告知實際上的估計，他們還可活多久時間（Morris & Abram, 1982）。後來的研究都相繼支持這一份調查研究的發現結果（Blanchard, et al., 1988; Davison, Degner & Morgan, 1995; Sutherland, et al., 1989）。

再者，從法律和倫理層面，也是必要告知。即便消息對於病人可能有負面影響，醫師不可以隱瞞病情。不過，對於醫師揭露病情事實，已經有些修正。就是在告知消息的時候，病人對於要告知疾病消息的醫師，會特別注意和察言觀色，如果沒有考慮或注意到對於病人的敏感覺察，以及支持和協助病人作決定的職責，就會和隱瞞一樣，會導致病人不安。Holland（1989）認為就算使用不敏感告知實情的方式，也和使用欺騙病人的方式一樣不正確。所以醫師告知病情的壞消息，需要具備敏察力，隨時注意病人對於告知的反應，以便做出較妥善的告知。最後，就是臨床的結果，如何討論這個壞消息，會影響到病人對這個消息的理解，對醫療照

顧的滿意度、希望感的程度，以及伴隨的心理適應。

　　醫師對於告知病人壞消息這件事，之所以感到猶豫，主要認爲以此來強迫病人治療，無法達到協助病人的理想地步。實際上，這個猶豫並沒有實據。因爲告知壞消息，都無可避免的對於任何病人在心理上，或多或少會有傷害。即便如此，許多病人期待與要求得到正確的訊息，以便他們可以對自己的生活品質，作出重要的決策。當然，還是有病人對於壞消息會有威脅感，而予以否認、迴避，或減少消息的重要性等機制來因應，不過仍然會接受治療。所以，醫師還是需要告知病人壞消息，只是需要使用妥善的方式告知。

三、告知壞消息的障礙

　　美國人俗話說：「沒有消息，就是好消息」，這句話對於醫師和重症或癌症病人，似乎很適用。以平常生活經驗，告訴好消息，通常人都很容易，甚至很樂意；而告知壞消息，通常人都會感到猶豫、爲難或不願意。好像告知壞消息具有普世性的不願意。有所謂「緘默效應」（MUM effect），指當有一人或更多的人，決定隱藏問題的一種現象。相對於分享好消息，人們對於分享壞消息會感到比較猶豫。心中帶著壞的消息會讓人感到焦慮，而且由於這個壓力，使得人不願意傳遞壞消息（Keil, et al., 2004）。至少有四個因素的考慮，影響人們對於特定消息的傳遞，即：第一，考慮到個人福祉，不要直接描述狀況；第二，考慮到潛在的接受狀況，資訊可能與對方的資訊或所期待的不同，將會影響溝通；第三，是錯誤責任的歸屬；第四，爲時間的緊迫性，越到時間限制的底線，越可能傳達負向的議題，不過這個因素會因文化不同而有差異，依情境規範或所了解的正確做法（Ramingwong & Sajeey, 2007; Ramingwong & Sajeey, 2008; Park, Im, & Keil, 2008）。

　　就傳遞壞消息者的立場，從實驗發現「MUM效應」在自我關注因子

的三種影響有：其一，爲可能人們考慮到假如傳遞壞消息，擔心不被喜歡；其二，爲可能由於來自內疚，這是很普遍的情形，人都相信世界是公平的，傳遞壞消息的人會感到自己沒有遭受這樣不好的命運，而感到內疚。由於想要迴避內疚，而不告知對方壞消息；其三，爲由於告知壞消息如果不是帶著悲傷的舉止，就必須採取隱晦的做法。因此在溝通中保留壞消息，是由於人不願意採取壞心情做法。

　　另方面，從考量接收壞消息者的立場，相較於傳遞好消息，人們都不願意傳遞壞消息。原因在於接收到消息的人，可能以某些方式運用消息。其次，是考慮到接受者的壞心情。然而，當人們很清楚知道接收者不管好消息或壞消息，就是要事實的消息，這個緘默效應就大爲減低。所以，通常人在傳遞壞消息時，會有兩難的處境（Tesser& Rosen, 1975）。醫師認爲病人不想聽到壞消息，這是沒有錯誤的。但是醫師若知道，同時病人希望知道事實的消息，或可減少告知病人壞消息的壓力。1998年一份有關釋出壞消息的壓力研究指出，有55%的腫瘤科醫師認爲，如何誠實告知病人，而不會摧毀病人的希望，是最重要；有25%認爲，處理病人的情緒很重要；也有10%的醫師認爲，找到適度足夠的時間是個問題（Balie, Buckman, Lenzi, Glober, Beale, & Kudelka, 2000）。根據上面的敘述，告知癌症病人壞消息，醫師必須具備告知技巧，其次需要足夠的告知時間。至於處理病人獲知壞消息的情緒，可以由諮商心理師協助。有一位在安寧病房工作的諮商師，在督導時間提到，她在病房的走道遇到剛從病房出來的醫師，匆匆告知她，昨天剛轉來的病人原本估計至少還有幾個月可活，但是突然病情惡化，請她轉知病人家屬做準備。說完了，不等諮商師回應就走了。這位諮商師不知怎麼處理。這是很典型醫師告知壞消息的焦慮。根據醫學倫理，諮商師沒有這項專業職責，故不適宜。所以建議她去向醫師說明，並可以告知醫師，她會陪同，以便處理病人家屬或病人的情緒。所

以醫師需要知道妨礙告知壞消息的障礙，以便克服。

參、告知壞消息的步驟

根據Balie等人（1998）在美國臨床腫瘤學會（ASCO）年會對500名腫瘤科醫師的調查，有關告知病人壞消息的次數，在一個兩天的論壇當中，他們重複兩次調查結果，有60%的人每一個月有5至20次告知病人壞消息；有14%的人每一個月超過20次。因此，他們認為告知壞消息的溝通技術，對於腫瘤科醫師很重要。Balie等人建議有六個步驟（簡稱SPIKES）可以參考，同時強調在進行的時候，也不是都需要依照每一個步驟，須視情況而定（Bailea, et al., 2000）。茲就六個步驟簡述如下。

步驟一（S）、建立晤談

應對有壓力的任務，有個管用的方法，就是使用心理演練來做準備。首先，自己在心裡回顧將要告知病人的計畫，以及對於病人可能的情緒反應和提出的難題，以及將如何回應。其次，對自己做心理建設。壞消息對於病人或許不好受，但是這些資訊可以讓病人對未來做計畫和做安排。然後安排會談，有幾個原則：⑴注意隱私性，在診間或病房，若有其他病人同在，需要拉起隔離的簾子。⑵要有病人的重要他人在場，不過這個得由病人決定。其次，如果家屬太多人，請病人自己選擇一到兩名代表即可。⑶醫師需要坐下來，這樣表示醫師不急著離去。若近期病人已經做過檢驗，可以讓病人先講，再討論。⑷與病人建立連結，就是維持眼光接觸，建立融洽關係。⑸管理時間的限制和結束，告訴病人你的時間限制，或你期望結束的時間。記錄重要內容時，可以默默地建立你的網頁或請同事協助你處理網頁。

步驟二（P）、評估病人的知覺

　　步驟二與三的重點，在於「先問，後談」。在與病人討論檢查的發現結果之前，醫師先使用開放式問題，探問病人是如何看他的醫療情況，他怎麼看他的病和嚴重程度，以便得到一個合理且正確的圖像。所以，可用的問題，如：「至目前為止，你被告知的醫療情況是些什麼？」或「對於我們要為你做電腦斷層掃描，你知道什麼原因嗎？」從這些問題得到的資訊，你可以修正主要的諮詢，並修飾成可以理解的壞消息來告知病人。如此，可以得知病人有無否認的狀況，病人期望的想法，對於疾病的細節有無忽略重要的部分，以及對於治療有無不切實際的期望。

步驟三（I）、獲取病人的請求

　　有些病人會表達需要有關診斷、治療預後以及疾病完整的資訊，不過也有病人並非如此。當醫師聽到病人明白表示需要資訊，如此可以降低醫師告知壞消息的壓力。重要的資訊，可以作為有價值的心理因應機制，也可能顯示疾病變得更嚴重。在例行檢查的時候，病人揭露想討論的資訊，能夠提示醫師接下來與病人的討論。醫師可以問病人這樣的問題，例如：「你想要我告訴你有關檢查結果嗎？」、「你想要我給你檢查結果的所有資訊，或只給個概述就好？然後，我們用較多的時間討論治療計畫。」如果病人並不想要聽詳細的資訊，醫師可以在未來再告知，或告知病人家屬或病人身邊的親友。

步驟四（K）、提供病人知識和資訊

　　在告知壞消息之前，要先警告病人。這樣可以減少病人的震驚，接著便能夠告知壞消息，及有利消息的處理過程。例如可以這樣對病人說：「很抱歉，我得告知你……」，或「不太好，我得告知你……」，或「不太有利的，我得告知你……」。告知醫療消息是一個單向溝通，可以有些參考原則：⑴就病人能了解的水平和語言開始；⑵不要使用醫學術語，使

用病人易懂的詞彙；⑶不要過度直言不諱，例如：「你的癌症很嚴重，不趕快治療，你就會死！」這樣會讓病人感到孤單和憤怒，事後會怪罪告知壞消息的醫師；⑷給資訊需要試探性地給一小段，然後看看病人理解的情形，再給一些；⑸如果治療預後不好的病人，要避免這樣告知：「你的病情已經到了無法治療的地步。」這樣的態度可能與實際不符，病人期望的重要目標，可能是控制和緩和症狀。

步驟五（E）、以同理反應處理病人的情緒

當病人聽到壞消息，可能會感到震驚、否認和悲傷，甚至感到孤單無助。醫師可以使用同理反應來給病人支持，以及感到可以同心合力對抗疾病。在和病人討論治療計畫之前，要先問病人是否準備要討論。提出可以獲得的一些治療方案，對於某些病人不只是法律授權的，也是讓病人看到醫師重視他們的希望。

步驟六（S）、策略與摘要

如果病人了解未來的治療計畫，就不會感到焦慮和不確定感。不過通常病人檢查結果的資料假如很不利，醫師和病人討論治療方案、治療預後的時候，可能會感到不自在。然而，與病人討論是有必要。與病人討論和分享對於治療方案做決定的責任，也可以在治療失敗的時候，不會讓病人認為都是醫師的責任。也要檢核病人理解治療方案的狀況，以免病人過度高估治療效果和誤解治療的目標。

為了解決醫師和病人討論的困難及促進討論，可以使用的策略，為：⑴很多病人對於自己疾病的嚴重性和治療的限制，已經有一些想法，只是害怕提起或是詢問結果。所以可以先探試病人的知識、期待和希望，這樣可以讓醫師了解病人處在何處，以及就從那個地方開始討論。當病人抱持不切實際的期望，例如「我聽說你的手術非常高明有效」，就請病人描述他或她的疾病史。通常會聽到病人期望背後的害怕、關切和情緒。當病人

揭露這些，可以讓病人承認自己病情的嚴重狀況。若病人情緒不安的時候，就可以採取上述SPIKES的第五步驟。⑵當了解病人可能已經有的重要目標（例如控制症狀），接下來就是醫師確保病人可以獲得盡可能的治療，以及繼續受到照顧。這樣醫師就可以依據可能完成的方向，來建構病人的希望。

Balie等人在初步研究發現，病人希望醫師依照其個人所喜歡的多或少，來告知壞消息的資訊。所以，一方面他們繼續研究SPIKES對於醫師的幫助效用，以及改進告知的技術，以便可以減少醫師告知壞消息的壓力；另方面也繼續研究，病人喜歡如何被告知。當然，這些研究結果最重要的就是，要運用在醫師的訓練，使得腫瘤科醫師的告知壞消息工作，更少焦慮，對於病人也更有幫助。

❖第六節　病人的善終❖

壹、臨終與善終

近代美國多數的學者，認為沒有所謂的「好死」（good death），由於死亡不只涉及生物或組織的死，而是人的死，因此提出所謂「妥善的死亡」（proper death）（Rovaletti, 1984）或「成功的死亡」（successful death）（Meier, Gallegos, Montross-Thomas, Depp, Irwin, & Jeste, 2016），這些概念應該與華人所謂「善終」的概念比較接近。善終，是古人所提出人對於死亡方式的期待。尤其希望無病無痛，有親人隨侍在側的死亡。然而，對於多數的人，如此高標準期待的死亡，幾乎是奢望。究竟什麼是善終？簡言之，善終應該是妥善的準備之下，死者放心，生者安心。當一個人尚未準備好去面對死亡，將如Neale（1977）所言，面對死亡會有恐

懼，這是對於死亡過程的恐懼，以及對於死後的一無所知的恐懼。所以，雖然死亡的確切時間不可預知，然而對於臨終病人可以給予適時的準備。所謂適時，是由於臨終病人已經預知不久的將來就會死亡。因此，適時的時間點不是問題，不論是一、兩個月或兩、三週，重要的是臨終者的心理準備狀況。

在前面第五章有提到Davis等人（2000）長期對於不同哀傷者的研究結論，認為宗教有助於哀傷者有正向解決哀悼的影響。對於臨終病人來說，Kubler-Ross認為有無宗教信仰似乎沒有差異，可能差異很難確定。不過少數真正虔誠的教徒，確實受到虔誠的幫助，但是多數的人介於有宗教和無宗教之間。這是很有意思的現象，Kubler-Ross會談的對象，不是喪親者，而是即將喪失自己生命的人，這個壓力不同。是否對於喪失自己生命和喪失親人，宗教會有不同影響力，值得思考；其次，她沒有說明受訪者的宗教類別，是否不同宗教的教義差異，影響也會有別；再次，她強調信仰的堅定程度，或許這個與一個人真正面對死亡的時候，靈性層面特別顯得重要有關，這也是另一個值得再進一步研究的觀點。

「善終」或「好死」的概念，是屬於社會性的事情，牽涉到病人、他的家屬和朋友，以及照顧的專業工作人員。而可以被定義為「好」，就是這些相關的人對於死亡都有所覺知、接受，並且有準備（McNamara, Waddell, & Covin, 1995）。有趣的是，從研究可以看到從史前到後現代，對於「善終」或「好死」的概念不斷的在演進和改變。而且不同角色的人（例如病人、家屬、醫生、一般病房護理人員、安寧病房護理人員、重症護理人員），對於好死的看法也不盡相同。一般而言，好死的屬性包括疼痛和症狀的管理、對於死亡的知覺、病人保有尊嚴、家人隨侍在側、家人的支持，以及病人、家屬和健康照顧者等，三方的溝通（Granda-Cameron & Houldin, 2012）。研究也指出，「好死」包括六項主要的要素：⑴疼痛

和症狀的管理、⑵決策清楚、⑶死亡準備、⑷圓滿（completion）、⑸對他人有貢獻、⑹對整個人的肯定等。這六項要素都是過程導向的屬性，每一項都有生物的、心理的、社會的和靈性的元素。醫生主要都抱持生物觀，而病人、家屬以及其他健康照顧專業人員，都持有比較寬廣的看法，整合到瀕死的品質。雖然沒有所謂「正確」的死法，這六項因素可以作為了解前述不同角色的人，其重視「好死」的生命結束（Steinhauser, 2000）概念。

在台灣，江彥錡（2011）的調查研究指出，大學生所謂「善終」的概念，包括：「死亡時身心自在」、「死亡時身心完整平安」、「死亡時沒有痛苦」、「死亡時能實現終極真實」、「依個人意志死亡」、「壽終正寢」及「無疾而終」等七個方面。尤其研究對象都表示，不願意遭意外橫禍而死，並認為心中沒有感覺的死亡是一種善終，同時期待能在親友的陪伴與祝福中道別。可見處在成年初期的大學生，對於善終的期待，很重視生理層面的身體完整及沒有病痛的死亡，主要與Neale所言對於死亡和死亡過程的恐懼有關；在心理層面，則期望可以主宰死亡，也害怕孤單的死去；在社會層面，希望瀕死有親友陪伴；同時也重視靈性層面的意義。

而趙可式（1997）訪談20名癌症末期病人，對於善終意義的體認，結果也很相近。可以分為三大類，包含12項主題：第一類「身體平安」，包括生理的痛苦減輕至最低，臨終的過程不要太長，身體完整和清潔整齊，還能夠活動；第二類「心理平安」，包括放下、不孤獨、心願已了無牽掛，在喜歡的環境中享受大自然；第三類「思想平安」，包括過一天算一天不去想太多，有意義的一生，人生苦海即將結束。從這項研究發現，臨終病人對於善終的意義，涵蓋了身體和生理、心理、社會和靈性等層面的內容。同時也了解到，雖然臨終病人對於人生長遠的未來，已經不抱持希望的一日過一日，但是也誠如Kulber-Ross所言，不表示病人都沒有任何希

望,病人還是有一些現實的希望。所以要重視病人的希望,例如希望還能活動、身體完整、清潔整齊、不孤單等。每個人都希望善終,善終需要有所準備。協助臨終病人準備死亡,是安寧療護一項重要的任務。

Roll May(1981, p. 103)主張:「有智慧的人經由歷史已經了解到,生命的價值在於我們覺知死亡。」所以他認為:「覺知死亡是熱愛生命的來源,以及我們情不自禁的不只創造藝術工作,也創造文明。」所以,當一個人感到自己這一生過得有意義或有價值,套一句羅馬Cicero哲學的話:「是準備死亡」的好辦法。從哲學家的觀點,反觀Kubler-Ross的經驗,不無道理。如前面第三節所提到,從她的工作經驗,看一個人可能感到一生活得有價值或有意義。臨終之際,能夠放下人世間一切,才能走得輕鬆無罣礙。

一位73歲罹患子宮頸癌第三期的婦女,切除子宮之後,又轉移到大腸,堅持要放棄治療。她的女兒希望我可以規勸她母親接受治療。這位婦女只受過小學教育,年輕時協助丈夫辛苦創業,如今事業有成,子女都已婚嫁了。生病之前,她主要幫忙照顧孫子。她要放棄治療的原因,由於感到子女衣食無虞,且都成家獨立了,她現在生病無法再協助照顧孫子,所以覺得自己責任已經完了,無須牽掛,她說:「年過70,這樣夠了就好。」這個例子如同Kubler-Ross所言,過著單純生活,教育較少,對人生的期待簡單,容易滿足,也就比較容易面對死亡。而在宗教方面,多數主要宗教的教義,常常勸人樂善好施,修行不眷戀物質,與人結善緣,也就是有意義的人際關係,主要在教人創造生命意義,準備有一天臨終。

貳、臨終病人與家屬安心的要件

綜合上述,協助臨終病人善終,可能一方面需要讓病人死得安心,另方面也需要讓家人感到安心,以減少由於死亡和失落帶來家屬嚴重的哀

傷。而這兩方面則彼此有關聯，死者死無遺憾，對哀傷的家屬是最好的安慰。除此之外，醫護團隊也被考慮，由於一方面他們可以為病人和家屬準備及安排病人的善終，以便雙方了無遺憾；另方面，病人善終對於照顧病人的專業人員，也可以感到有工作成就和減少哀傷反應。然而，死亡和善終可能是人生最大的挑戰，無論如何準備，總是有個人無法完全主宰之處。即便是臨終病人為預期性的死亡，也沒有人能確切知道何時自己會死，而做到最完整的準備。此外，無論對於病人或家屬或照顧者，都有來自文化脈絡的壓力，很需要溝通。這項協助安心的工作並不容易，並不是每一個病人都能夠準備好才辭世。臨終病人的照顧者需要盡力而為，也只能盡力而為。

一、臨終病人放心的要件

（一）個人生命意義的建構

在前面第五章有提到「發現生命的價值和重要性」。不論對於喪失親人的哀傷者，或對於居家安寧療護的病人，對於哀傷調適都很重要（Davis, Nolen-Hoeksema & Larson, 1998; Janoff-Bulman & Frantz, 1997）。所以臨終病人對自己的這一世不管成敗，能夠加以統整，可以去接受，尤其能夠產生個人意義，是一件重要的任務。Steinhauser（2000）所謂「圓滿」，在靈性層面有這樣的意涵。成功者，可以肯定自己的努力與成果，覺得自己有價值；失敗者，也能夠在協助之下找到一些意義，在最後從失敗中領悟而有所學習，也能得到慰藉（鍾春櫻，2008），這樣一來，將死之人不會感到這一輩子白活，或仍然埋怨不停，如此方得以瞑目，死得無怨無悔。

（二）完成未竟事宜

這就是Steinhauser（2000）所謂「圓滿」的心理要素。每個人在每日生活裡，總是有些事情未能及時完成，而認為還有「明天」再說。臨終病

人也會有未完成的事，而感到十分遺憾。即將死亡的人，可以完了人世間的事務，對於人世間無所牽掛，包括完了心願、減少對於家人的掛慮、交代後事、送出遺物、求得原諒、表達感恩、向家人告別等等。如此，可能可以感到了無牽掛的死去，才能走得安心。

（三）不會孤獨地走向死亡和死去

生病的人最害怕的事情之一，就是被遺棄，孤獨的面對疾病，甚至孤單的死去，這是一種社會性的失落與喪失。因此，對於臨終病人而言，除了醫護人員的照顧之外，家人和親友的陪伴可以減少孤獨感。

（四）克服死亡的恐懼

由於對於死亡和死亡過程的一無所知和幻想，都會帶來臨終病人的恐懼，協助臨終病人減少和克服恐懼很重要。這個要件涉及兩方面：一方面為生理層面，希望減少死亡過程在身體和生理的疼痛。趙可式訪談的臨終病人，希望臨終的過程不要太長，這就是Neale所指出，對於死亡過程的恐懼；另方面為靈性層面，需要減少對死亡一無所知和死後發生什麼的恐懼。若有宗教信仰，相信死後還有生命和死後世界，對於臨終者的安心，可能特別會有幫助。

（五）活得有尊嚴和死得有尊嚴

在Maslow的需求階層理論，自尊是人類五大基本需求之一。即便是病人，也有自尊的需求。在生理方面，趙可式發現病人重視身體完整和清潔整齊，可以看到即便身體遭受癌症痛苦的折磨，臨終的病人依舊希望可以保持清潔整齊，這是在社會層面需要尊嚴的期盼。因此，在安寧療護病房，對於病人的身體保持清潔和整齊有其必要，可以讓病人感到依舊可以保有一些自尊。

二、生存者安心的條件

由於妥善處理死者，在死亡發生之後，具有安撫生存者的失落與哀傷的功能。因此，安寧照顧也需要考慮到家屬的需要。

（一）完成未竟事宜

不只是臨終病人有未竟事宜，我們健康活著的人，也會發生未竟事宜。通常我們在生活和工作，都有一些優先或急需的順序，而且可能常常冒出一些計畫之外，自認為更重要或必須優先處理的事。也因此，有些事情在順位上被一再往後延遲。例如有一位當事人的分享，他一直希望帶父母和家人同遊阿里山，然而每年總是有更重要的工作擠滿工作表，而一直未能實踐這個願望。直到自己的父親突然臥病在床，心中懊悔不已。所以就在他的父親有一次出院後，身體狀況還可以。他盡快排出時間帶父母親和家人去了阿里山。後來他告訴我：「上帝給了我一次額外的機會，否則我會終生懊悔。而且我認為這趟短暫的旅行，我父親很開心。他這樣走了，我也比較安慰。」所以完成未竟事宜，也可以讓哀傷者減少傷痛。

（二）有機會與臨終病人告別

在準備死亡的過程，不只家屬需要有機會聽到或知道病人想說而還未說的話，以免日後空留悔恨和自責。家屬也需要向病人說出想說，而還沒有機會說的話。Otani等人（2017）調查965名在安寧醫院或病房死亡病人的家屬，研究發現，⑴有95%的家屬表示，希望病人即將死亡的時候能夠隨侍在側；⑵在病人即將死亡的時候，病人和家屬彼此有意義溝通（例如說再見），和家屬有沒有出席，與後來家屬的憂鬱和複雜性哀傷雖然有關，但是未達到顯著相關，然而病人有能力向家屬告別，則有顯著相關。從這項研究發現，他們建議醫療照護專業人員，宜考慮在病人接近死亡的時候，以及病人即將死亡的時刻，都能促進家屬和病人的溝通，以便對死亡的分離做好準備。從個人會談和工作坊的經驗，印象特別深刻的是，現

代人遠離家鄉到外地工作的為數不少，親人臥病回去探視一趟的機會難得。有些哀傷者的議題，就是沒有來得及告別。病人死亡之後，腦海裡久久盤旋的便是最後一次回去探視病人，床邊的那一幕，由於未能預知這一次成了最後一次見面的機會。每想到這一幕就不禁悲從中來，因為來不及告別。所以家人能夠向病人說出想說的話，可以聽到想聽的話，也很重要。如果可以，應提早與即將死亡的病人家屬討論與做準備。

（三）看到死者無牽掛的死去

病人的需求，有些和一般人的生活掛慮相同，也會在死亡之前對於家人還有所掛慮，例如因為生病帶給家人的經濟重擔，或有未成年子女的單親家庭，或有年老的父母，都需要有人照顧。這樣的病人特別需要協助，讓病人不再需要掛慮自己所照顧的對象。死者無牽掛的死去，家屬的傷痛也比較可以得到安慰。這項工作，可能是社工人員最適合給予的協助。

（四）看到死者安詳的死去

人有同理心，尤其對於親愛的家人。家屬對於病人身體和生理的疼痛，特別容易身同感受。在哀傷諮商工作經驗，會聽到哀傷的家屬對於病人臨終急救措施所造成之創傷性的死亡銘刻（death impression）。因此，如何讓病人盡量得以死得安詳，也是告慰生者的方法。

❖第七節　協助臨終病人因應死亡❖

在1950年代Cicely Saunders博士首先注意到安寧療護的必要，她也是安寧療護運動的創始者。1983年英國已經創建認同安寧療護為特殊的醫護專業。1993年英國對於醫學系學生和實習醫師，都提供安寧照護教育。而且隨後這項課程的教學方法不斷的改進，力求更為有效果，所以到了2000年代，醫護人員已經比1983年時有更好的訓練（Field & Wee, 2002）。美

國則始於1974年在康乃狄克州的安寧醫院（Connecticut Hospice），至今將近半個世紀，有很大的進步。在目前主要採取病人中心和家族中心的照顧模式，強調由預期、預防和治療痛苦三方面，來提升病人的生活品質。研究指出，協助臨終病人的護理人員有接受死亡教育的訓練課程，對於照顧病人的態度會變得積極（Mallory, 2003）。

　　由本章前面所討論，對於善終的要素，在人力和要件等，可以提供作為協助臨終病人因應瀕死和死亡的參考。茲說明如下。

壹、協助臨終病人因應死亡，需要團隊合作

　　首先，最重要的，就是團體合作。協助步向死亡或臨終的病人，不只是專業人員的特殊工作，由於這類病人，除了特殊的需求之外，例如減少生理的不舒服和疼痛控制、心理焦慮和憂鬱，以及社會的孤獨感與寂寞，他們也有一般人都會掛慮的基本需求，例如經濟困難，家裡老少缺乏人照顧等。Corr、Nabe和Corr（2000, 2006）所建議的任務模式，可以作為了解病人需求和照顧病人的一個參考架構。從這個參考架構，協助這類的病人，是一種團隊工作，可能需要包括醫師、護理人員、諮商師心理、社工師、神職人員、家屬和朋友等，各盡所長，由於照顧者也各有所需，因此很需要持續相互溝通。在此建議照顧病人的團隊人員在陪伴臨終病人時，分工合作，努力執行下列的原則：

　　一、**能主宰的原則**。讓病人對於死亡不可迴避的生活，仍然感到有所控制。所以需要教育病人，讓他們對於生活依舊可表達，以及有所選擇。

　　二、**尊重的原則**。尊重病人面對死亡的態度。病人是否準備接受或迴避死亡，照顧者要採取伴隨，而不是強迫的做法。即便病人不願意平靜的接受死亡到來的事實，還是可以和病人討論，並找到病人認為可以接受死亡會來臨的理由。

三、**溝通的原則**。需要與病人保持溝通，一個人，即便成了病人，也有情緒與情感生活的需求。與病人溝通主要有三項重要目的，即：⑴交談病情與症狀，用以促進病人對治療的合作；⑵交談生病的心情，用以了解病人對於疾病，以及對於不可預測的死亡來臨的知覺；⑶維持病人與周邊的人，相互有溝通與互動的關係。協助病人適應作為病人的角色，避免引起不必要的情緒困擾。

四、**接觸的原則**。照顧者切勿迴避接觸病人。由於照顧者與臨終病人談話，就會有焦慮，或為病人做事，會有不自在的表情或非語言跡象，病人能夠覺察。因此迴避接觸病人，會使得病人提早感到個人社會面向的死亡。

五、**實際的原則**。照顧者需要維持對病人的實際看法與做法。每一個病人的臨終都不同，無法有一個標準或完美的做法，需要容許個別差異，不為難病人，也不會讓自己感到遺憾。

貳、病人身體和生理層面的因應

臨終病人最共同的身體和生理壓力，就是需要盡量有效控制生理的疼痛。而這項工作不只是醫師，護理人員可以給予病人協助，諮商心理師也可以扮演一部分的角色。

疼痛可以分成兩種：一種是嚴重的疼痛；另一種是長期的疼痛（Corr, Nabe & Corr, 2000）。嚴重的疼痛，這種形式的痛，被認為普遍存在人類的身體與生理，可以作為危險的一種警訊，例如不慎碰觸到炙熱的金屬製品，會有疼痛感，人會迅速跳開或抽離，以免被燙傷。如果沒有這種疼痛，身體可能遭受傷害或甚至危及生命。此外這種疼痛也可能是身體有疾病的訊號，例如胃痛或頭痛，可能是胃脹氣或感冒的訊號。所以感受到疼痛的人會及時就醫，以免嚴重而威脅到生命。所以，這種疼痛也可以稱為

人類生命必備元素。至於長期的疼痛便沒有保護生命的功能。由於這種疼痛對於診斷疾病已經沒有幫助，通常是已經被診斷出可能與某種疾病有關，因此這個疼痛會成為病人和醫師的關注所在。

　　臨終病人的疼痛與其疾病特別有關，所以是屬於長期的疼痛。安寧療護的重要目標之一，就是努力協助病人控制，或至少盡量減少長期的疼痛。目前臨終病人這種長期的疼痛，已經可以獲得控制或降低疼痛感（Doyle, Hands & MacDonald, 1997; Saunders, Baines, & Dunlop, 1995）。由於臨終病人的注意力，往往完全在他的疼痛上面，所以對於疼痛將更加感到特別難以忍受。適當的藥物治療和支持性的介入，可以見到疼痛不會完全都在病人注意的意識層面。晚近在臨終病人的疼痛控制，除了慢慢給予口服藥物之外，也包括長期持續的注射，以及病人自己控制的止痛設計。

　　對於臨終病人，或許生理上會很依賴強烈的止痛劑，但是不會因而藥物成癮。由於所謂「藥物成癮」，是有情緒異常狀況，無法停止使用藥物。而病人則在使用藥物控制疼痛時，會隨著疼痛的劇烈或減輕，能夠調節藥物的劑量。甚至一旦病人知道他們的疼痛能夠或將可以管理的時候，他們在面對疼痛便不再那麼害怕和緊張，而使得藥物的劑量可以減少。同時，在長期的研究也指出，使用藥物治療疼痛對於臨終病人，包括晚期癌症病人，都能夠忍受大劑量的麻醉藥（例如鴉片類或嗎啡），而不至於麻痺了或不省人事（Twycross, 1979）。

　　疼痛控制的目標，不在完全麻醉，只是在讓病人對於疼痛變得比較不敏感。即便如此，止痛藥劑的使用還是需要注意一些基本原則。同時，鴉片類和非鴉片類止痛劑，都會有一些藥物引起的副作用。因此除了常用的鴉片類和非鴉片類止痛劑，也可以使用一些疼痛控制輔助用藥（葉忍莉，陸重隆，2002）。總之，只要根據病人情況，適當的選擇正確藥物治療，

小心使用滴定法和平衡劑量，來對抗疼痛的性質和程度，便可以達到比較有效控制或降低疼痛（Storey, 1994）。此外由於疼痛的來源不同，有的來自組織，有的來自感染或壓力，所以正確的藥物選擇也有必要。當然，臨終病人除了生理的疼痛問題之外，還有其他生理的問題，例如嘔吐、腹瀉、噁心、皮膚長疹子、呼吸急促、失去胃口等痛苦，這些都需要醫師和護理人員的協助，以便減輕痛苦。

此外，從長期研究對於疾病性質的了解，得知大部分的疼痛也具有心理因素（Corr, Nabe & Corr, 2000, 2006）。因此在臨終病人的疼痛管理和控制，除了醫護人員之外，諮商心理師也可以提供額外輔助的管道。雖然疼痛主要來源在生理，為醫師處理和藥物治療的主要範圍。但是疼痛的痛苦與病人對於痛的知覺有關。所以心理處理可以作為一種輔助，主要在於改變病人對疼痛的知覺。可以利用生理回饋、冥想、引導式幻想以及自我催眠的技術等，來幫助病人控制疼痛或管理疼痛的影響。

參、病人心理層面的因應

可能由於英美等國家的醫學院，護理人員多數會接受死亡教育的訓練，因此過去在醫院，護理人員往往承擔照顧病人情緒的責任。不過根據晚近一份研究指出，雖然接受過死亡教育的護理人員有意願執行這項任務，但是有96%的護理人員表示，機構因素是最大障礙。其一是，受限於編制，住院的病人很多，護理人員的人手有限；其二是，時間的限制，每一位護理人員需要負責照顧的病房和病人負荷多，可以停留在每一位病人身上的時間極為有限。而且在缺乏空間和安靜的病房，實施會談也有困難（Kuuppelomaki, 2003）。另方面研究指出，病人的滿意度會影響病人對於治療的積極涉入（Dearing et al., 2005; Perrone & Sedlacek, 2000）。

有研究發現，心理介入對於癌症病人的影響效果很大，可以降低很多

疾病，以及治療有關的續發症和負荷，此外，也可以改善情緒適應和生活品質（Andersen, 2002: Meyer & Mark, 1995）。Andersen、Shelby和Golden-Kreutz（2007）對癌症病人採取心理團體介入，結果發現：⑴病人滿意介入，與獲得團體成員的支持和彼此關係的連結感有關；⑵病人得到一個概念，就是壓力影響他們的負向生活，而多重策略的互動可以幫助他們以積極的方式更健康；⑶使用的治療和結果，具有顯著相關。所以，Andersen等人這項心理介入證明了，心理與健康和癌症治療的效果有關。尤其，放鬆訓練不只減少壓力，而且可以降低化療產生的症狀；而訓練和鼓勵病人對照顧者使用溝通策略，也與呈現較良好的效果有關。特別是有助於在化療劑量較高，卻較少有化療的副作用症狀。可見對於癌症病人，除了藥物治療之外，心理介入的影響不容忽視。

　　臨終病人對於死亡的心理因應，是一個很值得照顧者注意的面向。在情緒方面，包括：（一）恐懼與害怕方面，有⑴最常見的為，對於此後的命運、身體的變化，以及死亡過程和死後等未知的恐懼；⑵對於受苦和疼痛的害怕；⑶對於失去部分身體與能力的害怕；⑷害怕退化；⑸害怕失去主宰；⑹害怕失去自我認同；⑺害怕失去家人親友。（二）感到失去存在的焦慮。（三）憤怒，可能出現負面言語、攻擊行為、忌妒他人、退縮、自虐或變得保守。（四）憂鬱情緒則呈現悲傷、冷漠、社會退縮、哭泣、缺乏精力、不活動。（五）內疚，由於害怕被處罰或給家人帶來痛苦。（六）羞恥感，主要與身體的失控和外貌改變有關。

　　根據研究，在情緒照顧方面，病人自己考慮的情緒支持，包括：關心、愛、接納他們的感受和他們開放的表達、聆聽、交談、維持希望和靈性的奮鬥、鼓勵，以及呈現現實、了解和尊重的態度（Palsson & Norberg, 1995; Fitch et al., 2000; Jensen, et al., 2000; Chan, et al., 2001; Lankmark, et al., 2001）。尤其，病人容易遷怒醫護人員或身邊其他照顧者，如果這些照顧

者能夠理解，病人透過遷怒來發洩心中的憤怒，不只可以協助病人去辨識、承認和表達，也可以不必讓自己成為病人遷怒的標的。其次，對於病人的害怕、焦慮和憂鬱等情緒，照顧者可能企圖去安慰、淡化，或是說：「我了解你的感受」這種話，Corr、Nabe和Corr（2000, p. 166）很直接的告訴我們，這是「沒有幫助的」。病人的需要一如上述，陪伴、聆聽和尊重。此外與病人接觸，也會是一種很有用的溝通，輕輕握著他／她的手，溫柔撫摸他／她的手臂，或給一個擁抱，都在表達情感，讓病人感到沒有被嫌棄或疏離，這些都具有心理助益的功能。

最後，由於臨終病人也具有社會角色，所以至少會有三項需要：(1)需要統整個人的人生和生命的意義與目的、(2)需要生活的希望與創造、(3)需要人際之間愛的取與（Cosh, 1995）。這些都是臨終病人的照顧者，不論是醫師、護理人員、諮商心理師、神職人員，以及家人和朋友，都需要了解，並維持與病人有意義的互動和交流，以及尊重和促進病人的生活希望。尤其，諮商心理師在協助病人回顧和重新統整個人的人生和生命意義上，扮演很重要的角色。而這項任務，神職人員也可以利用病人可以接受的教義和信仰，促進病人的生命意義。

由前面敘述，雖然醫護人員接受死亡教育，可以促進照顧病人的積極態度，很重要也有必要。但是由於醫護人員對於病人在生理的照顧，已經相當繁重，所以提供心理照顧，主要由其他人來承擔比較更合適，建議醫療機構最好採取分工合作方式，能夠提供病人比較適當的照顧。當代英美學者都認為，精神科醫師和臨床心理師也許對於照顧隨伴有臨床憂鬱症，或其他精神疾病的臨終病人，有其需要。然而，沒有證據顯示臨終病人有自殺或其他精神問題，所以這樣便沒有需要增加精神科醫師和臨床心理師的負擔，來承擔協助臨終病人心理因應死亡的任務。協助病人因應死亡，需要的是具有敏察力，以及有意願陪伴病人，具死亡相關教育和訓練的知

識，以及有能力接受死亡為不可避免，這樣的人即可（Corr, Nabe & Corr, 2000; Stedeford, 1970）。由於癌症病人或臨終病人，與其他長期重症病人相同，他們不是精神病患，不只不宜佔用精神科醫師和臨床心理師的人力資源，尤其協助非精神病人調適，以及解決生活和人生問題，乃是諮商心理師的專業。所以，比較適合使用諮商心理師來協助這類的病人，以便滿足病人的心理需求。

肆、病人社會層面的因應

病人的社會需求，主要與個人在家庭、工作場域以及社區等情境當中，所扮演的角色和地位有關（Corr, Nabe & Corr, 2000, 2006）。在家庭方面，例如病人在家庭中擔當經濟主要來源的角色，處在生命末期，可能會憂慮他或她的家人經濟問題，包括由於醫療耗費，甚至負債，以及家人未來的生計。如果是單親家庭，可能憂慮的更多，除了經濟問題，還有在他／她死亡之後，年幼或尚未成年的子女未來照顧問題，或家中有年老的父母，也會憂慮父母的照顧問題。在工作場域方面，可能掛心正在執行的計畫或業務、負責的客戶員工或指導論文的學生等。當有這些問題發生的時候，照顧者可以協助的有兩方面：對於臨終病人，首先照顧者可以聆聽，容許這個病人敘說他所關心的問題和相關的憂慮、擔心和煩惱的情緒；其次就是協助臨終病人尋找資源，來解決他的憂慮問題。因此，社工師在這個時候便可以扮演相當重要的角色，尋找政府和社會相關的各種人力和物力的資源，來幫助病人解決煩惱和憂慮，使病人感到安心。此外，律師也可以在病人的社會需求方面提供協助。尤其涉及法律運用和幫助的問題，非律師莫屬。

病人的社會需求，還有另方面是來自特殊的關係。通常是病人與另外的一個人，具有依附和親密的關係。在這樣的關係當中，個人可以獲得安

全感和安心感。這個關係是愛的來源，也是生活和生命中分享愛、成就和意義的關係，例如親子關係、配偶關係、手足關係，或其他依附和親密的關係。有這樣的關係，可以讓一個人活得比較有力量。對於和死神搏鬥的臨終病人，有依附關係的人在側，可以得到鼓勵和增強個人的價值。前面所提到一個人在工作場域、社區，甚至家庭的角色和地位，可能因為罹患癌症而改變。更可能由於處在生命末期，而縮小或喪失了工作和社區場域的關係、地位和角色。對於臨終病人，可能最想保有和維持的關係，就是具有依附的關係，這是最重要的關係。因為這個人或這些人，是他／她的生活中可以給予關心，也可以獲得關心的人。照顧者需要敏察病人周邊有這樣的人，可以幫助臨終病人去維繫這樣的關係，並從這種關係當中獲得情感滋養，安心感和安全感，乃是很重要的照顧和協助。

伍、病人靈性層面的因應

瀕臨死亡，不只是生物的事件，也是人文、社會和靈性的事件。而在靈性的部分，往往也是最容易被忽略。醫護人員必須了解在照顧病人方面的靈性元素，以便可以引進病人所希望的人力和需要的形式。所謂「靈性」，通常容易被誤以為只是指宗教。其實，靈性可以包括個人對於人生、生活、生命和死亡等方面，作為一個人的基本和深度的想法與信念。簡言之，也就是個人的哲學觀，以及個人對於超自然和宗教的想法。尤其，當個人面對死亡的時候，靈性的部分更顯得特別重要，個人會以正式或非正式的方法表達出來。對於臨終病人提供照顧的人，需要尊重病人在靈性上的信念和喜好，並為病人開展所需的資源，以滿足病人的需要。

Corr、Nabe和Corr（2000, 2006）指出趨近死亡的人，將會面對各種的靈性任務。這些任務，主要有尋求個人生命和一生的意義，與自己、他人和超自然之間建立，或重建，或維持連結。他們所謂的與「超自然」

連結，是指和上帝的連結或依附。在台灣Chao和Chen（2002）從安寧病房以立意取樣6個訪談樣本，探討末期病患的靈性本質。結果發現4種類別及10個主題，為：第一種「與自己共融」，有⑴發現真正的自我、⑵自我統整、⑶自我和解；第二種「與他人共融」，有⑴關懷的關係、⑵寬恕與被寬恕；第三種「與大自然的共融」，有⑴感激大自然、⑵創造力；第四種「與至高者共融」，包括⑴信仰、⑵希望、⑶感恩。Chao和Chen的發現，與Corr、Nabe和Corr的看法不謀而合，都包括了臨終病人個人的生命意義，以及與他人和超自然的關係。而其中Chao和Chen所發現的「與至高者共融」和「與大自然的共融」兩項，似乎可以合併。

由於自上一個世紀末，美國在諮商心理師培育，已開始重視靈性的範疇。有關臨終病人靈性層面的協助，通常很適合由諮商心理師和神職人員擔當，然而這兩種人員的角色、功能和任務不盡相同。例如台灣蓮花基金會培育的佛教宗教師，在安寧療護的靈性照顧的項目便比較廣，包括臨終說法、助念、死亡教育以及病人家屬的預期性哀傷安撫等（陳慶餘，2015）；而諮商心理師的任務，則可以提供臨終病人在靈性層面，不限於宗教方面的試探、覺察、發現、締造個人人生意義和促進與超自然的連結，以及家屬預期性的哀傷諮商。

值得謹慎的是，作為照顧者，無論是諮商心理師或神職人員，在協助臨終病人的靈性層面工作，都無法給於臨終病人有關他的一生或個人生命的意義，也無法代替他連結另一個人。其次，也無法以個人經驗或個人的了解，來提供臨終病人個人去連結超自然（Corr, Nabe & Corr, 2000, 2006）。病人有時候可能會向照顧者提問生命意義或超自然連結的問題，這時照顧者可以分享自己的經驗，不過病人可能會聽，也可能好像只是在自問，而沒有在聽。因為臨終病人無論是在交談，敘說或提問，都是自己

在尋找和發現。所以，照顧者所能做的最好辦法就是坐下來，表示不會急著走人，並且認真聆聽。病人所要的是，有這樣的一個人，聆聽、了解的同理，陪伴她或他走一場靈性之旅（Leidy & Haase, 1999; Wald & Bailey, 1990）。

　　1995年臺大醫院安寧醫療病房與蓮花臨終關懷基金會，以及一如精舍開始推動臨終病人的靈性照顧，並於2000年開始培訓佛教的臨床宗教師。目前在台灣有不少不同宗教的神職人員或義工，投入安寧病房的靈性照顧工作。確實，若有適當的神職人員協助臨終病人，在靈性層面因應死亡，當然可以給病人帶來莫大的安心。如果神職人員和病人有相同的信仰，可以一起討論教義，甚至給予宗教相關的死亡教育；若病人沒有信仰，正在找尋可接受的信仰，神職人員可以試探病人的超自然信念，與病人一起討論。若發現病人的宗教傾向和喜好不同，可以為病人推薦適合的宗教神職人員。千萬切勿強迫病人接受神職人員自己的信仰，以免造成病人的心理困擾或衝突。尤其，對於和神職人員不同信仰的病人，更不可以批評病人的特定宗教信仰。諮商心理師在協助病人時，也與神職人員的基本工作原則相同，但是由於角色不同，不可提供宗教教育，更不可以強迫或希望病人接受諮商師自己的宗教信仰。由於靈性層面涉及的有哲學和宗教的內涵，諮商師特別適合協助病人，探討他們的人生哲學觀、生命哲學觀和死亡哲學觀，並發現和統整他們自己的生命意義和價值。如果病人需要了解特定宗教，可以協助病人尋找適當的神職人員來協助。在這樣的協助過程，讓病人自己發現意義，找到連結，以及尋獲超自然的經驗。

❖第八節　協助癌症和臨終的孩子❖

壹、臨終兒童與青少年對於死亡的反應

對於臨終病童的安寧照顧，在心理方面，特別需要考量孩子的發展階段和年齡，由於不同發展階段的發展任務和年齡，對於孩子面對死亡都有影響。至於臨終兒童在死亡的因應，則受到死亡概念發展程度的影響特別大。

3至6歲的孩子，這個年齡開始對於死亡有一些認識，然而還不了解死亡具有不可反逆性與普遍性。而且這個年齡的孩子，以為臨終疾病是受到處罰，並且以孩子自己所想像的或真實做錯的事，作為被處罰的原因。而且這個年紀的孩子通常已經知道，說什麼會不會讓大人們擔心或害怕。大人們想隱瞞病情，然而孩子往往會自己知道比較嚴重。死亡對他們而言，最焦慮的是與父母分離。

7至12歲的學齡兒童，大約7歲以後到兒童晚期，由於認知能力的發展，以及從生活環境中的經驗和學校的自然課程，已經知道有生命的會死。但是，小學中年級以下的兒童，可能仍舊未具備死亡的普遍觀，有不認為自己會死亡的情形。此外，小學中年級的兒童由於有死亡概念，但是不解死亡是生命的最後終止，對於死亡之後生命何去何從，特別好奇，而認為死亡之後生命會轉型，例如會轉變成鬼魂或殭屍。到兒童期結束的孩子，才會真正了解死亡的普遍性、不可避免性與終止性。因此，臨終兒童病患對死本身會感到害怕，會害怕痛、醫療過程和身體毀傷。

至於青少年，這個年紀已經具有與成人相同的死亡概念，由於這時期在人生的發展階段，正面臨個人自我認同的發展，創造意義，以及具生產力發展的重要時期。死亡不只阻礙了青少年個人對自己的期待，也中

斷他與重要他人的關係。面對個人的死亡，青少年會相當震撼與憤怒。Kenneth J. Doka（2014）指出，青少年的哀傷有6方面與成人不同，除了青少年常死於突然、意外和創傷事件之外，青少年由於比較獨立了，哀傷的時候感到向父母及其他成人尋求支持的不自在，因而容易獨自哀傷和感到孤獨；也由於自我中心，認為周邊環境中的人都在注意和看著他或她，因此很強調正常和堅強，哀傷的青少年會和同儕保持距離，除非有同樣遭遇的同儕，他們才願意分享。此外，青少年較傾向於使用網路或社交網站，來因應他們的哀傷。還有他們的哀傷，往往以行為作為掩飾，例如吸毒、衝動的行為或不適應行為、飲食異常等。最後，青少年對靈性感到質疑，不再像兒童期相信成人所說的。

貳、向癌症孩子告知生命即將結束的訊息

一、注意法律的發展和規定

告知臨終孩子有關瀕臨死亡的壞消息，需要考慮和溝通的困難程度，都比告知成人高很多。由於告知孩子，不只需要從心理層面考慮孩子的發展程度，還特別需要考慮到社會、文化和法律層面的因素。通常醫師會告知癌症孩子的父母，有關診斷的訊息。至於是否告知孩子，對於他或她的病情診斷結果，顯然已經面臨生命結束的訊息，在東西方學者的看法不一。目前在西方有一種趨勢，便是傾向需要告知孩子。尤其法律的發展與規定，值得特別注意。由於一個國家的法律一旦規定孩子有知的權利，醫師便需要遵守。

有研究比較分別為9歲、14歲、18歲和21歲這些不同年齡的對象，對於被告知健康照護的決定能力。結果發現14至21歲組並沒有達到顯著差異，甚至9歲組的孩子也能夠有意義的參與做出這樣的決定（Weithorn & Campbell, 1982）。在法律方面，於2009年加拿大最高法庭，在訴願者

A. C.對Manitoba「小孩和家庭服務法條」（Director of Child and Family Services）的訴訟案例，做出這樣的判決：基於孩子的「最佳利益」，16歲以下成熟的少年有權利自主做出個人的醫療決定能力（Gobbo, 2009）。所以，除了有研究支持孩子有做決定能力之外，這個判例可能成為更多西方學者朝向主張需要向孩子告知瀕臨死亡訊息的法律根據。

二、東西方文化差異的影響

對於親職教育和育嬰方法，在社會和文化方面，東西方有很大差異。在美國，可能受到西方人抱持個人主義的影響，很重視個人的獨立能力之養成。所以從孩子出生，在親職教育方面便強調獨立的訓練，所以出生後嬰兒會被另外放在嬰兒床或育嬰室；至於結婚這件事，也是成年子女自己可以做決定和需要自己張羅婚禮的事，也沒有養兒防老的觀念；而在東方，例如華人、日本人等為家族主義的族群，重視家庭倫理位階和相互依賴，父母的權利大於子女。所以影響所及，在親職教育方面重視保護，出生的嬰兒與母親同寢，結婚不是準備結婚的兩個成人自己的事，需要獲得父母的同意，張羅婚禮的事也是父母的事。因此最明顯差異，就是美國的孩子，很早就需要學習自己做決定；而在傳統上，華人的孩子很多事情都由父母決定或需要聽從父母的意見，即便結婚這件事，也需要獲得父母的同意，否則父母可能感到不悅。

所以，對於是否需要告知罹患癌症的孩子，有關被診斷生命即將終了的訊息，也有文化的差異。西方的學者和研究都建議，醫護人員需要持續和臨終的孩子，一起談談有關生命結束的議題，不過也要敏察和尊重孩子對於死亡的尚未覺知（Corr, Nabe, & Corr, 2006; de Vos, van der Heide, Maurice-Stam, et al. 2011; Zadeh, Pao, & Wiener, 2014）。西方學者認為，需要告知孩子，以便孩子可以進行適應，並向成人病人因應的典範去學習（Hoffmaster, 2011; Walter, Rosenberg & Feudtner, 2013），同時可以讓孩子

有機會敘說害怕的心情，並獲得安慰，也可以和家人和朋友真實地說出痛苦（Bates, & Kearney, 2015）。然而，在日本Ito等人（2015）的研究發現，孩子不像成人希望準備死亡和完成未竟事宜。因此主張不要向孩子告知生命即將結束的訊息。雖然，在台灣尚未看到有類似的研究發表，但是通常基於保護的理由，父母選擇不要告知孩子。因此，醫師是否告知孩子臨終訊息，宜審慎與父母討論。

　　Bates和Kearney（2015）從文獻回顧研究，認為兒童和青少年。即便在有限人生經驗的限制之下，對於他們自己的臨終疾病和死亡，也有些了解。從他們研究結論的要點，在此提出部分值得我們參考的觀點：⑴臨終疾病的兒童和青少年，通常要接收到有關他們的疾病和診斷的訊息，並以支持的方式提供他們訊息，同時得發展適當的方法，以減少孩子的焦慮和孤獨感；⑵通常臨終的青少年，在他或她所剩餘的生命時間裡，要最充分的度過他們所要的生活及體驗事物，一如健康的青少年喜歡做的事，結交新朋友和試探他們性的魅力和興趣；⑶與臨終兒童和青少年溝通，應該要配合他們和他們的家庭，不過目前在向青少年告知壞消息這方面，已經有結構性的方法，能夠適用大部分的情境，可能有助於醫師在這種不容易的談話過程，可以感到較少的焦慮。

　　其次，由研究孩子的死亡概念發展顯示，青少年早期的孩子，不會和父母及同儕談論死亡；到了青少年中期的孩子，才會和同儕談論死亡，也會談到自己的死亡，但是不會和父母談到死亡，而且相信「無軀體的延續」概念（Nope & Nope, 1997），所謂無軀體的延續，就是會有靈魂的概念。由於相較於歐美的西方文化，我們與日本的文化比較相近。因此，照顧者要不要和臨終的孩子去談死亡，可以彈性的考慮孩子的年齡和死亡概念的發展程度。對於兒童期和青少年早期的孩子，可能不用讓孩子覺知自己的生命即將結束，可以維持孩子的「希望」，維持臨終兒童和青少年早

期病人的希望。維持「希望」，是Kulber-Ross（1968）強調很重要的一項
照顧重點；然而對於青少年中期的孩子，若照顧者敏察孩子有和同儕談到
自己的死亡，便可嘗試去和孩子談談，依照孩子的意願，以便協助孩子。
若孩子不願意和照顧者談到自己的即將死亡，則不需告知，或要強迫孩子
接受訊息，以便「尊重病人的決定」（Ito, et al., 2015）。

參、癌症的孩子對於善終的概念

　　日本Ito等人（2015）有一份研究，以深度訪談法蒐集10位兒童癌症
病童、10位病童已死的父母，以及20位醫療專業人員，以便了解癌症兒童
對於善終的看法。這10名受訪的孩子，爲年齡18歲及以上的年齡，且都在
15歲，或更小的年紀時被診斷罹患癌症，並於治療5年後緩解，所以這10
名受訪者以回顧法獲得資料；受訪父母，爲孩子得病時年齡在16歲及以下
年齡，且孩子已經病亡半年；醫護人員，則至少在兒童癌症照護有2年以
上經驗。研究結果發現，孩子認爲構成「善終」的要素爲：⑴自由遊戲的
足夠機會、⑵同儕支持、⑶病童繼續接觸平常的活動與關係、⑷確保隱
私、⑸尊重病人的決定和喜好、⑹感到他人承認和尊重病人的童年、⑺安
慰的照顧，以減少痛苦的症狀、⑻希望、⑼病人自己不覺察即將死亡、⑽
持續保有尊嚴、⑾牢靠的家人關係、⑿沒有意識到成爲家人的負擔、⒀與
醫護人員有良好的關係。顯示癌症兒童對於善終的看法確實和成人病人有
差異，尤其在對於瀕死的覺知，繼續維持正常活動和自由遊戲等要素。

　　從E. Erickson（1964, 1968）的心理社會發展任務理論，青少年正面
臨自我認同發展的重要任務。因此罹患癌症這樣嚴重，會有生命危脅的疾
病，由於一方面生病的青少年需要面對疾病和死亡的壓力，另方面則面對
他們個人自我認同的發展，而處在雙重危機當中。從前述Ito等人這一份
研究結果，有些項目特別反映與青少年這個年齡階段的死亡概念特徵，以

及發展任務有關，不過由於受訪樣本如第十一章所論述，有關死亡概念發展方面，孩子的死亡概念約在12歲左右成熟，然而在青少年早期的孩子，不會和父母、朋友談論死亡，也還不太擔憂死亡，但不表示他們並未慎重考慮死亡，他們會煩惱有無死後生命和不可反逆。而在青少年中期的孩子會和朋友談論死亡，對於死亡的煩惱會談到個人的死亡，其中也包括相信「無軀體的延續」概念（Nope & Nope, 1997）。可能由於這個階段發展獨立的需求，雖然需要親密的家人關係，但是會與同儕談論死亡，卻不會與父母談到個人的死亡。所以對於善終，同儕的支持就變得很重要。而且希望被尊重個人的決定和喜好，並希望保有隱私和尊嚴。不過青少年中期的孩子，不像已經到了青少年晚期和成年初期的大學生，有較好的獨立發展。在Ito等人的研究中，年齡在15歲及以下的孩子，都希望被承認和尊重自己的童年，可能這樣可以減少責任的壓力，這個也反映在Ito等人的研究發現，癌症的孩子在善終的概念要素當中，並沒有意識到自己成為家人的負擔。此外在Ito等人的研究發現，其中最為特殊的是，遊戲也是構成善終的重要元素。由於遊戲治療為兒童精神科常用以處理孩子的心理壓力和症狀的一種技術。因此對於癌症的孩子，可能用以減少害怕面對痛苦的侵入性治療和診斷用的檢查方法（Koller & Goldman, 2012）。所以，Stevens和Dunsmore（1996）主張臨終青少年需要活在現在，也就是活在當下，以便可以自由的試著以他們自己的方式，去因應疾病有關的挑戰，並在他們的生活和死亡當中發現意義和目的。而一般在臨終成年病人的研究，對於善終所重視的「準備死亡」和「完成未竟事宜」兩項，並未在Ito等人對孩子的研究當中發現，可能與孩子的年紀，以及孩子的次文化和成人文化差異有關。

肆、對於癌症和臨終孩子的照顧

根據上面的論述，由於孩子的年齡、發展階段，以及文化和成人不同，孩子對於善終的看法與成人也有差異。因此對於癌症和臨終孩子的照顧，需要有別於成人。主要必須在生理、心理和社會等三個方面，提供孩子需要的協助。當然對於處在青少年中期及以後的孩子，在死亡的概念上已經有死後生命的概念，也需要靈性方面的協助。Wolfe等人（2000）的研究，從死於癌症孩子的父母的報告，發現死於至少有一項癌症生理症狀的孩子，在生命的最後一個月，有89%的孩子有「很多」或「非常多」的痛苦，治療他們的疼痛和呼吸困難，分別只有27%和16%的案例成功，可見孩子的受苦。由於生理的照顧，主要由醫師和護理人員協助孩子。所以在此處提供諮商心理師和其他照顧者的建議，主要以心理和社會層面的照顧為主。茲分別說明如後。

一、提供孩子有機會參與遊戲和繪畫活動

遊戲對於孩子是一種生理活動的需求，也是孩子人際溝通和發展人際關係的一種主要管道，同時也是調適和抒發情緒的良方。尤其，遊戲是兒童每日不可少的活動。對於青少年，雖然遊戲活動不同於兒童，卻是他們平常重要的社交活動，例如一些桌上遊戲、打橋牌、下棋等。有一些活動，在青少年階段為生理需求的運動，例如騎腳踏車、打球、溜滑板、擲飛盤。至於繪畫，是一種不分年齡可以表達自己的想法、想像和情緒的方法。每個人在18個月大便會塗鴉，塗鴉或繪畫讓人可以感受自由創造的樂趣。所以不必在意畫圖技術的好壞，以及圖畫的美感，主要透過圖畫和敘說個人完成的圖畫，在他人聆聽和交談之下，不只有紓發情緒的功能，也可以促進人際溝通和互動。尤其，兒童自發性決定畫什麼？如何去畫？往往可以很清楚的表達了他印象中的表徵，而那些也是孩子在意識中所未說

出的。因此很適合讓癌症病人，不論成人或孩子在人生的重要時刻來使用（Kulber-Ross, 1981）。癌症的孩子，由於疾病和治療的痛苦壓力，以及住院化療的長期社會隔離，會增加情緒壓力和社會孤單。所以，即便住院的孩子，也可以依照孩子個人興趣，提供不費力，或輕鬆的桌上遊戲，或繪畫，以滿足孩子需要自由遊戲的足夠機會。

二、提供與同儕接觸的機會

由於兒童癌症是一種不普遍的重症，容易讓孩子感到孤立和孤獨感（Moody, et al., 2006），因此提供與同樣生病的同儕接觸，可獲得彼此的支持。Ito等人（2015）指出，雖然過去在有關同儕對於癌症病童的支持影響，研究結果有不一致的看法。原因可能在於那些研究，在病童的同儕樣本當中有健康的孩子和生病的孩子混合。而在他們這份研究，有同儕影響的效果，是由於癌症孩子所接觸的同儕，也是同樣罹患癌症的孩子，而凸顯出同儕社會支持的價值。

三、離院期間維持平常活動，以及與過去的同儕接觸

研究指出面對死亡的孩子，最常發生的就是，已經失去過去的自我認同和社會角色，而這些都來自於他們的社會關係（Bluebond-Langner, 1980）。因此由於化療，孩子住院期間會和同儕隔離，而感到社會孤立。所以，不需要住院化療的期間，需要讓孩子維持平常活動，並和過去的朋友和同學能夠來往，以使他們可以繼續平日的活動和關係。

四、為孩子營造健康的社會環境

由前面在Ito等人的研究發現，同儕和家人關係，對於癌症的孩子很重要。如果條件允許的話，兒童癌症照護的醫院可以建構一個健康的社會環境，讓臨終的病童也能夠參與如學校活動，以及遊戲的社會環境，也就是住院也有和同樣住院的同儕交流活動，可以一起遊戲。不只可以促進孩

子和家人的互動，也要促進孩子與孩子的互動，以維護孩子心理的健康。當然妥善的照顧，是來自依照每個孩子的發展階段和狀況而提供。所以照顧者需要了解孩子的行為，以及孩子複雜和矛盾的情緒如何影響他們的行為，以便提供高品質的安寧療護。

五、提供臨終孩子談心情，以減少情緒壓力

由於對於死亡理解的發展，癌症的孩子除了感到生理的疼痛很受苦之外，可能就是害怕死亡。臨終的孩子會害怕孤單、生理問題及醫療，可能反映孩子知道別人不會陪同他一起死去，或知道死亡可能是一個痛苦或不舒服的經驗和過程（Theunissen et al.）；可能由於了解死亡會喪失功能，孩子也會害怕與自己熟悉的物品分離，例如沒有辦法再使用自己的心愛玩具或衣服；此外感到害怕被換到安寧療護病房，也可能由於了解死亡的不可反逆，在他們死亡之後會有新的不一樣的生命。

六、彈性決定不用讓孩子覺知瀕死，以提供適切的照護為上

Ito等人（2015）根據他們的研究結論，建議醫護人員適合提供貼心的照顧，不需要讓孩子覺知死亡，直到最後一刻。如此可以維持孩子在其發展階段心理社會的進步，同時維持他們從疾病早期的人際關係，以便獲得健康。然而，如前所述，可以依照孩子的年齡和死亡概念發展的程度，對於青少年中期的孩子，照顧者可以根據孩子和孩子父母的意願和狀況，彈性決定是否要讓孩子覺知他或她被診斷的病情，已經是到了臨終疾病的地步。若依孩子的意願要被告知，必須注意文化要素，需要先和孩子的父母討論，再做出最後的決定。

小結

臨終病人處在生命的末期，活著卻面對死亡，照顧者必須對於死亡和

瀕死有所了解，才能理解病人，貼切的提供照顧。而且照顧者個人必須覺察自己的死亡焦慮，不迴避死亡，能接受死亡是人生的一部分，方能投入這個非比尋常的重要照顧任務。其次，臨終病人的需求具有多面性、特殊性和一般性。這也造成對於臨終病人的照顧，無法由傳統醫療系統的醫護人員獨自承擔，而需要由不同的專業、半專業和非專業的人力，一起通力合作方能竟功。

　　對於臨終病人靈性照顧的假設和重要原則有興趣者，建議可以參看死亡、瀕死和哀傷國際工作團體所屬的靈性照顧工作團體所撰寫，刊載在1990年《死亡研究》（*Death Studies*），第14期，第75-81頁的〈靈性照顧的假設與原則〉一文，有詳細而具體的條列可供參考。

第十五章
被剝奪的哀傷

　　「被剝奪的哀傷」（disenfranchised grief）這個名詞，對於社會上多數人可能沒有看過，沒有聽過，也不認識。由於「被剝奪的哀傷」，不只是一個被社會多數人忽略的問題，也是心理健康學術領域和專業工作一個新興的議題。多數人遭遇死亡與失落的時候，會被注意到哀傷的反應和哀悼行為與過程，而能夠獲得社會支持，得以度過艱難的時刻，並走向復原。然而，在社會多數人不注意的一些小小的角落，有另外的一些人，他們或許就在你的身邊，近在咫尺，然而他們的失落不被認知、不被承認，或不為注意，他們的眼淚，當然也不會被看見。他們彷彿是隱藏在社會暗處的哀傷者，獨自垂淚，孤獨療傷，或傷口永遠很難癒合。在他們當中，有些是年紀過小的孩子或年齡過老的老人；有些是特殊死亡事件的死者親友；有些則是由於他們表達哀悼的方式不同，因而哀傷被剝奪。甚至在他們當中，也包括了一群是對社會上非親非故的他人，努力照顧或服務的專業人員。「被剝奪的哀傷」，對於一個人的身心健康有負面影響。不論是為了他們的身心健康，或是基於人權的考量，例如兒童、年紀很大的老人，或是被司法定讞槍決死亡受刑人的家屬等。這些被剝奪哀傷的人，都是心理健康學術研究和專業工作人士需要關心的對象，當然也是社會需要共同關心的對象。因為他們的哀傷被剝奪，絕大多數與社會文化特別有關。

❖第一節　需要重視被剝奪的哀傷❖

　　對於失落的哀傷反應是人性的，且人之常情的，也是人類自然的反應。基於這個原因，哀傷者被剝奪哀傷的權利，是違反人性的作法。尤其，被剝奪哀傷的議題，在心理健康和諮商的專業領域需要受關注，主要原因在於發生被剝奪哀傷的問題會產生矛盾的狀況。一方面，被剝奪哀傷的性質，將造成哀傷衍生的其他各種問題；另一方面，原本社會的支持有需要，也有助於哀傷的撫平，然而當被剝奪哀傷，將會使得哀傷者失去或減少支持的來源（Doka, 1989）。尤其，除了一般的哀傷困境之外，被剝奪哀傷往往涉及強烈的情緒反應，許多被剝奪哀傷的哀傷者，可能有很強烈的情緒反應，例如憤怒、內疚或無力感；此外也涉及到兩難問題，例如墮胎，或兩難的關係，例如離婚的配偶、非合法婚姻關係之類。同時，也可能發生併發的危機，例如法律問題或財務問題（Corr, 1999; Corr, Nabe & Corr, 2000），這些問題都很需要接受協助，以免衍生更多的問題，或造成心理健康受到威脅。

　　然而，由於被剝奪哀傷受到社會的態度和價值觀念影響，而使得這些哀傷者反而被社會忽略或遺忘，以致缺乏習慣上應有的社會支持資源，例如喪禮，或協助參加喪禮的一部分；或獲得他人的幫助，例如可以和他人談談失落和心情，得到同理；或可以請喪假，或從宗教的傳統儀式得到安慰。尤其，這些人在社會裡多數不是稀有的少數，只是被忽略，好像社會環境中沒有存在這樣的哀傷者，或被拒絕了，而錯失對他們提供協助。因此，了解被剝奪的哀傷和提供支持、協助的機會，有其必要。

　　從社會的廣角，Corr（1999）認為就被剝奪的哀傷這個社會議題，反映著社會觀點往往表現出一種具體的判斷因素，以及在處理一些喪失親人者的問題時，社會團體關注的焦點只有短期。也就是社會存有具體的判斷──認可某些關係的失落的會引起哀傷反應，以及社會團體未注意哀傷

的長期狀況和影響。所以呼籲社會需要重視被剝奪的哀傷。原因在於有被剝奪哀傷的社會，似乎按照特定的價值觀和原則行事，以社會整體興趣而犧牲對所有成員的福利作為代價。其次，另一種現象是，在不同的社會之中有不同方式的生活，那些關注社會實踐的人便容易觀察到的，如果不是對社會本身有傷害，就是對社會中的個別成員有傷害的問題。基於這些原因，所以被剝奪的哀傷，可以被視為重要的社會現象。

　　從個人的角度，在哀傷對失落的反應當中，情緒反應很重要，其他還有身體、生理、行為或行為困擾，以及認知的、社會的和靈性的功能。就人性而言，人在生活中對於他的重要失落，都想要以自己整個人來反應，不是只有個人內在隱私看不到的哀悼過程，而是也有在人際公開看得到的哀悼過程。被剝奪的哀傷，由於所涉及在人際的哀傷過程和哀悼行為，受到忽略或禁止，使得個人無法公開談到失落，而沒有得到社會支持。就一個好的喪禮和追思會而言，對人類的幫助有三方面：第一，可以處理屍體；第二，產生真正的死亡意義；第三，個人可以致力於再融入社會（Corr, Nabe & Corr, 1994）。所以，在人際層面的哀悼過程，被剝奪的哀傷，往往也牽涉到沒有喪禮，或不被邀請參加喪禮，而增加哀傷者的哀傷困境。基於前述這些理由，社會和心理健康專業需要重視個人被剝奪的哀傷。

❖第二節　被剝奪哀傷的定義與原因❖

壹、被剝奪哀傷的定義

　　哀傷和哀悼行為，或多或少在社會和文化脈絡當中，有很多方面會受到影響。Corr、Nabe和Corr（2000, p. 239）認為：「每個社會的死亡系

統傳遞給其成員 ── 以正式和明顯的方式或經由比較不正式和微妙的方式 ── 有關社會可接受或適當的哀傷之看法」。這句話說明每個社會都有對其成員行為的期望模式。由於社會模式的基本功能，在滿足一個社會和社會成員互動需求的看法。所以社會成員覺知這些社會的行為期望模式，在他的社會便知覺什麼行為和如何行動，是社會可能接受和不可能接受的行為。然而這種社會模式，對於個人可能有幫助，也可能毫無幫助。哀傷和哀悼行為，便是有社會認可的模式。所以在一個社會的成員如何哀傷和哀悼，得適合這個社會認可的模式。不適合社會認可的模式，則被忽略或禁止。

　　Kenneth J. Doka是第一位提出「被剝奪的哀傷」這個概念的學者。Doka（1989, p. 4）對於「被剝奪的哀傷」，提出這樣的定義：「當他們發生了失落，人們體驗到無法或不能夠公開承認，公開的哀悼，或被社會支持。」就英文「disenfranchised」這個字，是由「dis」和「enfranchise」所組成。「dis」這個字，表示「分開」或「否定」的意思：「enfranchise」這個字，中文譯為授以公民權（梁實秋，1989），所以「disenfranchised」便有被否定權利或被剝奪權利的意思。因此，「disenfranchised grief」，就是指被一個社會否定的哀傷，也就是不被承認、不被認可、不被允許，甚至被禁制、被邊緣化，或忽略的哀傷。所以一個被剝奪哀傷的人，表示這個人的哀傷不只不受到注意，或被遺忘，或隱藏，也表示社會不允許，或不支持（Corr, Nabe & Corr, 2000, 2006）。

貳、被剝奪哀傷的原因

　　Doka（2002）認為剝奪的原因，主要有：(1)哀傷者與死者的關係不被承認，(2)死亡不被承認，(3)死亡原因特殊，(4)哀傷者不被承認，(5)哀傷者的哀悼方式不被接納。茲分別說明如下。

一、關係不被承認

　　當關係沒有獲得社會認可，就有關係被剝奪的狀況產生。會發生這種情形的背後假設是：「親密的關係，只有存在配偶和直系血親之間」（Folta & Deck, 1976, p. 235）。Corr、Nabe和Corr（2000, 2006）指出有兩種被剝奪的關係，為：第一種是原則上知道的關係，但是沒有將這類關係和發生失落的哀傷連結在一起，例如朋友、同事、前妻或前夫，或前男友或女友，都屬於這一類；第二種為非傳統的關係，例如婚外情的伴侶死亡，過去同志的配偶也被列入非傳統關係，目前由於台灣在法律上已經通過同志婚姻合法，所以這種婚姻關係將不再屬於非傳統關係。

二、死亡不被承認

　　這類死亡沒有被社會視為重要。主要在於社會不認為或不願意認為某些事件有實際上的失落，以致不被社會承認，例如流產、墮胎、胎死腹中。在華人世界，過去兒童和青少年的死亡，由於未成年死亡稱為「夭折」，而被視為禁忌的死亡，因此未成年孩子的死亡，往往沒有喪禮，墳墓沒有立碑，就是也不被社會承認。現在由於一方面法律重視兒童權利，另方面受到少子化的影響，使得兒童和青少年成為社會重視的「珍貴族群」，因此現在台灣社會對於兒童和青少年的死亡比較受到重視，父母會為孩子舉辦喪禮。然而與成人的喪禮相較，依舊相去甚遠，很多人還是不會去參加一個孩子的喪禮，可能受到所謂輩分或禁忌的影響。此外，一個人失去肢體的一部分（例如斷手、斷腳、顏面燒燙傷），也可以歸類在這個類別。這些的失落，可能往往被小看或忽略了，或只注意到生理復原的需要，而忽略一個人心理的傷痛。還有寵物的死亡，也被不相干的人認為不重要（Corr, 1989-99），然而對於飼主可能是很重要的失落。過去在農業社會，狗和貓稱為「家畜」，也就是一種工具，看家或抓老鼠的勞務工具，和養豬、雞作為生財工具相同。現代的工商社會，例如家犬和家貓，

已經不是工具，而被稱爲「寵物」，所以說他人養「畜生」，可能會招來衝突。由於寵物對於人，不分年齡和性別，是情感情緒的陪伴者。然而寵物的死亡，可能還是被他人所忽略，或視爲「只不過死了一條狗」，甚至「只是死了一隻畜生」。

三、特殊的死亡事件

這一種通常由於死亡的方式，或死亡的人被視爲具社會的特殊性，並且不爲社會所接受，或被社會拒絕。以致這些事件導致的死亡，阻礙了哀傷者的傷慟可以得到社會的支持。Rando（1993）認爲會引起焦慮或窘困的死亡，例如自殺或死於愛滋病（AIDS），都容易引起社會焦慮。死於自殺事件，由於自殺是社會所不能接受的死亡方式，自殺者的遺族往往擔心社會烙印，對於家人會有負面評價，而無法公開哀悼。還有性醜聞或凶殺案等，特別是那些出現在媒體醜聞或拖累家人的事件，生存者的哀傷將得不到社會的支持。此外Rando還提到懲罰性禁止社會支持的哀傷，這類的失落是由於經法律判決死刑，以及死者是被社會貶抑的對象，例如精神疾病患者的死亡、毒癮或酗酒者的死亡。不過，需要注意的是，因死亡事件的特殊性，以致不能被接受的哀傷，主要與一個社會的態度和價值觀念有關（Doka, 1989b）。所以，被一個社會所拒絕的哀傷，可能在另一個社會是可以被承認。例如中國歷史上屈原投江自殺，被歌頌爲忠臣，日本在幕府時代，武士的切腹自殺，表現武士精神，都被視爲是可接受的社會特殊死亡事件。總之，涉及到社會規範和標準，需要注意不同時代和不同社會，社會規範和標準可能會發生變遷。

四、哀傷者被排除

被剝奪哀傷的哀傷者，由於社會不知道這些哀傷者的哀傷經驗，或這些人也需要哀傷。哀傷者被社會排除，在東西方社會，最常見者有小孩、很老的老人、智能障礙者等。不過，若從華人的傳統喪禮，小孩會被包括

在喪禮儀式當中，而且會依家族輩分和倫理，小孩也有特殊的喪服和象徵與死者關係的衣袖配飾。只是孩子的哀傷反應被忽略了，也不了解。

五、哀傷者哀悼的方式不被接納

因這個原因而被剝奪哀傷，是由於哀傷的功能元素不被社會接納（Corr, 1999; Corr, Nabe & Corr, 2000）。通常發生於這個人被社會告知他或她對失落的因應或是反應的方式不可接受；或是一個哀傷的人，被社會告知他的哀傷體驗或表達的方式不可接受。可能由於社會對於這些人的哀傷反應或哀悼的某些方式感到陌生、不熟悉，或造成他人感到不舒服，以致被拒絕。例如第二章所描述巴布亞新幾內亞喪偶的婦女，住到「duguanda」，並憤怒的控訴死亡的丈夫，這種的哀悼方式，對於有「死者為大」這種文化的華人社會，公開譴責死者，可能很難以被接受。又例如台灣早期喪親，從外地回家奔喪的女兒和媳婦，到達家門口之前，必須以「哭路頭」的哀悼方式，放聲嚎啕大哭，並以匍匐爬行方式進入人門，以表極度哀痛，不可以用行走的方式走進去，這是不被接受的。而現在新的一代，對這樣的哀悼方式可能已經很陌生，反而成為不可接受的方式。

❖第三節　關係不被承認的哀傷者之傷慟❖

失落會引發個人哀傷，然而由於關係不被承認，以致個人的哀傷被剝奪的人，以工作關係所涵蓋的範圍最廣。一般人常以為工作關係的對象死了，工作者不會有失落感，這絕對是由於不了解造成的看法。因為那些醫師、護士、監所執行槍決者、治療師、教師等工作者都是人，不是AI機器人，必然具有人性。這些工作者工作主要的對象是「人」，不是「事」或「物」，與單純的買賣關係不同。因此，與其工作對象，除了職業角色和功能層面的關係之外，還有人對人層面的關係。因死亡發生了個人關係

的失落，人便會產生哀傷，這是一種人性和自然的反應。所以，上述工作者的失落，特別值得受到關注。因爲這一類的哀傷被剝奪，可能對於個人的心理健康產生威脅，可以被視爲一種看不見的職業傷害。

因工作關係的失落而被剝奪的哀傷，被討論最多的當屬「護－病關係」。在護理人員方面的研究，指出在職業相關壓力，包括無力感和死亡，以及護－病關係等因素（胡珮怡和蕭淑銖，2013）。由於照護病人的因素，病人死亡，在各科各部門的護理人員當中，一般最容易被聯想到的是，在安寧病房和醫院的臨床護理人員。事實上，臨床護理人員除了在癌症安寧療護情境需要面對病人死亡之外，還有兒童病房、加護病房，以及所照顧的病人自殺等。而引發護理人員哀傷的重要因素，在於照顧過程與病人，及其家屬建立了深厚的關係（Adwan, 2014; Shorter & Stayt, 2010）。在台灣的研究，發現血液透析護理人員和臨床實習的護生，也有面臨哀傷被剝奪的情形（林威利，2012；梁天麗等人，2011）。此外由於工作關係被剝奪哀傷的職人，還有導師（吳淳肅，2000）和戒護槍決的監所人員（潘靜茹、簡美華，2015）。茲分別討論如下。

壹、護理人員

一、病人死亡對護理人員的影響

在醫院或醫療機構，普遍護理人員比醫師較能夠談到自己所照顧的病人死亡的心情。能夠去談是比較健康的行爲，不能夠談的護理人，顯然付出的代價，就是未能適時在適當的地方處理自己的哀傷。如此有可能會影響到親近病人、其他人際關係，或影響自己的睡眠或飲食。從1990至2017年的文獻回顧研究指出，病人死亡對於護理人員的影響，涉及三方面：⑴臨床處理病人死亡的工作；⑵管理個人的哀傷和影響哀傷的因素；⑶當有病人死亡，同事的支持很重要。病人死亡對於護理人員有正面和負面兩

種影響。沒有得到適當處理，會影響個人身心健康和工作，甚至可能發展出複雜性哀傷；有得到適當處理，可以獲得學習和成長。從研究結果，研究者呼籲要重視在臨床上確定病人死亡之後，工作的部門給予護理人員支持的重要性（Meller, Parker, Hatcher, & Sheehan, 2018）。

　　尤其在急診部門，瀕死、死亡的病人和哀傷的病人家屬，主要都由護理人員在處理。有些護理人員將這些工作視為對她的角色有回報（reward）；有些護理人員則迴避和病人，以及哀傷的家屬關係，也就是不涉入情感情緒，由於感到管理情緒勞務（emotional labor），在性質上相當緊繃和耗竭。所謂「情緒勞務」，是指管理本身情緒，以便創造公正可見的臉部和肢體表現。淺層的管理，指員工調節情緒的表達，以便與組織的要求相符合；深層的管理，指表達組織期望的情緒，而對本身的真實情感進行調整，以便一致（Hochschild, 1983）。有研究指出，照顧生命結束，使得護理人員發展出專門的知識，需要經過三個階段：第一階段將自己投入護－病的關係；第二階段管理情緒的勞務；第三階段情緒智力（emotional intelligence）的發展（Bailey, Murphy, Porock, 2011）。由此可知，一方面教育護理人員的情緒管理勞務，可以促進護－病關係；另方面給予病人死亡的護理人員提供情緒支持，對於護理人員的專業發展有幫助。

二、訓練和工作經驗對護理人員面對病人死亡的影響

　　首先，有關護理人員的態度、死亡恐懼和死亡焦慮。晚近許多研究相繼指出，職前教育和在職訓練，以及臨床工作經驗，對於護理人員面對病人死亡的焦慮、死亡恐懼、死亡態度的影響和重要。有關護理人員在死亡焦慮方面的研究，發現加護病房的護理人員年齡越大，對於死亡恐懼越低（章雅茜等人，2016）。至於年紀較輕，且較缺乏臨床經驗的大學三至四年級護系的學生，尤其大部分護生（45.8%）缺乏臨床工作經驗，導

致在面臨病患瀕死或死亡時，比較容易對他人的死亡產生恐懼（高淑芬等人，1998）。尤其，在安寧病房工作接觸死亡情境比其他病房頻率高，教育和經驗的影響更為明顯。研究指出，安寧療護課程對於在職二專護生，在「死亡恐懼」和「死亡態度」有正向影響（孫嘉玲等人，2005）。其次，在癌症末期照護經驗和照護人數越多，臨床護理人員的「死亡恐懼」也越低（藍育慈等人，2007）。相反的，有研究指出，沒有接受過安寧療護教育的護理人員，「死亡逃避」顯著高於有接受安寧療護教育的護理人員（歐淑伊等人，2016）。可見教育和訓練以及工作經驗對於護理人員的死亡焦慮和死亡恐懼，有積極的影響。至於年齡越大的護理人員，對於死亡恐懼越低，可能也與工作經驗有關。

其次，有關護理人員的哀傷反應。訓練和年齡，以及照顧病人的時間和病人的年齡，對於護理人員面對病人死亡的哀傷反應也有影響。研究指出，血液透析護理人員的年齡、學歷，以及所照顧的病人年齡和照顧時間，對於護理人員面對失落，呈現中度的哀傷反應，其中以情緒反應最大，行為反應最小。護－病關係越親近，護理人員對失落的哀傷反應也越高；相反的，護理人員學歷越高，哀傷反應越低，碩士畢業的護理人員在哀傷情緒反應，顯著低於護校和專科學歷的護理人員；護理人員預期病人死亡也有影響，未預期病人死亡的護理人員，哀傷反應較大；此外，病人的年齡越低和照顧時間越長，哀傷反應也會越高（林威利，2012）。在這份研究之中，指出護理人員學歷越高，哀傷反應越低，可能也與學歷越高，年齡也越大，或同時經驗也越多有關。尤其護理工作經驗，可以累積專業的知識。對於比較缺乏工作經驗，正在臨床實習的護生，照顧和面對臨終病患則是一件極大的壓力。研究也指出，對於臨床實習的護生，不只在照護的過程中需要學習了解疾病進展、治療照護原則，以及整個醫療團隊的工作模式；當面對病患瀕死和死亡，更是一個極大的衝擊。面對病患

死亡時的衝擊，感到震撼、難過與不可置信，以及對於急救過程的意像揮之不去。然而在專業工作的要求之下，需要努力抑制內心真實感受。面對家屬時也感到驚慌不知所措，而且病患死亡和家屬的哀傷，也讓護生感到不捨和遺憾的複雜情緒（梁天麗等人，2011）。

三、護理人員被剝奪的哀傷

適當的認知護理人員工作關係發生失落的哀傷，有促進照顧工作、照顧熱忱和健康的護－病關係（Shinbara & Olson, 2010）。從文獻彙整，發現腫瘤科護理人員的生理和情緒耗竭的原因，主要為累積的哀傷和工作熱情疲乏，而這種情況影響到護理人員本身和組織。累積的哀傷，可能導致工作熱情疲乏。護理人員對於病人死亡引發個人的哀傷情緒若忽視，或不被人知道、不說出來，可能變成長期和累積的哀傷。而所謂工作熱情疲乏，是指由於照顧病人和目睹病人疼痛、受苦，以致護理人員在生理、情緒和靈性等方面耗竭（burnout）（Aycock & Boyle, 2009）。工作熱情疲乏的影響，包括失去耐性、表現不佳、生理多重抱怨；情緒的效應包括缺乏熱忱、減少敏感度、易怒、情緒性的過勞喪失生活樂趣的能力等（Coetzee & Klopper, 2010）；生理的抱怨，包括消化不良、頭痛、睡眠障礙和肥胖（Showalter, 2010）（摘自涂麗君，2010）。可見護理人員對於失落病人的哀傷，對於個人和組織影響的層面不少，不容忽視。

其次，在加護病房，護理人員面對病人死亡被剝奪哀傷的經驗之研究方面，發現與護理人員被剝奪哀傷的經驗，有五項相關的主題，即「護理角色框限了悲傷表達方式」，「加護病房工作特性無暇悲傷」，「悲傷隨經驗質變」，「悲傷的因應與適應」，以及「病患死亡所帶來的生命蛻變與成長」等，同時研究也呈現護理人員面對病人死亡的困境與成長。根據研究發現結果，建議醫療體系能更理解護理人員的處境，提供適時的支持與協助。此外也建議護理人員多關注自己的感受，學習自我照顧，在「專

業角色」與「個人需求」之間找到平衡（顏素卿和李玉嬋，2015）。

　　還有值得注意的護－病照顧情境，為血液透析部門。由於需要洗腎的病人與血液透析護理人員普遍有較長期的照護關係。根據2017年《台灣腎病年報》，統計2011-2015年的資料，血液透析病人不只年有增加，而且人數不少。透析盛行數從2011年的67,895人，到2015年的77,920人，並有近半數（46.4%）的透析盛行患者，透析時間長達5.0年以上。報告指出，2000-2005年透析病人五年存活率為57.0%，十年存活率為32.3%，2006-2015年透析病人五年存活率為56.1%（台灣腎病年報，2017）。從以上資料不難推估，護－病照顧有可能長達5年或10年之久，在長期照顧病人的工作情境，所建立的護－病關係不容忽視。研究指出血液透析護理人員對於所照顧的病人死亡，在被剝奪的哀傷中，感受最多的是「專業工作的要求」，其次才是「悲傷情緒的壓抑」。也就是由於專業工作的要求，專注在工作上，抑制了個人的哀傷情緒。而且護理人員對於病人死亡的失落反應越明顯，體驗到被剝奪哀傷的經驗也越強烈，因此就需要採取更多的調適行為，以便處理哀傷所帶來的壓力（林威利，2012）。

　　理想的護－病關係，不只是一種工作層面的關係，也有人性層面的關係。由上面引述的研究發現，無論在加護病房、腫瘤科病房或血液透析部門的臨床護理人員，因面對病人死亡和哀傷的病人家屬，而引發的哀傷，很需要被看見與重視，並提供支持。然而，在研究方面同時也指出，臨床護理人員經歷病人死亡的事件，往往因「專業工作的要求」，而有被剝奪的哀傷之情況（涂麗君，2010）。除了醫院的臨床護理人員之外，在居家服務人員方面的研究，也有類似的發現。居家服務人員由於工作情境的特殊性，在工作時會投入情感和情緒，也被認為重要且有價值。然而，當面對病人瀕死、死亡和哀傷的病人家屬，由於居家服務人員需要照顧病人家屬的哀傷、工作的要求和工作情境的空間，以及時間的缺乏，形成居家服

務人員的哀傷被剝奪（簡妙帆，2017）。

　　有關病人死亡所引發的哀傷，在護理人員使用的因應行為之研究發現，最常使用的就是「間接主動」的因應行為。而採取「間接主動」、「間接被動」和「直接被動」的因應行為越多，被剝奪的哀傷發生的頻率也越高（涂麗君，2010）。另有研究也指出，護理人員採取隔絕情緒、轉移注意力的迴避方式（余欣蓮，2011）。可能間接和被動的因應，都不是真正有幫助的方式。護理人員因所照顧的病人死亡，所引發的死亡焦慮，採取與「自我無關」的認知策略作為防衛，但是由於各種因素迫使更接近死亡，這種策略失效，就會引發各種負面情緒（郭美璋等人，2011）。採取情緒隔離，轉移注意的認知迴避，或許讓自己能夠繼續專注在工作上，不用理會自己的情緒。但是，從長期的觀點，可能不是很好的策略，甚至成為累積的哀傷，而影響護理人員的健康和工作。Huck（2013）認為要預防這樣的結果，第一步就是認識護理人員被剝奪的哀傷，其次醫院應該提供教育和諮商的機會等資源。根據對於護理人員被剝奪的哀傷之研究結果，也發現護理人員對於支持和關懷的需求很高（余欣蓮，2011；涂麗君，2010；溫沛淇，2006；簡妙帆，2017）。所以在處理護理人員被剝奪的哀傷和面對死亡的焦慮，不能只依靠護理人員個人的因應，醫院需要關心，並主動提供所需的協助。

貳、導師被剝奪的哀傷

　　當校園發生死亡事件，由於社會只注意到協助和支持哀傷的兒童、青少年；而學校的教師，則被認為是保護者的角色。由於社會和教師本身對教師的角色有這樣的期待，造成教師在角色和個人的生活信念，期待和經驗的張力。當發生學生死亡事件，這個張力就是有次序和可預期的學校環境之核心，便主宰著教師個人的哀傷反應。在美國由於教師和他們學生

的關係，不被他人或教師自己所認知，當發生學生死亡的事件，以致教師隱藏著哀傷或被剝奪哀傷。特別是在偶發的意外事件或創傷事件裡學生死亡，會影響教師視為個人專業「保護角色的失敗」，以及在教師個人的內在心理對於角色的信念，都影響了教師對自己的專業和個人哀傷的經驗。這是學校的主管和主管學校當局所應該重視，並需要提供協助的福利措施（Rowling, 1995）。

可能由於社會將學生視為學校環境當中，需要受到保護的最重要對象。從搜尋中外研究文獻發現，在學校情境中發生死亡和哀傷時，社會所關心的主要只有學生，而教師被放在保護者的角色和位置，所以有關教師的哀傷就很少被關注。許多的文獻探討和討論著兒童和青少年的哀傷反應，教師如何支持和因應，以及提供教師的教育和訓練。只有非常少的研究，以教師在學校或班級情境的哀傷為主題。

由於華人的傳統文化，對於師生關係的信念與美國或西方國家不同。我們特別強調「尊師重道」和「一日為師，終生為父」的觀念。所以社會和教師本人，對於師生關係有特別的期待。在美國教師被視為一般的專業，在一般設有教育學院的大學便可以培養教師。由於傳統華人文化的影響，教師的角色被視為與其他職業不同。不同於美國，過去台灣在師資培育方面，都特別設置師範學校和師範大學，分別培育中小學教師。對於師範生的生活教育和管理有特別要求，可知一斑。教師的角色，不只教學，在為人方面還需要作為學生的典範。有些教師會將學生視同自己子女一般照顧，其中尤其以導師，需要負責一個班級學生的生活管理和照顧，因此與學生的關係，有別於其他教師。即便如此，在台灣和歐美國家相同，當校園發生死亡事件，社會關注的焦點在學生的哀傷反應，而沒有注意到教師也有哀傷的需求。事實上，基於前述華人文化對於教師工作和師生關係的看法，有別於西方國家。所以當導師遇到自己班級的學生，因為生病、

自殺、意外或校園創傷事件死亡等，學校主管單位，除了協助學生之外，對於導師的哀傷也需要關注和提供支持。

在台灣有一篇實證研究，探討中學導師面對學生死亡的心理歷程，發現不論學生是預期性或非預期性死亡，導師都有失落後的哀傷反應。初獲死亡消息，有立即性的哀傷反應，包括震驚、麻木，無法接受和不知所措，採取暫時性「社會隔離」，讓自己減壓。繼之有悲傷、生氣，愧疚，自責、無助，思念和惋惜等情緒反應。然而，因為擔任導師的角色，在學生發生死亡的事件時，注意焦點都在擔心班上學生的情緒受到影響，因而對自己情緒的覺察，遠不如對學生情緒狀況的覺察，且克制個人情緒。並且受訪的導師有「延遲性哀傷」的現象。然而另方面發現，從導師的情緒反應歷程，導師個人的情緒，遠多於所面對班級學生的情緒（吳淳肅，2000）。顯然由於個人工作角色和責任所致，專注在協助班級學生的哀傷，而抑制個人情緒，可能與導師有「延遲性哀傷」的現象有關。

參、戒護槍決的人員被剝奪的哀傷

可能由於監所是一個特殊的社會機構和場所，不是一般人熟悉的地方，也只有少數人進出，形成一般人對於監所的陌生和神祕印象。尤其對於刑場、槍決戒護和槍決執行，能接觸的人更是少之又少。那個部分，好像成了社會的黑暗面（dark side）而看不見。可能也因此，學者和臨床人員特別關注在監所戒護和槍決人員的研究也不多見。然而，對於槍決戒護和槍決執行人員，這項非平常經驗的工作，可能帶來很大的衝擊，甚至是創傷性的經驗。所以，關注戒護槍決和槍決執行人員的心理健康，特別重要和需要。

由於管理監獄，無法避免和受刑人的互動。美國的研究發現，執行槍決的人員與死刑犯若有人際連結的情形，面臨執行槍決那一刻容易造成困

擾，在槍決之後，也容易產生失落和罪惡感（Osofsky, et al., 2005）。在台灣對於執行槍決人員的研究，也有相似的發現，執行槍決對於執行人員內疚感的影響，甚至是一種終身的傷害（謝婷娟，2003）。由於暴露在人為設計的死亡，死亡威脅或嚴重受傷害的事件，產生的震撼和創傷特別大（Gil, et al., 2006）。雖然槍決過程短暫，然而目擊這樣非尋常的死亡場面，一個人的生命瞬間消失，特別令人難以忘懷（周盈成，2010）。

即便只是擔任戒護的工作，目睹槍決場面也是相當震撼，對於個人有很多層面的衝擊。潘靜茹和簡美華（2015）研究監所矯正人員對於戒護槍決之經驗指出，初次經驗怵目驚心的槍決場面，在肅殺的氛圍和槍響聲中伴隨著質疑與恐懼。事後這樣的畫面，一幕幕深烙腦海，所有的過程歷歷在目，可能會不斷的閃回腦子裡，令人揮之不去。從精神醫學的觀點，這就是一種創傷症候群的侵入性反應（intrusive reaction）。同時，潘靜茹和簡美華指出，對矯正人員而言，深埋心底的不只是事後的畫面，還有當下的心理衝擊。當置身情境中，矯正人員有時也很難以合理化槍決歷程是職責所需，而在戒護或執行歷程中產生罪惡感。尤其，實際上執行槍決的法警，感受到社會對其面對死亡反應的剝奪感和非人性化的感受特別高。一旦與死刑犯有個人情感涉入，歷經了死刑執行過程，其內心的壓力則更大。目睹槍決之衝擊，矯正人員可能對自我產生懷疑，也質疑這份工作的價值（Osofsky, Bandura & Zimbardo, 2005）。這就是槍決，對於戒護和槍決執行人員個人假設世界的衝擊。在他們自幼成長和發展的歷程，長期以來建立的這個假設世界，已經深植的道德和善惡準則，槍決這個人為設計的死亡，與他們那些準則相牴觸，以致造成內心衝突和內疚。由這些研究發現，可以知道無論是戒護或執行槍決，這項挑戰人性和個人假設世界的工作，對於這些工作人員可能造成的心理健康的威脅。

戒護人員明瞭越想努力抗拒回憶時，發現自己越有無力感。如前述，

面對照顧的病人死亡，護理人員使用轉移認知焦點的因應策略，專注在專業工作，從專業工作中獲得成就感，可以減少工作關係中帶來的死亡焦慮或哀傷。與護理人員相同，戒護人員也採取認知因應策略，相信自己和肯定工作的價值與責任，可以將參與戒護和槍決執行者的角色與職責，以及罪惡感和無奈，予以區隔開來，內心方能真正恢復平靜；或是將執行死刑視為是由法官和監所人員共同完成的工作，這項工作只是司法的工具，使用這樣的認知改變之因應策略，也有助於監所人員減少罪惡感（謝婷娟，2003）。在對死刑犯的糾結情感下，戒護人員藉由認知調整，能夠對個人工作態度和個人感受產生正向力量。此外，也如同護理人員，經驗有助於面對死亡。監所戒護死刑的人員，在累積參與死刑執行的經驗之後，已具備一些緊急應變能力，其焦慮感也隨之降低。目睹死刑執行，容易造成戒護人員的內心負荷，卻也同時增加了專業經驗。那些深刻而難以擺脫的行刑印像，藉由習俗與宗教儀式安定心靈，並隨著工作經驗以及認知之調整，以獲取戒護死刑執行職責之專業性與必要性（潘靜茹、簡美華，2015；謝婷娟，2003）。可見從事這項工作，在個人調適的艱難，尤其對於新手的戒護人員或執行人員，更為不易。

肆、協助哀傷被剝奪的人員

綜合上述，死亡所觸發的感受，因人與環境而異。專業人員的因應策略，以認知因應、社會支持、心理諮商、逃避、靈性生活為主。在社會支持方面，則尋找具經驗的同事、信任的家人，以及朋友分享，或直接尋求心理健康專業人員的協助。如此多元因應所形成的安全網，可抒發心理壓力與衝擊（Martin, 1993）。然而，在上述工作人員當中，以矯正和醫護工作的倫理守則，不允許涉及隱私之討論，加上親友對醫療機構和監所工作環境較為陌生，尤其在監所參與死刑執行的人員，可能不會向家人敘說

這樣的工作情形和經驗，因此獲得支持的程度也可能因人而異。所以，維護這些工作人員的身心健康，需要從機構和個人雙軌並行。茲提出下列建議。

一、對負責機構和工作單位的建議

（一）提供職前教育或在職訓練

在醫療機構方面，根據前面論述，護理人員若有職前的死亡教育或在職中的訓練，對於他們在因應面對所照顧的病人死亡，可以提升因應和自我調適的能力。在監所方面，美國監所對於參與執行槍決的監所人員，會提供在職訓練的課程。課程的重點在於教導監所矯正人員，有關死刑犯有其不可逃避死刑的犯罪事實（Vasquez, 1993）。從Bandura（2002）的道德機制（moral agency）觀點，採取道德疏離（moral disengagement）的因應功能，有助於參與死刑槍決工作不同角色的監所人員，免於受到既有的社會價值和道德的評價，得以降低內心的自我譴責（Osofsky, Bandura & Zimbardo, 2005）。所以，負責的機構或工作單位，可以針對其工作人員提供適當的教育和訓練。主要目的在協助工作人員了解死亡、死亡焦慮、死亡恐懼與哀傷反應，以及自我照顧和有效因應的相關方法，以便可以覺察自己受到工作關係被影響的哀傷反應和死亡焦慮。在積極方面，能夠採取道德疏離或認知改變策略的方法，以便降低所受到的影響，甚至必要時尋求諮商協助；消極方面，可以避免缺乏知識而受到職業傷害。

（二）提供及時的減壓會談（debriefing）

由前面論述，在醫療機構的新手護理人員，面對病人死亡的衝擊較大。在學校，導師或教師則可能面對校園學生死亡事件，例如學生跳樓，暴徒攻擊校園等事件導致學生死亡，由於導師可能目睹死亡現場，相較於學生因病死亡或在校外突發的死亡事件，所產生的衝擊特別大。至於監所參與死刑犯執行槍決的戒護人員和執行人員，則直接目睹人為設計的死

亡，這樣的衝擊如前論述特別強大。所以除了訓練和教育之外，應該在事發之後的48小時之內提供減壓會談，以降低和預防創傷的傷害。

（三）提供必要的支持團體

除了及時的減壓會談之外，定期或不定期的提供支持團體。主要在於協助工作人員處理積累或未完了的死亡焦慮和哀傷反應，以確保這些工作情境特殊的人員之健康。如前述，即便學歷較高或工作年資較多的護理人員，面對病人死亡也有被剝奪的哀傷。尤其不同科別，例如急診部、血液透析和安寧病房等部門或科別的臨床護理人員，需要支持的程度可能有別。其次，醫生說出個人對於死亡的焦慮，遠比護理人員少，而專注在治療上，可能與其在醫院的角色和地位有關，也值得關注。為了自我保護，由於經常疏離自己的情緒，也會導致對他人情緒的疏離，或迴避社會的接觸。所以有些人對醫師和護理人員冷漠的批評，可能是不公平的。醫護人員因工作倫理的關係，不得洩漏病人相關的醫療資料。為了確保醫護人員的健康，可以為同一個團隊的醫生和護理人員提供支持團體，讓他們有機會一起敘說，對於共同的病人死亡相關的未完了之死亡焦慮或哀傷反應，獲得彼此相互的支持，並檢視其中的工作成就，以及獲得的學習和成長，都可以轉化成為更優質和更有效的照顧工作。醫院提供這種團體可以因需要而舉辦。

其次，監所當局也需要提供支持團體，協助監所參與戒護和執行死刑的人員，以便處理被引發或尚未解決的死亡焦慮和被剝奪的哀傷。在美國執行判決死刑的監所人員，因為面對死刑犯的死刑槍決之強大道德衝突和創傷壓力，有導致酗酒和毒癮的問題。因此除了及時減壓之外，監所可以提供戒護和執行槍決人員，每兩至三年定期舉行一次的支持團體，以協助監所人員處理積累和未完了的哀傷反應和死亡焦慮，以確保監所人員的健康。至於在學校的導師和教師方面，目前台灣由於在教育界推行死亡教育

有年，對於校園死亡事件，學校都會及時提供學生班級團體輔導，以及教師座談會，甚至全校集會的集體致哀。所以這種提供給教師和導師的支持團體，需視發生的死亡事件傷害大小而定，例如暴力攻擊校園死亡事件，可能涉及學生死亡和目睹現場學生人數較多，以致不只導師，任課的教師都可能是目擊者，或有事後協助學生的壓力，一個簡單而且人多的座談會可能不適用。因此，可以提供教師和導師參與的支持團體，讓教師們有機會分享個人的哀傷反應或死亡焦慮。

（四）重視環境的設置

有關急診部門的護理人員的研究（溫沛淇，2006）、臨床護理人員的研究（涂麗君，2010）或居家照護人員的研究（簡妙凡，2017），都不約而同的指出，需要有適當或彈性的場所或設置，以便在所照顧的病人死亡，有一個讓護理人員可以暫時不受打擾，可以調適情緒的地方。尤其對於新手的護理人員，可能需要同事、護理長或督導給予適時簡短的支持，以便重新回到工作崗位。在監所內這樣的環境設置，對於監所的人員也有需要，特別是在執行槍決任務之後進行減壓會談，很需要一個安靜、不受打擾的適當場地。台灣部分醫院設有禱告室或神龕，這是很貼心和人性化的設施，可供不同宗教信仰的病人和家屬祈福；監所也設有這類的宗教設施，可供受刑人和監所工作人員祈禱用。向神佛或上帝祈禱，可以讓病人、家屬、受刑人或監所人員獲得心靈的安定。

二、對於工作人員個人的建議

對自己的自我照顧，在美國已經是在醫療機構相當受到重視的議題。自我照顧是積極主動的個性化方法，目的在促進醫療人員個人的健康和福祉。自我照顧的方法有很多種策略，能夠適用在下班之後的個人生活，以及專業工作的場域，以便可以支持和維持對於病人和病人家屬富有同情心的關懷（Mills, Wand, & Fraser, 2018）。專業人員的自我照顧，除了機構

和主管人員的支持之外，在個人和私人生活領域可以使用的因應策略，建議如下。

（一）採取敬業的精神

一個人的工作環境，如果天天需要面對死亡，這種氛圍和壓力，一般人可能很難想像。Thompson（1991）的研究指出，殯葬工作人員使用的方法有：保持角色的距離、象徵性的再定義角色、幽默、反刻板印象，以及敬業精神。從文獻可以看到，採取敬業精神，幾乎是所有會接觸死亡的工作人員相似的因應策略。根據《Merriam-Webster》字典對於「敬業精神」（professionism）的定義爲：個人的行爲、目標和氣質，凸顯一項專業或專業人員的品質。強調處理的效率或工作效率，或工作成就，而不是活動本身。在瀕死覺知（awareness）的研究，發現那些例行工作暴露在死亡的工作人員，例如醫院的醫護人員，使用各種策略使其專業與死亡的情境保持距離（Glaser & Strauss, 1965）；而醫生和護理人員會將他們的注意力導向治療而恢復，以取代哀傷和注意力放在死者（Schell, & Zinger, 1984）。採取這樣敬業精神的因應方式，也可以從工作找到成就，可以讓自己比較不害怕面對死亡。敬業精神的因應方式，確實有助於面對工作的時候，可以將個人受到死亡影響的情緒隔離；然而，只有採取敬業精神作爲因應，不是根本的辦法，被隔離的情緒不會消失，只是隱藏在個人不會意識到的內心角落，只會累積。因此，妥善的辦法，還是需要其他因應方式配合。

（二）知道死亡的不可避免

在醫院裡面生生死死，每天都在發生。護理人員需要學習接受生命的終點，不分年輕或年老，就是死亡。所以當所照顧的病人病情惡化的時候，自己不要去否認這種情況可能導致不可避免的死亡，而是要去承認死亡可能就是會發生的結果。採取認知改變的策略，可以讓自己面對病人死

亡，有較好的準備。學校教師對於年輕的孩子死亡，確實比較難以接受。尤其學生意外死亡，往往在得知消息時，教師會感到很意外和震撼，但是也必須學習去接受已經發生的事實。俗話說：「棺材是裝死人，不是裝老人。」是指死亡不分年齡，誰都可能發生。至於監所的人員，正如美國提供監所人員的課程重點，監所人員需要學習和認知，死刑犯有不可逃避死刑的犯罪事實，終有一死。

（三）容許自己釋放哀傷的情緒

感受到自己對於死亡的哀傷情緒，不要自我禁止（self-inhibited）。在適當的時間和適當的地方，釋放自己的情緒，容許自己體驗哀傷的歷程，以便完了哀傷。尤其，對於護理人員和教師都很重要，避免未來影響對待病人和學生的關係。害怕再度感受失落關係的哀傷，可能使得護理人員和教師，從病人或學生身上抽退個人的情感情緒。由於對於病人或學生不再涉入情感情緒，而成為只有工作，沒有溫暖的關懷。針對學校導師面對學生死亡的研究發現，學校同事和行政系統的支持，以及好朋友支持都有幫助（吳淳肅，2000）。至於監所人員，如前述有時候也會和住在監獄的死刑犯有關係的涉入，以致犯人槍決之後的調適較為困難。尤其戒護槍決和執行槍決的監所人員都是男性，受到文化的影響，在表達個人哀傷情緒上比較困難。因此，要容許可以誠實面對自己的感覺，並可以抒發。

（四）與死者家屬溝通

護理人員和教師都適合向死亡病人的家屬或學生的家屬，表示慰問之意。如果感到自在的話，護理人員和教師也可以向家屬表達對於病人或學生死亡所感到的傷痛，讓家屬體驗到你對待他們死去的親人，不只是工作而已，有更多的用心。這樣的互動，不但有助於哀傷過程的完了，也可以讓護理人員或教師，對於自己過去對病人或學生的付出，感到有價值。

（五）參加死者的喪禮

喪禮的儀式具有多項療傷的功能（吳秀碧，2016）。如果工作角色適當，例如導師的角色，參加學生的喪禮對於哀傷反應有幫助，可以讓哀傷告一個段落（吳淳蕭，2000）。其他工作人員，例如在美國，有些護理人員會去參加死亡病人的喪禮，簡單的致意，所以若個人角色適合，時間也方便的話，可以參加死者的喪禮，向死者告別，並慰問家屬。讓自己的這一件照顧工作及與死者的關係，可以做一個明確而正式的結束。這樣對自己的哀傷過程也會有幫助。

（六）好好照顧自己

這是指在個人的生活，注意健康的飲食和充足的睡眠，重視休閒活動和運動，與家人、朋友維持積極的關係，參加社交活動。利用假期去旅行、泡溫泉，或去做SPA。尤其，有較長的假期可以到國外旅遊，由於換個環境，有時可以讓人突然對一些人、事、物產生不同想法，心情豁然開朗。旅行可以讓自己的情緒和身體都獲得紓解。也可以參加瑜伽運動和冥想，放空心中雜念和負擔。與家人和朋友保持積極關係，可以獲得對工作和心情的支持。參加社交活動，可以增加生活的內容和面向，也是調節情緒很好的方法。

（七）尋求諮商

個人若覺察因為失落病人或學生，或因為參與戒護或執行死刑槍決所受到的衝擊太大，不論是哀傷反應或是死亡焦慮，久久難以平息，並且明顯干擾心理和生活。這時候，便需要考慮尋求諮商師的協助。對於護理人員和教師，可能也有需要。在一次的工作坊，有一位在急診室工作的護理人員，向我分享她的弟弟因車禍送到她服務的醫院急診室，就在她參與急救的照顧過程弟弟死亡，此後每當參與和弟弟年齡相近的病人急救的時候，當天弟弟死亡的那一幕就跳到腦子裡，當場得努力克制自己被引發的

哀傷，專心在急救工作。參加體驗性工作坊是她多年來唯一的一次，可以暢談和分享那個失落的機會。從這個例子，可以看到可能有其他護理人員不知道可以求助諮商，處理未完了的哀傷。

（八）運用宗教作為安撫

研究發現，監所參與戒護執行死刑的人員所採取的因應，有以「習俗宗教撫心靈」的方法（潘靜茹、簡美華，2015）。在護理人員和導師方面也有類似的研究發現。宗教不只對於生命和死亡有特殊的教義，可以教育信徒，讓人對於死亡可以締造意義。宗教也有儀式，可以幫助人撫慰心靈。所以，若個人有宗教可以借助向上帝和神佛的祈禱，獲得心靈的平靜。

（九）檢視獲得的學習

經歷死亡，若哀傷可以獲得解決，可以讓人從療傷過程獲得學習，包括重建死亡的意義、人際關係的學習和人性觀的改變（吳秀碧，2017）。所以，無論從醫護人員、導師或監所人員的研究，都發現面對和經歷死亡帶來的學習和獲得（吳淳肅，2000；林威利，2010；潘靜茹、簡美華，2015；Bailey, Murphy, Porock, 2011；Shinbara & Olson, 2010）。在殯葬人員的研究，也發現禮儀師（funeral directors）若和其他同年齡、同性別的人比較時，感到自己的生活比較優渥，在死亡焦慮和壓力感都會比較低（Keith, 1997）。研究指出，生活感到比較滿足和有意義的人，比較不害怕死亡（Wong, Reker, & Gesser, 1994）。台灣在監所人員參與死刑執行方面的研究，也指出監所人員獲得的學習有：「親情真摯恆常久」、「自由可貴勿觸法」、「生命無常重當下」、「知足人生賦新義」等（潘靜茹、簡美華，2015）。檢視從工作中獲得的學習，可以讓個人感到自己和工作的價值，增進自尊和保持工作熱忱。

❖第四節　失落不被承認❖

壹、生產相關的失落

Kluger-Bell（2009）一直很關切由於生產相關發生的失落，而導致哀傷的個人和家屬，由於無法公開敘說失落和表達哀傷，而成為未解決的哀傷。並認為這種的未解決的哀傷，本身會顯現在慢性憂鬱或身心異常。甚至即便低程度的哀傷，若獲得協助，實在無須拖延多年或甚至十年之久。Allen和Marks（1993）從他們多年的工作經驗，看到不論女性或男性，由於流產而失去孩子會感到哀傷，甚至憤怒、內疚、羞恥和孤獨感。而且這些哀傷持續很多年，也沒有解決。在各類生產有關的失落，研究發現：女性在失落發生時就出現很高的哀傷程度，男性則在失落發生之後的一到兩週年才開始出現哀傷。男性的延遲性哀傷之原因，可能與流產被強烈的否認一個人曾經懷孕的文化有密切的關聯（O'Leary, 2000）。

Kersting和Wagner（2012, p. 188）發現流產和胎死腹中，都是一種創傷性的生活事件，可能發展為複雜性哀傷。在這種失落經驗之後，可能出現暫時性的每日生活功能損害、社交活動退縮、侵入性想法（intrusive thought），以及渴望和麻木等。Fredenburg（2017）認為，由於文化方面的態度傳遞著，流產、墮胎、死產或嬰兒猝死等，都是不能公開談論的事，所以他人沒有同理，也不會送慰問卡片，當然也沒有任何儀式。例如生病住院的病人，病癒出院時，親友可能有歡迎派對（party）的慶祝儀式，或一個人死亡的時候有喪禮儀式。這些可以傳達支持的儀式，具有安撫和慰問之意。因此，流產等和生產有關的失落，沒有能夠得到社會支持。

這種情況在華人的文化和社會也相似，甚至有過之而無不及。由於

華人重視所謂「傳宗接代」、「不孝有三，無後爲大」的傳統文化，認爲流產、胎死腹中，死產、嬰兒猝死等是一種不幸，也是一種禁忌的死亡，通常家屬難以公開這個訊息和表達哀傷。所以若告訴親友，通常得到的回應，例如：「你已經盡力了，不用傷心」或「趕快養好身子，很快就可以再生一個」。在台灣湯素月（2005）的研究發現，流產婦女和配偶都有哀傷反應，而且婦女期待和配偶共同面對，可能這樣可以彼此獲得支持。然而，配偶的哀傷反應和步調不同，以致各自哀傷。湯素月發現影響流產婦女哀傷嚴重程度的因素，有：⑴流產婦女的配偶父母、配偶和自己若有傳宗接代的想法，發生流產婦女的哀傷和壓力特別大；⑵婦女自己、配偶、公婆和女方親人知道懷孕的反應，也會影響流產之後婦女的哀傷反應，可能親人知道懷孕的期待，成爲一種壓力。這項研究同時發現：流產婦女很需要時間做心理調適，時間從一個月到長達兩年之久。若涉及多重失落，哀傷的嚴重程度較大，所需的時間也較久。所以時間是一項重要的調適因素。此外，流產婦女會以迴避和公婆談論流產的失落，作爲減壓，也利用從女方親人獲得的支持和協助，作爲調適。其他有利的調適因素有：宗教信仰、社會支持、書寫日記、尋找流產的正向意義、轉移注意在其他事情、接受事實以及個人性格因素等。而值得注意的是，婦女發生流產之後，產生恐懼再度流產。所以再度懷孕的時候，有企圖隱瞞至懷孕較安全階段，才透露消息的情形，這是何等的獨自承擔壓力。所以Fredenburg大聲疾呼，不只要討論這個議題，而且要有系統地做改變，以打破沉默，並提供足夠的協助機會，給由於流產或墮胎之後發生心理掙扎的女性和男性。的確，社會需要認知和承認，流產、死產、墮胎和嬰兒猝死等，與生產相關的失落，會影響到個人和家人，在情緒、靈性和心理的痛苦，並提供專業人員的訓練，以便協助這些失落無法說出口的哀傷者。

貳、寵物死亡的失落

一、家庭寵物普遍化的趨勢

　　人類和寵物的關係之密切，與人類會將寵物，尤其貓狗擬人化，可見端倪。然而寵物的死亡，則是一種常見卻被忽略的哀傷。寵物在很多人的生活中，是重要的同伴，而且可以被稱為「情感的同伴」也不為過。在美國約有三分之二的家庭擁有寵物（Eckerd, Barnet & Jett-Dias, 2016）。在台灣飼養寵物也相當普遍，根據行政院農委會動物保護資訊網公布，2017年全台家犬貓調查統計，飼養的家犬有1,777,266隻，飼養家貓有733,207隻。這可能是一個保守的數字。另根據時勢公司策略研究總監陳紀君對比內政部人口統計資料、農委會動物統計資料，自2011年起，養貓狗當寵物的隻數，與單身人口和高齡人口同步上升，以成長率而言，飼養貓狗更是單身人口和高齡人口成長率的10倍之多，預測到2020年的下半年，貓狗隻數將超過15歲以下的人口數。在現代人生活中，寵物已經成為家庭重要成員。

　　對於狗的死亡，特別是在日本的文化，有不同的信念，他們有崇拜傳說中的靈犬早太郎和忠犬八公的文化。自2015起，FUN（日本專門維修AIBO的公司）開始為已經確認無法再維修的AIBO「遺體」，在千葉縣一座有450年歷史的興福寺舉行罕見的喪禮。AIBO就是人工智慧的機械狗，日本逐漸很多人飼養這種AIBO。喪禮儀式係由寺院的住持為這些AIBO誦經祈福，感謝它們為人類的付出，陪它們走完最後一程。根據日本《朝日新聞》報導，2019年6月8日舉行了第五度的AIBO寵物喪禮，共有100隻AIBO，每一隻機器狗身上都貼上寫著AIBO成長地和主人姓名的標籤。整個告別儀式和人類的喪禮幾乎沒有差別。當前在日本，似乎人工智慧機器狗有被人格化的現象。這樣的喪禮可能對於AIBO主人的哀傷會有幫助。

這樣的公開哀悼，而且是機器狗，在世界各國如今尚屬極其少見。

二、飼主的哀傷反應

　　當今世界上多數國家和社會，對於寵物死亡的哀傷，通常不認識，也不理解（Packman, Carmark & Ronen, 2011-2012）。較早Rynearson（1978）已經發現人類與寵物之間有依附關係的存在，由於人類和寵物有共同之處和相互的需求，因而產生依賴。尤其，當一個人處在不正常情境的發展挫折下，可能將他或她的需求置換到對於寵物的依附，由於這是防衛的目的，所以這是病態的。Wrobel & Dy（2003）針對飼養狗和貓的成年飼主進行研究，飼主對寵物死亡的哀傷，發現在寵物剛死亡之初，有85.7%的飼主，在12項哀傷症狀之中至少有一項，其中有73.6%的人哭泣，56.9%感到憂鬱，53.3%感到孤獨，51.1%e感到內疚；死亡經過6個月之後的調查，有35.1%的飼主有哀傷症狀，到了滿一年剩下22.4%的飼主哀傷還未了結。其次，飼主哀傷的程度和時間，與飼主對於寵物的依附有顯著相關。至於女性和男性飼主的哀傷反應，則有顯著差別，其中以哭泣、內疚感、痛苦、孤獨感、失去胃口和情緒壓抑等6項，達到顯著差異。這項研究和Katcher和Rosenburg（1979）的研究結果相同，寵物死亡，飼主的哀傷長達6個月至1年之久，平均需要10個月。顯然，現代人寵物死亡的哀傷不容忽視。

　　晚近的研究發現，親密（closeness）是預測寵物死亡影響飼主哀傷的因子當中，對於飼主哀傷的嚴重程度，唯一顯著相關的預測因子，而且影響哀傷的對象不分男女（Packman, Carmark & Ronen, 2011-2012）。在台灣也有類似的研究發現，寵物的「意義」與親密關係的斷裂，是影響成年飼主哀傷情緒的主要原因（劉子綺，2006）。在眾多寵物當中，尤其是寵物犬對於女性飼主而言，在家庭的角色、地位和功能，如同子女或手足，扮演著不同的功能。從寵物犬和女性飼主親密互動之中，發展了情感依附

關係。所以當寵物犬死亡，會引發女飼主強烈的愧疚感與死亡恐懼，以及其他情緒和認知的反應，猶如親人過世一般（鄧琼嫈，2008）。一般人常以為只有小孩會因寵物死亡而哀傷，從這兩篇研究，看到成人同樣對於所飼養的寵物死亡會有哀傷反應。

就依附理論的角度，死亡的寵物的功能對於哀傷者，一如一個依附人物（Field, et al., 2009; Dye, 2003），因此親密和寵物的關係有聯結，並與寵物死亡有強烈哀傷反應有關係（Brown, et al., 1996; Packman, Carmark, & Ronen, 2011-2012）。雖然研究指出，寵物死亡的哀傷和對人類死亡的哀傷相同，但是哀悼過程則不相同，由於寵物死亡沒有喪禮儀式，儘管研究指出喪禮對於飼主的療傷有幫助（Gerwolls & Labott, 1994）。主要原因在於很多人不願意，也不能承認，對他們自己而言，寵物是正當的依附人物（attachment figure），而且也不要或不會接受，別人的寵物死亡是個重要的失落。對於失落寵物的哀傷，認為是不適當的，由於認為寵物能夠「取代」，也就是再買一隻就好（Packman, Carmark & Ronen, 2011-2012）。由於寵物飼主的哀傷不被社會接受，因此當寵物死亡飼主有哀傷反應，就會感到羞恥。所以，寵物死亡，飼主的哀傷可以被稱為「被剝奪的哀傷」（Meyers, 2002）。

三、協助飼主因應寵物死亡的哀傷

由於一些複雜的原因，許多人對於寵物的情感依附程度，等同或甚至超過與他人所形成的依附程度。寵物死亡，飼主的哀傷和失去人類的關係相同。不過普遍缺乏社會機制去協助飼主解決哀傷和孤獨（Cowles, 1985）。因此，當寵物死亡，建議飼主可以採取下列因應策略。

（一）不用理會旁人的指責。和家人、朋友分享對寵物的思念和心情，回憶曾經共度的美好時光。

（二）把思念化為文字或圖畫。寫日記將思念的心情抒發出來，也可

以在日記中為寵物繪製可愛的插畫，不要在意繪畫的技巧。

（三）將過去和寵物拍照的照片，做成紀念的相簿，可以和家人、朋友一起分享過去和寵物互動，種種有趣的回憶。

（四）善待自己。就是好好照顧自己，正常飲食和睡眠。外出郊遊，欣賞音樂或看場電影，作為改變和調適心情。

（五）提供孩子機會教育。有孩子的家庭，不要忘了寵物死亡，對孩子也是一種重要失落。記得協助孩子，與孩子交談，聽聽孩子的心聲，並把握機會提供生命教育，讓孩子有所學習。

（六）轉移生活焦點，或嘗試飼養新的寵物。尤其孩子的寵物死亡，雖然可再飼養新的寵物，對於孩子而言，關係和情感不能取代原來的寵物，但是新的寵物帶來的快樂情緒調節，很快就會讓孩子開心起來。儘管孩子會有比較新寵物和舊寵物的行為，這只是表示他沒有忘記舊的寵物。

（七）必要者求助專業協助。過去國內外新聞都曾報導寵物狗死亡，飼主自殺的新聞。過度依賴寵物關係，導致寵物死亡無法調適哀傷。這種狀況的哀傷反應，可能飼主本身有依附關係的問題，難以與人建立親密情感關係，而倚賴寵物。所以，若飼主對於寵物死亡，有不尋常的哀傷反應，宜求助諮商師的協助。

❖第五節　哀傷者被排除❖

在第十二章已經討論過，兒童和青少年面對失落的哀傷反應。在此，再次補充，尤其以失落父母為主。由於失落父母的孩子，特別需要得到適時和適當的協助。

壹、兒童和青少年

一、兒童與青少年的掩飾性哀傷

　　兒童和青少年的哀傷特徵，為「掩飾性哀傷」（masked grief）。由於孩子的哀傷反應和哀悼過程和成人不太一樣，因此成人常常不認識和誤解孩子的哀傷反應。Lendrum和Syme（1992）從研究歸納出，父母死亡的孩子間接表達哀傷的行為跡象，呼籲成人可以從這些行為跡象，幫助孩子能夠了解和比較直接的表達他們的情緒。這些哀傷的行為，包括：過度依賴生存的父親或母親、呈現出害怕和很黏的行為、有分離的困難、作白日夢、尿褲子或尿床、過度害怕和抱怨、不去上學、作惡夢，甚至偷別人的東西，這項偷竊行為Lendrum和Syme稱為象徵性的偷竊，表達了孩子害怕失去死者。可能喪失擁有的焦慮，導致以偷竊來取得擁有。

　　Lendrum和Syme認為，5至8歲的孩子發展很快，開始有未來感，例如父親死亡，可能已經可以知道父親將不會再和他生活在一起。這時期也發展出內疚感，面對親人死亡會有內疚。通常由於孩子對喪親，而讓他感到內疚的這件事，分不清楚是他的想法或他的行動所致。例如過去孩子在很生氣的時候，曾經心裡希望父親死掉，以致以為這個想法殺死父親。而且這個年紀的孩子，會很快的否認自己的情緒，尤其當這個情緒讓他們難以處理的時候，或他們感到成人無法處理的情緒，會為了保護成人而否認自己的情緒。所以，喪親的孩子，很容易被忽略了他們的哀傷。

　　到了8至12歲的孩子，開始發展出死亡概念，然而對於死亡感到害怕，以致否認喪親的哀傷情緒。但是在信任關係當中，可以鼓勵孩子分享他們感到孤獨和想念死者等情緒。至於青少年，已經具有和成人同樣成熟的死亡概念。他們面對喪親、失去手足或好朋友的時候，都會有哀傷反應。由於處在自我認同發展的重要時期，喪親可能會感到憤怒，因為覺得

被「遺棄」。喪親造成失落的痛苦,在於青少年需要尋找一個自我新的認同,所以不想要失去認同的對象,以致喪親可能使得青少年有憂鬱和攻擊的情緒。這種攻擊的情緒,尤其以失去父親的男性青少年特別明顯(Van Eerdewegh, et al., 1982),而女性青少年則比較會有憂鬱的狀況(Lendrum & Syme, 1992)。

由於喪親的孩子會以其他行為表達,而掩飾了他們的哀傷。可能因此使得成人以為孩子不知道喪親的傷痛。此外成人否認孩子的哀傷,也可能出於想要保護孩子,卻因此往往更增強了孩子否認他們的哀傷。孩子的哀傷表達特徵,除了與死亡概念的發展有關,也與他們的情緒發展有關聯。往往孩子以間接行為的方式來表達他們的哀傷。因此,協助孩子處理哀傷的成人,需要了解和能夠辨識孩子用以表達哀傷的行為,並協助孩子能夠直接說出他們的心情。

二、協助孩子因應

人生中最大困難,就是家庭中有親人死亡。家庭中父母當中一人死亡,對於孩子尤其困難,孩子被強迫去面對死亡,也面對自己的不免一死的議題。學者多數認為孩子需要到了有能力了解死亡為生命的終極,才會哀傷。然而研究的發現結果,不全然同意孩子到了確切的特定年紀才有能力哀傷。每一個孩子對於父或母死亡的哀傷強度和期間不一。主要受到六項因素的影響:⑴突然死亡和圍繞在喪禮儀式的氛圍;⑵孩子在死者生前和死後的關係;⑶向生存的父親或母親的功能和孩子本身的能力;⑷家庭大小、結構、因應、溝通、財力等;⑸孩子本身的年紀、性別、無力感,以及對死亡的了解;⑹從家庭外獲得的支持(Worden, 1996)。根據前面六項影響因素,提出協助哀傷的孩子的因應方式:

（一）成人不要迴避

生存的父親或母親，以及家中其他成人，在孩子的面前不要迴避自己的哀傷情緒。由於孩子的反應和因應能力，受到生存的父親或母親的影響最大。孩子對於失落的反應和情緒，正是那一位生存的父親或母親的一面鏡子。所以家裡的成人，尤其是孩子的父親或母親能夠容許自己表達哀傷，方能協助孩子表達出他們的哀傷。

（二）先告知孩子

如果由於生病死，在病情嚴重可能無法治療的時候，要告知孩子，讓孩子有所準備。不要為了保護孩子而選擇欺騙，這樣一旦發生死亡，會讓孩子感到死亡不可預期和突然。如果孩子預先知道可能，以及不可避免的死亡。當死亡發生了，孩子的因應會比較有效。

（三）需要關心孩子的哀傷

喪親的孩子特別需要家庭成人的關心。孩子可能由於哀傷，造成飲食和睡眠習慣改變，甚至不活動和常獨自一人。這種狀況很需要家裡的成人多給予關懷。所以，生存的父親或母親，以及家族的成人，可以和孩子談談他對喪親的了解、想法和心情。孩子有自己表達的方式，成人不能有預設想法，而是要努力的去了解和反應。此外喪親的孩子會感到沒有安全感、無助和孤獨，因此多陪伴和提供協助很重要。最後，有關孩子參加喪禮的考慮。

（四）喪禮期間維持孩子正常的生活。

家庭中有人過世，可能成人都忙於喪事，而忽略孩子的生活。孩子每天的生活中，遊戲是一項重要的活動，不只有利於情感情緒的發展，孩子和玩伴的互動也有需要。而且對於年齡越小的孩子，遊戲越為重要。即便是喪親的孩子，也要盡量協助孩子維持正常的生活型態，每天可以和同伴

遊戲，該上學的時間就去上學，該睡覺的時間就睡覺。忙碌籌備喪禮，主要是成人的工作。所以要維持孩子生活正常，這樣也有助於喪禮之後，孩子生活型態的恢復。

（五）孩子參加喪禮

參加喪禮對孩子可能會有幫助，但是需要有彈性。在喪禮的準備方面，如果孩子可以選擇參加或不參加，也會有影響。在協助孩子了解喪禮的過程之後，讓孩子自己做決定。當然這還得看孩子的年齡和情緒狀態，如果能夠參加喪禮，通常會有幫助（Doran, 1998）。由於孩子可以在喪禮中觀摩成人哀傷的情緒表達；喪禮的氛圍，也有助於孩子表達情緒；喪禮的儀式，可以協助孩子向死者告別。記得不只一位學生告訴過我，他們在小學中、低年級的時候，外公和外婆死亡，他們陪著母親參加喪禮，場面很嚴肅，本來他們不敢說話，沒有哭，也不知道對於疼愛自己的外公和外婆死亡，爲什麼自己都沒有哭。直到看到母親跪在靈堂痛哭，自己也不知道爲何跟著大哭。這就是孩子可能常見的反應。

（六）必要的時候尋求諮商

注意孩子行爲的改變，由於孩子通常以行爲表達哀傷較多，成人發現孩子有很明顯的行爲改變，或被學校教師抱怨孩子出現適應問題。有這種情形的時候，孩子需要求助於心理專業工作人員的協助。

貳、老人與哀傷反應

一、在現代長壽老人的處境

根據內政部公布「二〇一七年簡易生命表」，國人平均壽命80.4歲，其中男性77.3歲，女性83.7歲，若以縣市區分，以台北市平均壽命83.6最高。根據內政部最新公布，2019年台灣新生兒出生率全球排名倒數第

一，平均每一名婦女只生下1.218個嬰兒，這是值得注意的問題。由於高齡化和少子化，使得家庭結構產生縱向改變，有更多的世代需要照顧，然而年輕的照顧者卻更少了（Strobe, Hansson, Strobe & Schut, 2001）。這種情況，造成沒有能力的老人延緩的現象，即照顧的責任，由較老者承擔，照顧者不只較老，也較脆弱（Canter, 1991）。不過與一般人的印象不同，在美國的研究顯示，老人在情緒控制和心情穩定，比年輕人良好（Lawton, Kleban, Rajagopal, & Dean, 1992）。當許多生活壓力不可避免的時候，老人更能有效使用認知策略來調節情緒（Schulz & Heckhausen, 1998）。

二、高齡社會老人的失落與哀傷

高齡社會在一個家庭之中，由於生存的世代多，研究指出老人面對親人死亡的頻率，大於其他年輕的成人（Shah, & Meeks, 2012）。子女死亡、手足死亡、配偶死亡、父母死亡、孫子女的死亡等，讓老人累積性的暴露在家庭成員的死亡環境。因此，長壽也使得老年期將面對多重和前後代序列的失落。老人經歷不少的家庭成員死亡，也對於他們那些人死亡的哀傷反應不同，其中以自己的孩子死亡，最摧毀他們（Lekalakala-Mokgele, 2018）。有一份對以色列戰爭喪子父母哀傷追蹤10年的研究（Rubin, 1992），後來再進行追蹤研究其中三分之一的人，發現在原來的哀傷父母群體，哀悼的歷程最初4年最明顯，然後經過14年才脫離失落的哀悼，這些父母有減少在功能方面的問題，以及與死者關係的痛苦也少了。不過，對於哀悼13年的父母，則未顯示對於死者和關係有顯著改變。顯然，至少需要約長達14年的哀悼。

另一個議題是，與配偶的關係及活著的子女的關係。這些父母知道他們的哀傷以及失落的反應，對於他們的家人來說如何的困難。很多父母感到哀痛自己與死亡孩子有強烈情緒涉入，而不是與活著的孩子有情感情緒

的涉入（Ben-Israel Reuveni, 1999），也就是由於哀傷死亡的子女，而情感情緒疏離了活著的子女。另有研究，採取對於在不同情境和使用不同研究法，以探究父母失落年紀較小和較大子女的哀傷，發現與死者持續關係的事實，不分死亡子女的年齡大小，通常都一致，哀傷的反應和關係的持續相關。而且隨著時間的推移，對於失落的意義，以及與死者的關係，會產生轉化（Klass, 1988, 1996）。顯然，父母並不會因爲孩子死亡了，而改變對孩子的關係，只有死亡意義和死者意義的轉化，這或許在顯示老人如何自我療傷。

有關老人隱藏哀傷方面，老人看著親人健康沒有改善的等待死亡，會感到焦慮。而痛苦的看著親人在醫院或家裡惡化直到死亡，由於無能爲力，不禁悲從中來。當他們的親人在死亡之前遭受痛苦，所引發的情緒最大。老人感到需要保護瀕臨死亡的親人和其他親人，於是都將悲傷隱藏在私下，獨自落淚。不過老人面對喪親，有他們的因應方式。由於宗教能夠提供生命和死亡的意義和答案。在一份有關老人喪親的哀傷之研究中，發現受訪對象的老人都是虔誠的基督教徒，他們堅定的相信上帝，因而得以從相信上帝和禱告中獲得最大力量（Lekalakala-Mokgele, 2018）。

然而，老人不容易被看到哀傷反應的另一個原因，可能與生理有關。90%的老人流淚功能屬於異常，平日老人經常會抱怨「淚流不止」，主要原因在於眼皮鬆弛，肌肉發生退化性鬆弛，導致淚水不能夠正常分布和流動，而直接排到眼睛外。所以這種日常老人常流淚的狀況，台語俗稱爲「流目油」，有別於傷心的「流眼淚」。然而了解老人哀傷的困難是年紀很老、淚腺退化、功能降低、很傷心的時候，卻看不到很多眼淚。再者，由於老人的臉部肌肉和皮膚老化且鬆弛，傷心的時候臉部表情變化，與年紀較輕者相比，顯然較少，甚至很多老人予人木然的感覺。這些生理老化和退化因素，導致很少眼淚和表情，也是喪親年紀較大的老人常被誤以爲

沒有太傷心的原因。

　　雖然，老人能夠從成功適應過去的失落，發展一個世界觀和自我概念，可以促進後來的失落適應，似乎言之有理（Wortman & Silver, 1992）；然而，也冒著哀傷過度負荷的風險（Kastenbaum, 1969; Parkes & Wiss, 1983），以及累積負向的效應（Norris & Murrell, 1990）。因此，Lekalakala-Mokgele（2018）認為，雖然無法確定老人對於死亡的反應，是否由於多重的死亡經驗，讓他們建立了個人的能力或是準備度（readiness），可以去處理這些死亡的經驗。但是，可以確定的結論是：老人的哀傷過程和其他年齡的族群沒有差異，以及他們在哀傷的歲月裡，也需要和比較年輕的族群相同的支持及協助的方式。

三、協助老人因應死亡的失落與哀傷

　　從上述，老人的哀傷反應與較年輕的哀傷者沒有差異，只是老人可能比較有因應的策略和能力，或很老的老人退化和老化，而不容易被看到傷心的表情和眼淚。而且，老人可能為了保護比他更年輕的家人，例如保護自己的子女或孫子女，而不容易被看到老人自身的哀傷。個人有深刻的經驗，筆者的公公過世，婆婆看到兒女的傷痛，掩飾著自己的傷痛，告訴子女：「你們年輕人不要太傷心，人老了有一天總是得走。」其實，她應該是最傷心的人，因為喪失了相伴近半世紀的枕邊人。此外可能老人不太表現出從外在看得到的哀傷表達，或不願意哭泣，或有哭泣。所以照顧者需要注意老人的情緒和生理痛苦。哀傷的老人可能呈現飲食異常和睡眠障礙，對於外出或與親朋好友聚會失去興趣，失去嗜好，或變得難以做決定等，這些都可能是哀傷的跡象。協助喪親老人哀傷的因應，茲建議如下：

　　（一）若與老人同住，要多陪伴。喪親之後老人會倍感孤獨，因此要多陪伴和關懷，聽聽老人述心聲。即便只是陪伴話家常，對老人都有幫助。

（二）若沒有與老人同住，宜定期拜訪。老人若獨居或住在安養院，需要定期探視，讓老人有所期盼，同時減少孤獨感。前往探視的時候可以攜帶老人喜歡的小點心或小禮物，讓他感到被重視和關心。

（三）讓老人有安全感。老人喪偶或喪子，最害怕的事情，就是此後誰來照顧我？我未來的生活還能過得下去嗎？因此，讓老人知道會繼續有人照顧，是很重要的事。

（四）容許老人表達哀傷。有些為人子女者，擔心老人傷心會傷身，而阻止或間接迴避談論死亡和死者，這無異於剝奪老人的哀傷。容許老人有機會可以去談，讓他或她的情緒有出口可以紓解，並且得到支持，這樣對老人有幫助。此外使用身體接觸也是很有用的方法，例如擁抱、半擁抱、握他或她的手。身體的接觸，可以傳達不用語言的情感。

（五）如果老人的身體健康狀況允許，帶老人外出短程郊遊或旅遊，變化環境可以變化心情。郊遊和旅遊都可以帶來歡樂，也會有幫助。

參、智能不足者

一、智能不足者的哀傷反應

首先說明「智能不足」一詞的英文，在DSM-5使用「intellectual disabilities」，即原本在DSM-IV-TR使用「mental retardation」。雖然英文不同，中文翻譯都相同。此「智能不足」之診斷名稱與ICD-11的「智能發展障礙症」相當，是一種在發展階段中發生的障礙症。目前依嚴重程度，可分為輕度、中度、重度和極重度四級（DSM-5，2014）。

由於受到過去學者認為，智能不足者沒有辦法形成依附關係（Burlingham & Freud, 1942），或了解死亡的概念（Hughes & Noppe, 1985）之影響，而認為智能不足者無法體驗哀傷的情緒。晚近的研究顯示，智能不足者也有死亡的概念，例如死亡為生命終結和沒有生理功能（McEvoy,

1989），而且智能不足者能夠發展依附，使得他們被認為可能會體驗哀傷（Clegg & Lansdall-Welfare, 1995）。

　　學者有主張智能不足者，對於死亡可能與兒童的發展水準相同（Bihm & Elliot, 1982）。後來的研究發現有不同之處，智能不足者傾向認為死亡是由外因影響，例如被老虎吃掉；而7歲的兒童則認為，死亡是不可避免的內在生物過程（McEvoy, 1989），例如老了、流血過多、生病等造成。在臨床的研究，由於哀傷問題被推薦接受治療的智能不足者，與無哀傷的智能不足者比較，被發現有較高的精神官能症（neurotic disorder）、生理狀況、易怒、昏睡和過動的情形（MacHale & Carey, 2002）。周燕雯（2014）針對16歲及以上，喪親的中度智能不足者進行研究，探討他們的死亡概念。研究發現，至少有1/4的樣本對於死亡概念有一定的理解。有生氣或憤怒的反應，例如脾氣變得暴躁、不服從、難以控制、大叫、尖叫；或有憂鬱的反應，例如變得安靜、少說話、晚上不睡覺、白天不願意起床即睡過多等睡眠障礙情形；失去對嗜好的興趣；迴避社交行為，例如自己躲起來、不理他人；也有渴望的反應，例如渴望或等待死者回來、對親人遺照有反應、重複有關死亡的言語等。顯然中度智能不足者的哀傷反應和一般的哀傷者相近似，只是主要以行為來表達哀悼，和兒童比較類似。由於他們的哀傷多以行為表達，容易被誤解，以為是行為問題，被使用藥療治療或其他治療方法，而不是處理他們的哀傷（Clute, 2010）。而由於哀傷發生困難的智能不足者，也和一般哀傷者的哀傷發生困境相同，可能會產生較嚴重的問題。Clute（2010）認為不論是智能不足者或一般的人，如果一個人只有很少的因應策略，社會支持又少，而且他或她的失落被忽略，就很可能會因為別的問題，而需要諮商。Wadsworth和Harper（1991）也認為智能不足者由於在學習、跟隨社會常模和使用語言溝通情緒的這些困難，因此失落的結果，使得他們受苦於額外心理健康問題的高

風險。所以，喪親智能不足者的哀傷不容忽視，而且可能比一般人更需要得到協助。

二、協助智能不足者因應哀傷

Clute（2010）從研究建議，提供哀傷的智能不足者之協助，可以分三種：非正式的支持，正式的介入（intervention）以及社區教育。參考這三種方法，建議如下：

（一）認識智能不足者的哀傷

照顧者需要具備對智能不足者的哀傷反應認識和理解。由上述，中度智能不足者確實有哀傷反應，只是他們主要以行為呈現，例如憤怒、過動行為、睡眠障礙等，照顧者需要具備那些理解他們哀悼的行為，以便給予協助，如幫助安眠、鼓勵進食、與他們交談失落與哀傷，並給予表達情緒的空間。使用語言之外，也使用相片和圖片等輔助交談，並提供支持。

（二）協助喪親的智能不足者參加喪禮

根據國外的研究發現，讓智能不足者參加喪禮儀式，可以幫助他們了解死亡（Raji, Hollins, & Drinnan, 2003）。根據智能不足者的自我報導研究，他們表示被包括在喪禮儀式有幫助（Gilrane-McGarry & Taggart, 2007），透過觀察他人的哀悼行為，能夠讓他們的情緒經驗正常化（De Ranieri, Clements, & Henry, 2002）。此外研究也顯示，支持可以讓他們減少重複的詢問死者那裡去了，以及挑戰行為的次數和強度（Sheldon, 1998）。不過也有學者發現，安排不充足去參加喪禮的結果，是更多具問題的哀傷（Dodd et al., 2008）。因此，必須事先計畫和安排，並且要有人陪同參加喪禮儀式。

（三）提供死亡教育

在生死教育的實證研究發現，可以達到明顯改善嗜睡和無力氣，而在過動和不恰當的語言也有改變（周燕雯，2014）。Clute（2010）認為實施死亡教育，一方面可以提供非正式的支持，另方面可以運用各種活動來進行這項教育，例如參觀殯儀館、製作紀念品和舒適包等，讓他們學到死亡概念和哀傷因應。

（四）提供諮商團體

根據Hewson（2004）研究發現，參加8週哀傷諮商團體的智能不足者，對於處理哀傷有進步，增加社交行為、變得比較平靜，也有改善攻擊行為的情形。Clute（2010）從研究獲得的結論，建議提供哀傷諮商的諮商師需要具備對智能不足的知識，並且依照個人能力和需要，採取多重模式的諮商團體，對於智能不足者比較有幫助，例如結合個人中心諮商方法、壓力管理、Worden的任務論，或Strobe和Schute的雙過程模式，形成帶領團體的原理。

❖第六節　特殊事件的死亡❖

在這一節有關特殊事件的死亡，造成家屬的哀傷被剝奪，特別要選擇自殺遺族的哀傷和被司法判決死刑的受刑人家屬的哀傷。根據自殺防治中心的報告資料，2017年台灣自殺死亡的人數有3,871人，死因排名第十一位，粗死亡率為每十萬人口16.4人，而標準化死亡率為每十萬人口12.5人，所以自殺人口超過標準死亡率。至於死刑定讞尚未執行的人數，根據法務部法務統計資訊網的資料，這三年內分別為，2017年43人、2018年42人、2019年39人，有些微逐步下降。雖然就人口比率而言，死刑定讞的人數極少，然而在他們伏法之後，從人權的角度，家屬被剝奪的哀傷應該受

到關注和協助。

壹、自殺遺屬被剝奪的哀傷

一、自殺遺屬的複雜性哀傷

　　採取自殺的死亡方式，對於死者遺族的傷害很大。由於死者使用自殺方式，遺族會有創傷，同時也會有社會烙印（social stigma）的困境，因而造成哀悼更加困難。人類對於失落的反應，不只自然和持續，也是個人化的反應（personal）（Hughes, 1995）。在自殺遺族的研究發現，也同樣有具個人化反應的現象。不過在生理、情緒、認知和行為等四方面的反應，則與一般死亡的失落反應不盡相同。在生理方面，有恐慌、呼吸困難、心臟無力、頭痛、頭昏、對聲音敏感、血壓升高等反應；在情緒方面，有麻木、悲傷、痛苦、憤怒、愧疚、自責、驚嚇、感到不捨、解脫感等反應；在認知方面，有不相信、困惑、幻聽、幻覺、後悔、感到死者還在等反應；在行為方面，有哭泣、飲食和睡眠障礙、夢見死者、驚醒等。尤其，孩子自殺死亡，父母認為不能保護孩子的愧疚感最為明顯；而父母自殺死亡的子女，則有延遲性哀傷的傾向；配偶自殺死亡的生存配偶，以感到被拒絕、憤怒和孤單最強烈。此外有目睹自殺現場的遺族，哀傷反應不只強烈，而且較持久（呂蕙美，2005）。這種因目睹而有的反應現象，與目睹被定讞槍決死亡犯人的家屬之反應相同，在創傷性哀傷的反應特別強烈（Joy, 2014）。

　　自殺造成的創傷和社會烙印，可能是死者遺族主要的哀悼特徵（Young, et al., 2012）。其中自殺遺族哀傷的侵入性特徵，可能導致嚴重的心理效應，遠大於自然死亡的影響。在晚近的研究指出，自殺遺族的複雜性哀傷，在心理症候群的特徵有別於憂鬱症狀，以及創後壓力異常症候群（Boelen & van den Bout, 2005; O'Connor, et al., 2010）。由前述這些自殺

遺屬狀況，都使得有需要特別照顧哀悼的自殺遺族（Gall, Henneberry & Eyre, 2014; Visser, Comans, & Scuffhman, 2014）。

　　發生創傷事件之後，受害者會採取經驗迴避的方法，想努力降低壓力（Morina, Stangier, & Risch, 2008）。在台灣的研究，發現自殺遺族使用隔離、冷漠的因應方式（呂蕙美，2005），這就是一種經驗迴避的因應方式。之所以會採取經驗迴避，可能有兩種原因。原因之一，由於與其他創傷事件不同，在於自殺的方式通常涉及到暴力行動，所以容易喚醒遺族的陰森場面。由於這種帶有暴力和陰森場面，導致哀悼的遺屬避免提起這個失落，以作為防範創傷入侵到個人知覺之中，因而自我禁止了可以去處理死亡和失落現實的正常哀悼過程（Boelen, van den Hour, & van den Bout, 2006）；原因之二，由於社會烙印，讓哀傷的遺族感到被孤立（Sudak, Maxim, & Carpenter, 2008），如此而缺乏社會支持，更難以面對親人自殺死亡的經驗。

　　過去對一般哀傷者的研究，發現經驗迴避的程度越高，造成的複雜性哀傷也越嚴重（Boelen & Reijntjes, 2008; Shear et al., 2007）。由於經驗迴避的哀傷者，往往不願意因應負面情緒和想法，以及生理的感覺，而且也迴避會引發這個經驗的情境。儘管經驗迴避本身不是病源，然而過度迴避負向經驗，則結果容易受到不利心理的影響，包括形成複雜性哀傷（Blackledge & Hayes, 2001）。Nam（2016）研究發現，自殺遺族使用迴避經驗與形成複雜性哀傷有關。男性遺族和女性遺族不同，女性採取經驗迴避，男性會去經歷哀傷；越憂鬱的遺屬，越是有經驗迴避的情形；而女性和較年輕的遺族，越有憂鬱的症狀和複雜性哀傷。其次，家屬自殺死亡215.30個星期之後，遺族不分年齡，哀傷都沒有差異。所以從自殺遺族的哀傷特徵，可能是增加哀傷經驗迴避和使用認知策略來禁止哀傷過程，以致形成複雜性哀傷。根據研究結果，由於經驗迴避導致自殺遺族不願意去

想和談死亡這件事和死者，Nam建議治療的方法，特別需要多鼓勵遺族接受痛苦的想法和心情，並和治療師溝通經歷哀悼的歷程，去創造有意義的生活。

在華人的文化當中，認為自殺死亡是一件不吉祥的事，也是一種文化禁忌的死亡方式，一般人特別不願提起自殺死亡事件。若需要提到，也是使用特別低的聲音悄悄交談，彷彿害怕被聽見。在台灣，自殺被視為是一種「兇死」，即兇惡的死亡。台灣彰化縣一帶，尤其鹿港與和美這兩個古老的小鎮，特別會為自殺死亡的人舉辦所謂「送肉粽」，又稱為「送煞」的法會。法會舉行是利用儀式，在深夜將死者自殺使用過的相關物品，例如繩子，以及死者的物品，送去海邊或河流的出海口焚燒，達到驅邪除煞。法會的目的在去除不祥，讓活著的人感到比較安心。台灣有一篇研究成年前期遭遇手足自殺死亡的男性哀傷經驗，哀傷者有說不出口的傷痛，然而自我禁止哀傷，孤獨無人支持，利用作夢和祭拜作為與死者的繼續聯結，也是一種因應（吳紫埰，1996），顯見自殺遺屬哀悼的困境。

二、協助自殺遺屬因應哀傷

根據美國疾病控制和預防中心（CDC）的估計，每一名自殺死亡的人，會留下大約6至6名以上哀傷的生存者，他們不只傷痛，由於想了解和找出自殺原因，心中不斷掙扎。其次，他們也因為社會烙印而成為另一種受害者。由於自殺的非預期性和創傷性，也使得自殺遺屬的複雜性哀傷特別糾結。建議可以如下因應。

（一）尋求諮商和治療專業的協助

由於自殺造成的複雜性哀傷，有待處理的議題不少，可能很難自行恢復。因此，很重要的就是尋求治療師的協助，以便可以好好的處理創傷症候的侵入性症狀，以及憤怒、內疚、自責、憂鬱、焦慮等各種情緒。若已經出現身心症者，除了心理諮商與治療之外，也需要求助精神科或其他科

別醫生的藥物治療，以便先緩和生理症狀，但是治本之道還是需要諮商和心理治療。

（二）家人溝通

自殺死亡往往容易引發家庭衝突，有時是因為家人的哀傷反應差異所造成；有時則是由於憤怒，需要尋找譴責對象所造成；或由於家庭有一人死亡，其餘生存的家人發生家庭角色和功能改變，由於不適應所引發。這些原因都可能造成家人衝突。為了迴避衝突而形成家人相互疏離，使得更缺少支持。所以，事情發生之後，家人需要好好的溝通，增進彼此的了解，相互表達哀傷情緒，以便家人相互支持，彼此扶持度過艱困的時刻，如此方有助於解決哀傷。

（三）參加自殺遺屬的支持團體

由於自殺死亡的特殊性，若社區機構舉辦支持團體，最好採取問題同質性的團體。如此，成員可以不用擔心他人的異樣眼光，而且可以分享相同的遭遇，以及類似的故事和經驗，彼此容易理解和同理。這種團體在美國通常是長期的開放式團體居多，可以容許成員長期持續獲得所需要的協助與支持，而且能夠配合成員的狀況和需求，因此比短期封閉式的團體更適合這樣的服務對象。參加這種支持團體，在團體外成員也會自己形成朋友和社交活動，因此可以減少社會孤立。有社交活動也能夠增進生活的多樣性，以及注入正向情緒，對遺屬的恢復不只需要，幫助也較大。

（四）需要朋友

由於自殺為不名譽的死亡方式，遺屬往往會感到很難向他人啟齒談心事。也由於自己迴避經驗而害怕朋友的關心，以致疏離朋友。另方面可能朋友也擔心見面不知道該說什麼比較得體和有幫助。實際上，發生自殺死亡事件之後，遺屬更需要真正的朋友。然而，在面對自殺遺屬的時候，作

為朋友者的確不知道該說什麼或可以幫什麼忙。鼓勵真正的朋友，不要由於這些原因而和一個孤獨的哀傷者保持距離或迴避見面。表達關心，靜靜的傾聽他或她想講的話和心情，不一定需要說什麼，或許對方就只是需要有人可以傾聽。此外也可以自願代勞，幫忙做一些工作，來減輕他或她的勞力。由於一個家庭成員死亡，會造成其他生存的家庭成員角色和地位的改變。角色調適需要時間去學習，所以有個自願代勞的朋友，可以減少體力和時間的負擔，也感受到朋友的溫暖和行動支持。

（五）別忘了自我照顧

傷心的人最容易忽略了照顧好自己的每日生活。傷心很傷身，所以需要照顧好自己的飲食和睡眠。規律的進食和睡覺，注意飲食的營養均衡。照顧身體不只可以改變心情，也能讓自己有足夠的體力去因應哀傷。

（六）祭拜或造訪墓地

無論中外的研究都指出，去造訪墓地可以維持連結，也可能找到死亡的意義。華人的祭拜儀式，為一種與靈界溝通的方式，有助於遺屬和死者保持繼續溝通。

貳、死刑犯遺族的哀傷與協助

一、死刑犯遺族的哀傷反應

死刑犯遺族的哀傷，通常被學者和臨床工作人員所忽略，然而從研究發現這個族群對於失落的哀傷，具有獨特性，值得注意和協助。當社會不承認他們的哀傷之同時，他們所感受到的失落也是無限的。Bruse和Schultz（2003）提出所謂「無限的失落」（nonfinite loss）的概念，指持久的失落通常是由負面的生活事件或事情所引起，對於一個人的生理或心理存有持續保留著的狀態。例如生了一個智能不足的孩子，父母在心理上

存著對一個孩子的那些希望、期待和夢想，會持續保留著，然而無法向他人訴說，這是一種無形的失落。這種失落，在初始不明確，但是會有持續感到不確定和反覆適應和調適的傾向。像這樣的無形失落，社會持續否認家屬對於已經被槍決之死者的希望、夢想和期待，形成了家屬無限的失落。

Jones和Beck（2007）針對已伏法槍決死亡犯人的子女和家屬的哀傷進行研究，發現家屬的哀傷反應不只彼此有差異，而且很複雜，然而卻包括以下的共同反應：⑴由於社會烙印而感到孤獨、⑵他們自己對於刑事定罪的感受、⑶哀傷反應彼此不同造成家庭成員之間的衝突、⑷自尊心減弱、⑸感到羞恥、⑹瀰漫的和特定的內疚感、⑺長期的絕望狀態。由這項研究結果，Jones和Beck認為已死亡犯人遺族的哀傷，與一般自然死亡的失落反應確實不同，顯然受到被剝奪的哀傷和無限的失落效應所影響。尤其，創後壓力異常和不明確的失落，兩種創傷強烈且持久的交互作用（Beck, Britto, & Andrews, 2007）。Boss（2006）認為，使用「不明確的失落」（ambiguous loss）描述家屬的失落，比使用「無限的失落」更能夠貼近家屬無止境的餘生或死亡的特殊情緒壓力。所以諮商師對遺族的會談，不只需要重視對於被剝奪的哀傷，也要重視對於無限的失落或不明確的失落溝通，這兩項重要治療的核心。

二、死刑犯遺族的哀傷階段

另外，由於死亡事件的特殊性，死刑犯遺屬的哀傷發展過程和階段，可能與一般死亡的家屬不同。較早根據Park的階段論，Steven-Guille（1999）主張死刑犯遺屬的哀傷，呈現四個階段：⑴初始的震撼和高覺醒（alertness）、⑵尋找所失落的親人、⑶在個人功能的失序和困難、⑷緩和，即健康的順應所愛的依附客體的死亡，而有能力再投入另一個新的對象。後來Susan F. Sharp（2005）經由實證研究，分析已經伏法死亡

犯人遺族的哀傷，提出一個不同的階段模式。她認為，由於被判死刑死亡的遺族，他們的哀傷和一般其他人對失落反應不同。因為這種失落在面對社會為曖昧不明的死亡，家屬無法或難以公然向親友宣布死亡的訊息，以致遺族無法直接表達哀傷。尤其，被告的家屬會經歷希望和絕望兩者無數次的交替循環，直到定讞，才出現絕望。家屬的哀傷過程發展，主要有四個階段，依序為：協商（bargaining）、活躍（activity）、幻滅（disillusionment）、絕望（desperation）。Sharp簡稱為BADD，說明如下。

第一階段「協商」。在獲知犯人被判決死刑，否認和恐怖會一再反覆，希望可以相信這個判決是錯誤的，家屬在這個階段特別的創傷。

第二階段「活躍」。出現在家屬認為判決不公，而一再上訴和被剝回，處在這個輪流交替的過程，由於不斷重複著衝突的情緒，因而對家屬特別具毀壞性。他們的痛苦，從失眠到酗酒、吸毒來解脫痛苦的都有，也有造成家人分離的情形。其中對身體健康造成的傷害最大，或是得了憂鬱或焦慮症。

第三階段「幻滅」，出現在家屬得知死刑確定發生的事實，需要去接受，以及自己必須和判決結果達成妥協。在這個階段，當執行槍決死刑的日期近了，家屬自己需要做準備。不過在另外一方面有的家屬會希望出現奇蹟，不用執行死刑。總會有家屬無法接受判決的事實，便會有繞回第二階段的重複情緒衝突的現象。

第四階段「絕望」，是在死刑執行了，家屬得開始收拾起破碎的家庭生活，找到他們自己可以繼續過日子的方法，但是情緒上多數不平靜，會有社會孤立的情形，有時會感到非常憤怒（摘自Sharp, 2016, pp. 184-189）。

很特殊的現象是，這些家屬哀傷的BADD階段，不是呈現線一直線的

發展，而是呈現循環的狀態。尤其包括階段的多重重複，迫使解決哀傷變得很遙遠，似乎無限，所以特別具毀壞性，不像Kubler-Ross的階段論，呈現哀傷者的哀傷終有解決的一日。因此這些家屬的哀傷，會同時具有無限的失落和被剝奪的哀傷。無限的失落之哀傷，是指失落感是隨著時間慢慢出現，而且沒有一個接近完結的狀態。形成無限失落有三個條件：第一，事情發生之後，失落一直持續；第二，發展出無法達成的期望；第三，喪失個人的希望和理想。而被剝奪哀傷，則有社會不置信的希望和愛（Doka, 1989b）。所以無論無限的失落或被剝奪的哀傷，都與社會否定的失落有關，對遺族特別傷害。

三、諮商師陪伴死刑犯家屬走過哀傷的歷程

　　面對家人被槍決，是一種創傷的死亡，家屬需要很多的支持。在槍決之前家屬會盡量去會面，並安排喪禮。當然也有家屬是完全迴避的，不會去會面，甚至沒有喪禮。在槍決日近了，家屬於心裡高度專注在死刑犯，也讓自己陷入極端脆弱的地步，以致難以相信任何人。在美國，通常家屬會去見諮商師。若諮商師在槍決的前些日和家屬會談，將會看到家屬很高的焦慮都和槍決有關。他們很高的焦慮源自於：一方面，來自槍決所愛的家人日期近了；另方面，對於這樣的情況很陌生。由於這樣的高焦慮，而淹沒了他們的悲傷。在台灣，死刑犯的家屬會去找諮商師會談的情形，目前沒有資料可查。不過，在美國死刑犯的家屬尋求諮商的做法，以及諮商師的協助，都可供參考。

　　接到槍決日期和時間，對於家屬是一種折磨。但是，這樣也使得家屬可以提前向心理師求助，以便他們可以對於將面對需要忍受的創傷，做最好的準備。在面對這樣的死亡，雖然萬事都不可能有最完全的準備，但是諮商師可以協助家屬知道在與死刑犯會面時，面對這樣的死亡可能的反應。對於這樣的死亡知道越多，可以讓家屬在會面時感到可以反應比較略

微正常一些,以及處理個人的反應。

在槍決日將近的時候,諮商師可以和家屬討論一般對於創傷死亡的反應,包括挫折、憤怒、全身高度緊繃,以及最核心的特徵為無助感和無力感。這種感覺,尤其以如果家屬在槍決的時候目睹現場,將會達到最強的程度。至於無助感和無力感為創傷的核心,以致最難以克服。無助感不只是創傷最痛苦和威脅的部分,而且家屬對於無助感的反應,也影響到他們在這個強烈的失落的關鍵時刻,對於個人沸騰的情緒如何因應。創傷死亡的家屬的無助感,將直接影響他們的內疚、憤怒、人際關係,也影響到他們想努力要做好活動和事情,以及形成意義和發展新的自我認同(Joy, 2014)。在家屬最像惡夢的這個時候,諮商師最重要的任務在鼓勵家屬表達出情緒,好讓諮商師去驗證那些情緒的存在,並給予家屬賦能,使他們能夠去面對自己,並經歷哀悼過程,逐步完了哀傷。

四、提供遺屬的諮商與治療

在治療被處刑死亡的遺屬哀傷方面,不要輕易低估困難程度。由於死刑犯的家庭在這之前,可能已經存在有經濟貧困或某些程度的功能失常問題,再加上被法律處刑干擾到他們與死者的依附聯結,成為療癒創傷困難來源(Allen & Bloom, 1994)。如果採取家族治療協助所有生存的家人,最大優點在於重新統整因為死刑和創傷導致的家人和家庭次系統的疏離,讓遺屬能夠自己形成家族團體的內在支持。Long(2011)建議採取家族結構治療法需要努力完成的重點有:(1)使用策略形成諮商師與家族的安全關係。讓他們體驗到在配對之間的情緒流動。由於安全是對抗創傷的良藥,不只要讓成員可以重建支持系統,諮商師也需要滋養自己和個別成員的依附,以便協助每個家庭成員可以體驗情緒的交流。(2)持續描繪家族的次系統。由於判決和處以死刑,造成家族次系統的支離破碎,而且會增加次系統的孤獨感和無力感,等到重新定義「家鬼」(指死亡而消失的

家庭成員），以及家庭到了情緒穩定的時候，便可以看到次系統之間的界限，以及與家鬼的界線。⑶將所有次系統的成員連結在一起，幫助他們去發現和運用，他們與生俱有的情緒交流潛能。⑷再定義「家鬼」。諮商師依照每個家庭成員的適當角色，協助次系統縱向和橫向的連結情感，形成依附。同時也要幫助家族將消失的成員再度穩定的統整回到家庭系統，以取代對消失的成員那個創傷意像之失功能聯結。所以要去回憶和重新再評估，這個成員犯罪之前在家庭角色和價值，以及造成犯罪的社會面向，將這個人從犯罪和創傷的意像解脫，以便與這個人的重新連結，將這個人包括在家族之中，成為完整的家庭。⑸協助家族意義締造的過程和追求重要的是什麼。由於暴力和創傷死亡的遺屬，往往找不到死亡和死者的意義，而影響遺屬哀傷的復原。因此可以從死者個人和遺屬的觀點，重新敘述這個人過去曾經對社區或他人的所做過有意義的事，甚至死後的器官捐贈等，賦予死者和死亡意義，可以帶給遺屬賦能，而繼續過日子。

此外，在治療上最困難的就是，在犯人被槍決之後，家屬的「死亡銘刻」（death imprint）。所謂「死亡銘刻」，最早由Robert J. Lifton（1982）所提出的概念，他從研究納粹集中營的倖存者和日本廣島遭受原子彈攻擊的倖存者，發現這些倖存者由於目睹死亡的情境，造成在個人心中極為鮮明和持久的死亡意像。且個人會持續面對極端暴力、死亡記憶和心理意像，而很難抹滅。死刑犯的家屬，不管是由於目睹或是來自想像，都會產生「死亡銘刻」。尤其是目睹被槍決的家屬，會產生侵入性的「死亡銘刻」。這是一種生命即將結束或死亡的意像，很鮮明的侵入家屬的心中，成為無法消除的心中意像。有幾個因素影響家屬對於死亡銘刻的調適功能，包括無法接受死刑，而想像匆促的、醜怪的、荒謬的，或看到囚犯被帶去刑場，匆促的、醜怪的、荒謬的。如果是這樣的話，在家屬心中會留下難以抹滅的銘刻（引自Sharp, 2005）。Rando（1993）認為當死亡的

意像與匆促和無法接受的死亡有關聯，要調適銘刻就不可能了。一旦無法調適銘刻，越努力想揮去心中的銘刻，就會越焦慮。

❖第七節　諮商師的自我照顧❖

　　在這本書的最後一章最後一節，當然一定要談諮商師的自我照顧。醫護人員是他人的身體和生理照顧者，而諮商師則是他人心理和靈性的照顧者。因而諮商師與所照顧的當事人，在情感情緒的涉入較多，受到來自與當事人工作的影響，可能遠比醫護人員大。很久以前，有個電動刮鬍刀的電視廣告詞：「要刮別人的鬍子，先把自己的鬍子刮好。」這句話很適用在諮商師的自我照顧上。所以身為諮商師，首先得學習照顧好自己的身、心、靈，才能照顧當事人。

壹、諮商師的耗竭

　　心理諮商與治療，是一種艱困的專業工作。在心理健康專業領域當中，存在著很多的壓力，有來自社會和個人對諮商師的角色的期待；工作型態的孤立，獨自面對當事人，與當事人的人際之間沒有雙向相互的性質，只有單向付出的性質；工作過度負荷，不只工作時間長，還有困難個案的負擔等。諮商師每一週需要花費數十小時，傾聽那些當事人的困難和愁苦。尤其，當事人有特殊需要時，例如自殺個案，治療師除了情緒和心理負擔特別大之外，還需要提供彈性會談時間，諮商師可能需要為工作而犧牲個人的生活。這個工作不只體力的負荷，也有心理的負荷。由於過勞，以及情緒的高度涉入，可能帶來身心倦怠，情緒和生理的耗竭。學者早就注意到心理健康工作人員普遍有倦怠和耗竭的問題（Edelwich & Brodsky, 1980），尤其提供哀傷服務的諮商師，以及諮商師服務的當事人

死亡，都可能與諮商師自己的失落和未完了的哀傷交互作用，而特別需要留意和處理（Worden, 2008, 2018）。

「耗竭」（burnout）一詞出現在1970年代，由Pines和Maslach（1978）首先發現和提出，現在已經被視為是一種症候群。耗竭的發生，是由於廣泛的處理其他人的長期情緒緊張所致。在專業人員當中，在美國被認為以醫護人員、諮商師和教師三者最嚴重。尤其專業諮商師從事照顧服務性質的工作，以提供專業的支持給有情緒、心理和生理疾病或困難的人，這種不斷的和有壓力的程度，已經到了侵犯專業諮商師個人的生活。耗竭有三種特徵：⑴情緒倦怠。是一種過度承諾的問題，指由於過度負荷導致精疲力竭的結果；⑵動機改變。由於對過多的壓力和不滿的反應，感到沒有效率和成就，而從工作產生心理退縮；⑶疏離或人性的喪失。對他人表現負向或過度不接觸，逐漸變得喪失人性，也喪失理想，出現從原來的工作意義和目的分離及退縮（Maslach, 1998; Maslach, 2003; Thompson, Amatea, & Thompson, 2014）。耗竭有些跡象，出現喪失生產力和熱忱，對於主宰和精通感到混淆，且有憎恨與情感脫節的感覺，還有對人有敵意、生氣、內疚和無力感。當諮商師有耗竭的狀況，可能導致不關心自己的當事人（Maslach, 1976），或甚至憤怒衝著當事人，更有因倦怠和耗竭而產生身心症，以及增加自己的家庭衝突問題（Farber & Heifetz, 1982）。根據Wardle和Mayorga（2016）一項對於未來諮商專業人員的調查研究，以諮商研究所研究生（86%在職，其中62%為全職工作者）為樣本的研究結果，從得分的狀況，只有14.28%的人狀況良好，25.75%的人顯示處在需要留意狀態，14.28%的人有耗竭的前兆，22.85%的人已經耗竭，情況可能威脅到身體和心理的健康。因此，他建議在諮商師教育上，需要提供健康和自我照顧的課程和科目。

貳、治療複雜性哀傷對諮商師的壓力

諮商師也常面對複雜性哀傷的當事人。Rando（1993）指出，與複雜性哀傷的當事人會談，對於治療師而言，是一種很沉重的壓力。這些壓力主要有以下三種類別。

一、哀傷者有關的壓力

例如當事人的病態關係涉及被死者虐待，在受虐的病態關係中哀傷者的創傷，以及哀傷者在面對死亡需要調適時，會企圖迴避可怕的創傷經驗。治療師在聆聽哀傷者描述當中，也會體驗到負向反應，即便哀傷者有關的壓力沒有死亡相關的壓力大，與這類哀傷者工作，由於需要處理哀傷者的抗拒，有關哀傷者的憤怒、矛盾、內疚、依賴或共生（codependence）等反應，往往讓治療師的效能遭到阻撓或拖延而感到挫折，這樣的壓力也會導致治療師發生催促哀傷者的情形。治療師需要認知治療複雜性哀傷，就是需要特別花費較長的時間，不只要有心理準備，也要有耐心。治療的過程常需要一而再、再而三的重複，直到協助當事人修通。

二、死亡相關壓力

高風險的死亡，會造成哀傷者和治療師都感到高焦慮和高威脅。由於複雜性哀傷常涉及突然的、創傷的、可預防的或恐怖的死亡方式，又哀傷者會隨機的過度陳述和描述死亡，這些都會帶給治療師額外的焦慮和問題。在這種情況下，治療師的真誠、同理和支持，特別耗盡所能。這一來，對於治療師而言，真誠和同理也成了兩難，轉而妥協為治療的支持。此外這類的死亡，也會讓哀傷者緊繃的想找尋死亡的意義，找到該責備的人，並給予處罰，以便讓自己獲得主宰感。這個過程也會讓治療師感到苦惱。總而言之，治療過程傾聽這類死亡的恐怖、不可預測、可預防卻疏忽

等，治療師的情緒負擔相當大。

三、治療複雜性哀傷本身困難度的壓力

　　由於比起非複雜性哀傷，複雜性哀傷的哀傷反應和哀悼過程都比較大，而且時間比較長。在修通哀傷者非實際性的內疚、愧疚、自責等，對於治療師最難的就是看著當事人的痛苦，需要忍受耗時費力去處理。由於需要較多次的促進哀傷者痛苦的面對失落和創傷，也成了治療師的痛苦壓力。尤其在修通讓哀傷者能夠面對之後，要強化哀傷者去忍受痛苦，可能特別困難，這又是治療師的另一種壓力。

　　所以，與複雜性哀傷的當事人會談，對於治療師是體力和心力的雙重挑戰。尤其在漫長的治療過程，來自當事人的情緒負擔，以及需要忍受挫折，對於治療師都是壓力。治療這樣的哀傷者，非常耗時費力。

參、特殊的當事人與哀傷對於諮商師的挑戰

　　在特殊的當事人之中，與死刑犯家屬會談，便是一種很特殊的工作經驗。最常發生的就是，諮商師的假設世界可能發生改變，以及感同身受哀傷的被剝奪。與死刑犯家屬會談，諮商師會面對自己的假設世界受到挑戰。可能發生的狀況是，在和這類家屬會談之前，比接觸到家屬會談之後，諮商師更相信司法系統和法官。當聽了家屬一再控訴他們受到司法系統和社會的對待之後，不知不覺的諮商師也會開始和家屬分享機構的錯誤和一些人的事，這便是諮商師的假設世界發生變化。假如諮商師發現自己在和家屬工作之後，自己的假設世界發生了改變。諮商師要盡快對自己的假設世界，進行意義重建。要以自己的諮商專業團體為依歸，重新定義自己的工作。另外一項特殊的經驗是，家屬向諮商師談到被剝奪的哀傷。當獲知家屬遭遇到社會烙印，諮商師不只在理智上了解被剝奪的哀傷，如果

諮商師也替家屬或被槍決的死者感到難過，那這位諮商師也會感受到個人的哀傷被剝奪。為避免這兩種特殊經驗，干擾諮商師的效能和對當事人的協助，與這類的當事人工作，諮商師需要經常謹慎地審視，那些自己受到當事人的影響，並敏銳的自我覺察，以及尋求督導協助。

就各類當事人問題而言，讓諮商師感到壓力最大的，莫過於來自當事人的自殺狀態，當事人對諮商師的憤怒，以及當事人的嚴重憂鬱（Deutsch, 1984；Farber & Heifetz, 1981）。此外治療慢性哀傷，對於諮商師可能也會特別有壓力，以及感到挫敗和洩氣。因為這類的哀傷者特別固執，而難以處理。在治療到最後，當哀傷者開始有進展的時候，依賴治療師之外的其他人，例如家人、朋友或支持團體等，諮商師可能產生憤怒、憎恨和被拒絕感等相對移情的問題。所以，協助處在自殺狀態和慢性哀傷兩類的當事人，除了挑戰諮商師的專業能力，也考驗諮商師的耐性、毅力和自尊，對於諮商師也是很大的心理負荷和需要處理的問題。

肆、諮商師的因應與自我照顧

專業人員因應耗竭的模式，有環境中心模式和個人中心模式。Maslach（1998）主張想要避免產生倦怠和耗竭，以聚焦在個人中心模式為上策。由於在預防耗竭發生的方法上，個人扮演著最重要的核心角色。這樣的理念基於兩個假設：其一為耗竭不只是由於有壓力的工作環境所引起，更多是來自個人對於工作環境的反應，長期以工作狂（workaholic）的型態對應所造成；其二為清楚知道耗竭的來源如何，個人需要採取行動去解決問題。所以，無論是避免發生耗竭或處理耗竭的問題，主要在於要改變自己，才是最有效的預防和對治方法。簡言之，最需要個人採取行動去解決問題，而不是機構。綜合學者對於有效因應和無效因應的研究和建議（Ben-Zur & Michael, 2007; Jenaro, Flores, & Arias, 2007; Maslach, 1998;

Shin, Park, Kim, Noh, & Lee, 2014; worden, 2018），茲提出下列策略，以供心理健康專業人員作為預防和因應倦怠及耗竭的參考。

一、改變個人工作型態

首先，需要減少工作負荷，有時候可以每週減少工作的時數。其次，開始出現耗竭跡象的時候，要將工作步調放慢下來，包括偶爾給自己放個假，以調整腳步過快的生活型態。還有，可以從工作中有規律的休息，也就是工作中固定找一點時間暫時休息一下，喝杯咖啡或茶，或略微活動一下，不要過於耗時埋頭工作，在生活中要維持生活和休息的平衡。

二、發展預防的因應技巧

這些策略的目標，在於減少工作壓力的衝擊，而不是改變壓力本身。其中認知重組的策略很有用，包括改變和降低對自己的期待，重新解釋人的行為意義，澄清價值觀，以及想像新目標和下一步等。這些認知改變，會讓諮商師對自己的工作角色有新的看法，例如能夠看出來成功的治療，當事人的責任和諮商師的責任同樣重要。還有一些策略，就是分享或變換情緒，不只能夠降低緊繃，還能夠澄清挫折或痛苦的來源。最後還需要時間管理和解決衝突的技巧。

三、善用社會支持和協助

最常被推薦的就是社會支持，包括同事的支持、督導的輔導和支持，以及來自家人和朋友的支持。社會支援可以提供直接的協助，包括得到情緒的撫慰，產生新的領悟，獲得個人酬賞和認可。這些協助也能夠減少社會孤立感。尤其協助自殺、被槍決等死亡的遺屬過程，當諮商師在傾聽過多和過於詳細的故事描述，最有可能出現相對移情（counter-transference），或出現Richard B. Gartner所謂的相對創傷（counter-trauma）。這時候督導便很有幫助，可以協助諮商師覺察，以免受到傷害。

四、展開放鬆的生活型態

有很多的方法都可以讓人放鬆和冷靜，從使用生理回饋、放鬆練習、冥想、按摩到溫水浴、泡溫泉等皆是。有些方法可以在上班時間進行，有些則適合下班或假日。此外，從事個人嗜好或有興趣的活動，不只能增加生活樂趣，也有消除壓力的功能，例如蒔花、養寵物、聽音樂、跳舞、運動。

五、改善個人健康狀況

健康良好和身體強健，都有助於保護個人免於耗竭。所以注意飲食營養和規律的運動，為促進健康和強身的基本策略。

六、認知自己的極限和對於工作場域議題的反應

一個人需要自我評估自己的人格、能力、需求和動機。諮商師對這些的自我了解，有助於了解自己的極限和自己何以冒著耗竭的風險在工作，以便調整不切實際的個人標準和期望，這樣也能夠減少來自個人內在的壓力。

七、容許自己可以哀傷

如前述，未完了的哀傷和累積的哀傷，對於心理健康專業人員個人身心健康都會構成威脅。所以當所協助的當事人死亡，諮商師主動自己完成哀傷，是很重要的自我照顧。尤其協助複雜性哀傷、自殺者家屬、被判槍決者的家屬等，都和諮商師可能會有長期的工作關係。這類當事人死亡，可能造成對諮商師的衝擊較大，不能忽略。可以利用前述善用社會支持，來因應自己的哀傷，以及處理個人的假設世界，以防受到傷害。

國家圖書館出版品預行編目資料

失落、哀傷諮商與治療：客體角色轉換模式／
吳秀碧著. -- 二版. -- 臺北市：五南圖書
出版股份有限公司, 2022.07
　　面；　公分
ISBN 978-626-317-882-3 (平裝)

1.CST: 悲傷 2.CST: 諮商 3.CST: 心理治療

176.52　　　　　　　　　　　111007934

1BZO

失落、哀傷諮商與治療 ——
客體角色轉化模式

作　　者 ― 吳秀碧 (56.9)

發 行 人 ― 楊榮川

總 經 理 ― 楊士清

總 編 輯 ― 楊秀麗

副總編輯 ― 王俐文

責任編輯 ― 金明芬

封面設計 ― 王麗娟

出 版 者 ― 五南圖書出版股份有限公司

地　　址：106台北市大安區和平東路二段339號4樓

電　　話：(02)2705-5066　　傳　　真：(02)2706-6100

網　　址：https://www.wunan.com.tw

電子郵件：wunan@wunan.com.tw

劃撥帳號：01068953

戶　　名：五南圖書出版股份有限公司

法律顧問　林勝安律師事務所　林勝安律師

出版日期　２０２０年４月初版一刷
　　　　　２０２２年７月二版一刷

定　　價　新臺幣800元

經典永恆・名著常在

五十週年的獻禮 —— 經典名著文庫

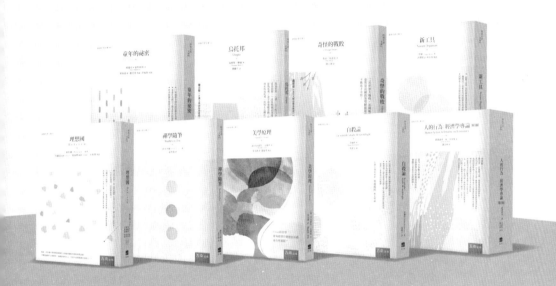

五南，五十年了，半個世紀，人生旅程的一大半，走過來了。

思索著，邁向百年的未來歷程，能為知識界、文化學術界作些什麼？

在速食文化的生態下，有什麼值得讓人雋永品味的？

歷代經典・當今名著，經過時間的洗禮，千錘百鍊，流傳至今，光芒耀人；

不僅使我們能領悟前人的智慧，同時也增深加廣我們思考的深度與視野。

我們決心投入巨資，有計畫的系統梳選，成立「經典名著文庫」，

希望收入古今中外思想性的、充滿睿智與獨見的經典、名著。

這是一項理想性的、永續性的巨大出版工程。

不在意讀者的眾寡，只考慮它的學術價值，力求完整展現先哲思想的軌跡；

為知識界開啟一片智慧之窗，營造一座百花綻放的世界文明公園，

任君遨遊、取菁吸蜜、嘉惠學子！